# DIE KUNST DER DIPLOMATIE

Tobias Bunde & Benedikt Franke (Hrsg.)

# DIE KUNST DER DIPLOMATIE

## 75+ Blicke hinter die Kulissen der internationalen Politik

Econ

# Inhalt

11 „Speak softly and carry a big book!"
Tobias Bunde und Benedikt Franke

## Elemente

17 Ein Spaziergang im Garten
Javier Solana

21 Der Klimawandel als Nagelprobe der Diplomatie
Patricia Espinosa

25 Die menschliche Note
Atifete Jahjaga

27 Diplomatie ist immer persönlich
Børge Brende

29 Wozu Botschafter gut sind
Robert Cooper

37 Diplomatie und Völkerrecht
Fatou Bensouda

41 Diplomaten und Soldaten
James G. Stavridis

43 Die Sprache der Macht
Josep Borrell

49 Die Macht der Sprache
Jasmine M. El-Gamal

51 Die Teezeremonie
Siemtje Möller

53 Jazz und Diplomatie
Sebastian Groth

57 Der richtige Austragungsort
Benedikt Franke

63 Die mentalen Landkarten der Diplomatie
Joseph S. Nye

67 Hat Risikomanagement einen Platz in Politik und Diplomatie?
Nikolaus von Bomhard

71 Backchannel-Diplomatie
Karl Kaiser

73 Parlamentarische Diplomatie
Elmar Brok

79 Track-II-Diplomatie
Sam Nunn

81 Die nächste Generation
Desmond Browne

83 Auf (gewöhnliche) Menschen setzen
Izumi Nakamitsu

## Herausforderungen

87 Die richtigen historischen Analogien wählen
Ivan Krastev

89 Aus Erfahrung lernen
John Scarlett

91 Den Geist von Helsinki neu beleben
Sauli Niinistö

95 Den fragilen Frieden sichern
Charles A. Kupchan

99 Diplomatie in einer Welt ohne Führung betreiben
Ian Bremmer

103 Sich auf eine Welt ohne Ordnung vorbereiten
Klaus Naumann

109 Mit schwierigen Partnern zusammenarbeiten
Wolfgang Schüssel

113 In die Schuhe des anderen schlüpfen
Sigmar Gabriel

119 Gesprächskanäle offenhalten
Nora Müller

123 Gegenseitiges Verständnis zwischen China und dem Westen fördern
Fu Ying

131 Regeln für den strategischen Wettbewerb zwischen den USA und China finden
Kevin Rudd

135 Haltung wahren gegenüber China
Kenneth Roth

| | | | |
|---|---|---|---|
| 139 | Freiheitlich-demokratische Werte schützen<br>Nathalie Tocci | 207 | Cyberprobleme als geopolitische Probleme behandeln<br>Dmitri Alperovitch |
| 143 | Die freiheitliche Demokratie bewahren<br>Ana Palacio | 211 | Die Verhandlungshoheit im Zeitalter der digitalen Geopolitik bewahren<br>Sorin Ducaru |
| 145 | Demokratie und Gleichberechtigung im Nahen Osten stärken<br>Tawakkol Karman | 217 | Eine effektive Tech-Diplomatie entwickeln<br>Manuel Muñiz Villa |
| 151 | Eine globale Allianz der Demokratien begründen<br>Anders Fogh Rasmussen | 223 | Einer freien und demokratischen digitalen Zukunft den Weg bereiten<br>Kersti Kaljulaid |
| 155 | Transatlantisch neu denken<br>Anne-Marie Slaughter | 229 | Die geopolitische Macht der Tech-Konzerne ausbalancieren<br>Marietje Schaake |
| 157 | Den Kurs des Westens neu kalibrieren<br>Thomas Kleine-Brockhoff | 231 | Den Trend zur Straflosigkeit umkehren<br>David Miliband |
| 159 | „Westlessness" überwinden<br>Tobias Bunde | 233 | Ein erweitertes Verständnis von Sicherheit fördern<br>Achim Steiner |
| 169 | Eine Weltpolitikfähigkeitsverlust-vermeidungsstrategie entwickeln<br>Timothy Garton Ash | 235 | Den Weg zu nachhaltiger Ernährungssicherheit und Frieden ebnen<br>David Beasley |
| 171 | Von der Kraft des Ortes: München als Hotspot für die internationale Diplomatie<br>Markus Söder | 237 | Einen neuen Vertrag zur Reaktion auf Pandemien abschließen<br>Tedros Adhanom Ghebreyesus |
| 173 | Eine gemeinsame strategische Kultur schaffen<br>Franziska Brantner | 241 | Die Quantenwelt verstehen<br>Armen Sarkissian |
| 175 | Für starke Verteidigung eintreten<br>Frederick "Ben" Hodges | 249 | Diplomatische Werkzeuge und Strukturen anpassen<br>Cathryn Clüver Ashbrook |
| 177 | Gesellschaftlichen Rückhalt schaffen<br>Norbert Röttgen | | |
| 179 | Deutschlands nationale Sicherheitsarchitektur reformieren<br>Boris Ruge | | |

# Episoden

| | |
|---|---|
| 253 | Die deutsche Einheit aushandeln<br>Robert B. Zoellick |
| 261 | Von Teamwork profitieren<br>Theo Waigel |
| 263 | Als Vermittler Partei ergreifen<br>Carl Bildt |

| | |
|---|---|
| 181 | Propaganda und soziale Medien verstehen<br>Steven Erlanger |
| 183 | Hybride Gefahren entschärfen<br>Teija Tiilikainen |
| 189 | Die Digitalisierung des Kriegs verstehen<br>Toomas Hendrik Ilves |
| 199 | Die Kunst der Abstreitbarkeit beherrschen<br>Thomas Rid |

| | | | |
|---|---|---|---|
| 269 | An den Frieden glauben<br>Nasser bin Nasser | 341 | Den Terrorismus bekämpfen<br>Peter Neumann |
| 271 | 30 Jahre später von Dayton träumen<br>Igor Iwanow | 345 | Das internationale Scheitern an der Lösung des Zypernkonflikts akzeptieren<br>Espen Barth Eide |
| 273 | Das Konzert der Nationen dirigieren<br>Peter Ricketts | 353 | Nein sagen<br>Alexander Graf Lambsdorff |
| 279 | Einen Krieg beenden<br>Strobe Talbott | 355 | Mit Pizza Vertrauen bilden<br>Johannes Hahn |
| 285 | Journalistische Verantwortung übernehmen<br>Constanze Stelzenmüller | 357 | Den Internationalen Strafgerichtshof stärken<br>Ottilia Anna Maunganidze |
| 289 | Sich um die Einhegung der Exekutive bemühen<br>Jane Harman | 363 | Die NATO zukunftsfest machen<br>Benedetta Berti |
| 291 | (Um-)Wege in der Diplomatie gehen<br>Srgjan Kerim | 367 | Aufbau von Institutionen und Diplomatie in der Wirtschafts- und Geldpolitik<br>Christine Lagarde |
| 295 | Schwierige diplomatische Besuche überstehen<br>Louise Mushikiwabo | 375 | Frischen Wind in den Sicherheitsrat der Vereinten Nationen bringen<br>Christoph Heusgen |
| 299 | Meinungsänderungen einkalkulieren<br>Ólafur Ragnar Grímsson | | |
| 301 | Den Status des Kosovo aushandeln<br>Frank G. Wisner | | |

## Lehren

| | |
|---|---|
| 305 | Diplomatie nach Hause tragen<br>Eka Tqeschelaschwili |
| 307 | Mauern niederreißen<br>Radosław Sikorski |
| 309 | Den New-START-Vertrag verhandeln<br>Rose Gottemoeller |
| 315 | Einen NATO-Konsens zu Libyen finden<br>Ivo H. Daalder |
| 321 | Eine Atomvereinbarung mit dem Iran erzielen<br>Helga Maria Schmid |
| 325 | Einem robusten diplomatischen Prozess den Weg ebnen<br>Thomas Greminger |
| 331 | Track-II-Diplomatie nutzen<br>Alexander Dynkin |
| 335 | Kleinstaatendiplomatie in einer Zeit der Großmächterivalität betreiben<br>Ine Eriksen Søreide |

| | |
|---|---|
| 383 | Die EU und drei außenpolitische Lehren<br>Catherine Ashton |
| 391 | Hat Diplomatie ausgedient?<br>Jens Stoltenberg |
| 395 | Was lässt uns in Verhandlungen und als Vermittler erfolgreich sein oder scheitern?<br>Jan Eliasson |
| 399 | Der diplomatische Werkzeugkasten<br>Wolfgang Ischinger |

## Anhang

| | |
|---|---|
| 404 | Danksagung |
| 405 | Bildnachweis |
| 406 | Bildlegenden |
| 410 | Endnoten |
| 424 | Impressum |

# „Speak softly and carry a big book!"

**Tobias Bunde und Benedikt Franke**

Es ist nicht einfach zu definieren, was Diplomatie ist. Ist sie eine Kunst, ein Handwerk oder etwas dazwischen? Was ist gute Diplomatie … und was nicht? Wie Sie in diesem Buch lesen werden, gibt es die unterschiedlichsten Vorstellungen von Diplomatie – und ungezählte Definitionen. Eine der berühmtesten stammt von Präsident Theodore Roosevelt, der für seine *big stick diplomacy* bekannt war und seine diplomatische Maxime mit Verweis auf das Sprichwort beschrieb: „Speak softly and carry a big stick; you will go far."[1] Auf Deutsch: „Sprich sanft und trage einen dicken Knüppel bei dir, so wirst du es weit bringen." Für dieses Buch haben wir uns gewissermaßen einer *big book diplomacy* verschrieben und uns eine abgewandelte Form des Roosevelt'schen Spruchs zu eigen gemacht: Sprich sanft und trage ein dickes Buch bei dir.

Der Grund für dieses Buch ist einfach. Im April 2021 wurde Wolfgang Ischinger, unser langjähriger Chef und Mentor bei der Münchner Sicherheitskonferenz und darüber hinaus, 75 Jahre alt. Zur Feier seiner Person und seines Lebenswerks beschlossen wir, 75 Beiträge zur Kunst der Diplomatie in einem Band zu versammeln. Weder wir noch er wollten, dass dieses Buch von ihm handelte. Wir wünschten uns ein Buch für *ihn* – und für alle anderen, die wie er von der Macht der Diplomatie überzeugt sind. *Ceci n'est pas une* Festschrift – dachten wir jedenfalls.

Um an diese 75 Beiträge zu kommen, beschlossen wir, hundert von Wolfgangs engsten Kollegen und langjährigen Freunden und Partnern anzuschreiben und sie zu bitten, uns auf ihre je eigene Weise zu schildern, wie Diplomatie in ihren Augen funktioniert. Das Ergebnis war umwerfend. Erstens erhielten wir anstelle der 75 positiven Reaktionen, auf die wir spekuliert hatten, von nahezu allen hundert Angeschriebenen die spontane Zusage, einen Beitrag zu liefern. Zweitens reichten sie fast durchweg – entgegen unserer anderslautenden Bitte – Anekdoten ein, die sich in der einen oder anderen Weise um Wolfgang drehten. Während wir hier aufs Diplomatischste gegenzusteuern versuchten (erklären Sie mal einem amtierenden Präsidenten, dass er seinen Beitrag doch bitte überarbeiten möge), wurde rasch klar, *wie* wichtig Persönlichkeit und Charakter für den Erfolg eines Diplomaten oder einer Diplomatin sind. Ohne diese Eigenschaften ist kaum etwas möglich; *mit* ihnen hingegen fast alles. Wie viele der Verweise, die wir streichen mussten, zeigen, verfügt Wolfgang Ischinger über beides in beeindruckendem Maße.

Wolfgang ist gewissermaßen der „Forrest Gump" der deutschen Diplomatie. Seit den frühen 1980er-Jahren befand er sich fast immer an den Brennpunkten des Geschehens. Nachdem er als junger Diplomat im Büro des damaligen Außenministers Hans-Dietrich Genscher angefangen hatte, wurde er Zeuge hitziger Debatten über die Stationierung von Pershing-II-Raketen in Deutschland und die anschließende Entspannungsphase, die ein friedliches Ende des Kalten Krieges ermöglichte. Am Ende des Jahrzehnts gehörte er zu den westdeutschen Diplomaten, die die Züge mit DDR-Bürgern begleiteten, die in der deutschen Botschaft in Prag Zuflucht gesucht hatten. Als Leiter der politischen Abteilung der deutschen Botschaft in Paris erlebte er 1990 die Geburt der Charta von Paris. Als Leiter des Planungsstabs und Politischer Direktor des Auswärtigen Amtes war er im Zentrum deutscher Außenpolitik, als Deutschland seine ersten Schritte als vereinigtes Land machte und versuchte, seine Rolle in dieser neuen Ära zu finden. Er vertrat Deutschland in der Kontaktgruppe während der Balkan-Kriege und gehörte zu den Verhandlungsführern beim Friedensabkommen von Dayton. Er war auch an den Verhandlungen zur NATO-Russland-Grundakte beteiligt – einem weiteren diplomatischen Meilenstein der 1990er-Jahre. Als Staatssekretär spielte er eine Schlüsselrolle bei den Verhandlungen, die in der Operation Allied Force und dem Abschluss des Stabilitätspakts für Südosteuropa 1999 mündeten. Angesichts dieser Vorgeschichte überrascht es dann auch kaum noch, dass er den 11. September 2001 als deutscher Botschafter in den Vereinigten Staaten erlebte. Es war tatsächlich sein erster Tag im Amt. Bis heute speist sich sein Ruf in den USA aus dem bemerkenswerten Eindruck, den er während seiner Amtszeit in Washington, D.C. hinterließ.

Nach zwei Jahren als *Ambassador to the Court of St. James's* (Botschafter im Vereinigten Königreich) wurde ihm 2008 von der Bundesregierung die Leitung der Münchner Sicherheitskonferenz (MSC) angetragen. Rasch hauchte er dieser 1963 von Ewald von Kleist unter der Bezeichnung „Wehrkundetagung" gegründeten ehrwürdigen Institution neues Leben ein. Was als jährliche Konferenz begann, ist mittlerweile zu einem unverzichtbaren Familientreffpunkt für die transatlantische Gemeinschaft geworden – ein hocheffizienter privater diplomatischer Dienstleistungsanbieter und die weltweit führende Plattform für Debatten zur Außen- und Sicherheitspolitik. Auch wenn sie im Kern noch immer transatlantisch ist, hat sie auf ihren Bühnen rund um den Globus regelmäßig die wichtigsten Entscheidungsträger der Welt zu Gast und lenkt mit ihren Berichten die Aufmerksamkeit auf zentrale Themen und Herausforderungen. Fast alle Aufnahmen in diesem Buch (die gewissermaßen die Kunst zur Diplomatie beisteuern) stammen von MSC-Veranstaltungen des letzten Jahrzehnts.

Auch während er die MSC durch das letzte Jahrzehnt steuerte, widmete sich Wolfgang weiterhin diversen diplomatischen Aufgaben. Bis 2009 vertrat er die Europäische Union in der Kosovo-Troika, die versuchte, eine gemeinsame Lösung für den völkerrechtlichen Status des Kosovo zu finden. Später war er *Representative of the OSCE Chairperson-in-Office for National Dialogue Roundtables* in der Ukraine und *Chairman des Panel of Eminent Persons on European Security as a Common Project* und beteiligte sich im Rahmen zahlreicher Track-II-Bemühungen und Expertenkommissionen an der Suche nach Lösungen für schwierige Probleme – von der atomaren Rüstungskontrolle bis zur Cybersicherheit. In allen diesen Rollen konnte er seine Stärken nutzen, die ihn zum exemplarischen Diplomaten machen: seine Bereitschaft, sich zu engagieren, zuzuhören und offen für andere Sichtweisen zu bleiben, seine Fähigkeit, sich auf unterschiedliche Gruppen und Umgebungen einzustellen, und sein klarer moralischer Kompass.

**Nahezu hundert prominente Autoren lassen uns hier aus ihrem je eigenen Blickwinkel hinter die Kulissen der Weltpolitik schauen. Fast alle sind selbst Meister der Diplomatie – viele haben in ihrem Berufsleben Jahre damit verbracht, schwierige Abkommen auszuhandeln oder Möglichkeiten der friedlichen Konfliktlösung auszuloten.**

Nebenbei hat er eines der besten diplomatischen Netzwerke der Welt geknüpft, wie dieses umfangreiche Buch beweist. Nahezu hundert prominente Autoren lassen uns hier aus ihrem je eigenen Blickwinkel hinter die Kulissen der Weltpolitik schauen. Fast alle sind selbst Meister der Diplomatie – viele haben in ihrem Berufsleben Jahre damit verbracht, schwierige Abkommen auszuhandeln oder Möglichkeiten der friedlichen Konfliktlösung auszuloten. Viele sind oder waren Präsidenten, Außen- oder Verteidigungsminister, Leiter internationaler Organisationen, Botschafter, Militärführer oder Parlamentarier. Andere tragen als Journalisten, akademische Experten, Aktivisten oder Vordenker zur globalen Debatte bei. Sie alle schenken uns Einblicke in die Erkenntnisse über die Diplomatie von heute und morgen.

Natürlich ist das Buch nicht erschöpfend und deckt nicht jeden erdenklichen Aspekt der Diplomatie ab. Die Autoren und Autorinnen vermitteln uns vielmehr sehr persönliche Sichtweisen von der Kunst der Diplomatie. Mag auch der Charme des Buches darin liegen, dass diese Vielzahl von Blickwinkeln, Meinungen und Erfahrungen relativ ungeordnet erscheint, so liegt der Sammlung doch eine Struktur zugrunde.

Der erste Teil des Buches handelt von einigen der wichtigsten Elemente erfolgreicher Diplomatie. Es wird unsere Leser nicht verwundern, wenn hier von der Bedeutung des Vertrauens und der persönlichen Beziehung oder von der Rolle von Botschaftern und Parlamentariern die Rede ist. Wir erfahren aber auch, welche Rolle Tee für die Diplomatie spielen kann oder welche Parallelen es zwischen der Diplomatie und dem Jazz gibt.

In den Beiträgen des zweiten Teils geht es um einige der zentralen Herausforderungen, vor denen die Diplomatie heute steht oder schon morgen stehen könnte. Unsere Autoren blicken dabei nicht nur auf die großen Themen wie die Rivalität zwischen den Großmächten oder die Verteidigung freiheitlich-demokratischer Werte, sondern behandeln auch die Frage, wie die Diplomatie sich selbst, ihre Entscheidungsfindungsstrukturen, ihren Wirkungskreis und ihre Werkzeuge an sich wandelnde Umgebungsparameter wie die fortschreitende Digitalisierung oder die Entwicklung immer neuer Kommunikationsformen anpassen muss.

Im dritten Teil stehen Erlebnisberichte aus der diplomatischen Praxis im Vordergrund – Episoden, die ganz oder zumindest teilweise erfolgreich waren, oder auch solche, die sich als komplette Fehlschläge erwiesen. In vielen Fällen sprechen unsere Autoren zum ersten Mal öffentlich über das Erlebte. Alle diese

Geschichten bieten den Diplomaten von morgen wertvolle Erkenntnisse.

Im letzten Teil des Buches finden sich einige allgemeinere Überlegungen zur Diplomatie. Die Autoren formulieren hier auf der Grundlage ihrer langjährigen Erfahrung einige wichtige diplomatische Lehren. Wie die übrigen Beitragenden dieses Bandes sind sie fest davon überzeugt, dass die Tage der Diplomatie noch lange nicht gezählt sind. Wenn überhaupt, wird deren Bedeutung in Zukunft eher noch zunehmen.

Anstatt selbst ein Schlusswort zu schreiben, haben wir Wolfgang gebeten, seine berufliche Erfahrung in einer Reihe von Schlüsselerkenntnissen zusammenzufassen. Sie finden sie ganz hinten im Buch. Wie wir alle bezeugen können, hat sein intensives diplomatisches Leben einen reichen Schatz an diplomatischen Einsichten, lustigen Anekdoten und mehr oder weniger lustigen Scherzen hervorgebracht. Viele dieser Geschichten – insbesondere die Witze – sind einem anderen Buch vorbehalten, aber ihr Kern durchzieht auch dieses Buch – allem voran Wolfgangs Epilog.

Wir hoffen, dass Sie diese Sammlung von Geschichten über die Diplomatie als instruktiv und zugleich unterhaltsam empfinden. Wir haben versucht, die richtige Mitte zwischen ernst und heiter, lehrreich und beschreibend zu treffen – in der Hoffnung, dass das Ergebnis einen wertvollen Blick hinter die Kulissen der Weltpolitik freigibt. Und wenn es etwas gibt, das aus all diesen Geschichten spricht, dann die Erkenntnis, dass Diplomatie wahrhaftig eine Kunst ist, die denen am besten von der Hand geht, die wie Wolfgang bereit sind, sie als solche zu behandeln.

**Tobias Bunde ist Director of Research and Policy der Münchner Sicherheitskonferenz und Hauptautor des jährlich erscheinenden Munich Security Report. Er ist außerdem Mitglied des Vorstands der Stiftung Münchner Sicherheitskonferenz. Neben seiner Arbeit für die MSC forscht er am Centre for International Security der Hertie School in Berlin.**

**Benedikt Franke ist Stellvertretender Vorsitzender und CEO der Münchner Sicherheitskonferenz sowie Mitglied des Vorstands der Stiftung Münchner Sicherheitskonferenz. Zuvor war er u.a. Mitarbeiter des ehemaligen Generalsekretärs der Vereinten Nationen, Kofi Annan. In seiner (begrenzten) Freizeit ist er als Sonderbotschafter des Souveränen Malteser Ordens aktiv.**

ced in # 1 Elemente

# Ein Spaziergang im Garten

**Javier Solana**

Das diplomatische Geschäft hat sich gewandelt. Videokonferenzen, Tweets, neue Akteure und eine Vielzahl politischer Themen, die ihren Weg in diplomatische Verhandlungen finden, haben die Art, wie die Vertreter der Staaten miteinander interagieren, grundlegend verändert. Im Kern jedoch bleibt die Kunst der Diplomatie, für die Wolfgang Ischingers Herz schlägt, dieselbe.

Das Geheimnis der Diplomatie liegt in ihrer zeitlosen Einfachheit. Die Großmachtspannungen des Kalten Kriegs wurden gelegentlich durch ein Telefonat oder eine schlichte Begegnung nach Art des berühmten „Waldspaziergangs" von Ronald Reagan und Michail Gorbatschow 1985 in Genf entschärft. Und da wir schon von Reagan sprechen: Im Februar 2021 verstarb George Shultz, der während eines Großteils von Reagans Präsidentschaft das Amt des US-Außenministers innehatte. Shultz war ein überragender Diplomat, der uns vieles lehrte, das wert ist, hier noch einmal erwähnt zu werden.

Lassen Sie mich mit dem Vertrauen beginnen, der „Goldwährung" der Diplomatie. Ohne Vertrauen läuft nichts – in der Politik ebenso wenig wie im übrigen Leben. Shultz war sich der Bedeutung des Vertrauens sehr bewusst: „Solange Vertrauen da war, ob in der Familie, im Klassenzimmer, in der Umkleide, im Büro, am politischen Verhandlungstisch oder im militärischen Lagezentrum, geschahen gute Dinge. War kein Vertrauen da, geschah auch nichts Gutes. Alles andere waren Details", sagte er.

Ohne Vertrauen wird aus Diplomatie ein mühsames Geschäft. Misstrauen hindert die Beteiligten häufig daran, aufeinander zuzugehen und miteinander zu kooperieren. Ohne ein Mindestmaß an Vertrauen wäre es schwierig geworden, die zahlreichen Abkommen zur atomaren Rüstungskontrolle zwischen den USA und der Sowjetunion während des Kalten Kriegs zu formalisieren.

Vertrauen ist in keiner Art von politischer oder persönlicher Beziehung selbstverständlich. Es muss geschaffen werden. Wie Shultz sagte: „Sogar unsere Gegner müssen das Vertrauen zurückgewinnen, dass wir gemeinsam die globalen Bedrohungen für das Überleben der Menschheit meistern können, auch wenn wir in anderen Fragen verschiedener Meinung sind."

Höchst treffend verglich Shultz die Diplomatie mit der Pflege eines Gartens. Letztere erfordert Geduld. Shultz formulierte es so: „Wenn Sie einen Garten anlegen und sich dann acht Monate nicht um ihn kümmern, finden Sie ihn anschließend von Unkraut überwuchert vor. Wenn Sie ihn aber regelmäßig pflegen, wächst kein Unkraut."

Manchen erscheint diese Analogie veraltet. Ich selbst bin überzeugt, dass sie den Kern der Diplomatie noch immer trifft. Was sie jedoch vielleicht nicht einfängt, ist der Aspekt der Gegenseitigkeit – Diplomatie wird von Menschen gemeinsam mit anderen Menschen betrieben. Diplomatie dient den Staaten traditionell dazu, ihre Strategien umzusetzen. In der Praxis aber beruht sie noch immer auf dem persönlichen Kontakt von Angesicht zu Angesicht. Und dabei kommt es vor allem auf Zuhören, Ehrlichkeit und Loyalität an.

Ich nehme mir hier heraus, dies mit einem persönlichen Erlebnis zu illustrieren. Der Unterzeichnung der NATO-Russland-Grundakte von 1997 ging eine lange Reihe von Verhandlungen voraus – mit Jewgeni Primakow, dem damaligen russischen Außenminister, als meinem Verhandlungspartner. Primakows Ehrlichkeit und Wahrheitsliebe lieferten die Basis für die persönliche Beziehung, die wir entwickelten und ohne die sich ein positives politisches Ergebnis kaum hätte erzielen lassen. Primakow lud mich für die Verhandlungen auf eine russische Datscha ein, wo sich unsere Teams dann regelmäßig trafen. Wir beide wussten, dass die Verhandlungen schwierig werden würden. Er bat mich daraufhin, mit ihm einen Spaziergang entlang der verschneiten Wälder rund um die Datscha zu machen. Nachdem ich mich warm angezogen hatte, wanderten wir zwei Stunden lang durch die Natur und führten ein offenes und engagiertes Gespräch. Anschließend wussten wir, dass wir es zusammen schaffen konnten. Die politische Beziehung wurde von einer latenten Freundschaft getragen.

In einer Sphäre, in der dem unstrukturierten Gespräch im Rahmen offizieller Verhandlungen häufig kein Wert beigemessen wird, sollten wir George Shultz' Vorstellung von Diplomatie nicht vergessen. In der Diplomatie braucht es gelegentlich nicht mehr als einen Waldspaziergang. Oder sagen wir: einen Spaziergang im Garten.

**Javier Solana ist Präsident des ESADE Center for Global Economy and Geopolitics in Barcelona. Nach seinen Amtszeiten als spanischer Außenminister und NATO-Generalsekretär wurde er zum Hohen Vertreter für die Gemeinsame Außen- und Sicherheitspolitik der EU ernannt.**

◂ Javier Solana mit Frank-Walter Steinmeier auf der Münchner Sicherheitskonferenz im Februar 2013.

# Der Klimawandel als Nagelprobe der Diplomatie

**Patricia Espinosa**

Unser Bemühen um das Verstehen und Lösen von Herausforderungen der nationalen Sicherheit entspringt zu weiten Teilen einem berechtigten Gefühl des Argwohns und des mangelnden Vertrauens. Die Fähigkeit, Risiken und Bedrohungen – ob menschlichen oder natürlichen Ursprungs – zu erkennen und Maßnahmen zu ihrer Abwendung zu ergreifen, ist eine wichtige Voraussetzung für den Erhalt eines stabilen und sicheren Umfelds.

Die nationale Sicherheit hängt aber auch von verlässlichen, für alle Seiten vorteilhaften Beziehungen zu anderen Akteuren – Verbündeten, Partnern und Sympathisanten – ab, die letztlich auf Vertrauen basieren. Wie es bei vielen Aspekten internationaler Beziehungen der Fall ist, spiegeln diese beiden gegensätzlichen inneren Einstellungen – Vertrauen und Misstrauen – auf der Ebene der Nationalstaaten lediglich wider, was für jede Form von sozialer Interaktion – ob menschliche oder Finanzbeziehung, ob im Interesse der persönlichen oder der nationalen Sicherheit – gilt.

Wie die Geschichte zeigt, ist es vorteilhafter, Vertrauen zu schaffen, als sich mit dem Misstrauen zu arrangieren. Die Vorteile der Kooperation überwiegen in aller Regel jene der Konfrontation, vorausgesetzt, die Beteiligten respektieren einander und vertreten keine grundsätzlich unvereinbaren Ziele. Diese Voraussetzung ist wichtig, wenn sich Kooperation auszahlen soll, und das ist auch der Grund, warum Vertrauen in der globalisierten Welt von heute einen so hohen Stellenwert hat. Auf vielen globalen Problemfeldern ist die Kooperation heute die einzige Erfolg versprechende Option.

Das gilt besonders für den Klimawandel. Der Klimawandel ist kein in sich abgeschlossenes Phänomen, das sich isoliert behandeln lässt. Er stellt vielmehr eine kolossale Herausforderung dar, die sich auf viele Aspekte unseres Lebens auswirkt und sich nur mithilfe radikaler Veränderungen in der Art und Weise, wie wir leben, meistern lässt. Ihre Lösung erfordert resolutes und entschlossenes Handeln, zu dem alle ihren Beitrag leisten müssen – jedes Land, jede Region und letztlich jeder Einzelne von uns.

Wie unabdingbar Vertrauen für die globalen Bemühungen zur Bewältigung des Klimawandels ist, wurde am Ende von COP15 in Kopenhagen deutlich. Das Ergebnis dieses Treffens zeigte, dass jeder Lösungsansatz, mag er auch von den besten Absichten getragen sein, letztlich unweigerlich den eigenen Zielen zuwiderläuft, solange er nicht die Sichtweisen sämtlicher Länder – unabhängig vom Beitrag, den jedes von ihnen leisten kann oder nach Ansicht der übrigen Länder leisten sollte – berücksichtigt. Die internationale Ordnung gründet in der Vorstellung, dass jeder Nationalstaat in seiner Eigenschaft als Mitglied der Staatengemeinschaft dieselben Rechte und Privilegien besitzt wie alle anderen. Die Missachtung dieses Grundprinzips wird von den betroffenen Ländern – berechtigter- oder unberechtigterweise – als Unfairness und als grobe Ungleichbehandlung empfunden.

> Der Klimawandel ist kein in sich abgeschlossenes Phänomen, das sich isoliert behandeln lässt.

Viele Teilnehmer der Kopenhagener Klimakonferenz insbesondere aus den Entwicklungsländern hatten nicht den Eindruck, dass hier ein umfassender und offener Beratungsprozess im Gang war. Ihnen schien es vielmehr, als würde von ihnen lediglich erwartet, einer Reihe von Resolutionen ihre Zustimmung zu geben, die ohne Rücksicht auf ihre Meinung und erst recht ohne Würdigung ihres Beitrags vorbereitet worden waren. Die Folge davon war, dass viele wertvolle und vernünftige Vorschläge, die in guter Absicht vorbereitet, aber vielleicht nicht in der bestmöglichen Form präsentiert und beworben worden waren, auf Ablehnung stießen und die Verhandlungen ins Stocken gerieten. Erst in mühsamer und beharrlicher Kleinarbeit gelang es im Verlauf der anschließenden zwölf Monate, das Vertrauen der Verhandlungspartner, Beobachter und Stakeholder zurückgewinnen. Dazu war es nötig, dass jede Stimme gehört wurde, die Beratungsgespräche in einer offenen und inklusiven Atmosphäre stattfanden und die bekundete Absicht mit dem tatsächlichen Verhalten in Einklang stand.

Die Lehre von Kopenhagen fand ihren Niederschlag in der Klimarahmenkonvention der Vereinten Nationen (UNFCCC). Das Bekenntnis zu Inklusivität, Offenheit und Transparenz muss in jeder Sitzung und in jedem Austausch zum Ausdruck kommen. Das gilt auch für die Bemühungen um einen Erfolg von COP26. Hier werden gegenwärtig viele komplexe Themen ver-

◂ Patricia Espinosa auf der Münchner Sicherheitskonferenz im Februar 2020.

handelt. Es kostet viel Mühe, die unterschiedlichen Positionen zu versöhnen und zu einem gemeinsamen Verständnis zu gelangen. Die Erfolgschancen hängen in allen Bereichen entscheidend vom wechselseitigen Vertrauen ab, das auf der Erfüllung zuvor gemachter Zusagen beruht. Es bringt nichts, neue Versprechungen zu machen, solange der Eindruck besteht, dass die Zusagen aus der Vergangenheit nicht eingehalten werden.

Vertrauen bildete schon immer die Grundlage jeglicher Diplomatie. Es ist zugleich das Mittel der Wahl, um die nötige Zuversicht zu erzeugen, ohne die eine Kooperation zwischen internationalen Akteuren mit ihren unterschiedlichen und häufig widersprüchlichen Interessen nicht möglich ist. Unter dem Gesichtspunkt des zwischenstaatlichen Prozesses im Umgang mit dem Klimawandel lässt sich die Verbindung zwischen beiden Konzepten vielleicht so zusammenfassen: Vertrauen ist gleichzeitig Mittel und Zweck von Diplomatie. In internationalen Angelegenheiten gilt: Genauso wie Diplomatie ohne Vertrauen nicht möglich ist, gibt es kein Vertrauen ohne Diplomatie.

**Genauso wie Diplomatie ohne Vertrauen nicht möglich ist, gibt es kein Vertrauen ohne Diplomatie.**

**Patricia Espinosa ist Leiterin des Sekretariats der Klimarahmenkonvention der Vereinten Nationen (UNFCCC) in Bonn. Zuvor war sie mexikanische Außenministerin und als Botschafterin Mexikos in Deutschland.**

# Die menschliche Note

**Atifete Jahjaga**

Als Staatschefs leben wir häufig in einer eng getakteten Welt. Wir eilen von einem Meeting zum nächsten, vom bilateralen Gespräch zur Konferenz. Wir kommen den Anforderungen unseres Jobs zu Hause nach oder repräsentieren unser Land so gut, wie wir es nur können. Im ständig wechselnden Umfeld der internationalen Beziehungen betrachten uns Politikerkollegen ebenso wie Nichtpolitiker gleichsam als Maschinen, die, Druck hin oder her, stets umsichtig handeln, den klaren Blick bewahren, die Ruhe selbst sind, keine Gefühlsanwandlungen kennen, stets pragmatische Entscheidungen treffen und jederzeit für unsere Fehler geradestehen. Wir vergessen, dass auch wir Produkte unseres Lebens und der Geschicke unseres Landes sind – eines bunten Gemischs aus privaten und beruflichen Erlebnissen und Erfahrungen.

Während meiner Zeit als Präsidentin der Republik Kosovo erlebte ich viele der Herausforderungen, mit denen sich heutige Staatschefs herumzuschlagen haben. Meine Herausforderungen waren vielleicht noch anspruchsvoller. Ich war die erste Frau im Präsidentenamt des Landes. Mir war bewusst, dass ich ein kleines Land mit gravierenden Problemen repräsentierte, an das aufgrund seiner Geschichte von seinen internationalen Gästen höhere Maßstäbe angelegt und das strenger beurteilt wurde, weil es dem Westen als Vorzeigebeispiel für sein einvernehmliches Versprechen eines „Nie wieder" bezüglich der Verfolgung Unschuldiger diente.

Meine Herangehensweise an internationale Beziehungen und an die Diplomatie war folglich sowohl persönlicher als auch beruflicher Art. Ich war schon immer der Meinung, dass sich in unseren „Jobs" beides nicht voneinander trennen lässt. Und das Persönliche überdauert auch in der Diplomatie oft das Berufliche.

Das veranlasst mich, über ein Erlebnis vom Ende meiner Amtszeit im Frühjahr 2016 zu berichten, als ich den damaligen US-Vizepräsidenten Joe Biden im Weißen Haus besuchte. Was unsere Mandate betraf, waren wir beide bereits „auf dem Sprung", aber das Meeting bot mir die Chance, unserem wichtigsten Verbündeten gegenüber noch einmal die Bitte zu äußern, weiterhin für die Integration des Kosovo und der Region in die Europäische Union und die NATO einzutreten. Es war auch eine Chance, Vizepräsident Biden für drei Jahre aktiver Fürsprache und aufrichtigen Engagements für den Balkan zu danken, den viele vor und nach ihm als zu kompliziert, als nicht der Zeit und Mühe wert erachtet hatten.

Laut Protokoll gehört es zu den Aufgaben von Staatsoberhäuptern, Medaillen und nationale Ehren zu verteilen. Für meine Generation jedoch fühlte sich Bidens Engagement für den Balkan im Allgemeinen und für die Beendigung des Kriegs 1999 im Kosovo im Besonderen sehr persönlich an. Ohne die von Biden und einer Generation führender europäischer und US-amerikanischer Politiker angestoßene Intervention gegen die serbische Kampagne des Blutvergießens und der ethnischen Säuberungen im Kosovo hätte ich jetzt nicht in seinem Büro im West Wing gestanden. Mein Land und ich fühlten uns verpflichtet, ihm unsere Dankbarkeit zu erweisen.

> Das Persönliche überdauert auch in der Diplomatie oft das Berufliche.

Biden hatte vor kurzem erst seinen Sohn Beau, einen renommierten Anwalt, verloren. Im Büro, in dem wir uns trafen, waren zwischen den vielen schönen Familienerinnerungen der Biden-Familie Beaus Fotos prominent zu sehen. Mein Land hatte in diesen Erinnerungen seinen Platz: Beau Biden war nach dem Krieg in den Kosovo gekommen, um beim Aufbau des Rechtsstaats zu helfen, indem er Staatsanwälte ausbildete. Wir hielten es für eine angemessene Form, seiner zu gedenken, die Autobahn, die die kosovarische Hauptstadt Pristina mit der US-Militärbasis Bondsteel verbindet, nach ihm zu benennen. Es war gedacht als Zeichen unserer Wertschätzung für Biden und zugleich als symbolische Geste zur weiteren Stärkung der Beziehungen zwischen dem Kosovo und seinem wichtigsten Verbündeten.

Als ich Joe Biden den Beschluss überreichte, hielt ich mit Mühe meine Tränen zurück; meine Berater waren weniger erfolgreich. Im Jahr darauf kam Biden – nun bereits nicht mehr als US-Vizepräsident – gemeinsam mit seiner Familie zur Einweihung der Autobahn, als wir sie nach seinem verstorbenen Sohn Beau benannten. Er versprach, dass Generationen von Bidens den Kosovo besuchen kommen und Beaus Vermächtnis Respekt zollen würden, das nunmehr eingraviert ist in die wichtigste Arterie, die den Kosovo mit der Region und darüber hinaus verbindet – Traum eines Volkes, das dank Beaus und seines Vaters Hilfe Wirklichkeit geworden ist.

**Atifete Jahjaga war von 2011 bis 2016 Präsidentin der Republik Kosovo. Sie ist Gründerin und Vorstandsvorsitzende der Jahjaga Foundation.**

◂ Atifete Jahjaga auf der Münchner Sicherheitskonferenz im Februar 2013.

# Diplomatie ist immer persönlich

**Børge Brende**

Wenn Politik die Kunst des Möglichen ist, wie Otto von Bismarck es formulierte, dann ist Diplomatie die Kunst des Persönlichen.

In ihrem mutigen Bestreben, eine friedlichere und bessere Zukunft zu gestalten, erweitern Diplomaten die Grenzen des Möglichen, indem sie Brücken über als unüberwindlich wirkende Gräben bauen und unverrückbar erscheinende Hindernisse aus dem Weg räumen. Durchbrüche wie das Camp-David-Abkommen oder das Tauwetter nach dem Kalten Krieg sind Beispiele für gelebte Diplomatie und ihre geschichtsträchtigen Errungenschaften – dafür, was geschickte Verhandlungsführer und Staatenlenker auch in schwierigen Situationen erreichen können.

Hinter diesen und anderen diplomatischen Heldentaten stehen persönliche Beziehungen, die sich zum Teil über Jahre herausgebildet haben. Über seine Freundschaft mit Präsident Anwar Sadat gelang es Präsident Jimmy Carter Ende der 1970er-Jahre, die Staatsoberhäupter Ägyptens und Israels zu ermutigen, den Weg des Friedens einzuschlagen. So trug die Vertrauensbeziehung zwischen den Präsidenten Ronald Reagan und Michail Gorbatschow entscheidend zur Vermeidung eines atomaren Schlagabtauschs und zur Beendigung des Kalten Kriegs bei.

Letztlich sind natürlich strategische Ziele und nicht persönliche Beziehungen die Triebfeder hinter den meisten diplomatischen Bemühungen. Der Erfolg dieser Bemühungen definiert sich aber darüber, ob die Beteiligten dort, wo sich die nationalen Interessen überschneiden, auf einen gemeinsamen Nenner kommen. Aber: Persönliche Beziehungen sind immer dort wichtig, wo es darum geht, Risiken einzugehen, Pattsituationen zu lösen und Auswege zu finden. Diese Beziehungen entstehen meist im informellen Austausch, der den Diplomaten die Möglichkeit bietet, Vertrauen zueinander zu entwickeln.

Es stimmt schon, was häufig behauptet wird: Auf der Jahrestagung des Weltwirtschaftsforums in Davos findet ein Großteil der Arbeit auf den Korridoren statt. Hier begegnen sich Minister, CEOs und andere Stakeholder von Angesicht zu Angesicht, um gemeinsame Schwerpunktthemen weiterzuverfolgen und um zugleich ihre Beziehungen zu pflegen. Die durch diese Begegnungen gebildeten und gefüllten Quellen des Vertrauens können dann genutzt werden, zukünftige diplomatische Projekte voranzutreiben.

Was geschieht, wenn sich scheinbar keine Gelegenheiten mehr bieten für dieses so wesentliche Element der Diplomatie – den Aufbau und die Pflege persönlicher Beziehungen?

In den frühen Tagen der COVID-19-Pandemie schien genau das einzutreten. Zwar fand der formelle diplomatische Austausch über digitale Plattformen weiterhin statt – die G20-Staaten trafen sich virtuell, die Vereinten Nationen eröffneten ihre Generalversammlung virtuell und selbstverständlich führten auch das Weltwirtschaftsforum und die Münchner Sicherheitskonferenz ihre Gipfeltreffen virtuell durch –, aber die für die Diplomatie so unverzichtbaren persönlichen Kontakte rückten auf einmal in unerreichbare Ferne.

Zum Glück haben sich die Befürchtungen nicht generell bewahrheitet. Die Beschränkungen der persönlichen Kontaktmöglichkeiten hinderten die Beteiligten nicht daran, sich auch im virtuellen Format von Zeit zu Zeit eher informell und spontan zu begegnen – vergleichbar damit, wie sie sich unter anderen Umständen auf den Korridoren der realen Begegnungsstätten über den Weg gelaufen wären.

Bevor beispielsweise die Panels des Weltwirtschaftsforum zu ihren virtuellen Gipfeltreffen zusammentraten, richtete das Forum einen „Redner-Raum" ein und ermunterte die Panelteilnehmer – Minister, CEOs und Vertreter zivilgesellschaftlicher Gruppierungen –, sich zwanzig Minuten vor Beginn des offiziellen Austauschs einzuloggen. Mochten sich diese Gespräche auch zumeist auf Small Talk beschränken – wann immer sie stattfanden, führten sie dazu, dass die Atmosphäre in der anschließenden Diskussion deutlich kooperativer war und die Dialoge produktiver waren.

Die Frage lautet somit: Kann eine digitale Diplomatie die Begegnung von Angesicht zu Angesicht ersetzen? Hier ist ein Kompromiss, wie ihn jeder – aktive oder ehemalige – Diplomat anbieten würde: Beide Formen haben ihre Vorteile. Während virtuelle Begegnungen die Möglichkeit bieten, sich auch unter schwierigen Umständen „an einen Tisch" zu setzen, bleibt die Präsenzbegegnung auf längere Sicht unersetzlich, um Beziehungen zu knüpfen und zu pflegen.

Børge Brende ist Präsident des Weltwirtschaftsforums. Er war von 2001 bis 2004 Umweltminister, von 2004 bis 2005 Handels- und Industrieminister und von 2013 bis 2017 Außenminister Norwegens.

◂ Børge Brende beim MSC Core Group Meeting in Washington, DC, im Mai 2017.

# Wozu Botschafter gut sind

**Robert Cooper**

Am Anfang waren die Prinzen. Aber es war gefährlich, sie allein aufeinander loszulassen. Prinzen wuchsen in einer Welt auf, in der ihnen alle zu gehorchen hatten, und ihre Berater fürchteten, der direkte Dialog mit einem anderen Herrscher könnte Unglück bringen. So erfanden sie die Botschafter – Männer des Protokolls und der Manieren, die imstande sind, in den Beziehungen zwischen stolzen Monarchen und aggressiven Staaten die Wogen zu glätten.

Anfangs kamen sie als Gäste auf Zeit an fremde Höfe, um über konkrete Probleme zu verhandeln oder zu sehen, ob eine potenzielle Braut für ihren Prinzen geeignet war – Fotos lügen vielleicht nicht, aber Gemälde umso mehr. Der endlose Konkurrenzkampf unter den italienischen Stadtstaaten der Renaissance führte später zur Idee des ständigen Botschafters, der die Absichten und Machenschaften rivalisierender Herrscher auskundschaften konnte. Oder sie wurden als Höflinge entsandt, um über eine königliche Braut zu wachen, wie es Sir Henry Wotton für Elisabeth von Böhmen, die Tochter Jakobs I. von England, tat. Von ihm ist die ironische Definition eines Botschafters als eines ehrenwerten Mannes bekannt, der ins Ausland geschickt wird, um zum Besten seines Landes zu lügen. Aber das Gedicht, das er für Elisabeth, die „Winterkönigin" von Böhmen, verfasste, zeigt ihn als einen Mann von Geschmack und Verstand.[1]

> **Wozu braucht es Botschafter, wenn es Telefone gibt?**

Die Kriege in Europa nahmen zu und damit auch die Notwendigkeit, potenzielle Feinde im Auge zu behalten und den Kontakt zu möglichen Freunden zu pflegen. Zu den Ergebnissen der Napoleonischen Kriege und des Wiener Kongresses gehörte die Verständigung auf ein System des regelmäßigen diplomatischen Austauschs. Die aristokratische Tradition der Diplomatie bestand fort – die Länder wurden nach wie vor von Königen und Höfen regiert. Das endete jedoch 1918, und die Kriegsschrecken des zwanzigsten Jahrhunderts machten die Diplomatie nicht weniger bedeutsam.

Im weiteren Verlauf des Jahrhunderts begannen die Menschen sich zu fragen: Wozu brauchen wir diese kostspieligen Menschen in ihren großen Häusern und mit ihren prunkvollen Festessen? Wenn die Staatenlenker miteinander sprechen wollen, konnten sie es doch auch direkt tun. Das erste interkontinentale Telefongespräch fand vor fast hundert Jahren – 1926 – statt. Seither fragen die Menschen: Wozu braucht es Botschafter, wenn es Telefone gibt?

Als Antwort auf diese Frage möchte ich hier einige Geschichten wiedergeben, die mir Freunde überwiegend aus dem britischen diplomatischen Dienst erzählt haben, ergänzt um einige persönliche Anekdoten aus meiner Zeit bei der Europäischen Union.

### Nick Westcott

Nick Westcott war britischer Botschafter in einer Reihe afrikanischer Länder. In einem wurde ein britischer Tourist von einer der vielen bewaffneten Gruppen gekidnappt, die auf dem Land ihr Unwesen trieben. Wie geht man mit so einem Problem um? Nick führte ein langes Gespräch mit dem Präsidenten, der angeblich über geheime Drähte zu den Rebellen verfügte, und ließ nicht locker, bis der Präsident einen konkreten Vorschlag gemacht hatte, der gewisse Erfolgsaussichten zu haben schien. Er stellte den Kontakt zu einem Mann her, der als der „Fixer" (Problemlöser) des Präsidenten galt: seinem Verbindungsmann zu den weniger respektablen Elementen des Landes. Als Nächstes fand also ein Gespräch – in einem Café, aber auch diesmal unter vier Augen – zwischen Nick und dem Fixer statt. Es folgte lange Funkstille, aber einige Monate später kam die Geisel frei.

In vielen – vielleicht sogar den meisten – Ländern werden die wirklich wichtigen Dinge von Angesicht zu Angesicht ausgehandelt. In Afrika ist es nahezu unmöglich, Entscheidungsträger ans Telefon zu bekommen oder in ihren Büros anzutreffen. Auch deshalb ist der Besuch von Beerdigungen ein unverzichtbarer Bestandteil der diplomatischen Tätigkeit – abgesehen von dem Respekt für den Verstorbenen, den man damit bekundet. Im Vorfeld einer besonders heiß umkämpften Wahl war es Nick nicht gelungen, den für den Wahlprozess zuständigen Minister oder den Parteichef zu kontaktieren. Als aber unerwartet ein Minister aus dem Kabinett verstarb, erschienen die gesamte Regierung und die Parteispitze zu seiner Beerdigung. Nach der (sehr langen) Trauerzeremonie gelang es Nick, sich zu beiden Männern zu

◂ Robert Cooper (rechts) mit Wolfgang Ischinger beim MSC Core Group Meeting in Wien im Juni 2015.

gesellen und nicht nur den verstorbenen Minister zu preisen, sondern auch offen über die Konsequenzen einer unverhohlenen Manipulation der Wahl zu sprechen. Die am Rande der Beerdigung geknüpften Beziehungen ließen sich über den gesamten Wahlprozess hinweg aufrechterhalten und halfen der Regierung schließlich zu akzeptieren, dass sie verloren hatte und sich einer friedlichen Machtübergabe nicht entgegenstellen sollte.

Robin Christopher

Robin Christopher wurde 1997 britischer Botschafter in Indonesien. Damals waren noch Präsident Suharto und die Armee an der Macht. Es war eine vergleichsweise gutartige Form von Militärherrschaft: Die Bildungs- und Lebensstandards verbesserten sich unter ihm. Der neue britische Außenminister Robin Cook besuchte Jakarta kurz nach Christophers Amtsantritt – eine gute Gelegenheit für einen neuen Botschafter, die maßgeblichen Personen kennenzulernen. Der Besuch verlief gut. Robin legte gerade eine Erholungspause an einem Strand ein, als er über Telefon vom Tod Prinzessin Dianas in Paris erfuhr. Er legte in der Botschaft ein Kondolenzbuch aus und fragte sich, ob die Menschen in Indonesien wohl Interesse zeigen würden. Und in der Tat: Diana hatte Indonesien einmal besucht und dabei einen bleibenden Eindruck hinterlassen. Einige Wochen lang zog sich die Warteschlange rund um den Block. Wann immer Robin konnte, ging er dort vorbei, um einige der Wartenden zu grüßen und mit ihnen zu sprechen. Dann las er in der Zeitung, dass der indonesische Verein Christlicher Frauen einen Gedenkgottesdienst in der Kathedrale veranstalten würde. Robin und seine Frau Merril beschlossen hinzugehen, obwohl sie keine Einladung erhalten hatten. Gegen Ende des Gottesdienstes wurde verkündet, dass der britische Botschafter nun eine Trauerrede halten würde. Das kam überraschend, aber aus seinen Gesprächen mit den Menschen außerhalb der Botschaft wusste Robin genau, was er sagen sollte.

Ein nützliches Ergebnis von Außenminister Cooks Besuch war, dass er ein Gefühl für das Land, seine Menschen und seine Politik entwickelte. Und auch den Botschafter Christopher lernte er so besser kennen. Das half sehr, als die Krise kam. Indonesien hatte zwei große Probleme: den Finanzcrash, der Suhartos Diktatur beendete, und Osttimor. Beides hing miteinander zusammen, und die Krise war dualer Natur. Der Außenminister bestimmte die Politik, aber es war der Botschafter, der während dieser angespannten Zeit die konkreten Schritte vorschlug.

Die Militärherrschaft endete 1998. Suharto war im Februar desselben Jahres „wiedergewählt" worden – mit B. J. Habibie als Vizepräsidenten. Habibie war ein brillanter Luftfahrtingenieur im Besitz eines Doktortitels von der RWTH Aachen. Bei Messerschmitt in Deutschland hatte er es bis zum Vizepräsidenten gebracht. Im Jahr 1974 hatte Suharto, der von einer eigenen indonesischen Luftfahrtindustrie träumte, ihn überredet, mit ihm nach Indonesien zurückzukehren, und ihn zum Forschungs- und Technologieminister gemacht. Nur Suharto dachte, dass Habibie einen guten Vizepräsidenten abgeben würde, aber damals zählte auch nur Suhartos Meinung.

Die asiatische Finanzkrise begann 1997 und erreichte ihren Höhepunkt im Frühjahr 1998. Indonesien war ihr größtes Opfer. Im Februar hatte Suharto noch die volle Kontrolle, aber bereits im Mai waren eine Million Menschen auf den Straßen, und viele Häuser und Geschäfte – insbesondere solche, die Chinesen gehörten – standen in Flammen. (Was machen Botschafter in solchen Zeiten? Sie helfen ihren Landsleuten, sich im Chaos zurechtzufinden, und organisieren im äußersten Fall ihre Evakuierung – wie es auch Robin und seine Kollegen taten.) Suharto beraumte eine Pressekonferenz an, und alle erwarteten, dass er seinen Rücktritt erklären würde. Stattdessen verkündete er eine Kabinettsumbildung. Erst als alle vorgesehenen Minister sich weigerten, ihre Posten anzutreten, gab er auf. Habibie, der gerade einmal drei Monate Vizepräsident gewesen war, übernahm. Die Armee hätte ihn stürzen können, aber vielleicht hatten die Stabilität und der Wohlstand der Suharto-Jahre sie träge gemacht. Habibie selbst erzählte Robin eines Tages, das Militär habe sein Haus am Abend zuvor umzingelt und ihn zum Amtsverzicht aufgefordert. Er habe sich geweigert und das Militär sei schließlich abgezogen. Habibie ritt ein Jahr lang auf der Welle der Revolution und geleitete Indonesien sicher zu den ersten freien Wahlen seit einer Generation.

Osttimor war bis zur Auflösung des portugiesischen Kolonialreichs 1975 portugiesische Kolonie gewesen. Im Zuge des Dekolonialisierungsprozesses erklärte die FRETELIN, eine marxistische Befreiungsbewegung, Osttimor für unabhängig. Daraufhin rückte die indonesische Armee von Westtimor ein und begann ihre 24 Jahre dauernde, von Gräueltaten gekennzeichnete Besetzung. Nur Australien erkannte den indonesischen Herrschaftsanspruch an. Portugal hatte seine übrigen Kolonien in die Unabhängigkeit entlassen, und als das Land 1985 der EU beitrat, sorgte es dafür, dass die EU am Ziel der Unabhängigkeit Osttimors festhielt. Das hatte unter anderem zur Folge, dass kein EU-Missionsleiter jemals Osttimor besuchte, obwohl dieses mittlerweile zum entscheidenden Dorn im Auge der indonesischen Außenpolitik geworden war.

Zur Zeit von Suhartos Sturz hatte das Vereinigte Königreich gerade die rotierende EU-Präsidentschaft inne. Robin führte die EU-„Troika" – zu der neben ihm auch die Botschafter der vorangegangenen und nachfolgenden Präsidentschaftsinhaber gehörten – nach Osttimor zu einem Informationsbesuch. Die timoresische Bevölkerung bereitete den Boden für einen Sinneswandel bei Habibie, mittlerweile Präsident, der Osttimor „weitgehende Autonomie" innerhalb Indonesiens anbot. Er erkannte, dass dieses Angebot der Legitimierung bedurfte, und willigte in ein von der UN organisiertes Referendum ein. Die Osttimoresen sollten um ihre Stimme für oder gegen eine Autonomie gebeten werden, und es war klar, dass ein Votum gegen die Autonomie als ein Votum für die Unabhängigkeit zu werten wäre. Robin gehörte zu den internationalen Beobachtern des Referendums, das wie eine Art Festival gefeiert wurde. Wenige Tage später verkündete Annan die überwältigende Ablehnung der Autonomie. In diesem Augenblick lief die indonesische Armee erneut Amok in Osttimor – brandschatzend, vergewaltigend, mordend und zerstörend.

Nach der Verkündung des Ergebnisses entließ Präsident Habibie den Anführer der osttimoresischen Unabhängigkeitsbewegung Xanana Gusmão aus dem Gefängnis in den Hausarrest. Robin hatte ihn zuvor im Gefängnis besucht und sah ihn nun erneut bei seiner Rückkehr vom Referendum. Gusmão sollte schon bald entlassen werden, aber die Nachrichten aus Osttimor machten klar, dass er dort nicht sicher wäre. Also fragte er Robin, ob dieser ihn stattdessen bei sich aufnehmen könne. Robin erwirkte umgehend eine positive Antwort von seinem Außenminister, die indonesische Regierung erklärte sich einverstanden, und die britische Regierung stellte eine Schutzeinheit. Gusmão hielt sich zwei Wochen lang in der britischen Botschaft auf.

In dieser Zeit entsandte der UN-Sicherheitsrat ein Team von Botschaftern nach Indonesien. Sie trafen Gusmão in der Botschaft in Jakarta und drängten die Regierung, ihnen zu gestatten, General Wiranto, den Chef der indonesischen Armee, nach Osttimor mitzunehmen. Auch ein BBC-Team war dabei. Die BBC interviewte den General in den Ruinen der Hauptstadt Dili. Wiranto gab vor laufender Kamera zu, dass die Lage nicht unter Kontrolle war und wie geschockt er von der Zerstörung war, die das indonesische Militär und seine Milizen in Osttimor angerichtet hatten. Das ebnete den Weg für die spätere UN-Friedensmission.

### Peter Westmacott

Westliche Hauptstädte sind weniger chaotisch, aber sie sind Schauplatz einer unendlichen Folge von Verhandlungen. Dies könnte die Stunde des Telefons sein, aber selbst, wenn Staatslenker direkt miteinander sprechen, müssen sie immer noch gebrieft werden.

Peter Westmacott war britischer Botschafter in Ankara, Paris und Washington. Ein Höhepunkt seiner Ankara-Mission spielte sich nicht dort, sondern in Brüssel ab. Es war jener Moment im Jahr 2004, als schließlich ein Datum für die Aufnahme von Verhandlungen mit der Türkei über die Mitgliedschaft in der Europäischen Union festgelegt wurde. Vorausgegangen war eine Zeit der Erfolge für die EU – die Reformen in Ost- und Mitteleuropa hatten es den meisten dieser Länder ermöglicht, der EU beizutreten. Auch die Türkei schien nun auf dem besten Weg, diesem Beispiel zu folgen. Dramatische Reformen hatten zur Verbesserung des Justizsystems geführt und die Integration der kurdischen Minderheit gefördert. Die Verhandlungen mit der Türkei gestalteten sich schwierig, und es gab noch so manches ungeklärte Problem, als der damalige Ministerpräsident Erdoğan im Dezember 2004 nach Brüssel reiste, wo die Entscheidung des Europäischen Rats zur Aufnahme von Beitrittsverhandlungen mit der Türkei anstand. Tony Blair bat Peter Westmacott, ebenfalls zugegen zu sein. Peter hatte die Verhandlungen an der Seite von Ministerpräsident Erdoğan und den anderen Delegationsmitgliedern miterlebt und kannte sie alle persönlich. Ähnlich verhielt es sich dann auch während des angespannten Gipfels in Brüssel. Anschließend titelte eine türkische Zeitung: „Komm schnell, Peter", in Anspielung auf eine Textnachricht, die ein Delegationsmitglied auf dem Höhepunkt der Verhandlungen an ihn gerichtet hatte, als ein verärgerter Erdoğan im Begriff war, unverrichteter Dinge wieder abzureisen. Diese Nachricht sagt alles.

Die Geschichte endete erfolglos. Die EU nahm Beitrittsverhandlungen auf, die Türkei ist nach wie vor ein wichtiger Partner Europas, aber das Land ist kompliziert und von schwierigen Nachbarn umgeben. Im November 2003 griff ein Selbstmordattentäter das britische Generalkonsulat in Istanbul an und tötete zwölf Mitarbeiter. Dann kam der Krieg im Nachbarland Irak, den 90 Prozent der türkischen Bevölkerung ablehnten. Der größte Schock aber kam, als der Annan-Plan zur Wiedervereinigung Zyperns nach jahrelangen Bemühungen zwar vom türkischen Bevölkerungsteil in Zypern gutgeheißen, vom griechischen Bevölkerungsteil aber abgelehnt wurde. Als Zypern anschließend der EU beitrat, schien das die Teilung eher noch zu bestätigen als zu beenden.

Ein anderes Beispiel dafür, was ein Botschafter tun kann, datiert aus Peter Westmacotts Zeit in Washington. Die Einwilligung des Irans zur Begrenzung seines Nuklearprogramms war seit dem Irakkrieg ein britisches und europäisches Ziel gewesen. Die Obama-Administration schloss sich der europäischen Initiative an und übernahm anschließend die Federführung. Sie richtete einen geheimen Kommunikationskanal zu den Iranern ein (keine Überraschung für jeden Verbündeten Washingtons). Das Ergebnis war, was wir immer schon angestrebt hatten: ein Abkommen zwischen dem Iran auf der einen und Großbritannien, Frankreich, Deutschland den Vereinigten Staaten, China und Russland – den „P5 + 1"[2] – auf der anderen Seite. Das Abkommen, ein dickes Konvolut unter dem fantasievollen Kürzel „JCPOA",[3] begrenzte das iranische Nuklearprogramm und erlaubte Überprüfungen durch die IAEA. Im Gegenzug sollten die P5 + 1 die Wirtschaftssanktionen, die sie gegen den Iran verhängt hatten, aufheben.

Das war ein beachtlicher Erfolg, doch drohte in den Vereinigten Staaten eine Blockade des Abkommens durch den Kongress. Das Ergebnis war unter anderem das Werk des israelischen Ministerpräsidenten Benjamin Netanyahu, unterstützt vom American Israeli Public Affairs Committee, der mächtigsten Lobbygruppe in Washington.

Der Präsident kann gegen missliebige Gesetze sein Veto einlegen, aber eine Zweidrittelmehrheit des Senats kann sein Veto wiederum überstimmen. Das Ziel der Administration war somit eine Dreiviertelmehrheit der Stimmen im Senat. Peter Westmacott und seine Kollegen fanden, das Abkommen mit dem Iran habe Besseres verdient. Mal allein und mal gemeinsam mit Kollegen aus Deutschland, Frankreich, Russland und China sprach er mit Dutzenden von Senatoren und mehr als hundert Abgeordneten. Das Repräsentantenhaus und der Senat sind es gewohnt, mit der Administration zu verhandeln und gelegentlich bei anderen Regierungen zu intervenieren. Diese konzertierte Aktion war jedoch etwas Neues, und sie war erfolgreich.

**Für fast jedes Land in der Welt gilt: Niemand in der Regierung weiß mehr über das Land als sein Botschafter vor Ort.**

Kurz danach wurde Westmacott gemeinsam mit dem neuen britischen Außenminister Philip Hammond bei Bob Corker, dem (republikanischen) Vorsitzenden des Auswärtigen Ausschusses des Senats, vorstellig. Der für gewöhnlich leutselige und freundliche Senator überfiel sie mit der Klage, Großbritannien habe sich mit seinem Eintreten für JCPOA in die inneren Angelegenheiten der USA eingemischt, und er werde jede Wiederholung als einen persönlichen Affront betrachten. Während der Außenminister über diese Einstellung nur staunte, fragte Peter Westmacott, warum es okay wäre, wenn der israelische Premierminister *gegen* Präsident Obamas Politik agitiere, aber nicht, wenn der britische Botschafter sich *für* ein Abkommen einsetze, das sowohl Großbritannien als auch die USA unterzeichnet hatten.

### Peter Sørensen

Ich schließe meinen Bericht mit zwei Geschichten aus meiner persönlichen Erfahrung. In beiden geht es nicht um Botschafter, aber immerhin um den Mann vor Ort – genau das, was ein Botschafter auch ist.[4]

Formell war der dänische Jurist, Soldat und Diplomat Peter Sørensen Dritter Sekretär in der dänischen Botschaft in Belgrad. Er hatte im dänischen Kontingent der EU-Beobachtermission in Kroatien und Bosnien gedient, als Rechtsberater für Carl Bildt in Sarajewo gearbeitet und anschließend als stellvertretender Leiter die UN-Mission im Kosovo begleitet. Peter Sørensen ist bodenständig, offen, freundlich und risikobereit. Als der Kosovo sich auf die Unabhängigkeit vorbereitete, wurde er von meinem Chef Javier Solana gebeten, als sein persönlicher Vertreter nach Belgrad zu gehen. Kopenhagen vermittelte ihm eine Stelle in seiner Botschaft, Brüssel gab ihm ein Telefon.[5]

Peter Sørensen lernte die serbischen Politiker kennen, die sich für den Kosovo interessierten, und machte sich selbst in Belgrad und Umgebung einen Namen. Unter anderem freundete er sich mit den – überwiegend gleichaltrigen – Mitarbeitern an, die das Büro von Präsident Boris Tadić führten.

Der Kosovo erklärte 2008 seine Unabhängigkeit. Im Lauf des folgenden Jahres erkannten die meisten EU-Mitgliedstaaten den Kosovo an – bis auf fünf. Im Herbst 2008 schlug Serbien vor, die UN-Generalversammlung möge den Internationalen Gerichtshof (IGH) um eine Einschätzung der Rechtmäßigkeit der kosovarischen Unabhängigkeitserklärung bitten. Die USA und die meisten EU-Länder waren dagegen, aber Serbien gewann die Abstimmung. Am Ende des Jahres schickte Präsident Tadić der EU einen Beitrittsantrag. Einige Mitgliedstaaten stellten sich quer mit dem Argument, Serbien möge sich in der Kosovo-Frage konstruktiver zeigen, bevor es sich um einen EU-Beitritt bewerbe.

Im Sommer 2010 war der IGH im Begriff, seine Stellungnahme zu veröffentlichen, und die EU musste reagieren. Wir unterbreiteten dem Politischen und Sicherheitspolitischen Komitee der EU einen Entwurf, der ausführlich diskutiert wurde und desto kürzer wurde, je länger die Debatte dauerte. Nach fünf oder sechs Stunden stellten sich nur noch zwei Länder quer – eines wegen einer allgemeinen Abneigung gegen einseitige Unabhängigkeitserklärungen und das andere zusätzlich aus dem Grund, dass sein Präsident mit Präsident Tadić befreundet war.

Wir waren die ganze Zeit über telefonisch mit Peter Sørensen in Kontakt. Als das Komitee nicht voranzukommen schien, sagte er, er könne möglicherweise helfen. Er rief seine Freunde in Tadićs Büro an und sagte ihnen, dass die Bewerbung ihres Präsidenten für den EU-Beitritt nur dann angenommen würde, wenn die EU sich zuvor auf eine gemeinsame Position zum Kosovo verständigte. Diese Position wäre nicht das, was Serbien sich wünsche. Solange es aber keine abgestimmte Position zum Kosovo gäbe, würde die EU ihre Zeit mit Diskussionen über den Kosovo zubringen und nicht dazu kommen, sich mit dem serbischen Beitrittsantrag zu beschäftigen. Das waren intelligente Menschen, und sie verstanden den Punkt. Sie riefen ihre Kollegen im zweiten der oben erwähnten Länder an und sagten, dass Tadić einen EU-Konsens brauche und hoffe, dass sie mitmachen würden. Die Angerufenen sandten dann neue Anweisungen nach Brüssel. So blieb nur noch ein Mitgliedstaat übrig, der sich daraufhin ebenfalls dem Konsens anschloss.

Das war ein diplomatisches Meisterstück. Mit seiner Findigkeit, seinem Ruf als vernunftbegabter und ehrlicher Mensch und der Vertrauensbeziehung, die er zu den wichtigsten Personen entwickelt hatte, gelang Sørensen der entscheidende Coup. Das kann nur jemand vor Ort leisten.

Die EU-Stellungnahme war ein sorgfältig ausgearbeitetes Stück bürokratischer Prosa. Aber jetzt hatte die EU eine klare Leitlinie. Sie bezog keine Position zur Rechtmäßigkeit der kosovarischen Unabhängigkeitserklärung (wie es auch der IGH nicht tat), bot aber an, zwischen Serbien und dem Kosovo zu vermitteln, die damals keinen Kontakt zueinander hatten. Später wurde diese Formulierung Teil der Resolution der UN-Generalversammlung. Der Dialog begann einige Monate später und hält bis heute an. Er hat das Problem zwischen Serbien und dem Kosovo nicht gelöst, aber er hat den Prozess ein wenig befördert und geholfen, den Frieden zu wahren.

### Andreas List

Meine zweite Anekdote handelt von einer kurzen Episode innerhalb einer längeren Geschichte. Gemeinsam mit dem namhaften italienischen Politiker Piero Fassino besuchte ich als EU-Vertreter Myanmar. Es war der erste höherrangige Besuch seit Jahren. In Myanmar hatte eine unter einer neuen (und mit Fehlern behafteten) Verfassung gewählte neue Regierung die Welt mit der Entlassung von Aung San Suu Kyi aus dem Hausarrest überrascht und gab nun zu verstehen, dass sie wünschte, den Paria-Status ihres Landes zu beenden. Fassino und ich brachten eine einfache Botschaft mit: Wenn die Regierung zwei Dinge tat, würde die EU alle ihre Sanktionen aufheben, von denen einige bereits seit über zehn Jahren in Kraft waren. Was wir forderten, war erstens die Freilassung sämtlicher politischer Gefangener und zweitens, dass die National League for Democracy (NLD) – Aung San Suu Kyis Partei – die Erlaubnis bekam, am politischen Leben des Landes teilzunehmen.

Wir wurden wohlwollend empfangen. Wir wiederholten unsere Botschaft gegenüber jedem. Die Treffen waren formell. Nach asiatischer Sitte saßen wir nicht einander gegenüber, sondern nebeneinander. Die myanmarische Seite war in der Regel durch ihren Minister sowie Dutzende von Funktionären vertreten. Sie alle waren höflich, hörten aufmerksam zu, nickten und lächelten. Niemand stellte Fragen oder machte irgendwelche Einwände. Hatten sie verstanden, was wir ihnen anboten? Und was erwarteten sie von uns? Wenn die EU ihre Sanktionen aufgab, bestand die Chance, dass die USA unserem Beispiel folgen würden. Ich hatte Sorge, dass wir mit unserer Botschaft nicht durchdrangen.

Dieser offizielle Rahmen bot keine Gelegenheit für ein privates Gespräch. Als wir uns nach dem letzten offiziellen Treffen – dem letzten mit dem Außenminister – per Handschlag verabschiedeten, hielt ich als Letzter in der Reihe seine Hand lange genug fest, um ihm zu sagen, dass wir die Sanktionen verhängt hatten, weil wir auf unseren Fernsehschirmen birmanische Militärs auf Mönche in den Straßen hatten schießen sehen. Sie müssten also etwas ähnlich Aufsehenerregendes tun, um dieses Bild zu korrigieren. Wenn sie beispielsweise beschlossen, ihre politischen Gefangenen zu entlassen, wie ich es gefordert hatte, so sollten sie diese vielleicht alle an ein und demselben Tag entlassen. Das würde wie ein Weckruf um die Welt gehen.

Der Außenminister erwiderte nichts, er schaute mich nur perplex an, vielleicht sogar ein wenig geschockt. Am Abend gab der Vizeminister ein Abschiedsessen. Danach nahm er mich beiseite und sagte mir, sein Minister habe die Bitte geäußert, dass ich ihm gegenüber wiederholen möge, was ich früher am selben Tag dem Minister gesagt hatte. Das gab mir die Gelegenheit zu einer deutlicheren Erklärung. Ich sagte, es ginge uns darum klarzumachen, dass wir es ernst meinten. Unser Angebot wäre potenziell geeignet, die Beziehung Myanmars zu uns und anderen Ländern von Grund auf zu verändern.

Der Vizeminister hörte aufmerksam zu, aber es erfolgte keine Reaktion. Ich kehrte nach Rangoon zurück und bereitete mich auf die Abfahrt zum Flughafen vor, als der Vizeminister sich auf einer sehr schlechten Telefonleitung meldete – die Telefontechnik stammte noch aus den 1950er-Jahren. Er bezog sich auf unser Gespräch und fragte, ob ich genau erklären könne, was wir meinten, wenn wir von „politischen Gefangenen" sprachen. Ich sagte ihm, wir würden ihm anderntags eine Liste zukommen lassen. Wir hatten seit zwanzig Jahren die Freilassung politischer Gefangener gefordert. Dies war das erste Mal, dass jemand fragte, wen wir meinten.

Wo kommt der Botschafter ins Spiel? Die EU hatte keinen Botschafter in Myanmar, unser kleines Büro bestand lediglich aus drei Personen. Andreas List, der Leiter des kleinen Teams, kam einem Botschafter am nächsten. Er pflegte eine langjährige Leidenschaft für das Land und hatte sich abwechselnd im und außerhalb des Landes aufgehalten. Der ehemalige österreichische Diplomat war ein Kenner des Landes und seiner Menschen.

> Das Geheimnis einer guten Außenpolitik ist einfach: Holen Sie sich einen guten Botschafter – und befolgen Sie seinen Rat.

Vor dem letzten Treffen berichtete ich ihm von meiner Sorge, wir würden mit unserem Vorschlag nicht durchdringen, und meinte, vielleicht sollte ich versuchen, die Birmanen in ihrer erstarrten Höflichkeit zu schockieren. Ich erzählte ihm frei heraus, was ich dachte, und fragte ihn nach seiner Meinung. Seine Erwiderung? „Du kannst dir nicht vorstellen, wie lange ich schon darauf warte, dass jemand so etwas vorschlägt."

Das war es, was ich brauchte: den Rat von jemandem, der das Land kannte. Das gab mir Mut, es zu versuchen. Ohne seine Ermunterung hätte ich es nicht getan.

Damit war seine Rolle aber noch nicht zu Ende. Ich sagte dem Vizeminister, dass ich ihm am nächsten Tag eine Liste schicken würde. Nur dass eine solche Liste nicht existierte. Also rief Andreas List seine Freunde aus den NGO-Kreisen zusammen, und gemeinsam erstellten sie eine Liste mit mehr als tausend Namen. Sie war alles andere als perfekt, aber wir konnten sie im Lauf der Zeit berichtigen und ergänzen. Vor allem aber taten die myanmarischen Stellen, was wir von ihnen verlangten – indem sie anfangs testweise einige wenige entließen und später, als die positiven Reaktionen im In- und Ausland spürbar wurden, immer mehr von ihnen. Am Ende kamen Tausende frei.

Noch eine andere Kleinigkeit brachte Andreas List zuwege: Die Debatten in Myanmars neuem Parlament waren steif und gestelzt wie unsere Treffen mit ihnen. Dass ein Viertel der Sitze Armeeoffizieren vorbehalten war, die vom Obersten Befehlshaber nominiert worden waren, machte die Sache nicht besser. Demokratie lebt von der Debatte und von Wahlen. Andreas organisierte Abendessen mit Abgeordneten an Tagen, an denen das Parlament tagte, damit sie über Themen wie Rechtsstaatlichkeit oder Handelspolitik sprechen konnten. Die Diskussionen waren stets lebendig, offen und fokussiert und endeten in der Regel mit Selfies reihum.

Nach einem weiteren Militärputsch begleitet von schrecklichen Gräueltaten befindet sich Myanmar mittlerweile in der nächsten Krise. Trotz der von den Militärs gezeigten Härte und der COVID-19-Krise hält der Widerstand an. Es ist erstaunlich, wie neun Jahre einer mittelmäßigen Demokratie unter einer mangelhaften Verfassung Myanmar verändert haben. Die Betroffenen, die ihr Leben und das ihrer Familien aufs Spiel setzen, verdienen alle Unterstützung, die wir ihnen geben können.

Eine letzte persönliche Reminiszenz: Im Jahr 1982 hatte ich aufgrund meines Jobs im Foreign and Commonwealth Office (dem britischen Außenministerium) Zugriff auf fast alle eintreffenden Telegramme. Mit Beginn unseres Kriegs mit Argentinien kam der normale Geschäftsbetrieb zum Erliegen. Ich las die Meldungen von Botschaftern, von denen ich noch nie gehört hatte – aus Ländern, die ich auf der Karte nicht zu finden wusste. Sie berichteten, dass sie eine Überfluggenehmigung erhalten oder bei einer Regierung den Aufschub einer Lieferung von warmer Kleidung an die argentinische Armee erwirkt hatten. Es war eine Art Heureka-Moment: Deswegen hatten wir an all diesen vergessenen Orten Botschafter! Und sie machten ihre Sache gut.

Für fast jedes Land in der Welt gilt: Niemand in der Regierung weiß mehr über das Land als sein Botschafter vor Ort. Jedes Land ist anders: andere Geschichte, andere Geografie, andere Hoffnungen und Sorgen, andere Persönlichkeiten. Das Geheimnis einer guten Außenpolitik ist einfach: Holen Sie sich einen guten Botschafter – und befolgen Sie seinen Rat.

*Robert Cooper war Generaldirektor für auswärtige und politisch-militärische Angelegenheiten beim Generalsekretariat des Rats der Europäischen Union und war später als Berater des Europäischen Auswärtigen Dienstes tätig. Sein jüngstes Buch* The Ambassadors – Thinking abowut Diplomacy from Machiavelli to Modern Times *erschien 2021.*

Wolfgang Ischinger mit Christoph Heusgen auf der Münchner Sicherheitskonferenz im Februar 2022.

msc
THE ART OF DIPLOMACY
75 Views Behind the Scenes of World Politics
Munich Security Conference

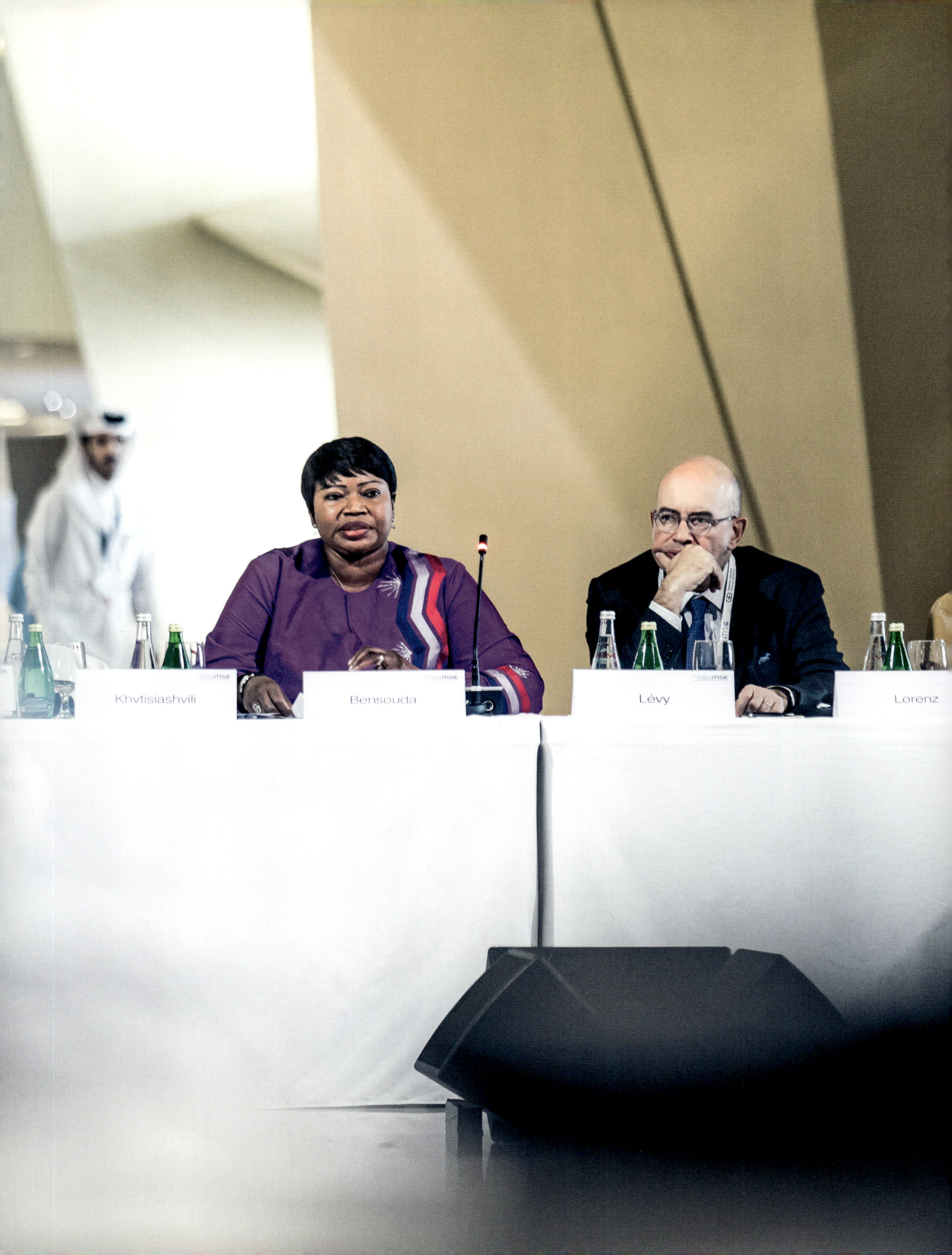
Khvtisiashvili
Bensouda
Lévy
Lorenz

# Diplomatie und Völkerrecht

Fatou Bensouda

Viele behaupten, Diplomatie und Multilateralismus gerieten außer Mode. Ich glaube nicht, dass das stimmt, aber ich beobachte mit Sorge, wie der Multilateralismus und die regelbasierte globale Ordnung zunehmend unter Druck geraten, wenn die Unantastbarkeit der Souveränität zur Rechtfertigung eines Ausnahmezustands sowie einer Ablehnung internationalen Rechts und der internationalen Rechtsordnung missbraucht wird.

Eine Hobbes'sche Welt, in der in einem gesetzlosen Chaos jede Nation für sich selbst kämpfen müsste, wäre in der Tat abscheulich und brutal. Das ist kein theoretisches Konstrukt, sondern die Realität der menschlichen Erfahrung und der Lehren aus der Geschichte mit ihren einander abwechselnden Phasen von Krieg und Frieden.

Das waren kostspielige Lektionen, auf deren Grundlage sich die globale Nachkriegsordnung mitsamt ihren Unzulänglichkeiten herausbildete – in der Hoffnung, zukünftigen Generationen die Geißel destruktiver Großmachtsrivalität, nicht endender Kriege und zahlloser Gräueltaten zu ersparen. Es waren dieselben Lehren, die auch Pate standen beim bislang weltweit erfolgreichsten regionalen Integrationsprojekt: der Europäischen Union, die für viele ähnliche Projekte zum Vorbild wurde.

Vergessen wir nicht: Multilateralismus als bevorzugter *modus operandi* für zwischenstaatliche Beziehungen und Kooperationen, multilaterale Institutionen wie jene, die der friedliche Beilegung von Konflikten dienen, und das Primat des Rechts sind hart erkämpfte Errungenschaften.

In einer zunehmend interdependenten Welt, konfrontiert mit den globalen Herausforderungen von Pandemien, Klimawandel und grenzüberschreitendem Terrorismus bis hin zu Krieg und massenweise begangenen Gräueltaten, hängen echter Erfolg und Fortschritt von unserer Bereitschaft ab, uns einzugestehen, dass wir der destruktiven und destabilisierenden Kraft dieser Übel nur durch Kooperation, diplomatisches Engagement und konzertierte Aktionen begegnen können. Unilaterale Ansätze im Sinne eines Nullsummendenkens liefern bestenfalls kurzfristige Ergebnisse, führen aber auf lange Frist unweigerlich zu Nettoverlusten.

Mit dem Zweiten Weltkrieg wurde klar, dass es katastrophale Folgen haben würde, wenn der internationalen Anarchie und dem Zwang und Einfluss rivalisierender Mächte kein Einhalt geboten würde. Die einzige Alternative, so hatten wir gelernt, bestand in einem klaren Bekenntnis zum Multilateralismus, zum diplomatischen Engagement und zur Entwicklung einer regelbasierten globalen Ordnung, die dem wechselseitigen Respekt zwischen den Nationen und der Wahrung von Frieden und Sicherheit gewidmet war. Die Vereinten Nationen wurden demnach – wie tatsächlich gesagt wurde – nicht gegründet, „um uns den Himmel auf Erden zu bringen, sondern um uns vor der Hölle zu bewahren". Die Welt von heute ist ungeachtet der vielen Herausforderungen, vor der sie steht, noch immer ein sichererer und weniger chaotischer Ort, als sie es ohne diese Neuerung wäre.

> Multilaterale Institutionen wie jene, die der friedliche Beilegung von Konflikten dienen, und das Primat des Rechts sind hart erkämpfte Errungenschaften.

Wir müssen diese Erfolge und den Fortschritt der Menschheit in Richtung einer besseren Zukunft feiern, in welcher der Ausbruch von Krieg immer weniger als Praxis der Zivilisation verstanden wird, sondern vielmehr als das Versäumnis von Vorstellungskraft und Intellekt, es besser zu machen und Konflikte ohne Rückgriff auf das Schwert abzuwenden oder zu lösen.

Die Menschheit muss sich mit den nötigen Instrumenten wappnen, um Krieg und Kriegsführung zu erschweren, und zugleich die Mechanismen und Institutionen kultivieren und schützen, die den Dialog, die Diplomatie und die friedliche Beilegung von Konflikten erleichtern. In unseren Werkzeugkasten gehört mit Sicherheit auch die Möglichkeit, Konflikte und Gewalt mithilfe des internationalen Rechts und juristischer Mechanismen zu unterbinden.

Als ehemalige Anklägerin des Internationalen Strafgerichtshofs (IStGH) bin ich zutiefst überzeugt, dass der IStGH einen wichtigen Grundpfeiler für ein regelbasiertes internationales System darstellt, das auf dem Respekt vor dem internationalen Recht und darauf beruht, dass schwere Verbrechen nicht ungestraft bleiben sollen und dass die internationale Gemeinschaft nicht tatenlos zusehen darf.

Mehr als 120 Staaten aus aller Welt haben den IStGH als eine unabhängige juristische Instanz geschaffen – als Ergänzung der nationalen Rechtsprechungen und ausgestattet mit dem Auftrag, Genozid, Verbrechen gegen die Menschlichkeit, Kriegsverbrechen und

◂ Fatou Bensouda beim MSC Core Group Meeting in Doha im Oktober 2019.

Aggressionsverbrechen zu verfolgen und zu ahnden. Die Schaffung des IStGH gegen alle Widerstände ist für sich genommen bereits eine wichtige diplomatische Errungenschaft und ein wichtiger Meilenstein in der Geschichte der Menschheit.

Sie war die Errungenschaft sämtlicher Staaten, die an den Verhandlungen teilgenommen hatten, aber insbesondere der kleineren und mittleren unter ihnen. Ihrem unermüdlichen Einsatz – häufig mit Unterstützung von Vertretern der Zivilgesellschaft – war es zu verdanken, dass der langjährige Traum von einem ständigen internationalen Strafgerichtshof Wirklichkeit wurde.

Mit der Schaffung des IStGH wurde eine wichtige normative und zugleich strukturelle und systembasierte Botschaft in die Welt gesendet, wonach die massenhafte Verübung von Gräueltaten als „Politik mit anderen Mitteln" nicht länger geduldet wird und die Täter ohne Ansehen ihres Rangs und ihres offiziellen Status für ihre Verbrechen entweder auf der nationalen oder der internationalen Ebene zur Rechenschaft gezogen werden.

Seit das Gericht im Jahr 2003 seinen Betrieb aufgenommen hat, konnte es sich in einem ständigen Wechsel von Auf und Ab und gegen starke Widerstände als wichtige juristische Institution behaupten und seine Strategien, Protokolle, Fallzahlen und Rechtsprechung kontinuierlich ausbauen und verbessern.

Das Gericht übt sein Mandat in voller Unabhängigkeit und Unparteilichkeit aus und profitiert zugleich von der juristischen und betrieblichen Unterstützung der beteiligten Staaten.

Wir brauchen eine internationale Strafjustiz, wenn wir das Konfliktpotenzial in der Welt verringern oder zumindest sicherstellen wollen, dass Recht und Gesetz nicht schweigen, wenn in Kriegen gegen sie verstoßen wird; dass die Opfer der Verbrechen nicht vergessen werden; dass auch sie eine Stimme haben und dass auch sie Gerechtigkeit erfahren hinsichtlich der Gräueltaten, die ihr Leben oder ihre Lebensgrundlage zerstört haben.

Lassen Sie mich betonen: Wir können keine selektive Justiz und keine doppelten Standards dulden, wenn Recht und Gesetz nur für einige gelten, während andere sich über das Gesetz stellen und sich in der Gewissheit wiegen, dass Macht vor Recht geht und am Ende nur die Macht zählt.

Es braucht den Mut – und häufig die Opfer – von Millionen, damit am Ende multilaterale Institutionen entstehen, die das Leben der Menschen verbessern; um aber den einmal erzielten Fortschritt wieder zu verspielen, genügt es, im Angesicht von Übeltätern stumm und untätig zu bleiben.

Auch wenn es immer noch viel zu viele Konflikte in der Welt gibt, in denen massenhaft Gräueltaten begangen werden, tat ich während meiner Zeit als IstGH-Chefanklägerin alles, was in meiner Macht stand, um den Stimmen von so vielen Opfern wie möglich Gehör zu verschaffen – um dafür zu sorgen, dass diese Opfer in den Genuss der Früchte der Justiz kamen und ihnen nach objektiven Kriterien unabhängig von der Nationalität des Täters oder ihrer eigenen Nationalität Gerechtigkeit zuteilwurde. Für unsere beharrliche Verteidigung dessen, was richtig und notwendig war für die professionelle Erfüllung unseres Auftrags gemäß dem Gründungsvertrag des Gerichts, zahlten ich und einige meiner Kollegen den Preis in Form von Drohungen und beispiellosen Sanktionen.

Kein Fortschritt wurde in der Geschichte der Menschheit über den Pfad des geringsten Widerstands erreicht. Um Albert Einsteins zeitlose Worte zu zitieren: „Frieden ist nicht einfach nur die Abwesenheit von Krieg, sondern die Anwesenheit von Recht, Gesetz und Ordnung."

Wir müssen den Kurs halten, auch wenn wir unter den Druck einer machiavellistischen Politik geraten. Multilateralismus und Diplomatie müssen der bevorzugte *modus operandi* zwischenstaatlicher Beziehungen sein, wenn wir das Leben der Menschen verbessern und – im Fall der internationalen Strafjustiz – den Opfern Verlässlichkeit vermitteln und Gerechtigkeit widerfahren lassen wollen.

Ich hoffe zutiefst, dass die Verfechter des Friedens und der Stabilität in der ganzen Welt in dieser und in zukünftigen Generationen mit unerschütterlicher Entschlossenheit darauf hinwirken werden, dass Multilateralismus und Diplomatie, die internationale Justiz und ihre Instrumente die Menschheit in eine neue Ära der Zivilisation führen werden.

Eine Welt, die dafür sorgt, dass Missetäter für ihre Gräueltaten zur Rechenschaft gezogen werden, wird schlussendlich mit Friedensdividenden dafür belohnt werden.

**Fatou Bensouda war von 2012 bis 2021 Chefanklägerin des Internationalen Strafgerichtshofs. Zuvor war sie als Generalstaatsanwältin und Justizministerin der Republik Gambia und am Internationalen Strafgerichtshof für Ruanda tätig, wo sie als Rechtsberaterin und Prozessanwältin amtierte, bevor sie Senior Legal Advisor und Head of the Legal Advisory Unit wurde.**

„The Knotted Gun" vor dem Hauptsitz der Vereinten Nationen in New York City. ▶

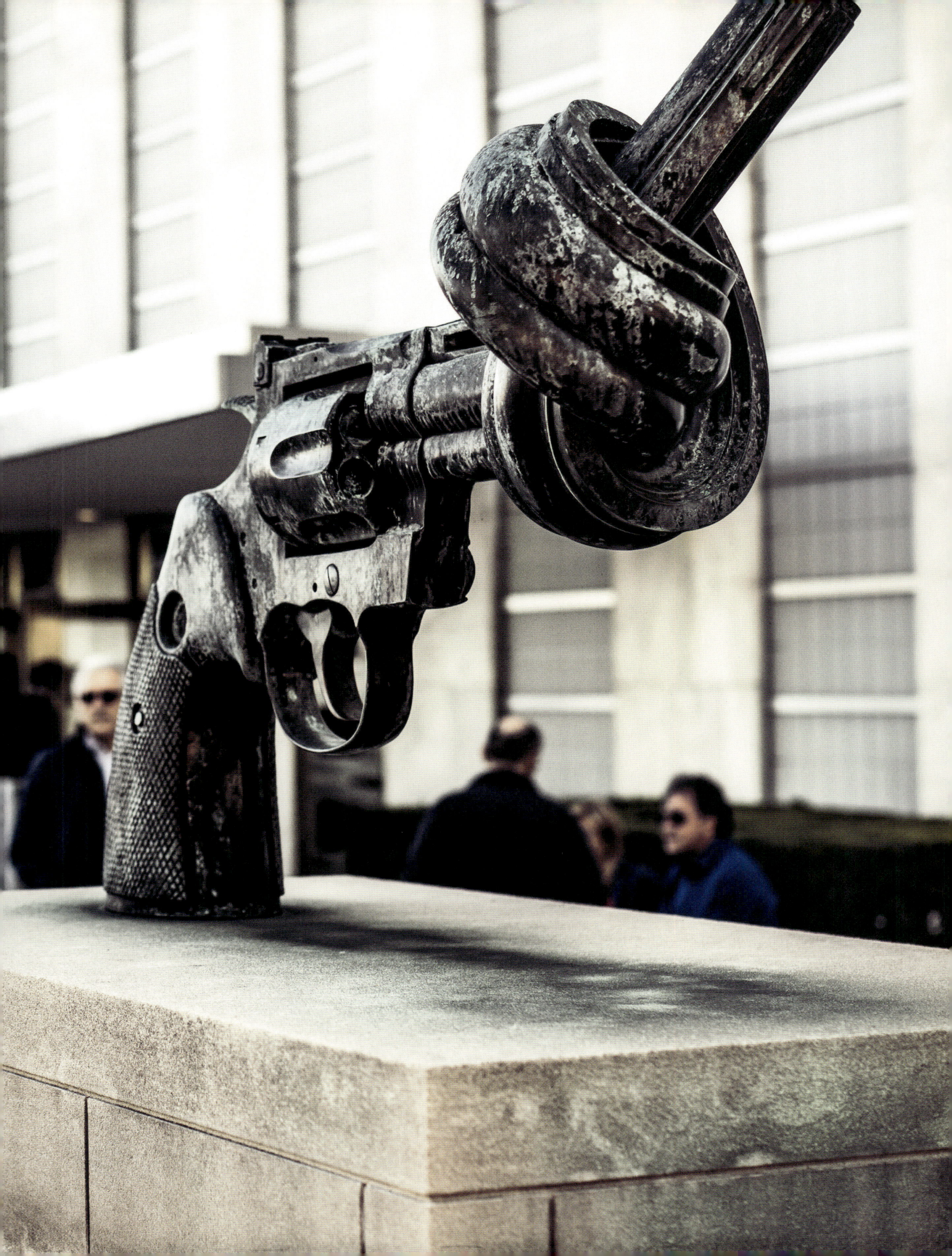

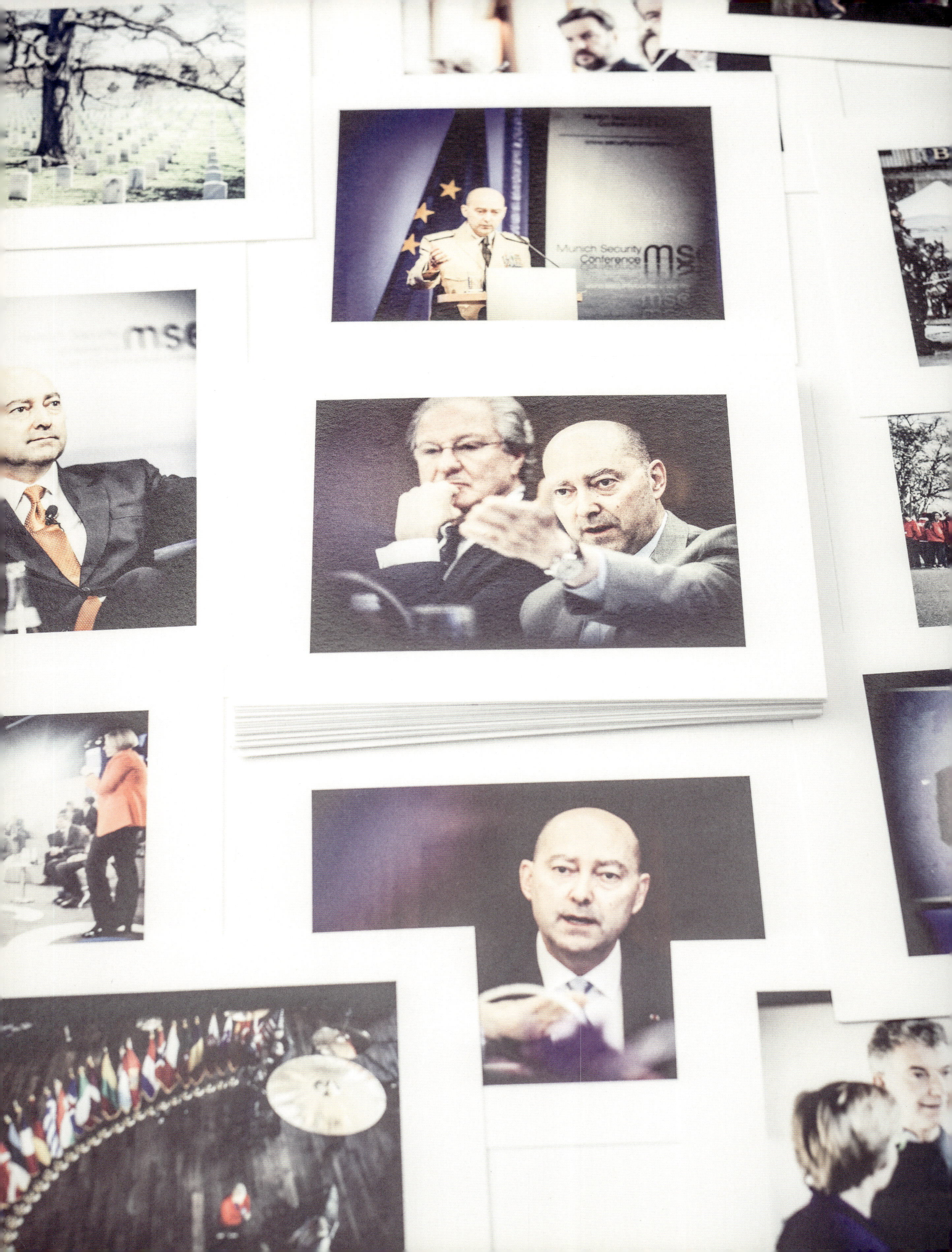
Munich Security Conference
msc
msc

# Diplomaten und Soldaten

**James G. Stavridis**

Letztes Jahr habe ich meinen ersten Roman veröffentlicht. Das Buch beschreibt, wie die USA und China in einen globalen Konflikt stolpern könnten. Es ist das fiktive kolossale Scheitern der Normen des internationalen Rechts und der Diplomatie, die wir alle in Ehren halten und über die wir alle Jahre wieder auf der Münchner Sicherheitskonferenz diskutieren.

Häufig werde ich gefragt, was mich dazu brachte, ein Buch über einen Krieg in der Zukunft zu schreiben. Ich beschloss, über die Zukunft zu schreiben, weil ich über die Vergangenheit nachdachte. Ich fokussierte mich auf die reichhaltige Literatur aus der Zeit des Kalten Kriegs, die uns half, uns vorzustellen, wie schrecklich ein Krieg zwischen den USA und der Sowjetunion gewesen wäre. Filme wie *Dr. Seltsam oder: Wie ich lernte, die Bombe zu lieben* und *Fail Safe – Befehl ohne Ausweg* oder Romane wie *Das letzte Ufer* und *Der dritte Weltkrieg – Hauptschauplatz Deutschland* präsentierten Weltuntergangsszenarien. Ich bin überzeugt, dass sie ihren Teil dazu beigetragen haben, einen solchen Krieg zu vermeiden.

Heute aber fehlt den USA und China eine vergleichbare Literatur. Unsere kollektive Vorstellungskraft lässt uns im Stich, und die Staaten scheinen oft als torkelten sie schlafwandelnd in den Krieg. Auseinandersetzungen über Taiwan, das Südchinesische Meer, Menschenrechte, Cybersicherheit, 5G-Netze, Handel und Zölle sind nur allzu real.

Armeen werden sich stets mit großer Energie und Entschlossenheit auf Krieg vorbereiten. Nichts anderes tun heute das US-Militär und die chinesische Volksbefreiungsarmee, indem sie enorme Ressourcen für den Bau von globalen Flotten, Hyperschall-Marschflugkörpern, militärischen Raumfahrtsystemen, hochentwickelten unbemannten Fahrzeugen, KI-Fähigkeiten und Spezialeinheiten verwenden. Dadurch, dass diese Armeen in den umstrittenen Gewässern des Südchinesischen Meeres fast täglich miteinander in Berührung kommen, steigt unaufhaltsam die Wahrscheinlichkeit einer Fehlkalkulation – der modernen Version der Attentäterkugel von 1914.

Als Oberster Alliierter Befehlshaber in Europa (SACEUR) habe ich gelernt, wie wichtig die Verbindung zwischen militärischen Fähigkeiten und diplomatischer Aktivität ist. Zu den wichtigsten taktischen Elementen gehört, dass die Armeen eine aktive Kommunikation betreiben und in der Lage sind, über sogenannte Hotlines augenblicklich Kontakt aufzunehmen; dass es eine zuverlässige zivile Kontrolle über das Militär auf der höchsten Ebene und einen starken taktischen Gehorsam bis hinunter zu den Schiffen und Flugzeugen im Feldeinsatz gibt; dass Ziele und „rote Linien" zwischen den Nationen durch kompetente Diplomaten klar und direkt kommuniziert werden; und dass den Diplomaten reichlich Gelegenheit gegeben wird, ihre harte Alltagsarbeit zu verrichten, aufeinander zuzugehen und Meinungsverschiedenheiten zu besprechen.

Als ich in Afghanistan als strategischer Befehlshaber eine Koalition aus mehr als fünfzig Nationen befehligte, bezog sich meine Arbeit vorwiegend auf internationale Beziehungen. Das bedeutete, dass ich in die Hauptstädte sämtlicher Länder der Koalition fliegen, mich regelmäßig mit den Botschaftern dieser Nationen in Brüssel treffen, den Militärführern in ihren Heimländern Respekt zollen, mich fortlaufend mit den Diplomaten der NATO und dem Generalsekretär abstimmen und den Medien in sämtlichen Ländern Futter liefern musste.

Wenn ich an diese Tage zurückdenke, wird mir bewusst, wie wichtig es ist, die richtige Balance zwischen *Hard Power* und *Soft Power* zu finden. Für echte Sicherheit benötigen wir das eine wie das andere: Mit Waffen allein schaffen wir keine Sicherheit. In vielen Fällen aber reicht sanfte Macht allein nicht aus. *Soft Power* ohne *Hard Power* ist am Ende gleichbedeutend mit *no power*.

Erfolg setzt die richtige Balance zwischen harter militärischer Macht und humanitärem und ökonomischem Beistand, Katastrophenhilfe und der Förderung jener Werte wie Demokratie und Freiheit, für welche die NATO steht, voraus. Stellen Sie sich das nicht wie einen Ein-Aus-Schalter, sondern eher wie einen Schieberegler vor. Sie benötigen *Hard Power*, aber entscheidend ist die richtige Mischung aus Hard und *Soft Power*. Manche sagen dazu *Smart Power*, und ich kann dem nur beipflichten.

Nur gemeinsam können Diplomaten und Soldaten nachhaltige Sicherheit schaffen und wenn wir einen Krieg mit China verhindern wollen, bedarf es größter Anstrengungen von beiden Seiten des Pazifiks.

James G. Stavridis, Admiral der US-Marine im Ruhestand, ist Vice Chair, Global Affairs, bei The Carlyle Group und Vorsitzender des Kuratoriums der Rockefeller Foundation. Er diente von 2009 bis 2013 bei der NATO als 16. Supreme Allied Commander Europe und von 2013 bis 2018 als 12. Dekan der Fletcher School of Law and Diplomacy an der Tuft University.

◄ James G. Stavridis zu Gast bei der Münchner Sicherheitskonferenz, unter anderem in 2018.

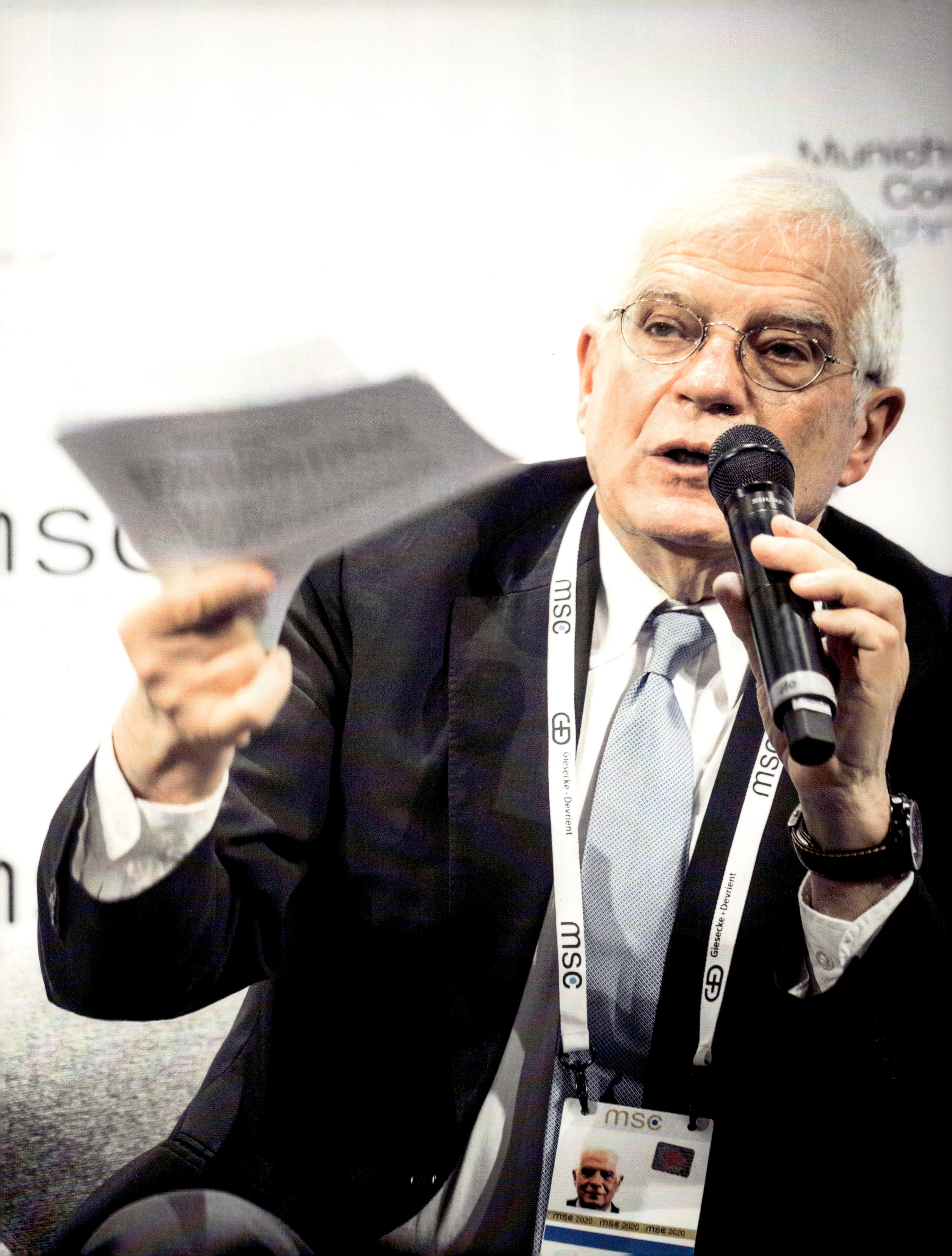
msc
Giesecke+Devrient
msc 2020

# Die Sprache der Macht

**Josep Borrell**

### Oktober 2019 – die Ursprünge eines schicksalhaften Ausdrucks

Mein Mandat als Hoher Vertreter der EU wird wohl oder übel auf immer und ewig mit einem Ausspruch verbunden bleiben. Bei meiner Anhörung vor dem Europäischen Parlament sagte ich, die Europäer müssten lernen, die Sprache der Macht zu sprechen.

Ich begründete dies damit, dass das europäische Integrationsprojekt seinen Ursprung in der Ablehnung von Machtpolitik durch die beteiligten Staaten hatte. Natürlich waren Konflikte damit nicht grundsätzlich abgeschafft, aber der EU war es gelungen, politische Probleme in technokratische zu verwandeln und Machtspiele durch juristische Verfahren zu ersetzen.

In der Geschichte der internationalen Beziehungen und des Kontinents stellte dies eine kopernikanische Revolution und einen spektakulären Erfolg dar, der den Frieden und die Kooperation zwischen ehemaligen Kriegsparteien zementierte. So waren Institutionen, mentale Landkarten und ein Vokabular entstanden, wie es sie zuvor nicht gegeben hatte. Die Europäer waren zu Recht stolz auf dieses „Entkommen aus der Geschichte".

Aber dieser Triumph hatte einen Preis: das Widerstreben, anzuerkennen, dass außerhalb unseres postmodernen europäischen Gartens „der Dschungel nachwächst", wie Robert Kagan es formulierte.[1] Machtpolitik ist auf dem Vormarsch, und immer mehr Länder sind bereit, ihre Ziele notfalls auch mit Mitteln der Gewalt, der Erpressung und der Einschüchterung zu erreichen.

Die Geschichte ist also nicht an ihrem Ende angelangt, wie einige behaupten, sondern hat lediglich ein neues Kapitel aufgeschlagen. Angesichts eines von Krisen umgebenen Europas und einer von Großmächterivalität geprägten Welt, so meine Argumentation im Oktober 2019, müssten wir Europäer realistisch sein und die Welt nehmen, wie sie ist, und nicht, wie wir sie uns wünschen. Wir müssten (wieder) lernen, in Machtbegriffen zu denken und zu handeln.

◂ Josep Borrell auf der Münchner Sicherheitskonferenz im Februar 2020.

Europas Hauptproblem ist ja nicht, dass es uns grundsätzlich an Macht fehlen würde. Das Problem ist die Fragmentierung dieser Macht. Europa hat viele Hebel, angefangen von unserem Handels- und Investitionsvolumen über unsere Fähigkeit, Normen und Standards zu setzen (gemäß dem von Anu Bradford beschriebenen „Brüssel-Effekt"[2]), bis zu unserem Budget für wirtschaftliche Zusammenarbeit, unseren Krisenbewältigungseinsätzen, unseren Sanktionen und so weiter. Die in diesen Bereichen verfolgten Strategien gehorchen jedoch ihrem je eigenen Rhythmus und ihrer je eigenen Logik. Mein Appell lautet deshalb, diese Hebel zusammenzuziehen und im Sinne einer einheitlichen politischen Strategie zu nutzen.

Mein Ausspruch traf damals auf eine überwiegend positive Resonanz. Er kam zu einer Zeit, als Kommissionspräsidentin von der Leyen eine „geopolitische Kommission" ankündigte, Präsident Macron die Europäer drängte, ihre „strategische Autonomie" und „Souveränität" zu verteidigen, und Kanzlerin Merkel bereits 2017 gefordert hatte, Europa müsse „sein Schicksal in die eigene Hand nehmen". Auch wenn eine wichtige Triebfeder für diese konzeptionelle Konvergenz sicherlich die Turbulenzen der Trump-Präsidentschaft waren, bin ich überzeugt, dass das geopolitische Erwachen Europas breitere und tiefere Ursachen hat.

### Was bedeutet das für die Politik?

Heute, zwei Jahre später, lautet die Frage: Wie macht sich Europa im Umsetzen dieser Ankündigungen und Konzepte? Um diese Frage beantworten zu können, müssen wir uns klarmachen, dass Außenpolitik mit stetigen und nicht mit diskreten Variablen arbeitet. Anders ausgedrückt: Diplomatie ist ein Prozess und kein Einmalereignis. Und das Urteil fällt gemischt aus.

Es gibt Bereiche, wo wir feststellen können, dass Europa sich im Denken und Handeln die Sprache der Macht zu eigen gemacht hat und europäische Positionen selbstbewusst verteidigt. So setzen wir beispielsweise unsere Strategie für einen Umgang mit China gemäß dem Triptychon „Partner, Wettbewerber und Rivale" um.

Wir haben in Reaktion auf das Problem der asymmetrischen Offenheit konkrete Entscheidungen zu Investment-Screening, Industriesubventionen, 5G und Beschaffungswesen getroffen, und weitere Maßnahmen werden folgen. Gleichzeitig jedoch kooperieren wir mit China in Sachen Klimawandel und iranisches Atomabkommen, was offensichtlich in unserem Interesse liegt.

Einen ähnlichen Prozess beobachte ich in Bezug auf einen realistischen und robusten Umgang mit Russland gemäß der Devise „zurückdrängen, einhegen und einbeziehen". Wir demonstrieren unsere Entschlossenheit, indem wir unsere Sanktionen nicht nur verlängert, sondern sogar noch einmal verschärft haben – allen Unkenrufen zum Trotz, wir würden auch diesmal wieder, wie schon in der Vergangenheit, zu keiner einheitlichen Position gegenüber Russland finden.

> **Wir müssen unsere Fähigkeit stärken, strategisch zu denken, zu entscheiden und zu handeln – vorzugsweise gemeinsam mit Partnern, aber notfalls auch allein.**

Wir haben zwei neue GSVP-Einsätze gestartet: einen zur Verstärkung des libyschen Waffenembargos und einen zur Unterstützung Mosambiks im Umgang mit der wachsenden terroristischen Bedrohung. Zudem haben wir im Golf von Guinea ein Pilotprojekt für eine koordinierte maritime Präsenz gestartet. Das zeigt, dass die Europäer bereit sind, Ressourcen einzusetzen, um als Sicherheitsanbieter aufzutreten.

Wir haben zudem globale Sanktionsregelungen für den Umgang mit Menschenrechtsverletzern aufgestellt, wo auch immer diese Menschenrechtsverletzungen begangen werden – selbst in China und selbst, wenn unser prinzipiengeleitetes Vorgehen Gegensanktionen auslöst. Wir haben auch erstmals Sanktionen gegen jene verhängt, die elementare internationale Normen im Cyber-Bereich verletzen, wie Russland, China und Nordkorea.

Das sind mit Sicherheit positive Entwicklungen. Aber ist das genug? Die Übernahme der Macht in Afghanistan durch die Taliban ist eine Tragödie für die Afghanen und ein schwerer Schlag für den Westen, aber auch ein Weckruf für Europa. Wir müssen unsere Fähigkeit stärken, strategisch zu denken, zu entscheiden und zu handeln – vorzugsweise gemeinsam mit Partnern, aber notfalls auch allein.

Ich bin überzeugt, dass wir als politische Union bestehen müssen. Das wird jedoch nur gelingen, wenn wir die erforderlichen Fähigkeiten entwickeln und vor allem auch den Willen, sie einsetzen. Es ist klar, dass der Ausdruck „strategische Autonomie" für einige EU-Mitglieder attraktiver klingt als für andere. Das ist bei semantischen Debatten in Europa häufiger der Fall. Entscheidend ist meiner Ansicht nach jedoch unsere Fähigkeit, notfalls auch allein zu handeln. In einer von starken Rivalitäten geprägten Welt muss Europa in der Lage sein, seine Interessen und seine Vision zu verteidigen – ganz so, wie es auch alle anderen tun. Um mit dieser Agenda Ernst zu machen, müssen wir Europäer mehr Selbstbewusstsein entwickeln. Wir müssen uns stärker bemühen, unsere wechselseitigen Sicherheitsbedenken zu verstehen und ernst zu nehmen. Und wir müssen über die Themen Sicherheit und Verteidigung hinausgehen. Nach meinem Verständnis beschränkt sich strategische Autonomie nicht auf eine fünftausend Mann starke Interventionstruppe – so sehr wir eine solche brauchen –, sondern hat auch mit Mikrochips, Lieferketten, künstlicher Intelligenz, seltenen Erden und so weiter zu tun. Wir müssen Abhängigkeiten reduzieren und uns in allen strategischen Bereichen unsere Handlungsfreiheit bewahren.

**Wie schaffen wir das, ohne dass uns Differenzen zwischen den Mitgliedsstaaten lähmen?**

Seit meiner Anhörung vor dem Europäischen Parlament habe ich wiederholt betont, dass die EU-Außenpolitik so lange leiden wird, solange wir nicht eine gemeinsame strategische Kultur entwickeln und solange wir an der Einstimmigkeitsregel festhalten. Das konnten wir in den vergangenen zwei Jahren beobachten, als wir uns schwertaten mit Entscheidungen zu Hongkong, dem Konflikt zwischen Israel und der Hamas oder Sanktionen gegen Belarus.

Ich betone, dass es nicht nötig ist, in allen Fragen zum Prinzip der qualifizierten Mehrheit überzugehen. Wir könnten jedoch erwägen, mittels qualifizierter Mehrheitsentscheidungen oder der Möglichkeit einer konstruktiven Enthaltung (die dem Einstimmigkeitsprinzip nicht entgegensteht) Verzögerungen und Lähmungen zu vermeiden, wie sie das strikte Einstimmigkeitsprinzip mit sich bringt. Eine Zustimmung aller 27 Mitgliedsstaaten wäre natürlich in jedem Fall die bessere

Variante. Aber ab einem gewissen Punkt wiegen die Verzögerungen und die Schwächung unserer Positionen schwerer.

Die entscheidende Frage dreht sich um die Verhandlungsdynamik. In der EU stimmen wir selten in Bereichen ab, in denen die qualifizierte Mehrheit zählt. Das gesamte Ethos des Rates besteht darin, im Gespräch zu bleiben und nach Gemeinsamkeiten zu suchen. Weil aber alle wissen, dass am Ende eine Abstimmung warten könnte, bemühen sich die Mitgliedsstaaten darum, Koalitionen zu bilden und sich auf Kompromisse zu verständigen. In der Außenpolitik von heute sehen wir leider häufig, wie Länder einfach an ihren Positionen kleben. Und das macht den großen Unterschied.

Ich glaube, dass wir eine ehrliche Debatte darüber brauchen, wie wir Entscheidungen in der EU-Außenpolitik treffen. Natürlich müssen wir die unterschiedlichen Argumente ernst nehmen und auch die Angst der kleineren Länder oder „Frontstaaten" berücksichtigen, von den größeren Ländern überrollt zu werden. Wir sollten uns aber versuchsweise gestatten, in einigen ausgewählten Bereichen wie Stellungnahmen zu Menschenrechtsfragen, zivilen Einsätze und so weiter dem lähmenden Einstimmigkeitsprinzip zu entfliehen.

> Ich bin stolz darauf, dass die Europäer weiterhin den Dialog der Konfrontation, die Diplomatie der Gewalt und den Multilateralismus dem Unilateralismus vorziehen. Aber wenn Dialog, Diplomatie und Multilateralismus eine Chance haben sollen, müssen wir sie mit Macht unterlegen. Das ist es, was ich meinte, als ich sagte, dass wir „die Sprache der Macht erlernen" müssen.

Als bester Ort für diese Debatte bietet sich die Konferenz zur Zukunft Europas an. Die Bürger wünschen sich definitiv ein stärkeres „Europa in der Welt": Rund 80 Prozent unterstützen dies. Sie sind den Regierungen voraus, weil sie erkannt haben, dass wir in einer Welt der großen Bedrohungen und der Ungewissheit schneller handeln und mehr Wirkung erzielen müssen. Deswegen bin ich für eine Diskussion ohne Tabus darüber, wie wir uns die erforderlichen Instrumente dazu an die Hand geben können.

### Die Sprache der Macht und die Macht der Sprache

Ich bin stolz darauf, dass die Europäer weiterhin den Dialog der Konfrontation, die Diplomatie der Gewalt und den Multilateralismus dem Unilateralismus vorziehen. Aber wenn Dialog, Diplomatie und Multilateralismus eine Chance haben sollen, müssen wir sie mit Macht unterlegen. Das ist es, was ich meinte, als ich sagte, dass wir „die Sprache der Macht erlernen" müssen. Heute, so bin ich überzeugt, können sich mehr Europäer denn je mit dieser Aussage identifizieren, und wenn das so ist, beweist das vielleicht zugleich die Macht der Sprache …

Wir Europäer sollten die „Sprache der Macht" nicht für Nebensächlichkeiten, sondern dazu nutzen, in einer raueren Welt unsere legitimen Interessen und Werte zu verteidigen und breitere Koalitionen für ein regelbasiertes internationales System zu schmieden. Denn die Bewahrung und Reformierung dieses Systems bleibt das oberste Ziel der europäischen Diplomatie.

**Josep Borrell ist der Hohe Vertreter der Europäischen Union für Außen- und Sicherheitspolitik und der Vizepräsident der Europäischen Kommission für ein stärkeres Europa in der Welt. Zuvor war er spanischer Außenminister und Präsident des Europäischen Parlaments.**

Munich Security Confere

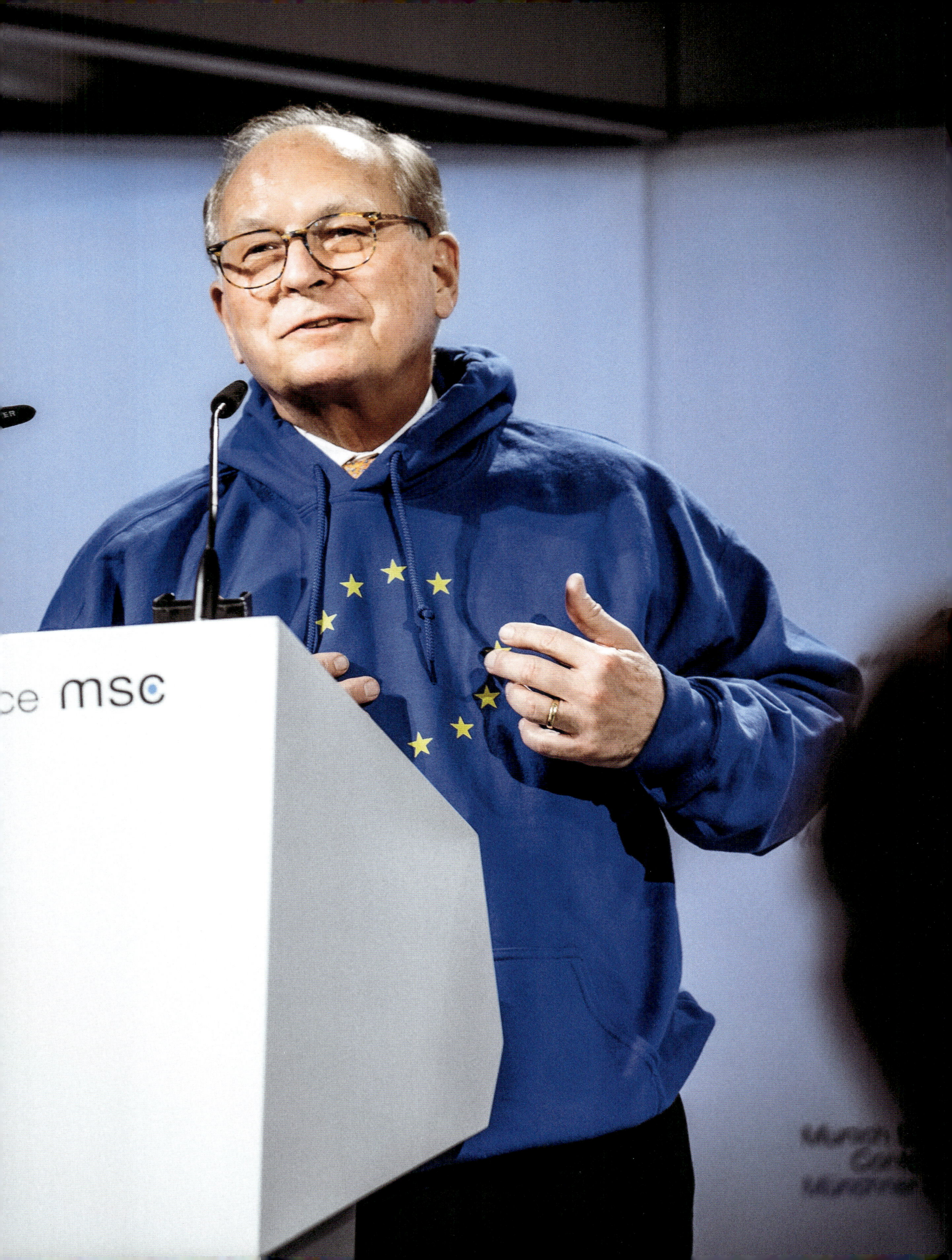
ce msc

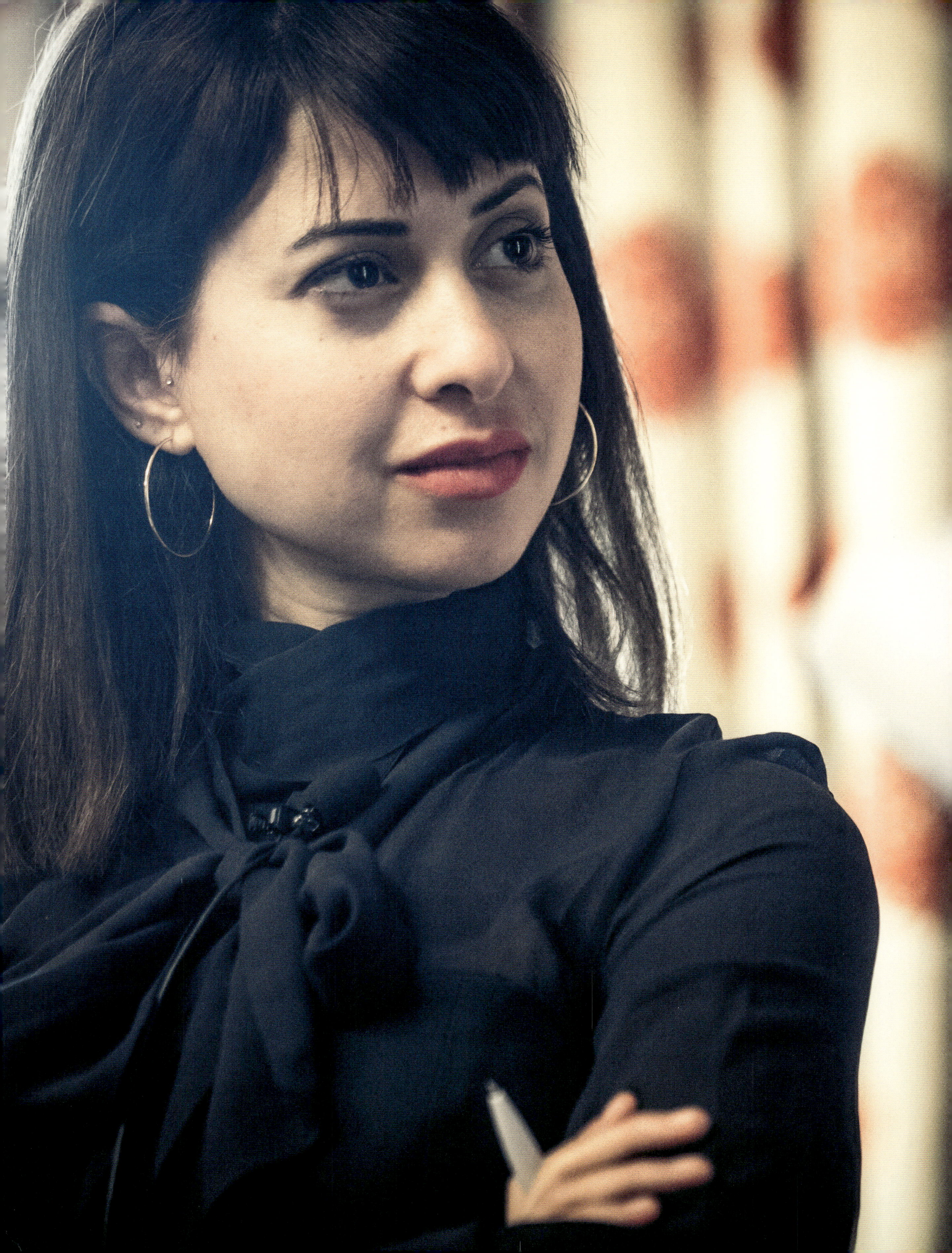

# Die Macht der Sprache

**Jasmine M. El-Gamal**

Im August 2012 äußerte Präsident Barack Obama die, wie sich zeigen sollte, folgenreichsten Wörter seiner Präsidentschaft als er mitteilte, dass für die USA „eine rote Linie" überschritten wäre, wenn das Assad-Regime im Syrien Krieg chemische Waffen einsetzen sollte.[1]

Viele von uns, die sich mit dem Konflikt beschäftigten, erkannten sofort die Brisanz der Präsidentenworte und überlegten, was sie für den Fall bedeuten würden, sollte diese Linie tatsächlich überschritten werden. Wir sollten es nur allzu bald erfahren. Am 21. August 2013 griff Assad den Ort Ghouta mit dem Giftgas Sarin an. Es handelte sich um den tödlichsten Einsatz chemischer Waffen seit dem Iran-Irak-Krieg von 1980.

In diesem Augenblick erhielten Obamas drei Wörter enorme Bedeutung. Je nachdem wie die USA reagierten, bedeuteten sie das Ende von Glaubwürdigkeit und Abschreckung oder einen weiteren US-Militäreinsatz im Nahen Osten. Obamas Berater, Kongressmitglieder, Akademiker und Aktivisten begannen, Argumente für und gegen ein Eingreifen vorzubringen und jeweils ein Endzeitszenario an die Wand zu malen für den Fall, dass der Präsident die falsche Entscheidung traf.

Obama trat einen diplomatischen Aktivitätensturm los und warb für ein gemeinsames Auftreten, um Assad zu signalisieren, dass diese Form der Aggression gegen alle Normen der Kriegsführung verstieß und nicht toleriert werden würde. Außenminister John Kerry wandte sich im Fernsehen an die amerikanische Öffentlichkeit und verkündete: „Wir müssen einen gebührenden Aufschrei hören, wenn wir an die geschichtlichen Augenblicke zurückdenken, in denen Menschen in großer Zahl getötet wurden, weil die Welt schwieg."[2]

Der diplomatische Kraftakt schien Wirkung zu zeigen. Die USA erhielten von mehreren Ländern die Zusicherung, dass sie sich an einer Antwort auf Assads Vorgehen beteiligen würden. Das Pentagon entwarf Optionen für eine solche Antwort. Unsere Partner standen in den Startlöchern. Es schien, als werde Assad den Preis dafür zahlen müssen, dass er die rote Linie überschritten hatte.

Dann aber geschahen zwei Dinge, die den Lauf der Ereignisse änderten. Das britische Parlament votierte gegen eine Beteiligung an jeglicher Militäraktion, und Obama machte einen Spaziergang mit dem Stabschef des Weißen Hauses Denis McDonough. Beide Ereignisse setzten der geplanten Aktion in Syrien ein Ende, als Obama nun verkündete, dass er sich um die Zustimmung des Kongresses bemühen wolle (die ihm verwehrt wurde). Die Verbündeten und Partner der USA kritisierten, dass sie nicht vorab von der Planänderung informiert worden waren, und Obamas damaliger Verteidigungsminister Leon Panetta beklagte öffentlich den Glaubwürdigkeitsverlust der USA – vor unseren Freunden ebenso wie vor unseren Feinden – infolge der plötzlichen Richtungsänderung.

Der Verzicht auf eine Militäraktion und der Frust wichtiger Partner über Obamas augenscheinliche Kehrtwende wirkten sich auch auf eine weitere diplomatische Runde negativ aus – diesmal mit den Russen und Syrern. Als Außenminister Kerry eine Einigung mit den Russen bekanntgab, der zufolge Assad bereit war, seine Chemiewaffenbestände aufzugeben, fehlten den Amerikanern die Druckmittel, um sicherzustellen, dass Russland und Syrien ihre Zusage wahr machten, und andernfalls entsprechend zu reagieren. Russen und Syrer wussten nunmehr zwei wichtige Dinge: Obama war nicht bereit zu einer Militäraktion in Syrien, und die Freunde der USA würden sich nach der vorangegangenen Erfahrung vermutlich gut überlegen, ob sie sich einer zukünftigen Koalition anschließen wollten, sollte Obama seine Meinung doch noch einmal ändern. Obama hatte die Hebel verloren, die er brauchte, um Kerrys diplomatischen „Gewinn" einzufahren.

Heute wissen wir, wie die Geschichte weitergegangen ist. Assad setzte weiterhin chemische Waffen gegen das eigene Volk ein, nunmehr im sicheren Wissen darum, dass er keine Konsequenzen zu befürchten hatte.

Welche Lehren können wir also aus der „Rote Linie"-Krise ziehen? Die erste und wichtigste lautet: Worte haben Gewicht und sollten deshalb vorsichtig gewählt werden. Die zweite lautet: Erfolgreiche Diplomatie steht und fällt damit, dass wir unseren Worten Taten folgen lassen. Vertrauen und Glaubwürdigkeit bilden die Grundlage jeder erfolgreichen diplomatischen Initiative. Sie liefern den nötigen Hebel, um sicherzustellen, dass die Beteiligten zu ihrem Wort stehen – und um andernfalls eine angemessene Antwort organisieren zu können.

**Jasmine M. El-Gamal ist Senior Manager für Asien, den Nahen Osten und Afrika am Institute for Strategic Dialogue in London. Sie arbeitete während der Präsidentschaft von Obama als Nahost-Beraterin für das Pentagon und leitete während der „Rote Linie"-Krise das Syrien-Team.**

◂ Jasmine M. El-Gamal beim Munich Young Leaders Alumni Meeting in New York City im September 2019.

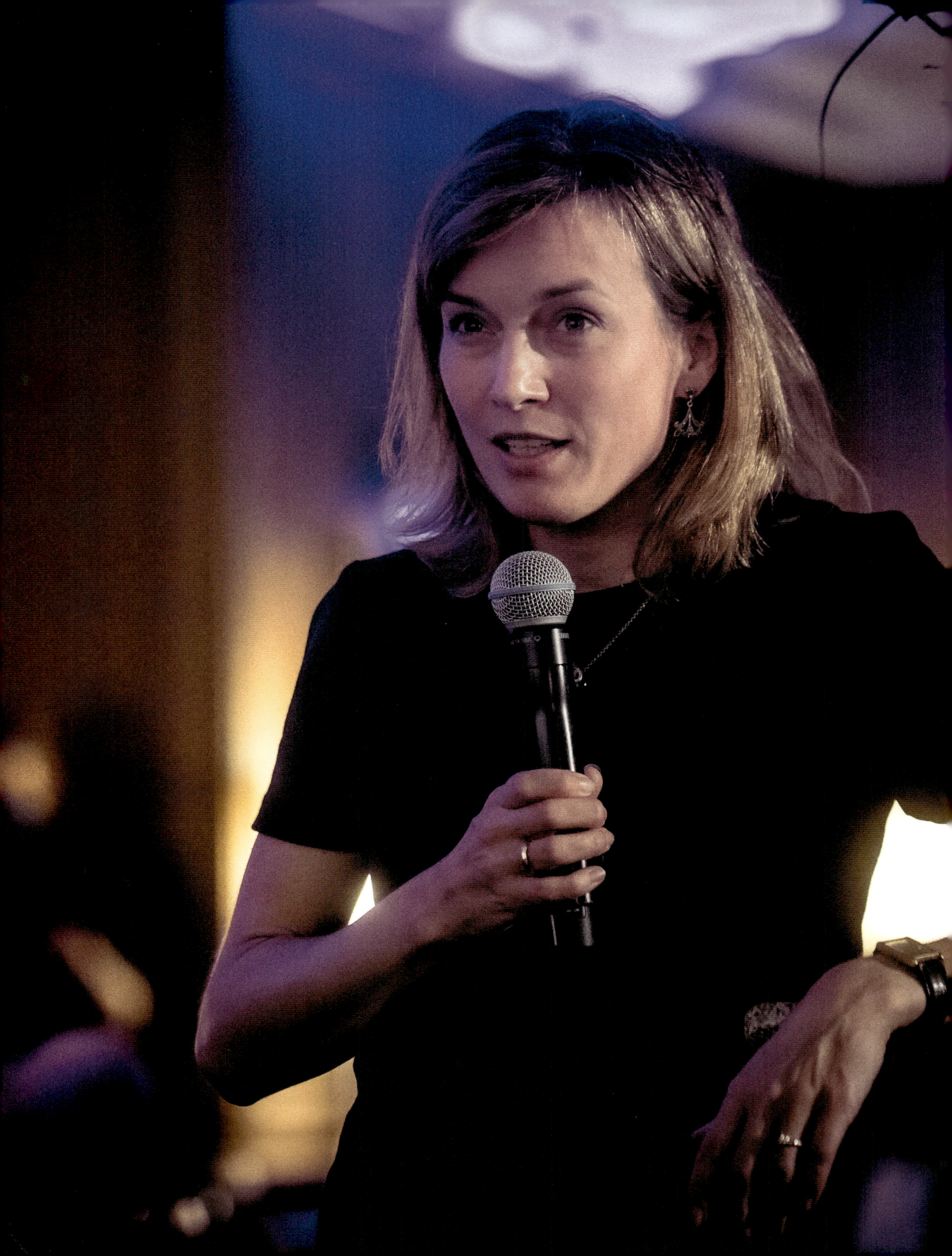

# Die Teezeremonie

**Siemtje Möller**

In Ostfriesland trinken wir Tee! Die ostfriesische Teezeremonie wird in meinem Wahlkreis und im Norden Deutschlands seit Jahrhunderten zelebriert. Vor Kurzem sind die Ostfriesen mit einem jährlichen Teekonsum von rund 300 Litern pro Person zu Weltmeistern im Teetrinken erklärt worden. Das Ritual des Teetrinkens verbindet seit Jahrhunderten Menschen aus aller Welt. Auch die Kunst der Diplomatie ist eine Form, Nähe zu schaffen. Rituale erleichtern es uns, Gemeinsamkeiten zu entdecken, und das Teetrinken bietet sich als ein solches Ritual an, ermöglicht es doch, ins Gespräch zu kommen und Brücken zu schlagen – selbst dort, wo dies undenkbar erscheint.

Als ich als Mitglied des Verteidigungsausschusses nach Afghanistan reiste, begegnete ich dort Shallah Hadid, der Sprecherin des Frauenrats der Provinz Balch. Bei einem dieser typischen, überwiegend von Männern besuchten Treffen nahmen wir in einem traditionellen Zelt an einem Essen teil, zu dem auch Afghanistans inoffizielles Nationalgetränk gehörte: Tee. Nichts hätte afghanische und ostfriesische Frauen besser zusammenbringen können. Das Ritual schuf in kürzester Zeit Vertrauen und gegenseitiges Verständnis. Wenn wir uns gemeinsam zum Tee niederlassen, nehmen wir uns Zeit, die Zeremonie zu genießen. Tee ist kein Getränk, das wir im Vorbeigehen konsumieren. Im Zuge des Rituals können sich Kommunikationskanäle öffnen, wie es auch zwischen Shallah Hadid und mir geschah. Sie sah darin ihre Chance, die deutsche Delegation vor der Herrschaft der Taliban und der drohenden Gewalt gegen Frauen zu warnen, sollten die Taliban wieder an die Macht kommen.

Im Jahr 2018 setzte sich der deutsche Außenminister Sigmar Gabriel mit seinem türkischen Amtskollegen Mevlüt Çavuşoğlu zusammen. Das Bild, das dies vermittelte, war – nicht nur für Diplomaten – unübersehbar. Während des gemeinsamen Teetrinkens in Gabriels Haus schenkte der Minister aus traditionellen türkischen Teekannen in traditionelle deutsche Tassen ein. Indem Gabriel die Bedeutung des Tees für die türkische Kultur respektierte, schuf er eine vertrauliche, angenehme und einladende Atmosphäre, in der selbst schwierige Themen nicht tabu waren. Und in der Tat bot das von vielen kritisierte Ereignis Gabriel die Gelegenheit, auf den damals in der Türkei inhaftierten deutschen Journalisten Deniz Yücel zu sprechen zu kommen, der in der Folge tatsächlich freigelassen wurde.

◂ Siemtje Möller beim Munich Strategy Retreat in Heiligendamm im Oktober 2021.

In beiden Fällen lieferte der Tee eine gemeinsame Basis in schwierigen Zeiten. Diplomatie ist ständig auf solche Gemeinsamkeiten angewiesen, wenn es darum geht, Lösungen zu finden. Teetrinken ist schließlich eine globale Angelegenheit. In Abwandlung eines berühmten Zitats von Helmut Schmidt könnten wir sagen: „Es ist besser, hundert Stunden lang Tee zu trinken, als eine Minute lang zu schießen." Was er zum Verhandeln sagt, bleibt dennoch gültig.

Nachdem ich 2017 in den Bundestag gewählt wurde, nahm ich die große Tradition des Teetrinkens mit – als mein kulturelles Erbe und um meine parlamentarische Arbeit in Berlin mit meinen ostfriesischen Wurzeln zu verbinden. Während der vergangenen vier Jahre bot mir das Teetrinken in meinem Büro willkommene Gelegenheit zu Gesprächen und Bekanntschaften. Selbst unter Parteifreunden braucht es mitunter Zeit, bis man einen gemeinsamen Nenner gefunden hat, und ohne einen solchen fällt es schwer, wirklich etwas zu bewirken.

> **Rituale erleichtern es uns, Gemeinsamkeiten zu entdecken.**

Rituale können helfen, zueinander zu finden und sich als gleichberechtigte Gesprächspartner zu akzeptieren. In vielen Ländern der Welt trinken Menschen Tee und zelebrieren die Tradition. Japan, England und der Nahe Osten gehören ebenso dazu wie diverse andere Regionen. Teetrinken ist eine weltumspannende Tradition und, wie die Diplomatie, eine Zeitinvestition. Diplomatie gelingt nicht in Eile. Sie hat sich aus offiziellen Beziehungen zwischen Staaten zu einem Dialog entwickelt, der bei Gipfeltreffen und Konferenzen auf den unterschiedlichsten Ebenen geführt wird. Die Münchner Sicherheitskonferenz ist ein solcher Ort, der beweist, dass der Kreis derer, die an Dialog- und Diskussionsprozessen beteiligt sind und sie prägen, sehr viel größer geworden ist – im Netz sowie im realen Leben.

Mein Optimismus lässt mich hoffen, dass es auch in Zukunft wieder deutsch-afghanische Teezeremonien geben wird – vielleicht sogar mit Shallah Hadid. Der Weg dahin ist jedoch lang.

**Siemtje Möller ist parlamentarische Staatssekretärin im Bundesverteidigungsministerium und vertritt seit 2017 ihren niedersächsischen Wahlkreis im Bundestag. 2019 war sie Munich Young Leader.**

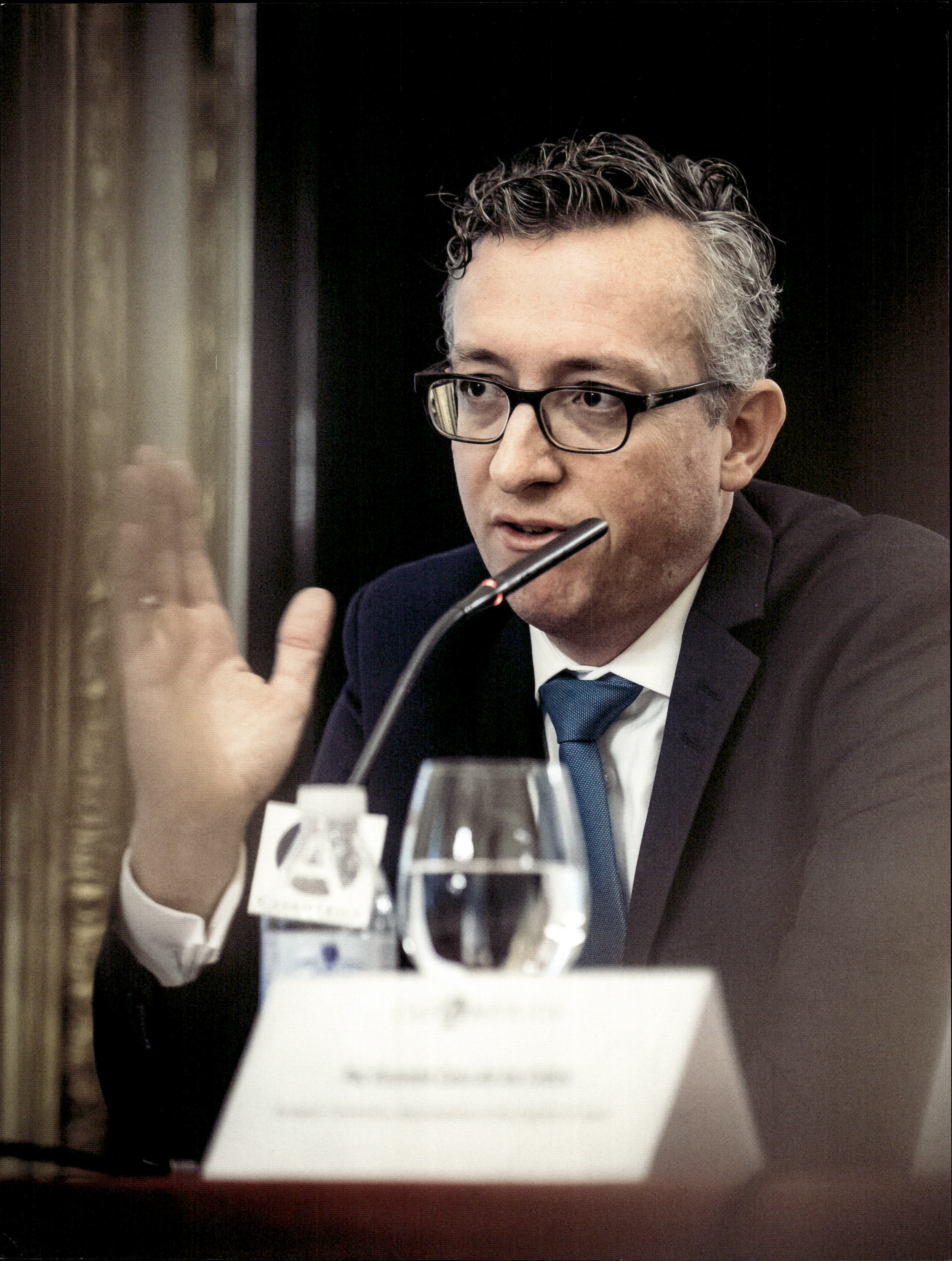

# Jazz und Diplomatie

**Sebastian Groth**

Richard Holbrooke drückte es folgendermaßen aus: „Diplomatie ist wie Jazz die unendliche Improvisation über ein Thema." Und in der Tat gibt es neben dieser eine ganze Reihe weiterer Parallelen zwischen der Welt der Diplomatie und der Kunstform des Jazz.

In keiner anderen musikalischen Stilrichtung spielt das Improvisieren eine derart zentrale Rolle wie beim Jazz. So folgt in der Regel nach der Präsentation der Hauptmelodie beziehungsweise des Themas ein Durchlauf der verschiedenen Instrumente, die auf Grundlage der Harmoniefolge des Themas spontan und möglichst kreativ improvisieren. Jede Musikerin, jeder Musiker hat diese Harmoniefolge vor dem inneren Auge (oder auf dem Notenständer) und kommuniziert musikalisch mit den anderen Mitgliedern der Band. Dialogisches Agieren, Spontaneität, Aufbau und Dynamik und ein geteiltes Verständnis vom zu schaffenden Sound sind entscheidend, damit der Funke überspringt und Swing und Groove entstehen können. Kurzum: Das richtige Verhältnis zwischen Organisation (Festlegung von Tonart und Harmonien) und Improvisation (Soli) ist für den Gesamterfolg entscheidend. Dieser wiederum basiert im Augenblick des musikalischen Schaffens ganz entscheidend auf Kommunikation, Reaktionsfähigkeit und auf einem gemeinsamen Zielverständnis. Hier drängen sich Parallelen zu internationalen Verhandlungssituationen der Diplomatie geradezu auf. Ein Mindestmaß an Vorbereitung und Organisation ist notwendig, um die politischen Vorgaben in einer bestimmten Verhandlungssituation umzusetzen – wofür Teamplay, vor allem aber auch ein möglichst produktiver Rahmen notwendig ist. Daher sind die Wahl des Tagungsortes, die Tagesordnung und die Zusammensetzung der Delegationen so entscheidend. Und wenn die eigentliche Verhandlungsarbeit beginnt, rücken spontanes Agieren, das Aufnehmen von feinen zwischenmenschlichen Signalen und ein dialogisches Gesamtverständnis mehr und mehr in den Vordergrund. Über die Zeit entwickelt sich ein gemeinsamer Zielkorridor, und damit steigt die Wahrscheinlichkeit in Richtung eines erfolgreichen Verhandlungsabschlusses. Unterm Strich ähnelt ergebnisorientierte Diplomatie damit einem gelungenen Jazzkonzert, inklusive des Risikos möglicher Dissonanzen, die sich – falls sie wirklich ungewollt auftreten – nur durch hartnäckiges Verhandeln beziehungsweise Üben auflösen lassen. Letztlich geht es beim Jazz wie bei der Diplomatie darum, aus der akuten Situation beziehungsweise der musikalischen oder politischen Lage etwas Bleibendes, Prägendes zu schaffen.

Eine zweite Parallele zwischen Diplomatie und Jazz zeigt sich für alle Fans der Münchner Sicherheitskonferenz, die auch einmal ein internationales Jazzfestival besucht haben. In beiden Fällen gibt es Hauptbühnen und Nebenbühnen, Solokonzerte, die einen begeistern können (oder die Zuhörerinnen und Zuhörer manchmal etwas ratlos zurücklassen), inspirierende Gespräche in den übervollen Fluren über die jüngsten Performances und nicht zuletzt jede Menge „Jam Sessions" – spontane, informelle Begegnungen unterschiedlicher Musiker respektive Außenpolitikerinnen und Außenpolitiker, Diplomatinnen und Diplomaten, die ad hoc gemeinsam loslegen. Die MSC hat mittlerweile Festivalcharakter – und kann sich in Atmosphäre, Dichte der „Stars" und Trendsetter der Szene getrost an jedem führenden Jazzfestival der Welt messen lassen. Und ebenso wie nach einem guten Jazzfestival ist man auch nach der MSC müde, aber zufrieden und voller neuer Ideen, Begegnungen und Inspirationen.

Ein drittes wichtiges Merkmal des Jazz ist es, einerseits Basis (fast) aller musikalischen Entwicklungen unserer Zeit zu sein, gleichzeitig aber immer wieder neue Strömungen und Inspirationen aufzunehmen und in die eigene musikalische Sprache zu übersetzen. Auch in der Außenpolitik und Diplomatie kommt es immer wieder darauf an, neugieriger Generalist zu sein, Entwicklungen und Megatrends in den „Mainstream" zu überführen und für die breitere außen- und sicherheitspolitische Community greifbar und politisch relevant zu machen. Denken wir nur an Themen wie die Gesundheits- und Pandemiepolitik (bereits auf der MSC-Agenda, lange bevor uns Corona rund um die Uhr beschäftigte) oder die entscheidende Zukunftsfrage über den Zusammenhang von Klimawandel und einem veränderten Sicherheitsumfeld. Wolfgang Ischinger hat damit ähnlich den musikalischen Trendsettern im Jazz einen entscheidenden Beitrag für die Außen- und Sicherheitspolitik geleistet. Gerade für die nachrückende Generation von Diplomatinnen und Diplomaten ist dies immer wieder faszinierend – egal, ob Jazzfan oder eher nicht.

**Sebastian Groth war von 2019 bis 2022 Leiter des Planungsstabs des Auswärtigen Amts. Er war ein Munich Young Leader im Jahr 2010.**

◂ Sebastian Groth beim Treffen der Munich Young Leaders in Madrid im September 2018.

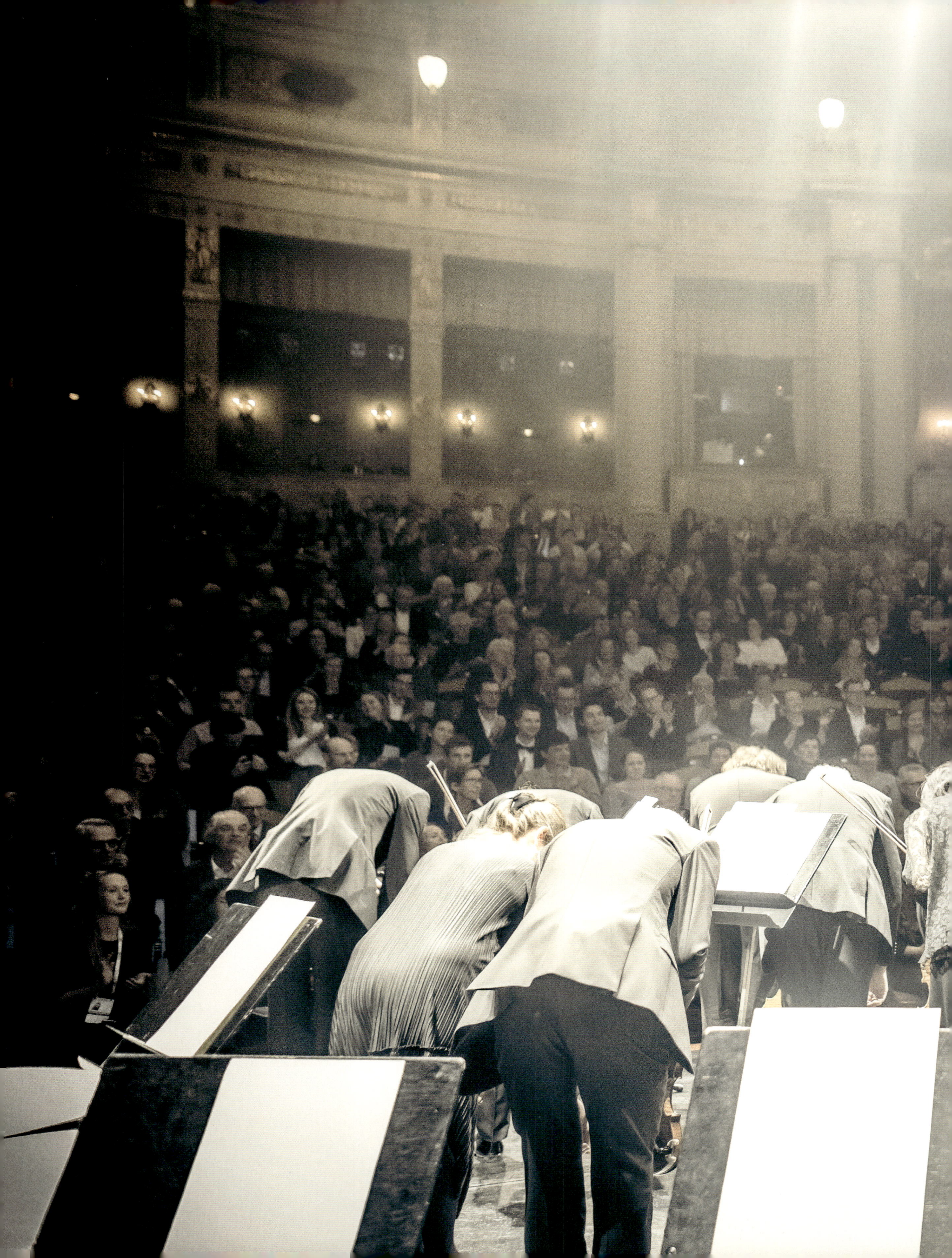

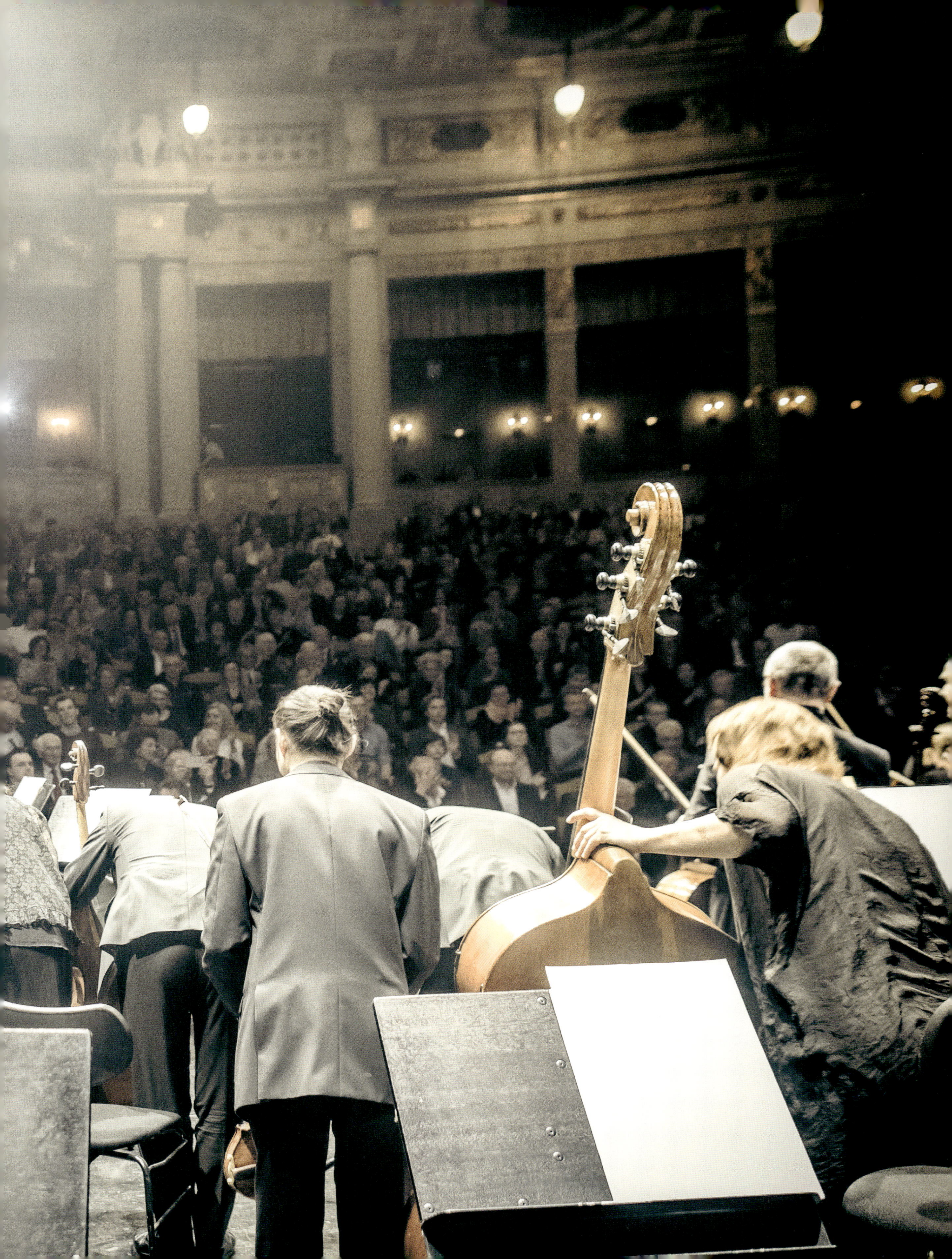

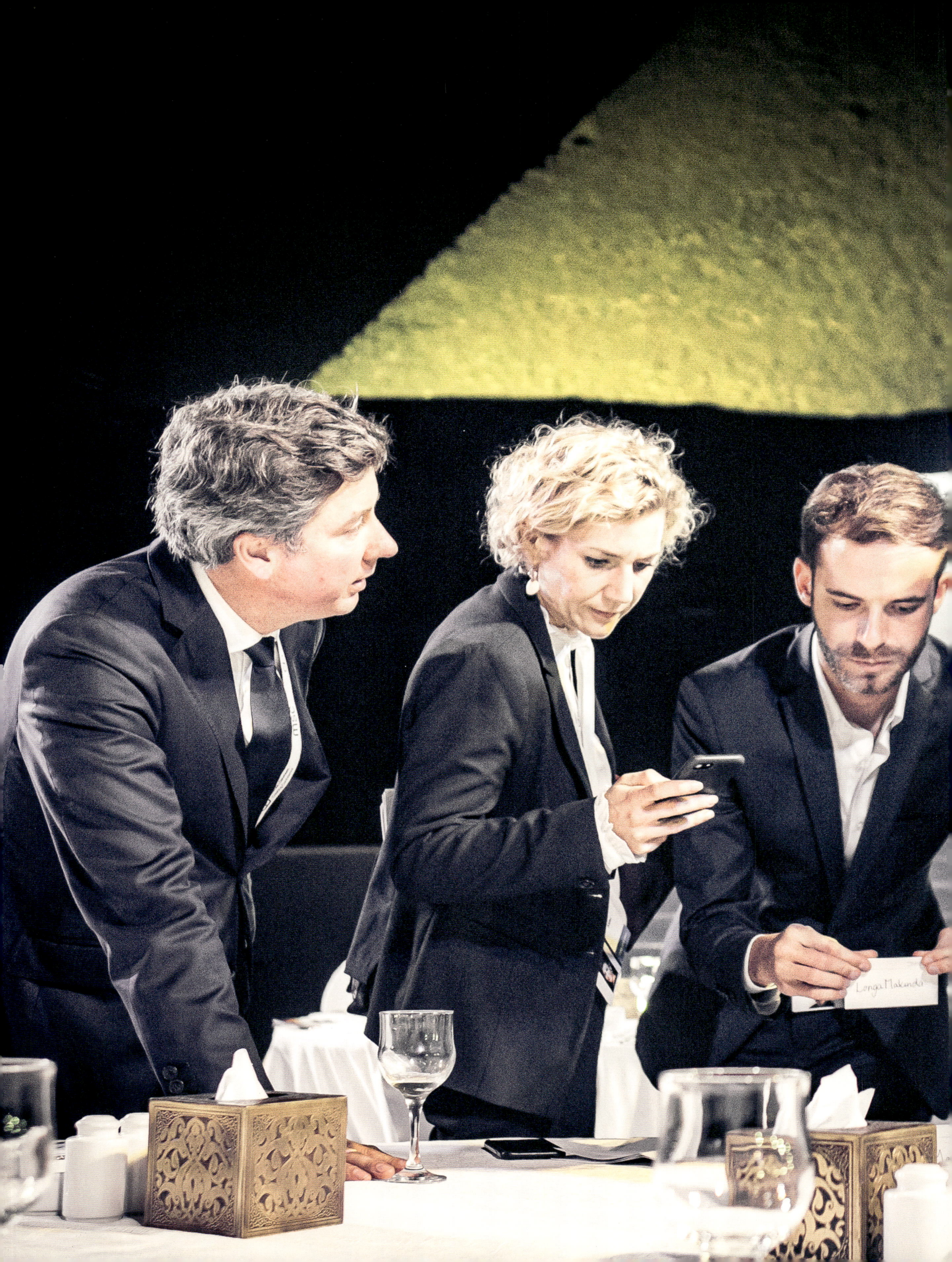
Longa Makandi

# Der richtige Austragungsort

**Benedikt Franke**

Erfolgreiche Diplomatie hat viel mit der Erzeugung und Steuerung von Emotionen zu tun. Neben der Wahl des Timings (Jahrestage bieten sich hier an) und der Teilnehmenden (Konfliktüberlebende oder Vertreter der nächsten Generation können das Bewusstsein dafür stärken, was auf dem Spiel steht) kann auch der Veranstaltungsort selbst einer diplomatischen Begegnung eine bestimmte emotionale Grundstimmung verleihen.

Die Wahl des richtigen Ortes ist eine uralte Kunst. Es gibt ungezählte Geschichten, wie Diplomaten sich über Flüsse hinweg verständigten oder einander auf Brückenmitten begegneten, bevor die diplomatische Immunität es ihnen gestattete, das eigene Territorium zu verlassen, ohne um Leib und Leben fürchten zu müssen. Als sich das Risiko, auf diplomatischen Reisen an einen Baum genagelt zu werden (wie es den Abgesandten Dschingis Khans beim Schah von Choresmien passierte) oder in einen Brunnen geworfen zu werden (wie es die Spartaner mit den Abgesandten des persischen Königs Darius machten), verringerte, wurde die Wahl des Begegnungsortes zu einem wichtigen Teil des diplomatischen Spiels. Die Entscheidung, auf wessen Territorium man zusammenkam und wer folglich wen empfing beziehungsweise wer die größere Strecke zurückzulegen hatte, erschien angesichts der Vorteile, die man sich davon versprach, einigen Aufwand wert.

> **Erfolgreiche Diplomatie hat viel mit der Erzeugung und Steuerung von Emotionen zu tun.**

Im Lauf der Jahrhunderte haben politische Führer immer wieder erhebliche Anstrengungen unternommen, einander zu übervorteilen und aus der Wahl des Treffpunkts diplomatischen Gewinn zu ziehen. Eine häufig erzählte Geschichte handelt davon, wie Stalin auf Jalta als Treffpunkt für den Dreiergipfel mit den Vereinigten Staaten und Großbritannien im Februar 1945 bestand, um die besondere Rolle der Sowjetunion bei der Gestaltung der Nachkriegsordnung zu unterstreichen. Unzählige Gegenvorschläge der Alliierten, sich an einem neutraleren oder zumindest günstiger gelegenen Ort zu treffen, wurden von den Sowjets abgeschmettert. Als Stalin Wind davon bekam, dass sich Roosevelt und Churchill zu einem Vorgespräch auf Malta unmittelbar vor dem Dreiergipfel verabredet hatten, schrieb er Roosevelt kurz und bündig: „Ich sagte Jalta, nicht Malta", um nicht nur zu signalisieren, dass er das bilaterale Treffen als solches missbilligte, sondern dass er es gewesen war, der sich mit seiner Wahl des Ortes durchgesetzt hatte.

Was die zweckgerichtete Wahl diplomatischer Austragungsorte betrifft, so können wir zwischen mindestens drei Kategorien unterscheiden: Orte, die beeindrucken, Orte, die Erinnerungen wachrufen, und Orte, die beruhigend wirken.

Orte, die beeindrucken, bilden die Kategorie, an die man vielleicht zuerst denken würde: Vom Louvre in Paris bis zum Apostolischen Palast in Rom sollten fürstliche Residenzen schon immer die Macht ihrer Besitzer hervorheben. Ihre Pracht sollte andere einschüchtern und die Abgesandten gegnerischer Parteien in eine nachteilige Verhandlungsposition versetzen.

Die zwei Gründe, die für Orte sprechen, die Erinnerungen wachrufen, sind ebenso naheliegend. Austragungsorte werden erstens gewählt, weil sie in der Vergangenheit Schauplatz einer Schlacht, eines Sieges, einer Niederlage oder eines anderen signifikanten Ereignisses waren und die ausrichtende Seite sich von dieser Erinnerung eine Stärkung der eigenen Position oder eine Schwächung der gegnerischen Position erhofft. Im zweiten Fall wird der Ort häufig mit der klaren Intention gewählt, die Gegenseite zu demütigen oder ein Schlaglicht auf die Verkehrung des Schicksals zu werfen. Ein gutes Beispiel ist Frankreichs Bestehen darauf, dass der Vertrag, der den Ersten Weltkrieg beendete, in Versailles unterzeichnet würde – jenem Ort, an dem 50 Jahre zuvor der preußische Kanzler Otto von Bismarck die Einigung des Deutschen Reiches verkündet hatte. Dafür wiederum rächte sich Hitler, indem er für den Waffenstillstand zwischen dem Deutschen Reich und Frankreich 1940 zur Beendigung des Westfeldzugs denselben Eisenbahnwaggon (den Waggon von Compiègne) verwendete, den die Franzosen 1918 für die deutsche Kapitulation gewählt hatten.

Der zweite Grund, warum ein Ort nach den Erinnerungen gewählt wird, die er wachruft, ist sein *genius loci* (lateinisch für Schutzgeist eines Ortes), der für die guten oder schlechten Erinnerungen steht, denen ein mehr oder weniger bestimmender Einfluss auf das künftige Geschehen an diesem Ort zugeschrieben wird. Die Geschichte der Diplomatie ist reich an solchen Orten – von den Dinghügeln der nordischen

◂ Benedikt Franke beim MSC Core Group Meeting in Kairo im Oktober 2019.

Ratsversammlungen bis zum afrikanischen Affenbrotbaum, unter dem sich die Stammesältesten trafen. Ein bekanntes Beispiel ist die Wahl von Camp David für die Verhandlungen zwischen Ehud Barak und Jassir Arafat im Juli 2000. Gastgeber Bill Clinton dachte an die erfolgreichen Verhandlungen zwischen Israel und Ägypten am gleichen Ort, als er die Einladung aussprach. Er hoffte (leider vergeblich), dass beide Seiten „das Gewicht der Geschichte spüren" würden und dass die gemeinsamen Erinnerungen ihre Bereitschaft steigern würde, einen Kompromiss zu erzielen oder zumindest ein Gespür für die gemeinsame Verantwortung zu entwickeln.

Um die richtige Atmosphäre geht es auch bei der Kategorie der Orte, die beruhigend wirken. Diese Orte werden wegen ihrer besänftigenden Wirkung auf die Teilnehmer gewählt. Sie befinden sich vorzugsweise inmitten einer heiteren Landschaft, die dazu angetan ist, die Teilnehmer von beunruhigenden Einflüssen abzuschirmen, und es ihnen ermöglicht, sich ganz auf die zu lösende Aufgabe zu konzentrieren. Kanzlerin Merkels Entscheidung, den G7-Gipfel von 2015 im abgeschiedenen bayerischen Schloss Elmau stattfinden zu lassen, ist ein gutes Beispiel dafür. Neutrale Orte wie beispielsweise Genf für den Biden-Putin-Gipfel von 2021 lassen sich ebenfalls dieser Kategorie zurechnen, denn durch die Wahl eines neutralen Veranstaltungsortes entfällt ein Großteil der Probleme, die mit der Suche nach einem passenden Ort verbunden sind, was Ruhe in das Geschehen bringt.

Vieles davon ist hochgradig irrational. Die meisten politischen Entscheidungsträger und Diplomaten sollten in der Lage sein, Schauplatzentscheidungen als das zu durchschauen, was sie sind, und ihren Einfluss bei ihrer eigenen Entscheidungsfindung zu berücksichtigen. Dennoch ist nicht zu leugnen, dass der Erfolg oder Misserfolg einer diplomatischen Unternehmung mitunter wesentlich von der Wahl des richtigen Austragungsortes abhängt.

In Anbetracht all dessen sollte es niemanden überraschen, dass wir von der Münchner Sicherheitskonferenz (MSC) versuchen, den gesichtslosen Konferenzsälen dieser Welt aus dem Weg zu gehen. Uns ist wichtig, dass unsere Veranstaltungen den Funken eines bestimmten Symbolismus oder *genius loci* in sich tragen. In Ägypten instrumentalisierten wir die beispiellose Magie der Pyramiden von Gizeh, in Wien die glitzernde Pracht des Palais Liechtenstein, in Island die historische Aura des Höfði-Hauses (wo Reagan und Gorbatschow 1986 ihren berühmten Gipfel abhielten), in Washington, D.C. die Dachetage des Hay Adams mit ihrer atemberaubenden Aussicht auf das Weiße Haus, in Helsinki das Deck eines Eisbrechers, der gerade erst von der ersten erfolgreichen Nord-Ost-Passage zur Winterzeit zurückgekehrt war, und in Äthiopien die Ufer des Tanasees, des Ursprungs des Blauen Nils. Unsere Veranstaltungsorte sind stets von besonderer Art und integraler Bestandteil dessen, was wir zu erreichen versuchen.

Ein weiteres Beispiel ist unsere Heimatbasis, das Hotel Bayerischer Hof in der Münchner Altstadt. Jeden Februar drängen sich Hunderte von wichtigen Entscheidungsträgern in den verwinkelten Korridoren, beengten Fahrstühlen und kerkerartigen Kellern. Jedes Jahr werden wir von panischen Hilfskräften und ihren genervten Auftraggebern gefragt, wann wir die Konferenz endlich an einen (scheinbar) besser geeigneten Ort wie beispielsweise das Münchner Messezentrum verlegen, wo der Raum zum Atmen und Arbeiten nicht so knapp bemessen ist. Wenngleich manches für eine Verlegung spräche, gibt es ein entscheidendes Gegenargument. Wir wollen, dass die Menschen sich auf die Füße treten. Wir wollen, dass sie an der Bar, im Fahrstuhl und in den Schlangen für die Begleitveranstaltungen und die bilateralen Begegnungen miteinander auf Tuchfühlung gehen. Ja, wir wollen, dass sie während des gesamten Wochenendes keine Chance haben, einander aus dem Weg zu gehen. Die MSC lebt vom Austausch. Je mehr Berührungspunkte, desto besser – selbst wenn das bedeutet, dass wir hier und da auf den einen oder anderen Trick zurückgreifen. Zumindest war das unser Plan, bevor die Pandemie zuschlug.

COVID-19 zwang Diplomaten und Organisationen wie die MSC, die Bedeutung von Geografie und Symbolismus zu überdenken. In dem Maße, wie sich die Begegnungen aus den Konferenzsälen ins Internet verlagerten, brachten die wahrgenommene Unkompliziertheit, die größere Inklusivität und die (sehr viel) geringeren Kosten schon bald die Frage auf, ob virtuelle Gipfel nicht vielleicht in der internationalen Diplomatie die neue Normalität darstellten. Die Möglichkeit, Meetings online durchzuführen, anstatt mühsam nach einem Veranstaltungsort zu suchen und sich auf ihn zu verständigen, hat sicherlich Vorteile. Letztlich jedoch zeigt die rasche Rückkehr zur Präsenzveranstaltung, dass das Internet in absehbarer Zeit die Diplomaten nicht von der Notwendigkeit entbinden wird, sich über die Wahl ihrer Austragungsorte sorgfältige Gedanken zu machen.

**Benedikt Franke ist stellvertretender Vorsitzender und CEO der Stiftung Münchner Sicherheitskonferenz (MSC). Zuvor war er u.a. als persönlicher Referent für den früheren Generalsekretär der Vereinten Nationen Kofi Annan tätig. In seiner (knapp bemessenen) Freizeit ist er als Sonderbotschafter für den Souveränen Malteserorden tätig.**

„The Leaning Tower", Ort des MSC Energy Security Summits in Norwegen im August 2018.

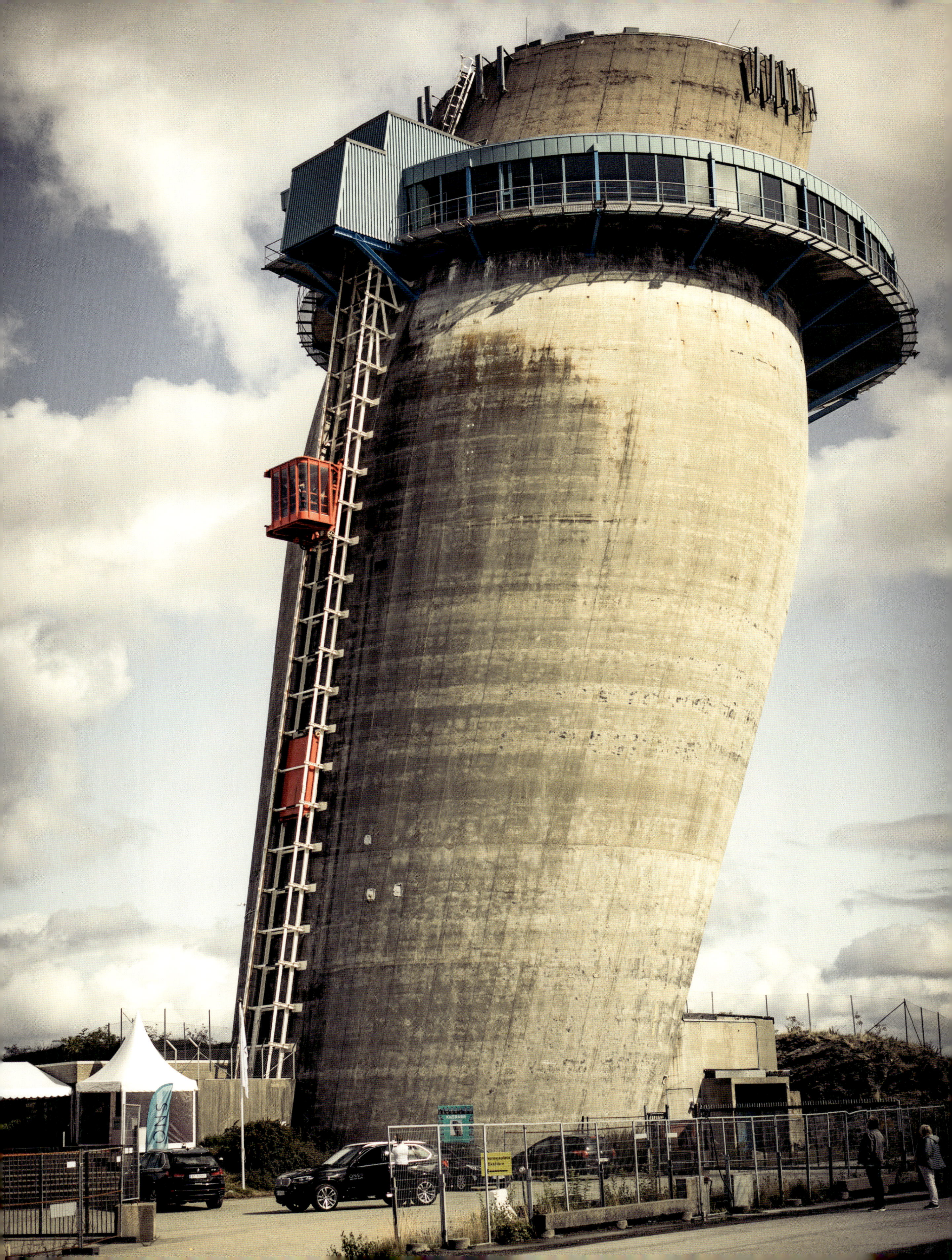

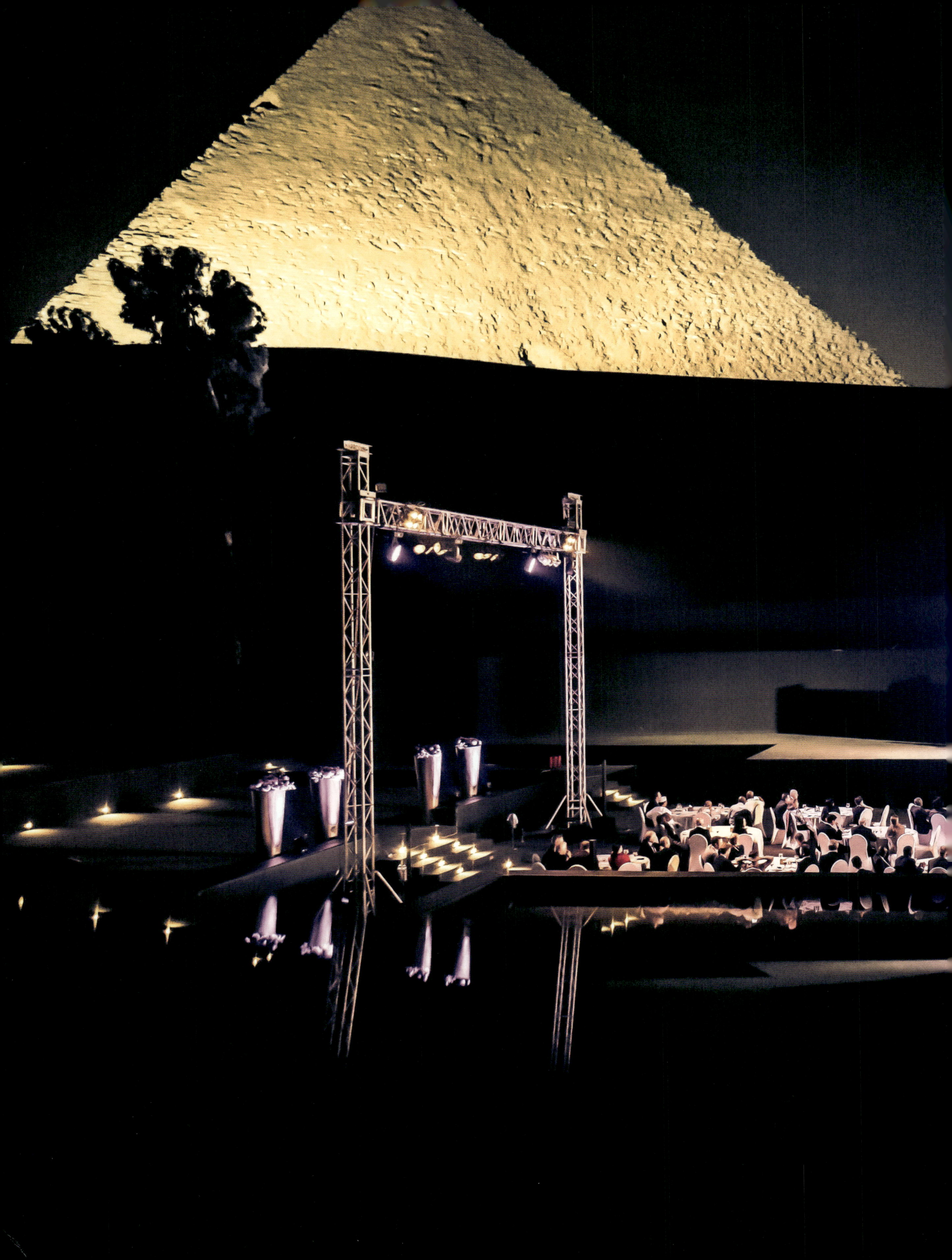

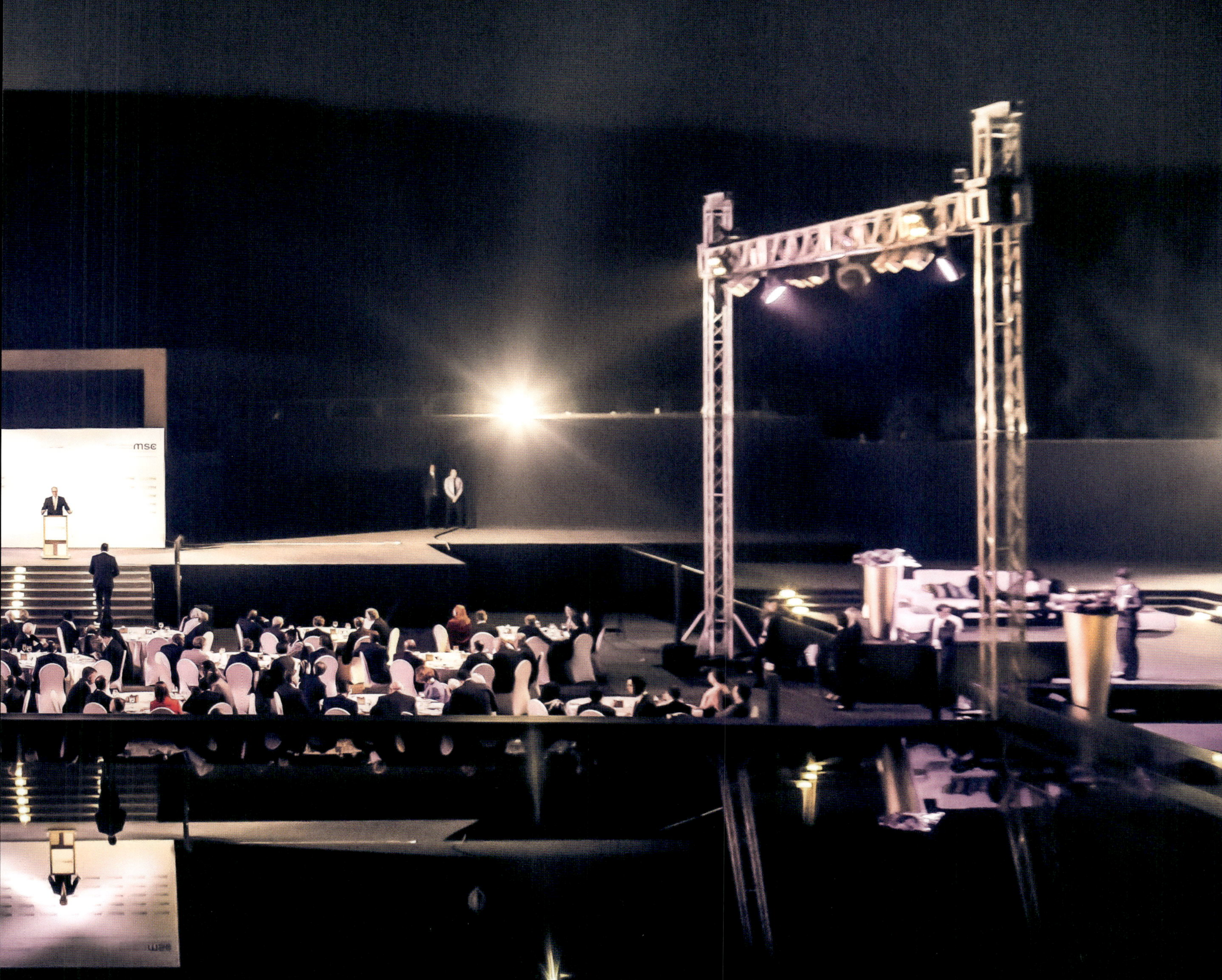
msc

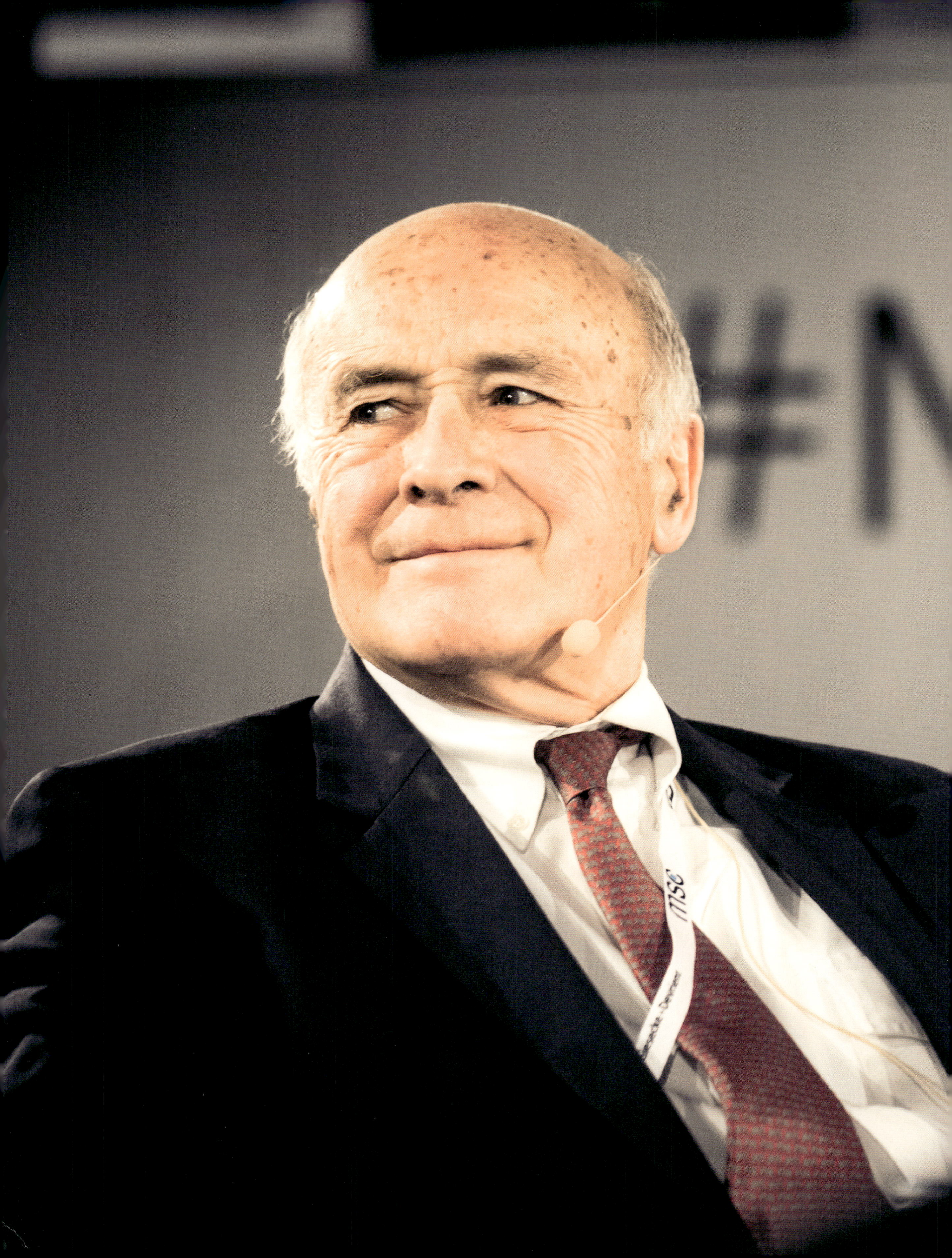
msc

# Die mentalen Landkarten der Diplomatie

**Joseph S. Nye**

John Maynard Keynes meinte einmal, praktisch veranlagte, lediglich ihren Instinkten folgende Menschen seien häufig in Wahrheit Gefangene irgendwelcher verstorbener Schreiberlinge, deren Namen sie bloß längst vergessen hätten. Die meisten demokratischen Politiker und Diplomaten beziehen ihre mentalen Landkarten aus zwei Denkschulen: Realismus und Liberalismus. Diese werden häufig als gegensätzlich dargestellt, aber in den besten Köpfen und Händen ergänzen sie sich.

Realisten zeichnen eine raue mentale Landkarte. Die Staaten operieren in einer Selbsthilfe-Welt, in welcher die beste Überlebensstrategie darin besteht, so mächtig wie möglich zu sein. In Extremsituationen, in denen das staatliche Überleben auf dem Spiel steht, rechtfertigen die drohenden Folgen vermeintlich unmoralische Maßnahmen. Ein häufig zitiertes Beispiel ist Winston Churchills Angriff auf die französische Flotte im Jahr 1940. Lieber schickte er 1300 französische Verbündete in den Tod, als die Flotte in Hitlers Hände fallen zu lassen. Churchill bezeichnete diese Krise, als es um das britische Überleben ging, als „extremen Notfall", und politische Theoretiker wie Michael Walzer vertreten die Ansicht, dass in seltenen Momenten wie diesem moralische Regeln ausgesetzt werden können. Manche Ethiker erklären Churchills Bombardierung ziviler Ziele in Deutschland in den frühen Tagen des Zweiten Weltkriegs für gerechtfertigt, als das Überleben Großbritanniens auf dem Spiel stand, verurteilen aber seine spätere Beteiligung an der Bombardierung Dresdens im Februar 1945, als der Krieg in Europa praktisch bereits entschieden war. In der Anfangszeit des Kriegs konnte sich Churchill auf die Notwendigkeit berufen, während er gegen Ende des Kriegs kein Recht mehr dazu hatte.

Im Allgemeinen sind solche extremen Notsituationen selten, und die meisten Politiker und Diplomaten entscheiden sich mal für die eine und mal für die andere mentale Landkarte, um sich in der Welt zurechtzufinden. Die meisten internationalen Fragen gehorchen keiner Rettungsboot-Ethik, sondern bieten vielmehr Raum für unterschiedliche Entscheidungen, auch wenn Politiker häufig die Gefahren und Risiken aufbauschen, um ihr Handeln zu rechtfertigen. So erklärte Donald Trump beispielsweise das Ausbleiben einer diplomatischen Reaktion auf den Mord und die Zerstückelung des Dissidenten und Journalisten Jamal Khashoggi im saudischen Konsulat in Istanbul damit, dass die Welt „ein gefährlicher Ort" sei. Trump bezeichnete es als Realismus, wenn er es unterließ, seinen Botschafter zurückzurufen oder aus dem Weißen Haus heraus eine Verurteilung auszusprechen. Aber Realisten, die die Welt beschreiben, als gäbe es keine moralischen Kriterien, versuchen nur, die wahren Gründe für ihre Entscheidungen zu verschleiern. Der Mord an Khashoggi wurde wie Churchills Dilemma 1940 behandelt. Das staatliche Überleben steht über allem, aber es gibt weitere Werte, an denen sich Außenpolitik orientieren sollte. In weiten Teilen der internationalen Politik geht es keineswegs um Fragen staatlichen Überlebens.

Ein kluger Realist weiß zudem, dass es verschiedene Arten von Macht gibt. Politik ohne Macht ist nicht möglich – weder im Inland noch international –, aber Macht ist mehr als Bomben, Kugeln oder Material. Man kann andere mit Zwang (Peitsche), Geld (Zuckerbrot) oder kultureller Attraktivität *(Soft Power)* dazu bringen, sich so oder anders zu verhalten, und ein umfassendes Verständnis von Macht beinhaltet alle drei Aspekte. Da *Soft Power* allein selten genügt und meist erst mit Verzögerung Wirkung zeigt, erscheint *Hard Power* vielen Politikern attraktiver. Wird aber *Hard Power* allein angewendet, können die Kosten höher sein, als wenn sie mit der *Soft Power* der Überzeugungskraft kombiniert wird. Wenn Sie also über *Soft Power* verfügen, können Sie bei Zuckerbrot und Peitsche sparen.

Das Römische Reich stützte sich nicht nur auf seine Legionen, sondern auch auf die Überzeugungskraft der römischen Kultur. Die Berliner Mauer fiel nicht durch Artilleriebeschuss, sondern durch die Hämmer der Menschen, die ihren Glauben an den Kommunismus verloren hatten. Die *Soft Power* einer Nation speist sich aus ihrer Kultur, ihren Werten und ihrer Politik, solange sie anderen legitim erscheinen. Narrative, die zur Erklärung der Außenpolitik genutzt werden, können diese *Soft Power* verstärken. Kennedy und Reagan beispielsweise „verkauften" ihre Politik so, dass sie im In- und Ausland Unterstützung fand. Nixon und Trump waren mit ihren Überzeugungsversuchen außerhalb der Vereinigten Staaten weniger erfolgreich. Trump erklärte sich zum Nationalisten, aber es besteht ein moralischer Unterschied zwischen einem Patriotismus, der andere einschließt, und einem Nativismus, der andere ausschließt. Ein Eintreten für allgemeine Werte wie beispielsweise Menschenrechte macht die öffentliche Diplomatie eines Landes für andere attraktiver. Internationale Umfragen zeigen, dass Trump mit

◀ Joseph S. Nye bei der „Townhall on Diplomacy" auf der Münchner Sicherheitskonferenz im Februar 2020.

seiner Ignoranz gegenüber solchen Werten zugunsten einer kurzsichtigen Form von Realismus US-amerikanische *Soft Power* vergeudet hat.

Die internationale Politik wird häufig als anarchisch bezeichnet, aber Anarchie bedeutet schlicht „ohne Regierung" und nicht notwendigerweise Chaos. Unterschiedliche mentale Landkarten von der Welt stellen Anarchie unterschiedlich dar, und das hat wiederum Einfluss darauf, wie Politiker und Diplomaten ihre politischen Entscheidungen verkaufen. Der Realist Thomas Hobbes beschrieb 1651 – nach dem blutigen englischen Bürgerkrieg, in dessen Verlauf der König geköpft wurde – einen Naturzustand ohne Regierung als „einen Krieg aller gegen alle, in welchem das Leben widerlich, brutal und kurz ist". Der Liberale John Locke hingegen stellte sich einige Jahrzehnte später – in einer etwas friedlicheren Phase – den Naturzustand als einen solchen vor, in welchem Gesellschaftsverträge die Möglichkeit gewährleisten, ein Leben in Freiheit und Wohlstand zu führen. Heute argumentieren Liberale, dass in der Welt auch ohne eine Weltregierung ein gewisser Grad an Ordnung herrscht und die Anarchie ihre Grenzen hat. Sie betonen die Rolle nationaler und internationaler Institutionen für die Kooperation zwischen souveränen Staaten und die Verwaltung ihrer Interdependenz. Sie führen an, dass rudimentäre Verhaltensregeln und Institutionen wie Kräftegleichgewicht, Völkerrecht und internationale Organisationen einen ausreichenden Ordnungsrahmen schaffen, um in den meisten Fällen sinnvolle moralische Entscheidungen zu treffen.

Selbst in extremen Kriegssituationen können Recht und Normen eine Rolle spielen. Die Doktrin vom gerechten Krieg geht auf das frühe Christentum zurück, als der heilige Augustin und andere mit dem Paradox rangen, dass das Gute, wenn es sich nicht wehrt, am Ende untergeht und das Böse die Erde übernimmt. Diese Doktrin der gerechten Selbstverteidigung wurde nach dem 17. Jahrhundert säkularisiert und liefert heute eine normative Struktur, die alle drei moralischen Dimensionen berücksichtigt: gute Absichten, vertreten durch eine gerechte Sache; Einsatz von Gewaltmitteln unter Wahrung der Verhältnismäßigkeit und mit gebührender Unterscheidung zwischen militärischen und zivilen Zielen; und gute zu erwartende Folgen nach sorgfältiger Prüfung der Erfolgsaussichten. Diese Doktrin des gerechten Kriegs ist mehr als nur theoretischer Natur. Sie spiegelt sich wider im humanitären Völkerrecht (den Genfer Konventionen) und in den nationalen Militärgesetzgebungen. Soldaten, die gegen die Gesetze für bewaffnete Konflikte verstoßen, werden in vielen Ländern strafrechtlich belangt.

Die Zunahme der Menschenrechtsnormen nach dem Zweiten Weltkrieg – insbesondere in Reaktion auf die Schrecken des Genozids – macht diplomatische Entscheidungen komplizierter. Die amerikanische Öffentlichkeit wünscht sich häufig eine moralische Antwort, ist sich aber nicht einig, wie stark sie aussehen soll. So machte sich beispielsweise Bill Clinton im Rückblick Selbstvorwürfe, im Jahr 1994 nicht angemessen auf den Genozid in Ruanda reagiert zu haben. Hätte er jedoch versucht, amerikanische Soldaten zu entsenden, wäre er in der Öffentlichkeit auf erbitterten Widerstand gestoßen. Besonders nach dem Tod amerikanischer Soldaten im Rahmen eines früheren humanitären Einsatzes in Somalia 1993 war die Öffentlichkeit noch nicht bereit für eine weitere Intervention. Clinton gestand, dass er mehr für die Unterstützung der UN und anderer Nationen hätte tun können, um auf diese Weise das Leben vieler Menschen in Ruanda zu retten.

Menschenrechtsprobleme stellen Politiker und Diplomaten in einer Demokratie vor harte Fragen. Die Öffentlichkeit versteht Rechte häufig absolut, und liberale Stimmen verurteilen häufig jeden politischen Kompromiss als verlogen. Die Außenpolitik einer Demokratie kommt jedoch nicht aus ohne Kompromisse und den Versuch, so viel von so vielen Werten – Sicherheit, Wirtschaft, Rechte – zu sichern, wie unter den gegebenen Umständen möglich ist. Wenn Politiker ausschließlich Menschenrechtspolitik betreiben, kommt die Außenpolitik zu kurz. Wenn ihre Politik jedoch die Menschenrechte ignoriert, verkennt sie die langfristige Bedeutung von *Soft Power*.

Realismus ist die Standardposition unter den mentalen Landkarten, an denen sich die meisten Politiker und Diplomaten in der Außenpolitik orientieren, und in einer Welt souveräner Staaten ist Realismus der beste Ausgangspunkt. Das Problem ist nur, dass viele Realisten hier stehen bleiben, anstatt zu erkennen, dass auch der Liberalismus häufig einen wichtigen Beitrag zu einer erfolgreichen Politik leisten kann. Wenn das Überleben in Gefahr ist, bildet der Realismus eine notwendige, aber keine hinreichende Basis für eine demokratische Außenpolitik. Die entscheidende Frage ist die der Gewichtung.

Überleben und Sicherheit sind nicht die einzigen wichtigen Aspekte der Weltpolitik, und es gibt noch andere Werte, welche die Bürger in Demokratien in der Außenpolitik ihres Landes vertreten wissen wollen. Für diese Werte ist es wichtig, einen Blick über den Realismus hinaus auf die liberalen Landkarten der Welt zu werfen. Viele Bürger haben beispielsweise ein bestimmtes Gespür für menschliche Gemeinschaft und unterstützen eine Flüchtlingspolitik, die sich nicht nur auf internationale Rechtspflichten, sondern auch auf moralische Überlegungen stützt. Während Entwicklungshilfe im Allgemeinen häufig nicht populär ist, erweist sich besonders in wirtschaftlich schwierigen Zeiten die öffentliche Unterstützung für internationale wirtschaftliche und medizinische Hilfeleistungen als stark genug, damit westliche Politiker regelmäßig eine entsprechende Politik verfolgen können. Das Samaritertum hat zwar vielleicht seine Grenzen, aber anders als Skeptiker meinen, gehört die Hilfe für andere zu den außenpolitischen Zielen, für die demokratische Politiker in der Regel öffentliche Unterstützung finden.

Moralische Kreuzzüge genießen in Demokratien nicht immer dauerhafte Unterstützung, und der anfängliche Enthusiasmus für Einsätze wie in Somalia oder Afghanistan lässt häufig mit der Zeit nach. Zugleich ist die Respektierung der Menschenrechte und der Institutionen ein anderer Teil dessen, was der große liberale Philosoph John Rawls „die Art, wie anständige Menschen miteinander umgehen", nannte. Selbst dort, wo grundlegende demokratische Werte nicht geteilt werden, sind normale kooperative Beziehungen möglich, solange autoritäre Machthaber keine ernste Bedrohung darstellen. Solche Rawls'schen Liberalen bestehen nicht auf dem Demokratieexport, aber sie reagieren sehr wohl auf grobe Menschenrechtsverletzungen – wie Bill Clinton in Bosnien und Haiti und Barack Obama in Libyen und Syrien.

Die schwierigen Debatten und moralischen Entscheidungen in diesem Kontext drehten sich häufig um die anzuwendenden Mittel. Art und Umfang des grenzüberschreitenden Einsatzes reichen von kritischen Verlautbarungen bis hin zum massiven Einsatz von Militärgewalt. Auf der Gewaltseite des Spektrums ist die Bilanz wenig beeindruckend; hier überwiegen die Fehlschläge die Erfolge. Wie Ronald Reagan einmal sagte: „Mit Bajonetten gepflanzte Regime schlagen keine Wurzeln." Das Scheitern des humanitären Somalia-Einsatzes 1993 hatte Einfluss auf Clintons Entscheidung sechs Monate später, im Fall des Genozids in Ruanda nicht zu intervenieren. Die ausbleibende Wirkung der Luftschläge in Libyen dämpfte Obamas spätere Bereitschaft zu Luftschlägen in Syrien. Syrien wurde jedoch, wie einer seiner Berater anmerkte, zu einem tragischen Beispiel für eine klaffende Lücke zwischen Mittel und Ziel – in Anbetracht von Hunderttausenden von zivilen Toten und Millionen von Flüchtlingen. Da die Vereinigten Staaten das maximalistische Ziel gesetzt hatten, dass Assad gehen müsse, waren sie angesichts fehlender Mittel in der Folge nicht in der Lage, dieses Ziel zu erreichen.

Ein französischer Beamter erzählte mir einmal eine (möglicherweise erfundene) Geschichte, wonach Jacques Chirac George W. Bush, als dieser ihn nach dem 11. September in Bezug auf Afghanistan anrief, zwar darin bestärkte, dass Vergeltung sein müsse, ihn aber zugleich warnte: „Geh nicht rein, und wenn du es doch tust, bleibe nicht, und wenn du doch bleibst, geh nicht wieder raus." Dieselben Probleme suchten nun 2021 Joe Biden erneut heim. Realistisch analysierend erklärte er seine Entscheidung, die letzten Truppen aus Afghanistan abzuziehen, mit dem Argument, die Vereinigten Staaten seien nicht in der Lage, in Afghanistan eine demokratische Nation zu bilden, und die amerikanischen strategischen Ziele sollten sich auf die Terrorismusbekämpfung beschränken. Aber sein Umgang mit dem unerwartet raschen Kollaps der afghanischen Regierung führte zu Szenen am Kabuler Flughafen, die eine Antwort auf die humanitäre Krise im Sinne liberaler Werte provozierten. Demokratische Politiker müssen jederzeit Ereignisse antizipieren, die Anlass geben könnten, beide mentalen Landkarten gleichzeitig zu verwenden.

Da es perfekte Sicherheit niemals geben wird, lautet die entscheidende Frage: Bis zu welchem Grad muss Sicherheit gewährleistet sein, bevor andere Werte wie Wohlstand, Identität oder Menschenrechte Teil der Außenpolitik werden? Die meisten außenpolitischen Entscheidungen hängen von anderen Fragen ab. Das gilt für Waffenverkäufe an autoritäre Verbündete oder Kritik am Menschenrechtsverhalten eines anderen Landes (wie beispielsweise Chinas Vorgehen in Xinjiang und Hongkong). Wenn manche Realisten in solchen Kompromissen Parallelen zu Churchills Entscheidung sehen, die französische Flotte anzugreifen, versuchen sie schlicht, sich vor harten Entscheidungen zu drücken. Politiker und Diplomaten müssen aber ermessen, wie gut eine Situation zur Hobbes'schen oder zur Locke'schen mentalen Landkarte passt und wo im Spektrum zwischen Sicherheit und anderen wichtigen Werten ein bestimmtes Vorgehen angesiedelt ist. Die besten Diplomaten erweisen sich – wie Wolfgang Ischinger – als „liberale Realisten" mit einem sicheren Gespür für die Komplementarität beider mentaler Landkarten.

*Joseph S. Nye ist Dean Emeritus der John F. Kennedy School of Government an der Harvard University und Autor des Buches Do Morals Matter? Presidents and Foreign Policy from FDR to Trump.*

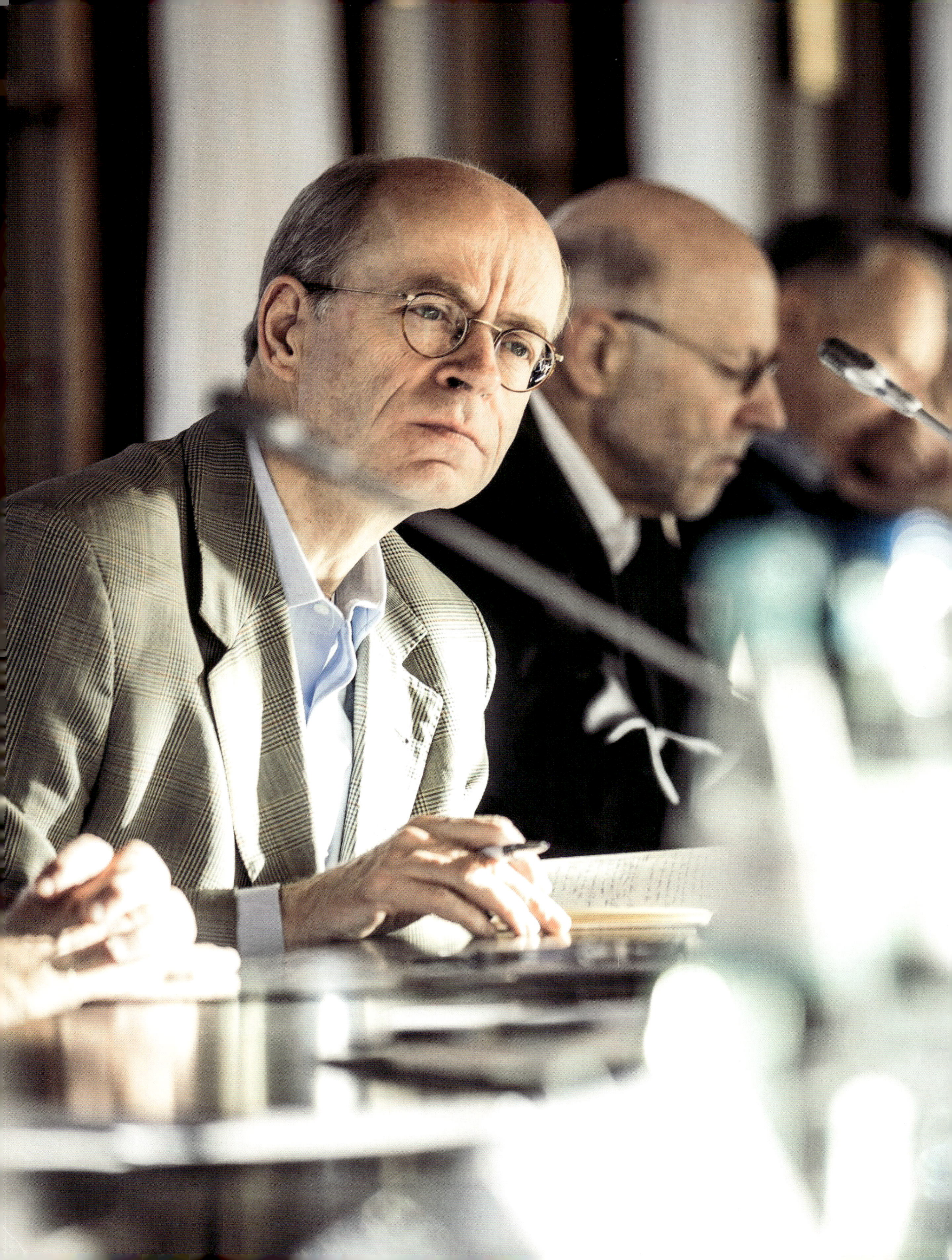

# Hat Risikomanagement einen Platz in Politik und Diplomatie?

**Nikolaus von Bomhard**

Politiker und Diplomaten leiden bei der Wahrnehmung ihrer Aufgaben unter einer enorm gewachsenen Komplexität. Hinzu kommen unvermeidliche menschliche Schwächen bei der Entscheidungsfindung, institutionelle Fehlsteuerungen und erheblicher Zeitdruck. Damit entsteht der Nährboden für im wahrsten Sinne des Wortes „schlechte" Entscheidungen. Anders ausgedrückt: Gute Vorbereitung für absehbare Entscheidungen macht den Unterschied. Können Politik und gerade auch die Diplomatie in dieser Hinsicht etwas von Unternehmen lernen?

Die Verantwortlichen in Politik und Diplomatie sind heute nicht zu beneiden. Geht man nur ein bis zwei Generationen zurück, so waren es hauptsächlich zwei Politikfelder, auf denen sie sich bewähren mussten: wirtschaftliche Prosperität im Inneren sowie interne und externe Sicherheit. In den letzten Jahrzehnten kamen mindestens drei bedeutende Herausforderungen hinzu. Erstens die Digitalisierung, mit ihrer fundamentalen Auswirkung auf die Wertschöpfung nahezu aller Wirtschaftszweige. Zweitens der sich exponentiell beschleunigende Klimawandel, der, wie der gleichfalls besorgniserregende Verlust an Biodiversität, den gesamten Planeten erfasst, wenngleich in unterschiedlichem Ausmaß. Und drittens ein neues Verständnis von „globaler Gerechtigkeit" mit Blick auf eine nach wie vor bestehende Ungleichheit des Wohlstands und des dafür notwendigen Verbrauchs von Ressourcen. Viele dieser Herausforderungen stehen in Konkurrenz sowohl untereinander als auch zu den Anliegen nationaler Politik; hinzu kommt, dass auch innerhalb eines Landes schwierige Abwägungen erforderlich sind.

Für Politiker und Diplomaten stellt sich damit die Frage, wie ein verantwortungsvolles, rationales Abwägen von Chancen und Risiken erfolgt. Dabei macht es die heute ausgeprägte Transparenz staatlichen Handelns und eine volatile öffentliche Meinung auf den unterschiedlichen Plattformen des Internets für die Akteure nicht einfacher. Die Folge dieses Befunds ist allzu oft ein risikoaverses Verhalten sowohl vor als auch während auftretender Krisen. Zur eigenen Entlastung wird die Krise danach gern als „schwarzer Schwan" bezeichnet, den niemand habe vorhersehen können.

Entscheidungen in Politik und Diplomatie sind sehr oft Entscheidungen bei hoher Unsicherheit. Gute Regierungsarbeit, und dazu zählt auch das Wirken von Diplomaten, sucht die evidenzbasierte Abwägung einer Entscheidung, sie vermeidet das Eingehen von Wetten oder eine Entscheidung auf Grundlage optimistischer Hoffnungswerte. Und Politik sollte gestalten *wollen*, nicht aus unreflektierter Risikoaversion „geschehen lassen".

An dieser Stelle mag der Vergleich mit Unternehmen helfen. Hier hat sich professionelles Risikomanagement eindrucksvoll durchgesetzt, die oft spektakulären Ausnahmen ändern daran nichts. Gut geführte Unternehmen definieren ihren Risikoappetit, das heißt, sie legen fest, welche Art von Verlusten bis zu welcher Höhe und in welchem Zeitraum akzeptabel sind. Weiter verfügen sie über eine explizite, ausformulierte Risikostrategie. Dafür identifizieren sie relevante Risiken, bewerten diese, und legen die passenden Maßnahmen zur Risikovermeidung oder -finanzierung fest. Zudem etablieren sie ein Früherkennungssystem für Risiken, die als solche noch nicht erkannt oder noch nicht einmal vorgedacht wurden; je „diabolischer" an dieser Stelle die Fantasie, desto geringer die Überraschung im Ernstfall. Ein regelmäßiger Risikobericht erzeugt Transparenz über die Risiken und den Umgang mit ihnen nach innen und außen, was wiederum die Voraussetzung für die notwendige Zuordnung von Verantwortung ist. Entscheidend für den Erfolg ist, die Risikobewertung zunächst für jedes einzelne Risiko durchzuführen und diese Ergebnisse dann gesamtheitlich zusammenzuführen. Erst so entsteht ein umfassendes Bild.

Die Risikolage eines Staates ist vergleichbar mit der von Unternehmen in freien Märkten. Und da nirgendwo nur noch der Aktionär der Maßstab des Handelns ist, müssen sich Unternehmenslenker auf eine vergleichbar unübersichtliche Gemengelage der Anspruchsgruppen einstellen wie Politiker.

Auch ist es nicht so, dass sich die für die Politik relevanten Risiken schon ihrer Natur nach der quantitativen Erfassung durch Messgrößen entziehen. Natürlich kann man den Wert des Lebens von Soldaten auf Auslandseinsätzen oder den Wert des sozialen Friedens im Inneren nur bedingt – oder gar nicht – quantitativ erfassen. Das gilt aber keineswegs für alle Risiken. Konkret und messbar etwa sind die Kosten der direk-

◂ Nikolaus von Bomhard beim Munich Strategy Forum in Elmau im Dezember 2018.

ten und indirekten Folgen sehr vieler bedeutender politischer Entscheidungen, seien es die eines Atomausstiegs, des Umgangs mit einer Flüchtlingskrise, eines internationalen militärischen Einsatzes oder eines Brexits.

Was heißt das genau? Für das soeben beschriebene Vorgehen benötigt man einen institutionellen Rahmen, einen allein nach Sachkunde besetzten Risikorat mit einem nationalen Chief Risk Officer an der Spitze. Dieser Risikorat muss bei seiner Arbeit außerhalb von Exekutive und Legislative stehen, also unabhängig arbeiten können. Er hat den Entscheidungsträgern ein Bild der gesamten Risikolandschaft vorzulegen, wobei er Vorschläge zum Risikoappetit, insbesondere aber zur Risikostrategie vorlegen muss. Wichtig ist der umfassende, ressortübergreifende Blick auf alle Risiken, einschließlich derer, die in der Öffentlichkeit noch wenig oder gar nicht diskutiert werden.

Bereits heute gibt es allein in Deutschland eine Fülle wertvoller Erkenntnisquellen, seien es die einzelnen Ressorts, staatliche Agenturen oder nichtstaatliche Thinktanks, die als Fundament eines integrierten Risikomanagements dienen könnten. Hierzu gehört der Tragfähigkeitsbericht des Bundesfinanzministeriums, der anhand von Modellrechnungen die Entwicklung der staatlichen Finanzen über mehrere Jahrzehnte betrachtet. Zu nennen ist auch das Weißbuch der Bundesregierung aus der Feder des Bundesverteidigungsministeriums, das die wichtigsten Herausforderungen für die Sicherheitspolitik bewertet. Alle diese Quellen benennen und bewerten spezifische Risiken und Chancen zukünftiger Entwicklungen. In ihrer Summe bilden sie bereits heute eine wertvolle Grundlage für ein Risikomanagement. Dieses sollte in eine alle Aspekte umfassende Bewertung politischer Entscheidungen münden, die in einer Welt zunehmender Interdependenzen ja fast immer Wirkungen über sehr viele Politikbereiche zeigen. Sicherlich gibt es noch viele Lücken bei der Betrachtung der Risiken, aber man beginnt auch nicht bei null.

Im Ergebnis ergibt sich damit eine Pflicht zur Berücksichtigung und Abwägung aller mit einer Entscheidung verbundenen, explizit gemachten Risiken. Die denkbaren Folgen des Handelns oder Unterlassens lägen damit auf dem Tisch. Den politischen Akteuren wird damit kein Handlungsspielraum genommen, wohl aber eine unverzichtbare und nachvollziehbare Entscheidungsgrundlage gegeben. Weitet man den Gedanken über den nationalen Rahmen auf die internationale Zusammenarbeit aus, eröffnen sich gerade für die Diplomatie ganz neue Horizonte. Nahezu jeder Staat verfügt schon heute über Verfahren und Einrichtungen, die aus jeweils nationaler Perspektive eine evidenzbasierte Politik unterstützen. Schafft man es, sich bei ausgewählten Politikbereichen auf für alle Seiten geltende und möglichst auch verbindliche Risikokennzahlen zu einigen und daraus Impulse und Vorgaben für die zwischenstaatliche Zusammenarbeit abzuleiten, würde die Wertschöpfung der Diplomatie als Vorbereiter politischer Entscheidungen deutlich erhöht. Eine auf einem nachvollziehbaren Risikomanagement basierte, gemeinsame Betrachtungsweise könnte zur Versachlichung zwischenstaatlicher Konflikte und zur Vorbereitung gemeinsamer Entscheidungen zu grenzüberschreitend wirkenden Herausforderungen beitragen. Dieser Gedanke ist nicht utopisch, denn es gibt ja Präzedenzfälle für eine am Risiko orientierte internationale Diplomatie. Am prominentesten ist hier sicherlich die Conference of the Parties zu nennen, ein Beispiel für eine institutionell verankerte Verhandlungsplattform, die auf der Basis eines Risikoberichts Klimaszenarien erörtert, verbindliche Messgrößen definiert und länderspezifische Transformationsschritte zur Risikominderung vereinbart.

Allzu oft wird beklagt, dass Politiker in demokratisch verfassten Staaten durch die kurzen Legislaturperioden von meist vier oder fünf Jahren dazu neigen, kurzfristig orientierte Politik zu favorisieren und zunächst negativ erlebte Entscheidungen für eine langfristige, nachhaltige Entwicklung zu unterlassen. Eine Instanz wie ein nationaler Risikorat, der sämtliche Kosten politischer Entscheidungen über die Zeit transparent macht, würde die Defizite kurzfristiger Politik offenlegen und die für eine wirklich nachhaltige Orientierung unerlässlichen Argumente liefern. Die Legitimation des langfristig Notwendigen würde in wünschenswerter und notwendiger Weise erhöht, das Verständnis der Bürger gesteigert, die Berechenbarkeit der Politik würde spürbar zunehmen.

Und zu guter Letzt gäbe es mit dem richtigen Risikomanagement auch weniger schwarze Schwäne.

**Nikolaus von Bomhard ist Aufsichtsratsvorsitzender der Münchener Rück sowie der Deutschen Post. Er ist Mitglied des Stiftungsrats der Stiftung Münchner Sicherheitskonferenz.**

Munich Strategy Forum in Elmau im Dezember 2018.

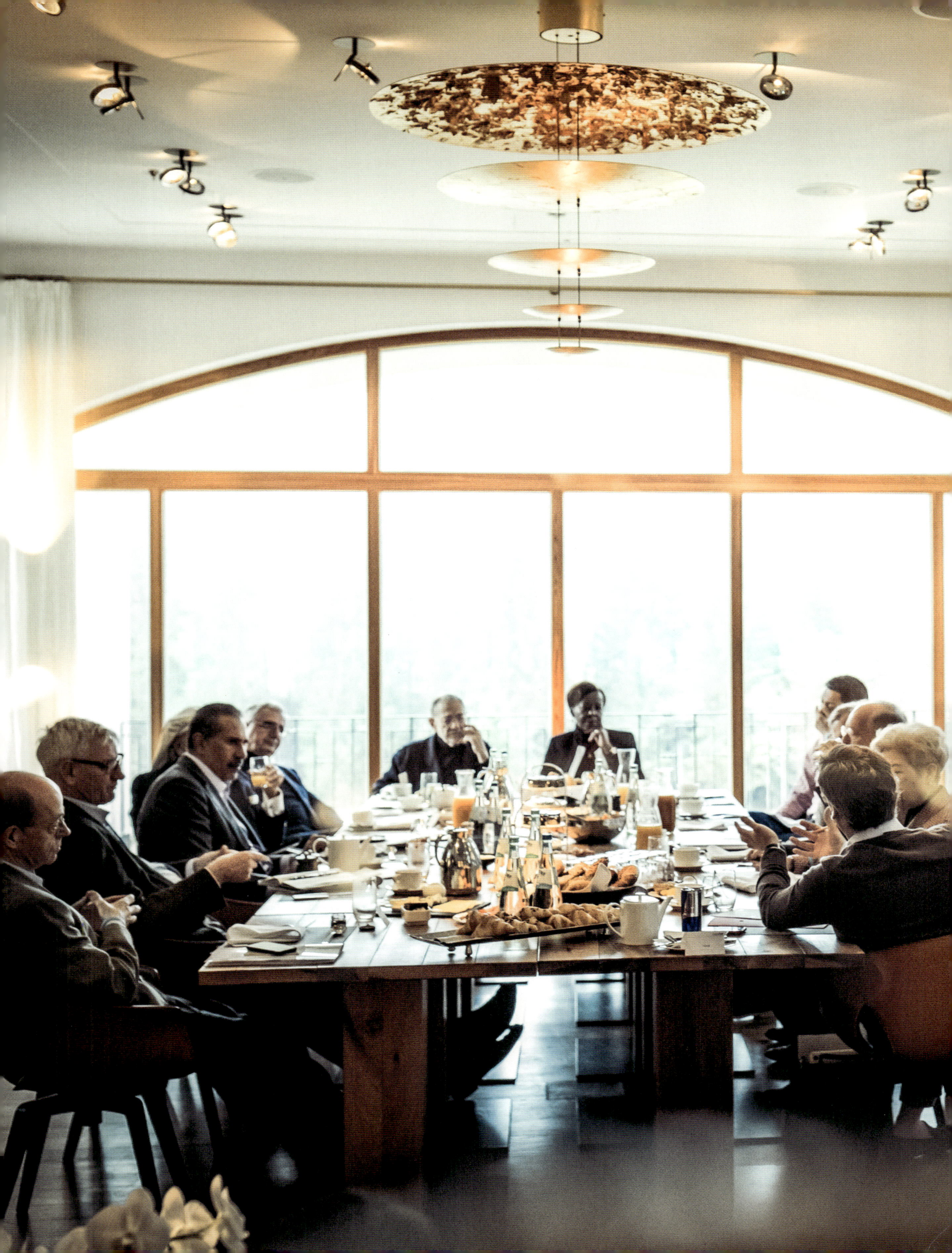

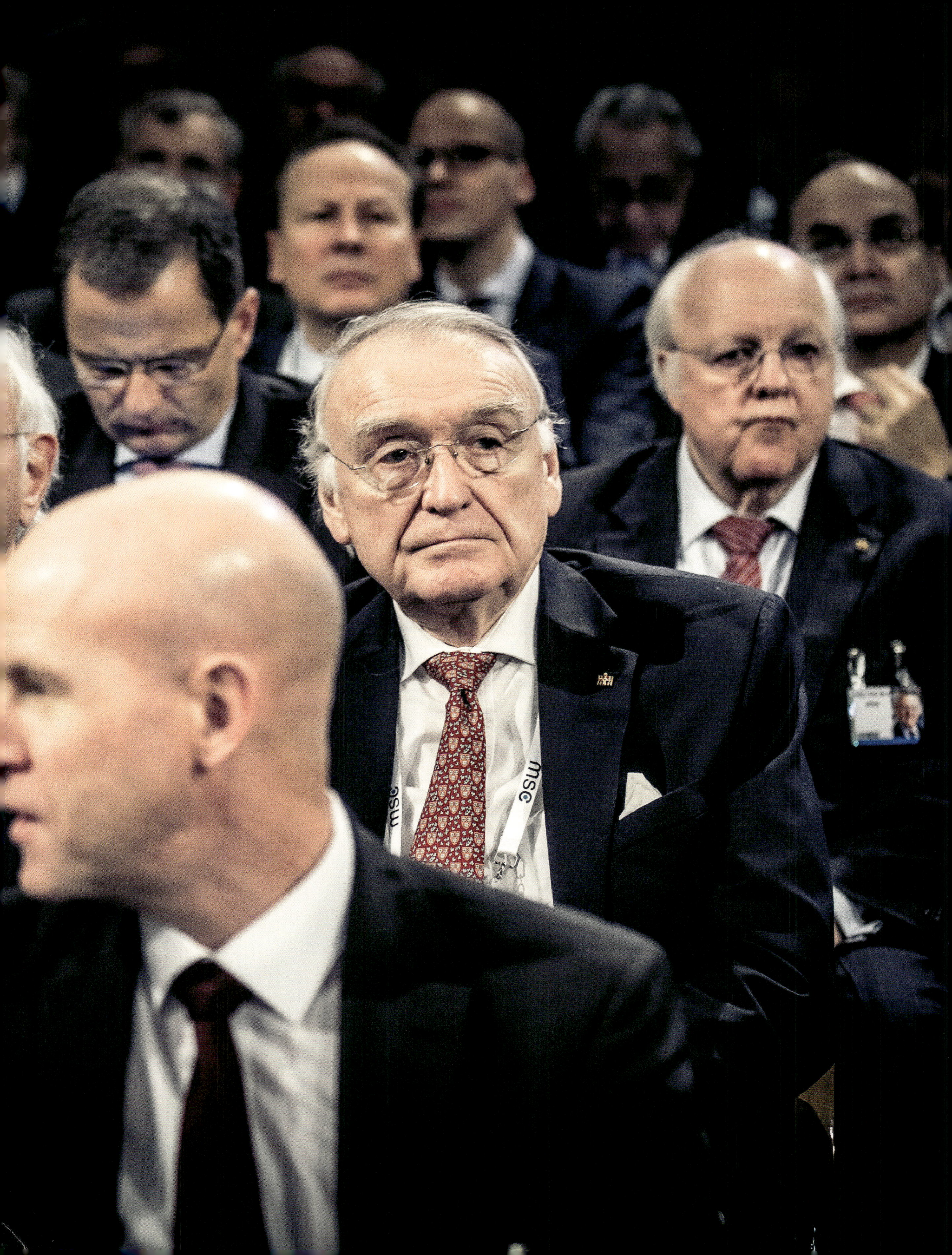
msc
msc

# Backchannel-Diplomatie

**Karl Kaiser**

Der Backchannel ist für die Diplomatie das, was die Achse für das Rad ist: Sie bewirkt, dass das Rad sich dreht, bleibt selbst aber häufig unsichtbar. Einer der Großmeister der Diplomatie des 20. Jahrhunderts, Henry Kissinger, trieb den Backchannel in der US-amerikanischen Außenpolitik zur Perfektion. Das prominenteste Beispiel war die Öffnung nach China, als er in einer sorgfältig geplanten Geheimmission Präsident Nixons Besuch vorbereitete und diplomatische Beziehungen zu China knüpfte. Häufig wird jedoch übersehen, dass auch die deutsche Ostpolitik nicht möglich gewesen wäre ohne einen gut funktionierenden Backchannel zwischen Washington und Bonn. Hätte es ohne die Ostpolitik die Helsinki-Schlussakte, die Entspannung, Gorbatschows Einwilligung zum Fall der Berliner Mauer, die Wiedervereinigung Deutschlands und das Ende des Kalten Kriegs gegeben? Schwer vorstellbar.

Die sozialliberale Koalition unter Willy Brandt und Walter Scheel kam 1969 zustande und bekundete die Absicht, die alte Politik durch eine neue Herangehensweise an die kommunistische Welt zu ersetzen – eine pragmatische Politik der „kleinen Schritte" und des „Wandels durch Annäherung", den Fokus zuerst auf Moskau gerichtet, das Ziel verfolgend, Beziehungen zu Ostdeutschland und Osteuropa aufzunehmen, und mit der Bereitschaft, den territorialen Status quo anzuerkennen. Damals nahmen viele Beobachter an, die Nixon-Administration wäre gegen die Ostpolitik. Die Wirklichkeit war jedoch komplexer. Es stimmt, dass Richard Nixon, wie aus vielen Quellen hervorgeht, Willy Brandt nicht mochte. Das Hauptanliegen seines wichtigsten außenpolitischen Beraters Henry Kissinger hinsichtlich der Ostpolitik war sicherzustellen, dass das deutsche Vorgehen nicht seine eigenen Pläne für eine neue Strategie zur Stabilisierung der Beziehungen zur Sowjetunion unterlief, und zu verhindern, dass Bonn von einem stärkeren Russland über den Tisch gezogen wurde.

In der westdeutschen Innenpolitik sträubte sich die CDU/CSU vehement gegen die Ostpolitik und lechzte geradezu nach Unterstützung seitens der republikanischen Regierung in Washington. Und in der Tat hätten ein einziges kritisches Wort oder eine Geste der Nixon-Administration fatal sein können für die regierende Koalition aus SPD und FDP, die ihre parlamentarische Mehrheit zu verlieren drohte, nachdem einige ihrer Mitglieder begonnen hatten, aus Protest gegen die Ostpolitik zur Opposition überzulaufen. Aber Kissinger sorgte dafür, dass aus der Administration kein kritisches Wort zur Ostpolitik nach außen drang. Ohne Wissen der CDU/CSU in Bonn und der deutschen Öffentlichkeit war ein Backchannel zwischen den zwei Regierungen eingerichtet worden. Egon Bahr, der Architekt der Ostpolitik Willy Brandts und dessen Vertrauter und Emissär, reiste regelmäßig nach Washington, wo er unter Umgehung des Außenministeriums mit Kissinger alle Details der laufenden Verhandlungen mit Moskau besprach und so eine Annäherung der Standpunkte des Weißen Hauses und der Regierung Brandt zu den Ostverträgen bewirkte. Übrigens richtete Bahr ebenso einen Backchannel zur Führung in Moskau ein – unter Umgehung der notorisch umständlichen sowjetischen Bürokratie. Bis zuletzt war nicht sicher, ob der Bundestag die Ostverträge ratifizieren würde, aber dank der im Backchannel geleisteten Vorarbeit gab es keine erkennbaren Einwände seitens der US-Regierung, und die dadurch implizierte Zustimmung half, den Verträgen auch im Bundestag die nötige Mehrheit zu sichern.

Worauf stützt sich diese Interpretation? Mehr als vier Jahrzehnte später, im Jahr 2014, protestierten anlässlich der Einrichtung eines Henry-Kissinger-Lehrstuhls an der Bonner Universität zu Ehren des ehemaligen Außenministers an dessen neunzigstem Geburtstag eine Reihe von Intellektuellen und Studenten gegen diese Geste. Egon Bahr fühlte sich genötigt, in die Kontroverse einzugreifen, indem er die Schaffung dieses Lehrstuhls ausdrücklich begrüßte und hinzufügte: „Ich bin Henry Kissinger zutiefst dankbar, dass er Nixon dazu brachte, uns grünes Licht zu geben. Anders hätte es die Ostpolitik gar nicht gegeben."[1]

Ein eindrückliches Zeugnis von der Relevanz der engen persönlichen Beziehung für diesen Backchannel legte Henry Kissinger mit seiner bewegenden Ansprache anlässlich einer Erinnerungsveranstaltung für den im August 2015 verstorbenen Egon Bahr ab.[2]

**Karl Kaiser ist Senior Fellow beim Project on Europe and the Transatlantic Relationship am Belfer Center for Science and International Affairs und Adjunct Professor Emeritus of Public Policy an der John F. Kennedy School of Government der Harvard University. Zuvor war er als Direktor des Forschungsinstituts der Deutschen Gesellschaft für Auswärtige Politik und als Berater der Kanzler Brandt und Schmidt tätig.**

◂ Karl Kaiser auf der Münchner Sicherheitskonferenz im Februar 2015.

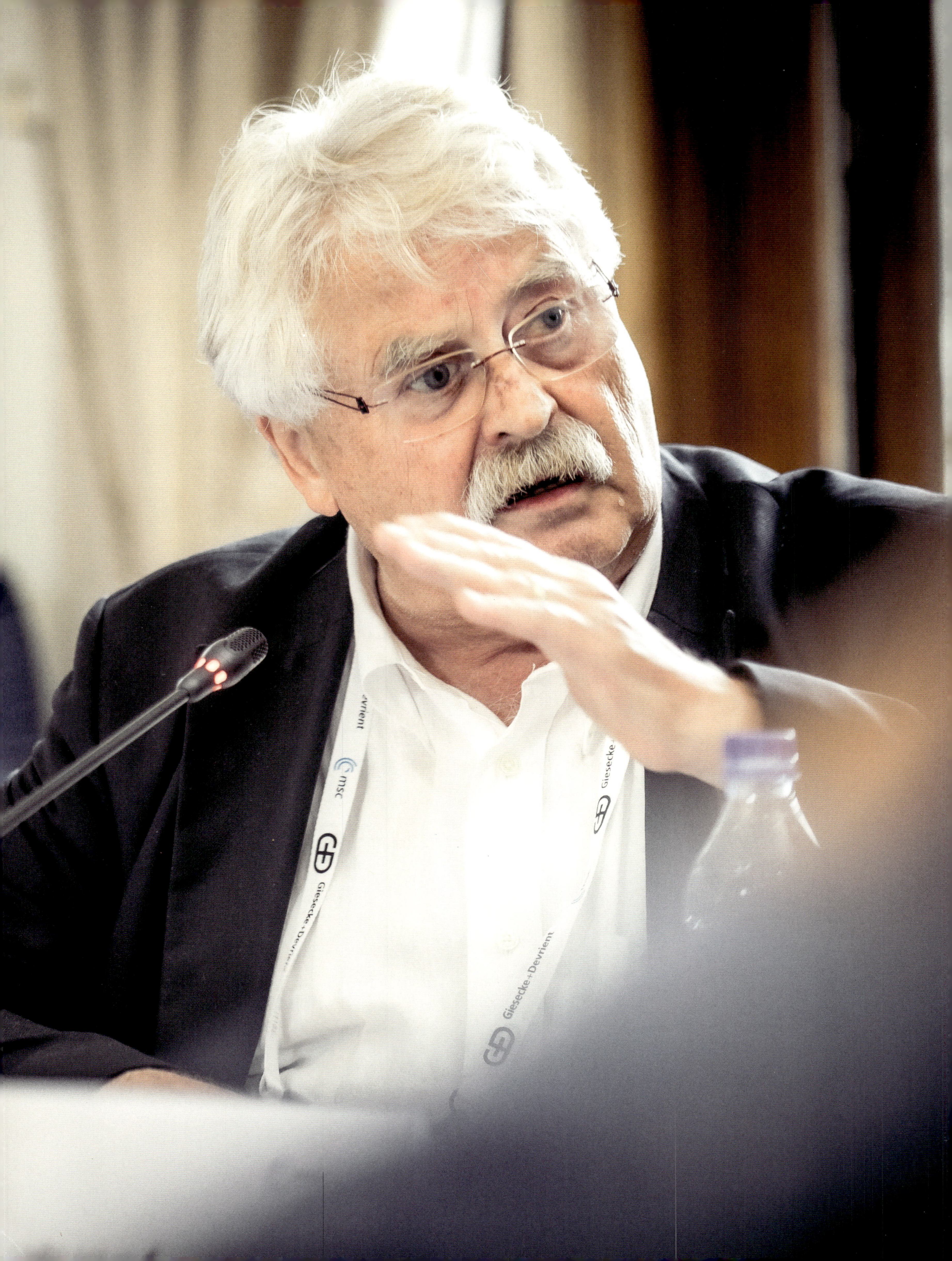
msc
Giesecke+Devrient

# Parlamentarische Diplomatie

**Elmar Brok**

Außenpolitik ist eine klassische exekutive Aufgabe. Nur eine Regierung kann aus völker- und staatsrechtlichen sowie praktischen Gründen nach außen verbindlich auftreten. Nur ihr stehen auch die Ressourcen für Planung, Analysen, Verhandlungen mit dem Personal, Botschaften und Geheimdienste zur Verfügung.

Nur innerhalb einer Regierung gibt es die Möglichkeit, verbindlich eine Koordination zwischen den verschiedenen Zielen und Zuständigkeiten für Außen- und Sicherheits-, Verteidigungs-, Entwicklungs-, Handels-, Energie-, Wirtschafts-, Finanz-, Währungs-, Infrastruktur- oder Technologiepolitik zu erreichen. Jedenfalls sollte das in Europa endlich versucht werden, zumal China, Russland und zunehmend auch die USA diese Themen im internationalen Geschäft als Einheit in ihrer Strategie zu ihrem jeweiligen Vorteil nutzen.

Der in Deutschland oft noch propagierte Unterschied z. B. zwischen Wirtschafts- und Energiepolitik auf der einen Seite und Außenpolitik auf der anderen Seite wird von Xi, Putin und Biden amüsiert betrachtet und gegen die Europäer – wenn auch mit unterschiedlichen Motiven und Zielen – genutzt.

Da der einzelne europäische Nationalstaat fast durchweg nicht das erforderliche Gewicht hat, für seine Interessen in der jetzigen globalen Ordnung wirkungsvoll einzutreten, muss zunehmend die EU genutzt werden. Da diese Bereiche aber von der Kompetenzordnung und zusätzlich von den Entscheidungsstrukturen her unterschiedlich geregelt sind, sind die Wahrnehmung der Interessen und Handlungsfähigkeit außerordentlich zulasten aller in der EU eingeschränkt.

Ich hoffe, dass die europäischen und nationalen Abgeordneten dieses Thema vermehrt aufgreifen, um Mehrwert und Synergien zu erreichen. Eine Gelegenheit gibt es dazu in der „Konferenz zur Zukunft Europas", in der die Mehrheit der Abgeordneten der beiden Ebenen – wie im Verfassungskonvent – gegen das Beharrungsvermögen der Exekutive aufbegehren könnte.

Die Abgeordneten der Konferenz könnten sich dabei auf eine große Mehrheit der EU-Bürger, die insbesondere eine größere Handlungsfähigkeit der EU in allen Meinungsumfragen fordern, berufen. Die Bürger haben verstanden, dass das der einzige wirksame Weg wäre, die EU und ihre Mitgliedstaaten in dieser Welt zu schützen und zu einem wesentlichen Faktor zu machen.

Staatsrechtliche Argumente sind überwindbar. Das Wort von der nationalen Souveränität wird von den beharrenden Kräften nationaler Regierungsapparate als Alibi für ihren Machterhalt oder von Populisten aus anderen Motiven benutzt. Wie erfolgreich und verantwortungsbewusst die EU mit Mehrheitsentscheidungen im Ministerrat und dem Mitentscheidungsrecht des Europäischen Parlaments umgeht, zeigt die großartige Entwicklung des EU-Binnenmarkts. Dieses positive Ergebnis ist sogar nur durch diese Handlungsfähigkeit möglich geworden. In diesem Fall ist es vor allem die Mehrheitsentscheidung im Rat und die Gleichberechtigung des Europäischen Parlaments im Gesetzgebungsverfahren.

> Da der einzelne europäische Nationalstaat fast durchweg nicht das erforderliche Gewicht hat, für seine Interessen in der jetzigen globalen Ordnung wirkungsvoll einzutreten, muss zunehmend die EU genutzt werden.

Nicht nur die grundsätzliche Frage, die zum Teil in das Primärrecht hineingeht, könnte Bestandteil eines Dialogs oder einer Auseinandersetzung zwischen Parlamenten und Exekutiven sein, sondern unabhängig davon sollten Parlamente und Exekutiven systematischer an einer Nutzung der parlamentarischen Diplomatie arbeiten.

Glaubwürdig kann das nur in Demokratien geschehen, in denen das Parlament entsprechend glaubwürdige Instrumente besitzt. Zu diesen Instrumenten gehört, dass eine Regierung beziehungsweise die Kommission von einem Parlament gewählt beziehungsweise bestätigt werden muss – und möglichst auch noch abberufen werden kann. Das kann zur Demut der Exekutive beitragen und ihre Gesprächsbereitschaft erhöhen.

Ein Parlament muss auch bereit sein, Haushaltszuständigkeiten für Regulierungen, Programme und Personalentwicklungen in Ministerien und Außenvertretungen zu nutzen. Auch ist ein wirksames Kontrollwesen für Politiker und Rechnungsprüfung unerlässlich.

Beide Seiten – Parlament und Exekutive – müssen sich in ihren Rechten achten und sie transparent einsetzen.

◂ Elmar Brok bei der Präsentation des Munich Security Brief in Straßburg im Juli 2021.

Dabei sollten die Exekutive und ihr diplomatischer Dienst dies nicht als ständigen Abwehrkampf gegen „tumbe" und störende Abgeordnete führen, die kein Verständnis für die hohe Kunst der Diplomatie und die notwendige Vertraulichkeit in der internationalen Politik aufbringen.

In der Tat steht ein demokratisches Parlament für öffentliche Debatte, für Transparenz. Es liefert aber auch in seinen unterschiedlichen Rollen Legitimation für die Politik in einer demokratischen Gesellschaft. In der Regel steht die parlamentarische Mehrheit der Exekutive, die auf dieser Mehrheit aufbaut, auch nicht feindlich gegenüber, sodass Loyalität durchaus gegeben ist.

Die Abgeordneten sind die Einzigen in dem demokratischen System – mit Ausnahme des französischen Präsidenten – in der EU und ihren Mitgliedstaaten, die unmittelbar vom Bürger gewählt worden sind. Daher haben sie Anspruch darauf, von den Mitarbeitern der Exekutive ernst genommen zu werden, und das nicht nur bei Budgetverhandlungen. Und es ist eine Mär, dass sie im Prinzip „unverantwortlich" sind. Sie sind genauso an dem Erfolg der Politik interessiert wie die Diplomaten in den Auswärtigen Diensten, die auch unterschiedliche parteipolitische und politische Präferenzen haben.

In meinen 39 Jahren im Europäischen Parlament habe ich mehr Leaks aus der Kommission und dem Auswärtigen Dienst als aus dem Europäischen Parlament erlebt. Das gilt auch für die speziellen Parlamentsausschüsse für Geheimdienste und klassifizierte Informationen in den Mitgliedstaaten und der EU. Das entscheidende EP-Gremium, dass allerdings wegen des Widerstandes einiger Mitgliedstaaten noch so schwach ausgestattet ist, habe ich selbst mehr als 10 Jahre lang geleitet. Staatspolitische Verantwortung gibt es nicht nur bei Beamten und bei von Abgeordneten zu Ministern mutierten Politikern. Parlamentarische Kontrolle dient nicht nur der Legitimation, sondern soll auch Machtmissbrauch im Großen und Kleinen verhindern.

Aber auch Parlamente müssen ihre Grenzen kennen und akzeptieren. Nur die Exekutive kann und darf die offizielle Außenvertretung wahrnehmen, sie allein damit nach außen handeln, Vereinbarungen und Verträge schließen. Das kann aber auch eine Kooperation einschließen. Der Verhandler kann das eigene Parlament als bad guy, der rote Linien etwa für eine Ratifikation festgelegt hat, nutzen und auf diese Weise bessere Verhandlungsergebnisse zu erreichen versuchen.

Auch aus meiner eigenen Tätigkeit kann ich manche Beispiele anführen, wie etwa das EP durch Besuche bei anderen Parlamenten, mit ständigen parlamentarischen Treffen oder sogar in den gemeinsamen parlamentarischen Ausschüssen mit Beitrittskandidaten und assoziierten Ländern Vertrauen und Beständigkeit in die Beziehungen bringen und so zum Erfolg der Beziehungen beitragen.

Ohne diese Zusammenarbeit zwischen EP und US-Kongress hätte es nicht die Vertragsverhandlungen der EU mit den USA gegeben, die an Trump dann leider scheiterten. In den Beziehungen mit der Ukraine, aber auch mit Georgien und Moldawien war das EP in den letzten zwanzig Jahren die treibende Kraft.

Ich kann mich noch daran erinnern, dass vor Abschluss des Atomabkommens mit dem Iran beide Seiten inoffiziell den Auswärtigen Ausschuss des EP baten, nach Athen zu fahren, um dem iranischen Parlamentspräsidenten Laridschani nach langen Diskussionen die Möglichkeit zu geben, den anstehenden Vertrag für unterstützungswert zu erklären.

Auf dem Westbalkan haben Europaabgeordnete seit den Neunzigerjahren informell und offiziell – oft in Absprache mit der Kommission – wertvolle und erfolgreiche Vermittlungstätigkeiten zum allgemeinen Nutzen geleistet.

In der Durchsetzung von Menschenrechten, aber auch in Handels-, Wirtschafts- und Umweltfragen gibt es vielerlei Möglichkeiten eines klugen Rollenspiels zwischen Exekutive und Parlament, die noch systematischer und in gegenseitiger Anerkennung der unterschiedlichen Rollen mutiger als bisher genutzt werden könnten.

**Elmar Brok war von 1980 bis 2019 Mitglied des Europäischen Parlaments und von 1999 bis 2007 sowie von 2012 bis 2019 Vorsitzender des Ausschusses für Auswärtige Angelegenheiten. Er ist Senior Advisor der Münchner Sicherheitskonferenz.**

Wolfgang Ischinger und Dita Charanzová bei der Präsentation des Munich Security Brief in Straßburg im Juli 2021.

# Security Brief

Ischinger | Charanzová

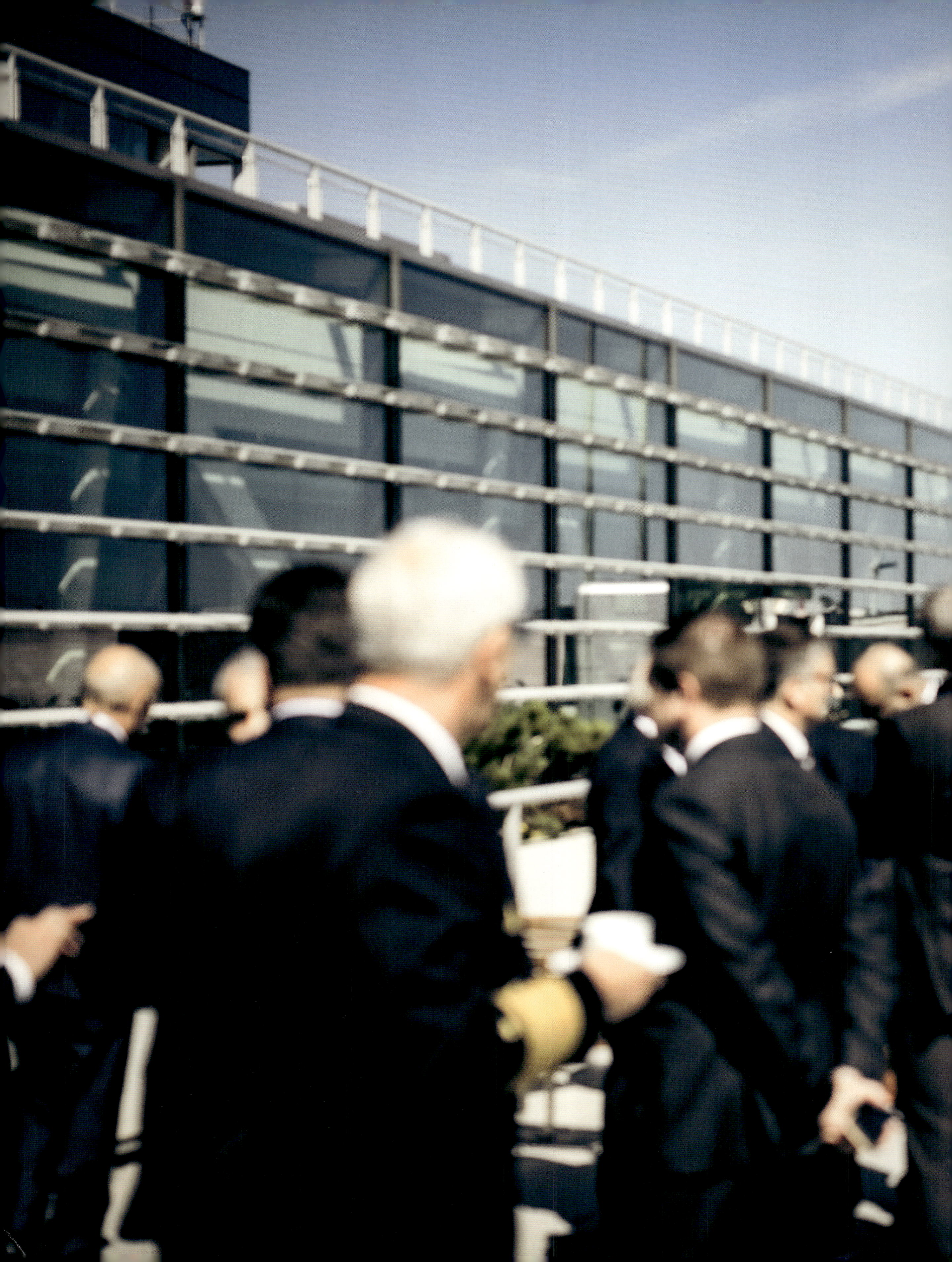

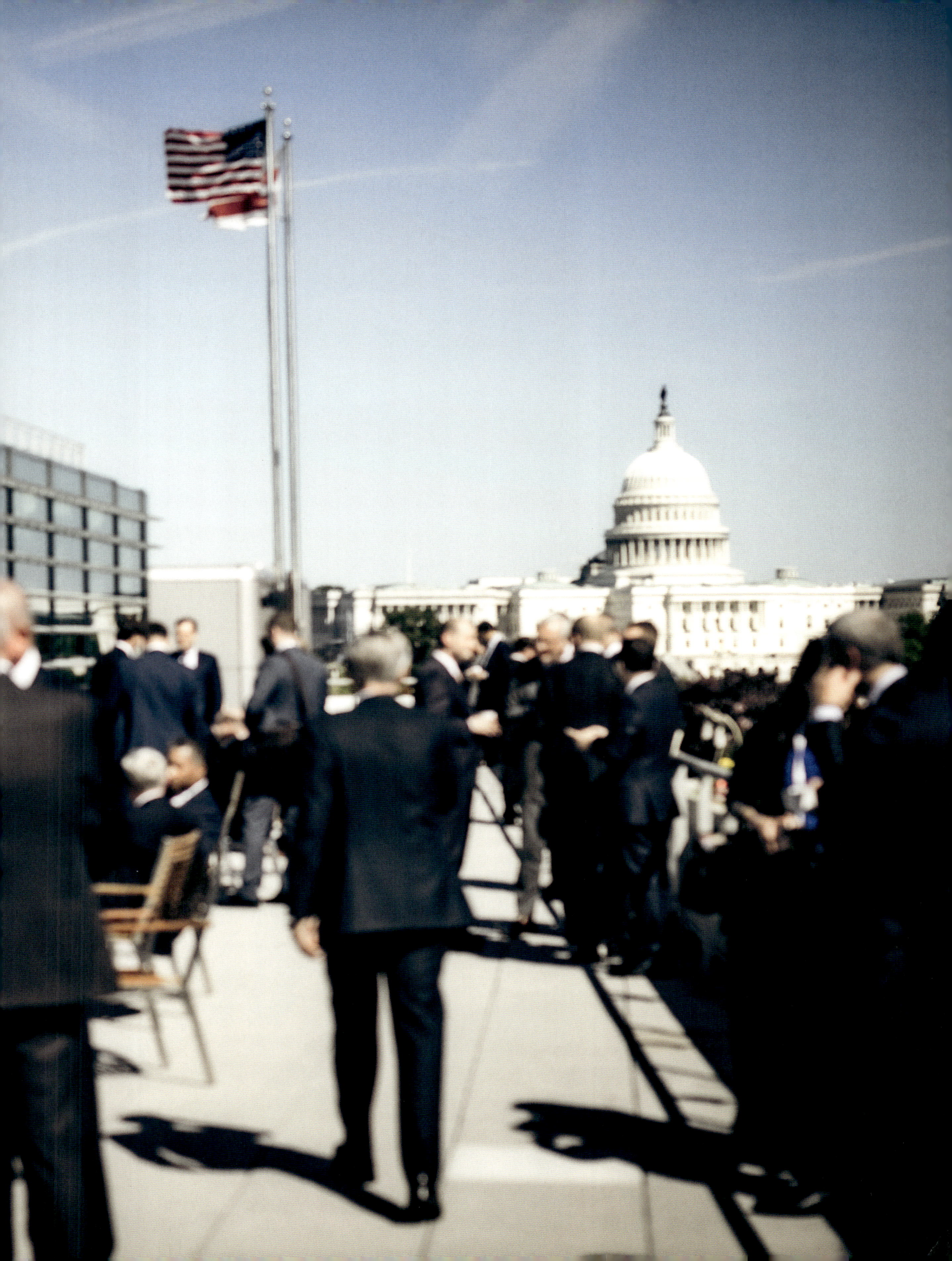

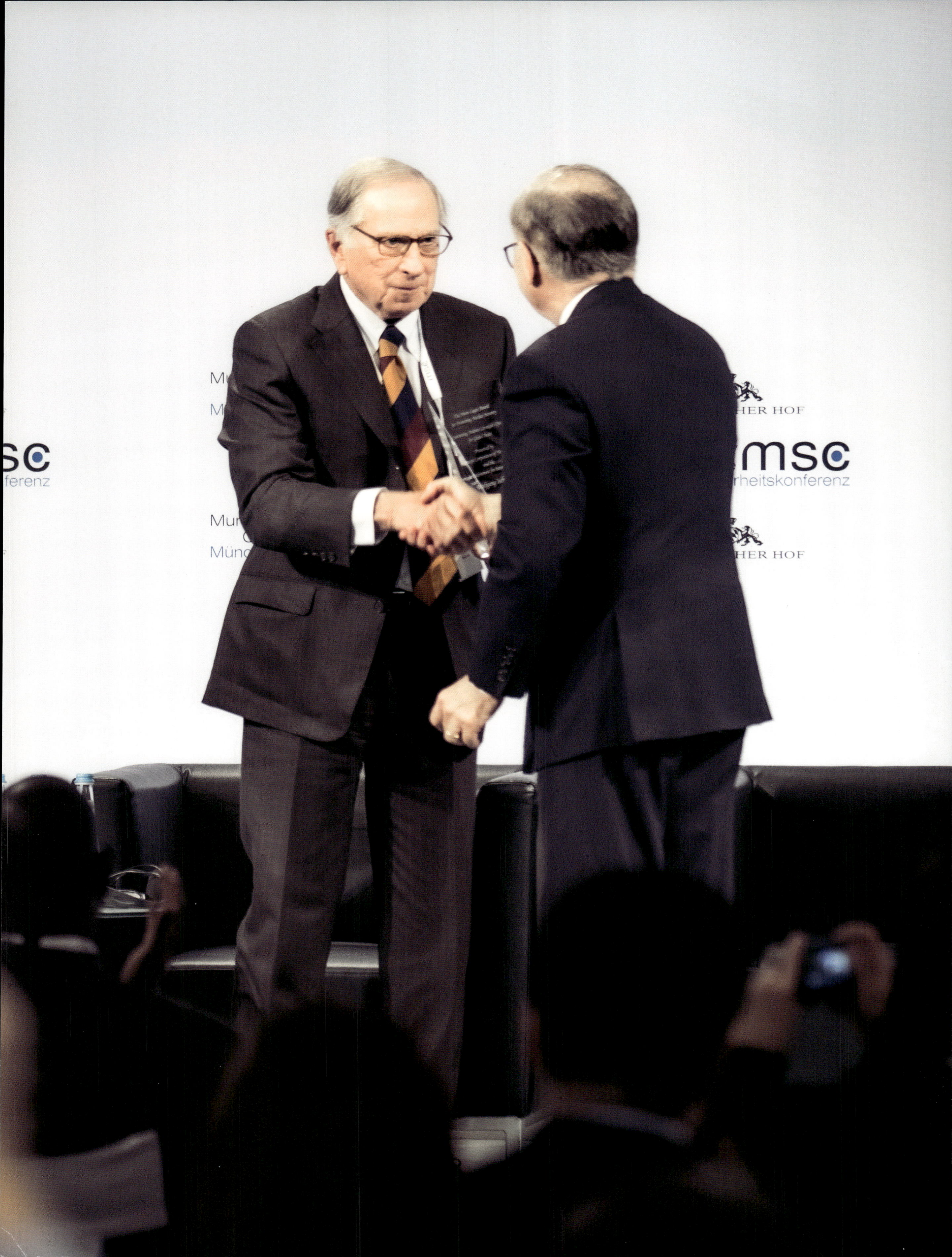
msc

# Track-II-Diplomatie

**Sam Nunn**

Es gibt Augenblicke, in denen sich in den Beziehungen zwischen Regierungen nichts mehr bewegt. Ausgerechnet der Abbruch der zwischenstaatlichen Kommunikation ist eines der beliebtesten Mittel in einer Krise, um der anderen Seite Wut oder Ablehnung zu signalisieren. Auch wenn sich die Regierung, die die Kommunikation abbricht, vielleicht vorübergehend besser fühlt, ist ein solches Verhalten in den meisten Fällen kontraproduktiv. Präsidenten und Premierminister sprechen nicht mehr miteinander. Der Routineaustausch zu den unterschiedlichsten Themen kommt zum Erliegen. Weil Vertrauen verletzt wurde, ist Kooperation nicht länger möglich.

Ein Abbruch des diplomatischen, kulturellen, wirtschaftlichen, militärischen und wissenschaftlichen Austauschs trägt nicht zur Verminderung von Risiken, Spannungen und Gefahren bei, sondern verstärkt sie im Gegenteil fast immer noch zusätzlich. Das Risiko eines Missgeschicks, eines Fehlers oder einer Fehlkalkulation und einer daraus resultierenden Verschärfung des Konflikts nimmt unweigerlich zu.

> Alternative diplomatische Kanäle können helfen, Ideen zu testen und konkrete Schritte einzuleiten, um das Konfliktrisiko zu reduzieren.

In der euroatlantischen Region beschreibt dies die Position, in der wir uns seit einigen Jahren befinden. Die Beziehungen zwischen den Vereinigten Staaten, der NATO, der EU und Russland bleiben gefährlich angespannt. Widerstreitende nationale Interessen, mangelnder Dialog, erodierende Rüstungskontrollabkommen, weiterentwickelte Raketensysteme und neue Cyber- und Hyperschallwaffen destabilisieren das alte Gleichgewicht. Das Risiko von Fehlkalkulation und Irrtum bis hin zum Einsatz von Atomwaffen wird dadurch größer.

Zum Glück gibt es für diese Augenblicke Orientierungshilfe in Form von Track-2- und Track-1.5-Diplomatie, bei der ehemalige Funktionsträger und andere Experten die gegenwärtigen Funktionsträger bei ihrer Tätigkeit im Stillen beraten, private Kontakte herstellen und Dialoghilfe geben. Solch alternative diplomatische Kanäle können helfen, Ideen zu testen und konkrete Schritte einzuleiten, um das Konfliktrisiko zu reduzieren.

Diese alternativen „Pfade" lassen sich gut während der jährlichen Münchner Sicherheitskonferenz beobachten. Von den Sitzungsräumen bis zu den Treppen und Fahrstühlen dient jede Ecke des Bayerischen Hofs dazu, Kontakte zu knüpfen, zu pflegen oder gar wiederzubeleben.

◂ Sam Nunn auf der Münchner Sicherheitskonferenz im Februar 2018.

Ein gutes Beispiel sind die informellen Frühstücke zwischen ehemaligen und aktiven Funktionsträgern aus Europa, Russland und den Vereinigten Staaten, die seit 2012 versuchen, Brücken zwischen den unterschiedlichen Positionen zu bauen. 2013 veröffentlichten wir einen Bericht unter dem Titel „Building Mutual Security".[1] Als die Beziehungen zwischen dem Westen und Russland 2014 implodierten, lieferten die MSC und die dort geknüpften und gepflegten Beziehungen die Basis für den Start der Euro-Atlantic Security Leadership Group (EASLG).[2] Das war eine neue Track-1.5-Initiative, die eine alternative Chance für den Dialog zwischen Personen und Regierungen aus der gesamten Region bot.

Die laufende Arbeit der EASLG stützt sich unter anderem auf Gelegenheiten wie die, die das samstägliche gemeinsame Essen auf der alljährlichen Münchner Sicherheitskonferenz bietet. Hier diskutieren einige der mächtigsten Persönlichkeiten der Welt offen über einige der schwierigsten Fragen – von Krisenmanagementdialog bis zu Cyberbedrohungen für nukleare Sicherheit und Stabilität. Vielen ist nicht bewusst, wie schwierig es sein kann, diese alternativen Kanäle während einer Krise überhaupt herzustellen. Mein guter Freund George Shultz betonte mehrmals, wie wichtig es sei, „den Garten der Diplomatie zu pflegen" – sich auf das alltägliche Geschäft des Knüpfens und Pflegens von Beziehungen und des Entwickelns von Vertrauen und Zuversicht zu fokussieren. Wenn die Krise zuschlägt, muss das Fundament stehen, von dem aus wir mit unserer Arbeit beginnen können.

Wir haben noch eine lange Wegstrecke vor uns, wenn wir die Instabilität in der euroatlantischen Region in den Griff bekommen und Sicherheit für alle schaffen wollen. In unseren gegenwärtigen turbulenten Zeiten können wir uns glücklich schätzen, dass die MSC uns den globalen Garten der Diplomatie bereitstellt und ihn pflegt. Jahr um Jahr lassen die geschickten Gärtner von München individuelle Kontakte und Beziehungen – nicht zuletzt zwischen Staatenlenkern und Regierungen – wachsen und gedeihen, die unverzichtbar sind, wenn es um die Vermeidung von Katastrophen und die Gewährleistung von Sicherheit für alle geht.

**Sam Nunn vertrat 24 Jahre lang (von 1972 bis 1996) den Bundesstaat Georgia im Senat der Vereinigten Staaten. Er ist Mitbegründer und Co-Vorsitzender der Nuclear Threat Initiative.**

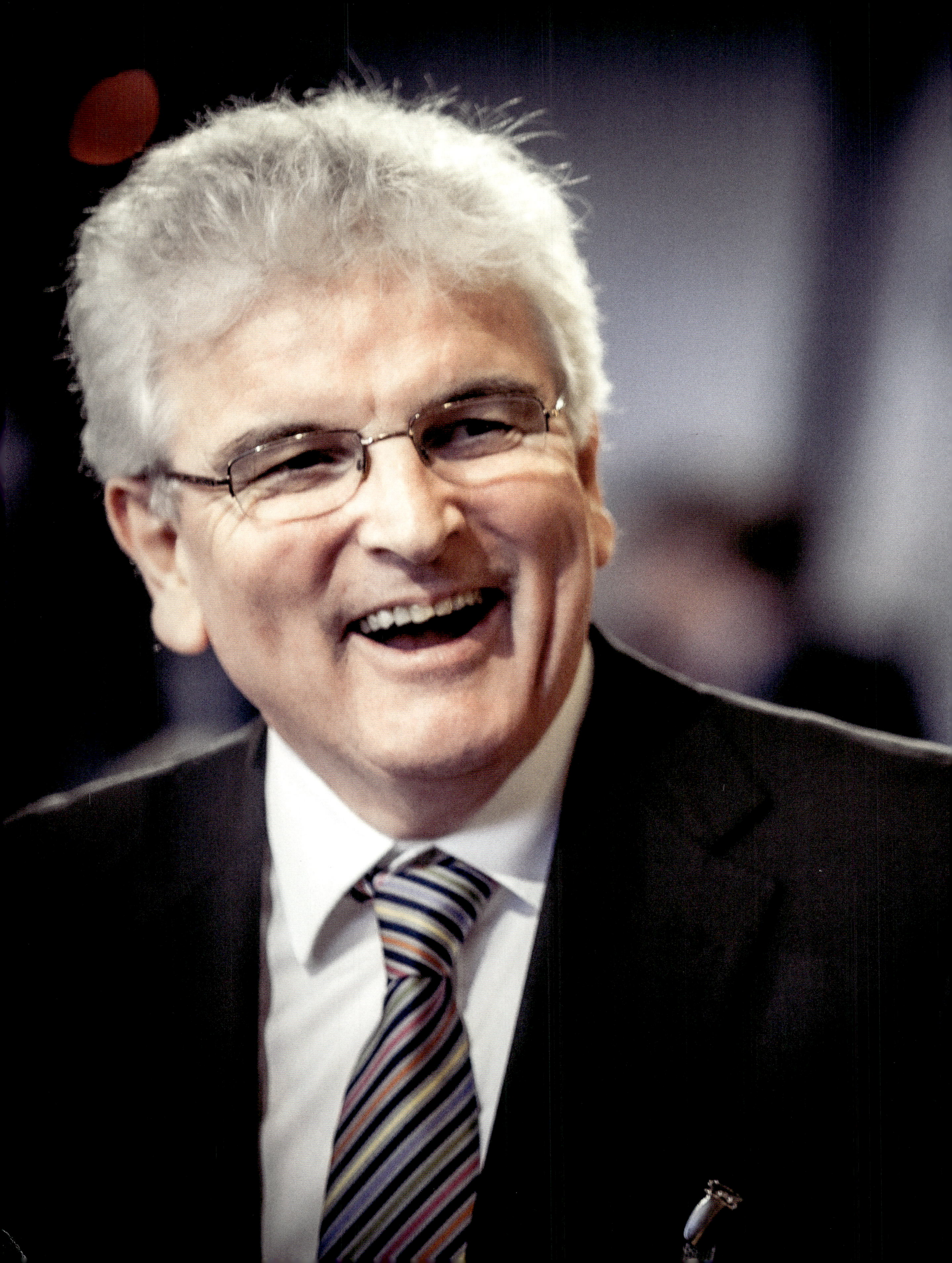

# Die nächste Generation

**Desmond Browne**

Sam Nunn hat Recht, wenn er in diesem Band die Bedeutung der Track-II-Diplomatie unterstreicht, bei der ehemalige und amtierende Regierungsvertreter und Experten über persönliche Kontakte Gesprächsbrücken zwischen Staaten errichten, wo immer sich die offizielle Diplomatie damit schwertut. Ebenso wichtig erscheint es, die Vertreter der jüngeren Generation, die am Anfang ihrer Karriere in Staatsdienst, Bildungswesen und Wirtschaft stehen, anzusprechen, zu motivieren und miteinander über ihre gemeinsame Zukunft und ihre Sicherheitsinteressen ins Gespräch zu bringen.

Nach der russischen Annexion der Krim im Jahr 2014 gelang es erst nach mehr als einem Jahr, eine signifikante Zahl von „Ehemaligen" in der Euro-Atlantic Security Leadership Group zusammenzubringen, damit sie sich dort über die Krise austauschten. Sehr viel früher aber, kaum sechs Monate nach der Invasion, spazierten wir – Vertreter des European Leadership Network, der Nuclear Threat Initiative und des Russian International Affairs Council – bereits gemeinsam mit einer wunderbaren Gruppe junger Führungspersönlichkeiten aus dem euroatlantischen Raum und insbesondere aus der Ukraine und Russland durch die Straßen von Sofia.

Dass diese jungen Menschen unter dem Eindruck eines bewaffneten Konflikts mitten in Europa, der nicht nur Beziehungen auf dem gesamten Kontinent auf die Zerreißprobe stellte, sondern ganz konkrete Folgen für ihre Familien und ihre Zukunftsperspektiven hatte, so rasch aufeinander zuzugehen bereit waren, sollte uns Älteren eine Lehre sein.

Die Tagesordnung für diese zweitägige Begegnung war einfach. Die ukrainischen Teilnehmer sollten beschreiben, wie sie sich die Zukunft der Ukraine vorstellten: Welche Chancen und Hindernisse sahen sie, ihre Vision von der Ukraine zu verwirklichen? Wie stellten sie sich die zukünftigen Beziehungen der Ukraine zu ihren Nachbarn vor? Was war das entscheidende Problem in den Beziehungen der Ukraine zu Russland, der NATO, der EU und den USA?

Die russischen, europäischen und US-amerikanischen Teilnehmer sollten sagen, was sie von den Ideen, die ihre ukrainischen Kollegen vortrugen, hielten. Wo sahen sie potenzielle Probleme, und was waren für sie „rote Linien"? Und vor allem: Was konnte hier aus ihrer Sicht helfen?

Es war vermutlich gar nicht zu vermeiden, dass das erste Treffen, das um einen rechteckigen Tisch herum stattfand, in „Länderdelegationen" strukturiert war: Ukrainer saßen neben Ukrainern, Russen neben Russen. Die Emotionen kochten hoch. Manche unserer Teilnehmer waren an den Ereignissen vom Februar 2014 beteiligt gewesen und konnten von Familienangehörigen und Freunden berichten, die damals verletzt worden waren. Die Stimmen und Positionen rund um den Tisch klangen hart und unversöhnlich.

In der ersten Kaffeepause geschah aber etwas Unerwartetes. Die Länderdelegationen begannen sich aufzulösen und miteinander zu vermischen. Teilnehmer, die noch Minuten zuvor erbittert gestritten hatten, standen auf einmal in Grüppchen zusammen und ließen die Diskussion von eben noch einmal Revue passieren. Geschichten wurden ausgetauscht und Sichtweisen erläutert, zur Kenntnis genommen und verstanden. Diese Dynamik setzte sich bis zum Abendessen und anschließend an der Bar fort, wo die meisten Teilnehmer bis in die frühen Morgenstunden ausharrten, miteinander sprachen, debattierten und vor allem persönliche Beziehungen knüpften – Beziehungen, die von Vertrauen getragen waren.

All diesen Gesprächen ist eines gemeinsam: das Bewusstsein dafür, dass sich eine Wiederholung der Tragödien der Vergangenheit im euroatlantischem Raum nur durch die Beteiligung dieser jüngeren Generation an der Suche und Umsetzung möglicher Antworten wird vermeiden lassen. Und in der Tat gibt es heute wohl nichts, was besser geeignet wäre, Mut und Hoffnung bezüglich der Zukunft Europas zu vermitteln, als eben diese Erkenntnis, mit der Wolfgang Ischinger 2014 diesen Prozess in Gang gesetzt hat. Ich bin zuversichtlich, dass viele Vertreter der jüngeren Generation, die 2014 in Sofia dabei waren, schon bald ihre Regierungen vertreten werden. Wenn sie sich dann in diesen Rollen an Verhandlungstischen oder in Kaffeepausen begegnen, können wir zumindest hoffen, dass sie nach dem, was sie in einigen der dunkelsten Tagen Europas nach dem Ende des Kalten Kriegs gemeinsam erlebt haben, alles tun werden, um die Fehler der Vergangenheit nicht zu wiederholen.

*Desmond Browne ist stellvertretender Vorsitzender der Nuclear Threat Initiative und Vorsitzender des Board of Trustees and Directors des European Leadership Network. Von 2006 bis 2008 war er britischer Verteidigungsminister.*

◂ Desmond Browne auf der Münchner Sicherheitskonferenz im Februar 2013.

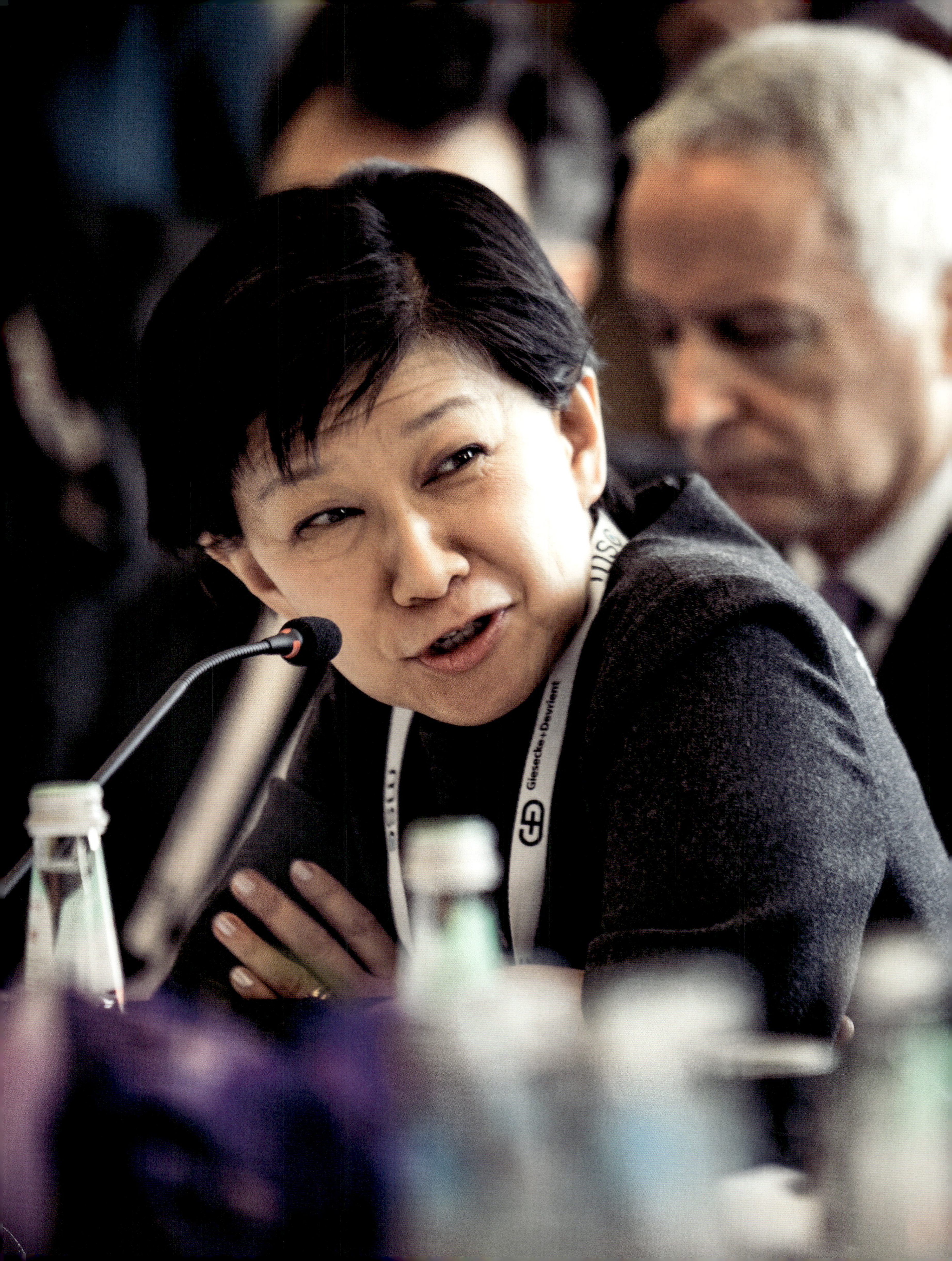
Giesecke+Devrient

# Auf (gewöhnliche) Menschen setzen

**Izumi Nakamitsu**

Dag Hammarskjöld, einer meiner größten Helden, beschrieb einst, warum er an eine bessere Zukunft glaube, nämlich „weil es immer genug Menschen geben wird, die für eine gute Zukunft kämpfen"[1]. Ich möchte kurz meine persönlichen Gedanken zu zwei Aspekten der Diplomatie vorstellen, die meine Sichtweise und meine Erfahrungen mit der „Kunst der Diplomatie" geprägt haben: erstens Multilateralismus und zweitens die Rolle ganz gewöhnlicher Menschen.

Ich habe Diplomatie nicht gelernt oder studiert. Ich begann meine Laufbahn als internationale Beamtin im UN-System – von meinen Anfängen als junge humanitäre Helferin und Friedenswächterin im ehemaligen Jugoslawien, in der Türkei und im Nordirak bis zu meinen jüngeren Erfahrungen in verschiedenen Führungsrollen in Bereichen wie Abrüstung, Friedenseinsätze, Entwicklung, Migration und Vertreibung. Das Prisma, durch das ich die Diplomatie sehe, hat seit jeher eine starke multilaterale Färbung.

Meist wurde ich eher Zeuge von diplomatischen Ergebnissen, als dass ich selbst einen aktiven Beitrag dazu geleistet hätte. In Augenblicken des Durchbruchs und des Erfolgs erfüllt es mich mit Freude zu sehen, wie seit Langem bestehende Spaltungen überwunden werden und ein Ergebnis erzielt wird, das im besten Interesse der internationalen Gemeinschaft und der Menschheit ist. Und wie fast jeder, der in der internationalen Arena tätig ist, leide ich unter dem Stachel der Enttäuschung, wenn Verhandlungen scheitern – manchmal aus Gründen, die in keinem substanziellen Bezug zum eigentlichen Thema stehen.

Seit dem Ende des Zweiten Weltkriegs und der Gründung der Vereinten Nationen wurde die Rolle des Multilateralismus als zentrales Element der diplomatischen Maschinerie ebenso häufig infrage gestellt, wie er sich als unschätzbar erwiesen hat. Die Vereinten Nationen wurden von „uns, den Völkern" gegründet, um „künftige Geschlechter vor der Geißel des Kriegs" zu bewahren. Diese Worte aus der Präambel der Charta der Vereinten Nationen bleiben für mich die Grundlage der Diplomatie von heute und morgen: einer Diplomatie, die von Menschen für Menschen gemacht wird – zum Wohle einer friedlicheren und auskömmlicheren Zukunft für alle.

Das Wort Diplomatie – aus griechisch δίπλωμα für etwas „zweifach Gefaltetes" wie beispielsweise eine Reisegenehmigung – trägt eine Konnotation von Privileg und einem gewissen Status. Die Geschichte hat uns in der Tat unzählige geschickte Verhandlungskünstler und Diplomaten gegeben, von denen es viele zu Ruhm gebracht haben. Ihre Tätigkeit – häufig still hinter den Kulissen, manchmal aber auch lautstark in der öffentlichen Arena – hat dazu beigetragen, Krisen zu vermeiden, Kriege zu beenden und Leben zu retten.

Aber über meine Arbeit hatte ich auch das Privileg, eine andere „Kunst der Diplomatie" in Aktion zu erleben, nämlich die der „einfachen Leute". Sadako Ogata, meine langjährige Mentorin und Chefin beim Flüchtlingshilfswerk der Vereinten Nationen, sagte mir einmal: Du musst nicht berühmt sein, um eine sinnvolle Arbeit zu machen. Ob im Kontext der Geburt neuer internationaler Abkommen oder der Beilegung eines lange schwelenden lokalen Konflikts – die diplomatischen Helden und Heldinnen sind meiner Erfahrung nach häufig jene ohne nennenswertes öffentliches Profil oder Status: Überlebende von Waffengewalt, lokale Führungspersönlichkeiten, junge Menschen.

Ich hatte das Glück, mit Menschen aus all diesen Lebensbereichen – und vielen anderen – kommunizieren und zusammenarbeiten zu dürfen. Zu ihnen gehört die neue Generation von Führungspersönlichkeiten und Verfechtern von Multilateralismus, Frieden und sozialer Gerechtigkeit, die mich am meisten inspirieren und motivieren. Innerhalb meines gegenwärtigen Schwerpunktfelds der Abrüstung habe ich regelmäßig Gelegenheit, mich mit jungen Menschen aus der ganzen Welt auszutauschen und von ihnen zu lernen. Viele von ihnen sind sehr bestimmt und entschlossen, Koalitionen zu bilden. Sie sind höchst kreativ im Finden von Lösungen. Sie verfügen über einen reichen Schatz an Werkzeugen, um den Dialog zu fördern und Konsens zu erzielen. Und sie erweisen sich, wann immer sie die Chance erhalten, auf zwischenstaatlichen Konferenzen als wortgewandte Redner.

Falls Diplomatie wirklich eine „Kunst" ist, lässt sich möglicherweise kein wertvolleres Gemälde erschaffen als eines, an dem „Künstler" quer durch die Disziplinen, Generationen und Kulturen mitwirken. Lassen Sie uns unsere Zukunft weiter in dieser Weise gemeinsam gestalten.

**Izumi Nakamitsu ist Unter-Generalsekretärin, Hohe Repräsentantin für Abrüstungsfragen und Leiterin des Büros für Abrüstungsfragen der Vereinten Nationen.**

◂ Izumi Nakamitsu auf der Münchner Sicherheitskonferenz im Februar 2019.

# 2 Herausforderungen

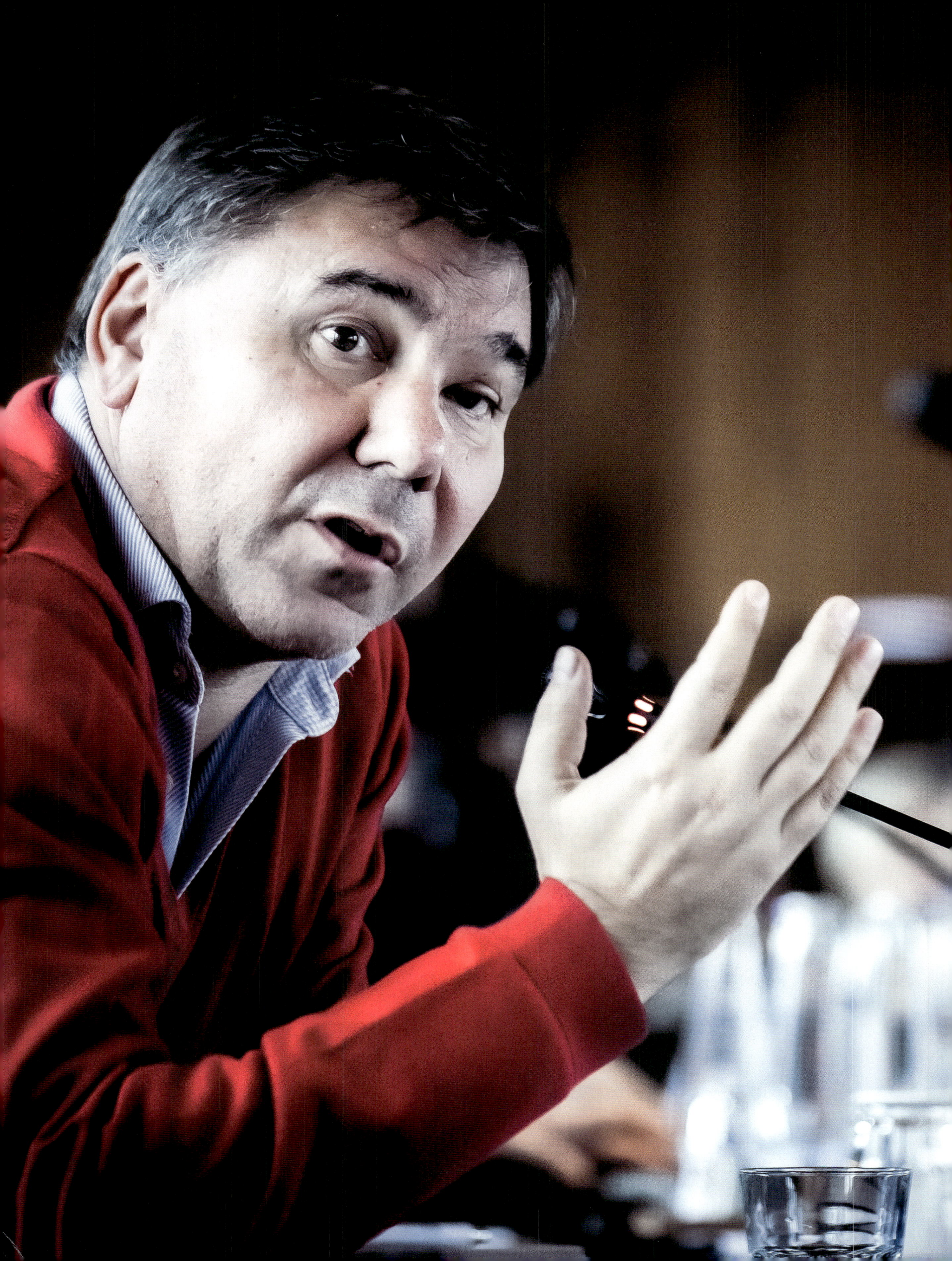

# Die richtigen historischen Analogien wählen

**Ivan Krastev**

Seit der russischen Annexion der Krim verfolgt mich die Frage: Hat der Umstand, dass die Annexion im Jahr 2014 erfolgte, in welchem sich der Beginn des Ersten Weltkriegs zum hundertsten Mal jährte, die Reaktion des Westens bestimmt? Könnte es sein, dass Amerikaner und Europäer Opfer einer falschen historischen Analogie wurden und dass die Flut von Büchern und Filmen, die zum Weltkriegsjubiläum erschienen, sie glauben ließ, dass wir uns weniger vor der Untätigkeit als vielmehr vor der Überreaktion fürchten müssten? Historische Jahrestage sind wie Flächenbombardements. Sie überschütten uns mit „verdaulichen Lektionen" in Form von Geschichtsbänden, Romanen, Konferenzen, Filmen und Ausstellungen, die wir bedingungslos zu schlucken haben. Diese Bücher, die – oder über die – wir alle lesen, schüren bestimmte Ängste und lassen bestimmte zukünftige Entwicklungen wahrscheinlicher erscheinen als andere.[1]

Wie Richard Neustadt und Ernest May in ihrer klassischen Studie *Thinking in Time* zeigten, hängt Entscheidungsfindung in Krisensituationen entscheidend von der Wahl des richtigen historischen Vergleichs ab.[2] Politiker brauchen die Geschichte, um die Gegenwart zu verstehen. Zur Zeit der Kubakrise war die wichtigste Entscheidung, die Präsident Kennedy zu treffen hatte, die nach der richtigen geschichtlichen Analogie. Er hatte die Wahl zwischen Suez-, Pearl-Harbor- und Julikrise. Aus der Wahl der Analogie folgte die Wahl der Strategie. Die Entscheidung für die Suezkrise hätte bedeutet, dass die russischen Raketen lediglich ein Ablenkungsmanöver darstellten und dass die USA sich auf russische Aktivitäten irgendwo in Europa gefasst machen sollten. Hätte man angenommen, dass die Sowjets einen Angriff nach Art von Pearl Harbor vorbereiteten, hätten sich die Amerikaner für die direkte Attacke entscheiden müssen.

Kennedy aber beschloss, eine Parallele zur Großmächtepolitik des Sommers 1914 zu ziehen und die damals begangenen Fehler unter allen Umständen zu vermeiden. Seine Einstellung war wesentlich geprägt von Barbara Tuchmans bekanntem Buch *August 1914*.[3] Präsident Kennedy gestand: „Ich werde keinen Kurs verfolgen, der es jemandem erlaubt, über diese Zeit ein vergleichbares Buch ‚Die Oktoberraketen' zu schreiben."[4] Tuchmans Buch erschien 1962, zwei Jahre vor dem fünfzigsten Jahrestag des Ausbruchs des Ersten Weltkriegs. Hätte nicht dieser Jahrestag angestanden, hätte sie vielleicht ein anderes Buch geschrieben oder der Präsident ein anderes Buch gelesen, und der Kalte Krieg hätte möglicherweise einen anderen Verlauf genommen.

Angesichts von Aggression gegen einen souveränen Staat haben die europäischen Entscheidungsträger die Wahl zwischen zwei historischen Analogien: Juli 1914 oder München 1938. Keine von beiden repräsentiert für sich allein die Geschichte. Beide bieten wichtige Lehren, wenn auch unterschiedliche. Die Geschichte des Juli 1914 ist die Geschichte eines unbeabsichtigten Kriegs. Nach verbreiteter Ansicht war der Krieg die Folge von Missverständnissen, Fehlkommunikation und mangelndem Vertrauen zwischen den Großmächten. In der kollektiven Vorstellung Europas war der Erste Weltkrieg so etwas wie der „kollektive europäische Selbstmord". Die Lehre aus dem Juli 1914 ist einfach: Hüten wir uns vor Überreaktionen und geben wir der Diplomatie eine Chance. München 1938 lehrt uns etwas anderes: Nachgiebigkeit gegenüber den Forderungen einer territorial aggressiven Diktatur bringt keinen Frieden. Während sich damit vielleicht kurzfristig ein Krieg vermeiden lässt, wird ein späterer Krieg unter ungünstigeren Bedingungen unausweichlich. Diese Analogie warnt nicht vor Überreaktion, wohl aber vor Untätigkeit.

Woran erkennen wir aber, ob es sich um die Wiederkehr von 1914 oder 1938 handelt? Wie entscheiden wir, ob wir uns mehr vor dem unbeabsichtigten Krieg oder der destruktiven Nachgiebigkeit fürchten sollten? Welchen historischen Vergleich wir wählen, hängt wesentlich von den Geschichtsbüchern ab, die wir lesen. Und das, was wir lesen, ist beeinflusst von dem historischen Jahrestag, den wir gerade begehen. Wer im Jahr 2014 vorgab, die Geschichte zu konsultieren, hatte unweigerlich den Ausbruch des Ersten Weltkriegs im Visier. In jenem Jahr hatte kein historischer Vergleich außer dem mit dem Ersten Weltkrieg eine Chance, gehört zu werden. Hätte Russland im Jahr 2038 beschlossen, die Krim zu annektieren, wäre die Reaktion des Westens möglicherweise ganz anders ausgefallen. Schärfen wir also unser Bewusstsein dafür, welche Bücher unsere politischen Entscheidungsträger lesen und welche Filme sie schauen, und vergessen wir nicht, dass es häufig historische Jahrestage sind, die bestimmen, was wir lesen und worauf wir achten.

**Ivan Krastev ist Vorsitzender des Centre for Liberal Strategies in Sofia und Permanent Fellow am Wiener Institut für die Wissenschaften vom Menschen (IWM).**

◀ Ivan Krastev beim Munich Strategy Forum in Elmau im Dezember 2019.

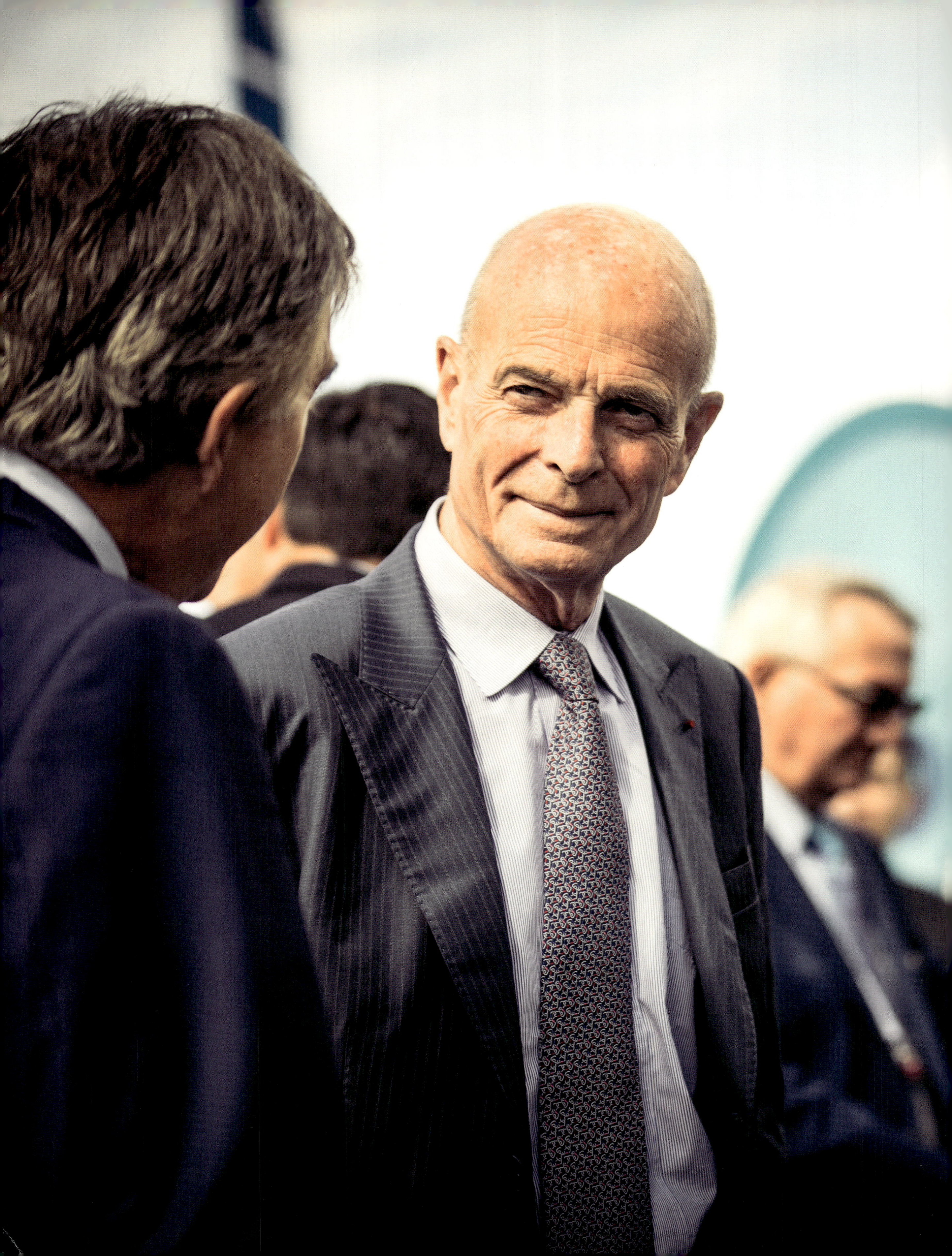

# Aus Erfahrung lernen

**John Scarlett**

Der gegenwärtige Stand der internationalen Beziehungen ist gekennzeichnet durch wachsende Spannungen, Misstrauen und Missverständnisse – insbesondere zwischen den Großmächten. Besonders in den letzten zehn Jahren ist das tägliche Dialoggeschehen rückläufig; wichtige internationale Vereinbarungen beispielsweise im Bereich der Rüstungskontrolle werden aufgekündigt. Das geschieht in einer Zeit extremen technologischen Wandels, dessen Konsequenzen vielen Menschen nicht klar sind, und wachsender Desinformation durch die sozialen Medien. Ein Ereignis jagt das andere. Die Gefahr von Konfrontationen zwischen den Staaten ist offensichtlich. Selbst da, wo sich die Interessen der Staaten klar überschneiden, wenn es beispielsweise um Bedrohungen durch internationalen Terrorismus oder religiösen Extremismus geht, sind die Möglichkeiten des Dialogs erfahrungsgemäß begrenzt.

Heute besteht die Tendenz, mit nostalgischem Blick auf den Kalten Krieg als eine Zeit zurückzublicken, in der durch Dialog, wechselseitiges Verständnis und Bewusstsein für gemeinsame Interessen ein gewisser Grad an strategischer Stabilität erreicht wurde. Da ich mich unmittelbar und beruflich während und nach dem Kalten Krieg mit Aufklärungsarbeit und Diplomatie befasste, hatte ich damals definitiv einen anderen Eindruck. Wir müssen uns davor hüten, die Dinge im Rückblick zu verklären, nur weil wir heute wissen, dass der Kalte Krieg letztlich nicht in die heiße Konfrontation mündete.

Aufgrund von persönlichen Erfahrungen erinnere ich mich insbesondere noch an die unmittelbare Gefahr eines Atomkriegs im November 1983. Die frühen 1980er-Jahre waren eine Zeit der verschärften Rhetorik von den beiden Kontrahenten des Kalten Kriegs. Im November 1983 wurde klar, dass die sowjetische Führung sich ernsthafte Sorgen wegen eines möglichen nuklearen Erstschlags der USA machte. Das war natürlich ein kolossales Missverständnis. Aber auch auf westlicher Seite gab es ernsthafte Missverständnisse. Den führenden Politikern und Entscheidungsträgern war nicht bewusst, wie sehr sie ihrer eigenen Rhetorik erlagen. Ich weiß noch, wie schwer es ihnen fiel einzusehen, dass die sowjetische Angst vor einem Erstschlag echt war. Als einer, der damals mithalf, auf diese Tatsache aufmerksam zu machen, erinnere ich mich noch an die vielen Experten, die meinten, wir übertreiben das Risiko. Zum Glück traf das nicht auf die Regierungschefs und die einflussreichsten und hochrangigsten Diplomaten der USA und Großbritanniens – und in der Folge auch der Sowjetunion – zu. Im Jahr 1984 begannen sich Rhetorik und Politik zu verändern. Konstruktive Diplomatie betrat erneut die Bühne. Das Risiko einer Konfrontation nahm stark ab – ein überzeugendes Beispiel für das Zusammenspiel von Aufklärung und Diplomatie, und eines, dessen Zeuge ich Tag für Tag wurde.

Diese Erfahrung lässt mich an die Situation denken, vor der wir in unseren strategischen internationalen Beziehungen heute stehen. Kurz gesagt: Ich sehe vier Lehren, die es zu ziehen gilt. Die erste betrifft die Bedeutung des wechselseitigen Verstehens. Wir müssen erkennen, wie die andere Seite tickt – wie sie denkt, was sie motiviert und welche Lehren sie aus ihrer eigenen Geschichte und ihren eigenen Erfahrungen zieht. Bei der zweiten geht es um die Bedeutung einer objektiven, ehrlichen, von Desinformation, Propaganda oder Wunschdenken unbeeinträchtigten Auswertung von Informationen und Daten. Die dritte betrifft die Notwendigkeit eines klaren Bewusstseins für die eigenen Werte, die eigenen (zu verteidigenden) Interessen und die Bereiche grundsätzlicher Nichtübereinstimmung bei gleichzeitiger Suche nach Bereichen sich überschneidender Interessen. Bei der vierten handelt es sich bei aller Nichtübereinstimmung um die Bedeutung des Dialogs und der offenen, regelmäßig genutzten Kommunikationskanäle als dem offensichtlichsten Weg, um vermeidbare Missverständnisse tatsächlich zu vermeiden.

> Wir müssen erkennen, wie die andere Seite tickt – wie sie denkt, was sie motiviert und welche Lehren sie aus ihrer eigenen Geschichte und ihren eigenen Erfahrungen zieht.

Das wird nicht einfach sein. Die Verteidigung der eigenen Werte verträgt sich nicht immer mit dem konstruktiven Dialog. Die Rollen einer wirksamen Aufklärung und einer geschickten Diplomatie liegen auf der Hand.

Sir John Scarlett leitete von 2004 bis 2009 den britischen Secret Intelligence Service (SIS oder MI6).

◂ John Scarlett beim MSC Energy Security Summit in Stavanger im August 2018.

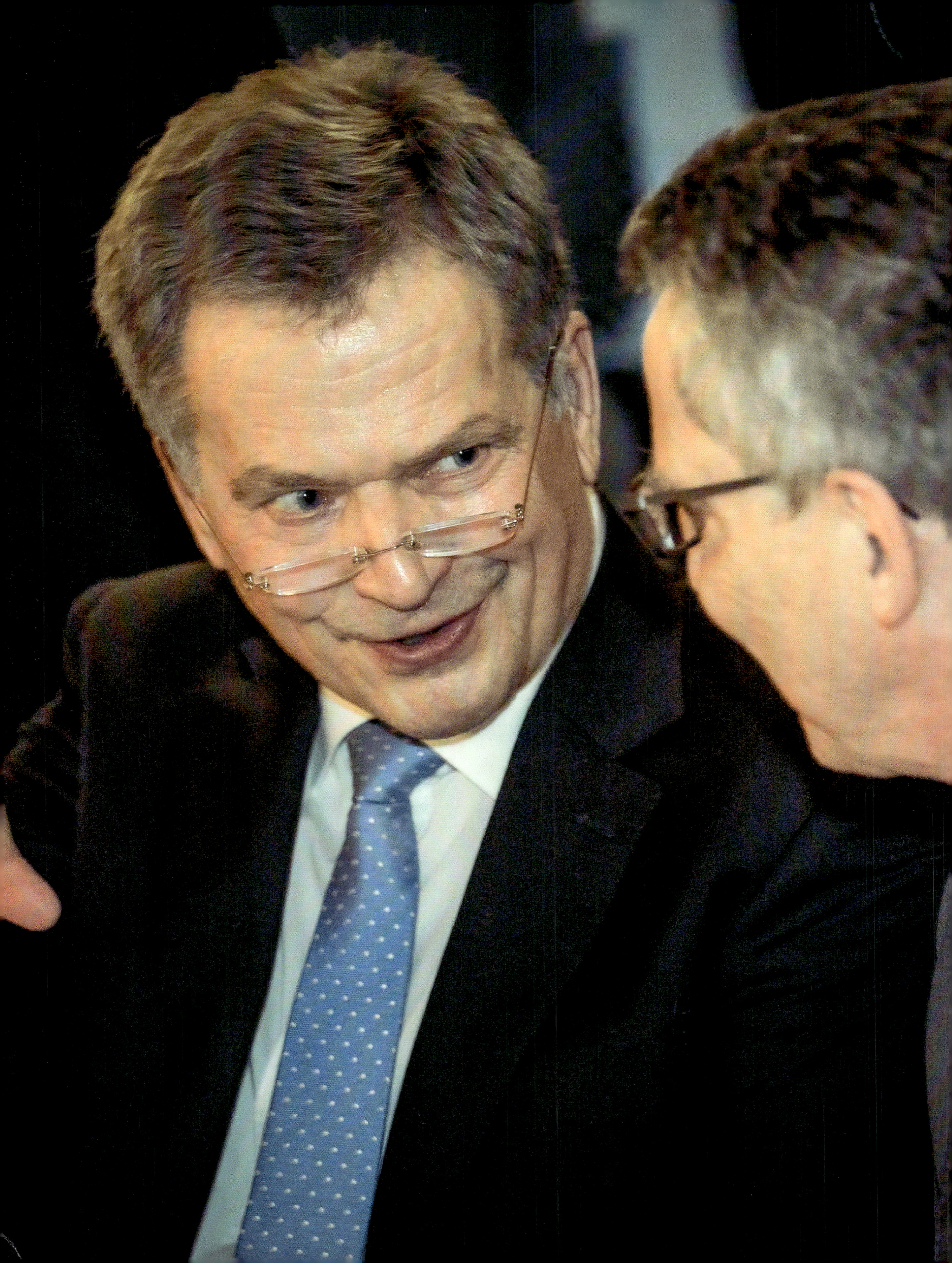

# Den Geist von Helsinki neu beleben

Sauli Niinistö

*Trust, but verify.* Dieser Spruch wird häufig dem ehemaligen US-Präsidenten Ronald Reagan zugeschrieben, wenngleich er wohl russischen Ursprungs ist (доверяй, но проверяй, auf Deutsch: „Vertrauen ist gut, Kontrolle ist besser"). Wie dem auch sei – die damit beschriebene Haltung wurde sinnbildlich für das letzte Jahrzehnt des Kalten Kriegs. Trotz enormer Meinungsverschiedenheiten und Spannungen zwischen den damaligen zwei Supermächten waren Reagan und sein sowjetischer Gegenpart Michail Gorbatschow – zwei Politiker mit sehr unterschiedlichen Hintergründen, Weltanschauungen und Persönlichkeiten – in der Lage, eine Atmosphäre des gegenseitigen Vertrauens zu schaffen. Natürlich war insbesondere auf dem Gebiet der Rüstungskontrolle die Verifikation ein wichtiger Bestandteil der Gleichung. Vertrauen war aber dennoch die treibende Kraft hinter der neuen Dynamik dieser Beziehung. Im Ergebnis wurde die Welt ein sicherer und berechenbarer Ort für uns alle. Zumindest für eine gewisse Zeit.

Heute, in der Welt der frühen 2020er-Jahre, scheint Vertrauen in der internationalen Politik wieder zur Mangelware zu werden. In Kombination mit einer wachsenden Rivalität zwischen den Großmächten, einer immer komplexeren Landschaft aus unterschiedlichen Akteuren und neuen Technologien ergibt der Teufelskreis des Misstrauens einen Cocktail, der womöglich noch gefährlicher ist als zur Zeit des Kalten Kriegs. Gleichzeitig stehen wir vor einer wachsenden Zahl globaler Herausforderungen, die wir auch nur global – sprich: gemeinsam – lösen können.

Aus meiner Sicht besteht das wichtigste Ziel der Diplomatie heute darin, nach Möglichkeiten zu suchen, wie wir unserer gemeinsamen menschlichen Verantwortung für die Zukunft gerecht werden können. Wie stellen wir sicher, dass wir den kommenden Generationen einen friedlicheren, nachhaltigeren und auskömmlicheren Planeten hinterlassen? Als Lösung schlage ich vor, den Geist von Helsinki im globalen Maßstab neu zu beleben.

Mit diesem Geist meine ich die Ursprünge der auf dem KSZE-Gipfel von 1975 unterzeichneten Helsinki-Schlussakte. Der Text dieses Dokuments bleibt bis heute gültig als das wesentliche Fundament für die kooperative Sicherheit in Europa und die Arbeit der OSZE. Aber ich bin überzeugt, dass der Geist dieses Gipfels noch ganz andere wichtige Lektionen für uns bereithält. Die Fähigkeit und die Bereitschaft gegnerischer Parteien, allen bestehenden Differenzen zum Trotz aufeinander zuzugehen und in einen Dialog zu treten, um zumindest einige gemeinsame Nenner zu finden und vertrauensbildende Maßnahmen zu ergreifen, sind heute auch außerhalb des Gebiets der OSZE in höchstem Maße gefragt.

Finnland pflegt den Geist von Helsinki in gewisser Weise seit den 1970er-Jahren. Seither bieten wir unsere Vermittlerdienste für die Wahrung der strategischen Stabilität zwischen den Großmächten selbst auf den höchsten Ebenen an. Unsere Rolle als Gastgeber solcher Gespräche besteht darin, ein Umfeld bereitzustellen, das eine Atmosphäre des Vertrauens begünstigt. Das beinhaltet insbesondere absolute Vertraulichkeit von unserer Seite vor, während und nach solchen Begegnungen. Erfolg und Misserfolg hängen letztlich von den unmittelbar beteiligten Parteien ab, aber auch als Gastgeber können wir unsere persönlichen Erfahrungen im Vorfeld einbringen.[1]

> Aus meiner Sicht besteht das wichtigste Ziel der Diplomatie heute darin, nach Möglichkeiten zu suchen, wie wir unserer gemeinsamen menschlichen Verantwortung für die Zukunft gerecht werden können.

Was mir seit einigen Jahren Sorgen bereitet, ist die zunehmende Personalisierung der internationalen Politik. Das birgt viele Risiken, aber auch einige Chancen. Manchmal lassen sich durch Probleme zwischen Bürokratien und Beamten geschaffene Pattsituationen über direkte Gespräche auf höchster Ebene auflösen. In meiner zehnjährigen Amtszeit als Präsident der Republik Finnland hatte ich zum Glück Gelegenheit, langjährige Beziehungen zu Führungspersönlichkeiten größerer und kleinerer Staaten zu knüpfen. Ein Land wie Finnland kann nicht erwarten, den Gang der Weltpolitik im Alleingang zu ändern. Wenn jedoch die Beziehungen von Mensch zu Mensch von Vertrauen und Respekt geprägt sind, ist die Wahrscheinlichkeit, dass die andere Seite uns zuhört und unsere Sichtweise zu verstehen versucht, in direkten und vertraulichen Gesprächen weit größer als bei einseitigen Verlautbarungen und Erklärungen.

◂ Sauli Niinistö auf der Münchner Sicherheitskonferenz im Februar 2017.

In meinen Kontakten mit führenden Politikern aus Ost und West erweist sich genau dies als der entscheidende Faktor: So unterschiedlich wir als Persönlichkeiten auch sein mögen, wir sind wir doch alle Menschen – nicht mehr und nicht weniger. Sobald wir diese Art von Bewusstsein für den anderen und von Vertrauen erreicht haben, werden in diesen Gesprächen positive Entwicklungen möglich – selbst dort, wo Unstimmigkeiten und Meinungsverschiedenheiten bleiben.

Ich selbst habe es nie erlebt, dass ich nach einer persönlichen Begegnung mit einem anderen Staatsoberhaupt oder einem anderen Regierungschef pessimistischer gestimmt war als vor dem Treffen. Die gemeinsamen Herausforderungen der Menschheit können wir auch als Menschen lösen. Das bedeutet nicht, dass wir es uns leisten können, naiv zu sein. Kontrolle muss stets sein. Aber ohne ein Mindestmaß an Vertrauen sähe unsere Zukunft wesentlich trüber aus.

Sauli Niinistö ist seit 2012 Präsident der Republik Finnland. Zuvor bekleidete er verschiedene Ämter: Er war Vorsitzender der National Coalition Party, Justiz-, Finanz- und stellvertretender Ministerpräsident sowie Parlamentspräsident.

Der Friedensengel in München. ▶

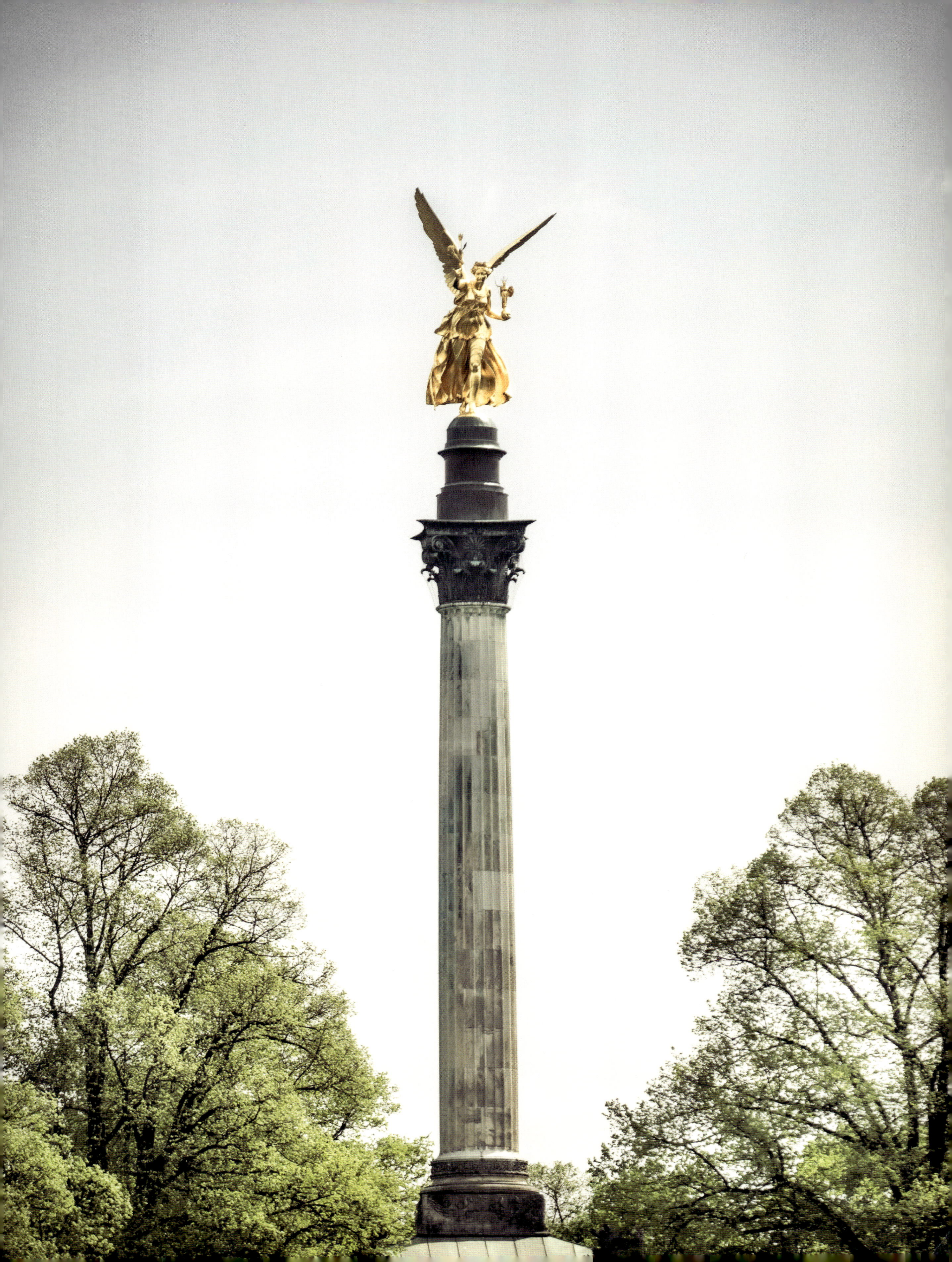

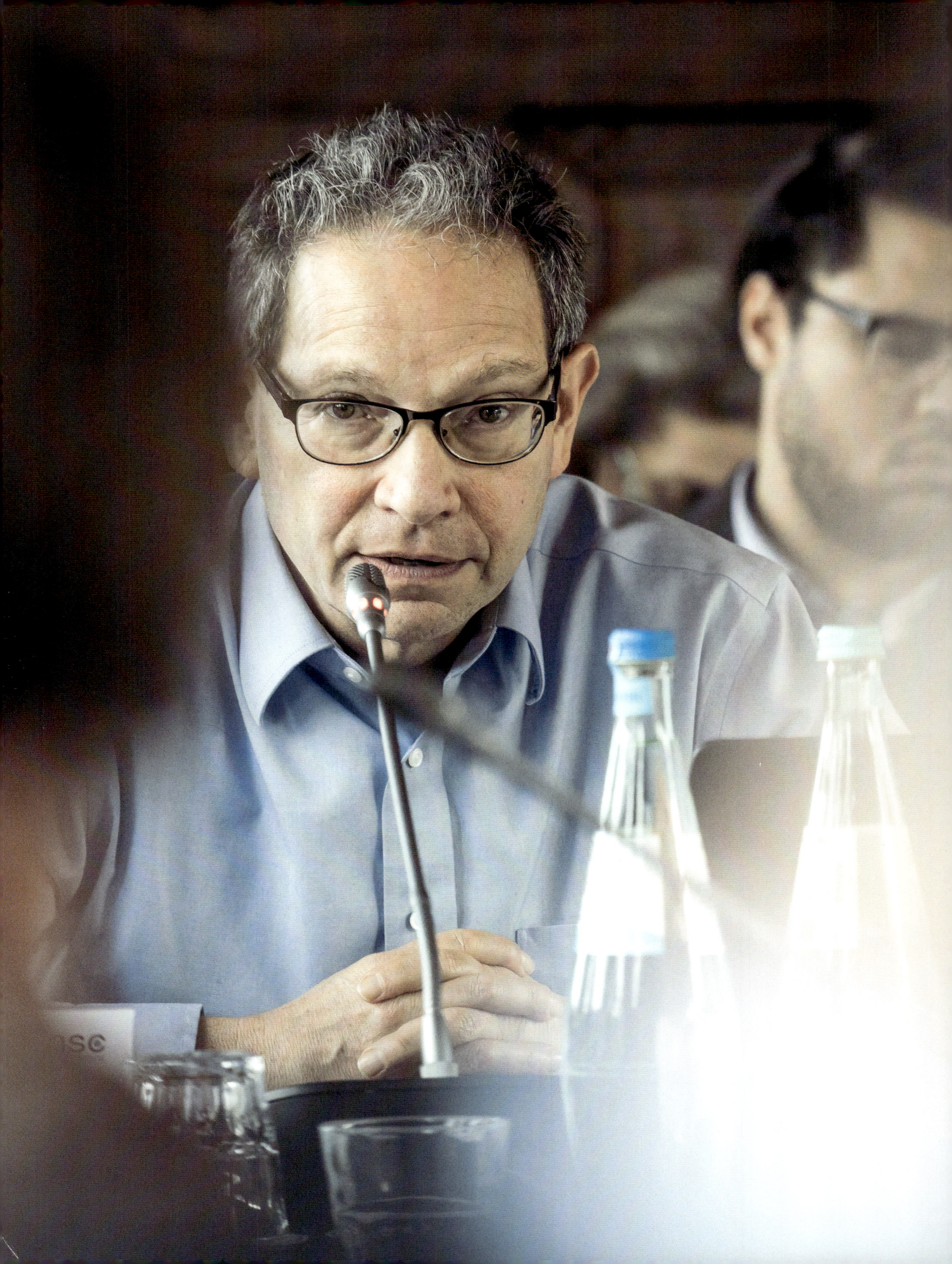

# Den fragilen Frieden sichern

**Charles A. Kupchan**

Als Professor für internationale Beziehungen, der zudem die Gelegenheit hatte, sich auch im öffentlichen Dienst zu engagieren – ich arbeitete im Nationalen Sicherheitsrat der Vereinigten Staaten unter den Präsidenten Bill Clinton und Barack Obama –, möchte ich eine Sicht der Diplomatie vorstellen, die auf meinen Erfahrungen sowohl aus der akademischen als auch aus der politischen Welt beruht.

Aus mehreren Jahren im Dienste der Wissenschaft und der Politik habe ich zwei fundamentale Erkenntnisse hinsichtlich globaler Fragen gewonnen – eine ernüchternde und eine ermutigende. Die ernüchternde Erkenntnis ist, dass wir in einer Welt leben, die von Machtpolitik und internationaler Rivalität geprägt ist. Die Geschichte ist voller Kriege zwischen Staaten und in ihrem Inneren. Europa etwa war über weite Strecken ein einziges Schlachtfeld. Die ermutigende Erkenntnis ist, dass es dennoch einen Ausweg aus Krieg und Rivalität gibt. Wir wissen, dass Frieden möglich ist. Die Europäische Union ist heute eine Zone stabilen Friedens, und in vielen anderen Regionen der Welt finden wir Gruppen von Staaten, die ihre Rivalitäten hinter sich gelassen haben und politisch und wirtschaftlich erfolgreich zusammengewachsen sind.

In der Möglichkeit von Frieden zeigt sich, wie die Geschichte fortschreitet und welchen wichtigen Beitrag die Diplomatie dazu leisten kann. Die Geschichte zeigt jedoch auch, wie schwierig die Errichtung eines stabilen Friedens ist und dass solche Zonen des Friedens häufig fragil sind. Das Projekt der europäischen Integration begann vor über sieben Jahrzehnten und ist noch immer nicht abgeschlossen. Sieben Jahrzehnte nach ihrer Entwicklung zu einer föderalistischen Demokratie zerfielen die Vereinigten Staaten in einem blutigen Bürgerkrieg. Jugoslawien war jahrzehntelang ein stabiler multiethnischer Staat – und ist zuletzt dennoch von der Landkarte verschwunden. Die Vereinigten Staaten und Europa pflegen heute eine kohärente Gemeinschaft atlantischer Demokratien, wobei wir nicht vergessen sollten, dass die USA in der Vergangenheit zwei Kriege mit Großbritannien, einen mit Spanien und zwei mit Deutschland geführt haben.

Die augenblickliche politische Situation unterstreicht die Fragilität der geschichtlichen Entwicklung hin zum Frieden. Die Ära Trump stellte eine schwere Bedrohung für die amerikanische Demokratie dar. Großbritannien ist vor Kurzem aus der Europäischen Union ausgetreten, und in vielen Teilen Europas feiert der liberalitätsfeindliche Populismus fröhliche Urständ. Zwar scheint das politische Pendel von beiden Seiten in Richtung der gemäßigten Mitte zurückzuschwingen. Jedoch beweisen Liberalitätsfeindlichkeit und Ethnonationalismus eine beachtliche Widerstandsfähigkeit – und das in demokratischen Gesellschaften, von denen viele geglaubt hatten, dass sie solche politischen Krankheiten hinter sich gelassen hätten.

Diese Beobachtungen lassen zwei Rückschlüsse auf die Zukunft der Diplomatie zu. Erstens sollte es für die atlantischen Demokratien oberste Priorität haben, ihre eigenen Häuser in Ordnung zu bringen. Die demokratischen Gesellschaften müssen ihre Effizienz und ihre Legitimität wiedererlangen, um Pluralismus, liberale Werte und multilaterale Institutionen zu schützen und es der atlantischen Gemeinschaft zu ermöglichen, auch weiter als geschlossene Säule des internationalen Systems aufzutreten. Außenpolitik beginnt in der Tat zu Hause. Kampf gegen wirtschaftliche Ungleichheit, Investitionen ins Gesundheitswesen und in die Infrastruktur, Definition von Arbeit im digitalen Zeitalter und Förderung des Zusammenhalts und der Toleranz inmitten wachsender gesellschaftlicher Vielfalt – all diese und andere innenpolitische Herausforderungen sind von zentraler Bedeutung für die Bewahrung des Friedens in der Nordamerika und Europa umfassenden Zone. Die transatlantischen Partner werden nur dann den äußeren Bedrohungen erfolgreich beggenen können, wenn es ihnen gelingt, ihren eigenen demokratischen Gesellschaften und staatlichen Institutionen neues Leben einzuhauchen.

> Das ist nicht der Augenblick, um Demokratie und Autokratie gegeneinander auszuspielen oder neue geopolitische Trennlinien zu ziehen. Die Lage fordert ganz im Gegenteil einen anhaltenden strategischen Dialog über ideologische Grenzen hinweg, um eine Vertiefung der geopolitischen Gräben zu verhindern.

Zweitens muss die atlantische Gemeinschaft – mag auch ihr Fokus auf der inneren Wiederbelebung liegen – sich dessen bewusst sein, dass die Ära der zunehmenden globalen Multipolarität und der irreversiblen Globalisierung mit neuen geopolitischen Herausforderungen einhergehen wird. Multipolarität bedeutet mehr Gerangel und Rivalität unter den Machtzentren.

◂ Charles A. Kupchan beim Munich Strategy Forum in Elmau im Dezember 2018.

Globale Kooperation lässt sich schwerer erreichen in einer Welt, die nicht länger von der materiellen und ideologischen Macht des Westens dominiert wird. Gleichzeitig aber ist mehr globale Kooperation gefragt, um die Globalisierung zu lenken und zu zähmen. Eine breite und tiefe internationale Zusammenarbeit ist die Prämisse für die Bewältigung der großen Herausforderungen wie Pandemiebekämpfung, Förderung der globalen Gesundheit, Erhöhung der Cybersicherheit und Lenkung der globalen Finanz- und Handelsströme.

Und hier kommt die zielgerichtete Diplomatie ins Spiel. Das ist nicht der Augenblick, um Demokratie und Autokratie gegeneinander auszuspielen oder neue geopolitische Trennlinien zu ziehen. Die Lage fordert ganz im Gegenteil einen anhaltenden strategischen Dialog über ideologische Grenzen hinweg, um eine Vertiefung der geopolitischen Gräben zu verhindern. China, Russland und andere Nicht-Demokratien teilen vielleicht nicht die Werte des Westens; möglicherweise fühlen sie sich sogar von den liberalen Werten bedroht, die die westlichen Demokratien so entschlossen zu verteidigen versuchen. In Anbetracht der Kriegsanfälligkeit des internationalen Systems und des irreversiblen Fortschreitens der Globalisierung muss jede Anstrengung unternommen werden, den globalen Multilateralismus und die strategische Kooperation zu vertiefen und auszuweiten. Demokratien wissen, wie sie gemeinsame Sache machen können; sie praktizieren es seit Jahrzehnten erfolgreich. Heute geht es darum, dass Demokratien und Nicht-Demokratien lernen, wie sie effektiver zusammenarbeiten und den globalen Herausforderungen kooperativer begegnen können, auch wenn sie unterschiedliche Wertvorstellungen haben und unterschiedliche Staatsführungskonzepte verfolgen.

> Wie die Pentarchie des 19. Jahrhunderts gezeigt hat, kann eine Lenkungsgruppe führender Staaten den üblicherweise mit der Multipolarität einhergehenden geopolitischen und ideologischen Wettbewerb in Grenzen halten.

Das geeignete Vehikel, um das zu erreichen, ist ein globales „Konzert der Großmächte", das alle maßgeblichen Parteien an den Tisch bringt – unabhängig vom Regimetyp.[1] Wie die Pentarchie des 19. Jahrhunderts gezeigt hat, kann eine Lenkungsgruppe führender Staaten den üblicherweise mit der Multipolarität einhergehenden geopolitischen und ideologischen Wettbewerb in Grenzen halten. Ein solches globales Konzert liefert eine Plattform für einen echten und nachhaltigen strategischen Dialog und kann so die unausweichlichen geopolitischen und ideologischen Differenzen zum Verstummen bringen und überwinden helfen.

Als Mitglieder eines Konzerts des 21. Jahrhunderts bieten sich China, die Europäische Union, Indien, Japan, Russland und die Vereinigten Staaten an, die zusammen rund 70 Prozent sowohl des globalen BIP als auch der globalen Militärausgaben repräsentieren. Die Einbeziehung dieser sechs Schwergewichte würde dem globalen Konzert geopolitische Schlagkraft geben, ohne dass daraus ein schwerfälliger Debattierklub würde.

Die Mitglieder des Konzerts könnten hochrangige Ständige Vertreter an einen per gemeinsamem Beschluss bestimmten Hauptsitz entsenden. Gipfeltreffen könnten regelmäßig oder je nach Bedarf im Krisenfall stattfinden. Vier regionale Organisationen – Afrikanische Union, Arabische Liga, ASEAN und OAS – würden, wenngleich keine offiziellen Mitglieder, ständige Delegationen am Hauptsitz des Konzerts unterhalten und dem Gremium damit globale Breite geben. Wann immer es um Themen geht, die diese Regionen betreffen, würden die Konzertmitglieder Delegierte von diesen Organisationen und anderen betroffenen Länder zu den gemeinsamen Meetings einladen. Steht beispielsweise ein Disput im Nahen Osten auf der Tagesordnung, könnten die Konzertmitglieder die Teilnahme der Arabischen Liga, deren relevanter Mitglieder und anderer involvierter Parteien wie Iran, Israel und Türkei beantragen.

Ein modernes Konzert der Mächte würde wie sein Vorläufer aus dem 19. Jahrhundert einen fortlaufenden strategischen Dialog ermöglichen und zwei Merkmale aufweisen, die es besonders geeignet machen für die künftige globale Landschaft: politische Inklusivität und prozedurale Informalität. Inklusivität bedeutet, dass das Konzert die geopolitisch einflussreichen und mächtigen Staaten an einen Tisch bringt – ungeachtet des Regimetyps. Auf diese Weise bewirkt es eine weitgehende Trennung zwischen ideologischen Differenzen über die interne Staatsführung und Fragen der internationalen Kooperation. Informalität bedeutet, dass das Konzert bindende und vollstreckbare Verfahren und Übereinkünfte vermeidet, womit es sich deutlich vom UN-Sicherheitsrat unterscheidet. Ein globales Konzert würde mit Überzeugungskraft und Kompromissbereitschaft eine gemeinsame Basis schaffen.

Ein solches Konzert würde sich um sich abzeichnende Krisen kümmern und dabei darauf achten, dass die dringenden Fragen nicht die wichtigen verdrängen. Es würde Unterstützung für kollektive Initiativen bieten, allgemeine Verkehrsregeln formulieren und an der Reformierung bestehender Normen und Institutionen arbeiten. Es würde die operative Aufsicht den UN und anderen bestehenden Gremien überlassen, die gegenwärtige internationale Architektur ergänzen und absichern, anstatt sie zu ersetzen, und Entscheidungen vorbereiten, die dann an anderer Stelle umgesetzt werden könnten.

Die Einrichtung eines globalen Konzerts wäre kein Allheilmittel, ist doch die Tatsache, dass die Schwergewichte dieser Welt an einem Tisch sitzen, noch kein Garant dafür, dass sie sich auch einig werden. Wo sich Gefahren für die regionale und globale Ordnung nicht beseitigen ließen, gälte es, sie zu managen. Die vorgeschlagene Lenkungsgruppe würde liberale und illiberale Regierungen gleichermaßen als legitim akzeptieren – und damit letztlich den Traum des Westens von einer globalen liberalen Ordnung aufgeben. Die Beschränkung der Mitgliedschaft auf die wichtigsten und einflussreichsten Akteure würde die Repräsentation der Wirksamkeit opfern und so Hierarchie und Ungleichheit im internationalen System festigen. Konzerten fehlt die Gewissheit, Berechenbarkeit und Durchsetzbarkeit von Bündnissen und anderen formalisierten Pakten.

> Die Einrichtung eines globalen Konzerts wäre kein Allheilmittel, ist doch die Tatsache, dass die Schwergewichte dieser Welt an einem Tisch sitzen, noch kein Garant dafür, dass sie sich auch einig werden. Aber ein globales Konzert hat einen gewaltigen Vorteil. Es stellt die beste und realistischste Möglichkeit dar, Konsens zwischen Großmächten zu schaffen – und das Realisierbare und Erreichbare ist dem Wünschenswerten, aber Unmöglichen stets vorzuziehen.

Aber ein globales Konzert hat einen gewaltigen Vorteil. Es stellt die beste und realistischste Möglichkeit dar, Konsens zwischen Großmächten zu schaffen – und das Realisierbare und Erreichbare ist dem Wünschenswerten, aber Unmöglichen stets vorzuziehen. Kommt eine Lenkungsgruppe der Großmächte nicht zustande, wäre das wahrscheinlichste Resultat ein globales System der Unordnung und des ungebändigten Wettbewerbs – eine regellose, von niemandem gesteuerte Welt, die in niemandes Interesse wäre.

Die atlantische Gemeinschaft muss die sozioökonomischen Fundamente der liberalen Demokratie neu beleben und gleichzeitig die Hand über die ideologischen Grenzlinien hinaus ausstrecken, um ein globales Konzert zu bilden. Das ist in der Tat eine schwierige Aufgabe – und zugleich eine strategische Notwendigkeit.

**Charles A. Kupchan arbeitete im Nationalen Sicherheitsrat der Vereinigten Staaten unter den Präsidenten Bill Clinton und Barack Obama. Er ist Professor für Internationale Beziehungen an der Georgetown University in Washington, D.C., und Senior Fellow des Council on Foreign Relations. Im Jahr 2020 erschien sein jüngstes Buch *Isolationism – A History of America's Efforts to Shield Itself from the World*.**

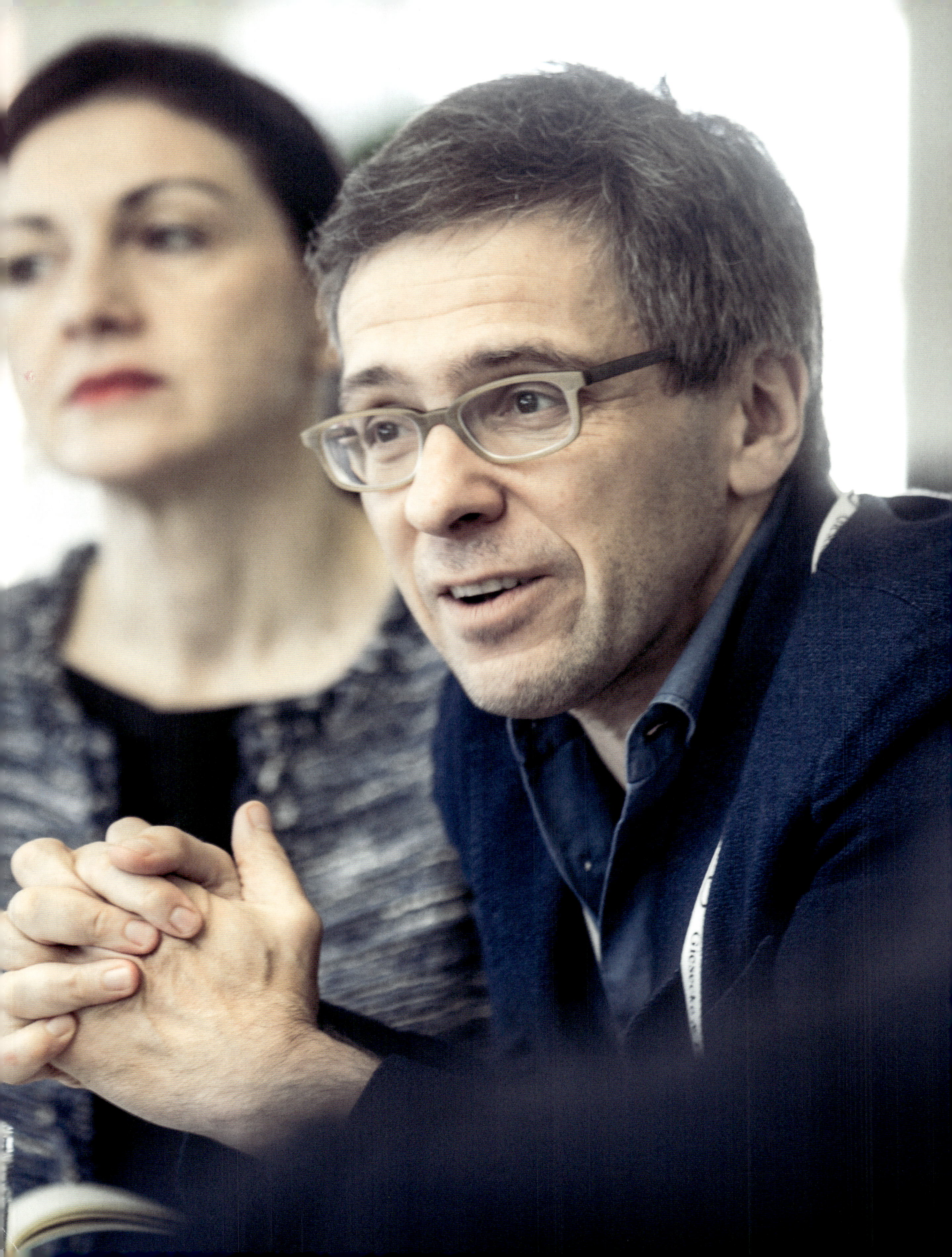

# Diplomatie in einer Welt ohne Führung betreiben

**Ian Bremmer**

Der Ökonom Charles Kindleberger erklärte einmal, die Weltwirtschaftskrise habe sich nur deshalb so lange hingezogen, weil ein „kraftloses" Großbritannien keine Ordnungsmacht mehr sein konnte und die USA die Rolle des „wohlwollenden Hegemons" noch nicht übernehmen wollten.[1] Im Anschluss an die globale Finanzkrise von 2008-2009 musste ich häufig an seinen Ausspruch denken, als leidenschaftlich über die Möglichkeit einer sinoamerikanischen G2 diskutiert wurde – eines Arrangements, das womöglich das Potenzial haben würde, die G20 als Plattform für die globale Kooperation neu zu beleben. Die wichtigste Zahl spielte jedoch in diesen Diskussionen so gut wie keine Rolle: die Zahl 0.

Notfallkoordination zwischen Washington und Peking trug in der Tat dazu bei, dass sich die starke Rezession nicht zu einer veritablen „Depression" auswuchs. Dennoch untergrub die Krise das Vertrauen in die makroökonomische Lenkungskraft der USA und machte einen Widerspruch in der chinesischen Entwicklung deutlich: Während das Land um Anerkennung als Großmacht ringt und sich um eine stärkere Beteiligung an wichtigen internationalen Institutionen bemüht, bezeichnet es sich zugleich weiterhin als Entwicklungsland, um nicht mehr Verantwortung für den Erhalt der Nachkriegsordnung schultern zu müssen. Herausforderungen weit jenseits makroökonomischer Instabilität ließen mit jedem Tag deutlicher erkennbar werden, dass kein Land (die Vereinigten Staaten) und kein Staatenbund (die G2, die G7 oder wer auch immer) dazu in der Lage war, die globale Agenda zu definieren, und dass die Geopolitik desto mehr zersplittern würde, je weniger Gewicht die USA in die Waagschale warfen.

Ich prägte den Begriff „G-Null-Welt" Anfang 2011 als Beschreibung für eine Dynamik, von der ich damals annahm, dass sie vorübergehender Natur sein würde, die dann aber mehr Ausdauer bewies, als irgendwer von uns erwartet hätte.[2] Die anschließenden Jahre gaben gelegentlich Anlass zur Hoffnung. Die Vereinigten Staaten und China versprachen die Einführung eines „neuen Modells" der Großmachtbeziehungen, bei dem die vorherrschende Macht und der wichtigste Herausforderer eine gesunde Balance zwischen Wettbewerb und Kooperation pflegen könnten.[3] Es gelang ihnen, einige Übereinkünfte zu erzielen – insbesondere während der zweiten Amtszeit Barack Obamas (eine zum Klimawandel und eine zum Cyberspace) – und zugleich die Interdependenzen zu stärken, die seit über dreieinhalb Jahrzehnten die Basis für ihre Beziehung bildeten. Washington und Moskau unterzeichneten unterdessen New START und brachten gemeinsam rund 1300 Tonnen chemischer Kampfstoffe aus Syrien heraus, nachdem das Land dem Bürgerkrieg anheimgefallen war. Und es gab sogar einen bemerkenswerten Fall von trilateraler Diplomatie: Die Vereinigten Staaten, China und Russland handelten gemeinsam einen historischen Nuklearvertrag mit dem Iran aus.

Im Rückblick erweisen sich diese Errungenschaften weniger als Vorboten denn vielmehr als Ausreißer. Und in der Tat bestätigte die bislang größte Krise dieses Jahrhunderts auf tragische Weise den Fortbestand der G-Null-Welt: Die Coronavirus-Pandemie forderte bis zum Zeitpunkt der Niederschrift dieses Beitrags mehr als 4,4 Millionen Menschenleben, und während einige Länder bereits über den Beginn ihres Endes nachdenken, erleben weite Bereiche der Menschheit von Südostasien über Subsahara-Afrika bis Lateinamerika erst das Ende ihres Beginns; gerade einmal fünf Prozent der Menschen jener einkommensschwachen Länder sind teilweise oder vollständig geimpft.[4]

COVID-19 hat ideologie- und geografieübergreifend nationalistische und populistische Emotionen befeuert und das Vertrauen in die Kerninstitutionen der Nachkriegsordnung geschwächt. Vor allem aber hat es die Spannungen zwischen den Großmächten verstärkt. Mögen die Vereinigten Staaten auch zuversichtlich ihre Rückkehr erklären, so haben ihre Verbündeten und Partner dennoch Zweifel an der Stabilität ihrer Innen- und der Verlässlichkeit ihrer Außenpolitik. Mag China auch stolz verkünden, es befinde sich auf dem Weg der nationalen Erneuerung, so sind die Mächte in ihrer Nachbarschaft und darüber hinaus doch alarmiert wegen Chinas wachsendem Autoritarismus und seiner kompromisslosen Diplomatie. Eine zunehmende multidimensionale Konfrontation zeichnet sich zwischen den beiden Ländern ab, während sich ein disruptives Russland bei einem erstarkenden China unterhakt. Die chinesisch-amerikanischen Beziehungen sind so schlecht wie noch nie seit der Normalisierung, die russisch-amerikanischen Beziehungen so schlecht wie noch nie seit Ende des Kalten Krieges. Noch schlimmer: Beide Tendenzen beschleunigen sich noch, während sich die chinesisch-russi-

◂ Ian Bremmer beim MSC Core Group Meeting in Washington, DC, im Mai 2017.

sche Achse verfestigt, was bedeutet, dass die Eigendynamik des strategischen Wettbewerbs mittlerweile die Notwendigkeit der Kooperation überschattet. In der Summe haben die geopolitischen Folgen der Pandemie die Welt weniger widerstandsfähig gegen systemische Krisen und Stresssituationen gemacht.

Weniger als einen Monat, nachdem ich den ersten Entwurf dieses Beitrags übermittelte, unterstrich eine dramatische Entwicklung, in welchem Ausmaß die G-Null-Welt bereits Realität geworden ist: Am 15 August 2021 übernahmen die Taliban erneut die Macht in Afghanistan – nach einer eindrucksvollen neuntägigen Offensive, während derer sie auf praktisch keinen Widerstand seitens einer afghanischen Armee stießen, in deren Ausbildung die USA rund 88 Milliarden US-Dollar investiert hatten. Die beschämende Ironie des Schicksals will es, dass die USA lediglich ihr Botschaftspersonal evakuieren konnten, nachdem die Taliban ihnen zugesichert hatten, sie bei ihrer Abreise vom Flughafen Kabul nicht anzugreifen: zwanzig Jahre, nachdem sie nach Afghanistan gekommen und das Regime gestürzt hatten, das jenen sichere Zuflucht geboten hatte, die die USA am 11. September 2001 in ihrem Kernland angegriffen und so die Verletzlichkeit der einzigen Supermacht der Welt demonstriert hatten. Kurz nach dem Fall der Berliner Mauer hatte der damalige Präsident der Tschechoslowakei, Václav Havel, verlautbart, die Welt habe „buchstäblich nicht einmal die Zeit gehabt, sich vor Verwunderung die Augen zu reiben", so schnell sei die Sowjetunion zerfallen.[5] Ähnliches könnte man über den Blitzkrieg der Taliban sagen.

**Die heutige strategische Balance ist weit entfernt von den Prophezeiungen der triumphalen Jahre nach dem Ende des Kalten Krieges, die von der Übermacht des Westens und einer geschichtlichen Entwicklung hin zu den von ihm vertretenen Werten träumten.**

Nur zwei Monate früher hatte die Biden-Administration einen diplomatischen Erfolg gefeiert: Die Gipfel-Treffen von G7 und NATO schienen zu bestätigen, dass die Vereinigten Staaten zurück waren. Sie rangen den fortgeschrittenen industriellen Demokratien die Zusage ab, mehrere Hundert Millionen COVID-19-Impfdosen zu spenden, verkündeten mit ihnen gemeinsam einen ehrgeizigen Infrastrukturplan als Antwort auf Chinas Neue-Seidenstraße-Initiative und demonstrierten einen „gemeinsamen Geist", von dem während Trumps Präsidentschaft wenig zu spüren gewesen war. Als die Taliban ihren Sieg feierten, wunderten sich viele Freunde Amerikas, wie die USA sich bezüglich des Tempos der Wiederauferstehung der Taliban derart hatten verschätzen können, und fragten sich, warum sich Washington hinsichtlich des Rückzugs nicht enger mit ihnen abgestimmt hatte. Vorerst jedenfalls scheint Afghanistan auf dem besten Weg zu sein, zum jüngsten Aushängeschild der G-Null-Welt zu werden. Während die USA bemüht sind, ihre katastrophale Intervention möglichst schnell vergessen zu machen und das Augenmerk auf den Indopazifik zu lenken, wird auch das Engagement der NATO zu einem Ende kommen, und weder China noch Russland haben die Ressourcen oder die Bereitschaft, in Afghanistan die Art von Rolle zu spielen wie zuvor Washington.

Die häufig gehörte Einschätzung, wonach das amerikanische Scheitern in Afghanistan die Glaubwürdigkeit des amerikanischen militärischen Engagements in Europa und Asien unterminiert, geht fehl; wenn überhaupt, werden die geopolitischen Folgen die Biden-Administration zwingen, dieses Engagement eher noch zu verstärken. Die USA bleiben unverzichtbar für die Bewältigung jeder transnationalen Herausforderung. Und ob man auf ihre wirtschaftliche Erholung, ihre militärische Modernisierung oder ihre technologischen Investitionen schaut – die USA sind heute deutlich stärker als vor der Pandemie.

Aber die Wahrnehmung der Kompetenz der USA leidet weiterhin – wie auch der Glaube an ihre Allmacht, so naiv dieser immer schon gewesen sein mag. Endlose Kommentare warnen, das unsägliche Ende der amerikanischen Intervention bedeute das Ende der Pax Americana. Dieses Ereignis hat bei vielen europäischen Verbündeten und Partnern den Eindruck erzeugt, sie müssten mit verstärkter Kraft das Ziel der „strategische Autonomie" verfolgen. Und Länder in aller Welt – Freunde wie Feinde der USA – spüren, dass der missionarische Eifer, mit dem Washington im Gefolge des Kalten Kriegs bemüht gewesen war, liberale Werte zu verbreiten, schwächer geworden ist.

Aber die Geschichte reicht weit über die Vereinigten Staaten hinaus: Die Demokratien haben schlicht nicht mehr so viel Gewicht, wie sie einmal hatten (der Anteil der G7 an der globalen Wirtschaft ist von 67 Prozent im Jahr 1989 auf 45 Prozent im Jahr 2019 zurückgegangen).[6] Und ihre Kritik an den autoritären Staatsformen ist im selben Maße leiser geworden, wie ihre eigene Leistung im Inneren zunehmend zu wünschen übriglässt. Die meisten von ihnen kämpfen mit wachsendem Nationalismus, ideologischem Tribalismus und Einkommensungleichheit – ganz zu schweigen von der Entzauberung der Eliten, die versprochen hatten, dass die ungezügelte Globalisierung der glorreichen 1990er-Jahre allen Menschen zugute kommen würde.

In ihrer Summe sind die Demokratien natürlich nach wie vor sowohl wirtschaftlich als auch militärisch China und Russland weit überlegen. Und Spekulationen über eine entstehende ideologische Achse zwischen den beiden Ländern sind übertrieben; wir sollten uns davor hüten, demokratische Unpässlichkeit mit autoritärer Überlegenheit zu verwechseln. Und dennoch tun sich die Transatlantiker keinen Gefallen mit der Leugnung des Offensichtlichen: Die heutige strategische Balance ist weit entfernt von den Prophezeiungen der triumphalen Jahre nach dem Ende des Kalten Kriegs, die von der Übermacht des Westens und einer geschichtlichen Entwicklung hin zu den von ihm vertretenen Werten träumten. Nur wenige Beobachter hätten sich damals vorstellen können, dass nur drei Jahrzehnte, nachdem US-Präsident George H. W. Bush „eine neue Weltordnung" für erreichbar erklärte, die Münchner Sicherheitskonferenz einen Bericht zum Thema „Westlessness" veröffentlichen würde, in dessen Vorwort Wolfgang Ischinger beklagt, dass „der Westen, wie wir ihn kennen, von innen wie von außen in Frage gestellt wird".[7] Es ist ihm sicherlich nicht leichtgefallen, dieses Fazit zu formulieren. Schließlich hat er seine facettenreiche Laufbahn der Stärkung der Beziehungen zwischen den Vereinigten Staaten und Europa gewidmet und dabei stets ihre anhaltende Bedeutung unterstrichen. Aber die größten Freunde des transatlantischen Projekts sind nicht jene, die für die Wiederherstellung seiner einstigen Position plädieren, sondern jene, die darauf drängen, es an die Welt anzupassen, die im Entstehen begriffen ist.

Entscheidungsträger und Gelehrte bevorzugen häufig binäre Formulierungen: Wenn die vorherrschende Formel für die Beschreibung der späten 2000er und frühen 2010er-Jahre die vom „Westen gegen den Rest der Welt" war, so heißt es heute: „Demokratien gegen Autokratien". Aber wie man es auch bemisst, der Anteil des Westens an der globalen Macht nimmt ab. Zwei der drei größten Mächte der Welt – China und Russland – sind nichtdemokratisch, und auch wenn beide mit zahlreichen inneren Verwundbarkeiten zu kämpfen haben, tun die Vereinigten Staaten und die Europäische Union gut daran, ihre Widerstandskraft nicht zu unterschätzen (ich zähle schon längst nicht mehr mit, wie viele Freunde aus Politik und Wirtschaft in Washington und Brüssel schon ihren unmittelbaren Zerfall prognostiziert haben, seit ich im Jahr 1998 die Eurasia Group gründete). Russland und China gemeinsam herauszufordern hilft nur bedingt, den Zusammenhalt des Westens zu stärken, verfolgen doch die Vereinigten Staaten und selbst ihre engsten europäischen Verbündeten hier ganz unterschiedliche Ansätze. Jedenfalls wird es ihnen nicht gelingen, diese Lücke zu schließen und einen konsequenteren Ansatz gegenüber Peking zu zeigen, solange sie nicht zuerst eine größere Übereinstimmung über die Ziele des transatlantischen Projekts erzielen. Und schließlich gibt es keine globale Herausforderung – und wird es keine geben –, die sich ohne Einbeziehung Pekings wird lösen lassen.

Die Realität der G0-Welt verstärkt die Notwendigkeit einer Diplomatie der Großmächte, wie Wolfgang Ischinger in seinem Buch „Welt in Gefahr" erklärt: „Wenn man in der Außenpolitik nur mit denen zusammenarbeiten würde, die man mag, könnte man viele Probleme gar nicht erst angehen. Außenpolitik erfordert auch das Gespräch mit den Bösen."[8] Es sollte nicht nötig sein, eine Selbstverständlichkeit wie diese zu formulieren oder gar zu verteidigen. Aber im Kontext der ideologischen Polarisierung der Vereinigten Staaten lassen sich Politiker zunehmend dazu verleiten, Diplomatie als Ausdruck der Schwäche zu belächeln, anstatt ihre Notwendigkeit anzuerkennen. Sie wetteifern, wer die härteste Linie gegenüber China und Russland fährt, als ob die Vereinigten Staaten ihre nationalen Interessen im Alleingang besser durchsetzen könnten als über den Verhandlungsweg.

Aber diese Beschreibung verkennt die Geschichte. Die Vereinigten Staaten und die Sowjetunion kooperierten schließlich nicht nur bei der Begrenzung der nuklearen Proliferation, sondern auch bei der Entwicklung eines Impfstoffs gegen die Pocken. Sie taten das nicht aus Altruismus, sondern im eigenen Interesse. Wenn zwei nuklear gerüstete Gegner, die einander als existenzielle Bedrohung wahrnahmen, in der Lage waren, Gemeinsamkeiten zu finden, sollten auch Washington, Peking und Moskau dazu in der Lage sein. Und sie müssen es versuchen – nicht nur, um einen Krieg unter Großmächten zu vermeiden, der unfassbaren Schaden anrichten würde, sondern um der Welt eine Chance zu geben, den Klimawandel zu bremsen, die Widerstandskraft gegen künftige Pandemien zu steigern und andere heutige oder mit Sicherheit für die Zukunft zu erwartende globale Herausforderungen zu meistern. Die Risiken des Schweigens sind ungleich größer als die Schwierigkeiten des Dialogs.

Manche Beobachter behaupten, nur die durch Krieg bewirkte Zerstörung könne eine neue Ordnung hervorbringen. Damit aber würden wir in unserer heutigen Situation das Überleben der Menschheit aufs Spiel setzen. Ebenso wenig dürfen wir darauf hoffen, dass die Vereinigten Staaten, China und Russland einfach so aus purer Vernunft handelseinig werden über die weitere Entwicklung der Nachkriegsordnung. Der Weg zur strategischen Stabilität – und damit zum Wettbewerb in Koexistenz – wird ein langsamer, mühseliger und suchender sein. Die Rolle der Diplomatie ist es, den Mittelweg zwischen Fatalismus und Idealismus zu finden – im Bewusstsein dessen, dass die Lenker der Menschheit Autoren der Geschichte und nicht deren Gefangene sind.

**Ian Bremmer ist Gründer und Präsident von Eurasia Group und GZERO Media.**

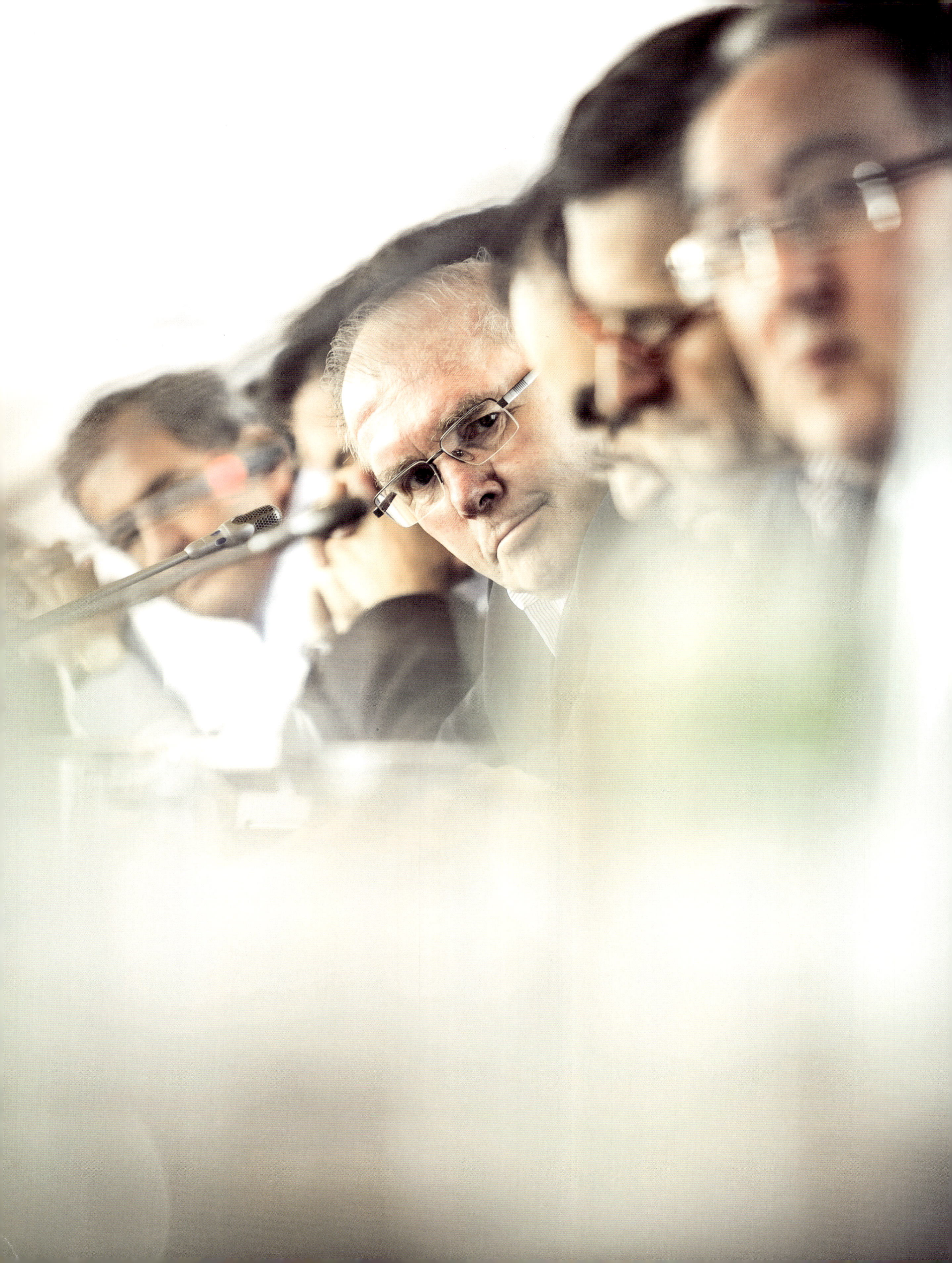

# Sich auf eine Welt ohne Ordnung vorbereiten

**Klaus Naumann**

Diplomatie setzt funktionierende Staaten und ein intaktes internationales und vereinbartes Geflecht von Regeln und Organisationen voraus. Die Frage, die sich heute in einer sich im Umbruch befindenden Welt – vielleicht am Beginn eines neuen systemischen Konflikts zwischen Demokratie und Autokratie – stellt, ist, wie Diplomatie in der Zukunft zu gestalten ist. Wie wird sich die Welt in den nächsten Jahren entwickeln, und welche Konsequenzen könnten sich daraus für die Diplomatie und den Umgang der Staaten miteinander ergeben?

## Eine Welt im Wandel

Ein Blick auf das Morgen beginnt mit dem Heute. Die Corona-Pandemie hat die Welt tief verwundet und nachhaltig, teilweise dauerhaft, verändert. Weder die Rückkehr zur gewohnten globalisierten Welt der letzten beiden Jahrzehnte, die so viele Annehmlichkeiten, aber auch viele Probleme brachte, noch zur multilateralen, auf vereinbarten Regeln beruhenden Ordnung wird möglich sein. Alte Probleme bleiben, neue werden dazukommen, aber wir müssen auch auf lieb gewordene Annehmlichkeiten verzichten. Doch auch ohne die Pandemie wäre die Welt völlig anders.

Dazu nur vier Punkte: Erstens wurde die schutzbedürftige EU, geschwächt durch den Brexit und zerbrechlich geworden durch Nationalismus, zusätzlich durch die Absage der USA, der noch immer einzigen wahrlich globalen Macht dieser Welt, an multilaterale Bindungen und Verträge geschwächt. Die Erneuerung der Verpflichtung der USA durch Präsident Joe Biden ändert daran noch nichts, weil eine entschlossene Antwort Europas nicht erfolgte und die USA und ihre Verbündeten mit dem überstürzten Abzug aus Afghanistan ihre Glaubwürdigkeit nachhaltig und für längere Zeit erschütterten. Gleichzeitig kündigte das autokratische China an, ein neues, besseres System für die Welt anzubieten. Ein letztlich schwaches Russland – schwach durch ruinöse nukleare Überrüstung und aufwendige Machtprojektion im Nahen Osten – verbündet sich mit China und beginnt einen ruinösen, möglicherweise nicht einmal erfolgreichen, rechtswidrigen Angriffskrieg gegen die Ukraine. Russland macht sich so für lange Zeit zum Paria der Weltpolitik.

Zweitens beginnt wohl eine globale Konfrontation zwischen den USA und China, eingeleitet durch Trumps kurzsichtige Kündigung des pazifischen Handelsabkommens TPP und ausgenützt von Chinas „Drei-Komponenten-Strategie": der neuen Seidenstraße einschließlich des Aufbaus einer militärischen Projektionsfähigkeit, dem Technologiekonzept „China 2025" und dem Angebot einer neuen, von China bestimmten Weltordnung, die der Freiheit des Einzelnen keinen Raum lässt und dessen Rechte ebenso wie internationales Recht dem Interesse der von Beijing gelenkten Gemeinschaft unterordnet. Anfang November 2020 erfolgte mit dem wohl mächtigsten wirtschaftlichen Zusammenschluss der Welt, der Regionalen Umfassenden Wirtschaftspartnerschaft (RCEP), der nächste Schritt der Umsetzung dieser Strategie. Fünfzehn Staaten der asiatisch-pazifischen Welt, darunter Demokratien wie Australien und Japan, haben sich unter Chinas Führung zusammengeschlossen. Sie vertreten 2,2 Milliarden Menschen und 30 Prozent des Welthandels. Niemand wird an RCEP vorbeikommen – weder die USA noch die damit fast marginal gewordene EU, die in den letzten Jahren Chinas Griff nach kritischer Infrastruktur und entscheidender Technologie reaktionslos hingenommen hat.

Drittens erfolgte in diesem Moment der Herausforderung die Absage der ermüdeten Amerikaner an die Rolle des Weltpolizisten. Sie könnte dauerhaft sein, denn die Mehrheit in der zutiefst gespaltenen amerikanischen Gesellschaft will nicht länger die Risiken für andere – und oft allein – tragen. Schlimmer aber noch: Die amerikanische Demokratie hatte sich während Donald Trumps Regierungszeit zunehmend selbst geschwächt. Am 6. Januar 2021 hörte sie mit dem Sturm auf das Capitol endgültig auf, Vorbild zu sein. Man kann nun sagen: Die Schutzmacht der Werteordnung des Westens dankt ab, das Vertrauen in die Macht des Rechts schwindet, und die Furcht vor der Macht des Stärkeren wächst. Trump, der den schmählichen Abschied von der Führungsrolle der demokratischen Weltmacht USA im Mai 2020 mit der Kapitulation vor den Taliban in Doha einleitete, hat somit im Abgang die autoritären Modelle Chinas, sogar auch Russlands gestärkt. Aus der inneren Spaltung der USA könnte nun Zerrissenheit werden, weil Millionen irrationaler, bis hin zum Bürgerkrieg gewaltbereiter, nationalistischer Trumpisten sich gegen jedes internationale Engagement der USA stellen könnten.

◂ Klaus Naumann beim Munich Strategy Forum in Elmau im November 2015.

Viertens erkennt auch Europa endlich, dass Sicherheit in der Welt der Zukunft grundsätzlich global aufzufassen ist. Kaum eine Krise dürfte noch regional und nur mit militärischen Mitteln bewältigt werden können. Moderne Mittel im Spektrum von Social Media bis künstliche Intelligenz können Konflikte noch vor dem Einsatz militärischer Macht entscheiden. Damit wird Bedrohung diffuser, Reaktionszeiten gehen gegen null, und Abschreckung wird fast unmöglich.

Das heißt als Fazit: China ist nun der globale Herausforderer im Ringen um die Vormacht in der Welt. Europa kann diese Entwicklung nicht verhindern, dazu ist es zu schwach, aber es muss erkennen: Der Preis für den unersetzlichen amerikanischen Schutz Europas wird klare Positionierung, besser die Neubelebung der Partnerschaft sein. Die üblichen Worthülsen und vor allem deutsche Unbestimmtheit reichen nicht mehr.

In der Zukunft gilt: Erstens bestimmt Europas Verhältnis zu China trotz des auch für die USA gebotenen Festhaltens an Kooperation mit dem „Reich der Mitte" – vermutlich im Ausmaß verringert – die Zukunft der transatlantischen Beziehungen. Der Streit um militärische Zusagen der Europäer bleibt, sie werden letztlich zu erfüllen sein. Das gilt vor allem für Deutschland, das trotz seines Handelsüberschusses seine Bündnisfähigkeit gefährdet hat. Doch dieser Streit wird nachrangig; entscheidend ist, ob Europa gegenüber China an der Seite der USA stehen wird.

Zweitens werden die USA immer mehr pazifisch und weniger europäisch sein. Dafür spricht auch die demografische Entwicklung in den USA: Die Mehrheit der US-Bürger wird bald asiatische, lateinamerikanische oder afrikanische Wurzeln haben.

Das alles bestätigt der Bericht der Reflexionsgruppe der NATO, der im November 2020 vorgelegt wurde. Er verlangt, Europas Verteidigungsfähigkeit sicherzustellen, und wird Grundlage des neu zu erarbeitenden strategischen Konzepts der NATO sein. Die Allianz bleibt für die Sicherheit der Euro-Atlantischen Region verantwortlich, aber sie muss in diesem Konzept die wahrlich globalen Veränderungen ebenso berücksichtigen wie künftige Konfliktformen, die man als entgrenzt, als Kampf um die Informationsüberlegenheit und als durch Automatisierung beschleunigt bezeichnen kann. In weiteren Arbeitsschritten werden die Zukunft der NATO, ihre Strategie in den neuen Konfliktformen und dabei sicher auch das Verhältnis von Reaktion und Prävention sowie die Optionen zum Gewinnen der konfliktbeendenden Initiative zu erörtern sein.

Übergeordnet wird jedoch ein systemischer Konflikt sein: Die freiheitliche Werteordnung des Westens wird herausgefordert durch den Anspruch Chinas, eine neue, attraktivere Werteordnung anbieten zu können. Dieser Herausforderung müssen die NATO-Staaten durch Resilienz der eigenen Demokratien und durch die glaubhafte Fähigkeit der NATO begegnen, die freiheitlichen, demokratischen Rechtsstaaten des Bündnisses verlässlich schützen zu können. Gelingen kann das nur, wenn das Europa der EU, Großbritannien und Kanada gemeinsam mit den USA überlegen, ob eine Allianz der Demokratien mit der NATO als Kern der richtige Weg in die Zukunft ist.

### Die Welt nach 2030

Das ist das Heute. Doch welche Kennzeichen des Weltwandels über 2030 hinaus sind erkennbar? Prognosen sind immer schwierig, in Zeitenwenden ganz besonders, aber einige generelle Entwicklungen zeichnen sich ab:

Erstens dürfte die Entwicklung einer Welt mit vielen regionalen Machtzentren ohne eine unumstrittene Ordnungsmacht anhalten. In ihr bleiben die USA trotz aller Beschädigung des Vertrauens in sie und in die multilaterale Ordnung zunächst die einzige in allen Machtkategorien global handlungsfähige Macht. Sie dürften sich zwar zunehmend nach innen wenden, aber sie werden sich nicht von der Welt abwenden, und sie werden sich der Herausforderung China stellen.

China dürfte auch 2030 noch immer Herausforderer sein, obwohl es sich weiter um überregionale, auch militärische Handlungsfähigkeit bemühen wird. Volle globale Handlungsfähigkeit dürfte China allerdings kaum vor Mitte des Jahrhunderts erreichen. Chinas großer Vorteil in dieser Auseinandersetzung ist, dass es seine kohärente und langfristige Strategie Schritt für Schritt umsetzen wird. Doch China hat erhebliche innere Schwächen, Hongkong sowie der Umgang mit den Uiguren zeigen das. Achillesfersen wie die Demografie begrenzen seine Spielräume und sind gegen China nutzbar.

Zweitens wird die Welt zunehmend urbanisiert sein mit riesigen, kaum noch regierbaren Städten, in denen neue, leicht zu nutzende Technologien sowie künstliche Intelligenz vermehrt durch international kooperierende Kriminelle genutzt werden dürften. Das Gewaltmonopol der Staaten könnte daran zerbrechen. Innerstaatliche Konflikte könnten zunehmen, es dürfte noch mehr unregierbar werdende und schließlich zerfallende Staaten geben. Daraus könnten auch Konflikte zwischen Staaten entstehen.

Drittens erscheint die Bildung riesiger industrieller Kartelle denkbar, die zwar noch in einem Staat ihr Hauptquartier haben, aber global fertigen und sich jeder nationalen Kontrolle und sogar jeglichem politischen Einfluss ihres Stammlandes entziehen. Sie könnten mächtiger werden als jede Regierung dieser Welt. Sie werden nur den Gesetzen des Marktes und ihren Interessen folgen, ohne demokratische Legitimation, aber mit größerer Finanzkraft als die Staatenwelt agieren.

Viertens ist auch eine Welt, in der die gewohnten Ordnungen von Staaten und Gesellschaften – auch in Europa – zerbrechen könnten, nicht auszuschließen. Sollten die freiheitlichen Rechtsstaaten sich als unfähig erweisen, mit den zunehmend komplexer werdenden Fragen der Zukunftssicherung fertigzuwerden, und weiterhin, wie heute, durch bequemes „Weiter wie bisher" Wohlstand verbrauchen, dann könnte die Resilienz der Demokratien in Gefahr geraten, vielleicht sogar verloren gehen.

Übergeordnet aber, allerdings teilweise nicht sicher vorhersehbar, dürften die Auswirkungen des globalen Klimawandels und der Demografie sein. Der Klimawandel kann noch durch das Handeln der Staatenwelt beeinflusst werden, obwohl Ausmaß und Erfolgsaussichten derzeit noch offen sind. Die demografischen Entwicklungen dagegen sind bis zur Mitte des Jahrhunderts berechenbar, können allerdings durch den Klimawandel so verschärft werden, dass daraus globale Veränderungen der sicherheitspolitischen Lage entstehen könnten.

Dazu nur zwei Beispiele: Vor der Haustür des von der Freiheit der Seewege abhängigen Europa liegt eines der am stärksten vom möglichen Klimawandel betroffenen Seegebiete der Welt, der Arktische Ozean. Er könnte ganz oder für den überwiegenden Teil des Jahres in den nächsten zwanzig Jahren eisfrei werden. Es wird dort neue Abbaumöglichkeiten geben – immerhin werden dort 15 Prozent der Öl- und 25 Prozent der Gasreserven der Welt sowie erhebliche Vorkommen an Mineralien und Metallen vermutet – und es wird vor allem neue, um 5000 Seemeilen kürzere Seewege nach Asien geben. Das bedeutet eine Woche weniger Seefahrt und neue Herausforderungen für die Kontrolle eines riesigen, bislang kaum überwachten Seegebiets. Alle Nationen Europas hängen von der Nutzung der Hohen See ab. Wird sie verweigert, ist das Überleben aller NATO- und EU- Staaten in Gefahr.

Am dramatischsten jedoch werden die Folgen des Klimawandels bei der Trinkwasserversorgung und der Nahrungsmittelproduktion sein. Auch dazu ein Beispiel: Hält das Abschmelzen der Gletscher des Himalajas an, dann wird die Trinkwasserversorgung von rund zwei Milliarden Menschen gefährdet sein. Abwanderungen würden folgen. Das Zusammenwirken von Klimawandel und Demografie kann Migrationsdruck erzeugen. Daraus können Konflikte bis hin zu Klimakriegen entstehen, Darfur im Sudan steht dafür als Beispiel.

In Summe könnte eine Welt ohne Weltordnung und ohne verbindende Werteordnung entstehen. In ihr gäbe es die alten Konfliktursachen wie territoriale Ansprüche, ethnische Probleme und religiöse Spannungen. Doch verschärfend würden demografische Verschiebungen, Ressourcenknappheit und die Folgen technischer und wirtschaftlicher Ungleichgewichte hinzukommen.

> In Summe könnte eine Welt ohne Weltordnung und ohne verbindende Werteordnung entstehen.

Europa beispielsweise muss mit seinen wie in Russland alternden und schrumpfenden Gesellschaften Zusammenhalt, Wohlstand und ein gewisses Maß an sozialer Sicherheit wahren und gleichzeitig dem auch ohne Klimawandel steigenden Migrationsdruck aus Afrika begegnen. Denn die Bevölkerung Afrikas wird bis 2050 um vermutlich zwei Milliarden Menschen wachsen. Auch die Bevölkerung des Mittleren Ostens wird zunehmen und noch jünger werden.

Für die Menschheit 2050, dann rund neun bis zehn Milliarden Menschen, steigt zudem der Lebensmittelbedarf um etwa 30 Prozent. Die Produktivität der Landwirtschaft müsste um 60 Prozent gesteigert werden, und die heutige maßlose Verschwendung von Lebensmitteln – 50 Prozent wandern in den Müll – müsste ein Ende finden. Heute schon hungern etwa 800 Millionen Menschen. Die Menschheit im Jahr 2050 unterzubringen und zu ernähren wird das Problem sein. Zudem wird es ein gewaltiges Trinkwasserproblem geben. Wassermangel könnte eine Konfliktursache werden. Derzeit sind 870 Millionen

Menschen, davon 300 Millionen Chinesen, ohne Zugang zu Trinkwasser.

Aber auch um andere Ressourcen dürfte es Streit geben, nicht einmal vorrangig um Öl und Gas. Der Mangel an Metallen und Seltenen Erden könnte für große Teile Europas das größte Problem werden, weil von deren Verfügbarkeit beträchtliche Segmente der Industrieproduktion und die in Deutschland weitgehend verfehlte Energiewende abhängen. Künftige Verteilungs- und Zugangskonflikte sind nicht auszuschließen, nicht zuletzt wegen des Rohstoff-Kolonialismus der Volksrepublik China.

### Neue Konfliktformen

In dieser Welt der Zukunft besteht kein Mangel an Konfliktursachen, und Konflikte werden auch noch leichter zu führen sein. Sie werden ganz anders verlaufen als die bekannten Kriege zwischen Staaten. Künftige Konflikte zwischen Staaten werden in fünf Dimensionen geführt werden: Land, Luft, See, Weltraum und Cyberspace, und sie werden neue Technologien nutzen wie den Quantencomputer, künstliche Intelligenz und Robotik. Sie werden unglaublich schnell werden und könnten Möglichkeiten schaffen, Gegner wehrlos zu machen, bevor der Angriff überhaupt wahrgenommen wird. Selbst die Lähmung des Atomwaffenpotenzials durch Cyberangriffe kann nicht völlig ausgeschlossen werden. Sie wäre in höchstem Maße destabilisierend. Es muss deshalb vorrangig versucht werden, sie durch Vereinbarungen der Atomwaffenbesitzer auszuschließen.

**In dieser Welt der Zukunft besteht kein Mangel an Konfliktursachen, und Konflikte werden auch noch leichter zu führen sein.**

Eine Übergangsform sind die bereits erkannten und genutzten hybriden Konfliktformen, in denen nichtstaatliche Akteure auf das Gewaltpotenzial von Staaten Zugriff haben. Doch damit nicht genug: Ein großer Teil nahezu aller Waffen ist auf dem Markt erhältlich, und internationale kriminelle Kartelle verfügen über ungeheure Geldmengen. Sie könnten Zugang zu allen Machtmitteln erlangen, und die Vernetzung der Welt würde es ermöglichen, diese blitzschnell global zu verschieben. Konflikte der Zukunft könnten, gelenkt von nichtstaatlichen oder staatlichen Akteuren, als innerstaatliche Konflikte beginnen. Sie werden ganz oder teilweise von Akteuren wie Terroristen, organisierten Kriminellen, Söldnern, Piraten und in ferner Zukunft vielleicht sogar von Robot-Streitkräften geführt werden. Sie werden sehr schwer erkennbar sein und oft kaum einem Akteur zugeordnet werden können. Zusätzliche Gefahr entsteht, weil die Proliferation von Massenvernichtungswaffen einschließlich biologischer Waffen und von Lenkwaffen bis hin zu Hyperschallwaffen anhalten könnte. Kriegführung wird so weiter revolutioniert werden, bis an die Grenze zu autonomen Systemen. Analog zur Industrie 4.0 wird somit das Militär 4.0 entstehen. Doch dem wird durch neue Technologien wie Quantencomputer, Robotik, Nanotechnologie, biochemische Mittel und vielleicht auch Androide schon bald das Militär 5.0 folgen, das 5G, aber bald darauf auch 6G nutzen wird. Angreifer könnten die Option erlangen, durch präventives Handeln den Gegner wehrlos zu machen, ohne kinetische oder zerstörende Gewalt anzuwenden. Sun Tsu hielt das schon vor 2500 Jahren für die beste Form der Kriegführung. Sehr große Staaten könnten schon ab 2030 in der Lage sein, kleinere Staaten zu erpressen oder sie teilweise beziehungsweise sogar ganz elektronisch auszuschalten, ohne als Angreifer erkennbar zu sein.

### Hat Diplomatie in dieser Welt eine Zukunft?

Dazu muss man zuerst prüfen, ob die Staatenwelt von heute die Herausforderungen der Welt 2030+ überleben kann und wie sie sich verändern könnte.

Könnte die multilaterale, auf vereinbarten Regeln beruhende Ordnung dieser Zukunft gewachsen sein? Zweifel sind angebracht, denn multinationale Kooperationen unterschiedlichster Natur von Industriekartellen bis hin zur organisierten, global agierenden Kriminalität könnten durch Nutzung moderner Technologie handlungsfähiger sein, als Staaten es vermögen. Solche neuen Organisationsformen könnten in der Lage sein, Staaten herauszufordern und sie sogar in Konflikten zu besiegen, weil sie schneller über unbegrenzte Finanzmittel verfügen können und handeln könnten, ohne sich ans Recht gebunden zu fühlen. Die multilaterale, auf vereinbarten Regeln beruhende Ordnung der Welt hat vor diesem Hintergrund nur eine Überlebenschance, wenn die beiden konkurrierenden globalen Mächte USA und China darin einen Mehrwert sehen. Optimismus scheint aber angebracht, denn gerade im globalen Wettbewerb der Systeme ist ein Rest von Ordnung besser als das Recht des Stärkeren. Das würde zwangsläufig zu aufwendigem Wettrüsten und hohem Konfliktrisiko führen. Beide Konkurrenten wollen das nicht. Deshalb dürften bis auf Weiteres die heutigen Dachorganisationen der multilateralen Weltordnung, die Vereinten Nationen und der Sicherheitsrat, bestehen bleiben.

Ähnlich zuversichtlich dürfen wir sein, was den Fortbestand internationaler Organisationen wie beispielsweise der NATO, der Europäischen Union, der Afrikanischen Union oder ASEAN betrifft. Sie werden sich in ihren Verfahren allerdings erheblich verändern müssen. Insbesondere das Einstimmigkeitsprinzip muss fallen, wenn man den ungeheuer raschen Abläufen in Krisen gewachsen sein will.

Die Organisation der Staaten wird sich erheblich wandeln und schneller und schlanker werden müssen. Vorhersagen kann man noch nicht wagen. Ob die drei herkömmlichen Säulen eines Staates – Legislative, Exekutive und Judikative – fortbestehen werden, ist offen. Selbst in Europa sieht man Versuche, die Judikative der Exekutive zu unterstellen. Hinzu kommt das schwindende Vertrauen in die gewählten Vertreter in demokratischen Staaten, weil sie zu selten bereit sind, persönlich Verantwortung zu übernehmen. Nutzen ziehen daraus die Autokraten – und das im globalen Wettbewerb zwischen Demokratie und Autokratie. Zudem gibt es schon heute die ungelöste Aufgabe, koordiniert alle Instrumente der Politik intern wie international abgestimmt schnell zur Wirkung zu bringen. Keine der bestehenden Regierungsorganisationen und der internationalen Organisationen ist dazu heute in der Lage, selbst wenn es nur um das Handeln gegenüber staatlichen Akteuren geht, von nichtstaatlichen globalen Akteuren ganz zu schweigen. Wie man sie dazu bringen kann, sich auf Vereinbarungen einzulassen und diese auch einzuhalten, ist eine ungelöste Frage. Zudem ist die durch künstliche Intelligenz und neue Technologien schon bald zu erwartende unglaubliche Beschleunigung der Handlungsabläufe zu bedenken. Es wird notwendig werden, oftmals eher präventiv als reaktiv zu handeln. Entscheidungen einstimmig zu suchen bedeutet künftig Handlungsunfähigkeit.

Wird man in dieser skizzierten Welt internationalen Handelns noch Diplomatie im heutigen Sinne und Botschaften in heutiger Form benötigen? Vermutlich wird man auch weiterhin sehr schlanke personale Vertretungen brauchen, weil es immer wieder Probleme geben dürfte, die man nur im persönlichen Kontakt lösen kann. Aber die Botschaften der Zukunft werden ganz anders aussehen als heute. Es werden nur sehr wenige Menschen vor Ort sein, jedoch viel künstliche Intelligenz und andere Maschinenunterstützung.

Auch in internationalen Gremien wird es kein langwieriges Ringen um Einstimmigkeit geben. Man wird vielfach sogar die Ausführung vereinbarter gemeinsamer Handlungen vorab an Ausführungsorgane delegieren müssen – sogar Schritte militärischer Verteidigung.

Krisen der Zukunft verlangen eine koordinierte Nutzung aller politischen Mittel eines Staates. Dazu braucht man Fähigkeiten, vor allem aber den politischen Willen, entschlossen zu handeln. Es gibt auch künftig keine Lösung von Konflikten, die man nur mit einem Mittel des Handelns der Staatenwelt erreichen kann, aber es gibt wiederum auch keine, bei der man von vornherein auf irgendeines dieser Mittel verzichten kann. So gesehen werden die beiden hierzulande häufigsten Aussagen in Krisen – erstens, es gebe keine militärische Lösung, und zweitens, man müsse eine diplomatische Lösung finden – morgen so falsch sein, wie sie es heute sind. Wer so denkt, liefert die Schwachen der Willkür aus und öffnet den Skrupellosen alle Türen.

> Das eigene Ziel durchzusetzen war immer die Krönung diplomatischen Handelns – und das wird auch so bleiben. Diplomatie hat deshalb auch in der ungewissen Welt der Zukunft eine gesicherte Existenz.

Krisenbewältigung, das Meisterstück der Diplomatie, kann man sich bildlich als einen Raum vorstellen, in dem sich der Gegenspieler befindet und aus dem es viele Ausgänge gibt. Es gibt aber nur einen, durch den man den Gegner gehen lassen kann, wenn man sein Ziel erreichen will. Diplomatie muss dem Gegner alle Optionen verbauen, den Raum zu verlassen – mit Ausnahme der einen Tür, durch die er gehen muss, damit man das eigene Ziel erreicht.

Das eigene Ziel durchzusetzen war immer die Krönung diplomatischen Handelns – und das wird auch so bleiben. Diplomatie hat deshalb auch in der ungewissen Welt der Zukunft eine gesicherte Existenz. Von den Staaten, den internationalen Organisationen und der heutigen multilateralen, regelbasierten Ordnung kann man das leider mit der gleichen Gewissheit nicht sagen.

**Klaus Naumann ist deutscher General a. D. und war Generalinspekteur der Bundeswehr von 1991 bis 1996. Zwischen 1996 und 1999 war er Vorsitzender des NATO-Militärausschusses.**

Munich Security
Conference
Münchner Sicherheitskon

EUROPE
INTEGRATION
FOREIGN AFFAIRS
FEDERAL MINISTRY
REPUBLIC OF AUSTRIA

# Mit schwierigen Partnern zusammenarbeiten

**Wolfgang Schüssel**

„Mitteleuropa" – einst ein Zauberwort. Wie haben wir die Helden der Wende 1989 bewundert – Václav Havel, József Antall, Lech Walesa. Alle freuten sich über die Wiedervereinigung Europas und darüber, dass dieser Kontinent wieder mit beiden Lungenflügeln atmete (Copyright Papst Johannes Paul II.). Heute gelten die vier „Visegrád-Länder" Polen, Ungarn, Tschechien und Slowakei bei vielen – besonders in der Brüssel-Community – als problematisch. Sie stören den Mainstream, gefährden den Rechtsstaat und die Institutionen. Das Europäische Parlament hat ein Artikel-7-Verfahren eröffnet; Ausschlüsse aus den Parteifamilien werden immer wieder gefordert.

Wie konnte es dazu kommen? An der Bevölkerung kann es nicht liegen. In allen Umfragen ist die Zustimmung der Bevölkerung zur Union in diesen Ländern weit höher. Polen und Ungarn liegen dabei an der Spitze. Auch wirtschaftlich gibt es kaum Grund zur Sorge. Drei Viertel der Polen sind mit ihrer wirtschaftlichen Situation zufrieden, zwei Drittel der Tschechen. Nach der Wende erfolgte zwar ein gewaltiger Einbruch – Polen verlor etwa 20 Prozent des Bruttoinlandsprodukts (BIP), die Slowakei 15 Prozent, Ungarn und die Tschechische Republik 12 Prozent, doch dies wurde rasch aufgeholt. Die Wirtschaftskraft dieser Staaten ist heute mit über 1000 Milliarden Euro höher als das BIP Schwedens, Finnlands und der drei baltischen Staaten zusammen. Die Wachstumsraten sind dreimal so hoch wie in der Eurozone, die industriellen Lieferketten zu Deutschland, Österreich voll intakt. Die Tschechen haben das höchste Wohlstandsniveau der Region, Polen machte den größten Sprung nach vorne. Betrug Polens BIP 1990 noch 19 Prozent des deutschen Niveaus, so liegt es heute bei fast 60 Prozent, auf gleicher Höhe liegt Ungarn. Polen, Slowakei und Tschechien haben seit dem Beitritt 2004 je 20 Prozent aufgeholt. Aber auch politisch ist das Gewicht der V 4 nicht unbeträchtlich. Ihre Bevölkerungszahl entspricht etwa der Großbritanniens; ihr Stimmgewicht im Rat (27 Polen, je 12 Ungarn und Tschechien, 7 Slowakei) ist beachtlich.

Liegt es an der politischen Farbskala? Schwerlich – in der Slowakei regierten die Sozialdemokraten, in der Tschechischen Republik ein liberaler Ministerpräsident, in Polen Konservative, in Ungarn die Fidesz. Die Bürgergesellschaft ist überall höchst aktiv. Erinnert sei an die Massenproteste nach der Ermordung des Journalisten Kuciak und seiner Freundin im Februar 2018, was zu politischen Rücktritten und der Niederlage der Sozialdemokraten im März 2020 führte; an Demonstrationen in Polen gegen die Justizreform, an den Sieg der vereinigten Opposition in einigen ungarischen Großstädten; die anhaltenden Proteste gegen die wirtschaftlichen Verflechtungen des Regierungschefs in Prag. Könnte die weitgehend unaufgearbeitete Zeit der jahrzehntelangen Dominanz der Kommunisten und ihrer Verbrechen eine Rolle spielen? Etliche der damaligen Führungskräfte behielten einflussreiche Positionen in der Verwaltung und Justiz und sicherten sich in kulturellen oder wirtschaftlichen Institutionen ab. Erkennbar ist jedenfalls ein ziemlich rücksichtsloser Umgang mit dem Rechtsstaat, ein mangelnder Respekt vor anderen Meinungen und Minderheiten und ein bedenkliches Ausmaß an Korruption (vor der selbstverständlich auch andere Länder nicht verschont blieben).

Für uns Österreicher sind diese Länder geschätzte Nachbarn, uns tief verbunden durch Jahrhunderte gemeinsamer Geschichte, vernetzt durch zahllose kulturelle, wirtschaftliche und familiäre Bande. Ungarn war das Land, in dem das erste Stück des Eisernen Vorhangs und damit auch der Berliner Mauer herausgebrochen wurde. Österreich hat sich daher immer für die rasche Integration dieser Länder in die Union eingesetzt. Gerade deshalb bin ich der Auffassung, dass dem Wunsch mancher Europa-Parlamentarier, durch Ausschlüsse die EU-Parteifamilien zu einigen, entgegenzutreten ist. Gerade in schwierigen Zeiten muss das Gespräch gesucht und nicht abgeschnitten werden. Helmut Kohl, der die Erweiterung wollte und auf den sich ja viele in der EVP berufen, hat ganz genau gewusst, dass mit der Erweiterung sich auch die Parteifamilien verändern und breiter werden müssen. Und dies gilt nicht nur für die EVP, sondern ebenso auch für die Liberalen und Sozialdemokraten. Mit den Partnern offen und kritisch reden und nicht nur über sie schimpfen ist der einzige Weg, Europa zusammenzuhalten und nicht aufzusplittern.

Wolfgang Schüssel war von 2000 bis 2007 österreichischer Bundeskanzler. Zuvor war er unter anderem Wirtschafts- und Außenminister. 2020 erschien sein Buch *Was.Mut.Macht. Bemerkungen und Bemerkenswertes*, aus dem dieser Text stammt, den wir mit Erlaubnis des Ecowin-Verlags leicht editiert abdrucken.

◂ Wolfgang Schüssel beim MSC Core Group Meeting in Wien im Juni 2015.

# Core Group Meeting Vienna
June 16–17, 2015

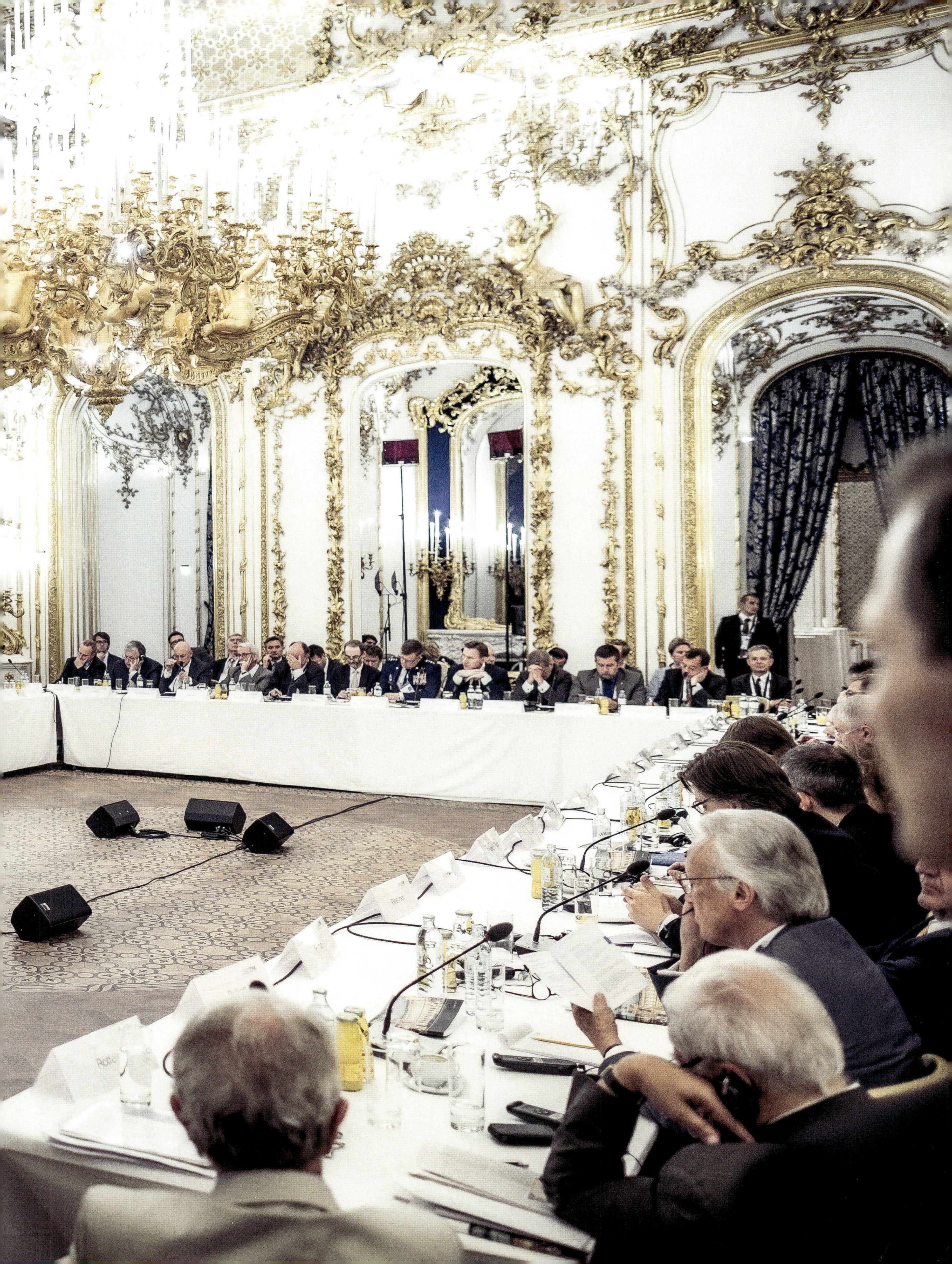

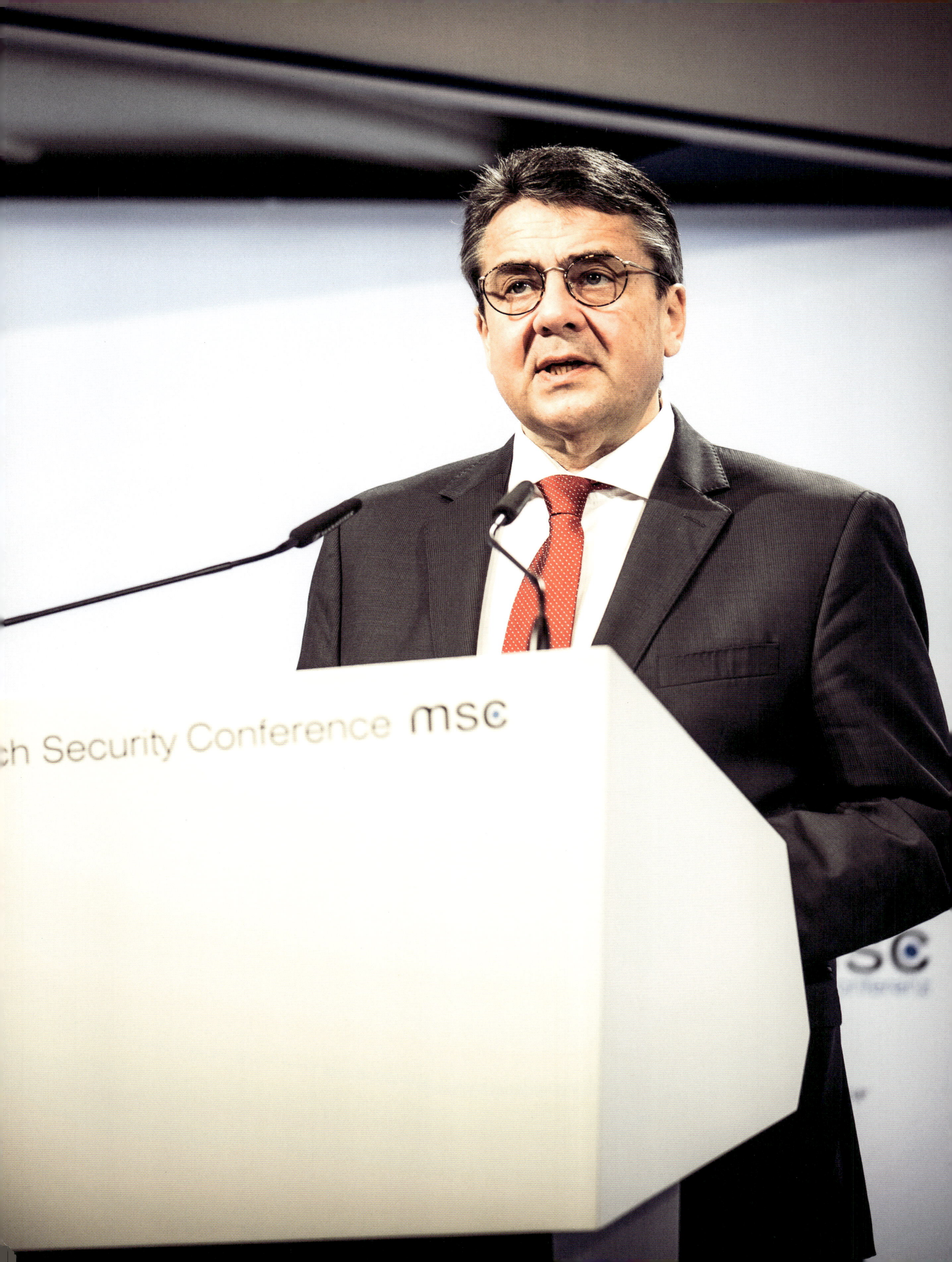
ch Security Conference msc

# In die Schuhe des anderen schlüpfen

**Sigmar Gabriel**

Das Hotel Bayerischer Hof schreibt eine stolze, fast zweihundertjährige Geschichte. Gäste wie Kaiserin Elisabeth von Österreich-Ungarn, Enrico Caruso und Sigmund Freud gingen hier ein und aus. Der Architekt Friedrich von Gärtner hatte das Luxushotel in der Münchner Innenstadt als Oase der Ruhe konzipiert. Aber schon 1918 wurde der Bayerische Hof ein Ort schwieriger Verhandlungen. Im Königssaal wurden 1918 die Gründungsdokumente für die Münchner Räterepublik unterzeichnet, deren erster bayerischer Ministerpräsident, der Sozialdemokrat Kurt Eisner, in unmittelbarer Nähe einem Attentat zum Opfer fiel.

Sicher dürfte sich kaum jemand vorgestellt haben, dass dieser Ort einmal im Jahr während der Münchner Sicherheitskonferenz (MSC) zum Brennglas einer nicht selten hitzigen, weltpolitischen Debatte werden würde, wo diskutiert, verhandelt und oft auch gestritten wird. Ich habe Deutschland wegen seiner zurückhaltenden Außen- und Sicherheitspolitik häufig mit einem Vegetarier in einer Welt von Fleischfressern verglichen. Um im Bild zu bleiben: Während der MSC ist die Welt zu Gast bei Vegetariern – auch wenn dann freilich zünftig bayrisch gespeist wird. Dort treffen über 500 Entscheidungsträger zusammen, die sonst selten in so intensivem Austausch auf Augenhöhe sind. Ob iranische Geheimdienstler oder israelische Diplomaten, russische Militärs oder amerikanische Thinktankler, saudische Scheichs oder chinesische Unternehmer – alle sind hier auf engstem Raum zusammen. Vor allem aber sind sie im direkten Gespräch mit den führenden politischen Verantwortungsträgerinnen und -trägern aus aller Welt.

> Gerade bei schwierigen Partnern ist es wichtig, dass man eine klare Sprache spricht und Unterschiede benennt – sich aber auch darum bemüht, vertrauliche und belastbare „Gesprächskanäle" aufzubauen oder verschüttete wieder zu eröffnen.

Ich bin überzeugt: Gerade bei schwierigen Partnern ist es wichtig, dass man eine klare Sprache spricht und Unterschiede benennt – sich aber auch darum bemüht, vertrauliche und belastbare „Gesprächskanäle" aufzubauen oder verschüttete wieder zu eröffnen. Denn wo Konflikte zunehmen und zu eskalieren drohen, muss geredet und wenigstens auf der persönlichen Ebene Vertrauen aufgebaut werden, wenn die Waffen schweigen sollen.

Dafür bedarf es persönlicher Begegnungen, denn „you can't ‚Zoom' trust". Und bei der Sicherheitskonferenz begegnet man sich zwangsläufig: im Frühstücksraum auf dem Dachgarten, in der Piano-Bar oder in dem viel zu langsamen Aufzug – man kann sich im Gewusel, das alljährlich im Bayerischen Hof herrscht, buchstäblich nicht aus dem Weg gehen. Eigentlich ist das Hotel viel zu klein für solch eine globale Konferenz. Und die Münchner seufzen jedes Jahr über das Verkehrschaos, das die notwendigen Sicherheitsmaßnahmen im Herzen der Stadt auslösen. Aber gerade diese Konzentration trägt zu der dichten Atmosphäre bei, die die Sicherheitskonferenz so legendär und effektiv macht. Es wird Klartext gesprochen. Man lernt sich kennen. Und manchmal versteht man sich sogar. Die Kunst ist es, konträre Positionen nachvollziehen zu können und gleichzeitig für den eigenen Standpunkt klar einzutreten.

Den Grundstein dafür legte der Widerstandskämpfer aus dem Stauffenberg-Kreis Ewald-Heinrich von Kleist-Schmenzin, der nach dem Krieg unter anderem Henry Kissinger und Helmut Schmidt zur „Wehrkunde-Begegnung" einlud, um einen Beitrag zur militärischen Deeskalation zu leisten. Daraus erwuchs jene Sicherheitskonferenz, die von der University of Pennsylvania mehrfach als weltweit beste Think Tank Conference ausgezeichnet wurde. Eine große deutsche Zeitung schrieb einst, dass Wolfgang Ischinger dort Weltpolitik mit der Erfahrung eines Diplomaten und dem Charme des Skilehrers mache, der er in jungen Jahren einmal war. Das trifft seinen Charakter und reflektiert auch eine zentrale außenpolitische Erfahrung von mir. Ich habe gelernt, dass man in der Diplomatie stets hart in der Sache, aber weich zu den Menschen sein sollte. Und da es in der Welt des 21. Jahrhunderts längst wieder mehr um harte Interessen denn um die Verständigung auf Werte und Normen geht, sieht man in München wie an keinem anderen Ort auf der Welt, wie sich geopolitische und geoökonomische Interessen verweben. Für nicht wenige Vertreterinnen und Vertreter dürfte die MSC inzwischen eine größere Bedeutung als das Weltwirtschaftsforum in Davos haben.

Lange bevor in der deutschen und europäischen Politik die globalen Verschiebungen in den ökonomischen, politischen und militärischen Machtachsen der Welt wirklich zur Kenntnis genommen wurden, war die

◂ Sigmar Gabriel auf der Münchner Sicherheitskonferenz im Februar 2018.

Münchner Sicherheitskonferenz ein Ort, an dem man das nicht nur hören, sondern beim Auftritt der unterschiedlichsten Repräsentantinnen und Repräsentanten richtiggehend spüren und fühlen konnte. Das dichte Programm und die rein physische Nähe machten es den Teilnehmerinnen und Teilnehmern einerseits leicht, sich gegebenenfalls vertraulich zu Gesprächen zu verabreden, andererseits konnten sich politische Kontrahenten auch kaum aus dem Weg gehen – und wo sie es versuchten, gelang es meist Wolfgang Ischinger, doch noch die persönliche Begegnung und das vertrauliche Gespräch zu ermöglichen.

Das U.S. Army War College prägte nach dem Ende des Kalten Krieges den Begriff „VUCA-Welt", abgeleitet von *volatility, uncertainty, complexity* und *ambiguity*. Nach meinem Eindruck ist die Welt heute noch volatiler, unsicherer, komplexer und mehrdeutiger als vor 30 Jahren. Wolfgang Ischinger beschreibt als eine Folge dieser Zeitenwende einen Verlust an Prognosefähigkeit. In seinem ausgesprochen lesenswerten Buch *Welt in Gefahr* führt er als Beispiele die Maidan-Bewegung und ihre Folgen, den Brexit sowie das Auftauchen von ISIS auf. Er illustriert seine Argumentation an einem Treffen, das er gemeinsam mit mir im Sommer 2017 mit dem saudischen Außenminister hatte. Dass unmittelbar danach eine gewaltige Krise den Nahen Osten erschütterte, bei der einige Analysten gar einen Krieg zwischen Saudi-Arabien und Katar befürchteten, war für keinen von uns dreien zum damaligen Zeitpunkt absehbar gewesen. Vermutlich wusste nicht einmal der saudische Minister von der Konfrontation zwischen den Staaten am Golf, die nicht zuletzt vom saudischen Regierungschef ausgelöst wurde. Konflikte eskalieren in zunehmender Geschwindigkeit, und selten wird dabei der Eskalationspunkt präzise prognostiziert. Konfliktverhütung wird so noch schwieriger. Und Konfliktbefriedung wird in der VUCA-Welt sogar noch diffiziler als Konfliktprävention.

Bis heute sind die Siege der Alliierten im Zweiten Weltkrieg über Japan und Deutschland die einzig wirklich überzeugenden Beispiele, wo verbrecherische Regime militärisch niedergerungen und die Länder anschließend nachhaltig befriedet, demokratisiert und zu Partnern gemacht wurden. Bei allen Interventionen der jüngeren Vergangenheit, vor allem im Irak und in Afghanistan, fällt die Bilanz ernüchternd aus. Viel zu spät griff der Westen im ehemaligen Jugoslawien ein. Auf dem Balkan hatte die Völkergemeinschaft dem Grauen der Kriege dort in den 1990er-Jahren lange nur zugeschaut und halbherzig oder gar nicht gehandelt. Allein im Bosnienkrieg starben 100.000 Menschen, darunter 8.000 beim Massaker von Srebrenica. Massenvergewaltigungen und andere Kriegsverbrechen hinterließen eine bis heute vernarbte Gesellschaft. Die zahnlosen UN-Blauhelme, die dem Morden nur tatenlos zusahen, gaben internationalen Vermittlungsbemühungen keine Grundlage. Erst als die NATO mit einer schnellen Eingreiftruppe eine glaubwürdige Drohkulisse aufbaute und Luftangriffe flog, konnten Verhandlungen durchgesetzt werden und auf der Air Force Base bei Dayton ein Abkommen für Frieden und ein ausreichendes Maß an Stabilität ausgehandelt werden. Im Kosovo handelte die NATO dann schneller und entschlossener, sodass zumindest zum Ende der Balkankriege von erfolgreichen Interventionen gesprochen werden kann.

Anders sind die Militäreinsätze in der Folge des 11. September 2001 zu bewerten. Bushs Feldzug im Irak hat statt Sicherheit und Freiheit neue blutige Konflikte mit dem islamistischen Terror verursacht. Und der planlose und plötzliche Abzug der USA und Europas aus Afghanistan, bei dem Tausende Ortskräfte, die uns jahrelang loyal zur Seite standen, im Stich gelassen wurden, hat den Westen viel Glaubwürdigkeit gekostet. Die Kosten für die Kriege im Irak und in Afghanistan werden allein von der US-Regierung auf rund eine Billion Dollar geschätzt. Eine astronomisch hohe Zahl mit zwölf Nullen, die weitere Kosten, z.B. für Kriegsversehrte und Flüchtlinge sowie die Beiträge von alliierten Staaten, noch gar nicht berücksichtigt. Über 300.000 Menschen verloren aufgrund der beiden Kriege ihr Leben, davon 4.804 alliierte Soldaten im Irak und 3.449 NATO-Soldaten in Afghanistan, unter ihnen 59 Kameraden der Bundeswehr. Am Hindukusch entstand nach 20 Jahren Blutzoll und teuren Aufbauversuchen ein Staat, der nach wenigen Wochen auf sich alleingestellt kollabierte und fast kampflos erneut in die Hände der Taliban fiel. Der frühere SPD-Vorsitzende Kurt Beck wurde einst belächelt für seinen Vorstoß, man müsse mit den gemäßigten Taliban verhandeln. Nun ist dieser Weg alternativlos.

Sehr viel kleinteiliger, aber als Fortschritt gewertet werden darf hingegen, dass wir die Kurden und Jesi-

> Lange bevor in der deutschen und europäischen Politik die globalen Verschiebungen in den ökonomischen, politischen und militärischen Machtachsen der Welt wirklich zur Kenntnis genommen wurden, war die Münchner Sicherheitskonferenz ein Ort, an dem man das nicht nur hören, sondern beim Auftritt der unterschiedlichsten Repräsentantinnen und Repräsentanten richtiggehend spüren und fühlen konnte.

den durch Ausbildung und Waffenlieferungen befähigt haben, sich gegen den IS-Terror zur Wehr zu setzen. Dieses Fallbeispiel kann zukunftsweisend sein, wie mit begrenzten Mitteln und klarer Zielsetzung ein Beitrag zu Stabilisierung und Frieden geleistet werden kann. Verlustreiche Interventionen mit unrealistischen oder unklaren Zielsetzungen wie im Irak und in Afghanistan gehören hingegen immer mehr der Vergangenheit an.

Wir sollten uns Zeit dafür nehmen, Lehren aus den Auslandseinsätzen der Bundeswehr zu ziehen, und nicht gleich von einem ins andere Extrem fallen. Eine Enquete-Kommission im Deutschen Bundestag kann dafür der richtige Rahmen sein. Das Vorgehen beim Abzug aus Afghanistan hat die politische Unterstützung für solche Militäreinsätze auf lange Zeit zwar nicht komplett zerstört, aber grundsätzlich hinterfragt. Klar ist, dass westliche Werte – vor allem Menschenrechte, Freiheitsrechte und Demokratie – weiterhin unser außenpolitisches Leitbild sind. Mehr als fraglich ist jedoch, ob man diese mittels militärischer Intervention anderen aufzwingen darf und kann. Der Einsatz von Militär wird sich nach dem Afghanistan-Debakel wieder stärker auf nationale Interessen fokussieren. Kampfeinsätze werden dann entweder der eigenen Verteidigung oder dem Schutz von befreundeten Staaten dienen – nicht aber zur Durchsetzung von Werten. Das bedeutet: mehr Realpolitik wagen.

Klar ist: Die NATO bleibt der wesentliche Pfeiler unserer Sicherheit, und die territoriale Verteidigungsallianz ist nicht infrage gestellt. Die Ära, in der die NATO an Einsätzen beteiligt wird, bei denen es um mehr geht, als Krieg oder Terroristen zu stoppen, ist allerdings vorbei.

Klar ist auch: Wir müssen unsere gemeinsamen, europäischen Fähigkeiten erweitern. Wenn im Persischen Golf etwas passiert, sind wir als Europäer nicht einmal dazu in der Lage, eine gemeinsame Beobachtermission hinzuschicken. Wir sollten in Europa also nicht bei den schwierigsten Aufgaben anfangen, sondern zunächst die naheliegenden und lösbaren Dinge im Schulterschluss mit anderen Staaten regeln. Bildlich gesprochen: Die europäische Politik will bei jedem Masters-Turnier mitgolfen und schafft noch nicht einmal Minigolf. Wolfgang Ischinger hat recht, wenn er schreibt, dass Diplomatie nur glaubwürdig ist, wenn sie mit militärischen Mitteln unterfüttert wird. Oder mit den Worten von Friedrich dem Großen: „Die Diplomatie ohne Waffen ist wie ein Orchester ohne Instrumente."

Der Diplomatie, also der Kunst des Verhandelns über gegensätzliche Interessen, sind dabei natürlich Grenzen gesetzt. Wo Gespräche verweigert werden oder schon das bloße Zusammentreffen von Konfliktparteien als Gefährdung der eigenen Position erachtet wird, hat es die Diplomatie schwer. Und doch ist die Geschichte der Diplomatie reich an Beispielen, wo Handelnde zur Verbesserung des Verhältnisses von Staaten den menschlichen Faktor genutzt haben. Ohne das vertraute Verhältnis zwischen Willy Brandt und Leonid Breschnew hätte es bestimmt nicht so schnell die Ostverträge gegeben. Als Ägyptens Präsident Anwar as-Sadat und Helmut Schmidt im Jahr 1977 auf ihrer legendären Nilfahrt bis spät in die Nacht über den Islam und das Christentum philosophierten, legten sie auch ein belastbares Fundament für diplomatische Durchbrüche. So konnte der allmähliche Ausgleich zwischen Deutschland und Israels wichtigstem strategischem Nachbarn gelingen. Auch die enge Partnerschaft zum ehemaligen „Erbfeind" Frankreich hätte sich ohne das jeweils freundschaftliche Verhältnis von Adenauer zu de Gaulle, von Schmidt zu Giscard d'Estaing, von Kohl zu Mitterrand und von Schröder zu Chirac nicht so gut entwickelt.

Auch ich erfuhr mehrfach, wie wichtig menschliche Nähe in der Diplomatie ist. In einer Phase harter öffentlicher Konfrontation zwischen der Bundesrepublik und der Türkei im Jahr 2017, als Deutschland Wahlkampfauftritte türkischer Politiker in der Bundesrepublik untersagte, während türkische Politiker die Bundesrepublik mit „Nazi-Deutschland" gleichsetzten, traf ich das erste Mal meinen türkischen Amtskollegen Mevlüt Çavuşoğlu in Berlin. Lange waren die deutsch-türkischen Beziehungen nicht derart angespannt gewesen. Das Protokoll hätte vorgesehen, dass mein türkischer Amtskollege mich in meinem Amtssitz besucht, aber ich wollte ihn bewusst vorher zum Frühstück in seinem Berliner Hotel treffen. Dass der Jüngere zum Älteren geht, wird in der Türkei als Ausdruck des Respekts gut aufgefasst. Als Gastgeschenk brachte ich ihm ein altes Schild aus dem Bergbau mit, auf dem in deutscher und türkischer Sprache vor Gefahren unter Tage hingewiesen wurde. Auf dem Schild stand: „Hochspannung! Vorsicht! Lebensgefahr!" Çavuşoğlu verstand den Hinweis sofort, und unser erstes Zusammentreffen begann sehr humorvoll. Es endete ein Jahr später auf der Münch-

> Wo Gespräche verweigert werden oder schon das bloße Zusammentreffen von Konfliktparteien als Gefährdung der eigenen Position erachtet wird, hat es die Diplomatie schwer.

ner Sicherheitskonferenz mit der Befreiung des Menschenrechtsaktivisten Peter Steudtner sowie des deutschen Journalisten Deniz Yücel nach 367 Tagen aus türkischer Haft. Dazwischen lagen viele gemeinsame Begegnungen und private Besuche, aus denen eine enge persönliche Beziehung und Freundschaft entstand. Das aufgebaute Vertrauen hat es uns letztlich ermöglicht, auch schwere politische Verwerfungen unserer beiden Länder zu überwinden. Die Münchner Sicherheitskonferenz 2018 setzte dafür dann den Schlussakkord. Ich plädierte dort dafür, weiterhin alle Gesprächsformate mit der Türkei zu nutzen, und führte aus: „Eine andere Methode gibt es nicht. Man muss gute Momente nutzen, um bessere anzusteuern."

Wolfgang Ischinger wird viele solcher Geschichten aus seiner persönlichen Erfahrung als Diplomat und als Leiter der Münchner Sicherheitskonferenz berichten können. Nicht immer enden direkte, persönliche Begegnungen und Bemühungen erfolgreich. Auch das gehört zu den Erfahrungen der internationalen Diplomatie. Wladimir Putins Rede im Deutschen Bundestag im Jahr 2001, mit der er uns Deutschen die Hand ausstreckte, ließ viele auf dauerhafte Kooperation mit unserem großen Nachbarn im Osten hoffen. Die Abkehr davon verkündete der russische Präsident jedoch sechs Jahre später auf der Münchner Sicherheitskonferenz 2007, als er sagte: „Das Format der Konferenz gibt mir die Möglichkeit, der ‚übertriebenen Höflichkeit' zu entgehen, mit geschliffenen, angenehmen, aber leeren diplomatischen Worthülsen sprechen zu müssen. Das Format der Konferenz erlaubt, das zu sagen, was ich wirklich über die Probleme der internationalen Sicherheit denke." Der Dialog mit dem Kreml ist eine der größten Herausforderungen der deutschen Diplomatie. Umso wichtiger ist es, dass wir mit der MSC ein hochkarätiges Format haben, wo wir uns auf Augenhöhe und mit Respekt, aber auch in unmissverständlicher Klarheit begegnen können.

Mein Freund Wolfgang Niedecken von der Kölschrock-Band BAP fragte mich einmal nach meinem Lieblingssong. Meine damalige Antwort lautete: „Sympathy For The Devil". Der Sound ist Rockmusik pur. Aber abgesehen vom verstörenden Text dieses Songs sollte meine launige Antwort auch ein Hinweis darauf sein, dass demokratische Politik und insbesondere die Diplomatie sich nie mit sich selbst zufriedengeben darf. Sie muss auch die Fähigkeit entwickeln, in die „Schuhe des anderen zu schlüpfen" – selbst dann, wenn es sehr „unbequeme Schuhe" sein sollten. Denn erst wenn wir verstehen, warum unsere Gesprächspartner nicht selten so völlig verschieden von uns denken und handeln, können wir uns auf die Suche nach friedlichen Konfliktlösungen machen. Ich finde: „Sympathy For The Devil" wäre in der Tat auch ein passender Soundtrack für die Münchner Sicherheitskonferenz.

**Sigmar Gabriel ist ehemaliger deutscher Außenminister. Er war Bundesvorsitzender der Sozialdemokratischen Partei Deutschlands von 2009 bis 2017 sowie Umweltminister und Wirtschaftsminister. Er ist Vorsitzender der Atlantik-Brücke.**

> Die Diplomatie muss auch die Fähigkeit entwickeln, in die „Schuhe des anderen zu schlüpfen" – selbst dann, wenn es sehr „unbequeme Schuhe" sein sollten. Denn erst wenn wir verstehen, warum unsere Gesprächspartner nicht selten so völlig verschieden von uns denken und handeln, können wir uns auf die Suche nach friedlichen Konfliktlösungen machen.

Mevlüt Çavuşoğlu (links) und Sergey Lawrow auf der Münchner Sicherheitskonferenz im Februar 2018.

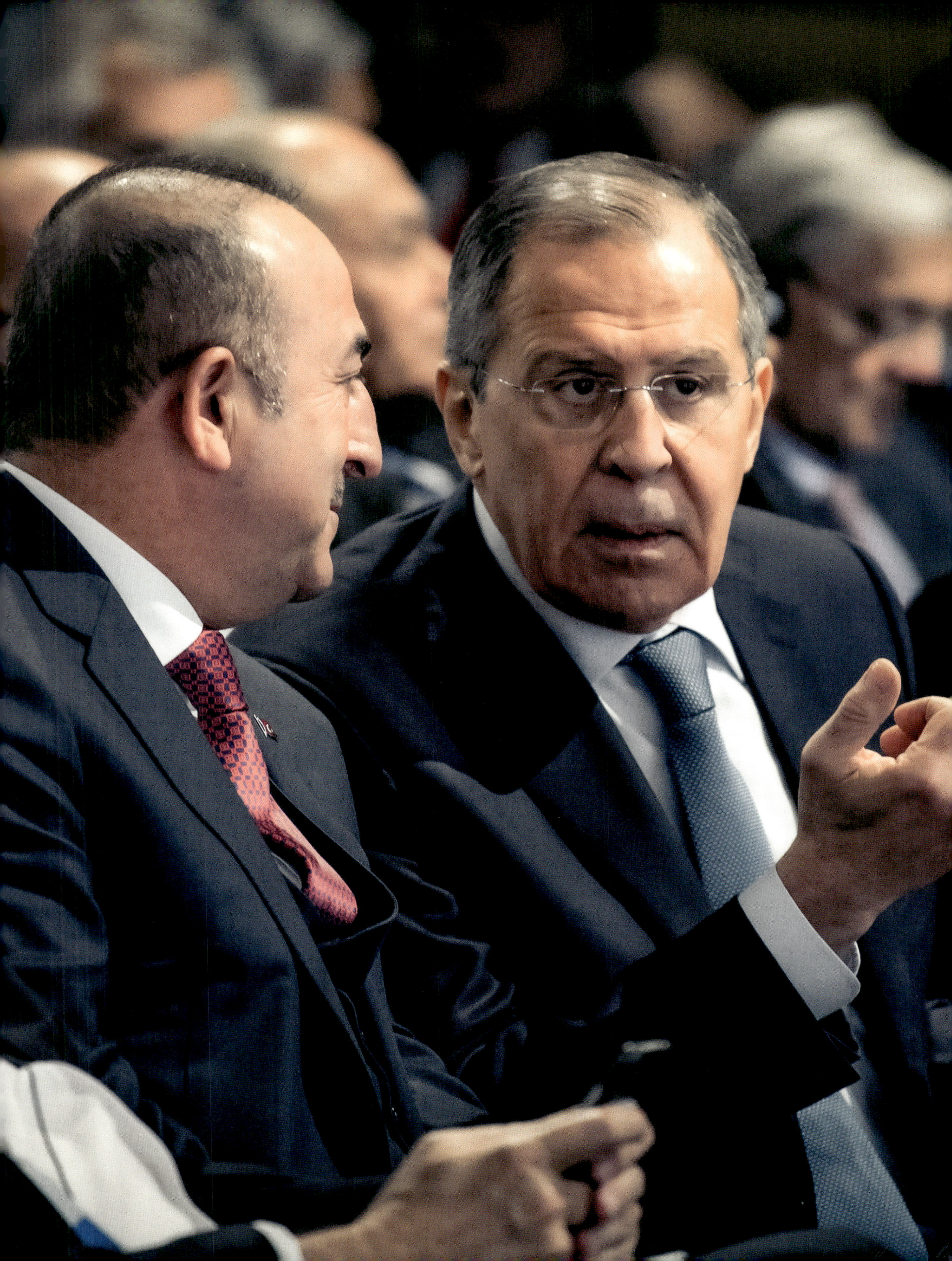

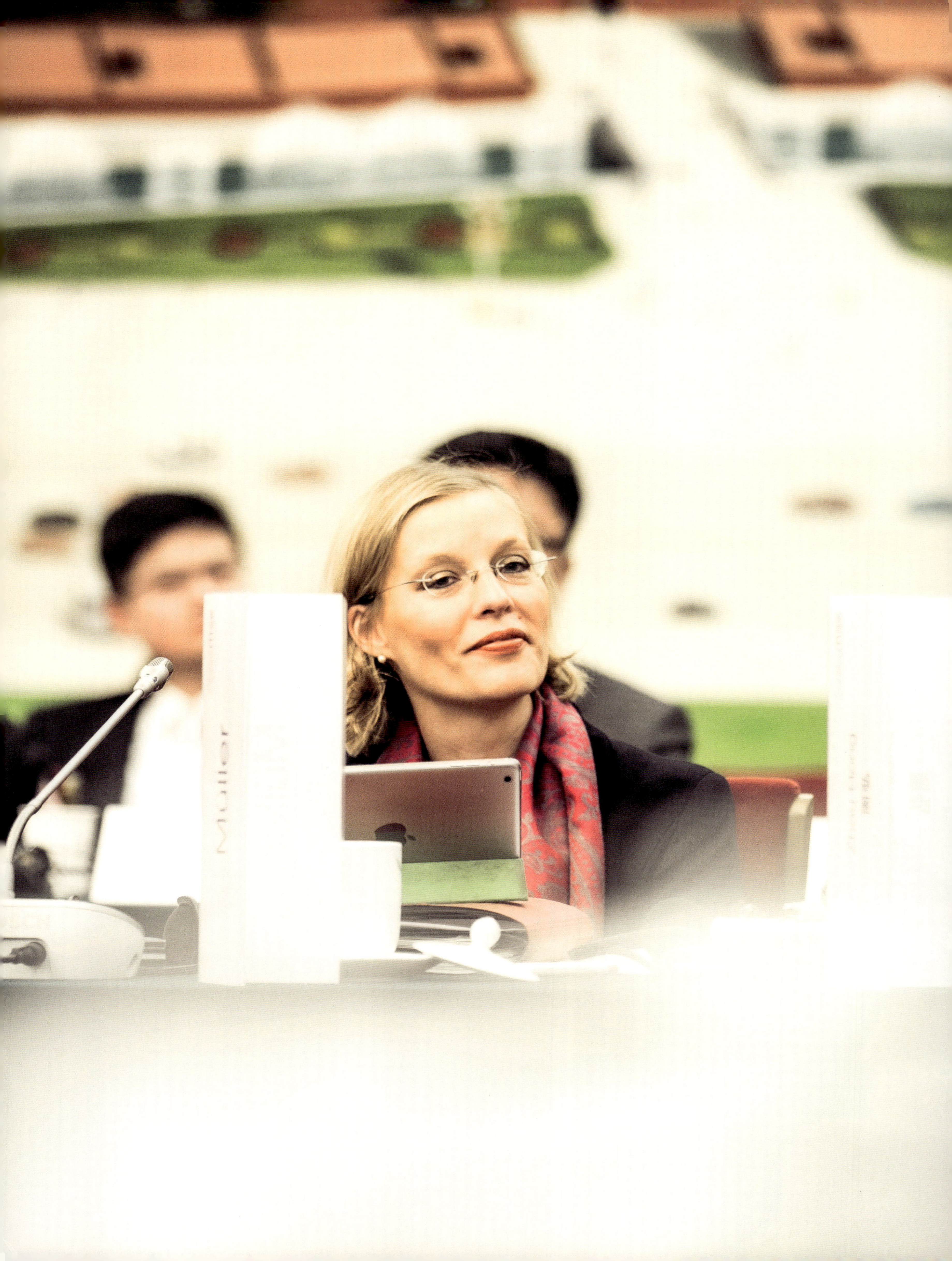

# Gesprächskanäle offenhalten

**Nora Müller**

„It is better to jaw-jaw than to war-war"[1] : Mit diesem aus dem Jahr 1954 stammenden Zitat erwies Winston Churchill nicht nur allen Redenschreibern, sondern auch Praktikern des internationalen Dialogs einen unvergänglichen Dienst. Gewohnt scharfsinnig brachte der britische Premier bei einem Mittagessen im Weißen Haus seinen Ansatz im Umgang mit den kommunistischen Gegnern im Kalten Krieg auf den Punkt: besser im Gespräch bleiben, als eine unkalkulierbare Eskalation der Spannungen riskieren. Fast 70 Jahre später bleibt der „Dialog mit herausfordernden Akteuren" wie China und Russland ebenso notwendig wie schwierig. Die Rahmenbedingungen für ebendiesen Dialog haben sich indessen dramatisch verändert. China und die USA ringen um geopolitische, technologische und wirtschaftliche Vormacht. Eine neue Systemkonkurrenz zwischen „freier Welt" und Autokratien ist entbrannt. Der Westen mäandert zwischen Selbstbehauptung und Selbstzerstörung. Im Spannungsfeld der Großmächterivalität ist die „regelbasierte internationale Ordnung" oft nurmehr Makulatur. Geraten in diesem Klima Gespräche mit Peking, Moskau und anderen Autokratien nicht unweigerlich zur Alibi-Veranstaltung? Oder schlimmer noch zum Anlass, sich mehr oder weniger öffentlichkeitswirksam Vorwürfe um die Ohren zu schleudern wie beim amerikanisch-chinesischen Spitzentreffen in Anchorage?[2]

> **Vertrauen kommt in den internationalen Beziehungen wie in allen Bereichen zwischenmenschlicher Interaktion eine zentrale Bedeutung zu.**

In der gegenwärtigen geopolitischen Großwetterlage einen „Dialog um des Dialoges willen" zu predigen wäre naiv. Doch ebenso töricht wäre es, Dialog als Mittel der internationalen Politik per se abzuschreiben. Der finnische Präsident Sauli Niinistö erinnert zu Recht daran: „Den intensivsten Dialog brauchen wir mit denjenigen, mit denen wir am wenigsten Übereinstimmungen haben."[3] Wie also Dialog so gestalten, dass er trotz der schwierigen Rahmenbedingungen mehr ist als nur Show? Der Blick in die Geschichte hilft nur bedingt weiter, denn, wie der Zeit-Journalist Michael Thumann zu Recht feststellt, „ist [es] schwer vorstellbar, dass die Ostpolitik von gestern als Blaupause für den künftigen Umgang mit der russischen oder chinesischen Regierung nützt".[4] Die folgenden vier Grundsätze verstehen sich daher als Leitplanken, nicht als abschließendes „How to" für einen gelingenden Dialog.

Erstens gilt es, Werte- und Interessengegensätze anzuerkennen. Ein nüchterner Blick auf China und Russland, aber auch auf andere antiwestlich orientierte Staaten wie Iran zeigt, dass eine stärkere wirtschaftliche Verflechtung (oder die Aussicht darauf) nicht die transformative Kraft entwickelt hat, die in Konzepten wie „Wandel durch Handel" oder „Modernisierungspartnerschaft" angelegt war. Statt der erhofften Konvergenz treten Werte- und Interessengegensätze immer deutlicher zutage. Diese strategische Realität anzuerkennen und klar zu benennen, ebnet eher den Weg für fokussierte, ergebnisorientierte Gespräche, als sich hinter nebulösen Floskeln wie „Win-win-Kooperation" oder „strategische Partnerschaft" zu verstecken. Voraussetzung dafür ist die Bereitschaft aller Beteiligten, eigene Kerninteressen auszuformulieren, transparent zu machen und deren Achtung konsequent einzufordern. Geschieht dies nicht, dann entsteht unweigerlich eine Schieflage, die leicht zur Hypothek für Gespräche wird. So muss etwa die EU im Verhältnis zu China – das seinerseits mit Vorliebe rote Linien zieht, um diese anschließend mit Zähnen und Klauen zu verteidigen – erst lernen, ihre eigenen Kerninteressen – die Einhaltung internationalen Rechts, die Wahrung von Menschen- und Bürgerrechten sowie Fairness in Wirtschaft und Handel – deutlich als solche zu kommunizieren und auf Missachtung mit entsprechendem Nachdruck zu reagieren.

Zweitens müssen wir uns realistische Erwartungen und Ziele setzen. „Ich habe das getan, wofür ich hierhergekommen bin: Bereiche identifizieren, in denen unsere Länder praktisch zusammenarbeiten können."[5] Mit dieser nüchtern-pragmatischen Bilanz fasste US-Präsident Joe Biden das erste Treffen mit seinem russischen Amtskollegen Wladimir Putin in Genf zusammen. In einer Zeit, in der China und Russland „den Westen" (die grobe Verallgemeinerung sei mir verziehen) zunehmend herausfordern und die Beziehungen von gegenseitigem Misstrauen gekennzeichnet sind, deutete er damit ein den strategischen Realitäten angepasstes „Dialog-Paradigma" an: Dialog als Instrument zum Abgleich gemeinsamer Interessen – nicht mehr und nicht weniger. Folgt man dieser Logik, dann sind Gespräche vor allem dann produktiv, wenn

◂ Nora Müller beim MSC Core Group Meeting in Peking im April 2016

sie sich an Interessen orientieren und klar definierte, begrenzte Ziele verfolgen. Oder, wie es der US-Politikwissenschaftler Thomas Wright formulierte, „der Vermeidung von unabsichtlichen Provokationen und dem Ausloten transaktionaler Zusammenarbeit dienen".

Und wie steht es um den viel beschworenen „Faktor Vertrauen"? Ob ein Krieg erklärt oder doch noch eine friedliche Lösung gefunden wird, kann eine Frage des Vertrauens sein,[7] argumentiert der US-amerikanische Politikwissenschaftler Andrew H. Kydd. Vertrauen kommt in den internationalen Beziehungen wie in allen Bereichen zwischenmenschlicher Interaktion eine zentrale Bedeutung zu. Doch die Erwartung, dass die andere Seite Zusagen einhält und vereinbarte Regeln befolgt – also im wahrsten Sinne des Wortes „vertrauenswürdig" ist – fällt nicht vom Himmel. Im besten Fall entsteht sie im Laufe eines Gesprächs- oder Verhandlungsprozesses und wird durch Kooperationsprojekte in bestimmten Bereichen – „vertrauensbildende Maßnahmen" – verstärkt. Gerade mit Blick auf den „Dialog mit herausfordernden Akteuren" kann Vertrauen also bestenfalls Endprodukt, nicht aber Voraussetzung für Gespräche sein.

> **Je größer die Spannungen und das Misstrauen zwischen Ländern oder Akteuren, desto mehr kommt es darauf an, in persönliche Beziehungen zu investieren, und zwar auf allen Ebenen der Systeme.**

Drittens müssen wir in persönliche Beziehungen investieren. Was auf den ersten Blick widersprüchlich erscheint, ergibt aus der Perspektive „praktischer Diplomatie" doch Sinn: je größer die Spannungen und das Misstrauen zwischen Ländern oder Akteuren, desto mehr kommt es darauf an, in persönliche Beziehungen zu investieren, und zwar auf allen Ebenen der Systeme. Ob Adenauer und de Gaulle, Kissinger und Zhou Enlai oder Kohl und Gorbatschow – die persönliche Chemie, in einigen Fällen sogar Freundschaft, zwischen den handelnden Akteuren hatte wesentlichen Anteil am Erfolg der diplomatischen Bemühungen. Anne-Marie Slaughter und Samm Sacks haben recht: „Außenpolitik – ebenso wie Politik im Allgemeinen – fußt auf Beziehungen, die nicht nur am Verhandlungstisch entstehen, sondern auch nach Dienstschluss bei einem gemeinsamen Abendessen und beim Entdecken gemeinsamer Interessen, ja sogar Identitäten."[8] Nicht zu unterschätzen ist dabei der Einfluss des Ortes – das, was seit der römischen Antike als „genius loci" bezeichnet wird – auf Atmosphäre und Stimmung eines diplomatischen Treffens. Dass in der Vorbereitung der deutschen Wiedervereinigung das „Wunder vom Kaukasus"[9] – die Zustimmung Michail Gorbatschows zur NATO-Mitgliedschaft eines wiedervereinigten Deutschlands – gelang, lässt sich einer Reihe von Faktoren zuschreiben, einer davon war gewiss der zwanglos-entspannte Rahmen, den das Gästehaus des sowjetischen Staatspräsidenten in seiner nordkaukasischen Heimat für die „Strickjackendiplomatie"[10] zwischen dem deutschen Bundeskanzler und seinem sowjetischen Counterpart bot.

Dass die Corona-Pandemie mit ihren Kontakt- und Reisebeschränkungen zu einem beträchtlichen „Dialog-Defizit" geführt hat, liegt auf der Hand. Denn auch das professionellste Zoom-Meeting kann die Vielschichtigkeit persönlicher Begegnung nie vollständig ersetzen. In den digitalen Medien lässt sich der Gesprächspartner eben nicht für ein vertrauliches Tête-à-tête in der Kaffeepause beiseiteziehen. Und haben sich Gespräche verhakt, dann ist in einem virtuellen Treffen die Hürde, einfach auf den „Leave Meeting"-Knopf zu drücken, weitaus niedriger, als vom realen Verhandlungstisch aufzustehen.

Viertens müssen wir unterschiedliche Stakeholder einbeziehen. Komplexe internationale Herausforderungen können effektiver bewältigt werden, wenn nicht nur Regierungsrepräsentanten, sondern auch Stakeholder aus anderen Bereichen, insbesondere Wirtschaft, Wissenschaft und Zivilgesellschaft, zu Wort kommen. Bestes Beispiel dafür ist das Management der Corona-Krise. Dies gilt auch für den „Dialog mit herausfordernden Akteuren". Kaum überraschend, dass sich Anne-Marie Slaughter und Samm Sacks mit Blick auf die hoch angespannten amerikanisch-chinesischen Beziehungen für „a much broader dialogue"[12] aussprechen, der Stakeholder aus den unterschiedlichsten Politikfeldern umfasst. Ein solcher „breiter Dialog" muss auch und vor allem Vertreter*innen der jungen Generation einbeziehen. Diesem Credo folgen seit mehr als zehn Jahren die Munich Young Leaders, ein gemeinsames Projekt von MSC und Körber-Stiftung.

Dialog braucht Grundsätze und Regeln. Denn gerade in der komplexen Welt des 21. Jahrhunderts, in der die internationale Ordnung zunehmend unter Druck steht, ist „miteinander, nicht übereinander reden" wichtiger denn je. Und so gilt auch heute: „It is better to jaw-jaw than to war-war."

**Nora Müller leitet den Bereich Internationale Politik der Körber-Stiftung.**

Mohammad Javad Zarif beim MSC Core Group Meeting in Doha 2019 ▶

Core Group Meeting Doha | اجتماع المجموعة الأساسية - الدوحة
October 29, 2019
Munich Security Conference msc
Münchner Sicherheitskonferenz
12

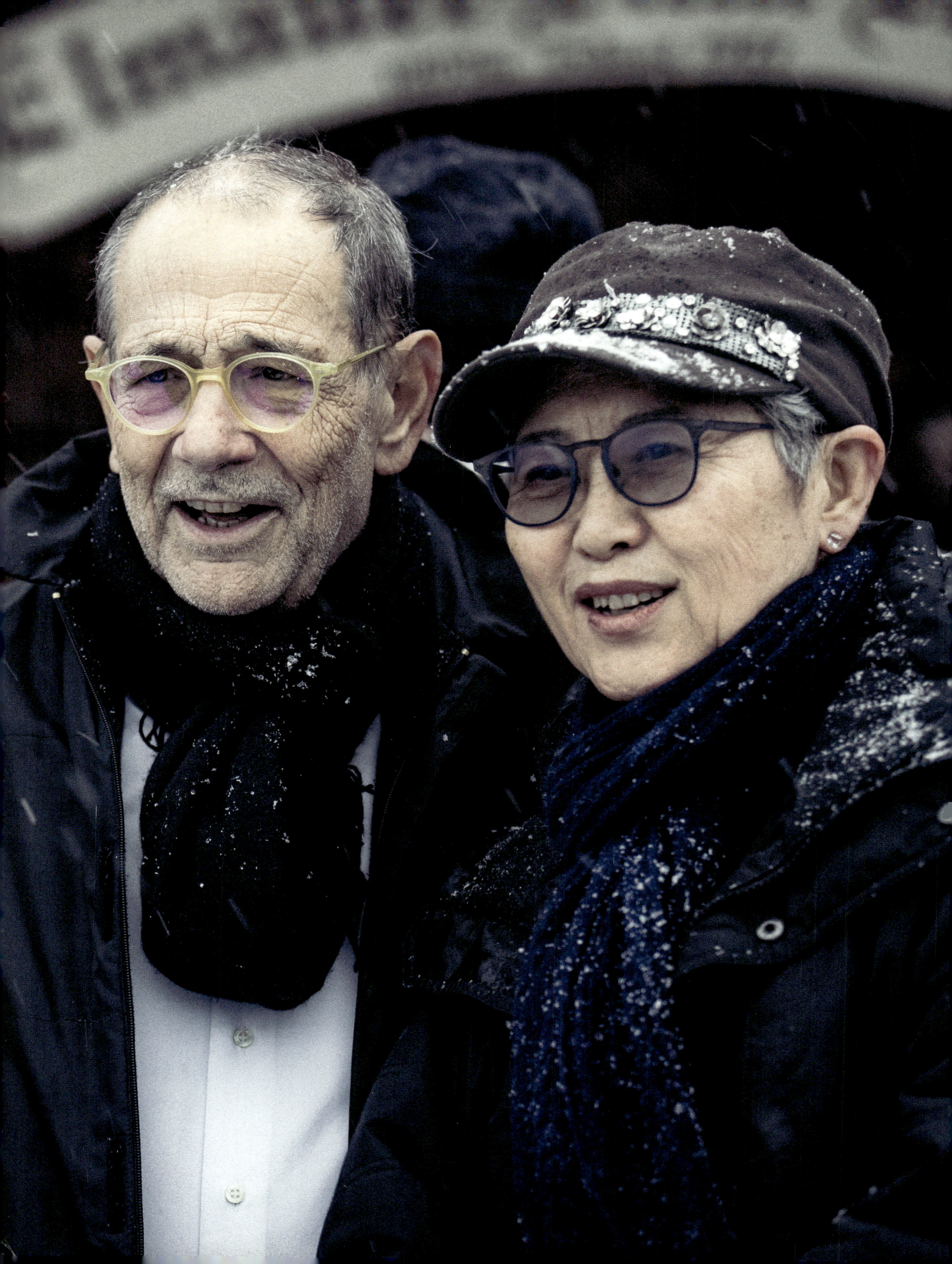

# Gegenseitiges Verständnis zwischen China und dem Westen fördern

Fu Ying

Während meiner Zeit als Abteilungsleiterin für Europa im chinesischen Außenministerium in den 2010er-Jahren besuchte ich häufig europäische Länder, nahm an Konferenzen teil und lernte so auch die Münchner Sicherheitskonferenz (MSC) kennen.

### Erster Besuch der MSC

Meine erste Einladung zur MSC erfolgte zur 50. Konferenz, die am 31. Januar 2014 zusammenkam. Das war zufällig der erste Tag des chinesischen Neujahrsfestes. Mit einem kleinen Team kam ich am Vorabend des chinesischen Neujahrs nach München geflogen. Zu den Schwerpunktthemen der MSC 2014 gehörten die transatlantische Sicherheit, Schwellenländer und Global Governance, die europäische Schuldenkrise und die Zukunft der Europäischen Union, die Situation in Mali und in Syrien und die iranische Nuklearfrage. Das viel beachtete Brennpunktthema aber war die Entwicklung in der Ukraine.

Ich war eingeladen, bei der Podiumsdiskussion unter der Überschrift „Europa, Amerika und Asien" über globale Macht und regionale Stabilität zu sprechen. Die weiteren Podiumsmitglieder waren Ivo Josipović, der damalige Präsident der Republik Kroatien, US-Senator Lindsey Graham, Shivshankar Menon, nationaler Sicherheitsberater des indischen Premierministers, und US-Navy-Admiral a. D. James G. Stavridis als unser Moderator. Es war offensichtlich, dass die Podiumsmitglieder sehr unterschiedliche Hintergründe mitbrachten und mit ganz unterschiedlichen Themen befasst waren. Vor der Diskussion fragte ich mich, was das Thema von gemeinsamem Interesse für uns vier wohl sein könnte.

Moderator Admiral Stavridis hatte keine Schwierigkeit, seinen Schwerpunkt zu finden. Er eröffnete die Podiumsrunde mit den Worten: „Es gibt hier heute fünf Podiumsteilnehmer, und vier von uns stammen aus demokratischen Ländern."[1] Es war nicht schwer zu verstehen, was er damit sagen wollte: dass ich nämlich die Einzige war, deren Land für andere politische Überzeugungen stand. Mir war zugleich bewusst, dass die meisten europäischen Länder, wenn nicht gar die gesamte westliche Welt, diese Sicht auf China teilten. Sie sahen in China „ein undemokratisches Land mit einem falschen politischen System". Die westlichen Länder sind in der Regel überzeugt, dass der Kalte Krieg gegen die Sowjetunion, der fast ein halbes Jahrhundert gedauert hatte, mit der Niederlage des Kommunismus zu Ende gegangen ist, die wiederum gleichbedeutend war mit „dem Ende der Geschichte". Sie haben Mühe zu verstehen, dass China unter der Führung der Kommunistischen Partei (KP China) nicht nur bis heute überlebt hat, sondern immer erfolgreicher wird.

Die Themen der Podiumsdiskussion hatten wenig mit dem politischen System Chinas zu tun, weshalb die übrigen Podiumsteilnehmer in ihren Redebeiträgen auch nicht weiter auf Stavridis' Bemerkung eingingen. Als ich an der Reihe war, hielt ich es für notwendig, auf die Provokation des Moderators zu reagieren. Weil dieses Podiumsgespräch aber nicht die richtige Gelegenheit war, um spezifische politische Streitfragen zu debattieren, musste ich mich auf das Thema fokussieren und Chinas Sicht dazu darlegen.

Mit einem leichten Schmunzeln sagte ich: „Gestern war der erste Tag des chinesischen Neujahrs. Für dieses so wichtige Fest scheuen wir Chinesen keine Mühe, von wo immer wir sind vor dem letzten Abend des alten Jahres nach Hause zurückzukehren, um im Familienkreis gemeinsam zu Abend zu essen. In so einem Moment haben meine Kollegen und ich neun Stunden im Flugzeug verbracht, um nach München zu kommen. Warum haben wir das gemacht? Weil wir das gegenseitige Verständnis mit Ihnen vertiefen wollen."

Als ich das sagte, vernahm ich ein leises Glucksen aus dem Publikum und sah in der ersten Reihe Dr. Henry Kissinger sitzen, der zustimmend den Kopf wiegte. Meine Worte waren nicht dick aufgetragen, aber das Publikum verstand ganz offensichtlich die Andeutung. Ich spürte, dass meine Worte bei manchen gut angekommen waren, und so konnte ich jetzt zu meinen Punkten kommen: „Gegenseitiges Verständnis setzt selbstverständlich voraus, dass man sich gegenseitig respektiert und dass man insbesondere das Recht der Menschen anderer Länder respektiert, ihren eigenen Weg zu suchen und ihre politischen Systeme entsprechend ihrer je eigenen Geschichte und kulturellen Erfahrung selbst zu wählen. China betreibt seit mehr als dreißig Jahren eine Politik der Reformen und der Öffnung und hat enorme Erfolge im Bereich des wirt-

◂ Fu Ying und Javier Solana beim Munich Strategy Forum in Elmau im Dezember 2017.

schaftlichen Wachstums und des gesellschaftlichen Fortschritts erzielt, die wiederum für den Erfolg von Chinas politischem System sprechen."

Die MSC ist eine gestandene internationale Plattform, auf der stets die unterschiedlichsten Meinungen und Informationen aufeinandertreffen. Die Teilnehmer und Journalisten sammelten also eifrig die diversen Sichtweisen und verloren keine Zeit, sie in die Welt zu tragen. Ich erhielt an diesem Tag viele Fragen und war beeindruckt von dem breiten Interesse an China.

Nach dem Ende der Podiumsdiskussion kam Botschafter Wolfgang Ischinger auf die Bühne und bedankte sich bei den Podiumsteilnehmern. Er brachte seine Wertschätzung für meine Teilnahme zum Ausdruck und betonte seine Hoffnung, mich häufiger bei der MSC zu sehen. Er war überzeugt, dass China auf der MSC vertreten sein müsse und dass die chinesische Stimme gehört werden sollte, wenn über internationale Sicherheitsfragen debattiert würde.

> Wann immer es eine chinesische Stimme gab, hörten die Leute ihr zu und wollten wissen, was die Menschen in China dachten und wollten.

Das war der Beginn meiner Beziehung zur MSC. Im Jahr 2017 wurde ich Mitglied des MSC-Beirats und besuche seither die MSC, wann immer es die Umstände gestatten.

### Beteiligung an der MSC in Pandemie-Zeiten

Am 13. Februar 2020 traf ich zusammen mit einer Gruppe von Wissenschaftlern und Assistenten zum Besuch der 56. MSC in München ein. Damals tobte in China bereits die COVID-19-Pandemie. Die Weltgesundheitsorganisation (WHO) und das Internationale Komitee vom Roten Kreuz (IKRK) entsandten Vertreter auf die Konferenz, die halfen, mehr Bewusstsein zu schaffen für das, was gerade in China geschah, und für die enormen Anstrengungen und Opfer, mit denen die Chinesen gegen das Virus ankämpften. Sie riefen die internationale Gemeinschaft dazu auf, der Gefahr ins Auge zu sehen, Hilfe zu leisten und die Pandemie in einer gemeinsamen Anstrengung zu bekämpfen.

Die WHO-Experten lobten Chinas erfolgreiche Maßnahmen zur Eindämmung des Ausbruchs und riefen andere Länder dazu auf, gemeinsame Anstrengungen mit China zur Entwicklung von Impfstoffen und Behandlungsmethoden zu unternehmen. Sie betonten, dass die Welt sich darauf gefasst machen müsse, dass sich das Virus weiter ausbreite, und dass es für die internationale Gemeinschaft von großem Nutzen sei, von Chinas Erfahrungen zu lernen und sich an Chinas Beispiel zu orientieren, sollte es notwendig werden.

Wang Yi, Staatsrat und Außenminister Chinas, und Vizeaußenminister Qin Gang besuchten die MSC-Plenarsitzung und einige weitere Veranstaltungen. Sie schilderten, wie die Menschen Chinas unter Führung der KP und der chinesischen Regierung alles nur Erdenkliche taten, um die Ausbreitung des Virus zu stoppen. Ihre Reden wurden wohlwollend aufgenommen.

Auf der MSC 2020 wurde China zu einem Brennpunktthema und stand im Mittelpunkt von Diskussionen in elf Unterforen mit Überschriften wie „Den Drachen zähmen – wie der Westen sich der chinesischen Herausforderung stellen muss", „Partner, Wettbewerber oder Rivale? Transatlantische Beziehungen und das China-Rätsel", „Wie sollte Europa mit einem aufsteigenden China umgehen?", „Was, wenn ... Russland und China sich verbünden?" und „Die Zukunft von Chinas Beteiligung an Rüstungskontrollregimen". Viele weitere Podiumsgespräche berührten Themen, die mit China zu tun hatten, sodass China in fast allen Diskussionen Erwähnung fand.

Ich leitete ein kleines Team chinesischer Konferenzteilnehmer wie Wu Shicun, Präsident des National Institute for South China Sea Studies, Wang Huiyao, Präsident des Center for China and Globalization (CCG), und Tang Bei, Dozentin an der Shanghai International Studies University. Wir versuchten, so viele Seitenveranstaltungen wie möglich zu besuchen, um die chinesische Sicht in Fragen von allgemeinem Interesse vorzustellen, und wir antworteten auf Fragen zu China. Mein Eindruck war: Wann immer es eine chinesische Stimme gab, hörten die Leute ihr zu und wollten wissen, was die Menschen in China dachten und wollten. Ein deutscher Akademiker beispielsweise kam zu meiner Mittagessensansprache und sagte anschließend: „Wenn ich Sie unmittelbar vor mir über China reden höre, habe ich das Gefühl, dass wir einander vertrauen können. Bei vielen Gelegenheiten jedoch fehlt die chinesische Stimme, und nur

> Eine von Kooperation und Koordination geprägte Beziehung kann nur auf einem Fundament hinreichenden Vertrauens entstehen. Der Aufbau von Vertrauen ist deshalb ein wichtiges Thema, an dem China arbeiten muss, wenn es seinen Platz im Zentrum der internationalen Bühne finden will.

selten hören wir Chinas Ansichten direkt oder bekommen überzeugende Erklärungen zu diversen Themen, die China betreffen."

Internationale Beziehungen sind in der Tat wie zwischenmenschliche Beziehungen. Eine von Kooperation und Koordination geprägte Beziehung kann nur auf einem Fundament hinreichenden Vertrauens entstehen. Der Aufbau von Vertrauen ist deshalb ein wichtiges Thema, an dem China arbeiten muss, wenn es seinen Platz im Zentrum der internationalen Bühne finden will. Obgleich mein Team und ich bei der MSC versuchten, die Nachfrage nach chinesischen Stimmen so gut wie nur irgend möglich zu befriedigen, war es uns unmöglich, in jeder Podiumsdiskussion und jeder Seitenveranstaltung zu erscheinen, die mit China zu tun hatte, waren es ihrer doch einfach zu viele. Wir taten, was wir konnten, um bei so vielen Gelegenheiten wie möglich Chinas Kampf gegen COVID-19 zu schildern – indem wir Geschichten erzählten von Familien, die vom Virus befallen wurden, von den Ängsten und Nöten der Menschen, den tapferen Ärzten und Pflegern, den selbstlosen Freiwilligen und den starken Führern und Mitgliedern der chinesischen KP. Auch wenn weiter Vorbehalte gegen China existieren, gab es viele Stimmen, die Sympathie und Unterstützung für China zum Ausdruck brachten. Einige europäische Geschäftsleute fragten mich, welche konkrete Hilfe für den Kampf gegen das Virus benötigt würde, womit sie zu verstehen gaben, dass sie Unterstützung anbieten wollten.

Wolfgang (Ischinger) erwähnte es, als er Staatsrat und Außenminister Wang Yi vorstellte: „China hat wahrhaft gewaltige Anstrengungen unternommen im Kampf gegen diese gewaltige medizinische Herausforderung, die freilich mittlerweile über China hinausgeht. Und ich finde, China verdient ein bisschen Mitleid, Kooperation, Unterstützung und Ermunterung und nicht nur Kritik."[2]

In inoffiziellen Gesprächen wiesen einige europäische Experten darauf hin, dass viele Länder den Kontakt mit China eingeschränkt und Flüge gestrichen hätten. Das könne zu einer Art Isolation führen. Wenn Länder anfingen, sich gegeneinander abzuschotten, werde das sicherlich negative wirtschaftliche und politische Konsequenzen für die Welt haben. Das müsse auf die eine oder andere Weise korrigiert werden. Andere bemerkten, dass die COVID-19-Pandemie zur „Abkopplung" der USA von China führen und so bei unvorsichtiger Handhabe eine systematische Abkopplung zur Folge haben könne. Diese Prognose von Anfang Februar 2020 sollte sich schon bald bewahrheiten.

In den anschließenden Monaten warfen einige US-amerikanische Regierungsvertreter und Senatoren China vor, es habe die Pandemie „verschleiert". Soweit ich mich jedoch erinnere, zeigten viele hochrangige Amerikaner, darunter auch die auf der MSC anwesenden Regierungsvertreter und Senatoren, wenig Interesse an den Informationen der chinesischen Teilnehmer zur Pandemie. Sie schenkten den von den WHO-Experten beschriebenen Ausbrüchen oder Chinas Kampf gegen das Virus, der in so vielen MSC-Veranstaltungen Erwähnung fand, wenig Aufmerksamkeit. Sie kamen häufig auf China zu sprechen, aber meist im Sinne einer Sicherheitsbedrohung für den Westen.

Anfang 2020 konnte niemand vorhersehen, welche drastischen Veränderungen die COVID-19-Pandemie der Welt bringen würde. Heute befinden wir uns in der zweiten Hälfte 2021, und die Pandemie wütet noch immer weltweit – mit unabsehbaren Folgen für das Leben der Menschen. Die Regierungen sind in ihren Versuchen, der Pandemie Herr zu werden, unterschiedlich erfolgreich, und die Folgen kann jeder sehen.

### Ein Frage an Nancy Pelosi, die Sprecherin des US-Repräsentantenhauses, zu 5G

Auf der 56. MSC im Jahr 2020 gab es eine interessante Episode, die in China viel Aufmerksamkeit erregte. Es ging um eine Frage, die ich während einer Podiumsdiskussion zum Thema „Der Zustand der Demokratie im Westen" an Nancy Pelosi, die Sprecherin des US-Repräsentantenhauses, gerichtet hatte.

Wolfgang Schäuble, der Präsident des Deutschen Bundestages, saß ebenfalls auf dem Podium, und der Moderator war Ivan Krastev, der Leiter des Centre for Liberal Strategies in Bulgarien.

Pelosi sprach eloquent und ausführlich über Themen, die von kollektiver Sicherheit unter amerikanischer Führung bis zum Klimawandel, von der NATO bis zu den G20 reichten. Sie legte den Europäern eine enge Kooperation mit den USA ans Herz, wo immer es um „gemeinsame Herausforderungen" ging. Anschließend kam sie auf 5G und die Cybersicherheit zu sprechen. Mit ernstem Blick setzte sie an: „Ich werde etwas sagen, das vielen von Ihnen hier nicht gefallen wird, aber Sie haben um Offenheit gebeten – keinen Lehrvortrag, sondern Offenheit –, und das ist das Thema 5G und Cybersicherheit.³ China versucht über seinen Telekommunikationsgiganten Huawei seine digitale Autokratie zu exportieren und droht denen mit wirtschaftlicher Vergeltung, die seine Technologie nicht übernehmen. Die Vereinigten Staaten sehen in Huawei eine Bedrohung für die nationale Sicherheit und haben den Anbieter deshalb auf ihre Liste von Unternehmen gesetzt, die nur unter Genehmigungsvorbehalt Geschäfte mit US-Unternehmen machen dürfen."⁴

Sie forderte die europäischen Länder auf, sich von Huawei fernzuhalten. „Unsere Länder können nicht ihre Telekommunikationsinfrastruktur um der finanziellen Ersparnis willen an China preisgeben", sagte sie.⁵ Sie machte aus Huawei eine Frage von Werten und sagte: „Eine Sinifizierung von 5G zuzulassen hieße, die Autokratie der Demokratie vorzuziehen. Wir müssen stattdessen in Richtung Internationalisierung gehen – ich weiß, Europa arbeitet hart an einer Europäisierung –, einer Internationalisierung digitaler Infrastruktur, die keiner Autokratie Vorschub leistet. Kein amerikanisches oder europäisches Modell – wenn wir nicht zusammenkommen können –, sondern ein internationales Modell."⁶

Nachdem Pelosi gesprochen hatte, erhielt Schäuble das Wort. Er rief auf zur „Stärkung der europäischen Kooperation, nicht gegen jemanden gerichtet, sondern mit dem Ziel, relevant zu sein. Sonst können wir kein verlässlicher Partner sein, weder für die Vereinigten Staaten noch für die Stabilisierung der globalen Welt."⁷

Schließlich begannen die Leute im Raum, Fragen zu stellen. Auch ich hob die Hand, und Ivan Krastev sah mich und lud mich ein, meine Frage zu stellen.

„Technik ist schlicht ein Werkzeug", sagte ich. „China hat seit Beginn der Reformen vor vierzig Jahren alle Arten von westlicher Technik – Microsoft, IBM, Amazon – übernommen, und sie alle sind in China aktiv. Seit wir mit 1G, 2G, 3G und 4G begannen, kam sämtliche Technik aus westlichen Ländern, aus der entwickelten Welt, und China hat sein politisches System behalten. Das von der Kommunistischen Partei Chinas geleitete System ist erfolgreich, und diese Technik stellt für uns keine Bedrohung dar. Wie also bedroht Huaweis Technik mit 5G, wenn sie in den westlichen Ländern eingeführt wird, das politische System? Halten Sie das demokratische System wirklich für so fragil, dass dieses eine Technikunternehmen Huawei es ernsthaft in Gefahr bringen könnte?"

Meine in freundlichem Tonfall vorgetragene Frage deutete auf eine Stelle in Pelosis langer Rede hin, die logisch nicht stringent war. Als ich fertig war, erhielt ich vereinzelt sogar Applaus aus dem Publikum, und die Leute schauten amüsiert. Offensichtlich hatte meine Frage einen Punkt getroffen. Pelosi, die nicht recht wusste, wo sie mit ihrer Antwort beginnen sollte, murmelte etwas von Chinas inneren Angelegenheiten und wich der Frage nach der Fragilität der westlichen Demokratie aus. Mit nervösem Gesichtsausdruck wiederholte sie nur noch einmal ihre Behauptung, die Entscheidung für 5G-Technik von Huawei stünde zugleich für die Entscheidung, zu einer „Autokratie" wie China zu werden.

Wenngleich ihre Antwort ausweichend und aggressiv war, gelang es ihr zumindest, noch einige freundliche Worte an die Adresse Chinas hinzuzufügen. Sie sagte: „China gehört zu den Vorreitern in Sachen Klimaschutz, wo es viele großartige Dinge tut ... Hier ziehen wir an einem Strang."⁸

Aber sie wollte es nicht bei diesem freundlichen Ton belassen und unterstrich erneut: „Wenn Sie einen freien Informationsfluss wollen und wenn Sie ein kollektives Wertebewusstsein schaffen und die Menschenrechte und so weiter respektieren wollen, dann lassen Sie die Finger von Huawei."⁹

Bundestagspräsident Schäuble griff das Thema ebenfalls auf und meinte: „Wenn wir Frieden schaffen und sichern wollen, brauchen wir Diversität. Und wir müssen gegen Monopole kämpfen, und selbst Duopole sind nicht das, was wir wollen."¹⁰

Die Podiumsdiskussion war inhaltsreich, und die Teilnehmer stellten Fragen zu den transatlantischen Beziehungen und zum Populismus. Mein Eindruck war, dass die Europäer ihre eigenen Sorgen und Zweifel haben. Harvard-Professor Graham Allison erwähnte in seinem anschließenden Vortrag während einer Seitenveranstaltung einige interessante Umfragedaten. Laut einer Erhebung des Pew Research Center aus dem Jahr 2019 sahen 49 Prozent der befragten Franzosen und Deutschen die USA als die größte Bedrohung, während nur 40 bzw. 33 Prozent China für die größte Bedrohung hielten. Diese Umfrage spiegelt möglicherweise die Entwicklung in der europäischen Wahrnehmung der Weltsicherheitslage wider.

Mein Eindruck war, dass sich viele europäische Teilnehmer eine verbesserte Kommunikation zwischen

China und den USA wünschten. Sie hofften auch, dass China gewisse konkrete Probleme in seinen Beziehungen zu europäischen Ländern und der EU adressieren könnte – was mehr Gewissheit in die gegenwärtigen internationalen Beziehungen bringen würde.

Ich persönlich weiß es zu schätzen, dass sich mir hier die Gelegenheit bot, meine Frage an Pelosi zu richten und auf diese Weise von Angesicht zu Angesicht mit einer erfahrenen amerikanischen Politikerin zu kommunizieren. Und ich hoffe, dass die Frage den Menschen etwas gegeben hat, über das sie nachdenken können.

### Einige Eindrücke von der MSC 2020

Mein Eindruck von der 56. MSC war, dass die USA versuchten, eine geschlossene Front gegen China zu formieren, während die europäischen Länder ihre eigenen internationalen Rollen überdachten und versuchten, ihren Einfluss als dritte Kraft zu stärken. China sollte seine Stimme auf internationalen Plattformen verstärkt zu Gehör bringen.

Die Amerikaner wissen die Rolle der MSC zu schätzen und sehen darin eine wichtige Plattform, um ihre politischen Ideen vorzutragen und für eine Koordination der transatlantischen Position zu werben. Die amerikanischen Teilnehmer beider politischer Parteien scheinen ihre Standpunkte abgestimmt zu haben und eine gemeinsame Mission zu verfolgen: dem Aufstieg Chinas und der „chinesischen Bedrohung" etwas entgegenzusetzen und insbesondere die europäischen Länder davon zu überzeugen, keine 5G-Technik von Huawei zu verwenden.

US-Außenminister Mike Pompeo hielt keine lange Rede, aber ein Drittel seiner Zeit war der scharfen Kritik an China gewidmet. Er warf China vor, in Seerechtsangelegenheiten Zwang auszuüben, Huawei als „Trojanisches Pferd" im Interesse chinesischer Geheimdienstaktivitäten einzusetzen und mit militärischen und diplomatischen Mitteln andere zu provozieren. Er drängte Europa, gemeinsam mit den USA „einer zunehmend aggressiven Kommunistischen Partei Chinas" die Stirn zu bieten. US-Verteidigungsminister Mark Esper bezeichnete Huawei als das Aushängeschild für Chinas „unsägliche Aktivitäten". Er erklärte, es sei noch nicht zu spät für Großbritannien, seine Entscheidung zu revidieren, Huawei in Teilbereichen seiner 5G-Entwicklung als Anbieter zuzulassen.

Was waren die Reaktionen auf die amerikanische Obsession von China und die massierten verbalen Angriffe? Mein Eindruck war, dass es einige gab, die diese Sichtweise teilten – eine Sichtweise, die an die Tage des Kalten Kriegs erinnerte, als sich die USA und die Sowjetunion in einem permanenten verbalen Tauziehen befanden – und sich an den amerikanischen Attacken gegen Chinas Innen- und Außenpolitik beteiligten, während andere sich das chinesisch-amerikanische Gerangel anschauten, es aber vorzogen, mehr über die Fakten zu lernen, um auf dieser Basis die Entscheidungen treffen zu können, die ihren eigenen Interessen am besten entsprachen.

Vor dem Hintergrund einer Verschlechterung der chinesisch-amerikanischen Beziehungen konnten sich die Europäer nicht vollkommen heraushalten. Den meisten jedoch missfiel die Vorstellung von einer Rückkehr zur Polarisierung der Großmächte und dem Zusammenbruch der gegenwärtigen internationalen Ordnung infolge des erbitterten Wettstreits zwischen China und den USA. Sie wünschten sich keine Entkopplung von Wissenschaft und Technik, die den Fortschritt der Menschheit behindern würde. Viele Europäer sahen die Lösung in einer Stärkung der eigenen Wettbewerbsfähigkeit und in einer Erhöhung des eigenen Beitrags zum Weltgeschehen.

„Westlessness" – der Titel des Munich Security Report 2020 – spiegelt eine in der westlichen Gesellschaft weit verbreitete Furcht wider, der Westen könnte in einer im raschen Wandel begriffenen Welt seine dominante Stellung einbüßen.[11] Da ist beispielsweise die Sorge, die ehemals einheitliche europäisch-amerikanische Position könnte infolge zunehmender Ziel- und Interessenunterschiede aufweichen, oder die Furcht vor einer „Revidierung" der westlich dominierten Weltordnung durch sogenannte autoritäre Kräfte.

Die Vorstellung von der „Westlessness" hat ihre Wurzel vorwiegend in zwei Wahrnehmungen. Da ist zum einen das Eingeständnis des chinesischen Aufstiegs, verbunden mit gemischten Gefühlen der Anerkennung und der Sorge. Immer mehr klarsichtige Europäer begreifen, dass der Aufstieg Chinas nicht aufzuhalten ist und dass Europa und andere westliche Länder Wege der friedlichen Koexistenz mit China finden müssen – bei aller Unterschiedlichkeit der politischen Systeme. Zum anderen ist da die Erkenntnis, dass Protektionismus, Isolationismus und Unilateralismus, wie sie US-Konservative propagieren, mit den fundamentalen Prinzipien der freiheitlichen internationalen Ordnung nur schwer vereinbar sind. Daher wächst das Gefühl, dass Europa seine eigene Strategie definieren und seinen eigenen Weg finden muss.

Europas Überlegungen sind vielschichtig. Einerseits sieht es eine „systemische Krise" am Werk, während es andererseits überzeugt ist, dass das westliche Bewusstsein noch immer stark ist und nicht enden wird. Die Integration aufstrebender Kräfte in die westlich dominierte internationale Ordnung und ihre wachsende Rolle bereiten ihm Unbehagen, während es zugleich offen bleibt für die Bewahrung der Integrität des Systems und die Beibehaltung der Koexistenz durch Anpassung und Koordination. Wie manche in den Medien kommentierten, stimmt Europa also nicht in den Abgesang auf den Westen ein. Es will stattdessen das System auf der Ebene von Strategie und Werten neu errichten. Die Europäer sind besorgt, weil sie die Gefahr einer Spaltung der Welt und ihres Abrutschens in eine erbitterte Rivalität zwischen den USA, China und Russland sehen. Sie wollen eine neue Position finden und eine konstruktivere Rolle spielen. Sie betonen deshalb die „Transzendenz" – intern die Überwindung von Interessen- und Werteunterschieden und die Stärkung der Fähigkeit zu kollektivem Handeln und extern die Überwindung der Abhängigkeit von bestehenden Pfaden und die Entwicklung einer differenzierteren, ausgewogeneren und pragmatischeren globalen Strategie.

**Die Europäer sind besorgt, weil sie die Gefahr einer Spaltung der Welt und ihres Abrutschens in eine erbitterte Rivalität zwischen den USA, China und Russland sehen. Sie wollen eine neue Position finden und eine konstruktivere Rolle spielen.**

In den vergangenen Jahren wurden auf der MSC zunehmend Themen diskutiert, die mit China zu tun hatten. In einer sich rasch verändernden Welt steht China in seiner internationalen Rolle und seinem Status vor einer wachsenden Zahl komplexer Herausforderungen. China muss prominente Vertreter auf internationale Foren wie die MSC entsenden. Auch sollten mehr chinesische Wissenschaftler und Mitglieder des Volkskongresses an den Diskussionen teilnehmen. Sonst wird es für China schwierig sein, sich verständlich zu machen, und dementsprechend für andere, in Fragen von gemeinsamem Interesse die Kooperation zu suchen.

Ich hoffe und bin zuversichtlich, dass in Zukunft noch mehr chinesische Regierungsvertreter und Wissenschaftler zur MSC eingeladen werden, damit sie dort im offenen Austausch nicht nur die chinesische Sichtweise verkünden, sondern auch dazu beitragen können, dass China die Sorgen anderer Länder überall in der Welt besser versteht.

**Fu Ying ist ehemalige Stellvertretende Außenministerin Chinas und Mitglied im Beirat der Münchner Sicherheitskonferenz.**

Fu Ying und Henry Kissinger beim MSC Core Group Meeting in Washington, DC, im Mai 2017.

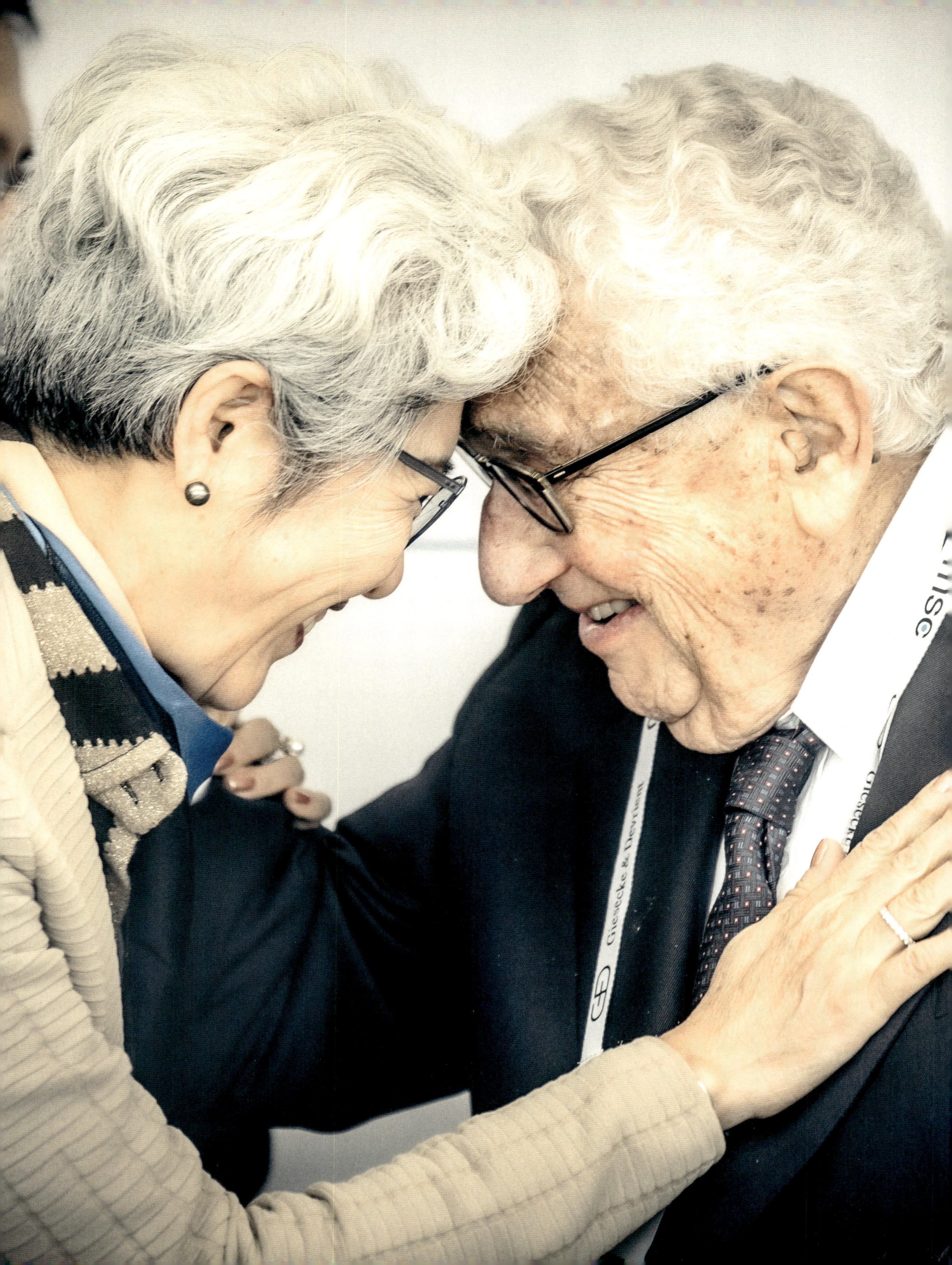
Giesecke & Devrient

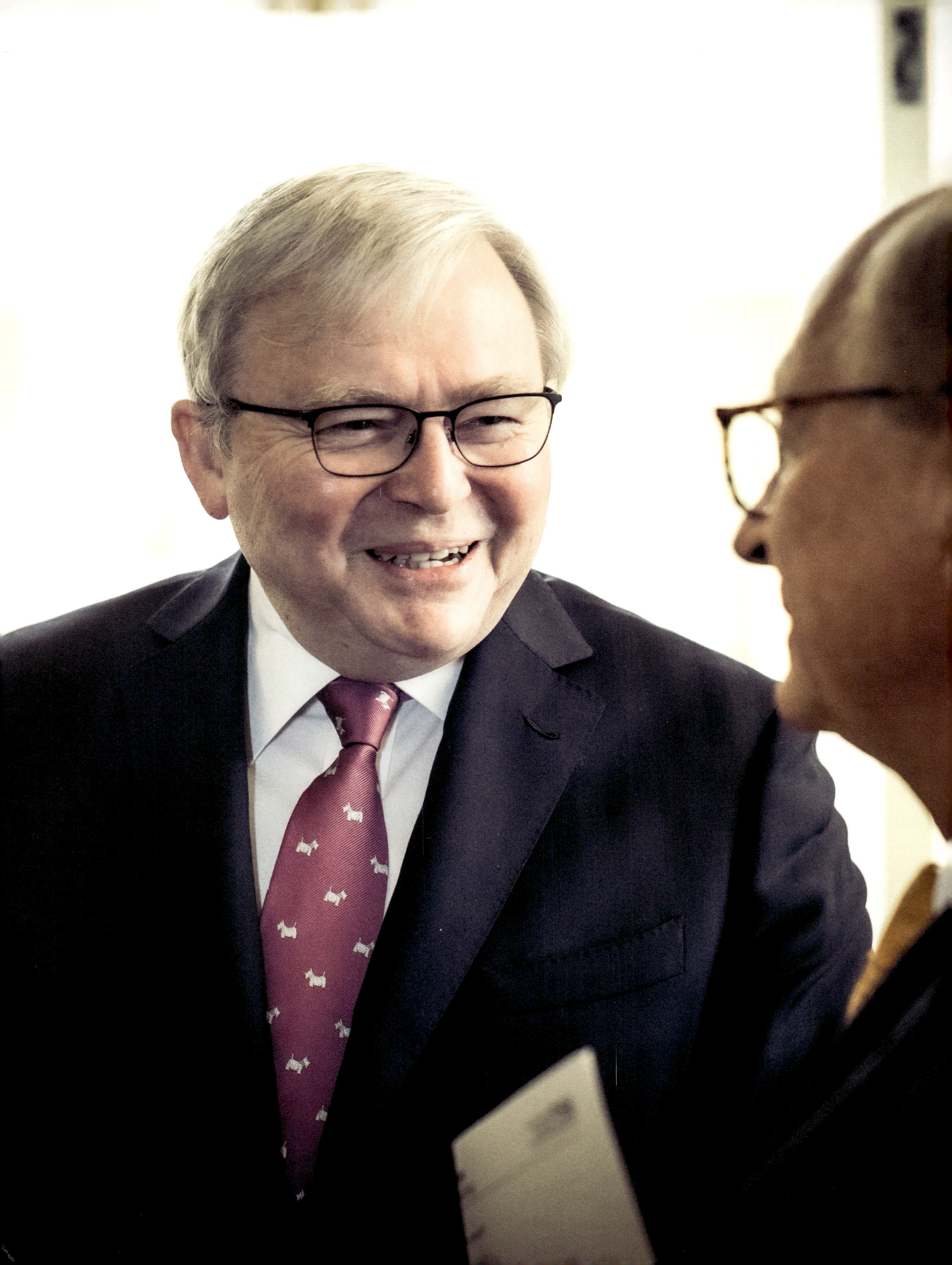

# Regeln für den strategischen Wettbewerb zwischen den USA und China finden

**Kevin Rudd**

Worin besteht die Kunst der Diplomatie? Diplomaten haben viele Rollen: Sie kommen ihren zahlreichen alltäglichen Pflichten nach, pflegen Beziehungen und tragen kleinere Konflikte aus, wie es in zwischenstaatlichen Beziehungen normal ist. Eine Berufung aber steht über allen anderen: Diplomaten kämpfen an vorderster Front um die Bewahrung des Friedens.

Trotz des „langen Friedens" seit den verheerenden Kriegen des 20. Jahrhunderts sollten wir uns keinen Illusionen hingeben. In Wahrheit beginnt gegenwärtig ein gefährliches Jahrzehnt, in dem es von den Beziehungen zwischen den Supermächten USA und China abhängen wird, ob der Frieden Bestand hat oder zerbricht. Die Rivalität zwischen beiden Ländern wird in den 2020er-Jahren in eine entscheidende Phase eintreten. Die KP Chinas gibt sich immer zuversichtlicher, dass Chinas Wirtschaft bis zum Ende des Jahrzehnts die Wirtschaft der Vereinigten Staaten als die größte der Welt abgelöst haben wird. Westliche Eliten mögen diesem Meilenstein die Signifikanz absprechen; die KP Chinas tut dies nicht. Für China ist Größe immer wichtig. Diese Spitzenposition wird Pekings Selbstbewusstsein massiv stärken und die KP ermutigen, gegenüber Washington und seinen Verbündeten einen anderen Ton anzuschlagen – nicht zuletzt bei dem Thema, das für Xi Jinping und den Rest der chinesischen Führung von herausragender Bedeutung ist: die mit allen Mitteln erwirkte faktische Wiedereingliederung Taiwans in die Volksrepublik.

Washington muss entscheiden, wie es auf Pekings selbstbewusstes Auftreten reagieren will – und zwar rasch. Ganz gleich, welche Strategien beide Seiten verfolgen werden – die Spannungen zwischen den Vereinigten Staaten und China werden zunehmen. Das muss aber nicht Krieg bedeuten, solange eine mutige und geschickte Diplomatie ihrer Rolle als Friedensbewahrerin gerecht wird. Die beiden Länder können Schutzvorkehrungen gegen den *worst case* treffen, indem sie ein Konzept des „geregelten strategischen Wettbewerbs" entwickeln, um zu verhindern, dass die Rivalität in offenen Konflikt ausartet. Beide Länder sollten ein ähnliches Verfahren in Erwägung ziehen wie das, mit dem die Vereinigten Staaten und die Sowjetunion ihre Beziehungen nach der Kubakrise regelten – ohne den Umweg über die Nahtoderfahrung eines erst in letzter Minute abgewendeten Kriegs.

Zum geregelten strategischen Wettbewerb würde die Festlegung klarer Grenzen des Handelns in sicherheitsrelevanten Bereichen gehören. Daneben jedoch bliebe Raum für einen breiten und offenen Wettbewerb in technologischen, wirtschaftlichen und ideologischen Fragen. Die Idee eines geregelten strategischen Wettbewerbs wurzelt in einem zutiefst realistischen Verständnis von globaler Ordnung. Sie berücksichtigt, dass die Staaten weiterhin bestrebt sein werden, ihre Sicherheit durch die Schaffung von für sie günstigen Machtverhältnissen zu gewährleisten. Aber auch im Rahmen eines Wettbewerbs wird politischer Raum für Kooperation bleiben. Zwischen den Vereinigten Staaten und der Sowjetunion gab es das sogar auf dem Höhepunkt des Kalten Kriegs. Umso mehr sollte es heute zwischen den Vereinigten Staaten und China möglich sein – in einer Zeit, in der die Risiken im Vergleich zu damals noch deutlich geringer sind. Neben einer Kooperation in Fragen des Klimaschutzes könnten die beiden Länder nukleare Rüstungskontrollverhandlungen führen oder auf ein Abkommen hinarbeiten, das festlegt, welche militärischen KI-Anwendungen zulässig sein sollen. Sie könnten Katastrophenmanagement und humanitäre Hilfe koordinieren und sich gemeinsam um die Verbesserung der globalen Finanzstabilität bemühen.

Diese Liste ist bei Weitem nicht erschöpfend, aber der strategische Grundgedanke dahinter sollte klar sein: Es ist für beide Seiten besser, sich innerhalb eines gemeinsam erarbeiteten Konzepts des geregelten Wettbewerbs zu bewegen, als überhaupt keine Regeln zu haben. Viele werden diesen Ansatz für naiv halten. Ihre Aufgabe wäre es sodann, einen besseren Vorschlag zu machen – einen, der nicht auf Krise, Konflikt und Krieg hinausläuft. So schwer es auch sein mag, ein solches Konzept zu erarbeiten – es ist möglich, und die Alternativen hätten vermutlich katastrophale Folgen. In Wahrheit können Beziehungen niemals in geregelten Bahnen verlaufen, solange sich die beteiligten Seiten nicht darüber verständigen, wie diese Regelung aussehen soll. Und dazu bedarf es nun einmal der Kunst der Diplomatie.

*Kevin Rudd leitet seit Januar 2021 die Asia Society und ist seit Januar 2015 Präsident des Asia Society Policy Institute. Er war von 2007 bis 2010 Premierminister und von 2010 bis 2012 Außenminister Australiens, bevor er 2013 wieder das Amt des Premierministers übernahm. Der studierte Sinologe ist eine führende internationale Autorität bezüglich China. Er war als Diplomat an der australischen Botschaft in Peking tätig, bevor er in die australische Politik ging.*

◂ Kevin Rudd beim Munich Young Leaders Alumni-Treffen in New York City im September 2019.

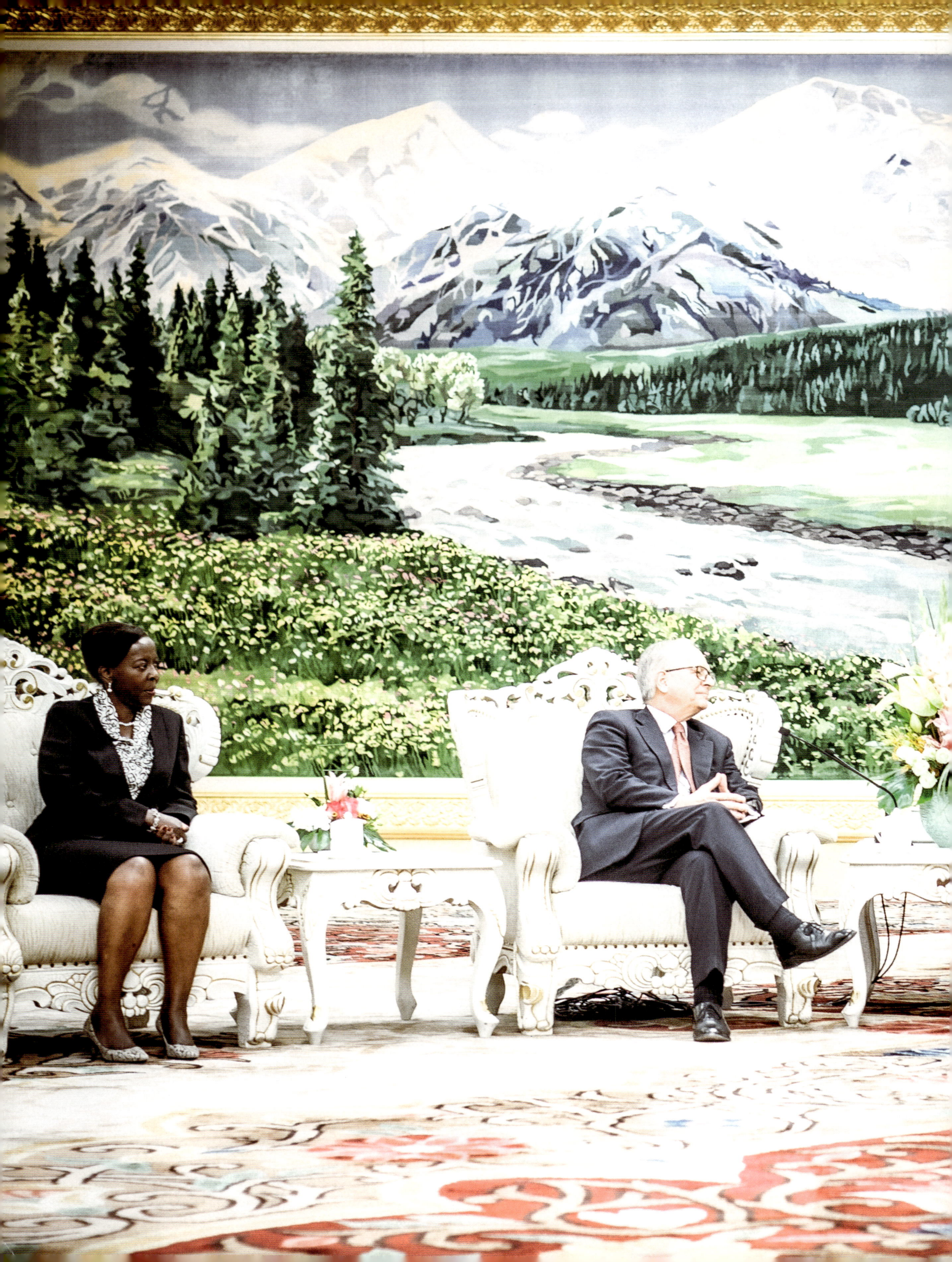

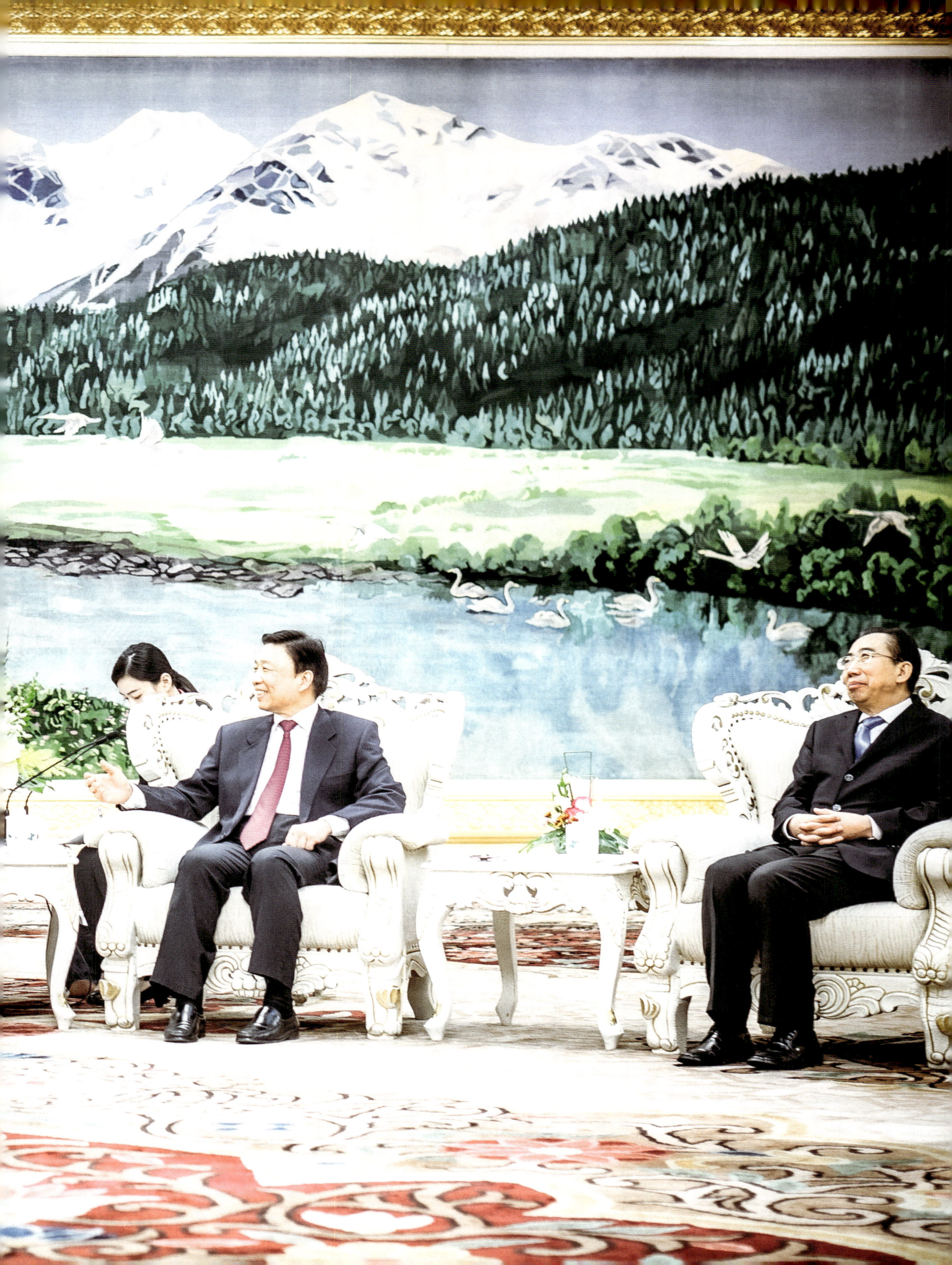

Munich Security Conference
msc
Münchner Sicherheitskonferenz

# Haltung wahren gegenüber China

**Kenneth Roth**

Die chinesische Staatsführung stellt heute eine der größten diplomatischen Herausforderungen überhaupt dar. Während sie im eigenen Land elementare Rechte und Freiheiten unterdrückt und gleichzeitig versucht, internationale Menschenrechtsinstitutionen zu unterminieren, bedroht sie jeden, der sie kritisiert, und setzt dabei auf Instrumente der globalen Überwachung, auf die grundlose Verfolgung von Ausländern und wirtschaftliche Vergeltung. Um nur ein Beispiel zu nennen: Peking verhängte substanzielle Zölle auf viele australische Exporte nach China, weil die australische Regierung es gewagt hatte, eine unabhängige Untersuchung der Ursprünge der COVID-19-Pandemie zu fordern.

Es ist nicht leicht für Deutschland – oder irgendeine andere Regierung –, in diesem schwierigen Terrain den richtigen Weg zu wählen. Einerseits ist Deutschlands Stimme in Menschenrechtsfragen wichtig – für sich selbst genommen und aufgrund seiner wichtigen Rolle innerhalb der Europäischen Union. Andererseits hängt Deutschlands Wirtschaft stark vom Export ab, und China ist einer seiner größten Abnehmer. Abgesehen von gelegentlichen Fehltritten zeigt die deutsche Regierung jedoch, dass es mit geschickter Diplomatie möglich ist, Pekings schweren Repressionen gegenüber Rückgrat zu zeigen.

Was die Menschenrechte betrifft, so leiden Menschen in ganz China gegenwärtig unter den schlimmsten staatlichen Repressionen seit der mörderischen Niederschlagung der Proteste auf dem Platz des Himmlischen Friedens im Jahr 1989. Mag sich Präsident Xi Jinping auch als starke und selbstbewusste Führungspersönlichkeit präsentieren – er tut, was immer er kann, um sicherzustellen, dass das öffentliche Leben in China ausschließlich in den von der Führung gewünschten Bahnen verläuft, und niemand es wagt, die Herrschaft der chinesischen KP infrage zu stellen.

Besonders schlimm sind die Verfolgungen in Xinjiang, wo Peking eine Million uighurische und andere Muslime willkürlich festhält und einem Indoktrinationsprogramm unterzieht, um sie zu zwingen, ihrer Religion, Kultur und Sprache abzuschwören. Die chinesische Staatsführung hat in Xinjiang ein allumspannendes Überwachungssystem errichtet, um zu entscheiden, wen sie einsperren will. In vielen Fällen haben diese Menschen nichts weiter „verbrochen", als sich einen Bart wachsen zu lassen, eine Moschee zu besuchen oder den Kontakt mit im Ausland lebenden Familienangehörigen zu pflegen.

Andere ethnische Minderheiten – insbesondere in Tibet und in der Inneren Mongolei – werden ebenfalls massiv unterdrückt, und in ganz China sind die sozialen Medien streng zensiert, werden unabhängige Stimmen zum Schweigen gebracht, wird die Zivilgesellschaft geknebelt und der Rechtsstaat, sofern er jemals existierte, abgeschafft. Die chinesische Staatsführung behauptet, das Volk unterstütze ihren Herrschaftsanspruch. Aber als man sich in Hongkong – einem Teil Chinas, wo die Menschen die Freiheit besaßen, abweichende Meinungen zu äußern – sich zu großen Protestdemonstrationen gegen die Diktatur der chinesischen KP versammelte, reagierte Peking mit der Aufkündigung der „Ein Land, zwei Systeme"-Vereinbarung und der Unterdrückung von Hongkongs Freiheiten.

> Die chinesische Staatsführung stellt heute eine der größten diplomatischen Herausforderungen überhaupt dar.

Die Antwort auf die Frage, wie man auf solche Unterdrückung wirksam reagieren kann, ist nicht einfach. Dennoch lässt die Schwäche des Systems einen Weg Erfolg versprechend aussehen. Weil sich die chinesische KP weigert, sich freien und gerechten Wahlen zu stellen, um ihre Legitimität zu beweisen, und weil sie mit allen Mitteln versucht zu vermeiden, dass sie international für ihr Handeln zur Rechenschaft gezogen wird, ist sie in höchstem Maße daran interessiert, dass ihr Herrschaftsanspruch international anerkannt wird, und eifrig bemüht, eine internationale Verurteilung zu vermeiden. Dieses Doppelziel – Pflege zwischenstaatlicher Beziehungen und Mundtotmachen von Kritikern – ist die eigentliche Motivation hinter Xi Jinpings Neuer Seidenstraße.

Vor diesem Hintergrund wird deutlich, dass internationale Bemühungen, die chinesische Staatsführung für ihre schweren Menschenrechtsverletzungen zur Rechenschaft zu ziehen und Xi Jinping jene Straflosigkeit zu verweigern, auf die er spekuliert, eine signifikante Rolle spielen können bei dem Versuch, Peking zu zwingen, seine Unterdrückungspolitik zu mäßigen. Aber wer würde einen solchen Anlauf wagen,

◄ Kenneth Roth auf der Münchner Sicherheitskonferenz im Februar 2018.

wenn er daraufhin mit Vergeltungsmaßnahmen rechnen müsste, wie Australien sie erlebt hat? Genau hier nun ist Deutschland mit eindrucksvollem Beispiel vorangegangen.

Seit 2019 geben mehrere westliche Regierungen einschließlich Deutschland in periodischen Abständen bei den Vereinten Nationen gemeinsame Erklärungen zu den Menschenrechtsverstößen in Xinjiang heraus – auf den Sitzungen des Menschenrechtsrats und in der Generalversammlung in New York. Die Idee dahinter ist, dass eine gemeinsame Stimme mehr bewirkt, als wenn die Staaten einzeln sprechen, und dass die große Zahl besser vor Pekinger Vergeltungsmaßnahmen schützt.

Anfangs war die Furcht mit Händen zu greifen: Im ersten Anlauf unterzeichneten 25 Länder einschließlich Deutschland in Genf eine solche Erklärung, aber niemand hatte den Mut, sie vor dem Menschenrechtsrat laut vorzutragen, wie es traditionell bei gemeinsamen Erklärungen üblich ist. Mit der Zeit jedoch änderte sich das, und Deutschland spielte dabei eine wichtige Rolle. Als Chinas Menschenrechtsbilanz beim Menschenrechtsrat zur Prüfung anstand (im Rahmen der routinemäßigen Überprüfung sämtlicher UN-Mitgliedstaaten), gehörte die deutsche Regierung zu den fünf Mitausrichtern einer von den Vereinigten Staaten geleiteten Veranstaltung, die auf Pekings Menschenrechtsverletzungen in Xinjiang aufmerksam machte.

Im Oktober 2020 war Christoph Heusgen, der deutsche Botschafter bei den Vereinten Nationen in New York, maßgeblich daran beteiligt, 39 Regierungen (so viele wie nie zuvor) zu bewegen, das Wort gegen die schweren Fälle von Unterdrückung in Xinjiang, Tibet und Hongkong zu erheben. Im Juni 2021 wurde eine aktiv von Deutschland unterstützte kanadische Initiative in Genf von 44 Staaten unterschrieben.

Peking reagiert, wie nicht anders zu erwarten, auf jede kollektive Verurteilung mit einer Gegenerklärung, deren Glaubwürdigkeit jedoch durch die Menschenrechtsbilanz so mancher ihrer Unterzeichner – der Autokraten dieser Welt – unterminiert wird. Es gab auch Zweifel, ob alle „Unterzeichner" tatsächlich ihr Einverständnis gegeben hatten. Im Jahr 2019 bat ein Land China, es von der Liste der Unterstützer zu streichen, weil es niemals seine Einwilligung zur Unterschrift gegeben habe. In manchen Fällen verriet Peking nicht einmal die Namen hinter der behaupteten Anzahl der Unterzeichner.

Während die Zahl der Regierungen, die Pekings Unterdrückungspolitik verurteilen und verlangen, dass die UN Zutritt nach Xinjiang erhält, zu- und die Zahl derer, die Peking verteidigen, abnimmt – insbesondere unter den mehrheitlich muslimischen Ländern, die unzufrieden sind mit der Unterdrückung des Islam in Xinjiang –, wächst die Unterstützung für eine offizielle UN-Resolution zur Unterdrückungspolitik der chinesischen Staatsführung.

Daneben gibt es weitere Hinweise, dass der Einfluss Pekings auf das internationale Menschenrechtssystem schwindet. Im Oktober 2020 bewarb sich China um einen Sitz im UN-Menschenrechtsrat. Bei seiner letzten Bewerbung vier Jahre zuvor hatte das Land noch die meisten Stimmen unter allen Bewerbern aus dem Asien-Pazifik-Raum erhalten. Diesmal jedoch bekam es die wenigsten Stimmen unter allen am Ende erfolgreichen Bewerbern aus dieser Region. Nur Saudi-Arabien erhielt weniger Stimmen und ging leer aus.

Bei der Wahl des Präsidenten des UN-Menschenrechtsrats im Januar 2021 war die Asien-Pazifik-Region „an der Reihe". China setzte sich zusammen mit Russland und Saudi-Arabien für einen Diplomaten aus dem für seine schlechte Menschenrechtsbilanz bekannten Bahrain ein, aber dieser Kandidat verlor klar gegen Fijis hoch angesehenen Botschafter in Genf.

Im UN-Sicherheitsrat, in dem Deutschland zuletzt 2019-2020 einen Sitz innehatte, provozierte Berlin wiederholt russische und chinesische Vetos gegen wichtige Resolutionen zur Verbesserung und zum Schutz von Menschenrechten unter anderem in Syrien.

Deutschland ist zu einem so unerbittlichen Anwalt der Menschen in Xinjiang und anderer Opfer der Pekinger Unterdrückungspolitik geworden, dass ein chinesischer Diplomat Deutschland zum Ende seiner zweijährigen Mitgliedschaft im Sicherheitsrat aufatmend die Bemerkung hinterherwarf: „Die sind wir los!"

Außerhalb der Vereinten Nationen ließ Deutschlands Politik gegenüber China jedoch gelegentlich zu wünschen übrig. Gewiss, es gab positive Schritte: Im Jahr 2018 erwirkte Angela Merkel für Liu Xia, die Witwe des Nobelpreisträgers Liu Xiaobo, die Ausreise aus China. Aber zum Ende der deutschen EU-Ratspräsidentschaft im Dezember 2020 war Merkel – wie auch der französische Präsident Emanuel Macron und EU-Kommissionspräsidentin Ursula von der Leyen – so daran interessiert, das Investitionsabkommen der EU mit China nicht zu gefährden, dass Berlin im Gegenzug bereit war, beim Problem der Zwangsarbeit in Xinjiang ein Auge zuzudrücken. Anstatt auf einem Ende dieser illegalen und menschenrechtsverachtenden Praxis als Vorbedingung für das Abkommen zu bestehen, gab sich die deutsche Regierung stellvertretend für die EU mit der Zusage Pekings zufrieden, über einen Beitritt zum Übereinkommen über Zwangsarbeit der Internationalen Arbeitsorganisation nachzudenken. Peking versprach nicht, das Übereinkommen zu ratifizieren oder sich an seine Vorgaben zu halten, sondern nur, darüber nachzudenken, das Übereinkommen zu „akzeptieren".

Am Ende kam das Abkommen nicht zustande. Im Jahr 2021 reagierten die Europäische Union, die Vereinigten Staaten, Großbritannien und Kanada auf Pekings grobe Menschenrechtsverletzungen in Xinjiang mit der gemeinsamen Verhängung gezielter Sanktionen gegen mehrere chinesische Funktionäre und Einrichtungen. Die chinesische Staatsführung antwortete mit Sanktionen gegen EU-Botschafter, EU-Parlamentarier und europäische Organisationen. Das Europäische Parlament machte daraufhin klar, dass es die Winkelzüge, auf denen das vorgeschlagene Investitionsabkommen zwischen der EU und China basierte, nicht akzeptierte. Somit ist das Abkommen fürs Erste gestorben.

Was die Zukunft betrifft, so sollte eine neue deutsche Regierung nun den nächsten logischen Schritt machen und mit Blick auf die wachsende Zahl von Regierungen, die bereit sind, die Stimme gegen die chinesische Repressionspolitik zu erheben, bei den EU-Partnern für eine Resolution im Menschenrechtsrat werben, die eine UN-Untersuchung zu Pekings fortgesetzten Verbrechen gegen die Menschlichkeit in Xinjiang, zur skrupellosen Unterdrückung von Rechten und Freiheiten in Hongkong und zur Verfolgung Andersdenkender in ganz China fordert.

Die neue Regierung sollte Druck auf deutsche Unternehmen ausüben, die Schwere der Menschenrechtsverletzungen in Xinjiang einschließlich Zwangsarbeit anzuerkennen. Der neue Bundestag könnte eine Untersuchung in dieser Sache einleiten und zugleich auf die Verantwortung der Unternehmen gemäß internationalen Richtlinien und deutschem Recht hinweisen, sich nicht vermittels ihrer unmittelbaren Geschäftsaktivitäten und ihrer Lieferketten zum Komplizen schwerer Menschenrechtsverletzungen zu machen, so schwer es einigen von ihnen fallen wird, dies zu akzeptieren. Angesichts der Undurchsichtigkeit chinesischer Lieferketten – und Pekings Weigerung, ein umfassendes Monitoring zuzulassen – kann zumindest bei Importen aus Xinjiang nicht davon ausgegangen werden, dass sie von Menschenrechtsverletzungen unbelastet sind, solange im Einzelfall das Gegenteil nicht bewiesen ist.

Die konzertierte Verhängung weiterer gezielter Sanktionen gegen chinesische Funktionäre und Einrichtungen, die für schwere Menschenrechtsverletzungen verantwortlich sind, sollte ebenfalls weiter auf der Tagesordnung stehen.

In einer Zeit, in der Peking auf deutsche Kritik mit dem Verweis auf die Massenmorde in der deutschen Geschichte reagiert, werden Worte allein – mögen sie auch von den höchsten Ebenen der neuen Regierung kommen – China nicht zum Kurswechsel bewegen. Entscheidend wird es sein, den Preis für schwere Menschenrechtsverletzungen anzuheben. Das könnten Untersuchungen sein oder gezielte Sanktionen, Asyl für Überlebende der Repressionen Pekings oder internationale Initiativen zur Verurteilung dieser Repressionen. Deutschland hat in letzter Zeit gezeigt, wie es gehen kann. Man kann nur hoffen, dass die neue Regierung diesen Weg weiter beschreiten wird.

Je mehr Regierungen den Mut finden, gegen Chinas Repressionspolitik aufzustehen, desto mehr muss sich Peking darauf gefasst machen, am Pranger zu stehen. Das ist mit Sicherheit keine angenehme Aussicht für die chinesische Führung. Je deutlicher Peking spürt, dass seine Drohungen und Verlockungen gegen die wachsende Koalition der Nationen, die bereit sind, sich Xi Jinpings diktatorischem Führungsstil entgegenzustellen, nichts ausrichten – eine Koalition, an deren Zustandekommen die deutschen Diplomaten keinen unwesentlichen Anteil hatten –, desto größer ist unsere Chance, Peking dazu zu bewegen, Menschenrechte und rechtsstaatliche Prinzipien künftig stärker zu respektieren.

**Kenneth Roth ist Geschäftsführer von Human Rights Watch.**

Munich Security Conference
msc
Münchner Sicherheitskonferenz
McKinsey&
Giesecke & Devrient
lschinger

# Freiheitlich-demokratische Werte schützen

Nathalie Tocci

Die Demokratie erlebt in den internationalen Beziehungen ihr Comeback. Mit der Konfrontation zwischen den USA auf der einen und China und Russland auf der anderen Seite – verstanden als eine zwischen politischen Systemen und Ideologien – sind Demokratie und Autoritarismus wieder zu vorherrschenden Signifikanten internationaler Beziehungen geworden. Was folgt daraus für die Außenpolitik?

Während des Kalten Krieges und vor allem nach seinem Ende standen Werte im Fokus der US-amerikanischen und europäischen Außenpolitik. Die USA verstanden sich als eine Kraft des Guten in der Welt – mit *soft power* als unverzichtbarer Ergänzung ihrer beispiellosen militärischen Fähigkeiten. Europa rühmte sich seines zivilen und normativen Einflusses auf die Geschicke der Welt. Das waren die Tage der freiheitlichen internationalen Ordnung und des Endes der Geschichte.

Seit Beginn des zweiten Jahrzehnts dieses Jahrhunderts begannen die Werte allmählich, von der Bühne abzutreten. Die globale Finanzkrise und die Rückkehr der geostrategischen Rivalität gingen einher mit dem Aufstieg von Mächten, die sich den freiheitlich-demokratischen Werten offen widersetzten oder schlicht den Hegemonieanspruch des Westens zurückwiesen. Die Kriege in Afghanistan und im Irak, gefolgt von der Beerdigung der Schutzverantwortung in Libyen, erodierten die westliche Unterstützung für militärische Interventionen. Die dürftigen Ergebnisse der farbigen Revolutionen im Osten Europas, von den arabischen Aufständen ganz zu schweigen, deuteten auf eine Verschanzung des Autoritarismus hin. Und die Erstarkung des nationalistischen Populismus im Westen zeugte von einer Krise der Demokratie und der Zurückstellung liberaler Werte in der westlichen Außenpolitik.

Mittlerweile ist die Demokratie in die Außenpolitik zurückgekehrt. Unter Präsident Biden erscheint die Rivalität mit China nicht länger unter Trump'schen transaktionalen Vorzeichen. Heute werden die Spannungen über Zölle, 5G, maritime Sicherheit und Cyber- oder Rüstungskontrolle unter einem gemeinsamen ideellen Schirm zusammengefasst. Der politische Oberton, den die chinesisch-amerikanischen Beziehungen zunehmend erhalten, schließt die Existenz weiterer Machtzentren wie der EU oder Russland nicht aus. Diese werden jedoch, mögen sie noch so sehr ihr autonomes Wahlrecht reklamieren, gemäß den Werten, die sie repräsentieren, zur einen oder anderen Seite hingezogen. Die wachsende transatlantische Konvergenz, in deren Zentrum das Bekenntnis zu freiheitlich-demokratischen Werten steht, gibt die Richtung der Reise vor.

Eine Rückkehr der Werte ins Rampenlicht der internationalen Beziehungen ist jedoch nicht gleichbedeutend mit einer Rückkehr in die Vergangenheit. Anders als die Förderung solcher Werte zur Hochzeit der liberalen internationalen Ordnung geht es den liberalen Demokratien heute in erster Linie um ihren Selbstschutz. Hier finden zwei scheinbar unzusammenhängende Konzepte einen gemeinsamen Nenner: Wenn Präsident Biden von einer „Außenpolitik für die Mittelklasse" und die Europäer von „strategischer Autonomie" sprechen, haben sie letztlich Ähnliches im Sinn. Beide Ziele sind in einem internationalen Kontext zu sehen, in welchem externe Akteure, die für andere Werte stehen, versuchen, die freiheitlich-demokratischen Werte des Westens zu unterminieren. Ob mit traditionellen militärischen Mitteln oder – sehr viel häufiger – durch hybride Sicherheitstaktiken und den Einsatz der Wirtschaft als Waffe – in beiden Fällen müssen sich die liberalen Demokratien vor äußeren Einflussnahmen schützen. Ohne diese Maßnahmen würden sie die Sicherheit, die Rechte und den Wohlstand ihrer Bürger gefährden, was wiederum den illiberalen, undemokratischen und nationalistischen Kräften im Westen Vorschub leisten würde. Es besteht ein impliziter Zusammenhang zwischen einer weltweiten Zunahme des Autoritarismus und der Anziehungskraft illiberaler und undemokratischer Kräfte zu Hause.

> Die Demokratie erlebt in den internationalen Beziehungen ihr Comeback.

Die in einer europäischen strategischen Autonomie ebenso wie in einer US-Außenpolitik für die Mittelklasse inhärente Schutzagenda beginnt zu Hause. Sie steht für die Stärkung der Menschenrechte und der Rechtsstaatlichkeit, die Bekämpfung von Ungerechtigkeiten, die Investition in Forschung, Innovation und industrielle Fähigkeiten und die Gewährleistung der

◀ Nathalie Tocci mit Wolfgang Ischinger beim MSC European Defense Roundtable in Berlin im Novermber 2017.

Sicherheit der Bürger. Sie steht für den Beweis, dass die liberale Demokratie leistet, was sie verspricht. Auf der anderen Seite steht sie für die Abschreckung und effektive Abwehr eben jener externen Versuche der Einmischung und Stabilisierung.

In dem Maße, wie der Westen eine auf Rechten, Gleichheit und Wohlstand basierende Schutzagenda entwickelt, besteht die schwierige Aufgabe der Diplomatie darin, zu verhindern, dass diese Agenda protektionistische Züge annimmt. Die Tragödie, die sich in Afghanistan abgespielt hat, unterstreicht diesen Punkt. Während sich der Westen mit einem katastrophalen Rückzug herumschlug, eroberte der Drang zum Selbstschutz – sei es unter dem Aspekt der Sicherheit oder der Migration – die Debatte. So unvermeidlich dies auch sein mag, die westliche Botschaft sollte sich ebenso auf unseren eigenen Schutz wie auch auf den Schutz jener Afghanen fokussieren, die zwei Jahrzehnte lang mit der Illusion der Freiheit gefüttert wurden. In einer Zeit, in der die Werte in die internationale Politik zurückkehren, muss die Diplomatie dafür Sorge tragen, dass sie nicht – im Sinne eines Kompromisses zwischen Prinzip und Pragmatismus – auf den Schutz besagter Afghanen beschränkt bleibt. Sie muss im Westen darauf dringen, dass Werte im Innern nur dann wirklich respektiert werden können, wenn sie auch international ernst genommen werden.

**Nathalie Tocci ist Direktorin des Istituto Affari Internazionali in Rom und Honorarprofessorin an der Tübinger Universität. Sie ist Sonderberaterin des Hohen Vertreters der EU und Kommissionsvizepräsidenten Josep Borrell Fontelles. Als Sonderberaterin der Hohen Vertreterin und Kommissionsvizepräsidentin Federica Mogherini verfasste sie die Globale Strategie der Europäischen Union und half bei ihrer Umsetzung.**

Ursula von der Leyen mit Wolfgang Ischinger auf der MSC Special Edition im Februar 2021.

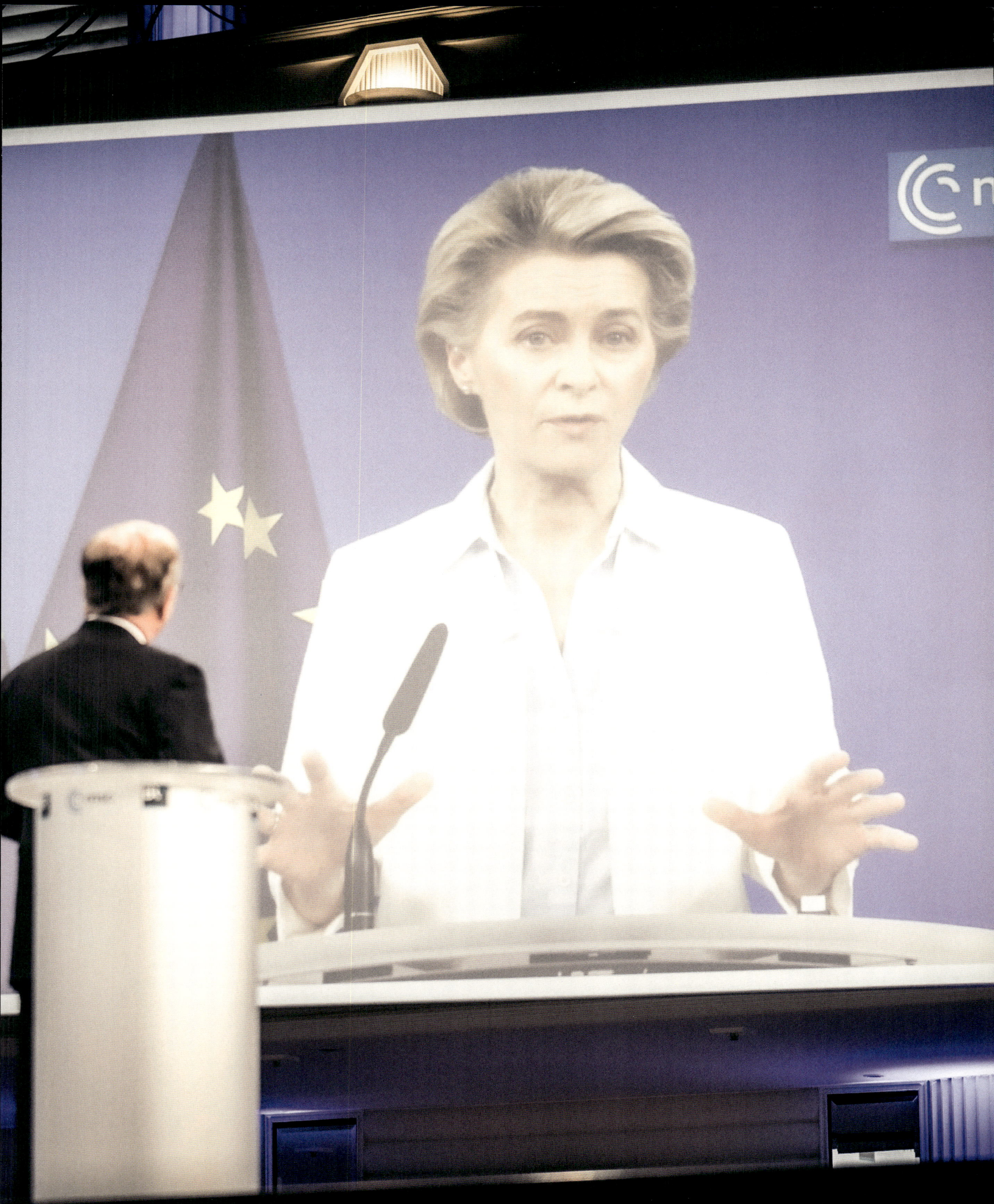

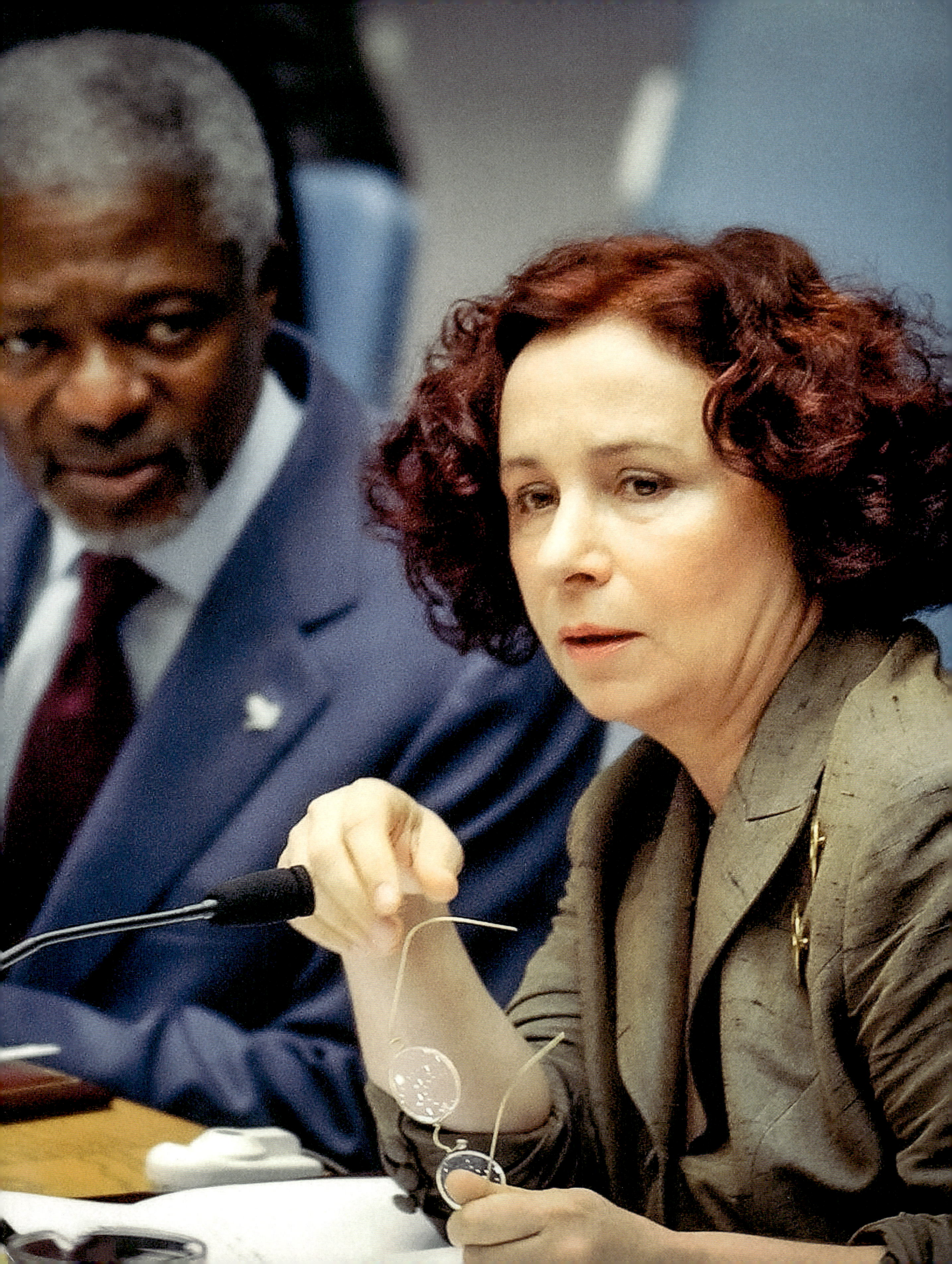

# Die freiheitliche Demokratie bewahren

**Ana Palacio**

Von Winston Churchill stammt bekanntlich der Spruch: „Lasse keine gute Krise ungenutzt verstreichen." Gemäß dieser Messlatte scheinen die westlichen Demokratien trotz ausreichender Zahl von Gelegenheiten wie der Finanzkrise von 2008 und der laufenden Pandemie spektakulär versagt zu haben. Der Westen ist sich seiner selbst und seiner Ziele nicht länger sicher. Der gegenwärtige Kurs der Nabelschau wird uns auf die Dauer jedoch nicht helfen.

Unsere Werte und unsere Lebensweise sind bedroht wie nie zuvor. Mit der Rückkehr der Großmächterivalität erweisen sich die Säulen unseres Systems als marode und brüchig. Die materielle Effizienz des „Staatskapitalismus" wird uns als eine attraktive Alternative zum freiheitlich-demokratischen System feilgeboten. Das sind ernüchternde Nachrichten für jene von uns, die ihr Lebenswerk der Ausdehnung der Reichweite und Tiefe der Demokratie gewidmet haben.

Wir können uns jedoch den Luxus der Selbstbemitleidung und des Händeringens nicht leisten. Wir können nicht einfach wegschauen, wenn die Vertreter autoritärer Systeme internationale Normen mit Füßen treten oder alternative Institutionen errichten und sich dabei des Rahmens traditioneller internationaler Institutionen bedienen, die fälschlicherweise als den legitimen Ansprüchen der nichtwestlichen Welt gegenüber feindlich eingestellt dargestellt werden. Diese Philosophie findet ihre Bestätigung in Vorstellungen, wonach die durch die aktuellen Machthaber definierten kollektiven Interessen über Rechten, Freiheiten und Interessen der Einzelnen stehen.

Was folgt aus alledem? Mit Sicherheit haben wir es hier mit sehr realen Veränderungen zu tun, die sich vor unseren Augen vollziehen. Wir werden Zeuge einer großen Verunsicherung: Regierungen, die immer weniger in der Lage sind, ihren Verpflichtungen aus Gesellschaftsverträgen gerecht zu werden, die vor Jahrzehnten geschlossen wurden, tun sich schwer damit, ihre zunehmend fragmentierte und frustrierte Bevölkerung zu erreichen, welche die Effektivität der Demokratie mittlerweile nur noch nach der wirtschaftlichen Prosperität bemisst, die sie gewährleistet. Die Europäische Union lernt dies gerade auf die schmerzvolle Art. Teilweise spiegelt sich darin unser Unvermögen, die Menschen „vor den großen Schocks der modernen Welt zu schützen", um mit Emmanuel Macron zu sprechen. Diese Schocks nehmen die unterschiedlichsten Formen an – von den Auswirkungen einer ungebremsten Globalisierung über die Folgen der Finanzkrise bis zu den nicht nachlassenden Migrationswellen.

Vor allem aber werden die Instrumente, mit denen wir traditionell das Sozialgefüge und die Demokratie aufrechterhalten – religiöse Institutionen und Glaubensgemeinschaften, Bildung und Medien, ziviles Engagement und politische Parteien –, zunehmend infrage gestellt und ausgehöhlt. Traditionelle Linke und traditionelle Rechte scheinen einer populistischen Ablehnung des politischen Establishments Platz zu machen. Kulturkriege zerren am Gefüge unsere Gesellschaften und lassen Radikalen wie Le Pen und Orbán reichlich Raum, um universelle Werte zu usurpieren und sich als Verfechter notwendiger Anpassungen auszugeben. Aber Populismus und Nationalismus bleiben, wo sie am Zuge sind, das Versprochene schuldig und machen die Lage häufig nur noch schlimmer. Bolsonaros Brasilien liefert dafür ein schlagendes Beispiel.

Das alles lässt es angeraten sein, unsere Institutionen so zu stärken, dass sie unsere fragilen Demokratien stützen und zu wahrem Dialog und zivilem Diskurs ermutigen. Ebenso wichtig ist es jedoch, wegzukommen von der Vorstellung vom Bürger als bloßem Empfänger und Nutznießer staatlicher Leistungen. Zugleich sind resolute Anstrengungen erforderlich, die richtigen Erwartungen zu setzen hinsichtlich unvermeidlicher Reformen beispielsweise im Interesse der Klimaneutralität – Reformen, die aller Wahrscheinlichkeit nach mit massiven wirtschaftlichen Schmerzen verbunden sein werden.

Die Gegenwart als Schlüsselmoment zu bezeichnen hat mittlerweile den Charakter eines Klischees. Und doch ist es wahr. Die Umstände werden uns niemals die Zeit lassen, uns in aller Ruhe Gedanken über die Zukunft zu machen. Es ist deshalb wichtig, neben der Bewältigung des Alltags eine praktikable und zugleich ehrgeizige langfristige Route für unsere Gesellschaften zu skizzieren. Vor allem müssen wir uns auf einen gemeinsamen Kurs verständigen. Das wird weder selbstverständlich noch schmerzlos vonstattengehen. Alles andere aber wäre noch schlechter.

**Ana Palacio war von 2002 bis 2004 spanische Außenministerin und von 1994 bis 2002 Mitglied des Europäischen Parlaments. Zudem war sie Vizepräsidentin und Chefjustiziarin der Weltbank. Sie ist Gastprofessorin an der Edmund E. Walsh School of Foreign Service an der Georgetown University.**

◂ Ana Palacio mit dem ehemaligen UN-Generalsekretär Kofi Annan bei einem Treffen des UN-Sicherheitsrats im Juli 2003.

Munich Security Conference
msc
Münchner Sicherheitskonferenz

# Demokratie und Gleichberechtigung im Nahen Osten stärken

**Tawakkol Karman**

Manche glauben, dass der Nahe Osten eine Ausnahme bleiben wird, was sein Festhalten an Demokratie und Achtung der Menschenrechte betrifft. Die Verfechter dieser Sichtweise verweisen auf den holprigen demokratischen Prozess in den Ländern des Arabischen Frühlings. Das jüngste Land, in welchem politische Maßnahmen ergriffen wurden, die zur Untergrabung der Demokratie beitrugen, war Tunesien. Der tunesische Präsident Kais Saied enthob nach einer Dringlichkeitssitzung mit Führungskräften aus Militär und Sicherheitsapparat am 25. Juli 2012 den Premierminister seines Postens, entmachtete das Parlament und riss die Exekutivgewalt an sich – in klarer Verletzung der Verfassung des Landes.

In Ägypten spielte sich ein ähnliches Szenario ab. Die ägyptische Armee putschte am 3. Juli 2013 gegen den ersten gewählten zivilen Präsidenten, Präsident Mohamed Morsi, der verhaftet und wegen haltloser Vorwürfe vor Gericht gestellt wurde. Im Jemen und in Libyen wurden bewaffnete Milizen für blutige Coups eingesetzt, aus denen sich verheerende Bürgerkriege entwickelten. Syrien bleibt ein höchst grausames Beispiel, wo eine Familie die Regierungsgeschäfte und die wirtschaftlichen Ressourcen des Landes kontrolliert. Besonders unfair ist in diesem besonderen Fall jedoch, dass die Familie Assad die Unterstützung und den Rückhalt vieler einflussreicher Regierungen der Region wie beispielsweise Russlands und Chinas genießt, gepaart mit der Untätigkeit vieler anderen Regierungen, die al-Assad im syrischen Präsidentenamt halten – trotz der horrenden Missetaten, deren er sich fortlaufend schuldig macht.

In diesem kurzen Beitrag möchte ich drei Hypothesen im Zusammenhang mit der Demokratie im Nahen Osten diskutieren: 1) In den vorherrschenden Kulturen des Nahen Ostens existiert eine Abneigung gegen die Demokratie. 2) Demokratie trägt zu Instabilität, Extremismus und Terrorismus infolge der zunehmenden Macht sogenannter politischer islamistischer Gruppen bei. 3) Die Hindernisse für die Demokratie sind lokalen Ursprungs, und die westlichen Regierungen versuchen, den demokratischen Prozess zu fördern, und nicht, ihn zu behindern.

◄ Tawakkol Karman zu Gast bei der MSC, unter anderem beim MSC Core Group Meeting in Doha 2019.

## Demokratie und die Kulturen des Nahen Ostens

Manchen Beobachtern zufolge hat der Mangel an Demokratie im Nahen Osten seinen Grund in den vorherrschenden Kulturen der Region – Kulturen, in denen Religion, Sitten und Traditionen eine wichtige Rolle spielen. Genauer gesagt gibt es viele Theoretiker in West und Ost, die von der Vorstellung überzeugt sind, der Islam als die am weitesten verbreitete und einflussreichste Religion im Nahen Osten vertrete eine Reihe von Lehren und Prinzipien, die für die Existenz echter Demokratie nicht förderlich seien.

Diese Auffassung stellt die Fakten auf den Kopf. Anstatt autoritären Regimen die Schuld zu geben – die häufig der Religion keine Beachtung schenken außer in dem Maße, wie sie ihnen die Macht gibt, die Gesellschaft zu kontrollieren –, wird die Religion beschuldigt, als ob die Lehren der Religion die Ziele darstellten, die diese Regime anstreben würden. Und mit etwas mehr Reflexion kann man sagen, dass Religionen – und insbesondere der Islam – sich nicht nach den Wünschen einer bestimmten Gruppe auslegen lassen. Religiöse Texte werden von Menschen gelesen, und ihre Auslegung unterliegt Entwicklungen und Veränderungen. Es ziemt sich folglich nicht, einer Religion zu attestieren, sie widerspreche dem Demokratiegedanken.

> Was den Islam betrifft, so gibt es keinen glaubhaften Grund, ihn zum Gegner der Demokratie zu stilisieren.

Was den Islam betrifft, so gibt es keinen glaubhaften Grund, ihn zum Gegner der Demokratie zu stilisieren. Im Gegenteil, viele Texte und Praktiken rufen zur Herstellung von Gerechtigkeit und zur Beseitigung von Ungerechtigkeit und Tyrannei auf. Die Torturen, denen Islamisten in jüngerer Zeit in mehr als einem arabischen Land ausgesetzt waren, haben für einen Großteil von ihnen dazu beigetragen, die Bedeutung der Demokratie zu unterstreichen. Andererseits neigen repressive Regime im Nahen Osten, die Wert darauf legen, sich als säkular oder modern zu präsentieren, dazu, spezielle Beziehungen zu salafistischen Gruppen einzugehen, die sich schlicht deshalb durch einen religiösen Extremismus auszeichnen, weil sie an die Heiligkeit des Herrschers ungeachtet aller religiösen Übertretungen und politischen Fehler glauben.

Nicht nur die Religion, sondern auch kulturelles Erbe, Gesellschaftsstruktur, Bräuche und Traditionen gelten in den Augen vieler, die einen Widerspruch zwischen der Kultur des Nahen Ostens und einer demokratischen Entwicklung sehen, als Faktoren, die zur Konsolidierung einer Diktatur führen. In diesem Sinne kann man häufig die Behauptung hören, die Tyrannei passe zum Osten und insbesondere zu den Arabern.

### Frauen und Demokratie: ein gemeinsamer Kampf

Im Kontext dieser borniertenVorstellung von der Unvereinbarkeit der Kulturen des Nahen Ostens mit der Demokratie erscheint die Frage der politischen Beteiligung der Frauen und die Anerkennung ihrer wirtschaftlichen und gesellschaftlichen Rechte als ein Element, das Zweifel an den Zielen der Demokratie aufwirft. Die Verfechter dieser Sichtweise sehen in der Verfolgung einer Politik, die den Frauen gleiche Rechte einräumt, den Beweis für die Existenz kolonialer Kräfte, die versuchen, den Zusammenhalt der arabischen und islamischen Gesellschaften zu sabotieren, und hegen die Vorstellung, dass die Demokratie früher oder später zu endlosen Wellen moralischer Korruption und sexuellen Zerfalls führt.

Diese irrationalen Vorstellungen gehen in vielen nahöstlichen Ländern einher mit bewährten Methoden der Marginalisierung von Frauen. Diese Methoden haben zur Verarmung der Gesellschaft und zur Unterminierung von Entwicklungsplänen geführt, erweisen sich doch häufig die Frauen – die einen signifikanten Anteil der Bevölkerung ausmachen – als wichtige Treiber der Entwicklung und der wahren Wiedergeburt. Das hat unmittelbar zur Schwächung der Rolle und des Status zivilgesellschaftlicher Kräfte beigetragen. Man kann im Gegenteil sagen: Wo Frauen präsent und aktiv sind, erweisen sich Gesellschaften als fähig, Initiative zu ergreifen und pro-aktiv zu sein. Im Jemen, wo bewaffnete Milizen mittels Gewalt, Brutalität und außergerichtlicher Tötungen die Macht kontrollieren, hat die Leistung politischer Parteien und zivilgesellschaftlicher Organisationen seit dem Beginn des Krieges Ende März 2015 deutlich abgenommen – mit Ausnahme der Vereinigung der Mütter der Entführten, die sich mit Entschlossenheit den Milizbehörden in Nord und Süd entgegenstellt.

Ungeachtet der positiven Rolle, die diese Frauenorganisation als die einzige Menschenrechtsstimme des Landes spielt, traute sich keiner der UN-Gesandten, sich mit ihren Gründerinnen, ob im Norden oder im Süden, zu treffen, obwohl die UN-Gesandten mit der Absicht gekommen waren, die Begegnung mit nicht direkt in den Krieg involvierten Parteien zu suchen.

Die Vereinten Nationen und Regierungen, die an der Etablierung der Prinzipien von Frieden und Freiheit in der Welt interessiert sind, müssen lernen, von der wichtigen Gegenwart von Frauen im diplomatischen Feld zu profitieren – ob zwecks Unterstützung von Friedensbemühungen in von bewaffneten Konflikten betroffenen Ländern oder als Beitrag zu einem erfolgreichen demokratischen Übergang. Viele Ereignisse haben gezeigt, dass Frauen eine wunderbare Kraft sind, die ihren Teil dazu beitragen können, dass diplomatische Durchbrüche gelingen – besonders in Ländern, die unter Unruhen und Instabilität leiden. Die Kommunikation mit Frauen und mit Frauenorganisationen ist von beträchtlicher Bedeutung und führt nicht selten zu konkreten Ergebnissen.

Ferner ist der Frage der Ausbeutung von Frauen durch diktatorische Regime Beachtung zu schenken, von denen viele nur deshalb Frauen in ihre diplomatischen Korps und Regierungen aufnehmen, um behaupten zu können, sie seien politisch reife Regime mit modernen Visionen. 2011 traf ich die Untergeneralsekretärin der Vereinten Nationen und Leiterin des UN-Entwicklungsprogramms Helen Clark anlässlich ihres Besuchs in Sanaa wenige Tage vor der friedlichen Februar-Revolution. Sie lud mich ein, über das Thema der politischen Teilhabe von Frauen und über Möglichkeiten zu diskutieren, ihnen zu höheren Regierungsposten zu verhelfen. Ich gab ihr zu verstehen, dass ich keine Möglichkeit sah, wie sich Männer, geschweige denn Frauen, unter diesen tyrannischen, gescheiterten und korrupten politischen Systemen in die Politik einbringen könnten.

### Demokratien, die Zunahme des Terrorismus und die Rolle des Auslands

Es fällt zunehmend auf, wie die repressiven arabischen regimekontrollierten Medien die Zunahme des Terrorismus im Nahen Osten mit der Existenz der Demokratie in Verbindung bringen. Die Abonnenten dieser Kanäle hören ständig Slogans wie: „Zur Hölle mit den Menschenrechten; Sicherheit hat Vorrang." Arabische Regierungsvertreter betonen die Gefahr, die von der Demokratie für die Stabilität ausgeht. Dieser Irrglaube ist nicht auf die Regime des Nahen Ostens beschränkt. Dieselbe Vorstellung herrscht auch in einem sehr wichtigen Land vor – den Vereinigten Staaten von

Amerika, die großen Einfluss auf den Nahen Osten haben. US-Außenministerin Condoleezza Rice gab 2005 in ihrer Rede in Kairo zu, dass ihr Land genauso über Demokratie und Stabilität dachte, als sie sagte, dass die USA seit sechzig Jahren Stabilität auf Kosten der Demokratie im Nahen Osten gesucht und weder das eine noch das andere erreicht hat.[1]

Anders als hier behauptet gibt es zunehmende Anzeichen für Verbindungen zwischen den arabischen Regimen im Nahen Osten und extremistischen und fanatischen Gruppen, wo beide Seiten Interesse an der Existenz der jeweils anderen haben. Diese Ausbeutung und diese Verbindungen sind zum Beispiel im Jemen, in Syrien und in Ägypten offensichtlich. Es existiert die Vorstellung, dass der Fortbestand des Terrorismus den arabischen Regimen einen Freibrief gibt, ihre Legitimation zu erneuern, auch ohne dass sie Erfolge in der Entwicklung und Verbesserung der Wirtschaft vorweisen können.

Häufig wird in der arabischen Welt behauptet, die westlichen Regierungen hätten – ob aus kolonialen oder wirtschaftlichen Gründen – an Demokratie im Nahen Osten gar kein Interesse und gäben deshalb autoritären Regimen den Vorzug. Unabhängig von der Richtigkeit dieser Einschätzung gibt es viele Vorbehalte gegenüber den westlichen Positionen zu den Revolutionen des Arabischen Frühlings und ihrer Unterstützung der Konterrevolution. Es scheint, als wäre es das Ziel vieler westlicher Regierungen, in der Region Regierungen zu haben, die ein erträgliches Maß an Autoritarismus praktizieren.

Westliche Regierungen haben ihre langgehegten Prinzipien verletzt, indem sie über die Coups hinwegsahen, die sich seit 2011 in vielen arabischen Ländern ereigneten. Das könnte als ein Anzeichen verstanden werden, dass der Westen auf die Unterstützung von Demokratie und Menschenrechten in der arabischen Region verzichtet. Westliche Regierungen, die Menschenrechten und Demokratie Priorität einräumen oder sie in ihrer außenpolitischen Agenda betonen, sollten die Kooperation mit diesen repressiven Regimen reduzieren und nachdrücklich auf Veränderungen hinwirken. Es ist wichtig zu betonen, dass ein solcher Druck keine militärischen Maßnahmen einschließt, die, wie sich gezeigt hat, lediglich die Lagebedingungen verschlechtern und politische, wirtschaftliche und gesellschaftliche Desaster produzieren – man denke nur an den Irak oder Syrien.

Weltweit haben zwischen 1974 und 2005 mehr als 40 Länder den Übergang zur Demokratie vollzogen, wodurch die Zahl der Demokratien von 40 auf 89 angewachsen ist. Die arabische Welt hat zu diesem Zuwachs keinen Beitrag geleistet. Mit Ausbruch der Revolutionen des arabischen Frühlings gab es jedoch Anzeichen dafür, dass die Demokratie auch hier Fuß fassen könnte – bis von außen unterstützte Coups den Demokratisierungsprozess unterbrachen. Wir müssen daraus unsere Lehren ziehen, unsere Fehler korrigieren und die Unterstützung des Demokratisierungsprozesses zum Leitprinzip der Beziehungen zwischen demokratischen Ländern und solchen machen, die einen autoritären Führungsstil pflegen.

Die westliche Diplomatie hat den Test des arabischen Frühlings nicht bestanden, indem sie sich zum Komplizen der diktatorischen Regime der Region zu machen schien. Das muss korrigiert werden. Getragen vom Mut, der aus der festen Überzeugung erwächst, muss die Diplomatie zum wichtigsten Schlüssel für die Festigung der Demokratie und des Friedens im Nahen Osten werden – einem Ort, in dem es seit Jahrhunderten immer wieder lichterloh brennt.

**Tawakkol Karman ist Leiterin und Mitbegründerin der Menschenrechtsgruppe Women Journalists Without Chains. Zusammen mit anderen erhielt sie 2011 den Friedensnobelpreis.**

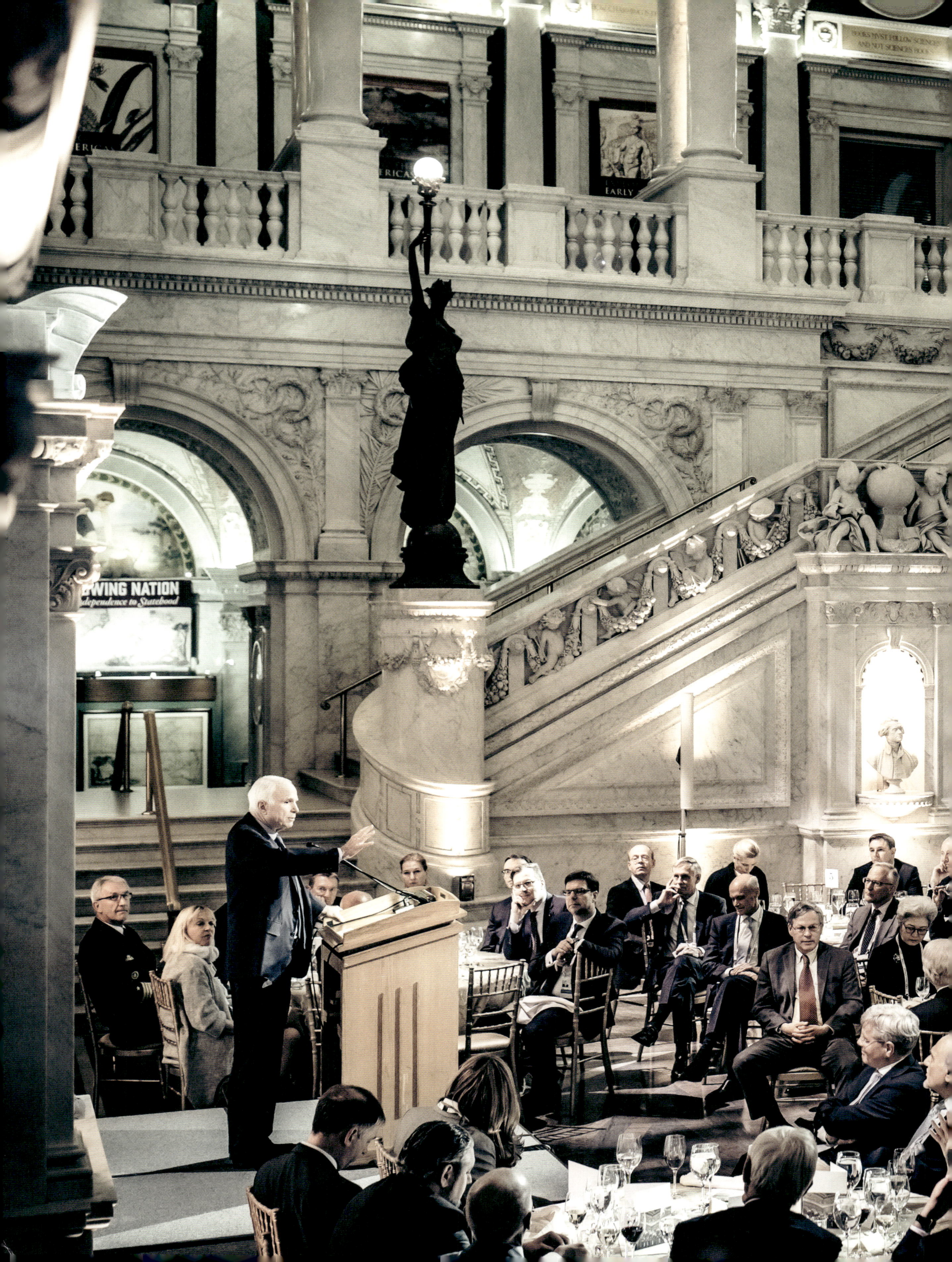
WING NATION
EARLY

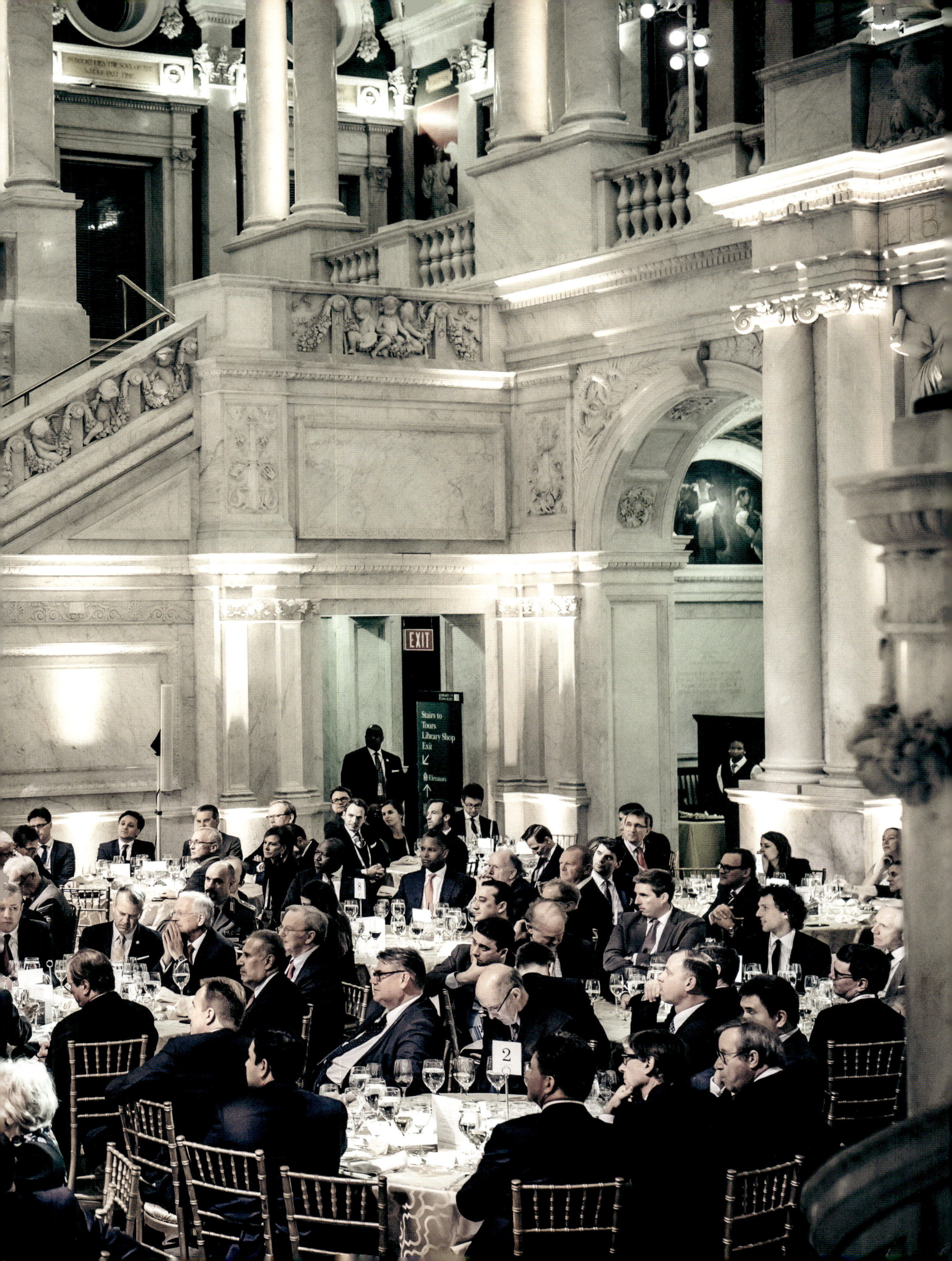
EXIT
Stairs to
Tours
Library Shop
Exit
Elevators
8
2

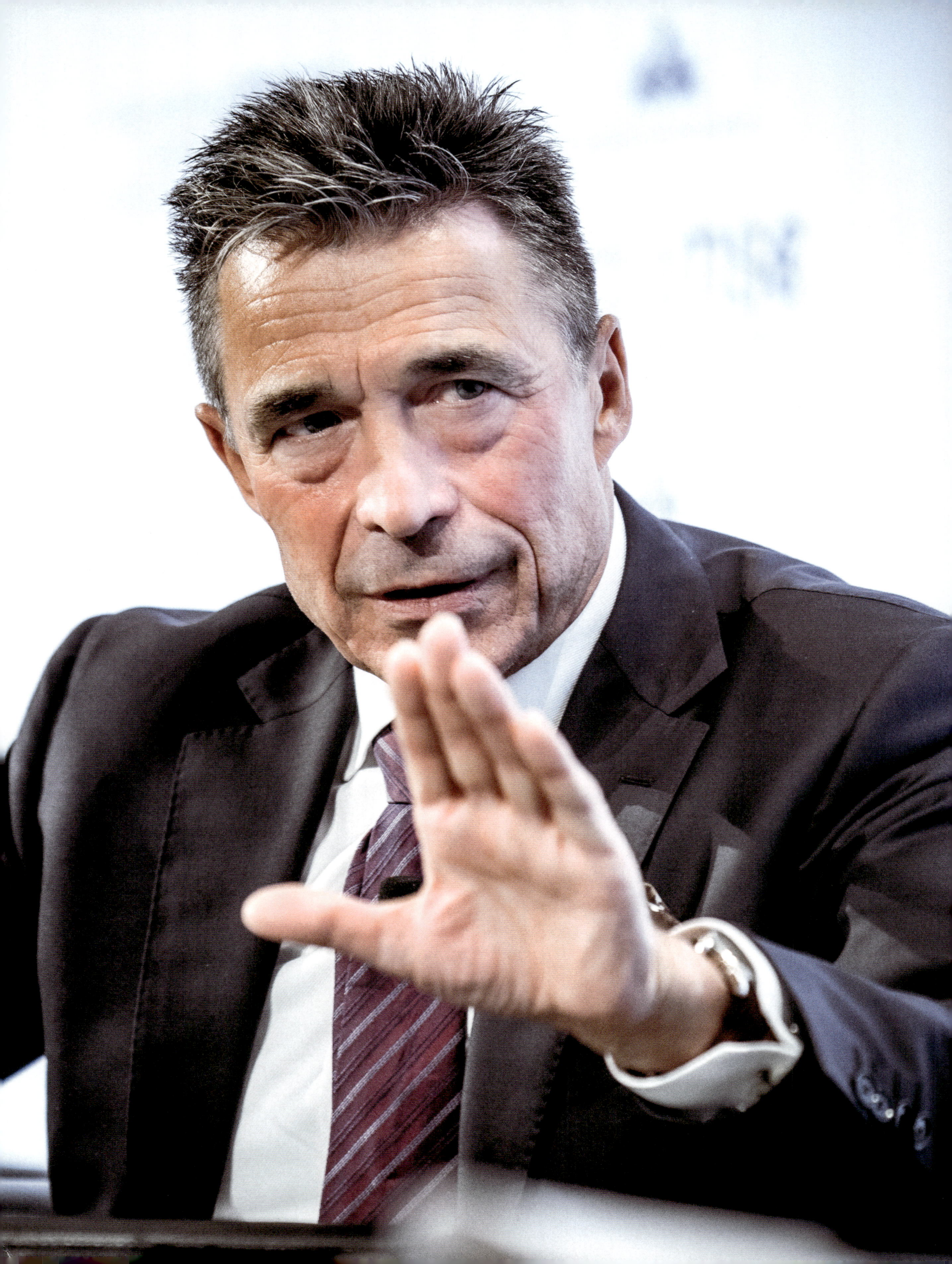

# Eine globale Allianz der Demokratien begründen

**Anders Fogh Rasmussen**

Worin besteht die wichtigste Aufgabe unserer Diplomaten? In der Durchsetzung der Interessen oder der Werte ihres jeweiligen Landes? In einer Welt der globalen Interdependenz, in der Autokraten bereit sind, wirtschaftliche Abhängigkeit als Waffe einzusetzen, wird dieses Dilemma nur weiter an Bedeutung gewinnen.

Zu den charakteristischen Merkmalen von Autokratien gehört, dass sie unsere Freiheiten gnadenlos ausnutzen und unsere größten Stärken gegen uns verwenden. Eine Grundfeste unseres demokratischen Lebensstils ist beispielsweise die Redefreiheit. Autokratien aber nutzen unsere Redefreiheit dazu, Desinformationen und polarisierende Narrative zu verbreiten, welche die Legitimität unserer Demokratien untergraben. Das Erzeugen paralleler Realitäten, das unserem demokratischen Diskurs schwer zu schaffen macht, wird von heimischen Politikern unterstützt und befeuert, die sich davon Wahlvorteile erhoffen.

> Zu den charakteristischen Merkmalen von Autokratien gehört, dass sie unsere Freiheiten gnadenlos ausnutzen und unsere größten Stärken gegen uns verwenden.

Globale Lieferketten, um ein anderes Beispiel zu nennen, sind im Prinzip eine Stärke der globalen Wirtschaft. Heute werden sie jedoch von Autokratien, allen voran China, instrumentalisiert, um Kritik zum Verstummen zu bringen und die freie Welt zu zwingen, sich Pekings Willen zu beugen.

Die Fundamente der chinesischen wirtschaftlichen Repression wurden vor Jahrzehnten gelegt. China nutzte die Krise der Eurozone, um rund um das Mittelmeer auf Einkaufstour zu gehen. Doch diese Investitionen waren an Bedingungen gekoppelt. So blockierte beispielsweise Griechenland im Jahr 2017 – nur Monate nach der Übernahme des Hafens von Piräus durch die chinesische Reederei COSCO – eine Chinas Menschenrechtsbilanz kritisierende Stellungnahme der EU vor den Vereinten Nationen.

Dieser Druck hat in jüngster Zeit zugenommen. Manche Industriezweige geraten so zwischen die Fronten der Regierungen. Die australischen Weinproduzenten beispielsweise wurden chinesischen Zöllen ausgesetzt (China war ihr größter Markt), nachdem die australische Regierung Pekings Menschenrechtsbilanz kritisiert und eine Untersuchung der Ursprünge von COVID-19 gefordert hatte.

In anderen Fällen werden unmittelbar einzelne Unternehmen mit Boykotten belegt, wenn sie beispielsweise verlauten lassen, dass sie keine Rohwaren verwenden werden, die möglicherweise mit Zwangsarbeit in Xinjiang in Zusammenhang stehen. Die Liste der Unternehmen geht weit über die Bekleidungsbranche hinaus. China bestand darauf, dass im neuen „Top-Gun"-Film die taiwanesische Flagge von Tom Cruise' Jacke entfernt würde. Im Jahr 2018 wurde die Webseite der Hotelkette Marriott von den Behörden für eine Woche abgeschaltet, nachdem ein Kundenformular Taiwan, Tibet und Hongkong als separate Länder zur Auswahl gestellt hatte.

Das Problem ist, dass China mit dieser Taktik so häufig durchkommt. Schließlich ist sein Markt schlicht zu groß, als dass man so eben mal darauf verzichten könnte. Andere Autokratien – allen voran Russland – schaffen sich in ähnlicher Weise wirtschaftliche Satellitenstaaten beispielsweise in Afrika, indem sie massiv in die Mineralienbranche investieren, die Rüstungsexporte ausweiten oder Söldnertruppen zur Stützung unter Druck geratener Regierungen entsenden.

Das stellt Diplomaten vor eine Herausforderung. In der Vergangenheit bestand ihre Aufgabe darin, Auslandsdirektinvestitionen von wem auch immer an Land zu ziehen. Die Unternehmen wurden ermuntert, globale Lieferketten aufzubauen, selbst wenn das bedeutete, mit undemokratischen Regimen zu kooperieren. Wir müssen jedoch in unserem Denken selbstkritischer und strategischer werden. Globales Geschäft und Geopolitik sind nicht länger zwei Paar Schuhe.

> Wir müssen jedoch in unserem Denken selbstkritischer und strategischer werden. Globales Geschäft und Geopolitik sind nicht länger zwei Paar Schuhe.

COVID-19 hat im Westen ein Nachdenken über den Grad unserer strategischen Abhängigkeit von nichtdemokratischen Staaten ausgelöst. Die Problematik des Technologietransfers wurde noch einmal verschärft durch die globale Halbleiterknappheit und Chinas Bestreben, dem Westen seine eigene Industrie abzukaufen.

◂ Anders Fogh Rasmussen auf der Münchner Sicherheitskonferenz im Februar 2018.

Vom EU-Projekt einer „strategischen Autonomie" bis zu den Bemühungen der G7 um ökonomische Resilienz sucht die freie Welt nach einer Formel, wie sie selbstständiger werden kann, ohne dabei in Protektionismus zu verfallen. Die demokratische Staatengemeinschaft muss deshalb Instrumente entwickeln, die es ihr erlauben, sich gemeinschaftlich dem wirtschaftlichen Zwang zu entziehen. Wie die NATO ihren Artikel 5 hat, der eine kollektive Reaktion provoziert, sobald ein Bündnispartner angegriffen wird, so braucht jetzt auch die freie Welt einen ökonomischen Artikel 5, um wirtschaftlichem Zwang zu begegnen.

Die Prämissen sollten einfach sein. Ein Land könnte seine Verbündeten bitten, Vergeltungsmaßnahmen gegen den „offensiven" Staat zu ergreifen. Oder es wird ein globaler Kredittopf geschaffen, der einspringt, um Verluste abzufedern und Lieferketten umzuleiten. Sobald ökonomischer Zwang seine Wirksamkeit als Waffe verliert, werden die Autokraten aufhören, ihn einzusetzen.

Solche Initiativen sollten die ersten Bausteine einer neuen Allianz der Demokraten werden – eine Initiative, die ich über meine Alliance of Democracies Foundation fördere. Im vergangenen Jahr verabschiedeten wir die Charta von Kopenhagen mit Ideen, wie es möglich sein könnte, den Autoritarismus zurückzudrängen, die digitale Technik zum Wohle der Demokratie einzusetzen und jenen beizustehen, die zwischen die Fronten von Demokratie und Autokratie geraten.[1]

**Die freie Welt muss entscheiden, was ihr wichtiger ist: kleinliche Interessen oder die Möglichkeit, die globalen Regeln des 21. Jahrhunderts an unseren eigenen Vorstellungen auszurichten.**

Diese engere Koordination zwischen den Demokratien ist schließlich die beste Antwort auf das Dilemma zwischen Werten und Interessen, die wir haben. Diplomaten aus demokratischen Ländern sollten ermächtigt werden, aus einer Position der relativen Stärke mit ihren Gastregierungen zu sprechen, ohne befürchten zu müssen, die Interessen ihres eigenen Landes zu verraten, nur weil sie kein Blatt vor den Mund nehmen.

Eine solche Allianz würde nicht auf Kosten des Multilateralismus gehen. Sie würde im Gegenteil unsere Not leidenden multilateralen Strukturen auf der Basis der demokratischen Prinzipien der Offenheit, der Reziprozität und der regelbasierten internationalen Ordnung stärken.

Das Regelbuch der Welt wird gegenwärtig neu geschrieben. Die freie Welt muss entscheiden, was ihr wichtiger ist: kleinliche Interessen oder die Möglichkeit, die globalen Regeln des 21. Jahrhunderts an unseren eigenen Vorstellungen auszurichten. Nur im letzteren Fall können wir weiter unsere je eigenen Interessen verfolgen, ohne jene Grundwerte preiszugeben, welche die Welt reicher, freier und friedvoller gemacht haben.

**Anders Fogh Rasmussen war NATO-Generalsekretär, dänischer Premierminister, Wirtschaftsminister und Parlamentarier. Er ist der Gründer der Alliance of Democracies Foundation und CEO von Rasmussen Global.**

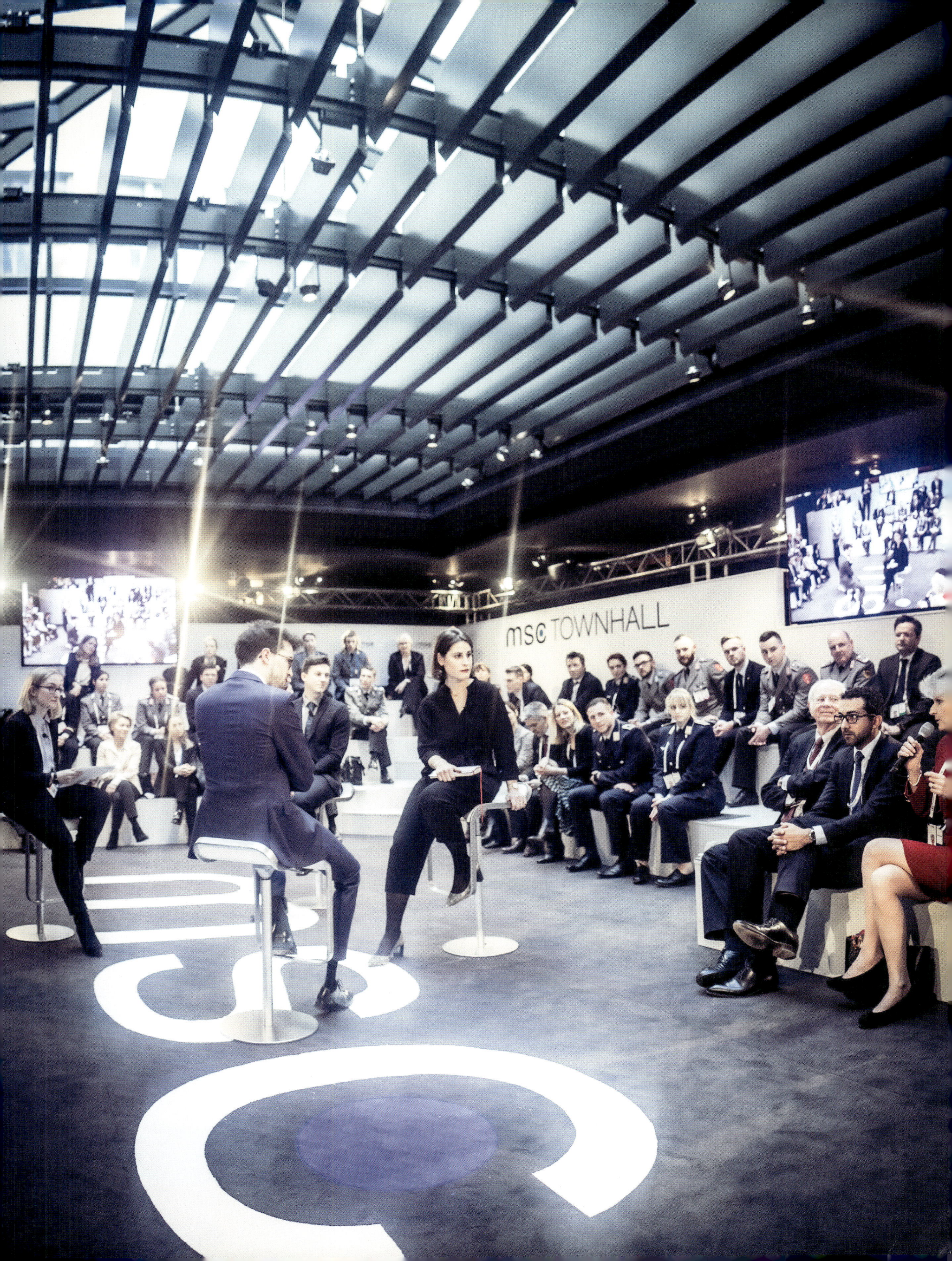
msc TOWNHALL

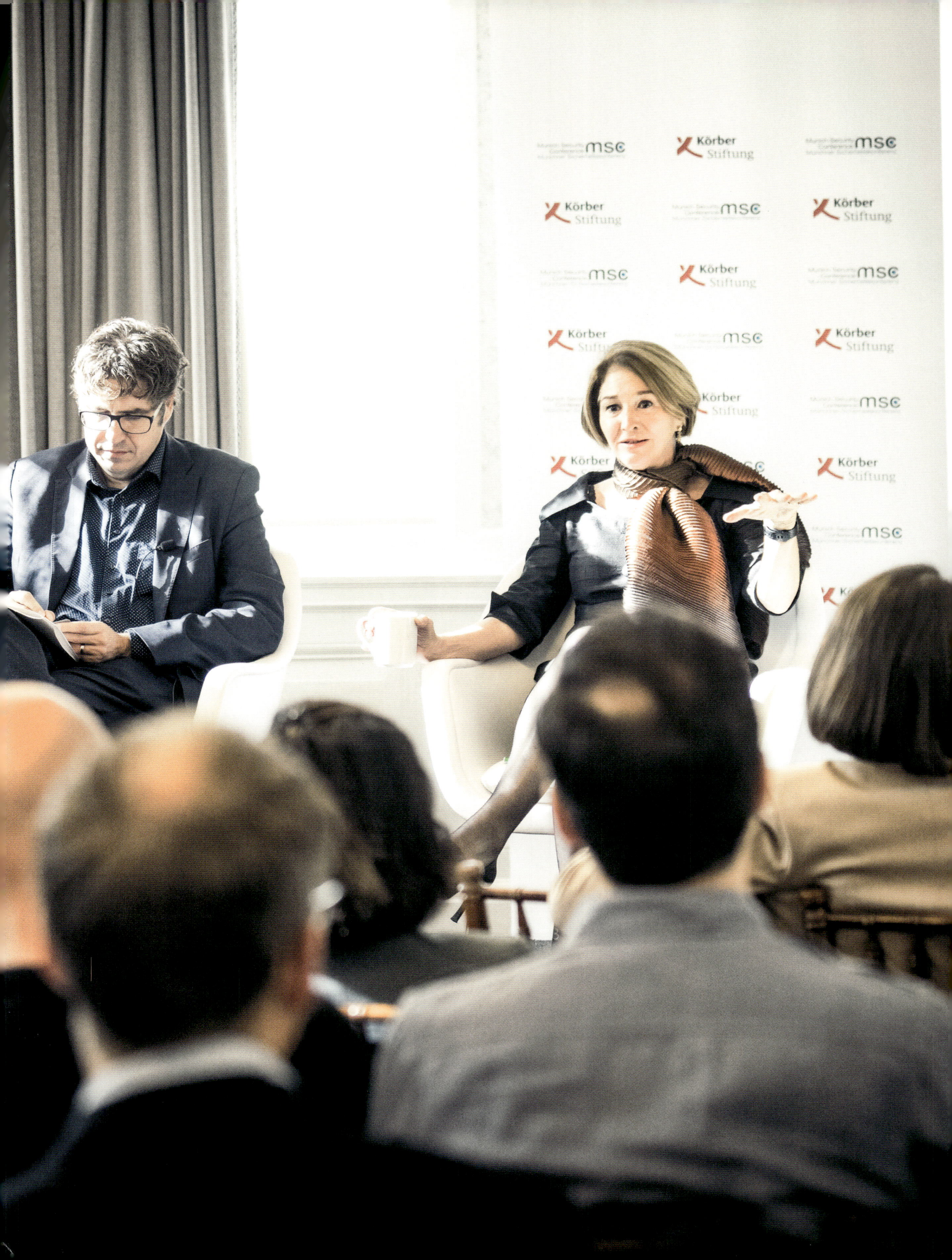
Körber
Stiftung
msc

# Transatlantisch neu denken

**Anne-Marie Slaughter**

Wir schreiben das Jahr 2038. Die Münchner Sicherheitskonferenz feiert ihr 75-jähriges Bestehen. Veranstaltungsort ist immer noch der Bayerische Hof, aber die Teilnehmer kommen aus allen Teilen der Welt – unter anderem aus Westafrika, dem Nahen Osten und Nord- und Südamerika.

Das alljährliche Teilnehmerfoto unterscheidet sich deutlich vom ersten kleinen Treffen westlicher Verteidigungsexperten im Jahr 1963.[1] Für moderne Augen sind diese weißen Männer in ihren dunklen Anzügen, so berühmt und engagiert sie auch gewesen sein mögen, fast nicht voneinander zu unterscheiden. Die Geschichte der MSC war von einer stetig fortschreitenden Diversifizierung gekennzeichnet, was sowohl die Teilnehmer als auch die behandelten Themen betrifft. Wie auf der MSC-Website im Jahr 2022 zu lesen stand, weitete sich der Kreis der Konferenzteilnehmer geografisch immer weiter aus, bis er schließlich Regierungsvertreter und Experten aus Ländern wie China, Brasilien, Indien, dem Nahen Osten und Teilen Afrikas umfasste. Der Fokus blieb jedoch transatlantisch. Zugleich nahmen nunmehr auch viele Personen teil, die nicht aus dem Kreis militärischer Führungskräfte stammten, wie CEOs, Menschenrechtler, Umweltschützer und andere Führungspersönlichkeiten der globalen Zivilgesellschaft. Die Einbeziehung dieses breiteren Teilnehmerquerschnitts spiegelt auch ein breiteres Verständnis von Sicherheit wider.[2] Heute ist eine der auffälligsten Veränderungen, dass zwischen einem Drittel und der Hälfte der Führungskräfte aus Militär und Wirtschaft Frauen sind – nicht zuletzt auch die Chefin der Münchner Sicherheitskonferenz selbst.

Die größte Veränderung ist jedoch, dass der beständige „transatlantische Kern" der MSC mittlerweile vom Süd- bis zum Nordatlantik reicht. Dasselbe gilt für die NATO, die sich im Jahr 2030 in „New Atlantic Treaty Organization" umbenannte. Die Idee, die alte NATO auszuweiten und an die Zeit anzupassen, war das zentrale Thema der MSC 2025, basierend auf einer Rede der deutschen Verteidigungsministerin zur 60-Jahr-Feier der MSC im Jahr 2023. Die veränderte Natur der globalen Sicherheitsbedürfnisse infolge Klimawandels, massiver Migrationsbewegungen, der fortdauernden Bedrohung der globalen Gesundheit durch Pandemien und der Digitalisierung von allem und jedem – zivil und militärisch – bedeutete, dass kein Weg um die Einbeziehung der gesamten atlantischen Hemisphäre von Nord bis Süd und von Ost bis West herumführte.

Sowohl Europa als auch die Vereinigten Staaten und Kanada warfen zudem einen Blick auf ihre jeweilige Demokratie. Die Vereinigten Staaten erkannten, dass Amerikaner mit historischen und kulturellen Wurzeln in der Karibik, in Mittel- und in Südamerika bis spätestens 2040 die größte Pluralitätsgruppe nach den weißen Amerikanern darstellen würden. Eine neue Generation von Afroamerikanern, die nicht von ehemaligen Sklaven, sondern von im 20. Jahrhundert eingewanderten Afrikanern abstammte, pflegte starke Beziehungen zu den westafrikanischen Ländern. Die Kanadier orientierten sich zunehmend in Richtung Pazifik, nachdem über die Hälfte aller kanadischen Einwanderer aus einer rasch wachsenden asiatischen Bevölkerung stammte.[3] Dennoch sahen kanadische Verteidigungsexperten die Vorteile einer erweiterten transatlantischen Gemeinschaft als Gegengewicht zu einer erweiterten transpazifischen Gruppe.

Auch wenn die Verschiebungen in den europäischen Bevölkerungen bislang weniger dramatisch ausfallen, macht sich die wachsende Zahl französischer, spanischer, belgischer, deutscher und italienischer Bürger mit nahöstlichen und nordafrikanischen Wurzeln bemerkbar. Europa hat zudem insgesamt den großen ökonomischen Wert einer Stärkung der Beziehungen zwischen ihren jüngeren Immigranten und den Märkten in ihren „alten Ländern"[4] erkannt. Im Lauf vieler MSC-Arbeitsgruppensitzungen beginnen führende europäische Politiker, sich mit dem Konzept einer NATO mit einer „multiplen Geometrie" auseinanderzusetzen, die sich an den unterschiedlichen Mitgliederkreisen in diversen wirtschaftlichen und gesellschaftlichen Gemeinschaften innerhalb der EU orientiert.

Mit Blick auf das in 25 Jahren anstehende hundertjährige Jubiläum im Jahr 2063 können die Macher und Planer der MSC bereits erkennen, wie sich die Versammlung von einem „Familientreffen" zu Zeiten des Kalten Kriegs in ein Zentrum der planetaren Politik verwandelt haben wird. Sie werden aber auch wissen, was es heißt, mit der Zeit zu gehen – gemäß der Weisheit jener Führungskräfte, die wissen, wie sehr nachhaltiger Wert und nachhaltige Relevanz von dieser Anpassungsfähigkeit abhängen.

**Anne-Marie Slaughter ist CEO von New America und Bert G. Kerstetter '66 University Professor Emerita of Politics and International Affairs. Von 2009 bis 2011 diente sie dem US-Außenministerium als Director of Policy Planning.**

◂ Anne-Marie Slaughter beim Munich Young Leaders Alumni-Treffen in New York City im September 2019.

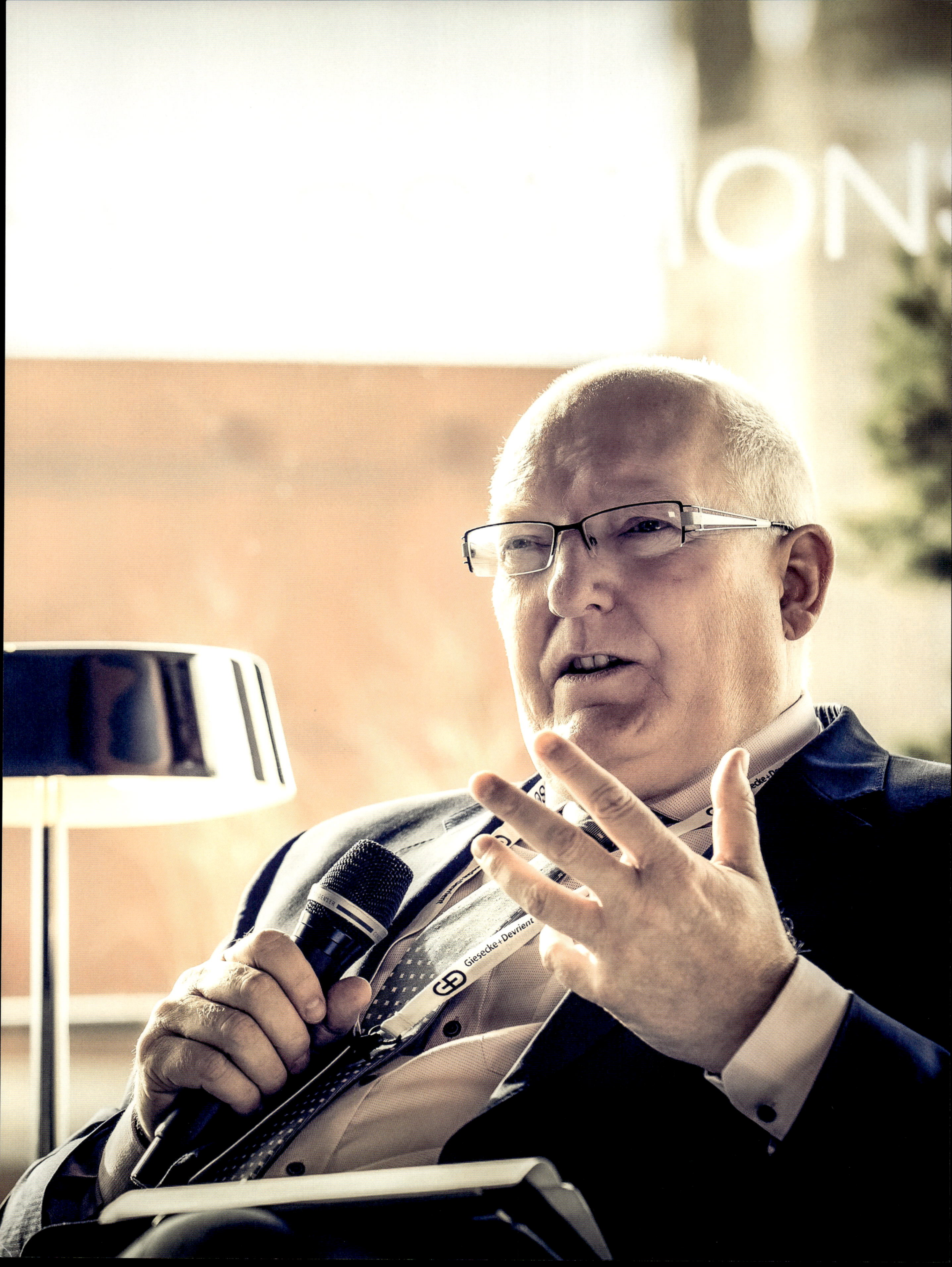
Giesecke+Devrient

# Den Kurs des Westens neu kalibrieren

**Thomas Kleine-Brockhoff**

Das afghanische Debakel hat dem Westen ein weiteres Mal Anlass geboten, sich in Zerknirschung zu ergehen. Selbstgeißelung allerorten. Es werden Schuldige gesucht, und wenn sich im näheren Umfeld keine finden lassen, eignen sich die Vereinigten Staaten immer gut als Sündenbock.

In Zeiten wie diesen ist es wichtig, nicht den Versuchungen des Kulturpessimismus zu erliegen. Der Historiker Fritz Stern warnte einst davor, sich von fatalistischen Jeremiaden über den Verfall des eigenen Landes, des eigenen Kontinents oder der ganzen Idee des Westens anziehen zu lassen.[1] Denn aus Kulturpessimismus wird allzu leicht kulturelle Verzweiflung – eine destruktive politische Kraft. Es stimmt ja: Der Westen muss sich neu sortieren. Es bedarf tatsächlich eines Blicks in den Rückspiegel, um herauszufinden, was schiefgelaufen ist – aber nicht, um Schuldige zu finden, sondern als Voraussetzung einer Kursänderung. Ziel sollte es sein, der Diplomatie zu helfen, sich auf die komplexen Strukturen der neuen Multi-Ordnungswelt einzustellen.

Erst im Rückblick wird deutlich, mit welch übertriebenem Optimismus die Länder des Westens nach 1990 auf das Weltgeschehen reagierten. Der Erfolg im Kalten Krieg, so die Erwartung, würde dem westlichen Gesellschaftsmodell unweigerlich zum Triumph verhelfen. Aus Optimismus wurde Determinismus; an die Stelle von Hoffnung trat Gewissheit. Der demokratische Frieden schien garantiert. Die Strahlkraft des demokratischen Modells würde andere zur Nachahmung anregen. Dabei nahm das westliche Freiheitsstreben zunehmend missionarische Züge an. Die Mitte-Links-Vertreter des neuen Missionarismus waren von der Idee beseelt, immer mehr Politikfelder zu globalisieren und sie dadurch dem kritischen Zugriff skeptischer, meist kleinerer Staaten zu entziehen. Die Mitte-Rechts-Vertreter dieses Denkens waren gewillt, die liberale Ordnung auch im Ausland notfalls mit Gewalt durchzusetzen. Es war das Zeitalter der demokratischen Expansion und des militärischen Interventionismus.

Seit klar ist, wie wenig das Ergebnis dieser Mission den Erwartungen entspricht, sieht mancher in deren Scheitern bereits das Ende des Westens. Aber Kursänderung ist nicht gleich Rückzug; Umdenken bedeutet nicht Kapitulation. Das Gegenteil von Interventionismus ist nicht Isolationismus. Vielmehr ist es an der Zeit, dass die Freunde der freien Welt den demokratischen Liberalismus in einer zeitgemäßen Form neu beleben – mit der Bereitschaft, ihn entschlossen zu verteidigen, aber zugleich mit einem frischen Bewusstsein für seine Grenzen. Diese Form eines moderaten und doch robusten Liberalismus steht weiterhin für universelle Prinzipien und insbesondere für die Menschenrechte ein, verzichtet aber zugleich auf jeden Eifer. Er ist behutsam und defensiv, nicht schrill und ausgreifend. Er setzt auf Vorbildfunktion, nicht auf Intervention. In seiner moderaten Version strebt der Liberalismus nicht die perfekte Welt, das *summum bonum,* an. Vielmehr gibt er sich damit zufrieden, ein *summum malum* – ein größtes Übel (etwa einen Genozid) – zu verhindern.

Das ist keine leichte Aufgabe im Zeitalter von demokratischer Rezession und autoritären Höhenflügen. Diplomatie ist gefragt, um eine Haltung zu entwickeln, die Zurückhaltung nicht als Aufgabe von Prinzipien missversteht. Entscheidend ist, dass die Demokratien ihren eigenen Prinzipien treu bleiben, denn sonst wird aus „Führung durch Vorbild" ein verlogenes Unterfangen. Demokratien müssen sich entschieden allen widersetzen, die sie durch Verbreitung autoritärer Gepflogenheiten wie Korruption, Geldwäsche oder extraterritorialer Verfolgung Andersdenkender unterminieren wollen. Die Verteidigung liberaler Prinzipien im Inneren kann nur gelingen, wenn sich die Demokratien zusammenschließen, um sich gemeinsam jener zu erwehren, die das autoritäre Gesellschaftsmodell salonfähig machen wollen. Dabei ist erstaunlich viel von den Intellektuellen der Ära des Kalten Kriegs zu lernen, etwa Raymond Aron, Hannah Arendt, Isaiah Berlin oder Dolf Sternberger. Deren prinzipientreue Mäßigung kann heute als intellektuelle Blaupause für den Umgang mit den erstarkten Autoritären gelten. Sie haben seinerzeit Methoden entwickelt, wie gefährlichen Regimes die Stirn zu bieten und zugleich mit ihnen zu koexistieren ist. In Zeiten ungekannter wechselseitiger Abhängigkeit bedarf es angesichts von Klimaerwärmung, Cyberkrieg oder Artensterben zweifellos eines Mindestmaßes an Kooperation.

Inmitten all der kulturpessimistischen Jeremiaden hat zugleich die Neubesinnung auf die westlichen Freiheitsideale begonnen. Nun gilt es, Ziele und Mittel neu zu kalibrieren.

**Thomas Kleine-Brockhoff ist Vizepräsident und Berliner Büroleiter des German Marshall Fund of the United States (GMF). Von 2013 bis 2017 leitete er den Planungs- und Redenstab des damaligen Bundespräsidenten Joachim Gauck. Sein jüngstes Buch *Die Welt braucht den Westen: Neustart für eine liberale Ordnung* erschien 2019.**

◂ Thomas Kleine-Brockhoff bei den MSC Conversations im Rahmen der Münchner Sicherheitskonferenz im Februar 2020.

ort 2020
Westlessness
Munich Security Conference msc
Münchner Sicherheitskonferenz
Bayerische Vertretung in Berlin

# „Westlessness" überwinden

**Tobias Bunde**

Jeder, der schon einmal an der Münchner Sicherheitskonferenz teilgenommen hat, weiß, dass der Ballsaal im Bayerischen Hof als Tagungsort für eine hochrangige internationale Konferenz ziemlich klein ist. Was im Fernsehen wie ein großer Konferenzsaal wirkt, ist in Wahrheit nicht größer als ein Basketballfeld – nur vollgepackt mit Staatsoberhäuptern, Regierungschefs, Ministern, Generälen, Journalisten, CEOs, Aktivisten, Thinktank-Vertretern und Akademikern. Wenn die ganz Großen der internationalen Politik sprechen, sitzen die Teilnehmer häufig auf den vom Parkett zur Galerie führenden Stufen. Diese intime Atmosphäre ist Teil der besonderen Aura der Konferenz.[1]

Im Februar 2019 aber war der kleine Raum groß genug, um zwei vollkommen verschiedene Welten in sich aufzunehmen. Binnen einer halben Stunde hielten Vizepräsident Mike Pence und Kanzlerin Angela Merkel ihre Reden, die verdeutlichten, wie unterschiedlich die Weltsichten zweier Schlüsselfiguren der westlichen Welt geworden waren. Unter einer Litanei recht grundsätzlicher Meinungsverschiedenheiten ließen sich kaum Gemeinsamkeiten erkennen.

Natürlich hatte die Münchner Sicherheitskonferenz auch früher schon bisweilen recht emotional ausgetragene Familienzwiste erlebt. Politiker von diesseits und jenseits des Atlantiks streiten regelmäßig über konkrete politische Fragen – und manche Debatten in München sind hitzig und emotional, wie es bei Familientreffen eben vorkommen kann. Aber die Reden und Debatten der Münchner Sicherheitskonferenz 2019 waren anders. Hier handelte es sich um eine tiefere Krise, bei der sich die Differenzen nicht auf bestimmte politische Fragen beschränkten. Es fühlte sich an, als stünde die Zugehörigkeit zu einer Familie und zu einer Wertegemeinschaft selbst infrage. Die Welt um uns herum war in Aufruhr. Aber die wichtigsten Vertreter des Westens schienen unfähig, einander zu verstehen, geschweige denn, sich auf eine gemeinsame Agenda zu verständigen.

Ich erinnere mich, wie ich dem Geschehen von der Galerie des großen Saals aus folgte und mich besorgt fragte, was das alles für die Zukunft der transatlantischen Familie und ganz allgemein für den Westen bedeutete. Wie es schien, war ich nicht der Einzige, der den Eindruck hatte: Was diese Konferenz gewissermaßen wie unter einem Brennglas zeigte, war nichts weniger als eine fundamentale Krise des Westens. Roger Cohen beschrieb die Konferenz von 2019 in der *New York Times* gar als ein „Requiem für den Westen".[2]

In den Monaten nach der Konferenz verfestigte sich der Eindruck einer tieferen Krise. Nachdem Donald Trump im Jahr zuvor auf seinem Heimflug vom G7-Gipfel versucht hatte, seine Zustimmung zum gemeinsamen Kommuniqué zu widerrufen, gingen die französischen Gastgeber des Gipfels von 2019 frühzeitig davon aus, dass ein gemeinsames substanzielles Kommuniqué nicht möglich sein würde. Die Abschlussverlautbarung des Gipfels von Biarritz enthielt denn auch nur gut 250 Wörter, die keine Din-A4-Seite füllten. Das zeigte eindrucksvoll, wie wenig es gab, auf das sich die wichtigsten westlichen Mächte noch verständigen konnten.[3] Als die USA sich Ende des Jahres aus Syrien zurückzogen, offenbar ohne dies mit den NATO-Verbündeten abgestimmt zu haben, die dort ebenfalls mit Truppen präsent waren, sprach der französische Präsident Emmanuel Macron gar vom „Hirntod der NATO".[4] Es fiel schwer, den „Westen" noch als einen bedeutsamen Akteur der Weltpolitik zu sehen. In der öffentlichen Debatte wurde dies mit steigender Nervosität wahrgenommen.

Während der Vorbereitung auf die Konferenz von 2020 beschlossen wir, dieses weitverbreitete Unbehagen unmittelbar zum Thema zu machen. Denn wenn es einen Ort für den offenen und ehrlichen Austausch gibt, dann München. Der Munich Security Report 2020 – unser traditionell wenige Tage vor der Konferenz erscheinende Scene-Setter – prägte den Begriff „Westlessness" als Beschreibung für das „Gefühl des Unbehagens und der Rastlosigkeit" in den westlichen Gesellschaften vor dem Hintergrund einer Welt, die zusehends weniger westlich wird, und eines Westens, für den dies nicht minder gilt.[5]

Natürlich war „Westlessness" in erster Linie als Provokation gedacht, um die Debatten in München zu befeuern. Und diese Provokation funktionierte. Der Begriff wurde umgehend von Politikern, Analysten und Medien aufgegriffen, schien er doch einen Nerv zu treffen und den Zeitgeist adäquat einzufangen, indem er einem diffusen, aber weitverbreiteten Gefühl einen Namen gab. Wie Bundespräsident Frank-Walter Stein-

◀ Tobias Bunde bei der Präsentation des Munich Security Reports "Westlessness" in Berlin im Februar 2020.

meier anlässlich der Eröffnung der Konferenz sagte: „Das selbstverständliche ‚Wir' des ‚Westens' ist heute offenbar nicht mehr ganz selbstverständlich. Das gilt im Inneren unserer Gesellschaften, aber auch in den existenziellen Fragen der Außen- und Sicherheitspolitik, denen sich diese Konferenz widmet."[6]

Manche empfanden die Rede von der „Westlessness" und erst recht ihre Verwendung als inoffizielles Motto der Konferenz als Defätismus oder gar als Häresie – nimmt die MSC doch traditionell die Rolle eines transatlantischen Familientreffens ein. In einer Zeit, in welcher der Westen unter Druck steht, erschien es den Kritikern als falsch und unverantwortlich, ihn schlechtzumachen oder seine Bruchstellen noch extra herauszustellen. US-Außenminister Mike Pompeo war dem Vernehmen nach wütend über diese Mottowahl und beschloss, seine Rede entsprechend anzupassen. „Der Westen", verkündete er in München, „gewinnt. Wir gewinnen gemeinsam." Der Saal antwortete jedoch mit bleierner Stille. Das Publikum im Bayerischen Hof nahm Pompeos Beharren darauf, dass eigentlich alles gut sei, solange nur Amerikas Verbündete „die Realität akzeptierten", mit Unverständnis zur Kenntnis. Die Überschrift eines Berichts der *New York Times* aus München brachte es auf den Punkt: „‚The West Is Winning', Pompeo Said. The West Wasn't Buying It" (auf Deutsch etwa: „‚Der Westen gewinnt', sagte Pompeo. Aber der Westen kaufte es ihm nicht ab.").[7]

> Wie definieren wir den Westen heute und in Zukunft? Können wir zu einer Ära der „Westfulness" zurückkehren, wie manche sagen? Und selbst wenn wir es könnten, sollten wir es dann tun?

Andere hingegen hatten den Eindruck, „Westlessness" stünde exemplarisch für eine Rückwärtsgewandtheit ganz im Sinne des traditionellen westlichen Selbstverständnisses, der Nabel der Welt zu sein. Aus dieser Perspektive sollten wir nicht länger vom Westen sprechen, weil dies zwangsläufig kontraproduktiv und antagonistisch sei. In der heutigen Welt, in der die transatlantischen Partner die Hand nach neuen Partnern jenseits des traditionellen Westens ausstrecken müssten, sei die Fokussierung auf einen in dieser Weise historisch vorbelasteten Begriff wenig hilfreich. Wie die damalige südkoreanische Außenministerin Kang Kyung-wha auf der Konferenz erklärte: „Die dem Multilateralismus zugrunde liegenden Werte sind nicht länger ein Privileg des Westens. … Vielleicht sollten wir die Zukunft des Multilateralismus nicht speziell mit Bezug auf den Westen oder irgendeine andere Region der Welt diskutieren, sondern die Diskussion besser gleich auf den gesamten Globus beziehen."[8]

In gewissem Sinne unterstreichen die durch den Bericht ausgelösten Kritikstränge nur die Gemengelage, die der Begriff „Westlessness" zum Ausdruck bringt, und die wichtigen Fragen, die sich uns stellen. Denn wir müssen eine ehrliche und offene Debatte über die Zukunft des Westens führen: Wie definieren wir den Westen heute und in Zukunft? Können wir zu einer Ära der „Westfulness" zurückkehren, wie manche sagen? Und selbst wenn wir es könnten, sollten wir es dann tun?[9] Wie lässt sich Kooperation unter liberalen Demokratien heute am besten organisieren, begründen und kommunizieren?

### Über die „Westlessness" hinaus?

Seit der MSC 2020 war unsere Arbeit bei der Münchner Sicherheitskonferenz ganz wesentlich von der Frage bestimmt, wie es möglich sein könnte, die „Westlessness" zu überwinden, und wie jene, die – wo auch immer in der Welt sie sich befinden – von den Vorteilen liberal-demokratischer Werte und internationaler Kooperation überzeugt sind, diese Prinzipien gemeinsam verteidigen können, während mächtige Kräfte im In- und Ausland gegen sie Sturm laufen. Möglicherweise handelt es sich hier um eine der wichtigsten Herausforderungen, mit denen es die westliche Diplomatie im Allgemeinen und das traditionelle Publikum der MSC im Besonderen zu tun hat.[10]

Vor diesem Hintergrund war es gut zu sehen, dass der Begriff „Westlessness" nicht unmittelbar nach Ende der Konferenz verschwand, sondern „eine Diskussion quer durch die nordatlantischen politischen Eliten und die internationale Presse auslöste".[11] Die Förderung der öffentlichen Debatte zu wichtigen sicherheitspolitischen Themen gehört schließlich zu den Hauptzielen der MSC. Aber dass viele Beobachter den Eindruck gewannen, unsere Diagnose habe sich bestätigt, ist kein Anlass zur Freude. Es unterstreicht vielmehr die Dimension der Herausforderung, der sich die liberalen Demokratien in der Welt stellen müssen.

Die vergangenen zwei Jahre haben unsere Sorgen nicht gemildert. Im Gegenteil hat sich das von uns beschriebene Symptom sogar noch verstärkt, wie manche Beobachter hervorheben: „Alles seit diesem Bericht hat die Gefahr bestätigt, denn das Tempo, mit dem die Welt „westless" – und deshalb ruhelos – wird, nimmt immer weiter zu."[12] Vor diesem Hintergrund lässt sich schwerlich behaupten, der Westen würde „gewinnen".

Kritiker könnten nun natürlich fragen, was genau „weniger westlich" bedeuten soll. Schließlich lässt sich der Begriff des „Westens" jenseits seiner Verwendung als Kürzel für eine überwiegend aus nordamerikanischen und europäischen liberalen Demokratien bestehende Gemeinschaft und ein normatives Projekt nicht immer leicht dingfest machen. Der Westen ist seit jeher kein monolithisches Konzept gewesen, sondern ein Amalgam unterschiedlicher Traditionen, deren Zusammensetzung und Interpretationen sich im Lauf der Zeit immer wieder veränderten.[13] Die Verfechter der „illiberalen Konterrevolution" erheben ja ebenso den Anspruch, für den Westen zu sprechen, den sie jedoch anhand ethnischer, kultureller oder religiöser Kriterien definieren.[14]

Dennoch schien während der vergangenen Jahrzehnte die Antwort auf die Frage, was den Westen zusammenhält, auf der Hand zu liegen: ein Bekenntnis zur liberalen Demokratie und zu den Menschenrechten, zu einer marktbasierten Wirtschaft und zur internationalen Kooperation in internationalen Institutionen. Nach dem Fall der Berliner Mauer und der Auflösung der Sowjetunion schienen diese Prinzipien den Globus zu erobern. In diesem Sinne war die Zeit nach dem Kalten Krieg nicht nur durch den „unipolaren Moment", also die Existenz einer einzigen Supermacht, definiert. Denn diese Zeit war auch ein liberaler Moment. Diese Dominanz freiheitlich-demokratischer Ideen gehört aber mittlerweile der Vergangenheit an – nicht nur auf der globalen Ebene, sondern auch innerhalb des Westens. Heute scheinen die Verteidiger eines offenen und liberalen Westens in der Defensive zu sein.

Westlessness in unseren eigenen Gesellschaften bleibt ein zentrales – vielleicht sogar das zentrale – Problem. Und natürlich man kann nicht Westlessness in der Welt bekämpfen und sie bei sich zu Hause ignorieren. Die Angriffe auf einige der grundlegenden Werte des liberal-demokratischen Westens haben eher noch zugenommen. Auch wenn die US-amerikanischen Wähler Donald Trump keine zweite Amtszeit gewährten, zeigen die Erstürmung des Kapitols vom 6. Januar 2021, Trumps Behauptung, er sei um die Wiederwahl betrogen worden, und die Weigerung fast des gesamten republikanischen Establishments, diese Versuche der Beeinflussung freier Wahlen zu verurteilen, in welchem Umfang in den Vereinigten Staaten mittlerweile die grundlegendsten liberal-demokratischen Normen infrage gestellt werden. Robert Kagan warnt denn auch, die Vereinigten Staaten stünden vor „ihrer größten politischen und konstitutionellen Krise seit dem Sezessionskrieg."[15] Gemäß den Daten des Münchner Sicherheitsindex halten nur vier von zehn US-Amerikanern die Demokratie in ihrem Land für sicher.[16] Aus gutem Grund lässt Präsident Biden nicht nach zu betonen, wie wichtig es sei, sich für die demokratische Erneuerung einzusetzen und zu zeigen, dass Demokratien auch in der heutigen Welt noch die besten Rezepte parat haben.[17]

In Europa wiederum versuchen mehrere Regierungen, die freie Presse einzuschränken, zivilgesellschaftliche Institutionen zu behindern und die Unabhängigkeit der Gerichte zu untergraben. In vielen Ländern haben die Wähler kaum noch Wahlfreiheit, weil diejenigen unter ihnen, die an Kernprinzipien wie Rechtsstaatlichkeit und Pressefreiheit glauben, sich notgedrungen hinter einem gemeinsamen Kandidaten versammeln müssen, um einem Radikalen die Stirn bieten zu können, der damit auf Stimmenfang geht, dass er diese Prinzipien infrage stellt. Seit Jahren findet die Europäische Union keine überzeugende Antwort auf die Entwicklungen in Ungarn, dem ersten EU-Mitgliedstaat, der von Freedom House nur noch als „teilweise frei" eingestuft wird.[18] Vor Kurzem hat das Urteil des polnischen Verfassungsgerichts, welches das Primat des europäischen Rechts – ein Kernprinzip der Europäischen Union – infrage stellte, die Zukunft der EU als eine Rechtsgemeinschaft in Zweifel gezogen. Zudem erleben viele jener Länder, die sich als die Wiege der Aufklärung sehen, eine Zunahme moderner Wissenschaftsfeindlichkeit und eine Flut von Verschwörungsmythen – eine Entwicklung, die durch die Pandemie lediglich noch verstärkt wurde. Für viele Kritiker sind die „inkompetenten Antworten der westlichen Regierungen" auf die Pandemie somit nur ein weiterer Beweis für den Niedergang des Westens.[19]

> Westlessness in unseren eigenen Gesellschaften bleibt ein zentrales – vielleicht sogar das zentrale – Problem. Und natürlich man kann nicht Westlessness in der Welt bekämpfen und sie bei sich zu Hause ignorieren.

Die Westlessness jenseits des Westens selbst ist jedoch nicht weniger besorgniserregend. Seit Jahren beschreiben Kommentatoren die negativen Auswirkungen der westlichen Abwesenheit in entscheidenden Konfliktzonen und der wachsenden Präsenz anderer Akteure. „Menschliche Sicherheit" oder die Idee der „globalen Schutzverantwortung" spielen eine immer geringere Rolle. Laut Anne Applebaum hat die „Krise der westlichen Werte" zu Hause somit „ein noch blutigeres und brutaleres Gesicht" in der Welt.[20] China und Russland haben nicht nur wiederholt verhindert, dass sich der UN-Sicherheitsrat gegen die vom Assad-Regime in Syrien verübten Gräueltaten ausspracht, sondern auch den humanitären Zugang begrenzt und so unmittelbar zum menschlichen Leid beigetragen, nur um das Regime zu stützen und klarzumachen, dass es sich bei dem Konflikt um eine innere Angelegenheit handele. Russische Kräfte haben sich sogar an der Bombardierung von Krankenhäusern und Schulen in Syrien beteiligt.[21] Vor dem Hintergrund westlicher „Interventionsmüdigkeit" sind sie zu den zentralen Förderern dessen geworden, was David Miliband als das „Zeitalter der Straflosigkeit" bezeichnet.[22]

China, Russland und andere Gegner einer menschenrechtsbasierten Interpretation des Völkerrechts versuchen mittlerweile offen, einige der liberalen Fortschritte der vergangenen Jahrzehnte rückgängig zu machen und zu etwas zurückzukehren, was Wolfgang Ischinger als „internationales Diktatorenschutzrecht" bezeichnet und worin manche Experten den Keim eines „autoritären Völkerrechts" sehen.[23] Und in der Tat werden wir zunehmend Zeuge von Versuchen, die Kernprinzipien der internationalen Ordnung neu zu interpretieren – zum Nachteil von Menschenrechten und liberal-demokratischen Prinzipien.

Man hätte erwarten können, dass diese zunehmende Gefährdung dessen, was der Westen für universelle Werte hält, eine konzertierte Antwort seitens der Verfechter der liberalen internationalen Ordnung auslösen würde. Stattdessen jedoch sehen wir in den letzten Jahren einen kontinuierlichen Niedergang des Westens als eines handlungsfähigen kollektiven Akteurs in der Welt. In zu vielen Fragen liegen die westlichen Länder miteinander im Clinch und nutzen kleinere Meinungsunterschiede zur narzisstischen Selbstprofilierung, anstatt sich um die größeren, alle gleichermaßen betreffenden Herausforderungen zu kümmern.

Als vor mehr als einem Jahrzehnt die Finanz- und Wirtschaftskrise zuschlug, stimmten die Politiker diesseits und jenseits des Atlantiks binnen kürzester Zeit ihre fiskalischen und politischen Maßnahmen miteinander ab. Aber als sich die Pandemie vergangenes Jahr über den Globus auszubreiten begann, war von solcher Koordination kaum etwas zu sehen. Wie Ian Bremmer es im April 2020 in einer MSC Digital Conversation formulierte: „Es gibt kein besseres Beispiel von ‚Westlessness' als die globale Nicht-Antwort der USA und Europas auf unsere größte Krise seit dem Zweiten Weltkrieg."[24] Die Brexit-Saga ist zu einer endlosen Geschichte unnötiger Selbstbeschädigung geworden, die Großbritannien und die EU noch immer plagt und einer zukünftigen Kooperation in wichtigen Sicherheitsfragen im Wege steht. Mit den Amerikanern, aber mehr noch untereinander streiten die Europäer über die wahre Bedeutung „strategischer Autonomie" und „europäischer Souveränität" – als ob die Welt nur darauf warten würde.

Für alle, die geglaubt hatten, dass Westlessness nur die diversen von Donald Trump ausgelösten Krisen beschreibe, sollte mittlerweile klar sein, dass Trump sicherlich ein Katalysator für die hier beschriebenen Trends war, dass er aber weder der einzige Grund war, noch einer, dessen Beseitigung allein schon dem Westen seine Stärke zurückgeben würde. Zwar wurde die Wahl Joe Bidens zum US-Präsidenten in der demokratischen Welt mit Erleichterung aufgenommen und sein gemeinsamer Auftritt mit Angela Merkel und Emmanuel Macron auf der MSC Special Edition vom 21. Februar 2021 als ein „wunderschönes Liebesfest des alten Westens" beschrieben.[25] Aber wer den Reden aufmerksam lauschte, musste notgedrungen erkennen, dass die transatlantischen Partner von einer Einigung über eine gemeinsame Strategie zum Umgang mit den Herausforderungen von heute und morgen noch weit entfernt sind. So einig man sich darin ist, dass die liberalen Demokratien der Welt, wie Biden hervorhob, an einem „Wendepunkt" stehen, der durch die Auseinandersetzung zwischen den Unterstützern der liberalen Demokratie und ihren autokratischen Rivalen gekennzeichnet ist,[26] so wenig ist eine echte gemeinsame Agenda oder gar eine abgestimmte Strategie in Sicht.

Vielleicht haben die Europäer Bidens Botschaft von der MSC Special Edition – „Amerika ist zurück!" – zu wörtlich genommen. Aber wie die vergangenen Monate nur allzu deutlich gezeigt haben, steht eine Rückkehr zum alten transatlantischen Status quo nicht zur Debatte. Die mit ihren eigenen Problemen beschäftigten Europäer haben es weitestgehend versäumt, Ideen einzubringen, die einen transatlantischen Neubeginn signalisiert hätten, um gemeinsam nach vorn zu schauen, wie Biden es vorgeschlagen hatte. Jetzt geht die Biden-Regierung allein voran und richtet den Fokus ganz klar auf den strategischen Wettbewerb mit China. „Aber wo ist Europa?" scheint die passende Gegenfrage zu sein, auf welche die Antwort noch auf sich warten lässt.

Noch bevor die Biden-Regierung ihre Arbeit aufnehmen konnte, beschloss die EU den Abschluss ihres Investitionsabkommens mit China – ein unglückliches Signal, das zu Irritationen in Washington führte, wo die neue Regierung ihre Hoffnungen auf einen neuen gemeinsamen transatlantischen Ansatz gegenüber China gesetzt hatte.[27] Derweil erscheint die Biden-Regierung nicht erpicht darauf zu warten, bis ihre europäischen Partner sich in Bezug auf die chinesische Herausforderung eines Besseren besinnen, und prescht vielmehr vor mit neuen multilateralen Bündniskonzepten im Indopazifik wie der „Quad", dem Sicherheitsdialog zwischen den Vereinigten Staaten, Indien, Japan und Australien, und der neuen trilateralen Sicherheitspartnerschaft mit Australien und Großbritannien unter dem Namen AUKUS. Weil Letztere mit der Aufkündigung eines umfangreichen U-Boot-Geschäfts zwischen Australien und Frankreich einherging, brachen neue transatlantische Spannungen aus, welche die transatlantische Kooperation in dieser Region generell infrage stellen. Das unselige Ende der zwanzigjährigen Afghanistan-Mission schließlich wurde von vielen in Europa wahrgenommen als eine „Degradierung der westlichen Allianz und alldessen, wofür sie angeblich in der Welt steht".[28] Für viele europäische Politiker scheinen die Entwicklungen nach einer Neubewertung der europäischen Abhängigkeit von den Vereinigten Staaten zu rufen. Wie Charles Michel, der Präsident des Europäischen Rates, es formulierte: „Diese afghanische Krise zwingt uns eine Großübung in Sachen strategischer Autonomie auf."[29] Und während die liberalen Demokratien im Westen schwach, erschöpft, unkoordiniert oder gar zerstritten wirken, scheinen ihre autokratischen Herausforderer überzeugt zu sein, dass sie auf Erfolgskurs sind. In Moskau und Peking sind die herrschenden Eliten zu dem Schluss gekommen, dass „der Westen im Niedergang und der Osten im Aufstieg" begriffen ist.[30]

### Den Westen über die Erneuerung der Kooperation zwischen den Demokratien stärken?

Die liberalen Demokratien der Welt stehen wohl gerade erst am Anfang einer überfälligen Debatte über die wichtigste strategische Frage unserer Zeit: Wie können wir eine auf liberalen Prinzipien beruhende internationale Ordnung bewahren und unsere Lebensweise in einer Welt verteidigen, in welcher der Westen über weniger Einfluss verfügt?

Vor diesem Hintergrund gewinnt die Idee einer verbesserten Kooperation zwischen gleichgesinnten liberalen Demokratien auf globaler Ebene an Boden. Sie gehört zu den Vorbedingungen einer „Renaissance der Demokratien", einem – und aus westlicher Sicht dem bei Weitem positivsten – von fünf Szenarien, die der US-amerikanische National Intelligence Council (NIC) in seinem jüngsten Bericht über globale Trends beschreibt.[31] Während die transatlantischen Demokratien im globalen Vergleich wirtschaftliche Macht verloren haben, stellen sie zusammen mit den demokratischen Staaten in anderen Teil der Welt immer noch die mächtigste Ländergruppe dar. Es erscheint zudem nicht länger sinnvoll, eine Kooperation unter demokratischen Ländern auf bestimmte Regionen zu beschränken, wenn sie alle vor denselben Herausforderungen stehen. In Anbetracht des wachsenden Bewusstseins für die Existenz eines neuen Systemwettbewerbs haben diverse führende Politiker Vorschläge für eine Stärkung der globalen, wertebasierten Kooperation vorgelegt.

> **Wie können wir eine auf liberalen Prinzipien beruhende internationale Ordnung bewahren und unsere Lebensweise in einer Welt verteidigen, in welcher der Westen über weniger Einfluss verfügt?**

Während des US-Präsidentschaftswahlkampfs verkündete Joe Biden, seine Administration werde „einen globalen Gipfel für Demokratie organisieren und ausrichten, um den Geist und die gemeinsame Zielsetzung der Nationen der freien Welt zu erneuern".[32] Auf der MSC Special Edition riefen sowohl Präsident Biden als auch der britische Premierminister Boris Johnson zu einer wertebasierten Kooperation unter den Nationen der „freien Welt" auf, und NATO-Generalsekretär Jens Stoltenberg betonte, dass die Allianz überall in der Welt ihre Partnerschaften mit gleichgesinnten Partnern stärken und neue gründen sollte.[33] Mehrere ehemalige europäische Spitzenpolitiker wie Carl Bildt, Toomas Ilves und Anders Fogh Rasmussen haben Vorschläge für eine demokratische Allianz für den Umgang mit technologischen Herausforderungen und Cyberbedrohungen unterbreitet.[34] Johnson rief zudem dazu auf, die D10 – eine informelle Gruppierung der zehn führenden Demokratien – zu nutzen, um die Telekommunikationspolitik zu koordinieren und eine gemeinsame Antwort auf die laufende Debatte zu 5G und Netzwerksicherheit zu entwickeln.[35] Selbst in Deutschland, das lange zu den westlichen Ländern gehörte, die sich scheuen, eine härtere Gangart gegenüber der autokratischen Herausforderung an den Tag zu legen, hat sich die Debatte gewandelt. In einer ersten kurzen Zusammenfassung der zentralen Positionen der neuen Koalitionspartner unterstrichen die

Parteien die Bedeutung einer „multilateralen Kooperation in der Welt, insbesondere in enger Verbindung mit denjenigen Staaten, die unsere demokratischen Werte teilen". Insbesondere betonten sie, dass sie „Initiativen wie die Allianz der Demokratien unterstützen und stärken" wollten.[36]

Für manche wäre eine aus den liberalen Demokratien bestehende neue Organisation „genau die Art von Institution, welche die Welt braucht: eine Gruppe fähiger, entschlossener und zueinander haltender Demokratien, die politischen Willen und echte Ressourcen aufbringen könnten".[37] Aber allen diesen Vorschlägen für eine exklusive Kooperation unter demokratischen Ländern fehlen wichtige Details. Skeptiker warnen vor den praktischen Hürden, die ein „Gipfel für Demokratie" zu klären hätte, bedenkt man, wie schwer es ist zu entscheiden, wer auf die Gästeliste gehört und wer nicht.[38] Andere fragen sich, ob die USA in Anbetracht des Schadens, den ihre Rolle als Symbol für demokratische Freiheiten genommen hat, der geeignete Kandidat für die Gastgeberrolle wären.[39] Und es ist alles andere als klar, in welchem Bezug die verschiedenen Initiativen zueinander stehen. Versteht sich der Gipfel für Demokratie beispielsweise als Ergänzung zur deutsch-französischen Initiative einer „Allianz für den Multilateralismus"? Wäre es besser, in themenspezifischen Koalitionen der Willigen informell zu kooperieren, oder ist eine stärker institutionalisierte Plattform oder gar eine neue formelle internationale Organisation gefragt?

Diese Vorschläge zeigen zumindest eine wachsende Unterstützung für die Vorstellung, dass die Demokratien der Welt sich besser abstimmen müssen, um im neuen ideologischen Wettbewerb zu bestehen. In diesem Kontext gilt es, einem wichtigen Missverständnis aus dem Weg zu gehen. Im Unterschied zu den Neokonservativen der Vergangenheit sind die heutigen Verfechter einer verstärkten Kooperation unter den freiheitlichen Demokratien der Welt keine Eiferer. Weder verfolgen sie eine offensive Mission zur Verbreitung des Demokratie, noch hegen sie Illusionen in Bezug auf die Möglichkeit, die Welt nach ihrem Bilde zu formen. Die Mission von heute ist vielmehr eine defensive – und das aus gutem Grund. In diesem Sinne schlägt G. John Ikenberry eine andere Lesart von Woodrow Wilsons berühmtem Aufruf vor, die Welt für die Demokratie sicher zu machen. „Making the world safe for democracy" sollte heute, schreibt Ikenberry, „wörtlich verstanden werden: als Wunsch nach Sicherheit. Statt eines idealistischen Appells ist es ein Aufruf, die internationale Nachkriegsordnung so zu reformieren, dass sie es der westlichen freiheitlichen Demokratie erlaubt zu überleben."[40]

In ähnlicher Weise argumentieren Hal Brands und Charles Edel zugunsten einer „Grand Strategy der demokratischen Solidarität". Ihnen zufolge sollte eine solche Strategie „Anstrengungen umfassen, die Demokratien der Welt gegen autokratischen Druck abzuschirmen, und es ihnen zugleich zu ermöglichen, ihrerseits selektiven Gegendruck auszuüben".[41] Vor allem aber würde mehr Solidarität unter den Demokratien helfen, Teile-und-herrsche-Strategien zu widerstehen, die individuelle Länder für ihr Verhalten bestrafen oder belohnen.

Zugleich warnen jedoch einige Spitzenpolitiker weiterhin davor, eine Dichotomie zwischen Demokratien auf der einen und Autokratien auf der anderen Seite herbeizureden und so zu einer sich selbst erfüllenden Prophezeiung werden zu lassen, welche die befürchtete Zweiteilung der Welt zementiert. Viele europäische Politiker beispielsweise warnen davor, Russland ins chinesische Lager zu treiben. Der französische Präsident Emmanuel Macron etwa argumentiert, dass „es ein großer strategischer Fehler wäre, Russland von Europa wegzustoßen, weil wir es damit entweder in die Isolation treiben, was die Spannungen vergrößern würde, oder in eine Allianz mit anderen Großmächten wie beispielsweise China, was alles andere als in unserem Interesse wäre".[42] Ebenso warnt Macron auch davor, eine vereinte Front gegen China zu bilden, was er als „ein Szenario mit höchstmöglichem Konfliktpotenzial" beschrieb.[43] Auch Angela Merkel brachte ihr Einverständnis mit dem chinesischen Präsidenten Xi zum Ausdruck, der vor der Bildung neuer Blöcke warnte.[44] In den Augen Macrons wie Merkels würde ein allzu starker Fokus auf die Kooperation zwischen den freiheitlichen Demokratien der Welt die Rivalität im Verhältnis zu anderen Staaten zementieren und der globalen Kooperation insgesamt schaden.

Manche Experten teilen diese Sorgen und warnen davor, „offen ideologisch an die globale Agenda heranzugehen".[45] Die Frage lautet jedoch, ob sich diese Alternative überhaupt noch stellt und ob der Versuch, den bereits bestehenden Systemwettbewerb in Abrede zu stellen, positivere Ergebnisse zeitigen würde. Andere argumentieren, dass ein gewisser Grad an Abgrenzung gegenüber den illiberalen und autoritären Ländern zwecks Stärkung der demokratischen Solidarität womöglich nötig ist, um wichtige Errungenschaften der freiheitlichen internationalen Ordnung zu bewahren.[46] Aus dieser Perspektive sollten die transatlantischen Partner gleichgesinnten Demokratien in anderen Teilen der Welt die Hand reichen. Im Übrigen steht die Betonung der Gemeinsamkeiten zwischen den liberalen Demokratien im Rahmen einer defensiven Agenda nicht im Widerspruch zu einer Kooperation mit Nichtdemokratien in Fragen von gemeinsamem Interesse.[47]

Den freiheitlichen Demokratien der Welt stellt sich somit heute die Frage nach dem richtigen Verhältnis zwischen einerseits der Stärkung der Kooperation unter gleichgesinnten Ländern, um im Systemwettbewerb bestehen zu können und die Kernelemente der liberalen internationalen Ordnung zu wahren, und andererseits der Vermeidung einer offenen Konfrontation mit den autokratischen Staaten, in der wenig Raum bliebe für die notwendige Kooperation in Bezug auf gemeinsame Herausforderungen der Menschheit.

### Müssen wir uns vom „Westen" verabschieden?

Vielleicht ist es an der Zeit, sich vom Begriff des „Westens" zu trennen, wenn wir eine Welt der Westlessness hinter uns lassen wollen. Mögen die meisten Verfechter der Idee vom Westen auch heute argumentieren, es handele sich dabei nicht so sehr um eine Gegend auf der Weltkarte als vielmehr um ein auf liberal-demokratischen Werten basierendes politisches Konzept, so hat der Begriff unbestritten seine geografischen, zivilisatorischen, gar kolonialen Konnotationen.

Manche ziehen es deshalb vor, nicht länger den „Westen" im Munde zu führen. Ihre Empfehlung lautet, stattdessen beispielsweise von einer Koalition derer zu sprechen, die die regelbasierte internationale Ordnung stärken wollen. Ungeachtet des Umstands, dass jede Ordnung auf Regeln basiert (die Frage ist lediglich, welche Regeln), ist dieser Vorschlag nicht gerade ein Wahlkampfslogan. Ähnlich der von Frankreich und Deutschland angeführten „Allianz für den Multilateralismus" klingt die Bezugnahme auf die „regelbasierte Ordnung" technisch und abstrakt. *Take back control* und *America first* sind zugkräftige Slogans; *Defend the rules-based international order* oder *Make multilateralism great again* eher nicht. Können wir uns stattdessen auf eine „Allianz der Demokratien" einigen – oder ist diese Formulierung bereits zu militaristisch und antagonistisch, wie einige befürchten?

Diese Fragen sind keineswegs zweitrangig. Politik und Diplomatie bestehen schließlich zu einem wesentlichen Teil aus der öffentlichen Formung von Identitäten und Narrativen. Erfolgreiche Politiker sind häufig exzellente Geschichtenerzähler, die es verstehen, ihren Wählern die Welt zu erklären und ihnen sinnstiftende Perspektive zu bieten. Vieles in der Politik hängt davon ab, wie das relevante „Wir" beschrieben und definiert wird. Sprechen wir über den Nationalstaat, Europa, die transatlantische Partnerschaft, den Westen oder eine globale Allianz der Demokratien? Wer sind „wir", von denen erwartet wird, dass wir gemeinsam handeln? Was führt uns zusammen – unsere geografische Lage, unsere Geschichte oder unsere gemeinsamen Werte und Überzeugungen? Wie stark sollten wir uns von denen distanzieren, die unsere Werte nicht teilen? Wie viel Abgrenzung von der übrigen Welt brauchen wir im Interesse des notwendigen Zusammenhalts unter den freiheitlichen Demokratien und der Verteidigung wichtiger liberaler Normen? Wie vermeiden wir, dass daraus eine neue gefährliche Konfrontation erwächst? Und wie stellen wir sicher, dass wir auch weiterhin zusammen mit anderen an der Lösung jener Probleme arbeiten können, die uns alle betreffen?

Das sind nur einige der Fragen, auf die es keine leichten Antworten gibt. Nur eines ist gewiss: Der Westen wird sich, wenn er eine ernst zu nehmende politische Kraft bleiben will, anpassen müssen. Er wird notgedrungen ein anderes Gesicht bekommen als in den vergangenen Jahrzehnten. Er wird vielgestaltiger werden und mehr Perspektiven von jenseits der transatlantischen Welt in sich aufnehmen. Er muss seine Funktionsprinzipien ändern – mit einer stärkeren Lastenverteilung und breit gestreuter Führungsverantwortung. Vielleicht muss er sich auch einen anderen Namen geben. Solange sich die ihm zugrunde liegende zentrale Mission – die wertebasierte Kooperation unter liberalen Demokratien – bewahren lässt, sollte das jedoch das geringste Problem sein.

**Tobias Bunde ist Director of Research and Policy der Münchner Sicherheitskonferenz und federführender Autor des jährlich erscheinenden Munich Security Report. Er ist außerdem Mitglied des Vorstands der Stiftung Münchner Sicherheitskonferenz. Neben seiner Arbeit für die MSC forscht er am Centre for International Security der Hertie School in Berlin.**

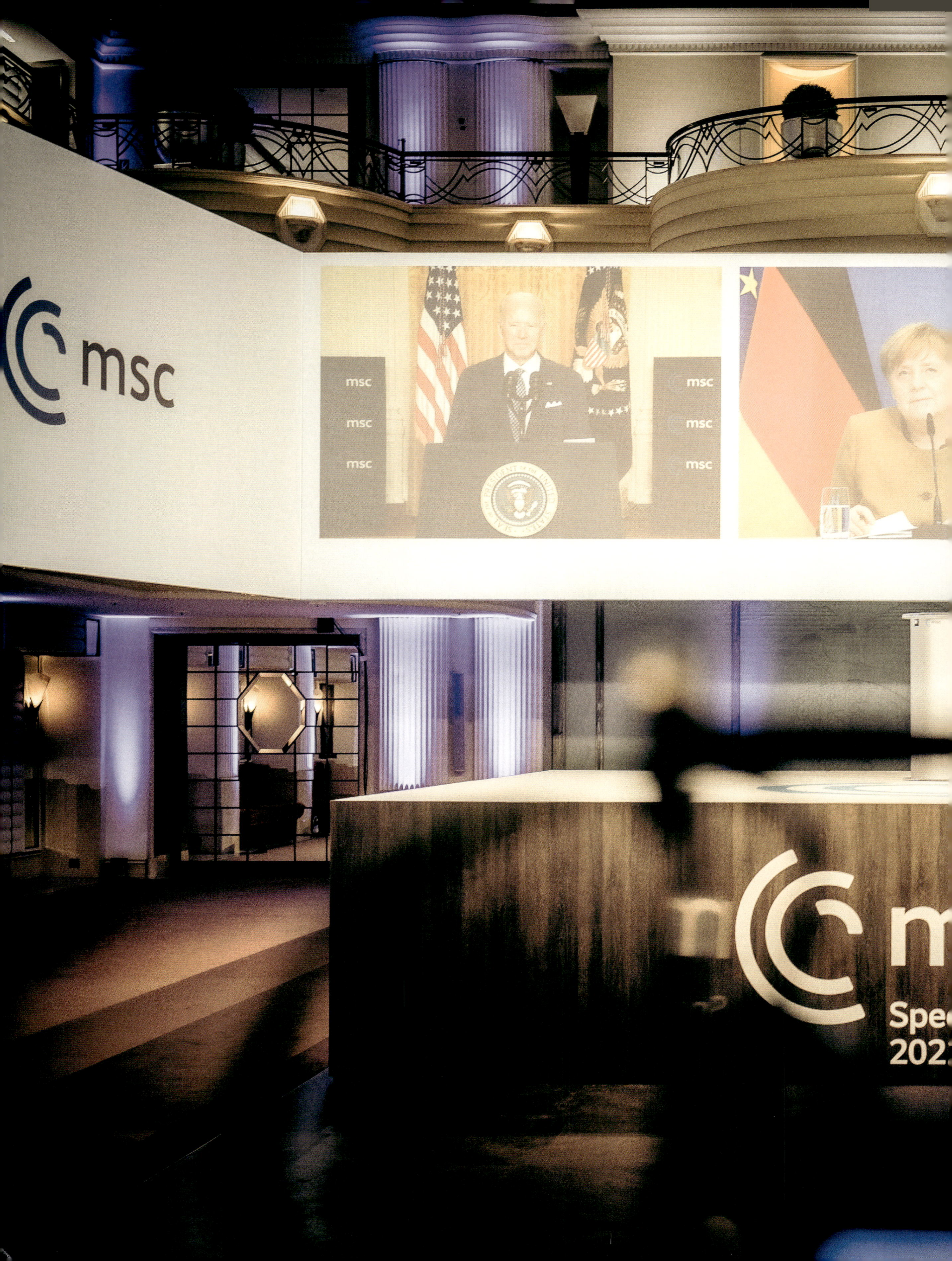
msc
msc
msc
msc
msc
msc
msc
m
Spe
202

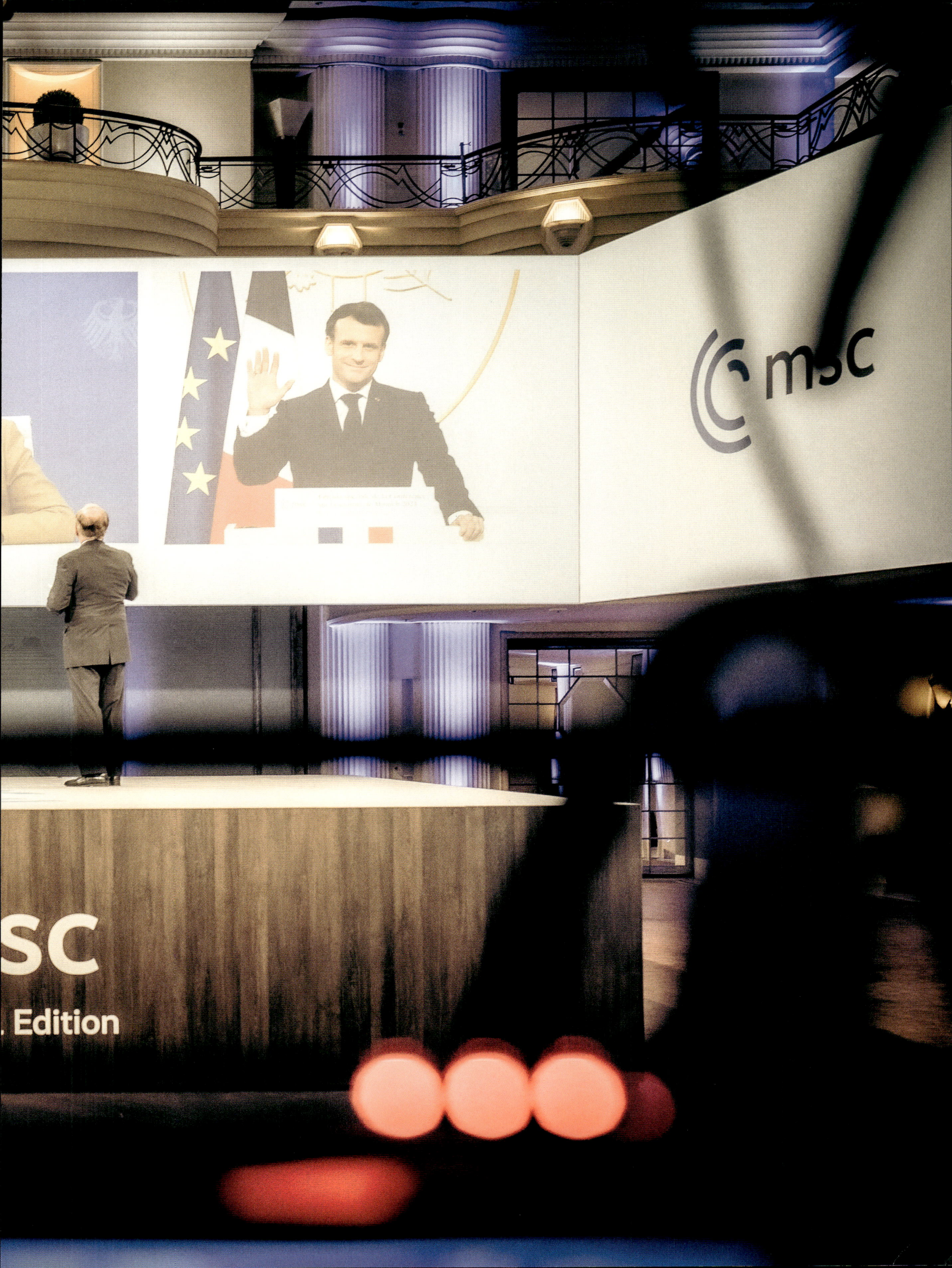
msc
SC
Edition

#MSC20
Munich Security Conference
msc
Münchner Sicherheitskonferenz
SCHLOSS ELMAU

# Eine Weltpolitikfähigkeitsverlustvermeidungsstrategie entwickeln

Timothy Garton Ash

Zu den kleineren Besonderheiten der deutschen Herausgeberpraxis gehört, dass sich Vorgaben zur Länge eines Artikels oder Kapitels häufig auf die Zahl der Zeichen statt der Wörter beziehen. Für diesen Band zum Beispiel wurden wir gebeten, Beiträge mit einer Länge von bis zu 4.550 Zeichen einzureichen. Das zentrale Wort in meiner Überschrift – *Weltpolitikfähigkeitsverlustvermeidungsstrategie* – nimmt folglich bereits mehr als ein Prozent davon in Anspruch.

Ich gebrauchte dieses deutsche Wortungetüm erstmals in meinen einleitenden Worten anlässlich des Berliner Kick-offs zur Münchner Sicherheitskonferenz im Februar 2019.[1] Es erlangte eine vorübergehende Berühmtheit nicht zuletzt deshalb, weil Wolfgang Ischinger es mehrere Male wiederholte – unter anderem vor dem Publikum der Münchner Hauptveranstaltung kurze Zeit später. Es war natürlich als Scherz gemeint, aber als Scherz mit einem ernsten Hintergrund. Aufgedröselt bedeutet es so etwas wie „eine Strategie zur Vermeidung des Verlusts der Fähigkeit, Weltpolitik zu betreiben", und ich möchte ganz im Ernst behaupten, dass es genau das ist, was Europa braucht.

Der gewinnbringende Einsatz der Macht der Sprache ist ein wichtiger Teil der diplomatischen Kunst, aber auch der Kunst, die öffentliche Meinung von einem bestimmten außenpolitischen Kurs zu überzeugen. Diese zwei Künste erfordern einen unterschiedlichen Umgang mit den Worten. In der Diplomatie geht es häufig darum, eine elegante Formel zu finden, mit der sich irreduzible Differenzen kaschieren oder – ganz unverblümt gesagt – frisieren lassen. In der Außenpolitik hingegen haben wir es mit der Suche nach einer kurzen, plastischen und eindrücklichen Formulierung zu tun, die verständlich macht und in ein positives Licht rückt, was wir zu tun beabsichtigen. Wenn Ersteres die Kunst der Verwässerung ist, ist Letzteres die Kunst der Konzentrierung.

Nichts verkörpert diese Konzentrierung besser als ein gutes deutsches zusammengesetztes Hauptwort: Weltanschauung, Weltschmerz, Erfolgserlebnis, Schadenfreude … und natürlich #Weltpolitikfähigkeit, was tatsächlich als Hashtag auf Twitter existiert. Denn die Fähigkeit, Weltpolitik zu betreiben, ist für Europa überlebenswichtiger denn je. Besser gesagt: für den gesamten Westen – in einer Welt, die zunehmend von nichteuropäischen und nichtwestlichen Mächten gestaltet wird. Und hinter dieser Fähigkeit steht heute ein großes Fragezeichen.

Wolfgang Ischinger und die MSC haben die linguistisch-politische Übung auf eher ungewöhnliche Weise betrieben, indem sie den Begriff #Westlessness prägten und verbreiteten,[2] der eine Art deutsches zusammengesetztes Hauptwort auf Englisch darstellte. Er hatte beträchtlichen Erfolg, denn er fasst die Essenz des Gedankens in einem einzigen Wort zusammen.

Dennoch sollten wir Thomas Hobbes' Warnung nicht vergessen: „Worte sind für die Weisen nur Rechenpfennige … aber sie sind das Geld der Törichten." Besonders auf dem Feld der Außenpolitik weist Europa nur allzu oft ein Übermaß an Worten und ein Defizit an Taten auf. Keine schöne Formel wie „strategische Autonomie" oder „europäische Souveränität" hätte irgendetwas daran ändern können, dass die europäischen Truppen, als der US-Präsident den einseitigen und überstürzten Abzug aus Afghanistan anordnete, schlicht nicht über die nötigen Fähigkeiten verfügten, um noch ein wenig länger zu bleiben und das resultierende Debakel zu verhindern – selbst wenn ihre Länder den politischen Willen dazu hatten. Mangelnder Wille und mangelnde Fähigkeiten hängen natürlich eng miteinander zusammen.

So wichtig die Macht der Sprache ist, so essenziell ist die Sprache der Macht. Nur beide zusammen ergeben für Europa eine echte und wirksame *Weltpolitikfähigkeitsverlustvermeidungsstrategie*.

**Timothy Garton Ash ist Professor für Europäische Studien an der University of Oxford, Isaiah Berlin Professorial Fellow am St. Antony's College in Oxford und Senior Fellow der Hoover Institution an der Stanford University.**

◂ Timothy Garton Ash zu Gast bei der MSC, unter anderem beim Kick-off Event für die Münchner Sicherheitskonferenz im Februar 2019.

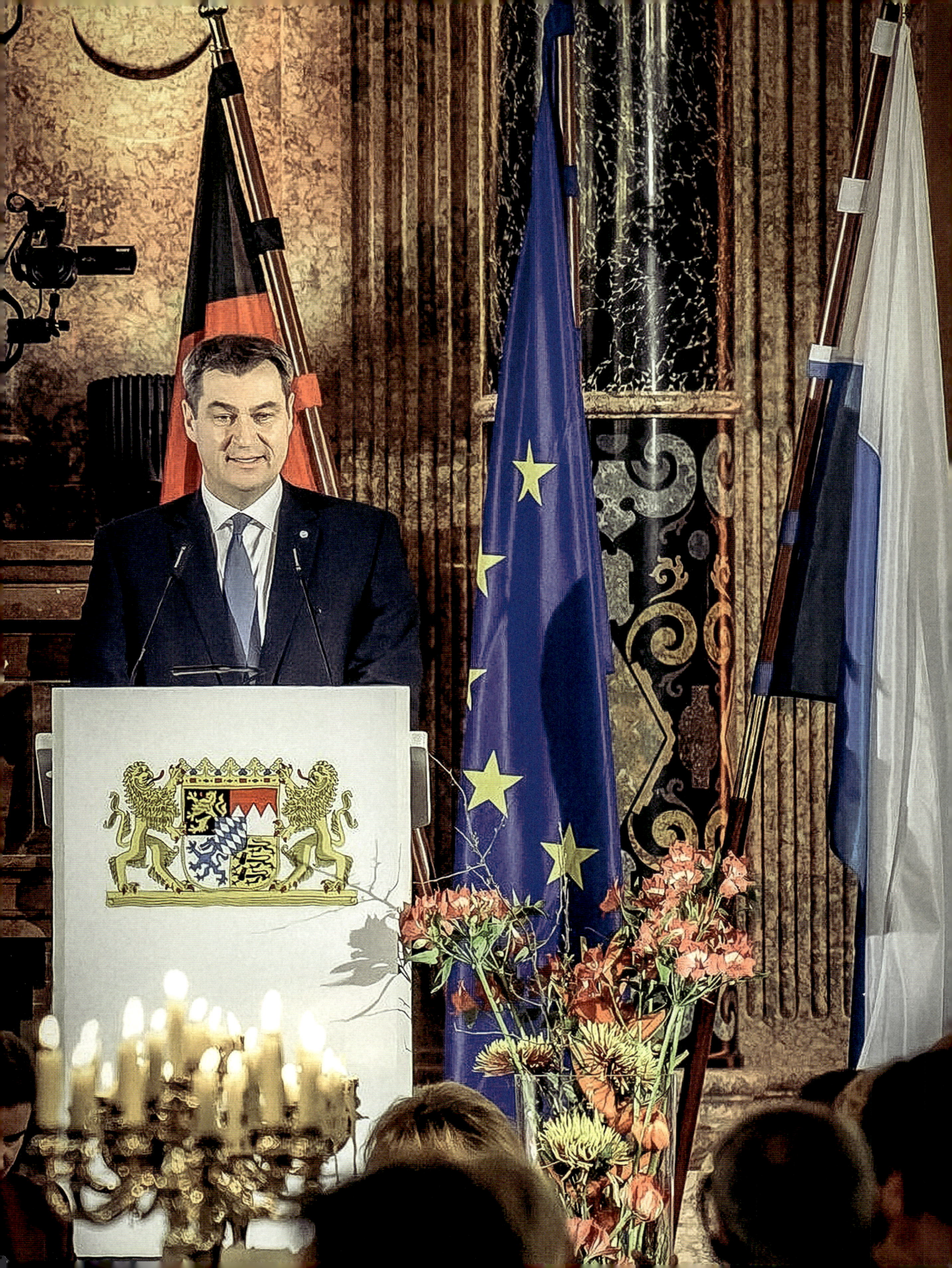

# Von der Kraft des Ortes: München als Hotspot für die internationale Diplomatie

**Markus Söder**

Seit mittlerweile fast 60 Jahren wird München im Februar zur Welthauptstadt der Diplomatie. Im Gedränge des Bayerischen Hofs und abends in der Münchener Residenz glühen die diplomatischen Drähte. Nirgendwo sonst könnte in einer Millionenstadt so etwas stattfinden. Das zeigt die besondere Kraft, die München und Bayern ausmacht: Dynamisch, aber in sich ruhend. Global verbunden, aber fest verwurzelt. Hochentwickelt, aber eingebettet in eine großzügige Natur. Und, wie es der hohe Rang der zahlreichen internationalen Gäste erfordert: ein Hort der Sicherheit.

In der Geschichte Europas war Bayern immer eine eigene Kraft in der bewegten Mitte zwischen Paris und Wien, Berlin und Rom. Dass Bayern heute den geografischen Mittelpunkt des geeinten Europas bildet, ist eine glückliche Fügung und das Ergebnis einer beharrlichen Politik für Einheit, Freiheit, Frieden und Wohlstand.

Das ist das große Erbe des 20. Jahrhunderts. Auch die Antworten auf die großen Fragen des 21. Jahrhunderts müssen europäisch sein. Will sich Europa als ernst zu nehmender Akteur auf dem internationalen Parkett präsentieren, muss es im eigenen Interesse Entschlossenheit und Mut zur Veränderung zeigen. Nicht das Wunschbild einer idealen Welt, sondern die Analyse von Ursachen, Hintergründen und Folgen internationaler Krisen muss zum Grundprinzip europäischer Sicherheitspolitik werden. Dazu muss Europa außenpolitisch Farbe bekennen: Was sind unsere Interessen? Was sind unsere Werte? Und wie vereinen wir beides zu einem festen und einheitlichen Standpunkt?

In Konsequenz bedeutet das: Die EU muss mehr leisten, als bloß die außenpolitischen Interessen Deutschlands, Frankreichs und der anderen Mitgliedstaaten zu verwalten. Entscheidungsprozesse auf europäischer Ebene müssen neu definiert und beschleunigt werden, damit auf aktuelle Krisen schneller und flexibler reagiert werden kann.

Neben der Beschleunigung der Entscheidungsprozesse wird es auch auf die Verteidigungsstrukturen ankommen. Denn ohne einen Ausbau militärischer Fähigkeiten geht es nicht. Ziel ist nicht die Unabhängigkeit von den USA. Wir müssen die Amerikaner überzeugen, sich auch zukünftig für die Sicherheit und Freiheit Europas einzusetzen. Der transatlantische Schulterschluss mit den USA und dem Vereinigten Königreich innerhalb der NATO ist Grundlage, um mit China und anderen Wettbewerbern auf Augenhöhe zu sprechen. Das bedeutet: Alle europäischen NATO-Partner, allen voran Deutschland, müssen sich zu einer signifikanten Erhöhung ihrer verteidigungspolitischen Anstrengungen bekennen. Das 2 %-Ziel gibt hier das Mindestmaß vor. Auch die Zusammenarbeit unserer nationalen Streitkräfte muss deutlich intensiviert werden.

Der globale Systemwettbewerb macht weder vor Europa noch vor Deutschland halt. Deshalb gilt: Europa muss auch mit solchen Ländern in Kontakt bleiben, die das westliche Wertesystem nicht teilen. Das kann unbequem sein, ist aber Voraussetzung dafür, dass wir weltweite Krisen entschärfen können.

Es wird also auch in Zukunft noch viele gute Gründe geben, miteinander im Gespräch zu bleiben. Die Einladung nach München steht.

**Markus Söder ist seit 2018 Ministerpräsident des Freistaats Bayern und seit 2019 Parteivorsitzender der Christlich-Sozialen Union (CSU).**

◂ Markus Söder bei der Verleihung des Kleist Award im Rahmen der Münchner Sicherheitskonferenz im Februar 2020.

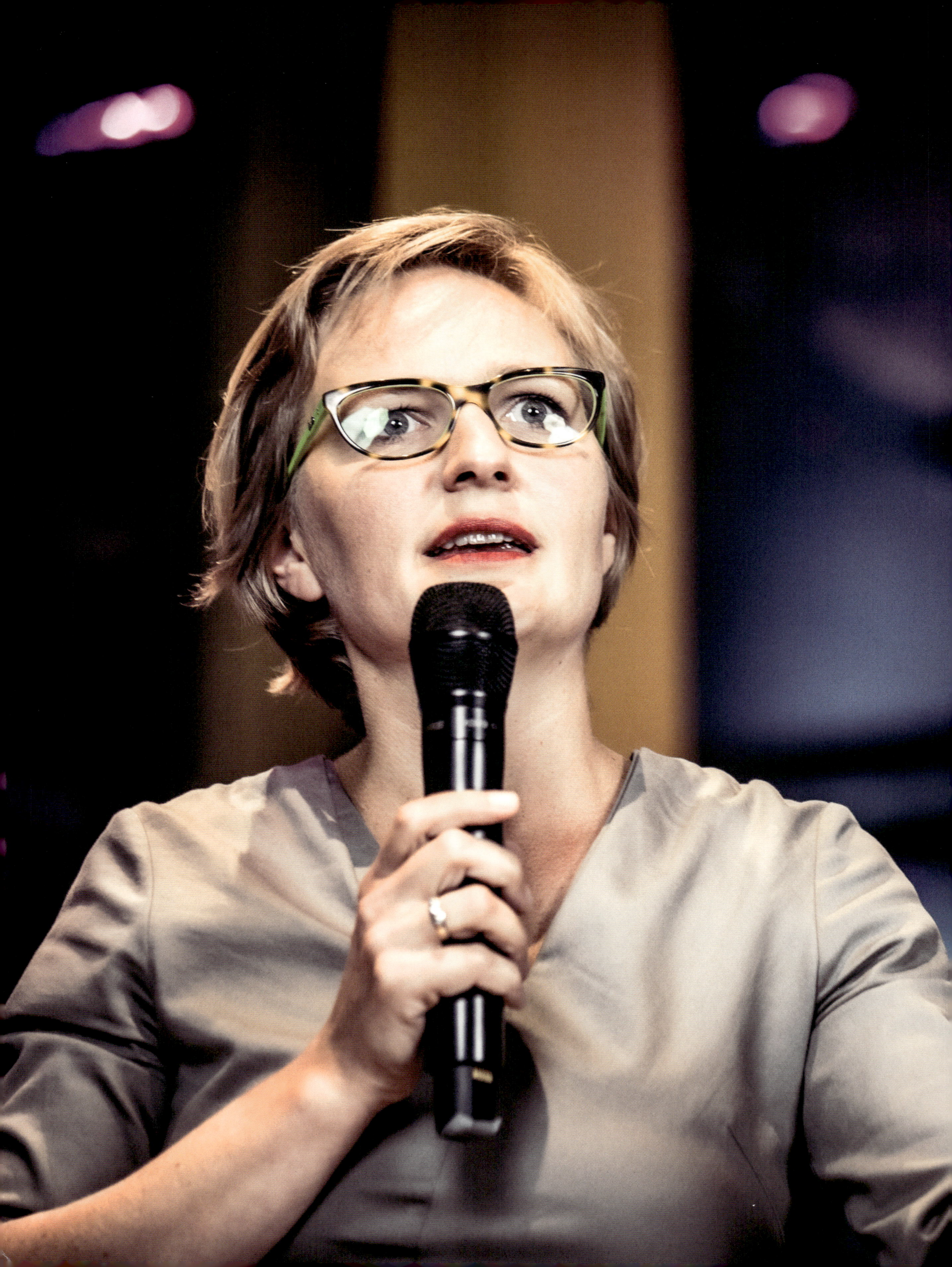

# Eine gemeinsame strategische Kultur schaffen

**Franziska Brantner**

Seit der Münchner Sicherheitskonferenz 2020 ist der Begriff der „Westlessness" in aller Munde. Gemeint ist damit die Analyse, dass die globale Machtverschiebung und der schnelle technologische Wandel dazu geführt haben, dass die Welt dieser Tage weniger „westlich" ist. Und nicht nur das: Auch der Westen selbst ist weniger „westlich" als in der Vergangenheit.[1]

Mit „westlich" ist hier natürlich keine geografische, sondern eine normative Kategorie gemeint. Hat „der Westen" als normatives Leitbild also ausgedient? Gerade nach dem desaströsen Ende des 20-jährigen Afghanistan-Einsatzes dröhnt diese Frage immer lauter. Klar ist, dass Europa seine Rolle in der Welt und in der transatlantischen Beziehung neu definieren muss.

Die gute Nachricht ist, dass inzwischen nur noch wenige bezweifeln, dass die Europäische Union mehr Handlungsfähigkeit, mehr Souveränität, mehr „Weltpolitikfähigkeit" braucht. Die schlechte Nachricht ist, dass es bisher an konkreten Fortschritten in diese Richtung fehlt. Bereits 2017 hat Angela Merkel in einem Münchner Festzelt verkündet: „Wir Europäer müssen unser Schicksal wirklich in unsere eigene Hand nehmen."[2] Seither ist wenig passiert.

Um konkret mehr europäische Handlungsfähigkeit zu erreichen, gibt es zwei Wege, die wir parallel beschreiten müssen. Einerseits braucht es institutionelle Reformen, etwa qualifizierte Mehrheitsentscheidungen für alle Politikbereiche – allen voran in der Gemeinsamen Außen- und Sicherheitspolitik. Damit wäre die EU schneller, glaubwürdiger und schlagkräftiger in ihrem außenpolitischen Auftreten auf der Weltbühne.

Parallel dazu sind jedoch auch „kulturelle" Annäherungen zwischen den Mitgliedstaaten erforderlich: Es braucht eine gemeinsame strategische Kultur und ein geteiltes Sicherheitsverständnis in der EU. Im gleichen Jahr, in dem Angela Merkel forderte, Europa müsse sein Schicksal in die eigene Hand nehmen, analysierte der französische Präsident Emmanuel Macron: „Woran es Europa (…) heute am meisten fehlt, ist eine gemeinsame strategische Kultur."[3]

Der Weg zu einer solchen gemeinsamen Kultur ist steinig. Das erfordert diplomatisches Fingerspitzengefühl und Orte, an denen eine solche Annäherung möglich ist. Ein solcher Ort wurde mit der Deutsch-französischen Parlamentarischen Versammlung geschaffen. Seit 2019 tagen zweimal jährlich 50 Abgeordnete des Deutschen Bundestags sowie 50 Abgeordnete der Assemblée nationale. Darunter auch die Arbeitsgruppe „Außen- und Verteidigungspolitik" mit dem Ziel, zu eruieren, wie „ein gemeinsames strategisches Denken und Handeln in Fragen der Sicherheits- und Verteidigungspolitik entwickelt werden kann."[4] In der kurzen Zeit hat die AG eine gute Grundlage gelegt. Doch es braucht hier mehr Aufmerksamkeit und politisches Kapital, um den Ergebnissen mehr Gewicht zu verschaffen. Im nächsten Schritt sollten die Resultate und Erfahrungen in den Strategischen Kompass der Europäischen Union eingebracht werden, denn da fließen schließlich deutsch-französische mit den restlichen europäischen Analysen zusammen.

Ein weiterer Ort, der Raum für solche deutsch-französischen, europäischen und transatlantischen Annäherungen schafft, ist die Münchner Sicherheitskonferenz. 2018 hatte die damalige Bundesverteidigungsministerin von der Leyen für eine gemeinsame strategische Kultur Europas geworben.[5] In den Jahren darauf gab es „Strategy Retreats" und „Nightcap"-Veranstaltungen zum Thema. Im Zentrum steht dabei stets der Anspruch, die Debatte konstruktiv und inklusiv mit den EU-Mitgliedstaaten, Großbritannien, den USA und anderen demokratischen Partnern voranzutreiben.

Diese Orte der Diplomatie und der Annäherung sind ein wichtiger Beitrag für eine gemeinsame strategische Kultur in Europa und somit auch ein Baustein, um der „Westlessness" etwas Konstruktives entgegenzusetzen. Sie müssen unterstützt, gepflegt und wertgeschätzt werden.

Franziska Brantner ist Parlamentarische Staatssekretärin beim Bundesminister für Wirtschaft und Klimaschutz. Zuvor war sie Sprecherin für Europapolitik der Bundestagsfraktion von Bündnis 90/Die Grünen. Sie ist seit 2013 Mitglied des Deutschen Bundestags. Von 2009 bis 2013 war sie Mitglied des Europäischen Parlaments.

◂ Franziska Brantner bei der Vorstellung der Sonderausgabe des Munich Security Report „Zeitenwende | Wendezeiten" in Berlin im Oktober 2020.

# 51st Munich Security Conference
## 51. Münchner Sicherhe[itskonferenz]

Februar
6. – 8. F[ebruar]

# Für starke Verteidigung eintreten

**Frederick "Ben" Hodges**

Als der französische Präsident Emmanuel Macron in einem Interview mit der britischen Zeitschrift *The Economist* im Jahr 2019 gefragt wurde, ob er das Bekenntnis der NATO zu Artikel 5 des Nordatlantikvertrags für noch immer zeitgemäß halte, erwiderte er: „Ich weiß nicht."

Ich weiß es – und die Antwort ist ein klares „Ja"! Fünfmal diente ich als amerikanischer Soldat in der NATO – zuletzt von 2014 bis Ende 2017 als Kommandierender General der US-Army Europe in Wiesbaden. Dabei hatte ich während meiner gesamten Dienstzeit niemals Zweifel, dass die NATO auf den bewaffneten Angriff auf eines ihrer Mitglieder reagieren würde.

Weder die Äußerungen Präsident Macrons, noch die ungeheuerlichen Verlautbarungen von US-Präsident Donald Trump, der gar den Verbleib der Vereinigten Staaten in der NATO infrage stellte, änderten – so sehr sie mich auch beunruhigten – etwas an meiner Überzeugung, dass die erfolgreichste Allianz der Geschichte bestehen und ihrem Bekenntnis zu Artikel 5 verbunden bliebe.

Bei allen Herausforderungen, denen die NATO ausgesetzt war und ist, sehe ich mich in dieser Überzeugung seit dem 24. Februar diesen Jahres bestätigt.

Dabei ist es nicht zuletzt den großen diplomatischen Anstrengungen fast aller unserer Mitgliedsstaaten zu verdanken, dass die Allianz einen Monat nach Beginn des großflächigen russischen Angriffskrieges so geschlossen und „wehrhaft" dasteht, wie ich es seit Mitte der 1990er Jahre nicht mehr gesehen habe. Nun müssen wir selbstverständlich alles dafür tun, diese Geschlossenheit und Stärke der NATO aufrechtzuerhalten oder, wenn möglich, gar zu steigern.

Die Tatsache, dass Deutschland, der wichtigste Bündnispartner der Vereinigten Staaten, angekündigt hat, endlich seiner 2% Verpflichtung innerhalb der Allianz vollumfänglich nachzukommen und darüberhinaus zusätzlich 100 Milliarden Euro in seine Verteidigung zu investieren, spielt dabei zweifelsohne eine bedeutende Rolle.

Bleibt natürlich zu hoffen, dass die Regierung des neuen Kanzlers Olaf Scholz seinen Worten von der „Zeitenwende" auch die entsprechenden angekündigten Taten folgen lassen wird.

Nicht nur angesichts der aktuellen russischen Aggression und Bedrohung der gesamten europäischen Friedensordnung ist es – mindestens meiner Auffassung nach – höchste Zeit, dass die größte Wirtschaftsmacht Europas, die sich in über siebzig Jahren als freiheitliche Demokratie mit hohen moralischen Standards bewährt hat, ihrer Verantwortung und Führungsrolle innerhalb Europas und darüberhinaus innerhalb der Gemeinschaft demokratischer Nationen weltweit gerecht wird.

Dass zur Verteidigung demokratischer Werte und Normen neben diplomatischer und wirtschaftlicher Stärke auch die militärische zwingend benötigt wird, dürfte durch die russische Invasion der Ukraine auch denjenigen (wieder) bewusst geworden sein, die Frieden und Freiheit als geradezu selbstverständliches Gut erachtet hatten.

Dabei spielt die Allianz als kollektives Verteidigungsbündnis naturgemäß gerade für die Sicherheit von Staaten wie Deutschland, die weder über Atomwaffen noch einen ständigen Sitz im UN-Sicherheitsrat verfügen, eine besonders große Rolle. Umso unverständlicher war es für einige Mitgliedsstaaten, wie beispielsweise auch für die Vereinigten Staaten, dass Deutschland Jahre – um nicht zu sagen Jahrzehnte – lang seiner Verpflichtung aus Art. 3 des Nordatlantikvertrags zur Fortentwicklung der eigenen Verteidigungsfähigkeit nicht ausreichend nachgekommen ist.

Sofern die neue Bundesregierung allerdings nun ihre verteidigungspolitischen Ankündigungen aufgrund der „Zeitenwende" umsetzt, wovon ich als Optimist einmal ausgehen möchte, werden diese Unstimmigkeiten innerhalb der Allianz der Vergangenheit angehören und die Allianz insgesamt stärker werden.

Damit dürfte sich dann auch der Wunsch von US-Präsident George H. W. Bush erfüllen, dem er anlässlich der deutschen Wiedervereinigung Ausdruck verliehen hatte: Die USA und Deutschland mögen *partners in leadership* werden. Zweiunddreißig Jahre später bleibt die Erfüllung dieses Wunsches von wesentlicher Bedeutung für unser aller Sicherheit und Wohlstand.

**Frederick „Ben" Hodges ist Generalleutnant a. D. der United States Army und diente als Commanding General der US Army Europe (USAREUR). Er ist gegenwärtig Pershing Chair in Strategic Studies beim Center for European Policy Analysis.**

◂ Frederick Ben Hodges auf der Münchner Sicherheitskonferenz im Februar 2015.

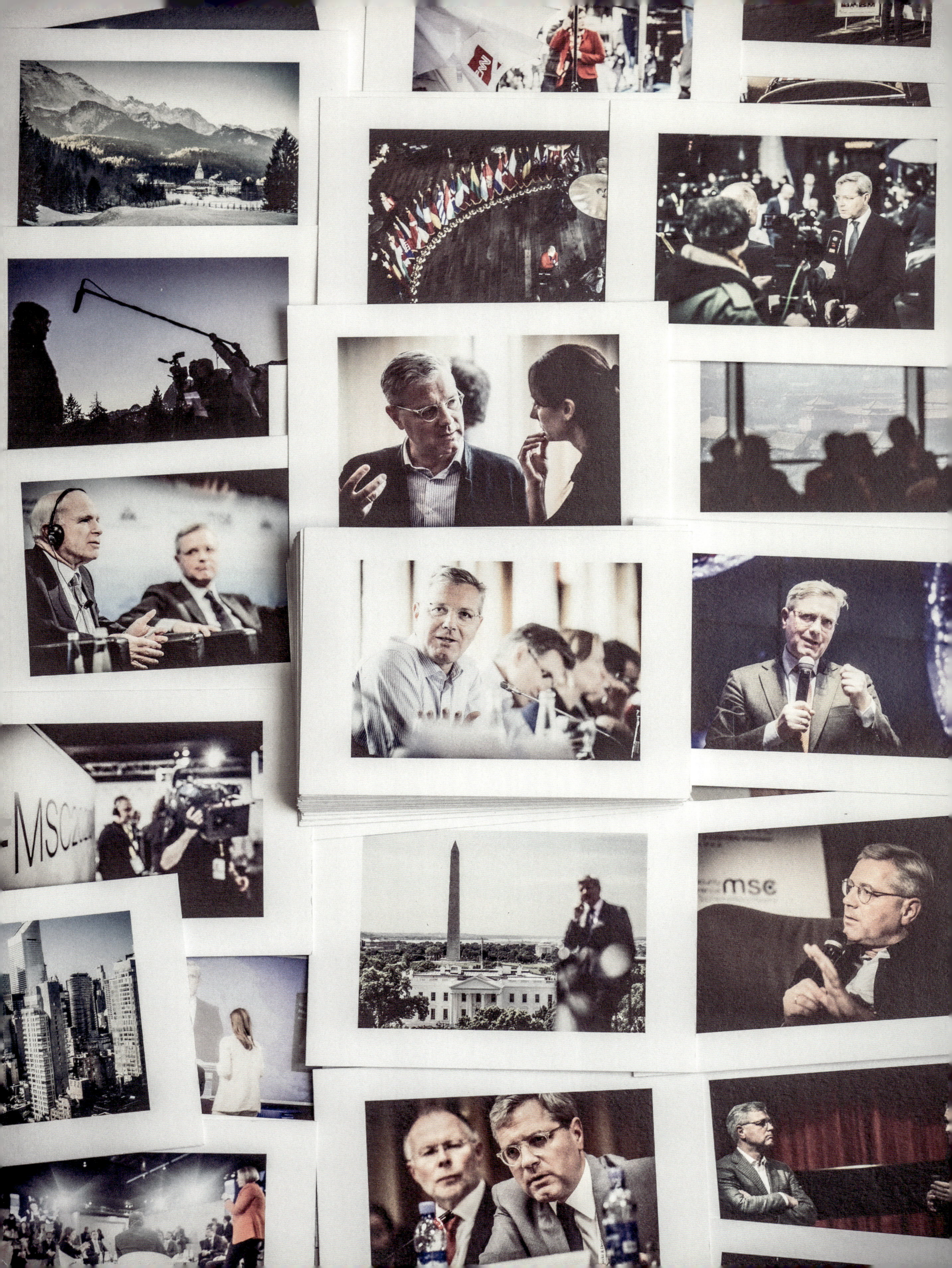
msc

# Gesellschaftlichen Rückhalt schaffen

**Norbert Röttgen**

Nach dem Desaster des Afghanistan-Abzugs ist klar, dass Deutschland und Europa sich außenpolitisch neu aufstellen müssen. Die Prioritäten der US-Regierung verschieben sich und damit auch die Rolle der USA in der Welt. Der Nahe und Mittlere Osten hat für die USA keinen hohen Stellenwert mehr, ist aber gleichzeitig für unsere Stabilität und Sicherheit in Europa zentral. Wir können diese Region nicht einfach ignorieren, weil sich Krisen durch Terror und Flüchtlingsströme auf unsere eigenen Gesellschaften auswirken. Aus dem Rückzug der USA erwächst somit für uns eine absolut existenzielle Aufgabe: Wir müssen eine gesellschaftliche Idee davon entwickeln, wer wir sein wollen in dieser Welt und welche Rolle wir in einer Zeit zwischen untergehender alter und noch entstehender neuer Ordnung spielen wollen. Wollen wir uns selbst behaupten, oder bleiben wir ohne die USA an unserer Seite schwach und ohnmächtig? Diese fundamental wichtige Identitätsfrage haben wir bisher als Gesellschaft nicht beantwortet. Das muss jetzt entschieden werden, sonst hat unsere Außenpolitik und die damit verbundene Diplomatie keine Richtung.

Genau darin liegt die entscheidende Rolle des Parlaments. Es gilt, einen identitätsstiftenden Prozess in Gang zu setzen. Denn ohne gesellschaftlichen Rückhalt werden wir international nicht die Verantwortung übernehmen können, von der wir seit Jahren reden, die sich bisher aber weder im politischen Willen zu handeln noch in unseren militärischen Fähigkeiten widerspiegelt. Dieser gesellschaftliche Rückhalt fehlt bisher in Deutschland. Das ist insofern erstaunlich, als viele Menschen Außenpolitik heute sehr direkt erleben, da sich innen- und außenpolitische Fragen zunehmend vermischen. Flüchtlingskrise, Corona-Pandemie oder Klimawandel – jedes dieser Probleme hat globale Zusammenhänge und hat sich gleichzeitig ganz konkret und teilweise mit dramatischen Folgen auf unser Leben in Deutschland ausgewirkt. Das sehen die Menschen. Sie erleben, wie sich die Welt um uns herum radikal verändert, und wollen diese Veränderungen verstehen. Sie zu erklären ist unsere Aufgabe als Parlamentarier.

Der notwendige identitätsstiftende Prozess muss nicht nur nach innen, sondern auch nach außen zwischen den Staaten stattfinden. Denn wer wir sind und wer wir sein wollen, erfahren wir nicht nur in Reflexion mit uns selbst, sondern auch in der Auseinandersetzung und im Diskurs mit anderen. Das erleben wir auf Regierungsebene, aber verstärkt auch zwischen den Parlamenten. Besonders sichtbar wurde dies während der Präsidentschaft von Donald Trump, als die deutsch-amerikanischen Beziehungen in eine Krise stürzten. Für Trump war Deutschland eher Gegner als enger Partner. Umso wichtiger wurden die parlamentarischen und zivilgesellschaftlichen Kontakte, die dieses Vakuum zu füllen versuchten. Unvergessen: Während Donald Trump eine Teilnahme an der Münchner Sicherheitskonferenz ablehnte, kam stattdessen die bis dato größte Delegation des US-Kongresses nach München.

Auch zwischen den Vorsitzenden der Auswärtigen Ausschüsse hat sich in den letzten Jahren der Austausch und die Zusammenarbeit enorm intensiviert. Durch unseren beständigen persönlichen Kontakt sind wir nicht selten schneller sprechfähig als die Ministerien. So haben im Vorfeld des diesjährigen G7-Treffens knapp 70 Parlamentarier aller G7-Staaten eine gemeinsame Erklärung zum Umgang mit China verfasst.[1] In unterschiedlichen Konstellationen formulieren wir regelmäßig gemeinsame Stellungnahmen zu Themen von transatlantischem und europäischem Interesse.

Es ist von existenzieller Bedeutung, dass wir in Deutschland und als westliche Demokratien für uns definieren, wer wir sein wollen in dieser Welt der Unordnung und was wir dafür bereit sind zu tun. Dieses Verständnis fällt nicht vom Himmel, sondern es muss von uns erarbeitet werden.

**Norbert Röttgen ist seit 1994 Mitglied des Deutschen Bundestags. Er war Vorsitzender des Auswärtigen Ausschusses des Deutschen Bundestags von 2014 bis 2021, Erster Parlamentarischer Geschäftsführer der Bundestagsfraktion von CDU/CSU von 2005 bis 2009 und Bundesminister für Umwelt, Naturschutz und Reaktorsicherheit von 2009 bis 2012.**

◂ Norbert Röttgen zu Gast bei der MSC, unter anderem beim MSC Core Group Meeting in Washington, DC, im Mai 2017.

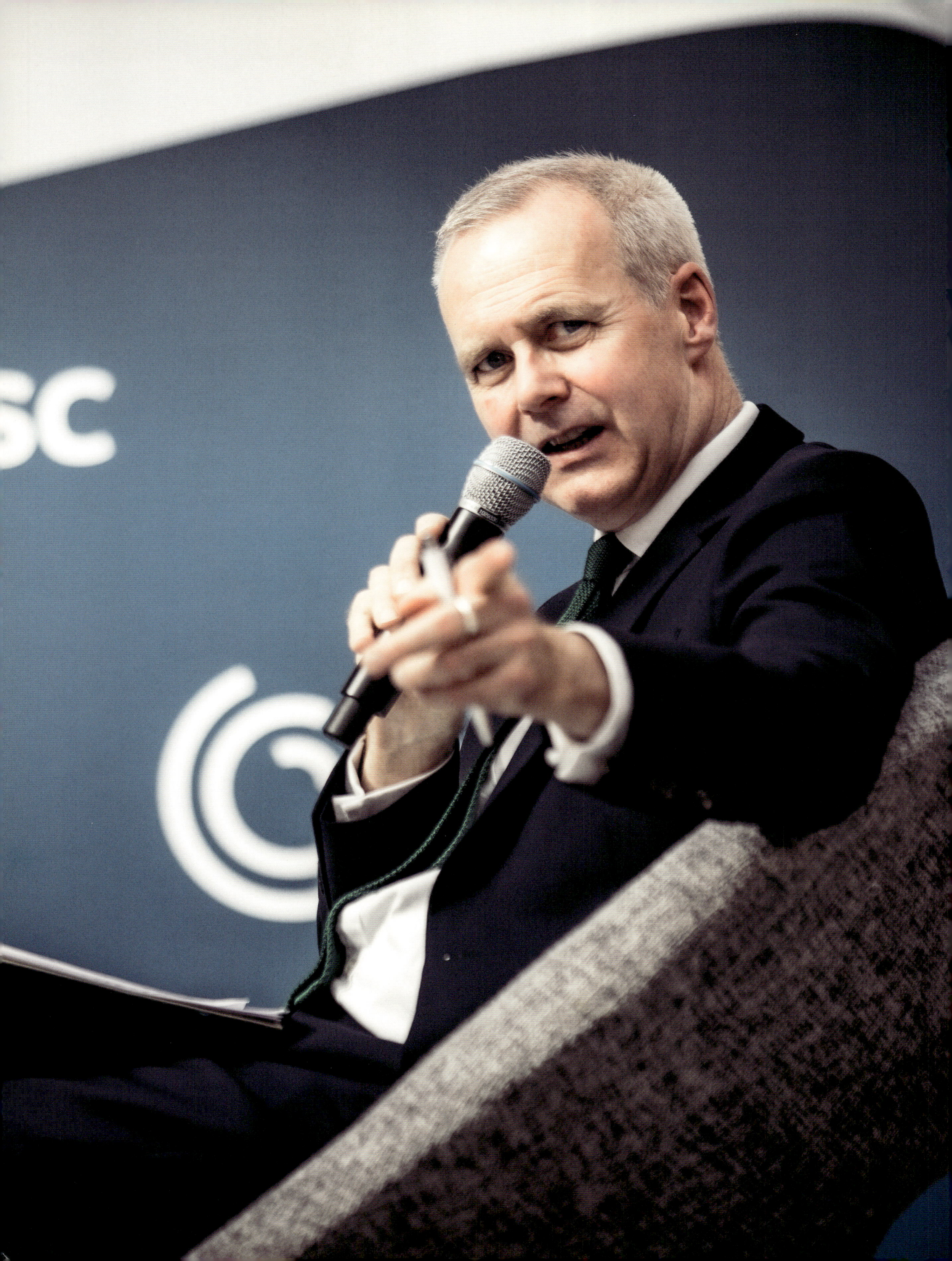

# Deutschlands nationale Sicherheitsarchitektur reformieren

**Boris Ruge**

1998 wurde Wolfgang Ischinger Staatssekretär des AA. Zusammen mit Michael Steiner, dem außenpolitischen Berater von Bundeskanzler Schröder, legte er einen Vorschlag für eine engere Koordinierung der Außen- und Sicherheitspolitik sowie für neue Entscheidungsstrukturen vor. Dem Vernehmen nach fand der Vorschlag nicht die Billigung von Außenminister Fischer, das Papier verschwand und wurde nicht wieder gesehen.[1]

Ungeachtet des Schicksals des Ischinger-Steiner-Vorschlags haben Außenpolitiker seit 1998 die Debatte über die Vor- und Nachteile eines nationalen Sicherheitsrats (oder einer vergleichbaren Struktur) fortgeführt. Die Problemlage ist bekannt: Bundesregierungen stützen sich auf Koalitionen mehrerer politischer Parteien, während Minister ein verfassungsmäßig garantiertes Maß an Autonomie bei der Führung ihrer Ressorts haben.

Vertreter des Status quo argumentieren, dass ein Sicherheitsrat verfassungsrechtlich sowie politisch problematisch sei. Manche vertreten den Standpunkt, dass die vorhandene Struktur funktioniere und ein Mehr an Koordinierung nicht gebraucht werde. Andere räumen ein, es bestehe zwar Verbesserungsbedarf, dass es sich aber um eine Frage des politischen Willens handle und nicht um eine Funktion besserer Institutionen.

Befürworter einer Reform weisen dagegen auf die zunehmende Komplexität außenpolitischer Herausforderungen hin, die heute auch Energie, Klimawandel, Migration und Technologie umfassen. Dazu komme die Notwendigkeit, eine zunehmende Anzahl von Behörden zu koordinieren, über die traditionell beteiligten Ministerien hinaus. Schließlich führten neue Bedrohungen dazu, dass der Zeitrahmen für Regierungshandeln in Krisensituationen immer kürzer werde. Hier wird auch auf die Covid-Pandemie, die Flutkatastrophe vom Juli 2021 sowie die Ereignisse in Afghanistan im August 2021 verwiesen.

Im Weißbuch von 2016 gab die Bundesregierung bekannt, die Rolle des (existierenden, aber kaum genutzten) Bundessicherheitsrats als »strategischer Impulsgeber« werde gestärkt.[2] In der Praxis ist dies nicht geschehen. Stattdessen ist die Wirklichkeit von Widersprüchen geprägt: Wichtige Themen (wie China- und Russland-Politik) werden maßgeblich aus dem Bundeskanzleramt geführt. Gleichzeitig behindern Ressortprinzip, Rivalitäten der Koalitionspartner sowie Silodenken kohärente Politikgestaltung und effektives Krisenmanagement.

Im Laufe der Zeit haben Deutschlands Verbündete gelernt, mit dem System in Berlin umzugehen, wenn auch nicht ohne Frustration. Julie Smith (selbst eine Veteranin des amerikanischen Nationalen Sicherheitsrats) merkte 2019 an, dass Deutschland in einer Zeit des Umbruchs nicht mitgestalte und dass dies auch damit zusammenhänge, dass eine Institution für strategische Debatte und Koordinierung fehle.[3] Im Oktober 2020 beleuchtete die MSC das Thema und identifizierte als Optionen für eine verbesserte Koordinierung die systematische Nutzung des Bundessicherheitsrats (verstärkt um einen Unterbau) sowie die Schaffung einer gänzlich neuen Koordinierungsstruktur.[4]

Zum Zeitpunkt der Abfassung dieses Beitrags wissen wir nicht, wie die künftige Regierungskoalition aussehen wird. Es ist bemerkenswert, dass Union und FDP in ihren Wahlprogrammen ausdrücklich die Schaffung eines »Nationalen Sicherheitsrats« fordern, während das Wahlprogramm der Grünen den Vorschlag eines »nationalen Rats für Frieden, Nachhaltigkeit und Menschenrechte« enthält. Das SPD-Programm trifft hierzu keine Aussage, fordert aber zu einer Überwindung des »Silodenkens« zwischen den Ressorts auf. Ob die künftige Koalition sich auf eine neue Struktur einigen kann, ist offen. Aber alles spricht dafür, dass eine oder mehrere Parteien, die dies befürworten, am Verhandlungstisch sitzen werden.

Ein weiteres Element mag nach den Wahlen eine Rolle spielen: die Aufarbeitung der Evakuierungsoperation aus Kabul im August 2021. Wir wissen nicht, ob ein Sicherheitsrat zu einem besseren Ergebnis geführt hätte. Aber er hätte die relevanten Kabinettsmitglieder zusammengebracht, zwischen Ressorts und Kanzleramt Transparenz hergestellt und damit Verantwortlichkeiten geklärt. Mitglieder des Bundestags mögen dies über Parteigrenzen hinweg als gewichtiges Argument für eine neue Struktur sehen.

20 Jahre nachdem Wolfgang Ischinger den Ball ins Rollen brachte, scheint sich die deutsche Debatte über einen Nationalen Sicherheitsrat auf eine Entscheidung zuzubewegen. Wie immer sie ausfällt, sie wird Aufschluss geben über das Ambitionsniveau Berlins für die deutsche und europäische Außenpolitik des 21. Jahrhunderts.

**Boris Ruge ist Stellvertretender Vorsitzender der Münchner Sicherheitskonferenz. Er ist seit 1989 Angehöriger des Auswärtigen Dienstes und war u.a. Beauftragter für Nah-/Mittelost und Maghreb, Botschafter in Saudi-Arabien und Gesandter/Ständiger Vertreter an der Botschaft in Washington.**

◄ Boris Ruge bei der Vorstellung der Sonderausgabe des Munich Security Report „Zeitenwende | Wendezeiten" in Berlin im Oktober 2020.

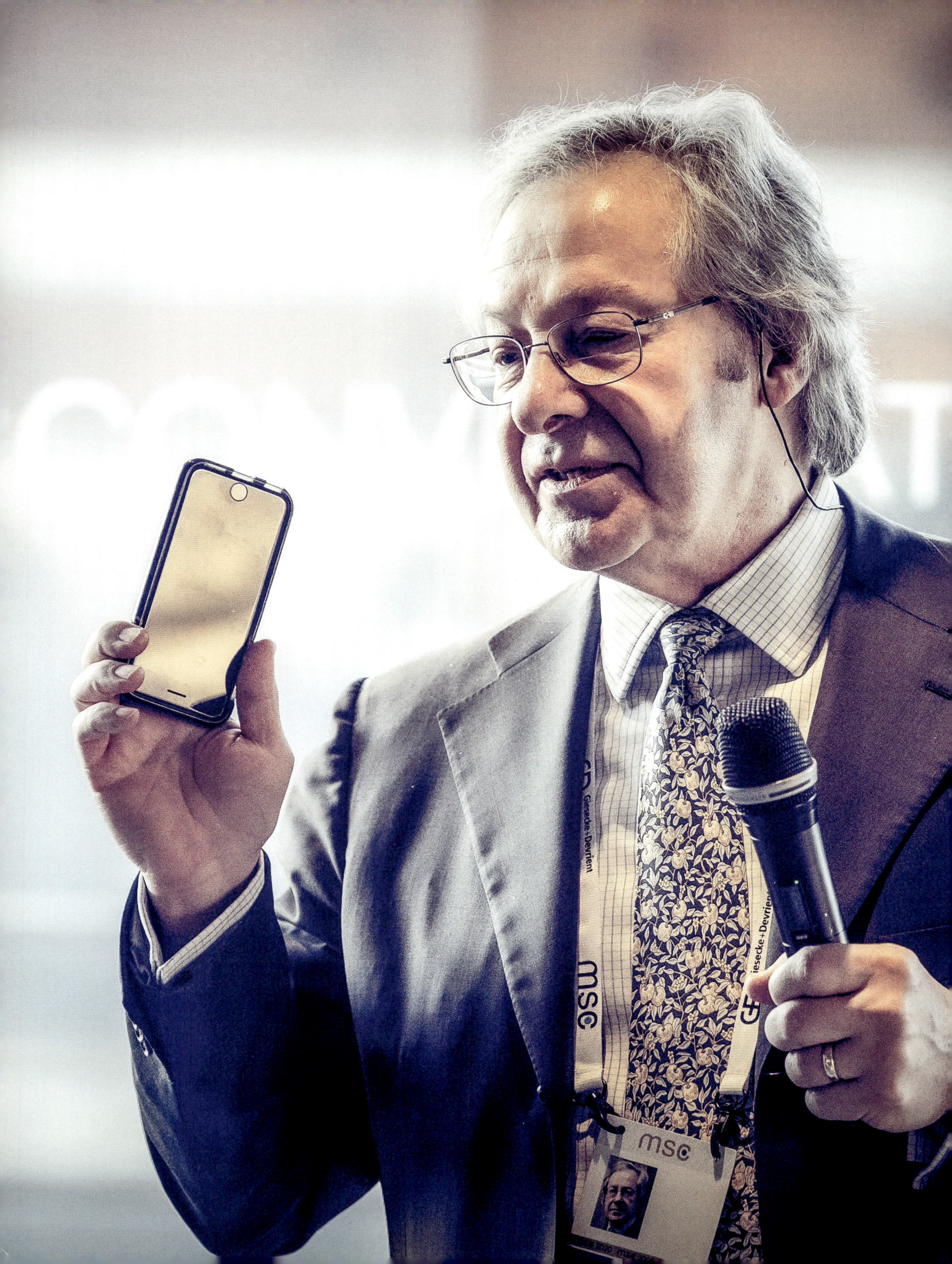
Giesecke+Devrient
msc
msc

# Propaganda und soziale Medien verstehen

**Steven Erlanger**

Im Vorfeld des Irak-Kriegs führte ich ein langes Interview mit Gerhard Schröder in Hannover. Mein Aufmacher begann folgendermaßen:

> „Der deutsche Bundeskanzler Gerhard Schröder ist überzeugt, dass die Bush-Administration mit der Planung eines Kriegs gegen den Irak einen schrecklichen Fehler begeht, und er scheut nicht davor zurück, das auch auszusprechen. Ein neuerlicher Krieg im Nahen Osten, erklärt er unumwunden, würde alles aufs Spiel setzen, was bislang im nichtendenden Kampf gegen Al-Qaida erreicht wurde." [1]

Wolfgang Ischinger war Deutschlands Botschafter in Washington. Nachdem das Interview erschienen war, rief er mich an. „Steve", sagte er mit bekümmerter Stimme, „was tust du mir da an!"

Ich gebe diese Anekdote zum Besten, weil die Beziehung zwischen den Vereinigten Staaten und Deutschland stark und zugleich schwierig ist und in gefährliche Untiefen abzudriften droht. Mögen Schröder, Joschka Fischer und Jacques Chirac auch recht gehabt haben mit ihrer Kritik an Bushs Vorgehen im Irak, so ist Widerstand gegen Washington mittlerweile in den Augen allzu vieler Deutscher zu einem moralischen Gebot geworden.

All das führt mich zu der Frage nach der Rolle von Journalismus und Diplomatie im Zeitalter der sozialen Medien, in denen sich jeder ständig seine Meinung von der Seele schrei(b)t. Es ist natürlich reine Spekulation, aber was wäre passiert, hätte Schröder seine Warnung auf Twitter zum Besten gegeben? Was hätte das Weiße Haus darauf geantwortet? Und wie schnell? Wie hätten die Franzosen reagiert? Oder Saddam Hussein?

Ich denke an Richard Holbrooke, einen der kreativsten Diplomaten meines Landes und Experten in der Nutzung der Medien als diplomatischem Werkzeug. Wären seine Fähigkeiten auch in den sozialen Medien zur Geltung gekommen, oder hätte der dort herrschende raue Ton ihnen den Boden entzogen? Selbst Debatten zu sensiblen diplomatischen Themen sind nicht frei vom Einfluss der sozialen Medien, wie zuletzt der Zusammenbruch der afghanischen Regierung oder auch die australisch-amerikanisch-britische Allianz (AUKUS) gezeigt hat, die Frankreich so erzürnt hat.

Was Afghanistan betrifft, so haben die Amerikaner mithilfe der sozialen Medien auf die Unvermeidbarkeit des Geschehens, europäische Kritiker auf den vermeintlichen Mangel an Konsultation und Nichtregierungsorganisationen auf die Gefährdung von Frauen- und Minderheitenrechten und die Gefahr von Hungersnot im Fall unterlassener Hilfeleistung an die Taliban hingewiesen – ausgerechnet jene Gruppe, die sie so fürchteten. Die Taliban wiederum nutzen die sozialen Medien, um sich neuerdings als moderater zu präsentieren. Und das alles ohne viel Kontext oder Moderation durch Herausgeber, Reporter oder westliche Diplomaten, die in nur geringer Zahl vor Ort vertreten sind und über äußerst beschränkte Beobachtungs- und Bewegungsmöglichkeiten verfügen. Die Regierungen sind gewissermaßen dazu verdammt, sich im Dunkeln vorzutasten – gedrängt und gestoßen von den emotional aufgeladenen Posts der Social-Media-Welt.

So steht es auch mit AUKUS und Frankreichs Zorn über den Verrat durch enge Verbündete. Twitter explodierte förmlich – mit technischen Details zum atomaren Antrieb über Frankreichs Politik im Indopazifik bis hin zu hässlichen Beleidigungen in Richtung Chinas und aller beteiligten Länder. Wie kann eine Diplomatie, die von Vertrauen und Verschwiegenheit lebt, in einem solchen Tollhaus funktionieren?

Nicht minder erschreckt mich, wie Regierungen die sozialen Medien für Ankündigungs- und Propagandazwecke nutzen. Und damit meine ich nicht nur die für ihren Zynismus bekannte russische Botschaft in London, sondern auch, um nur ein Beispiel zu nennen, die Art und Weise, wie Ursula von der Leyen versucht, ihr Image und ihre Botschaft mittels von ihrem eigenen PR-Team entworfener Social-Media-Posts zu kontrollieren – als Alternative zu jenen heiklen Pressekonferenzen, auf denen unberechenbare Medienvertreter diffizile Fragen stellen könnten. Für viele Politiker kam Zoom natürlich wie gerufen. Ein Nachfassen ist so gut wie unmöglich, und die Kontrolle über das Mikrofon liegt in den Händen des Sprechers oder Pressesekretärs.

Die Erde dreht sich weiter und wir uns mit ihr. Eine neue Generation von Ischingers sieht sich vor der schwierigen Aufgabe, das Chaos irgendwie zu bändigen und wieder eine Form der verantwortlichen Diskussion zu ermöglichen, damit die Diplomatie weiter ihren Beitrag zur Überbrückung der tiefen Gräben zwischen unseren Nationen leisten kann.

*Steven Erlanger ist seit 2017 diplomatischer Chefkorrespondent der New York Times für Europa.*

Tiilikainen

# Hybride Gefahren entschärfen

**Teija Tiilikainen**

Hybridität bezieht sich auf etwas, das nicht mit den etablierten Konzepten, Konventionen oder Verhaltensnormen im Einklang steht. Da Hybridität für Unkonventionelles steht, erfordert sie in der Regel neue Herangehensweisen inklusive Regeln und Praktiken, damit sie sich einen Platz im gesellschaftlichen Leben sichern kann.

Die Schwierigkeiten beginnen, wenn Hybridität vorsätzlich als Instrument gegen andere Menschen oder Staaten eingesetzt wird. Das ist die schlichte Philosophie hinter aktuellen, in der internationalen Politik eine zentrale Rolle spielenden hybriden Bedrohungsaktivitäten – inbegriffen Phänomene wie hybride Einmischung und hybride Kriegsführung. Diese Aktivitäten gehen in der Regel mit der Verwendung unkonventioneller Mittel wie der Störung kritischer Infrastruktur oder der Manipulation inländischer Informationsräume als Instrumente der Machtprojektion einher. Aber es gibt gute Gründe, das Phänomen der Hybridität in einem größeren Kontext zu sehen – als Bedrohung für die Grundfesten der gegenwärtigen internationalen Ordnung mit ihren Normen, Konventionen und Strukturen.

Dieser Beitrag befasst sich mit dem Phänomen der hybriden Bedrohungen und der Frage, wie sie sich entschärfen lassen. Existiert die Möglichkeit, hybride Bedrohungen mittels internationaler Vermittlung oder vertrauensbildender Maßnahmen zu entschärfen, oder ist Abschreckung im gegenwärtigen internationalen Umfeld das einzig probate Mittel? Spielt traditionelle Diplomatie für die Vermeidung hybrider Bedrohungen eine Rolle?

## Der Kontext hybrider Bedrohungen

Wir leben in einem Zeitalter, in dem sich viele Verschiebungen im globalen Machtsystem gleichzeitig vollziehen. Die sichtbarste betrifft Veränderungen im Machtverhältnis zwischen den Staaten. Das bekannte Argument von der allmählichen Schwächung der Rolle westlicher Mächte inklusive der transatlantischen Einheit und die entsprechende Stärkung von China, Russland und vieler regionaler Hegemonialmächte scheint unbestritten zu sein. Schon seit geraumer Zeit macht sich mit der Diffusion staatlicher Macht ein weiterer Trend bemerkbar. Damit ist die Stärkung einer Vielzahl nicht staatlicher Akteure – von zwischenstaatlichen Organisationen über multinationale Unternehmen bis zu Terrorgruppen und sogar mächtigen Einzelpersonen – auf Kosten staatlicher Macht gemeint. Beide Trends gehen mit der fortschreitenden Auflösung der internationalen Nachkriegsordnung mit ihren Normen und Institutionen einher, seit sowohl das Wertefundament als auch die Frage nach den Akteuren Kontroversen unterliegt. Eine auf Kooperation und wechselseitigem Vertrauen gründende internationale Ordnung entwickelt sich in eine Richtung, in der an die Stelle der Kooperation die reine Machtbalance zwischen den führenden Akteuren tritt, begleitet von gegenseitigem Misstrauen und Unberechenbarkeit.

Ein solches Umfeld der Veränderungen und der Unordnung liefert einen fruchtbaren Nährboden für unkonventionelle Machtinstrumente. Diese „hybriden Mittel" stehen zum Teil im Zusammenhang mit dem Wertekonflikt im gegenwärtigen internationalen System und den Bemühungen nicht demokratischer Staaten, Vorteile aus der Verwundbarkeit der Politik- und Gesellschaftssysteme der demokratischen Staaten zu ziehen.[2] Zu einem anderen Teil haben sie jedoch mit einer Machtasymmetrie und den Bemühungen schwächerer Akteure zu tun, die Schwächen ihres Machtarsenals zu kompensieren.[3] Dieses Gefahrenumfeld liefert auch den Nährboden für unkonventionelle Bündnisse zwischen Staaten und nicht staatlichen Akteuren zur Durchsetzung gemeinsamer Interessen. Unkonventionelle Machtinstrumente wie Desinformationskampagnen, Cyberattacken, Störung kritischer Infrastruktur, Wahlbeeinflussung, instrumentalisierte Migration bis hin zu diversen Formen hybrider Kriegsführung sind im Vergleich zu konventionelleren Formen der Machtpolitik kosteneffizient. Sie lassen sich auch sehr viel schwerer bestimmten Urhebern zuordnen, was die Gefahr effektiver Gegenmaßnahmen wie beispielsweise Wirtschafts- oder politischer Sanktionen mindert.

## Die Ideologie und Strategie hybrider Bedrohungen

Hybridität und hybride Bedrohungen beruhen auf ihrem ideologischen Ansatz. Allgemein gesprochen handelt es sich dabei um den Ansatz, dass der „totale Staat" dem Staat als solchem Vorrang vor dem Gesetz und den individuellen Rechten einräumt.[4] Diese

◂ Teija Tiilikainen beim MSC Arctic Security Roundtable in Stavanger im August 2018.

Rechtfertigung des totalen Staates ist im kulturellen oder politischen Nationalismus oder mitunter im religiösen Extremismus verankert.

Die Ideologie vom totalen Staat versteckt sich in den diversen autoritären Staaten hinter je eigenen politischen Doktrinen. In Russland ist es die Doktrin vom politischen Krieg, wonach sich Russland in einem permanenten Krieg mit dem Westen befindet, der Russlands politisches System und Kultur bedroht.[5] Russland, so heißt es, müsse deshalb die ganze Bandbreite von Instrumenten nutzen, um sich selbst zu schützen. Der Feind wird zudem im umfassenden Licht der gesamten internationalen Nachkriegsordnung präsentiert, in welche die Hegemonie der US-Macht eingebettet erscheint. Die Gefährdung der einzigartigen russischen Zivilisation rechtfertigt eine solide Antwort und verlangt nach der Unterstützung durch die Einheit der Bevölkerung.

Das chinesische Denken dreht sich um ähnliche Doktrinen, deren Kern die Ideen von der vereinten Front und der indirekten Kriegsführung bilden.[6] Kennzeichnend für das chinesische politische Denken ist ein nationalistisches Verständnis von kultureller Überlegenheit, das eine feindliche Einstellung gegenüber einem Westen rechtfertigt, der das Land geschichtlich gedemütigt hat und es fortlaufend unterminiert und bedroht.[7] Darum fühlt sich China genötigt, seine überlegenen Fähigkeiten zu nutzen, um den Feind zu besiegen, und das umfasst eine „indirekte Kriegsführung", worunter der Einsatz kreativer nicht militärischer und präventiver Mittel gemeint ist. Das wiederum verlangt nach einer vereinten Front von – staatlichen und nicht staatlichen – Akteuren zum Schutz von Chinas politischer und kultureller Einheit.

> Hybride Bedrohungsaktivitäten sind ihrem Wesen nach revisionistisch, auch wenn Größenordnung und Zeithorizont dieses Revisionismus variieren.

Es gibt Ähnlichkeiten zwischen der Idee vom totalen Staat und den Herangehensweisen von Staaten wie dem Iran oder von islamistischen Bewegungen, die ihren Angriff auf den Westen auf religiöse Doktrinen gründen. Auch sie sehen die Rechtfertigung für ihre Verwendung der Instrumente in einem umfassenden kulturellen und religiösen Krieg, in dem sie sich mit der westlichen Welt wähnen.[8]

## Verdeckte Mittel und Manipulation als Strategie der hybriden Bedrohung

Hybride Bedrohungsaktivitäten sind ihrem Wesen nach revisionistisch, auch wenn Größenordnung und Zeithorizont dieses Revisionismus variieren. Das allgemeine Ziel hybrider Bedrohungsaktivitäten ist die Veränderung der internationalen Machtstrukturen zugunsten des jeweiligen Akteurs. Das kann durch gezielte Mittel wie die Beeinflussung der Entscheidungsfindung eines anderen Staates oder durch Einwirkungen auf die physischen und normativen Fundamente dieser Machtstrukturen geschehen. Die langfristig angelegte russische hybride Bedrohungsaktivität gegen die Ukraine ist ein Beispiel für beides (kurzfristig und langfristig), während die massiven chinesischen Investitionen in kritische Infrastrukturen in aller Welt ein starkes Potenzial für Letzteres aufweisen.

Zwecks Stärkung der eigenen Position und Minimierung der Kosten bedient sich der strategische Ansatz hybrider Aggressoren verdeckter Aktivitäten, Verschleierungstaktiken und verschiedener Formen der Manipulation. Die Verschleierung ihrer Verantwortung dient den Akteuren in erster Linie der Vermeidung von Gegenmaßnahmen sowohl seitens des betroffenen Staates und seiner möglichen Verbündeten, als auch seitens der größeren internationalen Gemeinschaft. Typische Aktionsformen sind folglich ein Handeln unterhalb der Schwelle des bewaffneten Konflikts, die Verwendung von Stellvertreterakteuren und die Manipulation der Situationseinschätzung durch den angegriffenen Staat, auf dass dieser für den angreifenden Staat vorteilhafte Entscheidungen trifft. Gegenmaßnahmen sind somit immer dann kompliziert, wenn sich die feindlichen Aktivitäten keinem Urheber zuordnen lassen oder Ziele und Logik des Angriffs unklar bleiben. Es gibt zahlreiche Beispiele aus der jüngeren Zeit für die Verwendung dieser Taktik – von der Beeinflussung der US-Präsidentschaftswahlen 2016, wo der abschließende Beweis für die russische Urheberschaft erst viel später erbracht wurde, bis zur externen Finanzierung europäischer extremistischer Parteien, deren Enttarnung ebenfalls Zeit in Anspruch nahm mit der Folge, dass sich auch die Anpassung der internen EU-Normen verzögerte.[9]

Ein anderer strategischer Ansatz hybrider Bedrohungsaktivitäten betrifft die Art und Weise, wie die Verwundbarkeiten der Zielstaaten ausgenutzt werden.

Indem hybride Aggressoren diverse Typen von Schwächen herausfinden, die von Lücken beim gesellschaftlichen Schutz über politische Uneinigkeit und Polarisierung bis zu Problemen bei der wirtschaftlichen und finanziellen Nachhaltigkeit reichen, verändern sie eine bestehende negative Machtasymmetrie zu ihren Gunsten. Diese Verwundbarkeiten lassen sich entsprechend ihrem Ursprung in technologische (digitale), politische, wirtschaftliche und juristische Verwundbarkeiten unterteilen, die jeweils andere Reparaturmaßnahmen erfordern.

Funktionale Interdependenzen im Netz der kritischen Infrastrukturen einer Gesellschaft sind ein gutes Beispiel für technologische Verwundbarkeiten, die sich nutzen lassen, um modernen stark technologieabhängigen Gesellschaften zu schaden und sie politisch zu destabilisieren.[10] Technologische Verwundbarkeiten ziehen sich quer durch Gesellschaften und wirken sich ebenso auf den militärischen Sektor aus – mit unmittelbaren Konsequenzen für den konventionellen Verteidigungsapparat.

Wirtschaftliche Verwundbarkeiten vergrößern die Abhängigkeit eines Staates von externen Quellen und machen ihn unter Umständen zu einem attraktiven Ziel für geopolitische Machtprojektion. Fremde Investitionen in kritische Infrastrukturen sowie Fremdkredite liefern ein optimales Instrument für diesen Zweck. Wirtschaftliche Verwundbarkeiten und wirtschaftliche Instabilität wiederum sind ein fruchtbarer Nährboden für Unzufriedenheit und politische Instabilität, was sich mittels diverser Formen der Fremdeinmischung noch weiter ausnutzen lässt. Korruption und Unzulänglichkeiten in den juristischen Strukturen steigern zusätzlich die Möglichkeiten hybrider Einflussnahme.

Juristische Verwundbarkeiten schließlich erweisen sich sowohl auf der nationalen als auch auf der internationalen Ebene als ein besonders gern genutztes Instrument für hybride Bedrohungsaktivitäten. Juristische Verwundbarkeiten beziehen sich im weiten Sinne sowohl auf Lücken im bestehenden normativen Rahmen als auch auf die Nutzung des Rechts zu strategischen Zwecken, wofür sich im Englischen der Begriff *lawfare* herausgebildet hat. Erstere können die Form eines unzureichend regulierten Cyberspace oder einer dem bestehenden internationalen Rechtsrahmen geschuldeten Unfähigkeit annehmen, eine als Waffe eingesetzte Migration zu verhindern. Letztere könnten bedeuten, dass ein Gesetz entgegen seinem ursprünglichen Zweck zur Rechtfertigung böswilliger Aktivitäten herausgezogen wird.[11]

### Hybride Bedrohungen verhindern: Diplomatie oder Abschreckung?

Die Ausgangslage für die Einrichtung breiterer internationaler Mechanismen zur Verhinderung hybrider Bedrohungen ist nicht ermutigend. Angesichts stark divergierender Ansichten bezüglich der wesentlichen Gründe für die internationale Konfrontation besteht wenig gemeinsamer Grund für internationale Konfliktlösungs- und Konfliktvermeidungsmechanismen. Der Revisionismus Russlands und Chinas führt dazu, dass diese Länder weite Teile jener internationalen Normen und Strukturen, die in den Augen westlicher Akteure als Produkte gemeinsamer internationaler Normen erscheinen, für ungerecht halten.[12] Hybride Aggressoren verstehen somit ihre Aktivitäten als legitime Bemühungen um eine Ausbalancierung oder – wie sie es interessanterweise beschreiben – „Demokratisierung" des internationalen Systems. Solange die Aufrechterhaltung der politischen Instabilität in der Ukraine für Russland ein wesentliches Instrument darstellt, um zu verhindern, dass das Land westlichen Institutionen wie der EU und der NATO beitritt, bleiben gemeinsame Konfliktlösungsbemühungen rein symbolisch.

Eine Mehrheit der internationalen Gemeinschaft sieht jedoch in den bestehenden Regeln und Normen internationalen Rechts ein System bindender Gesetze, deren Buchstabe und Geist auch dann Folge zu leisten ist, wenn wesentliche nationale Interessen auf dem Spiel stehen. Die Signifikanz der Mehrheitsmeinung spiegelt sich in den Bemühungen der hybriden Bedroher wider, ihre Aktivitäten als gesetzeskonform darzustellen. Mit dieser Strategie versuchen die Akteure, sich möglichen Gegenmaßnahmen zu entziehen. Russland und China jedoch verabschiedeten 2016 eine gemeinsame Resolution zum internationalen Recht, in der sie dieses sehr eng auslegten und seine Gültigkeit praktisch auf die UN und ihren Sicherheitsrat beschränkten.[13]

Andererseits erfüllt eine Unfähigkeit, neue internationale Normen für aufkommende Politikfelder wie Cyberspace und Weltraum zu schaffen, am Ende möglicherweise ähnliche Bedürfnisse hinsichtlich hybrider Bedrohungsaktivitäten und der Absicht, asymmetrische Machtbeziehungen zu kompensieren.[14]

Der verstärkte Einsatz hybrider Bedrohungsaktivitäten zusammen mit ihrer Rechtfertigung senkt die Schwelle für internationale Konflikte. Zum einen ermutigt die Kosteneffizienz dieser Instrumente die Akteure, sie schneller und mit weniger politischer Umsicht einzusetzen als traditionelle Instrumente der Machtprojektion. Zum anderen veranlasst das Fehlen von Instrumenten und Plattformen der Konfliktverhinderung und -beilegung die angegriffenen Länder möglicherweise dazu, mangels klarer Pläne und Formen der nationalen Bereitschaft und glaubwürdiger internationaler Mittel der Konfliktlösung, mit unerwarteten Mitteln zu reagieren.[15] Die Gefahr von Unfällen und einer ungezügelten Eskalation ist deshalb charakteristisch für das gegenwärtige Umfeld verstärkter hybrider Bedrohungsaktivitäten.

### Hybriden Bedrohungen begegnen: Resilienz und Abschreckung als möglicher Ansatz

Angesichts weitverbreiteter internationaler Konfrontation und eines Mangels an Vertrauen richtet sich die Suche nach Instrumenten zur Entschärfung hybrider Bedrohungsaktivitäten vorrangig auf nationale Regelwerke und die demokratischen Länder im EU- und NATO-Kontext. Den Kern dieser Instrumente bilden Maßnahmen zur Förderung einer breiten gesellschaftlichen Resilienz und zur Schaffung einer Politik der kreativen Abschreckung gegen hybride Bedrohungen. Beide Instrumentarien erfordern neue Herangehensweisen, wie beispielsweise eine langfristige strategische Planung zwecks Reduzierung der Anfälligkeit für externe Beeinflussung. Ein anderes Instrument bezieht sich auf die Beeinflussung der Kostenkalkulation der hybriden Bedroher und auf die Einbeziehung breiter gesellschaftlicher Akteure in die Schaffung von Resilienzwerkzeugen. Der Resilienzwerkzeugkasten zielt darauf ab, den Staat in die Lage zu versetzen, mit Extrembedingungen zurechtzukommen, Schocks zu bewältigen und sich von ihnen zu erholen. Er tut dies mittels politischer und juristischer Instrumente, aber auch mit Instrumenten zur Steigerung des öffentlichen Bewusstseins für Risiken im Zusammenhang mit den hybriden Bedrohungen und zum Umgang mit den Herausforderungen der Desinformation.

Gemeinsam mit ihren Mitgliedstaaten haben EU und NATO in den letzten Jahren ihre Maßnahmen und Vorbereitungen gegenüber hybriden Bedrohungen verstärkt. Als komplexe institutionelle Einheiten teilen sie dieselben Verwundbarkeiten bezüglich Funktionsbereitschaft und Zusammenhalt. Überdies beinhalten ihre Aufgaben und Pflichten, dass sie ihre Mitgliedstaaten in diesem Bereich unterstützen.

EU und NATO haben darum ihre Bemühungen, was die Reaktion auf hybride Bedrohungen und die Stärkung der Resilienz ihrer Mitgliedstaaten durch verschiedene politische Instrumente und neue institutionelle Strukturen und Verfahren betrifft – inklusive besserer Koordination und des Austauschs zu bewährten Ansätzen –, konsolidiert. EU und NATO sind beide in den Bereichen Cybersicherheit und Schutz kritischer Infrastruktur aktiv. Für die EU nimmt die Stärkung der Resilienz die Form gesetzgeberischer Projekte und der Kartografierung von Verwundbarkeiten in wesentlichen Bereichen des Schutzes kritischer Infrastruktur an. Die NATO geht diese Frage über ihre Maßnahmen zur Zivilbereitschaft an, in die in jüngster Zeit Schwung gekommen ist. Beide Organisationen fokussieren sich auf die Herausforderung der Cybersicherheit – im Bewusstsein der Verwundbarkeiten ihrer eigenen Funktionen und derer ihrer Mitgliedstaaten. Die NATO erklärte die Cyberverteidigung zu einem weiteren Feld der kollektiven Verteidigung und erkennt im Cyberspace ein Operationsfeld, auf dem sie sich ebenso effektiv verteidigen muss wie in jedem anderen Bereich. Abgesehen von ihren verstärkten gesetzgeberischen Maßnahmen hat die EU Projekte zur Cyberverteidigung im Rahmen der Permanent Structured Cooperation (PESCO) eingerichtet und Sanktionen wegen Cyberattacken verhängt, die für die Union oder ihre Mitgliedstaaten eine Bedrohung darstellen.

Die Erwiderung auf hybride Bedrohungen wurde zu einem der Themen für die neue strategische Partnerschaft zwischen der EU und der NATO, auf die sich die Organisationen 2016 verständigten. In ihrer gemeinsamen Erklärung beschlossen die beiden Organisationen, ihre Aktivitäten zur Reaktion auf hybride Bedrohungen zu verstärken, indem sie gemeinsam an ihrer Analyse, Prävention und Früherkennung arbeiteten, sowie durch den zeitnahen Austausch von Informationen und die Zusammenarbeit auf den Feldern strategische Kommunikation und Reaktion.[16] Im Rahmen der Implementierung der gemeinsamen Erklärung ermunterten EU und NATO ihre jeweiligen Mitgliedstaaten, sich am 2017 gegründeten European Centre of Excellence for Countering Hybrid Threats (CoE) zu beteiligen. 2021 wurde das Hybrid CoE auf 31 teilnehmende Staaten erweitert, während seine kapazitätsbildenden Bemühungen durch gemeinsame Projekte und Übungen verstärkt wurden – mit einer wachsenden Zahl von Mitarbeitern und externen Experten.

### Die Demokratien müssen zusammenstehen

Hybride Bedrohungen bilden einen integralen Bestandteil des gegenwärtigen Veränderungsprozesses der internationalen Nachkriegsordnung. Als Instrumente autoritärer Mächte wurzeln sie in der Unfähigkeit dieser Mächte, Regimelegitimität durch einen demokratischen Prozess sicherzustellen. Diese Staaten unternehmen umfassende Anstrengungen, die Regeln und Praktiken der internationalen Ordnung zu ihren eigenen Gunsten zu verändern. Hybride Bedrohungen bestehen aus Maßnahmen, die auf kurzfristige bis langfristige Sicht Wirkung zeigen. Weil sie mit Mehrdeutigkeit, Überraschung und verdeckten Aktivitäten operieren, steht die Anwendung internationaler Konfliktpräventionsmechanismen aus der Perspektive ihrer Anwender im Widerspruch zu ihrem logischen Prinzip. Das Potenzial für hybride Bedrohungsaktivitäten dürfte sich deshalb eher erhöhen als senken.

Hybride Bedrohungen zwingen demokratische Gesellschaften, gegen die sie sich in der Hauptsache richten, zu neuem Denken und zu neuen Maßnahmen. Diese Maßnahmen müssen vielgestaltig sein und ein breites Spektrum von Akteuren einbeziehen – von internationalen Organisationen und Gremien bis zu privaten Akteuren und NGOs. Die Demokratien müssen hinter ihren Werten zusammenstehen und ihre Bereitschaft, dies zu tun, nach innen und außen kommunizieren. Wenn Regeln und Vereinbarungen verletzt werden – oder Stellvertreterakteure genutzt werden, um die Spuren staatlicher Akteure zu verschleiern –, müssen die Urheberschaften für die gesamte internationale Gemeinschaft sichtbar gemacht werden. Das langfristige Ziel muss sein, Respekt und Vertrauen zurück in das internationale Recht und die alltäglichen Umfangsnormen der internationalen Gemeinschaft zu bringen.

**Hybride Bedrohungen bilden einen integralen Bestandteil des gegenwärtigen Veränderungsprozesses der internationalen Nachkriegsordnung.**

Teija Tiilikainen leitet das European Centre of Excellence for Countering Hybrid Threats. Zuvor war sie Direktorin des Finnischen Instituts für internationale Angelegenheiten (2010–2019) und leitete das Network of European Studies an der Universität Helsinki (2003–2009. Zudem war sie Staatssekretärin im finnischen Außenministerium (2007–2008).

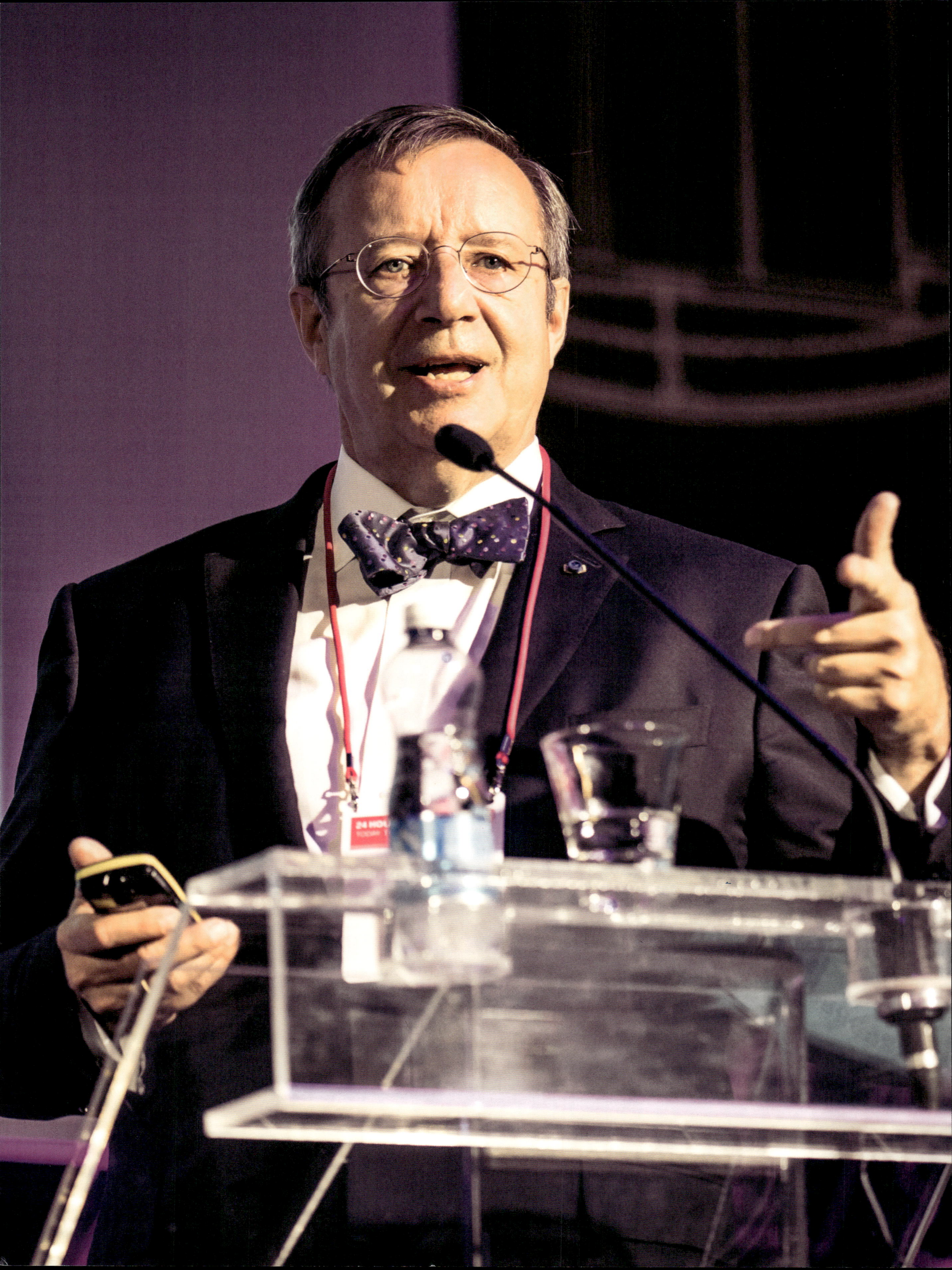

# Die Digitalisierung des Kriegs verstehen

**Toomas Hendrik Ilves**

Was ist Sicherheit? Elementar gesprochen bietet sie eine Art Garantie für den Fortbestand des eigenen Lebens sowie der eigenen Nachkommenschaft. Wessen Gene sich nicht fortpflanzen, der stirbt gewissermaßen aus, und wie Richard Dawkins in *Das egoistische Gen* so treffend darlegt, können wir vieles im Verhalten der Tiere verstehen, indem wir uns das Gen als die Grundeinheit der Evolution vorstellen.[1] Verhaltenstheoretisch gesprochen bedeutet dies, dass wir auf der Suche nach Nahrung sind, und höher entwickelte Tiere von den Wirbeltieren aufwärts schützen ihre Brut, bis sie das fortpflanzungsfähige Alter erreicht hat.

Fast zu allen Zeiten der Zivilisation und auch schon lange vorher – seit es soziale Affen, vormenschliche Hominiden und die modernen Menschen gibt, wie wir es seit mehreren Hunderttausend Jahren sind – hat es Krieg gegeben. Gruppen von Affen, Hominiden, Neandertalern und (meist männlichen) sozialen Cro-Magnon-Menschen töteten ihresgleichen zum eigenen Vorteil und griffen einander wegen Nahrung, Frauen und Besitz/Land an. Ich betone „sozial", weil nicht soziale Tiere zwar ihre Artgenossen töten, aber soziales Verhalten und soziale Organisation erforderlich sind, um Krieg zu führen: Gruppen einer Spezies, die Gruppen derselben Spezies angreifen und zwischen der eigenen Gruppe und einer anderen zu unterscheiden wissen.

Seit dem britischen Philosophen Thomas Hobbes, der in seinem *Leviathan* (1651) erstmals eine Gesellschaftsvertragstheorie entwickelte, argumentieren Theoretiker auf die eine oder andere Weise, dass der Krieg der Ursprung des Staates ist. Hobbes charakterisiert das Leben im Naturzustand als *bellum omnium contra omnes* – als Krieg aller gegen alle. Es brauchte den Staat, um dies zu steuern, zu zügeln und zu fokussieren. Das wiederum setzte soziale Organisation voraus: Krieger zur Verteidigung und zum Angriff und andere für die Bereitstellung von Nahrung, was zur Arbeitsteilung und somit zu Steuern und einem Verwaltungsapparat führte.

Für unsere Zwecke reicht es zu sagen, dass Krieg und das Bedürfnis nach Sicherheit seit unseren evolutionären Urahnen zum Leben dazugehören. Mit anderen Worten: Neben Nahrung und Fortpflanzung gehört Sicherheit zu den Grundbedürfnissen des Lebens.

Wenn wir in diesem Zusammenhang von Sicherheit reden, können wir die neueren Sicherheitskonzepte – Nahrungssicherheit, Klimasicherheit, Wassersicherheit, Sicherheit vor Pandemien –, die mittlerweile in den Sicherheitsdiskurs Eingang gefunden haben, außer Acht lassen. Gefahren dieser Art können zwar die Überlebensaussichten eines Großteils der Menschheit signifikant beeinträchtigen, aber für die Zwecke dieses Beitrags werde ich mich an den traditionellen Sicherheitsbegriff halten, den wir mit Krieg assoziieren.

## Technik und Krieg

Krieg – ob zwischen Stämmen, Nationen oder Nationalstaaten – ist seit jeher eine Sache der zahlenmäßigen und technischen Überlegenheit. Wer gewinnen will, muss mehr Krieger ins Feld führen oder über die besseren Waffen verfügen, was mit einem numerischen Vorteil gleichwertig ist. Oder er muss wie ehemals die Sowjetunion im Kampf gegen Nazideutschland oder Finnland bereit sein, genügend eigene Menschen sterben zu lassen, um den technisch überlegenen Feind mit Zahlen buchstäblich zu überschwemmen.

Technik verändert Konflikte und Kriege und damit offensichtlich auch die Sicherheit. Vom einfachen handgreiflichen Konflikt über Steine und Steinwaffen bis zu Bronze- oder Eisenspeeren geben technische Errungenschaften denen einen Vorteil, die sie beherrschen. Der Bogen, der englische Landbogen, Steigbügel, Rüstung, Schießpulver – sie alle haben die Natur des Konflikts verändert. Ein geworfener oder als Speerspitze an einem Stab befestigter Stein, ein Messer oder eine Axt verliehen mehr Masse und ermöglichten die Überwindung größerer Distanzen. Ein Bogen oder ein Pfeil vergrößerten Geschwindigkeit und Distanz.

Die elementare Einheit des Kriegs ist kurz gesagt die Kraft, deren Definition wir in der Schule als das zweite Newton'sche Gesetz kennengelernt haben: Kraft = Masse mal Geschwindigkeit.

$$F = m \times a$$

Dabei ist die Beschleunigung a die Änderung der Geschwindigkeit pro Zeit.

◀ Toomas Hendrik Ilves beim MSC Cyber Security Summit in Tallinn im Mai 2018.

$$F = m \times v/t$$

Das reduziert sich zu:

$$F = m \times ds/dt^2$$

In der Physik kennen wir dies als die kinetische Kraft. Alle Kraftanwendung seit vorhistorischer Zeit bis zum Ende des zweiten Jahrtausends war ausschließlich kinetischer Natur. Man kann die Kraft durch eine größere Masse (einen größeren Stein, eine größere Bombe) oder durch größere Geschwindigkeit (einen besseren Speer werfenden Arm, einen Bogen, ein Katapult oder eine Rakete) steigern.

Das Problem ist, dass wir ungefähr seit Beginn des neuen Jahrtausends vermehrt den Einsatz von *digitaler* Kraft (bzw. Gewalt) beobachten. Digitale Kraft hat keine Masse, und im Rahmen der irdischen Dimensionen schrumpfen Entfernung und Zeit zu trivialen Größen. Die Implikationen dieser Veränderung sind Thema dieses Beitrags.

### Das Aufkommen nicht kinetischer Waffen im 21. Jahrhundert

Die Kriegstechnik war bis Ende des 20. Jahrhunderts im Wesentlichen kinetischer Natur. Zugegeben, im 20. Jahrhundert erlebten wir den Einsatz chemischer Waffen im Ersten Weltkrieg und jüngst wieder in Syrien. Das Problem mit diesen Waffen ist, dass sie keinen gezielten Einsatz erlauben. Der Wind kann drehen und die Chemikalien zurücktragen; die Gifte können überdauern und andere schädigen. Chemische Waffen sind unterschiedslos wirkende Massenvernichtungswaffen und als solche gemäß internationalen Verträgen verboten, wenngleich sie bis zum heutigen Tag weiterentwickelt und verwendet werden, wie Russlands Nowitschok-Anschläge auf Alexei Nawalny und Sergei und Julia Skripal gezeigt haben. Und dennoch sind das Einzelfälle. Den wahren Wandel brachte die Digitalisierung des Kriegs.

### Die Digitalisierung des Kriegs

Die Natur des Kriegs änderte sich dramatisch mit der Entwicklung des Computers und seinem Einsatz als Waffe – ein tiefgreifender Wandel, der die grundlegendsten Annahmen bezüglich Sicherheit und Kriegsführung aus den vergangenen Millionen Jahren über den Haufen wirft. Das heißt nicht, dass die kinetische Kriegsführung von der Bildfläche verschwunden ist, wie ungezählte niederschwellige Konflikte der Gegenwart zeigen. Die Digitalisierung der Kriegsführung zwischen Staaten erweitert die Sicherheitspolitik jedoch um eine neue Dimension, die uns zwingt, unsere Vorstellungen von Aggression, Bündnissen, Verteidigung und Reaktion zu ändern.

Vor allem können wir angesichts der Macht der digitalen Waffenarsenale schon heute sagen, dass der nächste ernste zwischenstaatliche Konflikt nicht mit einem kinetischen Angriff beginnen wird, sondern mit der Lähmung – dem „Herunterfahren" – des angegriffenen Staates. Stromnetze werden ausgeschaltet, Ampeln schalten auf Dauerrot, Wasser und Gas werden abgedreht. Im Prinzip kommt alle ungeschützte Infrastruktur zum Stillstand. Das geschieht, bevor der erste kinetische Angriff beginnt, sofern ein solcher überhaupt erfolgt.

Jede kinetische militärische Infrastruktur, die nach einem anfänglichen digitalen „Herunterfahren" noch funktionstüchtig ist, wird anschließend digitalen/elektronischen Angriffen ausgesetzt – von elektromagnetischen Impulsen (EMPs), die sämtliche Elektronik untauglich machen, bis zum GPS-Ghosting, bei dem die Navigationssysteme von Schiffen, Flugzeugen und Lenkraketen verwirrt werden, wie wir das bereits bei US-Schiffen im Schwarzen Meer gesehen haben. Digitale Systeme, die diese Angriffe überleben, werden ebenfalls zur Zielscheibe. Diese Veränderungen beginnen jetzt, Eingang ins sicherheitspolitische Denken zu finden.

All dies ist gerade einmal so alt wie das 21. Jahrhundert und dringt deshalb erst seit kurzem ins sicherheitspolitische Denken. Im Februar 2013 fand erstmals auf der Münchner Sicherheitskonferenz ein Panel zu Cyberfragen statt. Die Doktrin brauchte sogar noch länger bis ins Rampenlicht.

### Die Entwicklungen der letzten 21 Jahre

Dabei gab es in diesen 20 Jahren keinen Mangel an unterschiedlichen Formen der digitalen Kriegsführung. Sie unterscheiden sich auf vielfältige Weise; was sie verbindet, ist lediglich, dass sie alle von digitaler Technik Gebrauch machen.

Zum einen gibt es Formen der Cyber-Kriegsführung

wie Hacking, Spionage und den Einsatz logischer Bomben gegen andere Computer oder computergesteuerte Systeme. Wie die Ransomware der letzten Jahre gezeigt hat, lassen sich Daten einfach verschlüsseln und unzugänglich machen. DDoS-Angriffe (für *distributed denial of service*) setzen Server außer Gefecht und machen es unmöglich, Adressen zu erreichen, die von ihnen abhängen wie Banken, Zeitungen oder andere unverzichtbare Dienste.

Zum anderen gibt es Informationskriege, die auf sehr viel höheren Kognitionsebenen geführt werden. Informationskriege zielen darauf, über soziale Medien mittels Falschmeldungen, künstlicher *Social-Media*-Gruppen und auf Desinformation basierender Verschwörungstheorien politischen Schaden anzurichten. Diese Methoden können auch in hybrider Form eingesetzt werden wie beispielsweise in den Jahren 2016 und 2017, als der Server Hillary Clintons von einer russischen (offenbar mit dem Geheimdienst im Bunde stehenden) Hackergruppe gehackt und der Inhalt anschließend an Wikileaks weitergeleitet und dort publik gemacht wurde. Ein Jahr später wurde im Vorfeld der französischen Präsidentschaftswahl Emmanuel Macrons Server gehackt, ohne dass großer Schaden entstand, weil das Wahlkampfteam den Server zuvor mit offensichtlichen Fakes gespickt hatte, die jeden politischen Missbrauch vereitelten. Zu den neuen Gefahren des digitalen Zeitalters kommen häufig noch Politiker hinzu, deren Denkweise mitunter an Donald Trumps bizarre Statements über „the cyber"[2] erinnert.

### Spionage/Hacking

Der Computer war und ist in erster Linie ein Spionage-Tool. Man kann in das innerste Heiligtum der Computersysteme einer anderen Nation eindringen und ihre tiefsten Geheimnisse „stehlen", ohne dass die Außenwelt davon erfährt. Der erste öffentlich bekannt gewordene Hack zwischen Staaten war *Moonlight Maze*, wie das russische Eindringen in das US-Verteidigungsministerium von 1999 von den USA getauft wurde. Seither erleben wir immer mehr Hacks, ausführt von der Mehrzahl der staatlichen Akteure – unmittelbar oder über Stellvertreterakteure. Zu den bekanntesten gehören der (mutmaßlich) chinesische Hack von OPM, dem Office of Personnel Management der US-Regierung im Jahr 2015, bei dem die Daten von 23 Millionen US-Bundesbeschäftigten gestohlen wurden (darunter beispielsweise die psychologischen Profile der CIA-Beamten), der Hack von Hillary Clintons E-Mails durch die Russen 2016, was möglicherweise Einfluss auf den Ausgang der US-Wahlen hatte, und der im Dezember 2020 entdeckte Hack von SolarWinds, bei dem sich die Russen, wie man annimmt, den Zugang zu einem beträchtlichen Teil der US-amerikanischen digitalen Infrastruktur und zu privaten Unternehmen wie Waffenherstellern und anderen sicherten.

Allein auf das Konto zweier russischer Hackergruppen, die in der amerikanischen Nomenklatur die Bezeichnungen APT 28 und APT 29 tragen (für *advanced persistent threat*), gehen Angriffe auf den Deutschen Bundestag, führende deutsche Denkfabriken, den US-Kongress, das US State Department, das italienische und das niederländische Außenministerium und die Welt-Anti-Doping-Agentur.

Ohne Zweifel haben sie sich in noch weit mehr westlichen Staaten bedient – bei Behörden sowie internationalen und Nichtregierungsorganisationen –, aber nur wenige haben dies öffentlich eingeräumt und manche wissen möglicherweise gar nicht, dass ihre Daten gestohlen wurden. Westliche Regierungen tun sich im Übrigen schwer damit, Hackerangriffe und Einbrüche als Aggression zu brandmarken – vermutlich in erster Linie deshalb, weil westliche Nationen dasselbe mit ihren Feinden machen, die wiederum nicht zugeben, dass bei ihnen eingedrungen wurde. Vor allem aber greifen die Regierungen immer dann nicht zu aggressiven Gegenmaßnahmen, wenn, wie im Fall des SolarWinds-Hacks von 2020, es beim reinen Diebstahl geblieben, ohne dass signifikanter Schaden entstand.

### Logische Bomben oder als Waffen eingesetzte Hacks

Die nächste Stufe jenseits reiner Spionage stellen logische Bomben dar. Das sind digitale Formen der Sabotage, bei denen die Daten nicht nur entwendet werden und die deshalb an die Schwelle eines Kriegs heranreichen. Die drei bekanntesten Beispiele sind der iranische Shamoon-Virus, der große Teile des Computersystems der saudischen Ölfirma Aramco lahmlegte und dessentwegen sämtliche infizierten Geräte ausgetauscht werden mussten, die russischen Angriffe auf das ukrainische Stromnetz 2014, der zum Ausfall ganzer Abschnitte des Netzes führte, und der amerikanisch-israelische Stuxnet-Virus, der die iranischen nuklearen Anreicherungsanlagen in einem so genannten SCADA-Angriff (für *systems control and data acquisition*) abschaltete, indem er die Rückmeldungen aus den Zentrifugen manipulierte, die im Rahmen des iranischen Atomwaffenprogramms zur Plutoniumanreicherung dienten.

Das alles sind Angriffe von Staaten gegen Staaten. Wie im Fall der Hacks können sollte Angriffe aber auch von kleineren Gruppen durchgeführt werden. In Los Angeles verschafften sich zwei Angestellte der städtischen Verkehrsbehörde im Rahmen einer Arbeitsauseinandersetzung Zugang zum automatischen Verkehrsüberwachungssystem und legten es an wichtigen Knotenpunkten der verkehrsreichen Stadt lahm. Man kann sich vorstellen, wie ein geschickter Feind statt einiger Kreuzungen sämtliche Ampeln der Stadt auf Grün schaltet. Die Zahl der Unfälle und Verkehrsopfer wäre gigantisch.

### Distributed Denial of Service (DDoS)

Wir Esten neigen dazu, schon die geringfügigsten unserer internationalen Errungenschaften zu verherrlichen, wie das für kleine Länder wie das unsere typisch ist.

Wir vergessen jedoch gern, dass wir seit 2007 als der Ort bekannt sind, an dem zum ersten Mal ein Cyber-Krieg stattfand. Ja, wir haben Hacks und andere gelegentliche Anschläge und Störaktionen erlebt, aber wenn wir uns an Carl von Clausewitz' klassische Definition vom Krieg als „der Fortsetzung der Politik mit anderen Mitteln" halten, war dies wahrhaftig das erste Mal, dass digitale Mittel von einem Nationalstaat als eine Form der schwächenden Aggression eingesetzt wurden. Es handelte sich um Russlands Antwort auf die Versetzung einer sowjetischen Statue, die zum Kristallisationspunkt gesellschaftlicher Unruhen geworden war. Die Russen marschierten nicht in Estland ein; sie griffen es nicht kinetisch an. Niemand wurde getötet, aber Russland schaffte es, das gesamte Land lahmzulegen. Medien, Banken und Regierung funktionierten so gut wie nicht mehr. Estland koppelte sich gezwungenermaßen vom Rest der Welt digital ab. Weil dies beispiellos war, verstanden EU und NATO zuerst überhaupt nicht, wovon wir sprachen, als wir uns an sie wandten.

DDoS steht für *distributed denial of service*. Damit ist die Bombardierung und Überlastung von Servern mit so vielen Nachrichten gemeint, dass sie nicht mehr zu antworten imstande sind. Jeder Server, der so angegriffen wird, stellt seinen Dienst ein. Es gibt viele Möglichkeiten, dies mithilfe gekaperter Computer zu bewerkstelligen, die in automatische Nachrichtenversender, sogenannte „Bots", verwandelt werden. Ein Computer allein genügt nicht, weshalb die Mafiabanden, die solche Bots verwenden, ganze Netzwerke, so genannte „Botnets", schaffen, die solche Nachrichtenfluten gegen Gebühr versenden. Anfangs wurden sie vor allem für Spam genutzt, was sich in den ersten Jahren des Jahrtausends als Problem bemerkbar machte. Heute machen sich DDoS-Angriffe überwiegend Internetzugangskomponenten wie Router oder Videoüberwachungsgeräte zunutze, die von irgendwem gekapert wurden.

DDoS-Angriffe sind auch eine Form von hybrider Kriegsführung. In diesem Fall machen sich die Nationalstaaten die Dienste krimineller Banden zunutze. Aber auch Einzelpersonen sind zu solchen Aktionen in der Lage, wie der größte DDoS-Angriff aller Zeiten – der Mirai-Angriff von 2016 – gezeigt hat. Ein Student der Rutgers University in New Jersey hatte ein sich selbst fortpflanzendes DDoS-Botnet bestehend aus Videoüberwachungsanlagen, Routern und gekaperten Servern entlang der amerikanischen Ostküste und in Westeuropa geschaffen.

Bei genauer Betrachtung unterscheiden sich diese Cyberangriffe noch in einem anderen wichtigen Punkt von kinetischen Angriffen: der (Un-)Möglichkeit, ihre Urheber dingfest zu machen und zur Verantwortung zu ziehen.

### Das Zuordnungsproblem

Ein grundsätzliches Sicherheits- und Verteidigungsproblem im Zusammenhang mit Cyberangriffen ist ihre Zuschreibung bzw. die Schwierigkeit einer solchen. Bei einem kinetischen Angriff ist die Quelle fast immer klar erkennbar – häufig sogar, bevor der Angriff stattgefunden hat. Oft kann man ihn kommen sehen, und wenn nicht, lässt sich im Nachhinein leicht feststellen, woher er kam.

Bei Cyberangriffen gestaltet sich die Zuschreibung schwierig und aufwendig. Selbst dort, wo sich, wie beispielsweise im Fall des nordkoreanischen Angriffs auf Sony, die Urheberschaft mittels Human Intelligence („menschlicher Aufklärung") irgendwann ermitteln lässt, braucht dies in der Regel viel Zeit. Eine unmittelbare Antwort ist selten möglich. Ein Staat muss auch sicher sein, dass eine Operation nicht unter „falscher Flagge" durchgeführt wurde, damit sein Gegenangriff nicht die Falschen trifft. Aber selbst ein hoher Grad an Gewissheit bezüglich der Urheberschaft ändert nichts daran, dass sich in den vergangenen zwanzig Jahren noch kein identifizierter Angreifer genötigt sah, seine Urheberschaft offiziell einzugestehen.

Ein ebenso großes Problem ist, dass Staaten häufig nicht staatliche Hacker für sich arbeiten lassen, was die Möglichkeiten steigert, sich der Verantwortung zu entziehen. Das ist das digitale Pendant zum militärischen Söldnerwesens, dessen sich der Kreml in der kinetischen Welt in Gestalt der „Wagner-Gruppe" in Syrien, der Ukraine, der Zentralafrikanischen Republik und anderswo bedient. Wer sind hier die Schurken? Die Hacker oder ihre Auftraggeber? Was unterscheidet eine Gruppe von Hackern von einer Gruppe von GRU- oder VBA-Offizieren?

### Informationskrieg und Desinformation

Die Angriffe auf unsere Cybersicherheit nehmen zu, und Umfang und Ausmaß der Bedrohung wachsen. Zu den größten Cyberbedrohungen gehört die Desinformation. Sicher haben Sie schon von der „Troll-Armee" oder den „Putinbots" gehört – jener Trollfarm in St. Petersburg, die den freiheitlich-demokratischen Westen mit Desinformation überschüttet.

Desinformation ist kein neues Phänomen. In der Literatur reicht sie mindestens bis zur Äneis und der Geschichte vom Trojanischen Pferd zurück. Wir haben massive Desinformationskampagnen im gesamten 20. Jahrhundert erlebt, wie beispielsweise die vom KGB in die Welt gesetzte Behauptung, das AIDS-verursachende HIV-Virus sei von der CIA in die Welt gesetzt worden. Diese Version wurde 1983 in Indien in einer kommunistischen Provinzzeitung lanciert und fand von dort ihren Weg in die europäische und US-amerikanische Mainstream-Presse. Vergleichen Sie das mit dem Dutzend unterschiedlicher Darstellungen zum Abschuss der malaysischen Maschine MH17 durch die Russen im Juli 2014. Schon Stunden nach dem Unglück waren die sozialen Medien und die Mainstream-Zeitungen voll von Desinformation.

> Die Angriffe auf unsere Cybersicherheit nehmen zu, und Umfang und Ausmaß der Bedrohung wachsen.

Vor der breiten Verfügbarkeit von iPhones und Android-Smartphones hatten nur vergleichsweise wenige Menschen Zugang zu Computern. Selbst in den USA, dem Land mit der größten Internetdichte, verfügte nur ein Drittel aller Haushalte über einen häuslichen Computer, und noch weniger Menschen hatten verlässlichen Internetzugang. In anderen Ländern waren die Zahlen weit kleiner – besonders auch in Schwellenländern wie in der arabischen Welt und Russland. Mit dem Smartphone änderte sich das. Auf einmal konnte sich jeder mit dem World Wide Web verbinden.

Facebook was das erste größere Social-Media-Unternehmen und ist mit 2,3 Milliarden Nutzern noch immer unübertroffen. Aber der durchschlagende Erfolg kam mit der Smartphone-App. Zuvor konnte man das Internet vom Handy aus nur über eine URL (und Anmeldung mit einem Passwort) erreichen. Aber mit der App auf dem Handy reichte ein Finger-Touch, um drin zu sein. Heute ist für viele Menschen in Ländern, in denen das Smartphone die einzige Verbindung zum Internet darstellt, Facebook geradezu ein Synonym für dieses.

### Arabischer Frühling

Der erste größere Fall, wo das Smartphone in Kombination mit den sozialen Medien als politisches Instrument in Erscheinung trat, war der sogenannte Arabische Frühling von 2011, als Massen von Menschen aufbegehrten, Smartphone-Videos und -Bilder von Brutalität und staatlichen Übergriffen auf Facebook und andere Plattformen stellten und Zehn-, wenn nicht Hunderttausende in der arabischen Welt und in der Welt insgesamt erreichten – Bilder, die bald auch im Fernsehen zu sehen waren.

Der Arabische Frühling begann in Tunesien, breitete sich von da aus auf Libyen, Ägypten, den Jemen, Syrien und Bahrain aus und führte zur Absetzung der autoritären Staatsführer Tunesiens, Libyens und Ägyptens. Die Kriege in Syrien und dem Jemen dauern noch an. All dies erfolgte rasch nacheinander, während sich die Bilder von den Protesten und den Reaktionen der Polizei in Minutenschnelle über Facebook verbreiteten. An diesem Punkt verkündeten Facebook und viele prodemokratische Aktivisten und Sozialwissenschaftler den Beginn einer neuen Ära, in der die Zivilgesellschaft allein mithilfe der sozialen Medien und des Smartphones despotische Regierungen zu Fall bringen konnte.

Leider hat sich das so nicht bewahrheitet. Abgesehen davon, dass Libyen, der Jemen und Syrien noch immer von blutigen Bürgerkriegen heimgesucht werden, war die eigentliche Lektion, die wir aus diesen Geschehnissen lernen konnten, die Macht der sozialen Medien. Autoritäre Regierungen und – was die Sicherheit Europas betrifft – Russland kamen zu dem Schluss: Wenn eine Zivilgesellschaft ohne Regierung oder staatliche Ressourcen im Hintergrund mittels Massenproteste und unterstützt von den sozialen Medien Regierungen stürzen konnten, wie viel mehr Wucht ließe sich so entfalten, wenn hinter einer Social-Media-Kampagne die volle Macht und die Finanzen des Staates stünden. Noch dazu stelle man sich vor, wie es wäre, wenn statt Nachrichten lediglich Lügen verbreitet würden.

Wie wir aus zahlreichen Studien wissen, werden falsche, übertriebene oder sensationslüsterne Geschichten weit häufiger geteilt und retweetet als die Nachricht, dass etwas nicht geschehen ist. Wir sahen das erstmals während der Ukraine-Krise 2014, als die Russen die Nachricht in Umlauf brachten, die Ukrainer hätten einen Dreijährigen gekreuzigt. Das war eine komplett erfundene Geschichte, die sich dennoch wie ein Lauffeuer verbreitete. Die Ukraine wurde so zum Testgelände für die Nutzung der sozialen Medien für die Verbreitung von frei erfundenen und irreführenden Nachrichten.

Das nächste Mal wurde die Methode im Westen 2015 während des niederländischen Referendums zum Assoziierungsabkommen zwischen der Europäischen Union und der Ukraine erfolgreich eingesetzt. Dieses Referendum war durch eine Petition angestoßen worden, die über die sozialen Medien zustande gekommen war. (Nie zuvor hatte es ein ähnliches Referendum gegeben. Beim Assoziierungsabkommen handelt es sich um eine Art Freihandelsabkommen, wie es auch Estland 1995 unterzeichnete, bevor es zehn Jahre später der EU beitrat.) Das nächste Mal, dass die Russen eine aktive Kampagne betrieben, war anlässlich des Brexit-Referendums. Natürlich spielten dort auch innerbritische Kräfte eine Rolle, wie das im Allgemeinen zu sein pflegt, aber am Ende erreicht man das angestrebte Ziel nur durch die Veränderung der politischen Meinung.

Seit 2016 beobachten wir eine Zunahme von Fake News. 2016 startete Russland, wie schon erwähnt, in den USA einen Frontalangriff auf Hillary Clinton mithilfe gehackter Dokumente, zielgenauer Werbung und gefakter Zeitungen mit Fake-Nachrichten. Manche Wissenschaftler vertreten die These, dass es ihnen in den entscheidenden Bundesstaaten gelang, die Ergebnisse so stark zu beeinflussen, dass Donald Trump gewinnen konnte. In den USA geht es nämlich darum, im Wahlkollegium zu gewinnen. Dem direkten Stimmenverhältnis zufolge lag Hillary Clinton drei Millionen Stimmen vor Trump und hätte die Wahl gewonnen.

### Was bedeutet das für die Sicherheit?

Das bedeutet vor allem, dass man nicht länger einen kinetischen Krieg braucht, um politisch Einfluss auszuüben. Vor der digitalen Ära war territoriale Herrschaft der einzige Weg zum Sieg – es sei denn, man „kaufte" die Führung eines Landes. Krieg ist teuer; er verschlingt in potenziell ruinösem Umfang Ressourcen. Viele Menschen des eigenen Landes kommen um, das BIP stürzt ab, die Nachkriegswirtschaft liegt in Trümmern und natürlich läuft, wer die NATO angreift, Gefahr, damit einen Nuklearkrieg auszulösen, der das eigene Land zerstört. Wer einen konventionellen Krieg ohne Atomwaffeneinsatz gewinnt, muss dennoch ewig für die Kosten der Besetzung einer feindlichen und abweisenden Bevölkerung zahlen, wie sowohl Nazideutschland als auch die UdSSR feststellen mussten.

Anstatt in ein NATO-Land einzumarschieren und gemäß Artikel 5 einen Krieg mit NATO-Truppen zu riskieren, verändert eine Feindnation eine Regierung mittels Finanzen, Desinformation und des Hackens vertraulicher Daten, um Einfluss auf eine demokratische Wahl zu nehmen und dafür zu sorgen, dass eine NATO- und EU-feindliche Partei oder ein Präsidentschaftskandidat gewählt wird.

Wir haben das mehrmals erlebt, seit Russland die Desinformation über die sozialen Medien als Instrument der politischen Manipulation entdeckt hat. 2015 hielt zum ersten Mal überhaupt ein EU-Land ein Referendum über ein Assoziierungsabkommen ab. Dank der in den Niederlanden geltenden niedrigen Schwelle für Referenden hielt das Land ein Plebiszit über das Assoziierungsabkommen mit der Ukraine ab. Soziale Medien verbreiteten Desinformationen über die Ukraine und sich als Ukrainer ausgebende Russen veranstalteten gefakte Demonstrationen mit falschen Flaggen.

Wie bereits ausführlich beschrieben, mischte sich Russland 2016 massiv in die US-amerikanische Präsidentschaftswahl ein – mit Hackeraktionen und über die sozialen Medien. 2020 gab das britische Intelligence and Security Committee of Parliament nach langer Verzögerung einen Bericht über die russische Einmischung in die britischen Wahlen heraus. Zur russischen Einflussnahme auf das Brexit-Referendum erschien indes kein Bericht, nachdem sich die Regierung geweigert hatte, entsprechende Untersuchungen durchzuführen. Im Vorfeld der französischen Präsidentschaftswahl lieh Russland Marine Le Pen, der Anti-NATO-Kandidatin, für ihre Kampagne 9 Millionen Euro, verbreite aktiv Desinformationen über Emmanuel Macron und hackte seinen Server. Letztere Aktion erwies sich jedoch als Reinfall, weil die Franzosen nach dem Hillary-Clinton-Hack ihren Server mit ihrer eigenen Desinformation gefüttert hatten. In jüngster Zeit legte sich Russland kräftig ins Zeug mit einer Desinformationskampagne zur Diskreditierung der deutschen Partei Die Grünen und ihrer damaligen Vorsitzenden Annalena Baerbock.

### Что делать?

... oder wie Lenin fragte: „Was ist zu tun?" Wichtig ist, sich klarzumachen, dass Sicherheit nicht länger nur von einem starken kinetischen Militär abhängt. Ein solches ist zwar unverzichtbar – man kann sich gegen eine einmarschierende Armee nicht mit Memen verteidigen –, aber wenn der Feind von ganz unterschiedlichen Waffen Gebrauch macht, braucht man einen stark erweiterten Begriff von Sicherheit. Gegenwärtig stehen wir vor einer Reihe von Problemen, was den Umfang dieser Gefahren betrifft.

Das signifikanteste Problem ist ein ungenügendes Verständnis für die Bedeutung digitaler Bedrohungen unter Politikern. Bei den Militärs und zumindest bei einigen Unternehmen nimmt wenigstens in Bezug auf das Hacking das Problembewusstsein allmählich zu.

Wir haben es hier im Wesentlichen mit zwei Problemen zu tun: Es fehlt an einer interdisziplinären, ressortübergreifenden Kooperation, und wir haben nationale Silos, die nur einen sehr eingeschränkten internationalen und multilateralen Informationsaustausch betreiben. Wenn die Ministerien, Parlamente, Denkfabriken und Wahlkandidaten diverser Länder und selbst die Welt-Anti-Doping-Agentur von der russischen Hackergruppen (APT 28 und 29) angegriffen werden, findet in Europa und in der NATO zu wenig Informationsaustausch statt.

Zu einem Teil erklärt sich dies aus dem nachrichtendienstlichen Hintergrund derer, die vorrangig mit dem Hacking-Problem befasst sind. Signalerfassende Aufklärung (englisch SIGINT) ist eine Form der Spionage, in der Heimlichtuerei Tradition hat. Die einzige SIGINT-Gruppe, die einen Informationsaustausch pflegt, sind die Five Eyes – ein Bündnis aus den USA, Großbritannien, Kanada, Neuseeland und Australien. Es umfasst keine weiteren NATO-Mitglieder (dafür zwei Nichtmitglieder) und keine EU-Mitgliedsstaaten. Feindliche Gruppen – ob APT 28, APT 29 oder die berüchtigte „Troll-Armee" – richten ihre Aktivitäten jedoch nicht danach aus, wer zu welcher multilateralen Gruppe gehört. Grenzen bedeuten im Cyberspace und in den sozialen Medien nichts.

In der Tat besteht die wirklich dramatische Veränderung, die das digitale Zeitalter für die Sicherheit mit sich bringt, darin, dass Geografie keine Rolle mehr spielt. Die NATO nennt sich nicht deshalb *Nordatlantik*-Pakt, weil der Nordatlantik für eine einzigartige Gruppe von freiheitlichen Demokratien steht. Ebenso wenig sind Japan, Südkorea, Australien und Neuseeland deswegen keine NATO-Mitglieder, weil sie keine Anhänger des freiheitlichen Demokratiemodells wären. Die NATO war und ist eine Organisation, die sich zu einem nicht geringen Teil auf Bomberreichweiten, Jetfighter-Betankungskapazitäten, Truppen- und Panzertransportmöglichkeiten und Ausrüstungslogistik stützt. Während die kinetische Infrastruktur nunmehr seit über siebzig Jahren geplant und entwickelt wird, wurde der Cyber-Bereich erst in allerjüngster Zeit Gegenstand der Planung, und auch das nur in sehr begrenztem Umfang. Gerade einmal zwei von rund achtzig NATO-Exzellenzzentren beschäftigen sich mit der digitalen Kriegsführung – eines für Cyber-Fragen in Tallinn und eines für die Desinformationsbewertung in Riga. Ihr Auftrag ist sehr eng gefasst: Sie können über Angriffe auf die NATO als Gesamtorganisation berichten, haben aber nur begrenzte Vollmacht, Angriffe auf einzelne Mitgliedstaaten zu bewerten und zu melden – die ohnehin beschränkten Möglichkeiten der Verteidigung werden hier durch Verbote nur weiter beschnitten. Keine der beiden Zentren hat operative Befugnisse. Nach meinem Verständnis hat sich die Kooperation ein wenig verbessert, seit Estland vor einem Jahrzehnt der NATO meldete, dass es einen russischen Wurm in seinem militärischen Netzwerk gefunden hatte und die Antwort lediglich lautete: „Ach so, ihr auch." Für eine Organisation, die bei Waffensystemen auf starke gemeinsame Standards und Interoperabilität Wert legt, ist die Aufmerksamkeit, die Cyber- und Desinformationsattacken geschenkt wird, beklagenswert gering.

> Das signifikanteste Problem ist ein ungenügendes Verständnis für die Bedeutung digitaler Bedrohungen unter Politikern.

In der Europäischen Union ist der Fokus auf die Ständige Strukturierte Zusammenarbeit (SSZ) als eine Art Parallele zur NATO-Struktur ebenfalls nicht die Lösung. Die Agentur der Europäischen Union für Cybersicherheit (ENISA) wurde zwar für die Beschäftigung mit diesen Fragen ins Leben gerufen, verfügt aber nicht über das nötige Gewicht, um eine echte Antwort geben zu können. In seiner Rolle als Vorsitzender der Münchner Sicherheitskonferenz – des wichtigsten Sicherheitsforums des Westens – beklagte Wolfgang Ischinger vor Kurzem in einem Kommentar das Fehlen einer Sicherheitsdimension in der EU-Gesetzgebung.[3] Neue Wettbewerbsregeln für die digitale Ära, die die Fragen der digitalen Sicherheit unberücksichtigt lassen, als ob alle Plattformen und Geräte sich gleichberechtigt gegenüberstünden, zeigen, wie wenig sich die EU-Politik bislang mit den neuen Bedrohungen des digitalen Zeitalters für Datenschutz und Sicherheit beschäftigt. Wie Ulrike Franke und José Ignacio Torreblanca in einem kürzlich erschienenen Beitrag für den European Council on Foreign Relations (ECFR) schreiben: „Die EU scheint bei allen ihren bahnbrechenden Regulierungsbemühungen noch nicht wirklich verstanden zu haben, wie geopolitisch bedeutsam technische Fragen sein können oder wie geopolitisch bedeutsam die aktuelle Generation neuer – insbesondere digitaler – Techniken mittlerweile geworden ist."[4]

Bislang hat keine der maßgeblichen internationalen Institutionen des Westens wirklich begriffen, wie umfassend sich das Sicherheitsumfeld verändert hat in einer Welt, in der räumliche Entfernungen wie zwischen Tallinn, Toronto und Tokio im Fall eines potenziellen Angriffs durch einen Feind keine Rolle mehr spielen. Eine wichtige wirtschaftliche und politische Demokratie ist aufgrund veralteter, geografisch bedingter Sicherheitsvorkehrungen noch nicht einmal in diesen Prozess eingebunden. Ganz zu schweigen von einem weiteren, nicht minder wichtigen Sicherheitsaspekt, den ich in diesem Beitrag ausgeklammert habe: künstliche Intelligenz. Hier hat sich Europa spätestens seit dem Austritt Großbritanniens aus der EU als Akteur verabschiedet.

Jeder ernsthafte Sicherheitsansatz freiheitlicher Demokratien muss zudem die gegenwärtigen institutionellen Beschränkungen überwinden. Warum sollten wir im digitalen Zeitalter Japan, Südkorea, Neuseeland, Australien oder das für die Chipproduktion so wichtige Taiwan außen vor lassen? Und warum sollte es bei diesen Ländern bleiben? Wenn wir wollen, dass die freiheitlichen Demokratien im digitalen Zeitalter sicher sind, warum beziehen wir dann nicht auch die Schweiz, Israel, Uruguay, Chile und Costa Rica – alles digital hoch entwickelte Länder – mit ein?

Heute jedoch, wo die Europäische Kommission ihre Hauptaufgabe darin zu sehen scheint, GAFA Zügel anzulegen, die Five Eyes nicht einmal mit Europa sprechen und eine Reihe wichtiger potenzieller Verbündeter überhaupt nicht auf unseren Radarschirmen erscheinen, müssen wir anfangen, neu über die Bedeutung von Sicherheit im digitalen Zeitalter nachzudenken.

Die technische Entwicklung wirkt sich auf Konflikte, Kriege und somit selbstverständlich auch auf die Sicherheit aus. Von Stein- über Bronze- bis zu Eisenwaffen verschafften technische Entwicklungen schon immer denen einen Vorteil, die über sie verfügten. Und auch der Steigbügel und das Schießpulver veränderten das Wesen von Konflikten. Erstere machte die Kavallerie vielfältiger einsetzbar, und Letzteres machte die mittelalterlichen Burgen nutzlos.

Heute baut der Westen als Ganzes gesehen immer noch Burgen – oder plant ihren Bau –, die in Wahrheit eher Luftschlösser sind, als dass sie auf festen Grundmauern stünden, während unsere Feinde damit beschäftigt sind, immer besseres Schießpulver herzustellen.

**Toomas Hendrik Ilves ist ehemaliger Staatspräsident und Außenminister der Republik Estland. Er ist der Urheber des estnischen „Tigersprung"-Programms zur Digitalisierung der öffentlichen Dienstleistungen seines Landes aus dem Jahr 1995. Derzeit ist er Gastprofessor für Demokratie im digitalen Zeitalter an der Universität Tartu.**

Roboter Sophia mit Wolfgang Ischinger auf der Münchner Sicherheitskonferenz im Februar 2018.

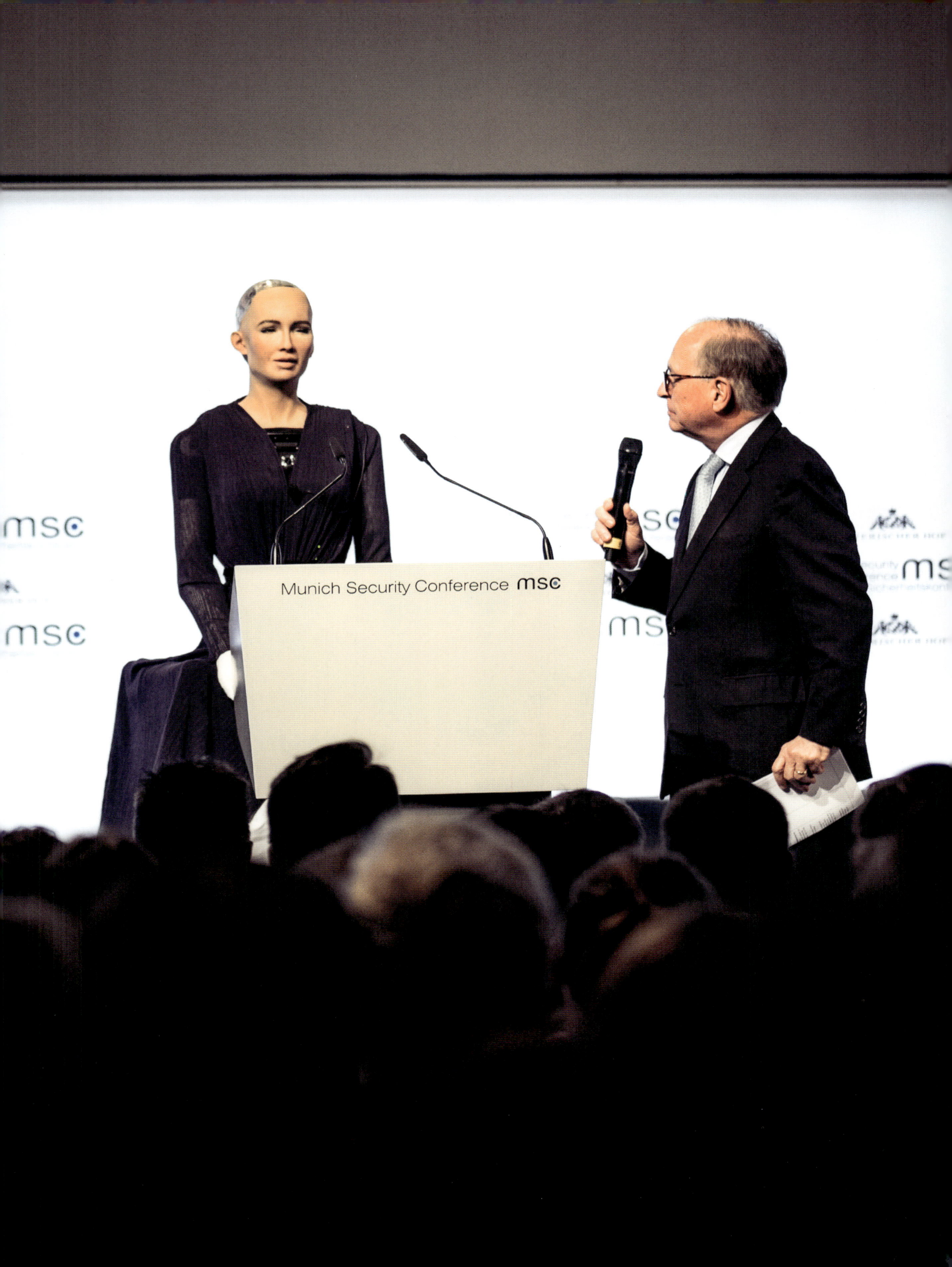
Munich Security Conference msc
msc
msc
msc
msc

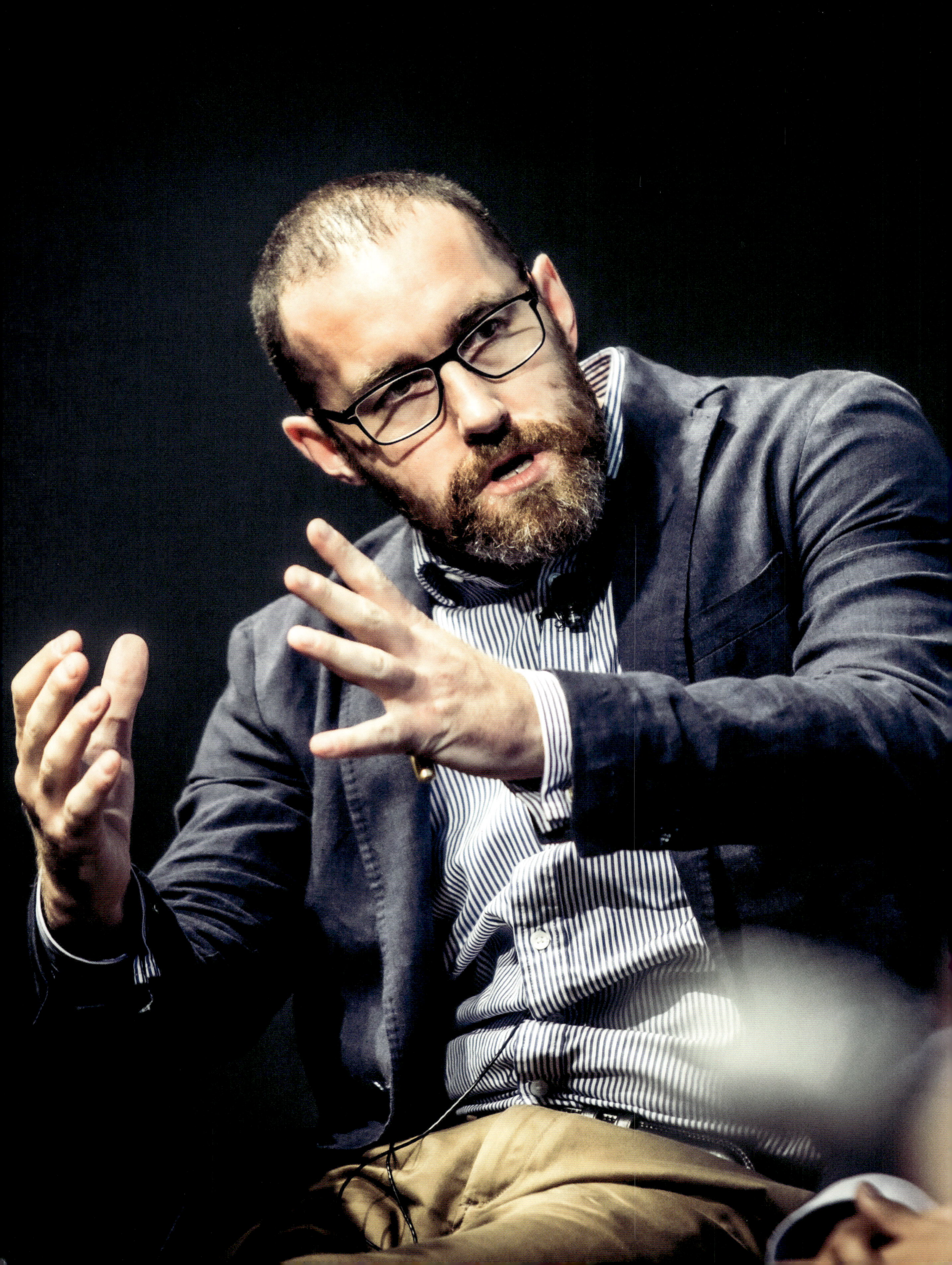

# Die Kunst der Abstreitbarkeit beherrschen

Thomas Rid

Seit Beginn des 21. Jahrhunderts spielt sich im nachrichtendienstlichen Bereich eine wahrhaftige Revolution ab.[1] Diese Revolution hat historische Ausmaße, setzt sich noch immer fort und wird nur allzu häufig übersehen. Für die dramatische Veränderung der Art und Weise, wie Informationen heimlich gesammelt oder für verdeckte Operationen genutzt werden, sind mehrere Faktoren verantwortlich, die von technisch bis kulturell, politisch bis historisch, von Spionage bis hin zur Diplomatie reichen. Ich will mich hier auf den sichtbarsten und kontrastreichsten Aspekt konzentrieren: das bemerkenswerte Wiederaufleben verdeckter Operation.

Beispiele von Ereignissen, die alle Charakteristika einer verdeckten Aufklärungsoperation aufweisen, gibt es zuhauf. Zu den Fällen aus der jüngsten Vergangenheit gehören der DDoS-Angriff auf Estland 2007, der 2010 entdeckte Stuxnet-Wurm, verschiedene Löschattacken gegen iranische Ziele 2011, der Angriff gegen Saudi Aramco und RasGas 2012, ein Datenleck bei Britam Defence 2013, ein Digitalangriff gegen Sony Entertainment 2014, zwei auffällige Blackouts in Kiew 2015 und 2016 sowie zahlreiche weitere Operationen in der Ukraine, die Serie von Hackeroperationen gegen die US-Präsidentschaftswahl 2016, eine mysteriöse Serie von Datenlecks, die unter dem Namen Shadow Brokers bekannt wurde, die verheerenden Angriffe unter den Namen Wannacry und NotPetya 2017 und viele weitere, von denen manche raffiniert eingefädelt waren und andere bis heute nicht öffentlich diskutiert wurden.

Die traditionelle verdeckte Operation gibt es natürlich auch weiterhin, wenn beispielsweise von Milizionären oder Medienorganisationen heimlich unterstützte oder verdeckte Aktionen durchgeführt werden. Die zunehmende Häufung von Angriffen, bei denen die wichtigste Tatwaffe eine Computertastatur ist, wirft jedoch eine interessante Frage auf: Ermöglicht das Internet eine ganz neue Klasse von verdeckten Operationen? Was zeichnet diese Operationen aus? Lässt sich diesen Operationen möglicherweise auch nur mit ebenso innovativen operativen und diplomatischen Methoden entgegentreten?

Digitale verdeckte Operationen, so die These dieses Beitrags, lassen sich nur in Verbindung mit – und in Gegenüberstellung zu – einem anderen neuen, teilweise damit zusammenhängenden Trend bei nachrichtendienstlichen Operationen des 21. Jahrhunderts verstehen: der öffentlichen Zuschreibung der Urheberschaft insbesondere gegnerischer verdeckter Operationen, die über die klassische Spionage hinausgehen. Die Mehrheit großer, netzwerkgestützter verdeckter Operationen der letzten zwei Jahrzehnte wurde mit anderen Regierungen in Zusammenhang stehenden Akteuren zugeschrieben. Diese Zuschreibungen, die nicht in jedem Fall von Regierungen vorgenommen wurden, erfolgten mit unterschiedlichen Konfidenzniveaus, von bloßen Vermutungen bis zu verlässlichen Erkenntnissen und sogar hoher Sicherheit. Die Fälle, in denen überhaupt keine Zuschreibung erfolgte, waren jedoch selten. Verdeckte Operation und Zuschreibung der Urheberschaft sind zwei völlig unterschiedliche Ansätze, die jedoch eng miteinander verbunden sind. Gemeinsam bilden sie das Herzstück einer komplexen Eskalation im Geheimoperations- und Aufklärungsumfeld. Es handelt sich dabei um ein sehr ungleiches – asymmetrisches – Wettrennen, denn bei näherer Betrachtung neigen die geschlossenen Gesellschaften und autoritären Regime zur verdeckten Operation bei wenig öffentlicher Zuschreibungstätigkeit, während es sich bei den offenen Gesellschaften und freiheitlichen Demokratien genau umgekehrt verhält, wenngleich es auf beiden Seiten Ausnahmen gibt.

> Die zunehmende Häufung von Angriffen, bei denen die wichtigste Tatwaffe eine Computertastatur ist, wirft jedoch eine interessante Frage auf: Ermöglicht das Internet eine ganz neue Klasse von verdeckten Operationen?

Die Argumentation geht kurz gefasst so: Das Internet bietet die Voraussetzung für eine Reihe überraschend scharfer und dialektischer Wechselwirkungen zwischen computergestützten verdeckten Operationen und computergestützten Maßnahmen der (Gegen-) Aufklärung – in einer Art und Weise, die vermutlich historisch beispiellos ist. Den Kern dieser Dialektik bildet die Abstreitbarkeit. Verdeckte Operationen und öffentliche Gegenaufklärung ringen miteinander in Bezug auf die Abstreitbarkeit: Verdeckte Operationen verfolgen das Ziel, Abstreitbarkeit zu schaffen und zu bewahren, während die Gegenaufklärung versucht, Abstreitbarkeit zu reduzieren.

Aus dieser ersten Beobachtung leiten sich fünf einander verstärkende Wechselwirkungen – im Sinne von Clausewitz – ab.

◂ Thomas Rid beim MSC Cyber Security Summit in Silicon Valley im September 2016.

### Abstreitbarkeit

Erstens bedarf es konzeptioneller Klarheit. Mit digitalen verdeckten Operationen meinen wir die Kunst und Wissenschaft der Erzeugung von Effekten, die – zumindest teilweise – auf der einen oder anderen Form von Computernetzwerkoperationen basieren, wenn beispielsweise in Opfernetzwerke eingebrochen wird und Daten entwendet und anschließend über anonyme Kanäle geleakt werden. Oder wenn in einer Kampagne zur Meinungsbeeinflussung über anonyme Kanäle bestehende Missstände und Spaltungen in der Zielgesellschaft vertieft werden. Ein zentrales Ziel solcher Operationen ist die Schaffung von Abstreitbarkeit. Verdeckte Operationen verfolgen mitunter ein breites Spektrum von Zielen im politischen System oder in der breiteren Gesellschaft eines gegnerischen Landes.

> Verdeckte Operationen verfolgen das Ziel, Abstreitbarkeit zu schaffen und zu bewahren, während die Gegenaufklärung versucht, Abstreitbarkeit zu reduzieren.

Digitale Gegenaufklärung ist die Kunst und Wissenschaft, gegnerische verdeckte Operationen aufzuspüren, zu identifizieren, in Zusammenhänge zu stellen, offenzulegen und nach Möglichkeit gegnerischen Akteuren zuzuschreiben – mit dem Ziel, solchen Aktivitäten entgegenzutreten. Häufig, wenn auch nicht immer umfasst die digitale Gegenaufklärung eine öffentliche oder halb öffentliche Bloßstellung gegnerischer Operationen, Infrastruktur oder anderer Indikatoren. Sie kann sich sowohl gegen Spionage als auch gegen verdeckte Operationen richten und verschiedene überlappende Ziele haben, wie beispielsweise auf der taktischen Ebene Infrastruktur zu „verbrennen" oder auf der strategischen Ebene einen Gegner abzuschrecken. Ein zentrales Ziel ist in fast allen Fällen die Beseitigung von Abstreitbarkeit. Hier ist es wichtig zu erkennen, dass Gegenaufklärung per Definition ein enges Zielspektrum hat: Spionagebehörden, ihre Stellvertreter und ihre politischen Meister.

Die Praxis der öffentlichen Gegenaufklärung ist natürlich nicht neu. Das Phänomen kehrt hier lediglich verstärkt und in neuer Form zurück. Die US-amerikanische Aufklärungsgemeinde begann, auf die sowjetischen verdeckten Operationen, insbesondere auf sogenannte „aktive Maßnahmen", öffentlich zu reagieren: Am 2. Juni 1961 präsentierte Richard Helms, der als Deputy Director for Plans die eigenen verdeckten Operationen der CIA koordiniert hatte, in einer Anhörung vor dem Kongress eine breite Sammlung von Artefakten und Beweisstücken, die Dutzende verdeckter Maßnahmen des Ostblocks gegen die Vereinigten Staaten und ihre Verbündeten ans Licht brachten. Die CIA widmete der Vorbereitung der Dokumentation für diese Anhörung besonders viel Aufmerksamkeit und genehmigte die Veröffentlichung diverser Anhänge mit Artefakten von insgesamt 127 Seiten.[2] Die Anhörung selbst stellte eine Form der öffentlichen Gegenaufklärung dar. In späteren Anhörungen in den 1980er-Jahren ging die Behörde sogar noch einen Schritt weiter und legte einige ihrer Untersuchungstechniken offen, indem sie sogar ihre eigenen Ermittler und Analysten erzählen ließ, wie die CIA ihre Zuschreibungsfähigkeiten erzielte.

Abstreitbarkeit ist also die erste Wechselwirkung. Abstreitbarkeit – oder Leugbarkeit – ist etwas anderes als die Leugnung selbst. Leugnung ist die explizite Leugnung, sich zu einer Aktion zu bekennen. Ein prominentes Beispiel ist die ständige Praxis des Kremls, abzustreiten, dass russische Einrichtungen hinter der versuchten Beeinflussung der US-Wahlen von 2016 steckten. Abstreitbarkeit hingegen ist eine subtilere, abstraktere und dynamischere Eigenschaft.

Auf den ersten Blick mag Abstreitbarkeit als ein Gut erscheinen, das sich mit der Zeit verschleißt. Ein Akteur bleibt möglicherweise bei seiner Leugnung, aber seine Urheberschaft oder Beteiligung an einer bestimmten Aktion lässt sich immer schwerer bestreiten. Ein prominentes Beispiel ist die anfängliche Weigerung der französischen Regierung, sich zur Versenkung des Greenpeace-Schiffs *Rainbow Warrior* in Neuseeland im Juli 1985 zu bekennen. Nur zwei Monate später waren die Beweise gegen die französische Regierung so erdrückend geworden, dass der französische Premierminister Laurent Fabius eine verdeckte DGSE-Operation zur Versenkung des Schiffs eingestand.

*Abstreitbarkeit* bestimmt sich, einfach gesagt, aus der Struktur einer Aktion, den Informationen, die darüber verfügbar wurden, und der Glaubwürdigkeit des betreffenden Akteurs. Die Abstreitbarkeit nimmt ab, je mehr Informationen verfügbar werden. Sie ist eine nicht binäre Eigenschaft, die in manchen Fällen abnimmt, ohne ganz zu verschwinden. Selbst angesichts erdrückender Beweise, die den Urheber unzweifelhaft offenlegen, spricht die Weigerung des Urhebers, sich zu der Aktion zu bekennen, bestimmte Gruppen oder Personen im Zielland aus politischen oder psychologischen Gründen möglicherweise weiterhin an. Das prominenteste Beispiel war Donald Trumps scheinbare Unfähigkeit zuzugeben, dass russische Stellen versucht hatten, die Wahl zu beeinflussen, die er schließlich gewann.

Wenn die Abstreitbarkeit einer Urheberschaft zu gering oder aber zu hoch ist, verschwindet sie gleichsam – sie verliert auf die eine ebenso wie auf die andere Weise für den Urheber ihren Wert. Eine verringerte Abstreitbarkeit erhöht das Risiko von Konsequenzen beispielsweise in Form von Wirtschaftssanktionen, internationalen Haftbefehlen oder diplomatischer Isolation. Eine ins Totale gesteigerte Abstreitbarkeit wiederum bedeutet, dass die Operation keinen klaren symbolischen, strategischen oder politischen Wert mehr hat (abgesehen von einem möglichen taktischen Wert), vergleichbar möglicherweise mit einem Naturereignis wie einer nachweislich dem Zufall geschuldeten Explosion in einer Munitionsfabrik, einem durch Blitzeinschlag verursachten Brand oder einem Verkehrsunfall. Ein Beispiel ist der berüchtigte „Saudi Cables"-Leak, der auf einen Einbruch in das Netz des saudischen Außenministeriums zurückgeht und auf einer mysteriösen Website namens wikisaleaks.com[3] publiziert und dann von Wikileaks übernommen wurde – eine nennenswerte öffentliche Zuschreibung fand niemals statt.

**Digitale Gegenaufklärung ist die Kunst und Wissenschaft, gegnerische verdeckte Operationen aufzuspüren, zu identifizieren, in Zusammenhänge zu stellen, offenzulegen und nach Möglichkeit gegnerischen Akteuren zuzuschreiben – mit dem Ziel, solchen Aktivitäten entgegenzutreten.**

Aktionen mit hoher Abstreitbarkeit haben möglicherweise unmittelbare – beabsichtigte oder unbeabsichtigte – Auswirkungen, aber keine hinreichend klare politische Botschaft und keine indirekt damit verbundene Drohung (wobei private Botschaften an die Ziele, womöglich über öffentliche Kanäle, nicht ausgeschlossen sind). Öffentliche Gegenaufklärung kann deshalb paradoxerweise gelegentlich dem Urheber nützen, indem sie die Abstreitbarkeit der Urheberschaft auf einem produktiven Niveau hält – nicht zu hoch und nicht zu niedrig.

### Geschwindigkeit

Die zweite Wechselwirkung hängt mit der Geschwindigkeit zusammen. Je schneller die Abstreitbarkeit einer verdeckten Operation reduziert wird, desto effektiver wirkt die Antwort. Daraus resultiert jedoch eine unmittelbare Spannung. Eine detaillierte Untersuchung des tatsächlichen Geschehens erfordert Zeit, wenn beispielsweise umfangreiche Logdateien oder Speicherauszüge durchforscht, die verwendete Infrastruktur in ihrer Gesamtheit untersucht, große Mengen an Aufklärungsdaten exakt analysiert, Vorladungen ausgesprochen und Antworten abgewartet oder gar weitere Aufklärungsaktivitäten durchgeführt werden müssen, um gezielt Licht in die Operation zu bringen. Kurzum: Geschwindigkeit nützt der verdeckten Aktion, Geduld der Aufklärungstiefe.

Jedoch lässt sich hier auch eine entgegengesetzte Dynamik beobachten. Je erfolgreicher eine Operation ist, desto schwieriger ist es, sie länger geheim zu halten. Abstreitbarkeit hat eine Halbwertzeit, und verdeckte Operationen bleiben nur vorübergehend „verdeckt". Diese Halbwertzeit ist jedoch keine feste Größe wie im Fall eines radioaktiven Isotops; sie hängt von den Ressourcen ab, die in die Lösung des Falls investiert werden. Diese Ressourcen wiederum hängen davon ab, wie viel politisch auf dem Spiel steht.

Die Urheber aktiver Maßnahmen und verdeckter Operationen sind in der Regel Pragmatiker und keine Perfektionisten. Sie verstehen gewöhnlich, dass eine Operation aus mehreren Gründen nicht längere Zeit geheim bleiben kann: Erstens sind ihre Folgen per Definition für das Ziel sichtbar, selbst wenn sich das Ziel das Geschehen nicht unmittelbar erklären kann. Ein Beispiel sind die iranischen Anreicherungszentrifugen, die sich nicht länger mit der Geschwindigkeit drehten, auf die sie programmiert waren, und wo die Ingenieure Schwierigkeiten hatten zu verstehen, was da vor sich ging, geschweige denn zu erkennen, dass sie Ziel eines Sabotageaktes geworden waren. Zweitens hinterlassen digitale verdeckte Maßnahmen – und sogar heimliche Aufklärungsoperationen – eine Vielzahl digitaler forensischer Artefakte, von Schadsoftware in Fest- oder Arbeitsspeichern bis zu Logdateien und Command-and-Control-Infrastrukturen. Die Wahrscheinlichkeit ist groß, dass Ermittler – häufig aus dem privaten Sektor – auf solche Spuren aufmerksam werden und in der einen oder anderen Weise darauf reagieren, indem sie beispielweise Sicherheitsprodukte aktualisieren, damit sie die neu entdeckten, mysteriösen Gefahren aufspüren können, oder Partner über die neu gefundenen Indikatoren in Kenntnis setzen und damit eine spätere volle Enttarnung wahrscheinlicher machen. Drittens verleiten insbesondere große Operationen von historischen Proportionen – vor allem wenn sie erfolgreich waren – die beteiligten Durchführenden, Organisationen und Politiker dazu, im Nachhinein Informationen preiszugeben, und sei es anonym. Auch hier ist Stuxnet ein anschauliches Beispiel. Staatliche US-Quellen gaben Informationen zur Operation anonym an Investigativjournalisten weiter, und so mancher Ingenieur wies am Rande technischer Konferenzen subtil auf seine Rolle hin.

Die mächtigste und vermutlich am weitesten verbreitete Form der Enthüllung ist langfristig immer noch das, was die Urheber selbst preisgeben. Geheimdienstbehörden und -mitarbeiter geben auf dreierlei Weise Informationen preis: erstens, indem sie meist erst Jahrzehnte nach dem Geschehen ihre Archive öffnen. Archivquellen gehören zu den detailliertesten und verlässlichsten Artefakten, die wir haben, um anhand ihrer verdeckten Operationen und aktiven Maßnahmen ihren ganzen Lebenszyklus von der Konzeption bis zum Abschluss zu beschreiben. Zweitens geben Geheimdienstler Informationen zu ihren eigenen Operationen preis, indem sie über ihre Tätigkeit schreiben oder reden. Solche Enthüllungen fallen in der Regel detaillierter und aufschlussreicher aus, wenn sich die betreffenden Personen in ein anderes Land abgesetzt haben, wo sie systematischer befragt werden können, oder wenn ihre ehemaligen Auftraggeber nicht länger existieren, wie etwa im Fall der Geheimdienstorganisationen des ehemaligen Ostblocks. Und drittens gibt es die weniger häufige unautorisierte Enthüllung von Geheimdienstdokumenten durch Leaks. Die Snowden-Leaks beispielsweise ermöglichen es Dritten, den Five Eyes eine Reihe von Geheimoperationen detailliert zuzuschreiben, die ansonsten unentdeckt und ohne Zuschreibung geblieben wären.

> Die Reaktion auf eine verdeckte Operation sollte, was Sichtbarkeit und Wirkung betrifft, weder hinter dem Angriffsakt zurückstehen noch diesen übertreffen. Ein Ungleichgewicht, egal, in welcher Richtung, kommt in aller Regel dem Angriff zugute.

### Sichtbarkeit

Die dritte Wechselwirkung hängt mit dem öffentlichen Aspekt beider Operationstypen zusammen. Die öffentliche Gegenaufklärung in Reaktion auf eine verdeckte Operation wirkt sich auf diese aus; die Verteidigung steht in Wechselwirkung zum Angriff. Anders formuliert: Die Reaktion auf eine verdeckte Operation sollte, was Sichtbarkeit und Wirkung betrifft, weder hinter dem Angriffsakt zurückstehen noch diesen übertreffen. Ein Ungleichgewicht, egal, in welcher Richtung, kommt in aller Regel dem Angriff zugute.

Das Paradebeispiel für eine verdeckte Operation, die von der Reaktion des Ziels in den Schatten gestellt wurde, lieferte Operations Plan 10-1. Anfang der 1960er-Jahre schleuste der KGB erfolgreich einen Spion in die Kurierstelle der US-Truppen in Orly Field in Paris ein. Der Spion übergab Moskau eine große Sammlung von Fotos und streng geheimen US-Militärdokumenten. Nachdem er enttarnt worden war, beschloss der KGB, einige der Materialien, angereichert mit Fälschungen, für eine Serie von Leaks weiterzuverwerten. Die höchst heiklen Dokumente gewährten Einblick in die nuklearen US-Ziele in Westeuropa und nicht zuletzt in Westdeutschland, sowie aggressive unkonventionelle Kriegspläne für Spezialkräfte, die im Fall eines Einmarschs der Roten Armee in Westeuropa hinter den Feindeslinien kämpfen sollten. Das US-Außenministerium zählte zwanzig Vorkommnisse dieser höchst schädlichen Leaks in ganz Europa, versäumte es aber, auf sie zu reagieren, was ihre Wirkung zusätzlich verstärkte.[4]

Ein jüngeres Beispiel liefert der Shadow-Brokers-Fall – auf taktischer Ebene einer der destruktivsten und kostspieligsten Leaks in der gesamten Geschichte des Nachrichtendienstlichen. Die US-Regierung vermied es jedoch auf allen Ebenen, den Vorfall in irgendeiner Form zuzugeben oder Aufmerksamkeit darauf zu lenken, was Anlass zu Spekulationen gab, bei Shadow Brokers handle es sich womöglich um eine der ausgeklügeltsten und durchschlagendsten verdeckten Operationen aller Zeiten gegen die NSA.

Verdeckte Operationen – oder ihre Folgen – können hochgradig sichtbar und mit hoher Wahrscheinlichkeit auch wirksam sein, oder sie erzielen keine Wirkung oder werden in einem frühen Stadium enttarnt, bevor sie irgendeine signifikante Wirkung erzielen konnten. Dieses Problem wird durch eine neue Dynamik verschärft. Das Internet hat die Risikoschwelle für verdeckte Operationen gesenkt. Eine per Tastatur ausgeführte Operation ist weit weniger riskant, als in ein fernes Gebiet zu reisen und eine Operation auf dem Boden zu planen und durchzuführen, mag sie auch noch so simpel sein. Das führt zu einer Vielzahl von stümperhaften verdeckten Operationsversuchen. Diese Situation stellt Ermittler im Vorfeld einer Enthüllung vor besondere Probleme. Die Enthüllung erfährt häufig in der Presse und in den sozialen Medien erhebliche Aufmerksamkeit und erzeugt womöglich eine größere Wirkung und eine größere öffentliche Sichtbarkeit als die enttarnte Operation selbst. Mehrere Facebook-Takedowns aus der Zeit zwischen 2018 und 2020 illustrieren diese Asymmetrie – besonders in Fällen, in denen Facebook Kampagnen in einem frühen Stadium durch Kontenlöschungen stoppte. In manchen Fällen zog die Entfernung von Dutzenden von Fake-Konten und -Seiten mit geringen Zahlen von Followern oder Seitenabrufen Hunderte von Presseberichten und hohe Zahlen von Lesern und Seitenabrufen nach sich, was eine Sekundärwirkung erzeugte, welche die Primärwirkung bei Weitem übertraf.[5] Das Presseinteresse am Thema der Desinformation führte in der Enthüllungsphase paradoxerweise zu einer höheren Sichtbarkeit der Desinformation.

### Auswirkungen

Die Zuschreibung endet nicht beim Wer, sondern betrifft auch das Warum und die Konsequenzen. Die Identifizierung von Tätern wie Regierungen, Behörden, Einheiten oder Personen ist ein wichtiger Schritt in der öffentlichen Gegenaufklärung. Die Identifizierung der mit einer Operation verbundenen Absichten und Ziele und die Effektivität, mit der diese Ziele erreicht werden, ist mindestens genauso wichtig – aber mühseliger. Die sogenannte Cyber Kill Chain ist ein Modell zur Beschreibung von Cyberangriffen. Die sieben Stufen, die ein Angriff durchlaufen muss, reichen von der Identifizierung des Ziels bis zur Zielerreichung. In dem Modell fehlen jedoch die Stufen null (Planung) und acht (Bewertung), die sich nicht aus der Netzwerkforensik ablesen lassen. Die Zuschreibung der Stufen null und acht ist kompliziert, aber entscheidend. Denn ohne dieses Wissen ist es viel schwieriger, sich für die richtige öffentliche Gegenaufklärungsmaßnahme zu entscheiden.

Dieses spezielle Zuschreibungsproblem führt uns auf eine weitere Wechselwirkung, die man nicht vermuten würde: Die Wirkung, die sich am leichtesten bestimmen und messen lässt, ist die Wirkung der Gegenaufklärung.

Sowohl die verdeckte Operation als auch die Gegenaufklärung operieren in einer Zone der epistemologischen Mehrdeutigkeit, was die Bewertung ihrer Wirksamkeit betrifft, und sowohl Angreifer als auch Verteidiger haben mit dieser inhärenten Unsicherheit zu tun. Die Bewertung der Wirksamkeit der GRU-Operation zur Beeinflussung der US-Wahl von 2016 beispielsweise ist für das Opfer ebenso wie für den gegnerischen Geheimdienst inhärent schwierig. Dieses Fehlen eines „Messgeräts", wie es ein Überläufer aus dem Ostblock, der an aktiven Maßnahmen beteiligt gewesen war, mir gegenüber in einem Interview beschrieb, ist charakteristisch für Desinformationskampagnen, die versuchen, bestehende soziale und politische Gräben zu nutzen, die sich auch unabhängig von der Operation weiterentwickelt hätten. Die Bewertung der Wirksamkeit der öffentlichen Gegenaufklärung seitens der USA ist zwar für die US-Regierung genauso schwierig – nicht aber für den GRU.

Jede öffentliche Zuschreibung mit Gegenaufklärungsabsicht umfasst zwei grundverschiedene Kommunikationsformen, die per Definition in einer gemeinsamen Verpackung wie beispielsweise der Veröffentlichung einer Regierungspresseerklärung oder eines Dokuments aus dem Gesetzesvollzug wie etwa einer Anklageschrift daherkommen. Diese zwei Arten der Kommunikation sprechen zu zwei völlig verschiedenen Rezipientengruppen: den Angreifern und den Dritten.

Diese „Dritten" sind in erster Linie ein heimisches Publikum und erst in zweiter Linie ein internationales Publikum und Stakeholder wie dritte Regierungen, dritte Netzwerkverteidiger und andere tatsächliche oder potenzielle Opfer.

Das primäre Zielpublikum für jede öffentliche Zuschreibung ist freilich der Gegner. Dieser Gegner muss jedoch nicht erst von der Gültigkeit der Zuschreibung überzeugt zu werden – die Angreifer und ihre Auftraggeber wissen bereits, dass sie die Urheber jener Operation sind, die nunmehr enttarnt wurde, wenn auch möglicherweise mit partieller Abstreitbarkeit. Für den Gegner lautet die Frage, wie viel von der Kampagne wie gründlich und wie zutreffend aufgedeckt wurde, wie sich die Enthüllungen auf die noch in Verwendung befindlichen aktiven Mittel auswirken und was die negativen und positiven Aspekte der Enthüllung sind.

Die Ironie liegt natürlich darin, dass die Empfänger erfolgreicher Gegenaufklärungsmaßnahmen wiederum versuchen werden, die Auswirkungen geheim zu halten oder zu leugnen.

### Offen oder geschlossen

Die letzte Wechselwirkung ist politisch und bezieht sich auf die konstitutionelle Form der auf beiden Seiten des Geschehens beteiligten Regierungen. Abstreitbare verdeckte Operationen stellen im Kern eine undemokratische Taktik dar, die sich nicht mit den Kernwerten der Verantwortlichkeit, Offenheit und Transparenz vereinbaren lässt. Je ambitionierter die

Ziele einer Operation sind, desto schwerer ist es für einen demokratischen Prinzipien verpflichteten Nachrichtendienst, erfolgreich eine verdeckte Operation zu planen, zu finanzieren, zu autorisieren und auszuführen, die häufig ganz entscheidend von der Abstreitbarkeit lebt. Auch ist in einer offenen Demokratie das Risiko größer, dass eine erfolgreiche verdeckte Operation nachträglich enttarnt wird.

Das entscheidende ethische und letztlich politische Problem bildet die breite Streuung der Ziele vieler tastaturgestützter verdeckter Operationen, die häufig dem ähneln, was als aktive Maßnahme bezeichnet zu werden pflegte. Solche Operationen richten sich möglicherweise gegen ganze Gesellschaften und Subkulturen, wenn beispielsweise versucht wird, bestehende rassenbedingte, kulturelle oder politische Gräben zu vertiefen. Sobald sich die Ziele aber auf einzelne nachrichtendienstliche Stellen reduzieren, bieten sich für bestimmte Taktiken der verdeckten Operation Taktiken der öffentlichen Gegenaufklärung an, die in einer zunehmenden Zahl freiheitlicher Demokratien zur Anwendung kommen.

Der entscheidende Kontext ist hier die starke Zunahme der institutionellen oder individuellen Akteure, die sich am öffentlichen Zuschreibungsprozess beteiligen. Zu Beginn der 2020er-Jahre wurde es möglich, Details über die gegnerischen Operationen kreativ offenzulegen, wissentlich oder unwissentlich unterstützt von einer großen investigativen Gegenaufklärungsgemeinde, die sich in den ersten zwei Jahrzehnten des Jahrhunderts herausgebildet hat.[6] Die kreative öffentliche Zuschreibung wird durch nicht staatliche Institutionen – insbesondere führende Cybersicherheitanbieter, aber auch Erzieher, Non-Profit-Organisationen, Aktivisten und sogar Hobbyermittler ermöglicht. Ironischerweise ist es sogar möglich geworden, investigative Zuarbeit der Gemeinschaft auf verdeckte und notfalls abstreitbare Weise zur Verfügung zu stellen.

Die Entstehung einer interdisziplinären Gegenaufklärungsgemeinde stellt die Diplomatie vor ganz neue Herausforderungen, von denen drei hervorstechen: Erstens haben Karrierediplomaten häufig eine generalistische Ausbildung genossen mit der Folge, dass ihnen regelmäßig die themenspezifischen Kenntnisse und Fähigkeiten fehlen, um den eher technischen Fallbeschreibungen und Debatten folgen zu können. Regierungen, die in der Vergangenheit eine enge Arbeitsbeziehung zwischen Diplomatie und Nachrichtendiensten unterhielten – wie insbesondere Großbritannien und zu einem geringeren Grad die Vereinigten Staaten –, sind deshalb möglicherweise im Vorteil, wenn es darum geht, auf verdeckte Operationen im 21. Jahrhundert zu reagieren. Eine zweite Herausforderung für die Diplomatie folgt aus dem scharfen Kontrast zwischen offenen und geschlossenen Systemen. Diplomaten aus angriffslustigen autoritären Ländern orientieren sich an ganz anderen Regeln und ethischen Standards als Diplomaten, die offene Gesellschaften repräsentieren. Es sollte im Interesse der offenen Gesellschaften sein, diese ethische Asymmetrie in der Diplomatie deutlich herauszustellen und ihre eigene Glaubwürdigkeit gegen ständige Versuche einer moralischen Gleichsetzung zu verteidigen. Westliche Diplomaten sollten folglich gar nicht erst versuchen, in Foren, in denen auch nicht demokratische Staaten vertreten sind, Zuschreibungsnormen zu entwickeln. Drittens müssen die auswärtigen Dienste in freiheitlichen Demokratien auf digitale verdeckte Operationen, Desinformation, Hacks und Leaks und andere schmutzige Tricks fast immer auf Basis einer unvollständigen und unbefriedigenden Beweis- und Faktenlage reagieren. Da mag die westlichen Diplomaten die historisch begründete Beobachtung trösten, dass die Mitarbeiter der auswärtigen Dienste autoritärer, verdeckter Operationen beschuldigter Regierungen in vielen Fällen nicht in die Details eingeweiht sind und noch viel weniger wissen, was da eigentlich gespielt wird.

**Thomas Rid ist Professor of Strategic Studies und Gründungsdirektor des Alperovitch Institute for Cybersecurity Studies an der School of Advanced International Studies (SAIS) der Hopkins University in Washington, DC. Sein jüngstes Buch** *Active Measures: The Secret History of Disinformation and Political Warfare* **erschien 2020.**

MSC Cyber Security Summit in Tallinn in May 2018. ▶

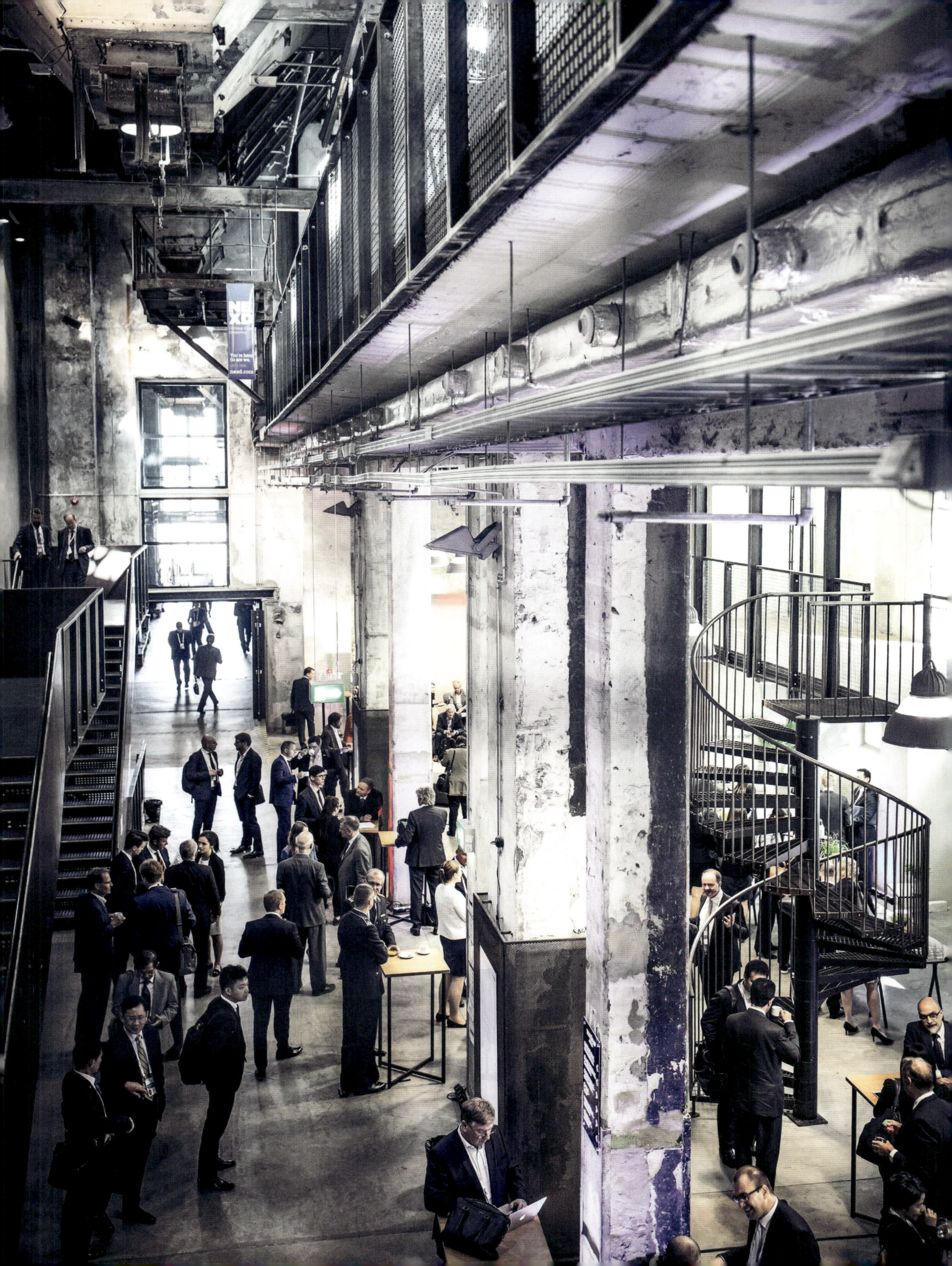

Cyber Security

September 19 – 20, 201

# Cyberprobleme als geopolitische Probleme behandeln

**Dmitri Alperovitch**

Im September 2015 stand US-Präsident Barack Obama neben dem chinesischen Präsidenten Xi Jinping im Rosengarten des Weißen Hauses und verkündete, dass die Vereinigten Staaten und die Volksrepublik China eine historische Übereinkunft zur Eindämmung von Cyber-Wirtschaftsspionage getroffen hätten. Angesicht der Dimension der bestehenden Cyberbedrohungen nahm sich der Umfang der Vereinbarung eher bescheiden aus: Die jeweiligen Regierungen sollten sich an keinen Cyberangriffen beteiligen, die darauf abzielten, privates intellektuelles Eigentum und Handelsgeheimnisse zu stehlen, um den heimischen kommerziellen Sektoren einen Wettbewerbsvorteil zu verschaffen. Die Vereinbarung verlangte der US-Seite, die ihren Nachrichtendiensten schon seit längerem untersagte, Wirtschaftsspionage zugunsten privater Unternehmen zu betreiben, wenig ab, stellte aber eine wichtige und bahnbrechende Zusage seitens Chinas dar.

> Die überwiegende Mehrheit der Cyberangriffe auf die USA und ihre Verbündeten stammt aus vier Ländern, die auch auf dem konventionellen Feld die größte Bedrohung für die Bündnispartner darstellen: Russland, China, Iran und Nordkorea. Wir haben kein Cyber-Problem, sondern ein Russland-, China-, Iran- und Nordkorea-Problem.

Kurz nach der Pressekonferenz im Rosengarten gab China eine ähnliche Übereinkunft mit Großbritannien bekannt, und im November 2015 verabschiedete China gemeinsam mit Deutschland, Frankreich, Russland und anderen Mitgliedern der G20 eine Norm gegen die Durchführung von Cyber-Wirtschaftsspionage.

Bemerkenswert an der Übereinkunft zwischen den USA und China war nicht nur, was sie zu erreichen hoffte, sondern auch, wie sie dies erreichen wollte. Zum ersten Mal in der Geschichte des US-amerikanischen Umgangs mit Cyberspionage drohte Präsident Obama chinesischen Unternehmen und Bürgern, die weiterhin US-Unternehmen angriffen oder von gestohlenem geistigem Eigentum profitierten, mit Sanktionen. „Was ich Präsident Xi gesagt habe und was ich dem amerikanischen Volk sage, ist, die Frage lautet jetzt: Folgen auf Worte auch Taten?", unterstrich Präsident Obama, als er die Übereinkunft bekannt gab. „Wir werden genau beobachten und beurteilen, ob es in diesem Bereich Fortschritte gegeben hat."[1]

Der Erfolg der Obama-Xi-Übereinkunft war von kurzer Dauer. Zwar führte sie zu einem kurzen Abflauen der Cyber-Wirtschaftsspionage chinesischen Ursprungs, aber die Entspannung endete Ende 2018, als die Trump-Regierung Zölle auf chinesische Importe im Umfang von 34 Milliarden US-Dollar verhängte, nachdem Recherchen ergeben hatten, dass die Volksrepublik systematisch US-amerikanisches intellektuelles Eigentum stahl. Die Zölle lösten einen Handelskrieg aus, der den Hebel außer Kraft setzte, welcher der Übereinkunft von 2015 implizit zugrunde gelegen hatte. Als die NSA 2018 die Chinesen öffentlich der Vertragsverletzung beschuldigte, lehnten die USA es ab, entsprechende Sanktionen zu verhängen.

Trotz ihres langfristigen Scheiterns sollte die Obama-Xi-Übereinkunft als Vorbild für gemeinsame Maßnahmen in Sachen Cyber sowohl in bilateralen als auch in multilateralen Foren dienen. Die grundsätzliche Stärke der Übereinkunft war, dass sie Cyber-Wirtschaftsspionage nicht im engen Sinne als Cyber-Problem, sondern als Teil eines breiteren geopolitischen Wettbewerbs behandelte. Die Obama-Regierung hatte richtig erkannt, dass Chinas unablässiger Hunger nach US-amerikanischem geistigen Eigentum und Handelsgeheimnissen im Kontext der langfristigen Bemühungen, eine wirtschaftliche und militärische Vormachtstellung zu erringen, zu sehen war und dass die Cyber-Wirtschaftsspionage nur einen Teil dieser Bemühungen darstellte. Die Reaktion – die Androhung von Wirtschaftssanktionen – richtete sich nicht gegen die Cyber-Aktivitäten an sich, sondern gegen Chinas allgemeines geopolitisches Ziel.

Was Chinas Stellung in der Welt, aber auch, was die globale Bedrohungslage betrifft, hat sich seit 2015 vieles geändert. Die Erkenntnis aber, die in der Obama-Xi-Übereinkunft zum Ausdruck kam, besitzt heute mehr Gültigkeit denn je: Cyber-Probleme sind im Kern geopolitische Probleme, die durch den asymmetrischen Charakter offensiver Cyber-Aktionen verschärft werden. Um diesen Herausforderungen erfolgreich zu begegnen, sind die Kenntnis der wahren geopolitischen Ursachen, aus denen sich die Cyber-Konflikte speisen, und der geschickte Einsatz diplomatischer Werkzeuge zu ihrer Linderung unerlässlich.

Die überwiegende Mehrheit der Cyberangriffe auf die USA und ihre Verbündeten stammt aus vier Ländern, die auch auf dem konventionellen Feld die

◂ Dmitri Alperovitch beim Cyber Security Summit im Silicon Valley im September 2016.

größte Bedrohung für die Bündnispartner darstellen: Russland, China, Iran und Nordkorea. Wie ich seit einem halben Jahrzehnt wiederhole, haben wir kein Cyber-Problem, sondern ein Russland-, China-, Iran- und Nordkorea-Problem.

Das Verhalten jedes dieser Länder im Cyberspace spiegelt seine jeweiligen geopolitischen Ziele wider. Die VR China, die kein Geheimnis aus ihren Ambitionen macht, die Vereinigten Staaten als die führende wirtschaftliche und militärische Supermacht der Welt abzulösen, betreibt umfangreiche Wirtschaftsspionage, um gestohlenes intellektuelles Eigentum und Handelsgeheimnisse an seine heimischen Unternehmen weiterzuleiten. Da überrascht es nicht, dass Chinas Cyber-Spionage in jenen Bereichen besonders aggressiv ist, die es für kritisch hinsichtlich seiner wirtschaftlichen und verteidigungspolitischen Ziele hält, wie Halbleiter, 5G und Rüstungstechnik.

**Langfristig werden die Bündnispartner ihre Cyber-Probleme nicht lösen können, solange sie keine Fortschritte in den geopolitischen Konflikten erzielen, die in diesen Bedrohungen lediglich ihren Ausdruck finden.**

Russland, der andere maßgebliche Cyber-Gegner der Bündnispartner, betreibt zwar auch gezielte Wirtschafts- und traditionelle Spionage, verfolgt aber mit den meisten seiner Cyber-Aktivitäten seine primären geopolitischen Ziele: die Bewahrung seines Status als globale Macht durch die Untergrabung der globalen Reputation der Vereinigten Staaten und die Vereitelung ihrer internationalen Ambitionen – insbesondere in der Region, die Russland als seine ausschließliche Einflusssphäre betrachtet. Russlands Vorliebe für destruktive Angriffe, seine unverfrorene Einmischung in demokratische Wahlen und seine tolerante Linie gegenüber Cyber-Erpressern, die von seinem Territorium aus operieren, sind durchweg Reaktionen auf den immerwährenden Argwohn, die USA und ihre Verbündeten würden versuchen, Russland die Kontrolle über seine unmittelbare Nachbarschaft zu entreißen und die herrschende Elite im Land selbst zu unterhöhlen.

Nordkorea und der Iran verwenden Cyber-Instrumente ebenfalls zur Verfolgung ihrer heimischen und internationalen Ziele. Nordkorea nutzt Cyberkriminalität, um mit den erbeuteten Zigmillionen Dollar sein Regime zu finanzieren, während der Iran Cyber-Wirtschaftsspionage nutzt, um westliche Sanktionen zu umgehen und an strategische Technologien zu gelangen. Im regionalen Umfeld führen beide Nationen Cyberangriffe gegen ihre regionalen Rivalen durch – Nordkorea gegen Südkorea und der Iran gegen Saudi Arabien und Israel.

Aus dieser Analyse können wir folgendes Ergebnis ziehen: Die eine Wunderwaffe gegen Cyberbedrohungen gibt es nicht. Defensive Maßnahmen sind wichtig, reichen allein aber gegen diese Bedrohungen nicht aus. Langfristig werden die Bündnispartner ihre Cyber-Probleme nicht lösen können, solange sie keine Fortschritte in den geopolitischen Konflikten erzielen, die in diesen Bedrohungen lediglich ihren Ausdruck finden.

Was Chinas Cyber-Übergriffe betrifft, so müssen die Bündnispartner die chinesische Staatsführung für signifikante rechtliche und praktische Reformen gewinnen, indem sie als Belohnung für Maßnahmen gegen erzwungenen Technologietransfer, IP-Diebstahl und marktverzerrende Branchenhilfen eine Deeskalation des bestehenden Handelskriegs in Aussicht stellen. Wenn die verbündeten Demokratien gegenüber Russland Fortschritte bezüglich russischen Kampagnen zur Beeinflussung freier Wahlen, disruptiven Angriffen und Erpressersoftware erzielen wollen, müssen sie die richtige Mischung aus Zuckerbrot und Peitsche entwickeln, um Russlands Sorgen bezüglich einer US-Einmischung in ihre internen und externen Angelegenheiten zu zerstreuen und zugleich den Preis für die Tolerierung von Erpressersoftware-Verbrechern so weit zu heben, dass sie den möglichen Nutzen übersteigen. Signifikante Fortschritte hinsichtlich Cyberattacken iranischen und nordkoreanischen Ursprungs sind unwahrscheinlich, solange die wichtigsten Sorgen der Verbündeten bezüglich der Nuklearwaffenprogramme dieser Länder ungelöst bleiben.

Auch wenn dies so wirkt, als gäbe es allen Grund für Fatalismus, was die Aussichten auf eine Lösung der Cyber-Probleme betrifft, ist in Wahrheit das Gegenteil der Fall. Wie jede komplexe geopolitische Herausforderung lassen sich auch Cyber-Probleme mit der richtigen Mischung aus Anreizen, Abschreckungsmitteln und Kompromissen im bilateralen oder multilateralen Kontext lösen. Für die Verbündeten stellt sich dann die Frage, ob sie bereit sind, Fortschritte in der Cyber-Thematik über andere geopolitische Ziele zu stellen, und worauf sie für diesen Fortschritt zu verzichten bereit sind.

**Dmitri Alperovitch ist Executive Chairman von Silverado Policy Accelerator. Er ist zudem Mitbegründer und ehemaliger Chief Technology Officer von Crowd-Strike Inc.**

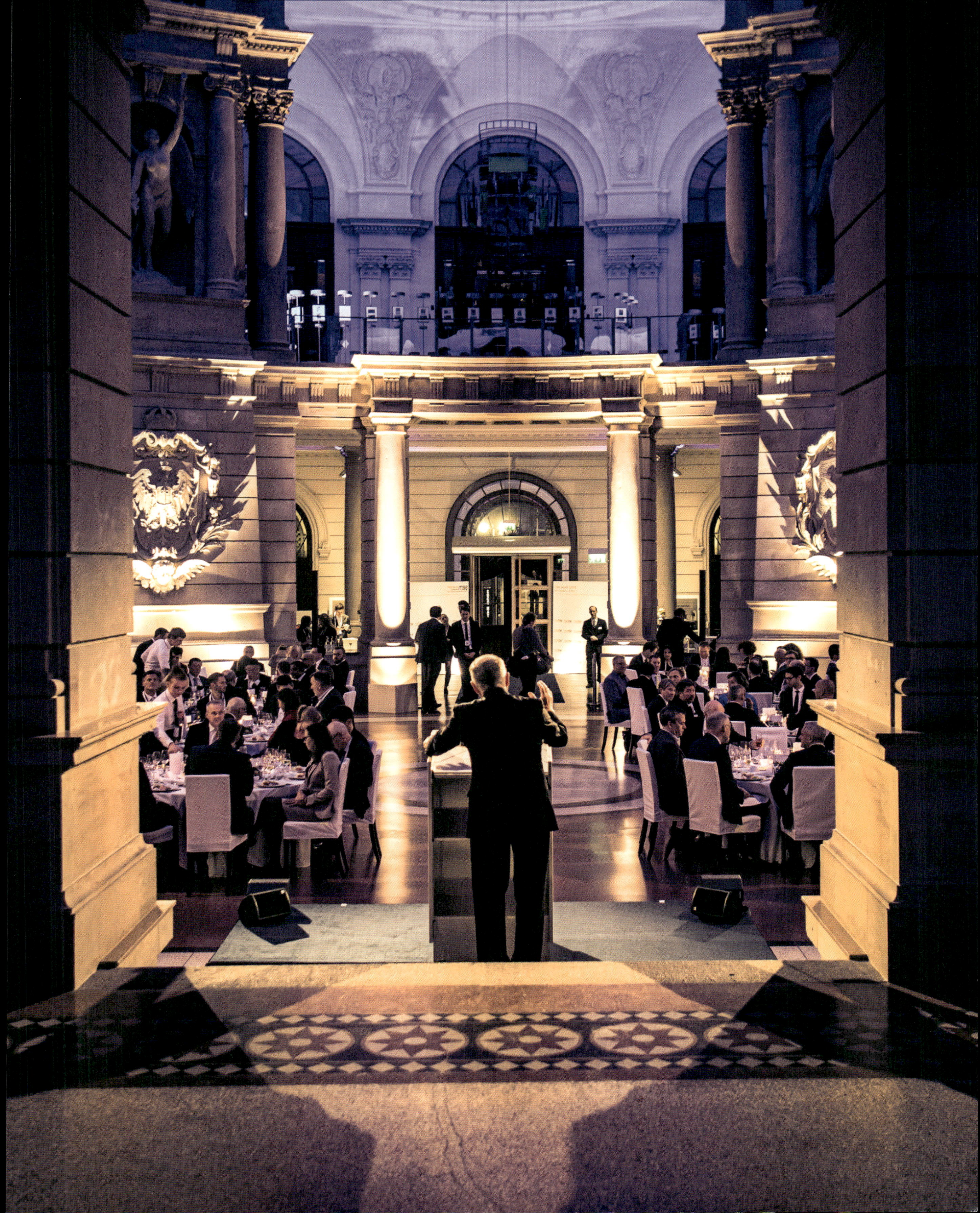

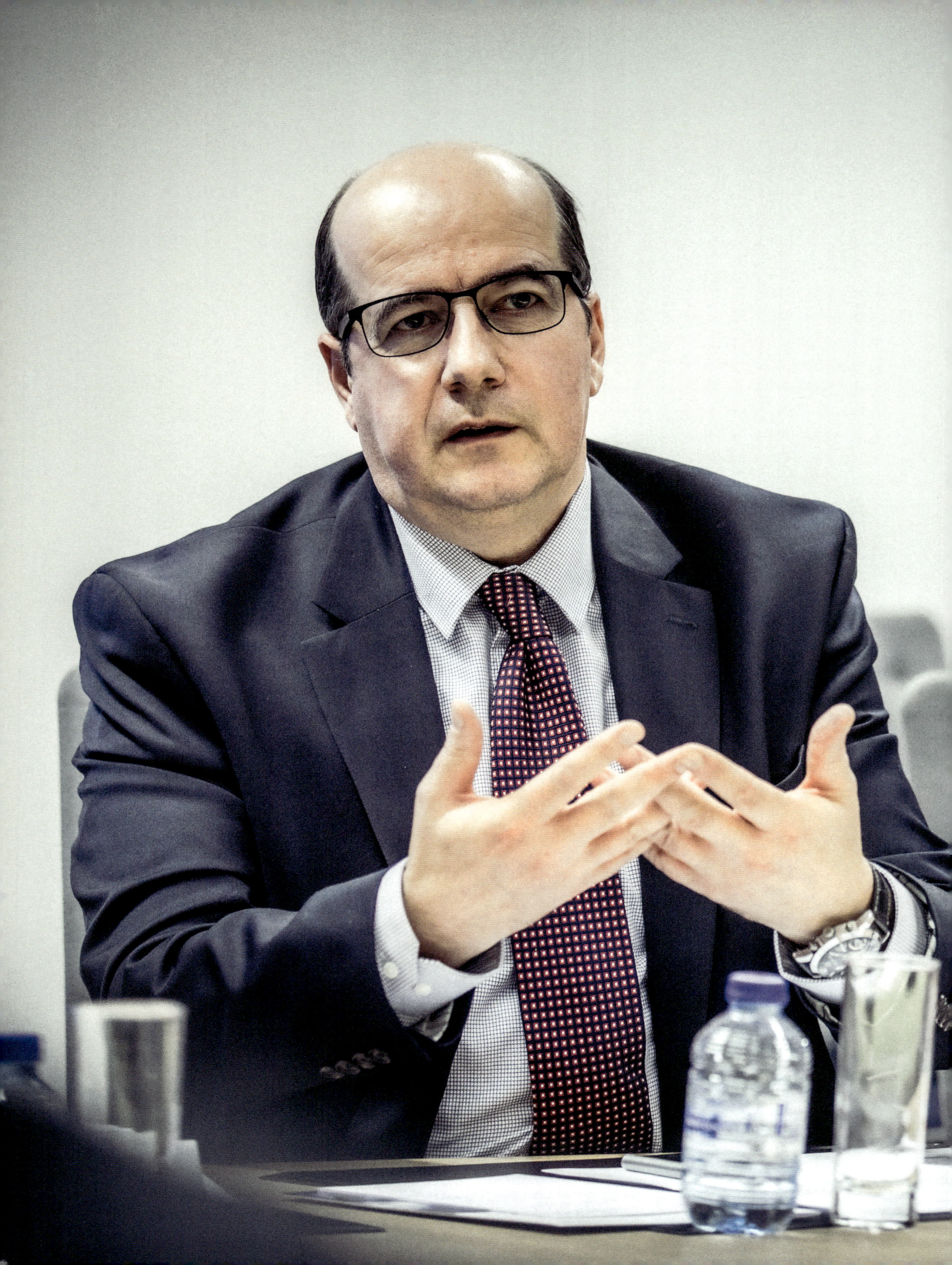

# Die Verhandlungshoheit im Zeitalter der digitalen Geopolitik bewahren

**Sorin Ducaru**

Die digitalen Beschleunigungen und Disruptionen unserer Zeit wirken sich darauf aus, wie Diplomatie betrieben wird und welche Bereiche sie umfasst. Zum einen verändert die digitale Entwicklung den diplomatischen Alltag. Hier bietet sich eine großartige Möglichkeit, den „Werkzeugkasten" der Diplomatie um neue, effiziente Instrumente der Beschaffung dringend benötigter und relevanter Informationen und um neue und moderne Methoden der schnellen Kommunikation und Beeinflussung, der Botschaftsamplifikation zu bereichern. Gleichzeitig bringen diese digitalen Möglichkeiten der diplomatischen Betätigung auch ihre besonderen Herausforderungen und Verwundbarkeiten im Zusammenhang mit der Sicherheit und Zuverlässigkeit der verschiedenen in der modernen Diplomatie verwendeten Plattformen und digitalen Infrastrukturen mit sich. Das Zeitalter der sogenannten digitalen oder E-Diplomatie ist nicht ohne Kontroversen und Herausforderungen. Das wirkt sich in der Tat auf die in der Diplomatie eingesetzten Methoden und Werkzeuge aus. Aber ich gehöre zu jenen, die bezweifeln, dass sich dadurch das Wesen der Diplomatie, ihre „Reinheit" oder der einzigartige Wert und die Rolle der diplomatischen Berufung grundsätzlich ändern.

Zum anderen erhöht die digitale Technik die Komplexität des diplomatischen Alltags durch die wichtigen Veränderungen, die das neue Zeitalter der digitalen Beschleunigung für die Gegenstände der diplomatischen Betätigung – insbesondere die internationale Landschaft und die Pflege internationaler Beziehungen – mit sich bringt. Die beispiellosen Auswirkungen dieser digitalen Beschleunigungen auf die geopolitische Landschaft bestimmen die Entwicklung neuartiger Konzepte oder Bereiche konzeptioneller Arbeit, die als digitale Geopolitik oder Geotechnologie gehandelt werden. Diese Entwicklungen haben strategische Bedeutung und dehnen infolgedessen den Aktionsradius der diplomatischen Betätigung weiter aus. Daraus ergeben sich bestimmte Anforderungen hinsichtlich der Notwendigkeit, Megatrends in der digitalen Entwicklung und ihre Auswirkungen auf die globale Machtdynamik und die internationalen Beziehungen zu erkennen und zu analysieren.

### Einige konzeptionelle Klarstellungen in einer sich entwickelnden geopolitischen Landschaft

„Diplomatie" ist kein Begriff, der allzu vieler Erklärungen bedarf. Er findet weithin als „Marke" Anwendung: Diplomatie als Funktion, Beruf oder Berufung mit Schwerpunkt auf der Pflege internationaler Beziehungen. In seinem Buch zur Geschichte der Diplomatie beschreibt Sir Harold Nicolson Diplomatie als die Pflege internationaler Beziehungen mittels Verhandlungen und die Kunst, Außenpolitik mithilfe von Verhandlungen umzusetzen.[1]

Etwas detaillierter könnte man sagen: Diplomatie ist die Kunst, die Methode oder der Prozess der Einflussnahme auf die Entscheidungen und das Verhalten anderer Regierungen und deren Bürger mittels Dialog, Verhandlungen und anderer Maßnahmen mit Ausnahme von Krieg und Gewalt. Diplomatie dient deshalb als wichtigster Ersatz für die Anwendung von Gewalt in der Staatskunst. Sie handelt von der Art und Weise, wie nationale Macht zur friedlichen Beilegung von Differenzen zwischen Staaten eingesetzt wird. Diplomatie ist im Prinzip also eine Methode, die von Verhandlungen und der gewaltlosen Einflussnahme auf Staaten als den wichtigsten Akteuren internationaler Beziehungen handelt. Sie wird häufig als ein Bereich besonderer Berufung oder eine „Kunst" bezeichnet – mit Blick auf den für die effiziente diplomatische Betätigung erforderlichen komplexen Mix aus umfassendem Wissen, Talent, Training, Fähigkeiten und Zugang zu fortlaufend aktualisierten Informationen.

Während Reichweite und Methode der Diplomatie im Wesentlichen unverändert geblieben sind, haben sich ihr „Werkzeugkasten", ihr Alltag, die Komplexität ihrer Anwendung und ihre Außenbeziehungen zu einer erhöhten Zahl von relevanten Akteuren enorm entwickelt.

Der Begriff „Geopolitik" wurde zu Beginn des vergangenen Jahrhunderts von dem schwedischen Politikwissenschaftler Rudolf Kjellén als Bezeichnung für die Lehre von den geografischen Einflüssen auf die internationalen Machtbeziehungen geprägt.[2]

◀ Sorin Ducaru beim Cyber Security Roundtable in Brüssel im November 2017.

Strategische Überlegungen zu den politischen Auswirkungen von Geografie, Topografie, Bodenbeschaffenheit, Klima und Meereszugang haben seit alters her ihren Platz im politischen Denken. Solche Betrachtungen erscheinen in den Arbeiten antiker Philosophen wie Platon, Aristoteles oder später in denen politischer Denker wie Machiavelli und Montesquieu.

Die bekanntesten geopolitischen Schriften stammen jedoch aus dem späten 19. und frühen 20. Jahrhundert. Vieles davon bezieht sich auf die Auswirkungen der neuartigen technischen Entwicklungen der industriellen Revolution auf die Weltpolitik. Der Zusammenhang zwischen technischem Durchbruch und Geopolitik zeigt sich auch in der konzeptionellen Entwicklung der Disziplin. Geopolitiker versuchen seit jeher zu verstehen, wie die jeweils neuen industriellen Fähigkeiten des Transports, der Kommunikation und der Zerstörung (insbesondere Eisenbahnen, Dampfer, Schiffe, Flugzeuge, Telegrafie und neue Explosivstoffe) im Zusammenspiel mit den makroskopischen geografischen Gegebenheiten der Erde die Machtbalance im entstehenden globalen internationalen System beeinflussen.

In den zurückliegenden Jahrzehnten wurde die Geopolitik im politischen und akademischen Diskurs mehr oder weniger gleichgesetzt mit internationaler oder globaler Politik. Geopolitik wird deshalb weitgehend verstanden als das Studium der globalen Politik, das nicht nur die geografischen, sondern auch sämtliche wichtigen strategischen Determinanten globaler Machtbeziehungen berücksichtigt.

Mit der Beschleunigung der technischen Entwicklung wächst ihre Rolle für die Geopolitik mehr denn je. In neueren Studien zu den Auswirkungen moderner digitaler Entwicklungen auf die Machtgefüge in der globalen Politik ist von digitaler Geopolitik oder Geotechnologie die Rede (wobei letzterer Begriff insofern missverständlich ist, als er auch eine Interpretation im Sinne der Anwendung von Wissenschaft und Technik zwecks Nutzung natürlicher Ressourcen zulässt).

Eine wachsende Zahl akademischer Studien oder Programme zur digitalen Geopolitik beschäftigt sich mit der Analyse der durch neue digitale – militärisch und nicht militärisch genutzte – Techniken verursachten Machtverschiebungen in den internationalen Beziehungen. Künstliche Intelligenz (KI), 5G, Cybersicherheit, Robotik, Halbleiter und Raumtechnik sind alles Felder mit beispiellosen globalen Auswirkungen. Alle diese beschleunigten technischen Entwicklungen wirken sich mittlerweile tief greifend auf alle menschlichen Aktivitäten und folglich auf die internationalen Beziehungen aus.

### Die disruptiven technischen Entwicklungen von heute und ihre Auswirkungen auf die Geopolitik

Schon immer haben technische Entwicklungen Volkswirtschaften und Gesellschaften von Grund auf verändert, die Macht zwischen den Staaten neu verteilt und die internationalen Beziehungen maßgeblich geprägt. Neue Techniken können der Wirtschaft eines Landes und somit seinem globalen Einfluss einen kräftigen Schub verleihen. Technische Standards werden über Produkte verbreitet; wer diese Produkte herstellt, bestimmt demnach auch die Standards. Bahnbrechende technische Entwicklungen bilden zudem die Grundlage für Fähigkeiten, die einem Land militärische Vorteile oder sogar eine Vormachtstellung verschaffen.

Während technische Entwicklungen schon immer, seit es Technik gibt, die Geopolitik beeinflussten, prägt die beschleunigte digitaltechnische Entwicklung von heute das geopolitische Umfeld auf andere Weise, als wir dies aus der Vergangenheit kennen. Die Wirkung der heutigen technischen Entwicklungen auf die Geopolitik zeichnet sich insbesondere durch die Geschwindigkeit, den Umfang, die Vielfalt und die Komplexität dieser technischen Veränderungen, die Verwischung der Grenze zwischen ziviler und militärischer Nutzung und die Zunahme der beteiligten Akteure aus.

Die technischen Durchbrüche der Vergangenheit wurden – besonders wenn sie militärische Verwendung fanden – von Regierungen vorangetrieben und finanziert. Von der Atomkraft über Satelliten bis zum Internet wurden die wesentlichen technischen Entwicklungen vom Staat angeschoben und gesteuert, sodass auch der Staat der Nutznießer des technikbedingten geopolitischen Einflusses blieb. In den zurückliegenden Jahren sind jedoch infolge der gesunkenen Eintrittsbarrieren in Form von Investitionsbedarf für wichtige technische Innovationen einige private Big-Tech-Akteure mit bedeutendem geopolitischem Einfluss hinzugekommen.

Da Innovation heute vor allem vom privaten Sektor in hohem Tempo vorangetrieben wird, tun sich die Regierungen schwer, damit Schritt zu halten, wenn es um die Bestimmung potenzieller negativer Auswirkungen und die entsprechende Anpassung von Gesetzen und Vorschriften bezüglich Sicherheit und Gefahrenabwehr geht.

Neueste technische Entwicklungen mit potenzieller dualer Verwendungsmöglichkeit zeigen eine beängstigende Tendenz, als Waffen eingesetzt zu werden. Aufgrund ihrer weiten Verbreitung im zivilen Bereich lassen sie sich von militärischen und nicht militärischen Akteuren leicht gegen zivile Ziele in Stellung bringen.

Die zunehmende Abhängigkeit unserer institutionellen und gesellschaftlichen Strukturen, unserer Volkswirtschaften und unserer Militärs von technischen Entwicklungen bedeutet, dass jede Verwundbarkeit in der verwendeten Technik die Angriffsfläche vergrößert, die Angreifer ausnutzen können. Technische Entwicklungen haben neue Bereiche der Konfrontation wie Cyberspace, Infospace oder den Weltraum geschaffen, was der internationalen Konfrontation einen neuen Komplexitätsgrad verleiht.

Die zunehmende Konkurrenz zwischen den USA und China im Hinblick auf technische Entwicklung wird die Entwicklung einer globalen technischen Rivalität beschleunigen. Dieser Prozess wird verstärkt durch die Schaffung und Verbreitung ganz unterschiedlicher technischer Standards (zum Beispiel 5G, Quantum Computing und Biotechnologie) und Vorschriften (primär zum Wohl der Bürger oder aber der staatlichen Stellen). Das kann dahin führen, dass politische Beziehungen zu anderen Staaten an Bedingungen bezüglich der Übernahme bestimmter Standards, Techniken und Produkte geknüpft oder dass Techniken des Rivalen ausgeschlossen werden. Das Ergebnis ist ein Wettbewerb um Märkte und die Macht, wichtige Entscheidungen bezüglich technischer Standards in Entwicklungsländern zu beeinflussen.

Es existieren signifikante globale Diskrepanzen, was den ethischen und menschengerechten Einsatz von Technik betrifft. In dieser Hinsicht stehen wir in der Tat an einem Scheidepunkt. Ich sehe zwei Entwicklungstrends: Erstens, den Einsatz neuer Techniken vorrangig unter dem Gesichtspunkt der Staatsräson und ohne viel Rücksicht auf die individuelle Sicherheit, auf Menschenrechte und Werte – die Bürger werden dem Druck der staatlichen Überwachung und Kontrolle ausgesetzt; und zweitens, den eher um das Wohl des Menschen bemühten Ansatz in den demokratischen Ländern, wenn es um den Einsatz digitaler Technik geht. Diese beiden Trends scheinen auch zu einer neuen ideologischen Kluft zu führen, die sich aus der Haltung bezüglich der menschengerechten Anwendung technischer Innovationen ableitet.

Ein neues „technisches Wettrüsten" mit revolutionären Ergebnissen und radikalen Konsequenzen für die internationale Sicherheit zeichnet sich bereits deutlich ab. Es unterstreicht die Notwendigkeit einer zügigen und entschiedenen Anpassung der Rüstungskontroll- und Nichtweiterverbreitungsregime. Die Dynamik der technischen Entwicklung zeigt auch auf militärischem Gebiet signifikante Auswirkungen. In zunehmendem Maße kommen ferngesteuerte Plattformen – sogenannte Land-, See- und U-Boot-Drohnen – zum Einsatz. Künstliche Intelligenz beschleunigt zusätzlich die Entwicklung autonomer Gefechtssysteme. Die Robotisierung der Gefechtssysteme ist im Begriff, Realität zu werden. Die Sorge wegen einer möglichen Weiterverbreitung von Antisatellitentechnik wächst. Cyberspace und der transatmosphärische Weltraum werden bereits als militärisches Operationsgebiet erschlossen. Vor diesem Hintergrund müssen die internationalen Rüstungskontroll-, Atom- und Nichtweiterverbreitungsregime grundlegend weiterentwickelt werden.

> Die zunehmende Konkurrenz zwischen den USA und China im Hinblick auf technische Entwicklung wird die Entwicklung einer globalen technischen Rivalität beschleunigen.

### Moderne Diplomatie im Zeitalter digitaler Geopolitik

Die tief greifenden und zunehmenden, von der digitalen Entwicklung bewirkten Veränderungen im Leben der Menschen und auf der internationalen strategischen Landkarte, die Zunahme einflussreicher Akteure auf der Bühne der internationalen Beziehungen und die Erweiterung des Aktionsfelds der Diplomatie und des „diplomatischen Werkzeugkastens" werfen folgende Frage auf: Wie wirkt sich das alles auf die Bedeutung und unser Verständnis von der Berufung der Diplomatie aus? Welche Bedeutung haben Konzepte wie Tech-Diplomatie, digitale Diplomatie, E-Diplomatie und so weiter, und in welchem Verhältnis stehen sie zum Wesen der diplomatischen Funktion und Tradition? Ist die „Reinheit" der diplomatischen Berufung im Zeitalter der digitalen Beschleunigungen abhandengekommen, obsolet oder auf eine andere Ebene gehoben?

Meine Antwort darauf lautet, dass die Unverzichtbarkeit und die wesentliche Funktion der Diplomatie als Kunst und Berufung, Außenpolitik über Verhandlungen umzusetzen, heute so relevant ist wie eh und je, aber im Zeitalter der digitalen Geopolitik in der Tat einen erweiterten Bedeutungsradius erhält. Die wesentlichen Attribute der Diplomatie und der Diplomaten sind weiterhin von Bedeutung und müssen auch künftig gepflegt werden. Zur modernen Diplomatie gehören auch eine wachsende Komplexität, Diversität und Ausdehnung. Diplomatische Professionalität setzt eine zunehmende Zahl von Spezialbefähigungen voraus.

Gleichzeitig kann und darf die moderne Diplomatie nicht die gewaltigen, durch die Digitalisierung gebotenen Chancen ignorieren, den „Werkzeugkasten" zu erweitern, die Herangehensweisen zu diversifizieren, Botschaften zu amplifizieren und dadurch die Effizienz und Effektivität des diplomatischen Handelns zu steigern. Ein Training in „Geek-Skills" sollte nicht nur als nette Zugabe, sondern als eine Grundvoraussetzung für die Maximierung des Erfolgs eines Diplomaten von heute verstanden werden. Das hätte sogar einen doppelten Vorteil. Erstens vermittelt eine solche moderne diplomatische Ausbildung neue offensive Fähigkeiten zwecks gesteigerter Effizienz und Wirksamkeit diplomatischen Handelns. Zweitens lassen sich so auch defensive Fähigkeiten vermitteln, die als Schutzschild gegen digitale Störaktionen (wie Cyberangriffe, Informationsmanipulation und so weiter) dienen können.

> Ein Training in „Geek-Skills" sollte nicht nur als nette Zugabe, sondern als eine Grundvoraussetzung für die Maximierung des Erfolgs eines Diplomaten von heute verstanden werden.

Ein gesteigertes Maß an sogenannter digitaler Kompetenz mit strategischer Tragweite ist nicht nur für die Beherrschung moderner diplomatischer Tools und Methoden unverzichtbar, sondern erst recht für ein besseres Verständnis des thematischen Gegenstands diplomatischen Handelns – der internationalen Landschaft und der Pflege internationaler Beziehungen im Zeitalter der digitalen Geopolitik. Der Schlüssel zum Verständnis moderner geopolitischer Trends liegt in der Tat im Begreifen der Entwicklungen im Bereich disruptiver Techniken wie künstlicher Intelligenz, autonomer Systeme, Quantum Computing, 5G- und 6G-Kommunikation und so weiter, sowie darin, ein Verständnis zu entwickeln für deren potenzielle (gutartige sowie bösartige) Anwendungsmöglichkeiten, die Standardisierungsprozesse und regulatorischen Rahmenbedingungen und die Vorbereitung und Durchführung diplomatischer Schritte und Verhandlungen.

Technische Entwicklungen mit strategischer Tragweite werden auch weiterhin maßgeblich sein für bestimmte technologieintensive diplomatische Betätigungsfelder und Spezialbereiche wie Cyberdiplomatie, Weltraumdiplomatie und ganz allgemein Digitaldiplomatie.

Digitale Geopolitik und damit verbundenes diplomatisches Handeln wird sich signifikant auf die Notwendigkeit auswirken, internationale Regelwerke, Stabilitätsregime und relevante internationale Rahmeninstitutionen zu aktualisieren, zu modernisieren und zu erweitern. Ein modernes effektives Rüstungskontroll- und Nichtweiterverbreitungsregime ist nicht vorstellbar ohne ein Verständnis für die Auswirkungen neuer digitaler Entwicklungen auf Sicherheit und Gefahrenabwehr. Die Abschreckungs-, Verteidigungs- und Stabilitätskonzepte aus der Zeit unmittelbar nach dem Ende des Kalten Kriegs werden durch die unmittelbaren verteidigungs- und sicherheitstechnischen Auswirkungen und die geostrategischen Implikationen disruptiver digitaler Entwicklungen auf die Probe gestellt.

Unterschiede in den Standards und Verfahrensweisen der Länder hinsichtlich des Einsatzes digitaler Technik und der Grad, bis zu dem dabei grundlegende Menschenrechte, Freiheiten und Werte gewahrt bleiben, deuten auf eine neue, durch die digitale Entwicklung bedingte Bipolarität auf der internationalen Ebene hin. Auf der einen Seite finden wir hier ein menschenzentriertes Gesellschaftsverständnis, während auf der anderen Seite der Staat im Mittelpunkt steht.

Infolge der Ausweitung und Diversifikation des Spektrums von Akteuren mit geopolitischer Relevanz – hierzu zählen auch private Big-Tech-Anbieter – muss die moderne Diplomatie in verstärktem Maße einen sogenannten Multi-Stakeholder-Ansatz verfolgen, der wichtig sein wird für den reibungslosen Umgang mit vielen strategischen internationalen Problemen. Da dem privaten Sektor mehr als 80 Prozent der digitalen Infrastruktur oder des Cyberspace „gehören", ist schwer vorstellbar, wie wir ohne Beteiligung des privaten Sektors ein internationales Regelwerk oder Regime für Cybersicherheit und -stabilität entwickeln könnten. Insbesondere im Cyberbereich zeigt der Aktivismus des privaten Sektors mit Initiativen wie Cybersecurity Tech Accord oder dem CyberPeace Institute eine nicht unerhebliche geopolitische Resonanz. Der von einer großen Zahl von Regierungen, Vertretern des privaten Sektors, akademischen Einrichtungen und

Denkfabriken unterzeichnete „Pariser Aufruf zu Vertrauen und Sicherheit im Cyberspace"³ von 2018 ist ein bezeichnendes Ergebnis einer Multi-Stakeholder-Diplomatie, angewandt auf ein durch die digitale Entwicklung geschaffenes neues Feld.

Zur Unterstützung moderner diplomatischer Bemühungen ist es zudem wichtig, digitale Megatrends mit strategischen Auswirkungen zu erkennen und auf die vorderste Bühne der Geopolitik zu stellen. Das gilt nicht nur für die konzeptionelle, akademische und Denkfabrikebene, sondern umso mehr für die hohe Ebene des politischen und diplomatischen Handelns.

### Schlussfolgerungen

Die digitale Entwicklung wirkt sich mehr und mehr auf sämtliche menschliche Aktivitäten und damit auch auf die gegenwärtige internationale Landschaft aus. Die resultierenden politischen, strategischen, wirtschaftlichen und gesellschaftlichen Probleme treten auf diversen politischen Ebenen wie Staaten, internationalen Organisationen und privaten Unternehmen zutage. Die Dynamik internationaler Rivalität und Kooperation verändert sich in beispiellosem Tempo – mit Folgen für die internationale Sicherheit und Stabilität sowie für die Art und Weise, wie internationale Beziehungen gepflegt und Diplomatie praktiziert wird.

Auch im Zeitalter digitaler Geopolitik bleibt die Diplomatie unverzichtbar. Ihre einzigartige Rolle, ihre Komplexität und ihr Wert nehmen vermutlich sogar zu. Diplomatie gehört zu den Berufen, oder besser gesagt Berufungen, die sich nicht an Roboter oder Algorithmen auslagern lassen (wenngleich der Einsatz geeigneter Algorithmen für Kontextanalyse, Entwicklungssimulationen und Szenarien sinnvoll sein kann). Topfähigkeiten wie menschliche Interaktion, Einsatz, Debattieren und Verhandeln sollten und werden auch weiterhin der Kern der diplomatischen Betätigung bleiben. In der Tat müssen wir dieses Element der diplomatischen „Reinheit" bewahren, wenn wir weiterhin von Diplomatie sprechen wollen. Die moderne Diplomatie im Zeitalter der digitalen Geopolitik sollte also nicht von der zentralen Berufung der Diplomatie abweichen: der Pflege internationaler Beziehungen mittels der Kunst des friedlichen und geschickten Verhandelns.

Die Kunst des geschickten Verhandelns wird der Kern der Diplomatie bleiben. Man könnte folglich sagen, dass die Diplomatie mit Blick auf ihre verhandlungsbasierte Funktion und Methode im Wesentlichen das bleibt, was sie schon immer war. Aber die moderne Diplomatie sollte zugleich auch bereit und bestrebt sein, sich zu verändern und sich an die Anforderungen und die wachsende Komplexität des internationalen Umfelds anzupassen.

Moderne Diplomatie setzt ein Bewusstsein für die tief greifenden Auswirkungen der heutigen digitalen Beschleunigungen auf den Gegenstand der Diplomatie – sprich: die sogenannte digitale Geopolitik – voraus. Es ist von zentraler Bedeutung zu verstehen, wie geopolitisch die gegenwärtige Generation digitaler Technik geworden ist.

Wir sollten in der modernen Diplomatie neue Eigenschaften und Fähigkeiten pflegen und entwickeln. Das bedeutet, dass wir zum einen die konzeptionellen Entwicklungen infolge des Einflusses disruptiver Technik auf die geostrategische Landschaft verfolgen und berücksichtigen und zum anderen den digital bereicherten Werkzeugkasten nutzen sollten, um in einem strategisch komplexen 21. Jahrhundert moderne Diplomatie betreiben zu können.

**Sorin Ducaru ist Direktor des Satellitenzentrums der Europäischen Union. Zuvor war er Abteilungsleiter für neue Sicherheitsherausforderungen bei der NATO sowie Rumäniens Botschafter bei den Vereinten Nationen, den Vereinigten Staaten und der NATO.**

MÉRICA CASAMÉRICA CASA
CASAMÉRICA CASAMÉRICA CASAMÉRICA
CASAMÉRICA CASAMÉRICA CASA
msc
Körber Stiftung

# Eine effektive Tech-Diplomatie entwickeln

**Manuel Muñiz Villa**

Der digitale Fortschritt verändert die Welt von Grund auf – von der Art und Weise, wie Informationen erzeugt, übertragen und verarbeitet werden, darüber, wie Unternehmen funktionieren und miteinander im Wettbewerb stehen, bis dahin, wie sich Volkswirtschaften entwickeln. Heute gibt es praktisch kein Politikfeld, dem der digitale Fortschritt nicht seinen Stempel aufdrückt. Und die Geschwindigkeit, mit dem sich dieser Wandel vollzieht, nimmt stetig zu.

Schätzungen zufolge wurden in unseren Gesellschaften in den letzten zwei Jahren mehr Daten erzeugt als in den vergangenen 20.000 Jahren. Parallel zum Volumen nehmen auch die Möglichkeiten des Datenaustauschs in unglaublichem Tempo zu. In den letzten 15 Jahren ist die Zahl der Menschen, die weltweit Zugang zum Internet haben, von einer Milliarde auf nahezu fünf Milliarden angewachsen. 2005 wurde das erste YouTube-Video online gestellt. Heute werden minütlich mehr als 500 Stunden Inhalt allein auf YouTube hochgeladen. Und das ist nur ein Beispiel für das Tempo der Entwicklung. Die Einrichtung von 5G-Netzen wird sich ebenfalls signifikant auf die Funktionsweise von Unternehmen auswirken und nicht zuletzt massive Sicherheitsfragen aufwerfen. Gleiches gilt für neuere Generationen von KI-Systemen in unterschiedlichsten Bereichen – von der häuslichen Überwachung bis zu Cyberattacken. Fortschritte in Bereichen wie Datenanalyse, KI, Neurowissenschaft und Verhaltenswissenschaften werfen in ihrer Gesamtheit Fragen nicht nur zur Privatsphäre, sondern auch zur Autonomie des Individuums auf. Private ebenso wie staatliche Akteure entwickeln zunehmend die Fähigkeit, sich nicht nur in Echtzeit ein Bild davon zu verschaffen, wie sich Menschen verhalten, sondern dieses Verhalten nach Gutdünken zu lenken.

## Ein neues Feld der Außenpolitik

Unter außenpolitischen Gesichtspunkten wird der digitale Fortschritt zunehmend zu einer die Grundfesten der internationalen Ordnung erschütternden Kraft. Die dadurch bewirkten rasanten Veränderungen betreffen nicht nur die globalen Macht- und Wirtschaftsstrukturen, sondern haben auch Einfluss auf die Rechte und Freiheiten jedes Einzelnen von uns – wie wir sie ausüben und wie sie uns genommen werden. Anders ausgedrückt: Der Umgang mit den Möglichkeiten und Gefahren der Entwicklung im Bereich der digitalen Technologien wird zu einem neuen Feld der Außenpolitik.

Wenn wir uns anschauen, wie heute weltweit auf die technologische Entwicklung reagiert wird, fühlt man sich daran erinnert, wie die Menschen anfangs mit dem sich abzeichnenden Klimawandel oder mit globalen Gesundheitsgefahren umgegangen sind. Damals verstand man sie vorrangig als rein technische, anderen Politikbereichen wie der Energiepolitik oder der nationalen Gesundheitspolitik untergeordnete Probleme. Wurde darüber auf internationalen Foren überhaupt gesprochen, dann nur im Kreis von Technokraten aus den jeweiligen Ministerien. Mit der Zeit jedoch wurde deutlich, dass es sich beim Klima und bei der globalen Gesundheit um Fragen von strategischer Bedeutung handelt, die sich nur mittels internationaler Kooperation – man könnte auch sagen: auf diplomatischem Wege – lösen lassen. So entstanden ganz neue Lenkungsstrukturen – von internationalen Verträgen über Aufsichtsbehörden bis hin zu in den Außenministerien angesiedelten Expertengruppen, die sich ausschließlich mit diesen Themen befassten. Ähnliches können wir heute auf dem Feld der digitalen Entwicklung beobachten.

> Unter außenpolitischen Gesichtspunkten wird der digitale Fortschritt zunehmend zu einer die Grundfesten der internationalen Ordnung erschütternden Kraft.

So besteht ganz offensichtlich Bedarf an der Entwicklung immer konkreterer Vereinbarungen über die Sammlung, Nutzung und Weitergabe von Daten. Man könnte auch sagen: an einem breiteren internationalen Abkommen über digitale Rechte. Manche Länder – wie beispielsweise Spanien – haben mittlerweile nationale Chartas zu digitalen Rechten formuliert. In ihnen wird fast immer grenzübergreifenden Regelungen das Wort geredet. Man darf auch erwarten, dass versucht werden wird, den Einsatz künstlicher Intelligenz in bestimmten Szenarien zu begrenzen oder die Zusammenarbeit im Bereich der Cybersicherheit zu stärken. Möglichen Vereinbarungen zur internationalen Besteuerung digitaler Aktivitäten oder zur Kontrolle und Nutzung von Cyberwährungen scheinen die Länder ebenfalls zunehmend strategische Bedeutung beizumessen. Bezüglich der Schaffung der richtigen Rahmenbedingungen für die digitale Entwicklung wird

◂ Manuel Muñiz Villa (zweiter von rechts) beim Munich Young Leaders Meeting in Madrid im September 2018.

die Liste der Bereiche, in denen eine internationale Kooperation denkbar erscheint, immer länger. Manche dieser Bereiche nehmen mittlerweile in Begegnungen wie der Münchner Sicherheitskonferenz einen prominenten Platz ein, was wir als Zeichen dafür verstehen dürfen, dass das Feld allmählich strategische Tiefe gewinnt.

### Umrisse einer Tech-Diplomatie

Dem Feld der Technologie-Diplomatie fehlt es bislang noch an Struktur. „Tech" kann alles heißen. Der Begriff lässt sich schwer eingrenzen. Während meiner Tätigkeit im spanischen Außenministerium arbeiteten wir mit mehreren Kategorien von Technologien, die sich nach ihrem Entwicklungsgrad, ihrer Anwendungsweise und ihrer potenziellen Bedeutung für unsere strategischen Interessen unterschieden. Wir verwendeten insbesondere folgende fünf Kategorien: traditionell, kombiniert, entstehend, disruptiv und kritisch. Die Kategorie „kritisch" ist vielleicht die relevanteste, weil sie jene Technologien umfasst, von denen wir erwarten dürfen, dass sie sich signifikant auf unsere strategischen Interessen auswirken werden. Drei dieser Technologien erschienen uns als die wichtigsten: 5G-Netze, Advanced Computing (insbesondere Edge Computing und Quanteninformatik) und künstliche Intelligenz. Natürlich gibt es daneben noch andere, und wir müssen bereit sein, die genannten Kategorien im Zuge der technologischen Entwicklung zu aktualisieren. Aber eine erste Einordnung ist wichtig, um die weitere Entwicklung skizzieren zu können.

> Dem Feld der Technologie-Diplomatie fehlt es bislang noch an Struktur. „Tech" kann alles heißen. Der Begriff lässt sich schwer eingrenzen.

Eine besondere Herausforderung stellt jedoch die Frage dar, wie die Diplomatie auf dieses Thema reagieren sollte. Meist wird es ausschließlich unter dem Gesichtspunkt der Informationstechnologien diskutiert. „Tech" beschränkt sich jedoch nicht auf die Regulierung von Social-Media-Plattformen oder die Bekämpfung von Falschinformationen. Dieses Missverständnis ist die natürliche Folge einer fehlenden strukturierten Analyse dieses Gebiets. Die größte Verwirrung stiftet in diesem Kontext die Gleichsetzung von Tech-Diplomatie mit einer Diplomatie, die sich lediglich der digitalen Möglichkeiten bedient. Bei Letzterer geht es darum, die Außenministerien mit digitalen Hilfsmitteln auszustatten. Digitale Kompetenz wird hier lediglich so verstanden, dass die diplomatische Tätigkeit effektiver und effizienter gestaltet und beispielsweise die interne und externe Kommunikation erleichtert und verbessert wird. Tech-Diplomatie bezieht sich hingegen auf die Inhalte von Politik und Diplomatie. Beides miteinander zu verwechseln, ist in etwa so, als würden wir Klimapolitik mit der Verbesserung der Kohlenstoffbilanz der Außenministerien gleichsetzen.

Als Ausgangspunkt für das Verständnis von Tech-Diplomatie bieten sich jene globalen Politikbereiche an, auf die sich die technologischen Entwicklungen am stärksten auswirken beziehungsweise auszuwirken versprechen. Wie sprechen hier von den 3 Ps: *power* (Macht), *prosperity* (Wohlstand) und *principles & political systems* (Grundwerte & politische Systeme). Dieses Konzept bildete die Basis für die ersten Entwürfe unserer *National Strategy on Technology and Global Order*, die den Startschuss für die spanische Tech-Diplomatie markierte. Schauen wir uns die 3 Ps der Reihe nach an.

### *Power*: Geopolitik im Tech-Zeitalter

Neue Technologien verändern die internationalen Machtverhältnisse. Sie schaffen neue Felder des strategischen Wettbewerbs wie Cyperspace und Weltraum und erweitern die offensiven und defensiven Arsenale von Staaten und nicht staatlichen Akteuren. Ein Beispiel sind KI-gestützte offensive und defensive Systeme sowie Fähigkeiten in Feldern wie Robotik oder Drohnen. Die Entwicklung eines voll einsatzfähigen Quantencomputers hätte ebenfalls schwerwiegende Folgen für die Sicherheit, würden durch ihn doch beispielsweise die meisten heute bestehenden Verschlüsselungstechniken obsolet. Mit der Bedeutung dieser neuen technologischen Möglichkeiten für unsere Sicherheit und Verteidigung wächst auch die Bedeutung der dafür erforderlichen Materialien, sodass viele Staaten den Zugang zu kritischen Rohstoffen wie Lithium, Graphit oder Kobalt bereits als Frage der nationalen Sicherheit betrachten. Der technologische Fortschritt verändert zudem die Machtverhältnisse innerhalb der Staaten und zwischen ihnen: Der Zugang zu mächtigen Offensivwaffen wird erleichtert, während sich das Zentrum des Entwicklungsprozesses vom öffentlichen Sektor in Richtung des privaten Sektors verlagert.

> Neue Technologien verändern die internationalen Machtverhältnisse. Sie schaffen neue Felder des strategischen Wettbewerbs wie Cyperspace und Weltraum und erweitern die offensiven und defensiven Arsenale von Staaten und nicht staatlichen Akteuren.

Sicherlich muss eine Außenpolitik, die das Ziel hat, die strategischen Interessen eines Landes zu schützen, die Auswirkungen der technologischen Entwicklung auf die globale Sicherheit und die globalen Machtverhältnisse berücksichtigen. Im Prinzip ist das für die Diplomatie nicht neu. Unsere Diplomaten mussten schon immer auf technische Entwicklungen reagieren, die mit Machtverschiebungen einhergingen. Was wir heute erleben, übertrifft jedoch alles bisher Dagewesene an Umfang und Facettenreichtum. Wir werden mit Veränderungen geradezu bombardiert. Es ist nicht nur eine einzige Innovation wie die Erfindung des Flugzeugs oder die Entwicklung von Atomwaffen, die die Landschaft verändert. Heute könnte man ohne Mühe mehr als ein Dutzend solcher neuen Entwicklungen aufzählen, die mit massiven Konsequenzen für die nationale Sicherheit einhergehen. Zu einer wirksamen Innovationsdiplomatie könnten beispielsweise Initiativen zur Entwicklung ethischer Kriterien für den Einsatz bestimmter Waffen gehören, oder der Versuch, umfassende und wirksame Regeln für Weltraumaktivitäten zu formulieren. Andere denkbare Schwerpunkte wären die Stärkung der Cyberabwehr oder die Intensivierung der Zusammenarbeit mit anderen Ländern. Unsere Bemühungen in diesen Bereichen werden aber nur dann Früchte zeigen, wenn wir begreifen, dass diese Themen miteinander zusammenhängen, und wir sie als Teile einer ganzheitlichen diplomatischen Strategie für den Umgang mit den Folgen immer rasanterer Innovationsprozesse verstehen.

### *Prosperity*: Volkswirtschaften im Innovationszeitalter

Das sich beschleunigende Innovationsgeschehen hat auch Folgen für unsere Volkswirtschaften. Wichtig ist dabei, wie und wo sich dieses Innovationsgeschehen abspielt und wohin folglich die damit erwirtschafteten Gewinne fließen. Ein Charakteristikum der Wissensökonomie scheint die Konzentration des Innovationsgeschehens, des Wissenstransfers und der wirtschaftlichen Nutzung des hinzugewonnenen Wissens auf wenige geografische Schwerpunkte zu sein. Wirtschaftliches Wachstum beschränkt sich im Wesentlichen auf diese Innovationszentren. Diese Entwicklung zeigt sich nicht nur innerhalb der einzelnen Länder, in denen die „Peripherie" häufig zunehmend abgehängt wird, sondern hat auch ernste globale Konsequenzen. Die Wissensökonomie erweist sich, anders als erwartet, als eine Art Nullsummenspiel, bei dem wirkliches Talent rar und entsprechend hart umworben ist. Ähnlich, wenn auch vielleicht sehr viel folgenreicher, stellt sich die Situation im Bereich des Produktivitätszuwachses dar. Echte Produktivität beschränkt sich auf einige wenige Unternehmen, die von der OECD als *frontier companies* bezeichnet werden und die es verstehen, aus den Innovationen in kürzester Zeit marktreife und lukrative Produkte zu entwickeln. Das Resultat ist eine zweigeteilte globale Wirtschaft mit einigen wenigen Gewinnern und vielen Verlierern, die im Wettbewerb nicht mithalten können. In der Digitalwirtschaft sind vielerorts oligopolistische bis hin zu monopolistischen Kräften am Werk. Das führt dazu, dass der Wettbewerb in der globalen Wirtschaft insgesamt härter wird und Marktchancen und Wachstum entscheidend vom Zugang zu Talent und innovativem Know-how abhängen.

Was bedeutet das für die Diplomatie? Erstens sollte diplomatisches Handeln darauf gerichtet sein, der eigenen Volkswirtschaft einen Platz an der Innovationsfront zu sichern. Das könnte zum Beispiel heißen, für einen regelmäßigen und gesicherten Nachschub kritischer Rohstoffe zu sorgen, die richtigen Investitionen und Talente ins Land zu holen oder sich in bestimmten Bereichen wie Quanteninformatik, umweltfreundlichen Technologien oder künstlicher Intelligenz an internationalen Initiativen zu beteiligen. Für uns Europäer könnte es insbesondere heißen, den digitalen Binnenmarkt zu vollenden, damit unsere Start-ups ähnliche Chancen erhalten und von ähnlichen Größenvorteilen profitieren können wie vergleichbare Unternehmen in den USA oder China. In der Summe bedeutet das nichts anderes, als dass Wirtschafts- und Innovationsdiplomatie an einem Strang ziehen müssen.

Zweitens aber müssen wir etwas gegen die negativen Auswirkungen des Innovationsgeschehens auf unsere Wirtschaftsstrukturen tun. Das könnte bedeuten, dass wir neue Wettbewerbs- und Kartellregeln zur Vermeidung unerwünschter Formen der Marktkonzentration aufstellen, dass wir der Steuervermeidung durch Technologieriesen, die sich aufgrund ihres globalen Aktionsradius nur schwer einer konkreten Gerichtsbarkeit unterwerfen lassen, einen Riegel vorschieben, oder dass wir Cyberwährungen regulieren. Das sind keine unwichtigen Themen. Solange wir in diesen Bereichen nicht diplomatisch zur Tat schreiten, können wir unsere wirtschaftlichen Interessen nicht wirksam verteidigen. Wir müssten uns dann mit einem geringeren Wirtschaftswachstum zufriedengeben, würden nicht die richtigen Jobs schaffen (insbesondere nicht die wertschöpfungsstarken Jobs im Innovationssektor) und müssten uns mit wettbewerbsschwächeren Unternehmen, geringeren Steuereinnahmen aus der Wirtschaft und folglich einem geringeren Budget zur Finanzierung staatlicher Dienstleistungen begnügen.

### *Principles & political systems*: Digitaler Humanismus und freiheitliche Demokratie

Vor allem aber wirken sich neue Technologien in signifikanter Weise auf die Rechte und Freiheiten jedes einzelnen Bürgers und die Stabilität unserer demokratischen Gesellschaften aus. Dies geschieht auf mindestens zweierlei Weise. Da ist zum einen die rasche Verbreitung von Desinformation. Die Grenzenlosigkeit des Cyberspace und die ausgiebige Nutzung von Social-Media-Plattformen machen die freiheitlichen Demokratien verwundbar. Angreifer können den öffentlichen Diskurs heute in einer Weise manipulieren, die in der Vergangenheit undenkbar gewesen wäre. Und sie machen von diesen Möglichkeiten immer häufiger und immer erfolgreicher Gebrauch. Sie tun das aus den unterschiedlichsten Motiven heraus, aber wenn sie ein gemeinsames Ziel verfolgen, dann dieses: den Menschen weiszumachen, die demokratischen Institutionen seien zahn- und wirkungslos. Auf einer tieferen Ebene wird die Botschaft vermittelt, das „System" sei ferngesteuert und lasse keinen Raum für eine gesunde öffentliche Debatte, und überhaupt gebe es keine allgemeingültigen Wahrheiten. Desinformation dieser Art ist hochgradig subversiv, staatsgefährdend und in vielerlei Hinsicht antiaufklärerisch, denn sie untergräbt das Vertrauen der Bürger in ihre Institutionen und politischen Systeme. Sie stellt eine signifikante Bedrohung für die freiheitlichen Demokratien dar, die von dem öffentlichen Diskurs und der Bereitschaft der Bürger leben, vermittelnde Institutionen mit der Vertretung ihrer Interessen zu beauftragen.

Zum anderen wird es immer einfacher, personenbezogene Daten zu sammeln und zu verarbeiten. In nie gekanntem Ausmaß wird es möglich, Menschen zu überwachen. Minderheiten und Andersdenkende in aller Welt werden mit immer ausgefeilteren Methoden ausspioniert und unterdrückt. Nach Ansicht mancher ist dieses System der Datensammlung und -auswertung sogar geeignet, die für die demokratischen Gesellschaftsmodelle so wichtige Institution der individuellen Meinungs- und Willensbildung zu ersetzen. Anstatt dass die Bürger ihre Präferenzen qua Ausübung ihrer individuellen Rechte wie beispielsweise ihres Stimmrechts oder ihres Rechts auf freie Meinungsäußerung zum Ausdruck bringen, könnte der Staat ihre Vorlieben einfach aus ihrem beobachtbaren Verhalten ableiten. Eine individuelle Teilhabe an den allfälligen Entscheidungsprozessen wäre somit nicht mehr erforderlich. Und in der Tat könnten überwachungsbasierte politische Systeme die Bedürfnisse ihrer Bürger möglicherweise nuancierter und schneller – gewissermaßen vorgreifend – erfüllen. Solche Vorstellungen machen zumindest eines deutlich: Je mehr die Neuro- und Verhaltenswissenschaft über uns weiß, desto mehr verschwindet die Grenze zwischen „bloßer" Überwachung und übergriffiger Manipulation. Regierungen in aller Welt könnten schon bald in der Lage sein, nicht nur Dissidenten bestimmte Verhaltensweisen aufzuzwingen, sondern sämtliche Bürger dahingehend zu beeinflussen, dass sie sich so oder anders verhalten. Der zunehmende Einsatz von Überwachungsinstrumenten führt also unweigerlich zur Stärkung des technokratisch-autokratischen Charakters unserer Staatsgebilde und zur Schwächung der individuellen Freiheitsrechte.

Unsere Diplomatie darf vor den Konsequenzen dieser Entwicklung nicht die Augen verschließen – beispielsweise, wenn es um den Export von Dual-Use-Gütern oder unsere Antwort auf Staaten geht, die die Rechte und Freiheiten unserer Bürger mit Cybermethoden unter Beschuss nehmen und untergraben. Demokratien in aller Welt sollten mit vereinten Kräften gegen Desinformation vorgehen und beispielsweise internationale Regeln zum Schutz digitaler Rechte aufstellen. Das Gesamtresultat sollte eine internationale Agenda sein, die einen digitalen Humanismus zum Ziel hat.

### Welche Werkzeuge und Fähigkeiten benötigt eine echte Tech-Diplomatie?

Dazu müssen wir diese neue Form der Diplomatie in ihrer intellektuellen und politischen Dimension skizzieren. Vermutlich werden in den nächsten Jahren Staaten in aller Welt Versuche dieser Art unternehmen. Manche werden dabei auf ähnliche Überlegungen zurückgreifen wie die oben beschriebenen. Andere werden möglicherweise eine eingeschränkte Agenda verfolgen oder den Schwerpunkt auf eine wirtschaftsfokussierte Diplomatie legen. Eines aber können wir mit Sicherheit sagen: Jede Konsolidierung dieses Bereichs bedingt die Schaffung bestimmter Fähigkeiten und Strukturen in den Außenministerien – insbesondere die Einrichtung von ausschließlich mit Fragen der technologischen Entwicklung befassten Büros und Teams. Das mag mit der Einrichtung einer Generaldirektion, des Postens eines Sonderbotschafters oder eines Staatssekretärs einhergehen. Diese Einheiten innerhalb der Außenministerien hätten die Aufgabe, Strategien einer Tech-Strategie umzusetzen, mit vergleichbaren Teams in anderen Ländern zu kooperieren und das nationale Geschehen in digitalen Fragen über Ministeriumsgrenzen hinweg zu koordinieren. Die dänische Regierung war eine der ersten in Europa, die einen Schritt in diese Richtung unternahm, indem sie einen Digitalbotschafter ernannte – mit einem Team im Silicon Valley und einem zweiten in Peking.

Die Stationierung speziell mit diesen Fragen befassten diplomatischen Personals an wichtigen Stellen der Welt erscheint in der Tat unausweichlich. Die Agenda einer Tech-Diplomatie speist sich im Wesentlichen aus Kontakten vor Ort und aus dem Dialog mit den wichtigsten Innovationstreibern. Ein gutes Beispiel liefert das auf Schweizer Initiative betriebene Netzwerk Swissnex, das unter dem Motto „Connecting Tomorrow" das Ziel verfolgt, in Sachen Bildung, Forschung und Innovation Beziehungen zu Drittländern aufzubauen und zu pflegen.

Die Errichtung solcher Strukturen in den Außenministerien setzt die Entwicklung der richtigen Form von Humankapital in den diplomatischen Korps voraus. Den Schlüssel dazu bilden Interdisziplinarität und ein gleichzeitiges Zuhausesein in der Tech-Welt und in der Welt der internationalen Diplomatie. Hierfür bieten sich drei Modelle an: Erstens können wir Diplomaten mit den Grundlagen der Tech-Welt vertraut machen. Zweitens können wir Digitalexperten in die Kunst der Diplomatie einführen. Und drittens können wir in den Ministerien „Übersetzer" engagieren, die – fallbezogen – die digitalen Aspekte eines Dossiers erfassen und den hauptamtlichen Diplomaten in „verdaulicher" Form zur Verfügung stellen. In den meisten Fällen wird es sich empfehlen, alle drei Wege parallel zu verfolgen.

Auf jeden Fall wird es notwendig sein, die Diplomatenausbildung so zu verändern und zu aktualisieren, dass das Thema der technologischen Entwicklung dort einen breiten Raum einnimmt – mit eigenen Kursen und Fächern. Zusätzlich müssen neue Bildungsformate entwickelt werden, die den Stoff modularer und in kürzeren Einheiten vermitteln. Je schneller das Innovationsgeschehen, desto kürzer die Zeitspannen, in denen das erworbene Wissen relevant bleibt. Gegen das Veralten von Wissensinhalten und Fähigkeiten helfen nur Strategien des lebenslangen Lernens und flexible Bildungsangebote.

Und schließlich erfordert die Tech-Diplomatie einen umfassenden und strukturierten Dialog zwischen Politik und Wirtschaft. Da Veränderungen in diesem Bereich der Politik größtenteils die Folge privater Innovationstätigkeit sind und die privaten Akteure wiederum darauf angewiesen sind, dass die von der Politik geschaffenen Rahmenbedingungen stimmen, ist ein kontinuierlicher Dialog zwischen Staat und Privatwirtschaft unerlässlich. Start-ups, Tech-Konzerne, alteingesessene Unternehmen und unsere Diplomaten müssen sich fortlaufend über Herausforderungen, Chancen und Handlungsoptionen austauschen. Angesichts des Tempos der Entwicklung ist es wichtig, dass sich beide Seiten gemeinsam Gedanken über die Zukunft machen und entsprechende Szenarien entwickeln. Ein Beispiel für eine Institution, die dieses Ziel verfolgt, ist die schweizerische öffentlich-private Stiftung Geneva Science and Diplomacy Accelerator (GESDA), die Diplomaten und wichtige Vertreter der digitalen Innovationsszene mit dem Ziel zusammenbringt, „wissenschaftliche und technologische Entwicklungen zu antizipieren und inklusive und globale Lösungen für eine nachhaltige Zukunft zu entwickeln".

Außenministerien, die es versäumen, sich mit den beschriebenen strukturellen und kapazitätstechnischen Fragen rechtzeitig auseinanderzusetzen, werden sich mit der Entwicklung einer wirksamen Tech-Diplomatie schwertun. Sie bekommen es mit der zusätzlichen Herausforderung der „Disintermediation" zu tun, wenn verschiedene Teile der Regierung beginnen, eigenständig und unter Umgehung des Außenministeriums globale Politik zu betreiben. Da die Notwendigkeit, klare Regeln für den Umgang mit technologischen Entwicklungen zu schaffen, kein Vakuum in diesem Bereich zulässt, sehen sich die einzelnen, beispielsweise für Wissenschaft und Innovation, Energie oder Finanzen zuständigen Ministerien gezwungen, hier selbst aktiv zu werden, was in jedem Fall weniger effektiv ist und im Vergleich zu einer ganzheitlichen Behandlung des Themas durch die diplomatischen Experten des Außenministeriums die Umsetzung breiter angelegter außenpolitischer Ziele erschwert.

> Außenministerien, die es versäumen, sich mit den beschriebenen strukturellen und kapazitätstechnischen Fragen rechtzeitig auseinanderzusetzen, werden sich mit der Entwicklung einer wirksamen Tech-Diplomatie schwertun.

### Eine Chance für die Diplomatie

Unserer Diplomatie bietet sich nun die Chance, ihrer Rolle gerecht zu werden und das Beste aus der Tech-Revolution zu machen und sich mit den durch sie geschaffenen Problemen auseinanderzusetzen. Dazu muss sie sich jedoch verändern. Wie das aussehen könnte, haben wir auf diesen Seiten dargelegt. Jedes der drei Ps – *power, prosperity* und *principles & political systems* – beschreibt einen Aspekt des durch die technologische Entwicklung bewirkten gesellschaftlichen Wandels. Alle diese Aspekte müssten noch eingehender analysiert werden, aber sie machen auch so bereits deutlich, wo eine Tech-Diplomatie ansetzen müsste. Die Arbeit in diesem Bereich wird einige Zeit in Anspruch nehmen, während sich die Landschaft immer weiter verändert und immer mehr Länder auf der Welt ihre analytischen und materiellen Kapazitäten zur Bewältigung dieser Fragen ausbauen. So viel ist sicher: Die Tech-Diplomatie wird auf absehbare Zeit ein Bereich bleiben, das es zu studieren, zu erforschen und zu entwickeln gilt.

Manuel Muñiz Villa ist Dekan der School of Global and Political Affairs der IE University in Madrid und ehemaliger Staatssekretär im spanischen Ministerium für auswärtige Angelegenheiten und Zusammenarbeit, wo er unter anderem die Abteilung für Strategie und Zukunftsprognose leitete.

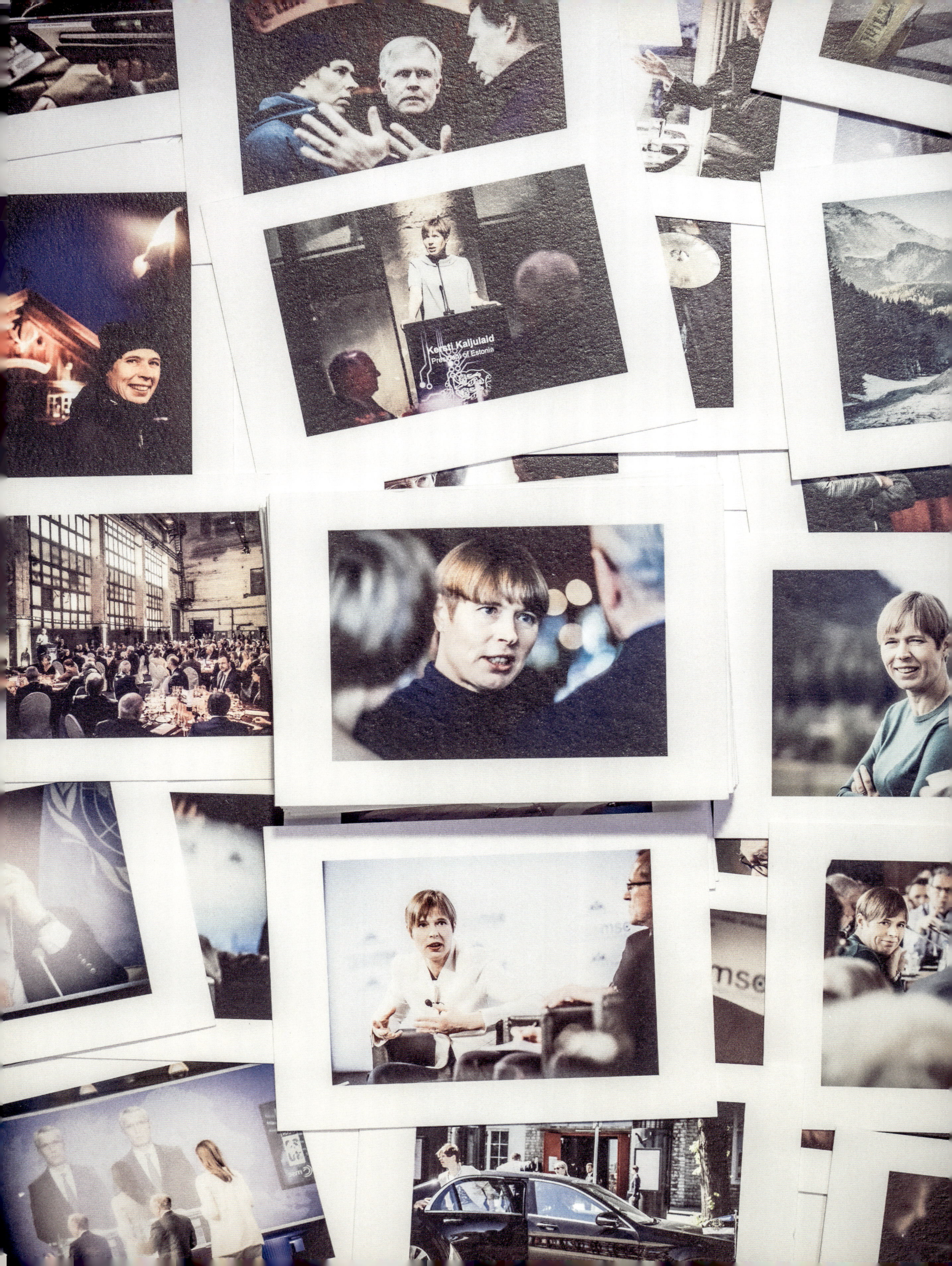
Kersti Kaljulaid

# Einer freien und demokratischen digitalen Zukunft den Weg bereiten

**Kersti Kaljulaid**

Auf dem Digitalgipfel vom 7. September 2021 in Tallinn riefen hochrangige Vertreter unter anderem aus Estland, den Vereinigten Staaten, Australien, Polen, dem Europarat, der Europäischen Kommission und der Organisation für wirtschaftliche Zusammenarbeit und Entwicklung zur Schaffung einer einheitlichen Plattform namens Trusted Connectivity auf, die es den demokratischen Ländern erlauben würde, sich optimal abzustimmen, um dafür zu sorgen, dass unsere digitale Zukunft auf demokratischen Werten aufbaut und die internationale regelbasierte Ordnung respektiert. Dieses kollektive Anliegen gab den Anlass zum „Tallinn Consensus on Trusted Connectivity"[1].

Es handelt sich um das zu begrüßende und in seiner Konsequenz bislang einmalige Eingeständnis westlicher Demokratien, dass Konnektivität – das volle Spektrum digitaler und physischer Infrastruktur – für die Machtpolitik, und damit die Diplomatie des 21. Jahrhunderts eine wesentliche Rolle spielt, und zwar in der hoch entwickelten ebenso wie in der weniger hoch entwickelten Welt. In Anbetracht der scheinbar pausenlosen Cyberangriffe auf alles und jedes – von staatlichen Datenbanken[2] bis hin zu Pipelines[3] – sowie des Umstands, dass autoritäre Regime wie China oder Russland sich verstärkt bemühen, ihren geopolitischen und wirtschaftlichen Einfluss über den Weg der Konnektivität auszuweiten, ist es höchste Zeit, dass der Westen entschlossen reagiert und alles daransetzt, die Macht der Marktwirtschaft gegen den schädlichen und antidemokratischen Einfluss bestimmter staatlicher und substaatlicher Akteure in Stellung zu bringen. Jetzt bleibt nur noch, die ehrgeizige Agenda von Trusted Connectivity in die Praxis umzusetzen.

> **Es ist höchste Zeit, dass der Westen entschlossen reagiert und alles daransetzt, die Macht der Marktwirtschaft gegen den schädlichen und antidemokratischen Einfluss bestimmter staatlicher und substaatlicher Akteure in Stellung zu bringen.**

Im Interesse des Erfolgs eines solchen Unterfangens gilt es, Vertrauen in Konnektivität und neue Technologien zu schaffen. Das ist besonders wichtig, solange das Vertrauen in öffentliche und private Institutionen weiter schwindet.[4] Um öffentliche und private Investitionen in großformatige grenzübergreifende Infrastrukturprojekte zu lenken, müssen die Staaten einen transparenten und robusten juristischen und politischen Rahmen schaffen, der Daten- und Cybersicherheit bietet und den freien Datenfluss zwischen den Ländern ermöglicht. Die Staaten müssen an der Ausgestaltung dieses Rahmens private und staatliche Stakeholder beteiligen und absolute Transparenz bei der Umsetzung ihrer Politik gewährleisten. Angesichts der unverbrüchlichen Treue westlicher Länder zu ihren „universellen Werten der Demokratie, Freiheit, Gleichheit und Rechtsstaatlichkeit", wie es im gemeinsamen Kommuniqué der G7 vom Juni 2021 und im Trusted-Connectivity-Konzept heißt, ist es sehr wohl möglich, öffentliches Vertrauen in die Konnektivität und mittels der Konnektivität zu schaffen.[5]

Die Prinzipien von Trusted Connectivity – demokratische Werte und hohe Standards – schaffen ein Umfeld, das privates Unternehmertum gedeihen lässt, indem sie echtes und nachhaltiges wirtschaftliches Wachstum fördern – besonders in einer Zeit, in der wir alles tun, um die durch die COVID-19-Pandemie bewirkten wirtschaftlichen und gesellschaftlichen Schäden zu beheben. Es liegt nun an den Regierungen, zieldienliche Anreizstrukturen zu schaffen und dann zuzusehen, wie die freien Märkte ihr Wunderwerk vollbringen.

Trusted Connectivity fasst die unzähligen Konnektivitätsinitiativen verschiedener demokratischer Länder zusammen und verknüpft sie miteinander. Wie ein Schirm überspannt Trusted Connectivity schon länger existierende regionale und globale Konnektivitätsinitiativen wie die EU-Konnektivitätsstrategie Global Gateway, die von den USA angestoßene globale Infrastrukturinitiative Build Back Better World (B3W) und die australische Infrastructure Financing Facility for the Pacific (AIFFP).[6]

Besonders erwähnenswert ist hier das von den USA, Japan und Australien angeführte und im Juni 2021 bei der Organisation für wirtschaftliche Zusammenarbeit und Entwicklung offiziell gestartete Blue Dot Network (BDN).[7] Die in Reaktion auf die Bedürfnisse und Anforderungen von Investoren und Bürgern entwickelte Initiative verspricht, der erste Qualitätskontrollmechanismus zu sein, der ein breites Spektrum von Investitionsstrategien und -richtlinien – wie beispielsweise die G20 Principles for Quality Infrastructure Investment, das OECD Policy Framework for Investment oder die Equator Principles – nutzt, um zu gewährleisten, dass

◂ Kersti Kaljulaid zu Gast auf MSC Events, unter anderem beim MSC Cyber Security Summit in Tallinn im Mai 2018

zukünftige Infrastrukturprojekte umweltfreundlich und resilient sind und dass ihre Finanzierung von Offenheit, Transparenz und Inklusivität geleitet ist.[8] Das BDN ist ein Beweis für die Notwendigkeit, internationale Infrastrukturstandards zu vereinfachen. Das BDN und andere potenzielle Zertifizierungsmechanismen können attestieren, dass ein bestimmtes Konnektivitätsprojekt den Prinzipien von Trusted Connectivity gerecht wird. In diesem Sinne ist es ein Beglaubigungsinstrument für die Marke „Trusted Connectivity".

Ob der eingeschlagene Weg zielführend ist, wird die Praxis zeigen. Zum Glück gibt es in Mittel- und Osteuropa bereits ein Vorbild, an dem sich die Demokratien der Welt orientieren können: die Three Seas Initiative (3SI).[9] Sie zeigt, dass sich die Prinzipien von Trusted Connectivity erfolgreich umsetzen lassen. Die 2015 von zwölf europäischen Nationen von der Ostsee bis zur Adria und bis zum Schwarzen Meer fördert auf der Grundlage des Trusted-Connectivity-Konzepts und transparenter Finanzierung die Entwicklung digitaler, energietechnischer und anderer Formen von Infrastruktur quer durch die Region. Diese Länder bilden eine Brücke zwischen Europa und Asien; sie besitzen somit enorme geopolitische Bedeutung und sind für transkontinentale Konnektivitätsprojekte unverzichtbar. Ihre relative geografische Nähe zu Russland und China hat sie in ihrer Absicht bestärkt, Vertrauen in Konnektivität und neue Technologien als Gegengewicht zum Einfluss dieser Länder in ihrer Region zu schaffen. Zur 3SI gehören im Übrigen einige der am schnellsten wachsenden Volkswirtschaften Europas sowie Länder, die weltweit führend sind in der Anwendung digitaler Technik, die bei ihren Bürgern großes Vertrauen genießt.

Zwecks Finanzierung von Infrastrukturprojekten haben die 3SI-Länder den 3SI Investment Fund eingerichtet – eine neue Form der öffentlich-privaten Partnerschaft, die gemäß kommerzieller Geschäftsprinzipien gemanagt wird und die zu finanzierenden Projekte nach ihrer Rentabilität auswählt. Der Fonds hat sich ein Kapital von über 1,2 Milliarden US-Dollar gesichert, von denen ein Teil bereits vergeben wurde an Projekte wie die estnische Datenzentrumsplattform Greenergy Data Centers, die in der Region ein Netzwerk sowohl grüner als auch energieeffizienter Datenzentren errichten wird. Für zukünftige Investitionen kommen viele der rund neunzig „Priority Projects" in den 3SI-Ländern infrage.

In Anbetracht dessen, dass die Konnektivität an der Schnittstelle zwischen Geopolitik, nachhaltigem Wirtschaftswachstum und digitaler Transformation angesiedelt ist, obliegt es den demokratischen Ländern, wert- und marktbasierte Alternativen zu Investitionen in Konnektivitätsprojekte seitens böswilliger Akteure zu bieten. Initiativen wie Global Gateway und B3W – koordiniert und verstärkt durch Trusted Connectivity – sind willkommene erste Schritte. Demokratische Länder sollten, indem sie ihre Ressourcen mobilisieren und ihre Anstrengungen intensivieren, das Trusted-Connectivity-Konzept unterstützen, damit wir die digitale und grüne Transformation hin zu einer freieren, blühenderen, inklusiveren und nachhaltigeren Zukunft erfolgreich meistern.

**Kersti Kaljulaid war von 2016 bis 2021 Staatspräsidentin von Estland.**

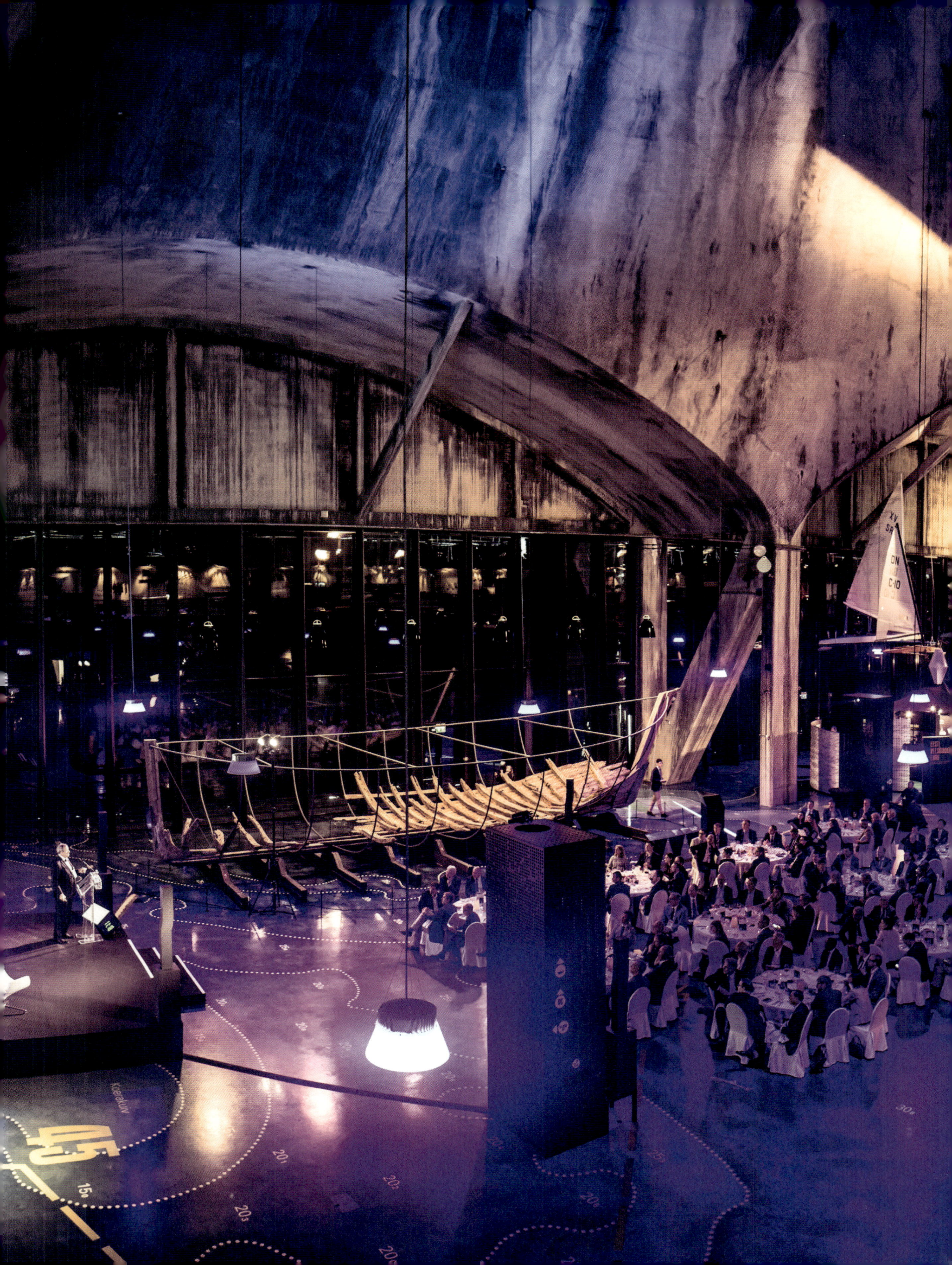

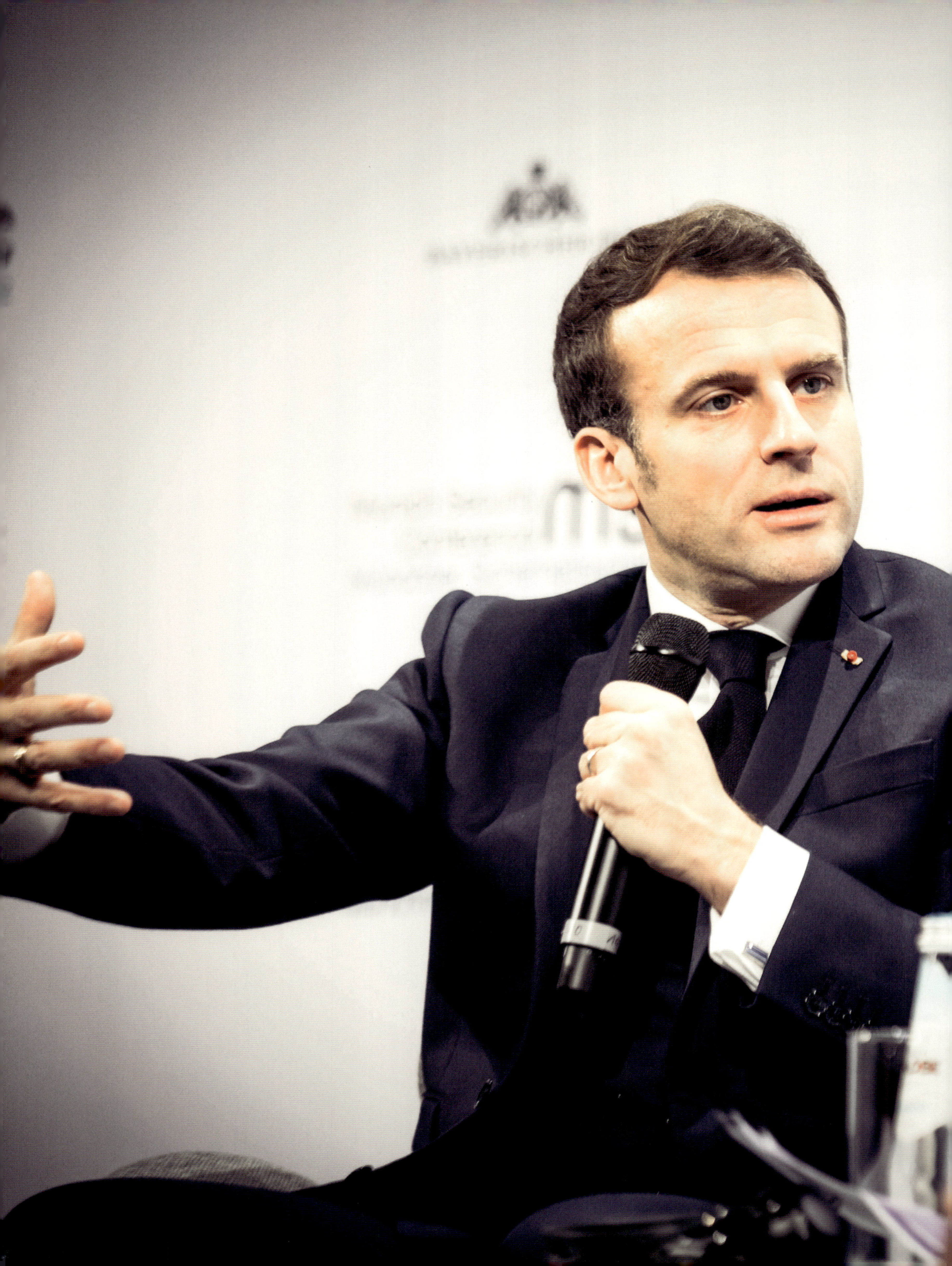

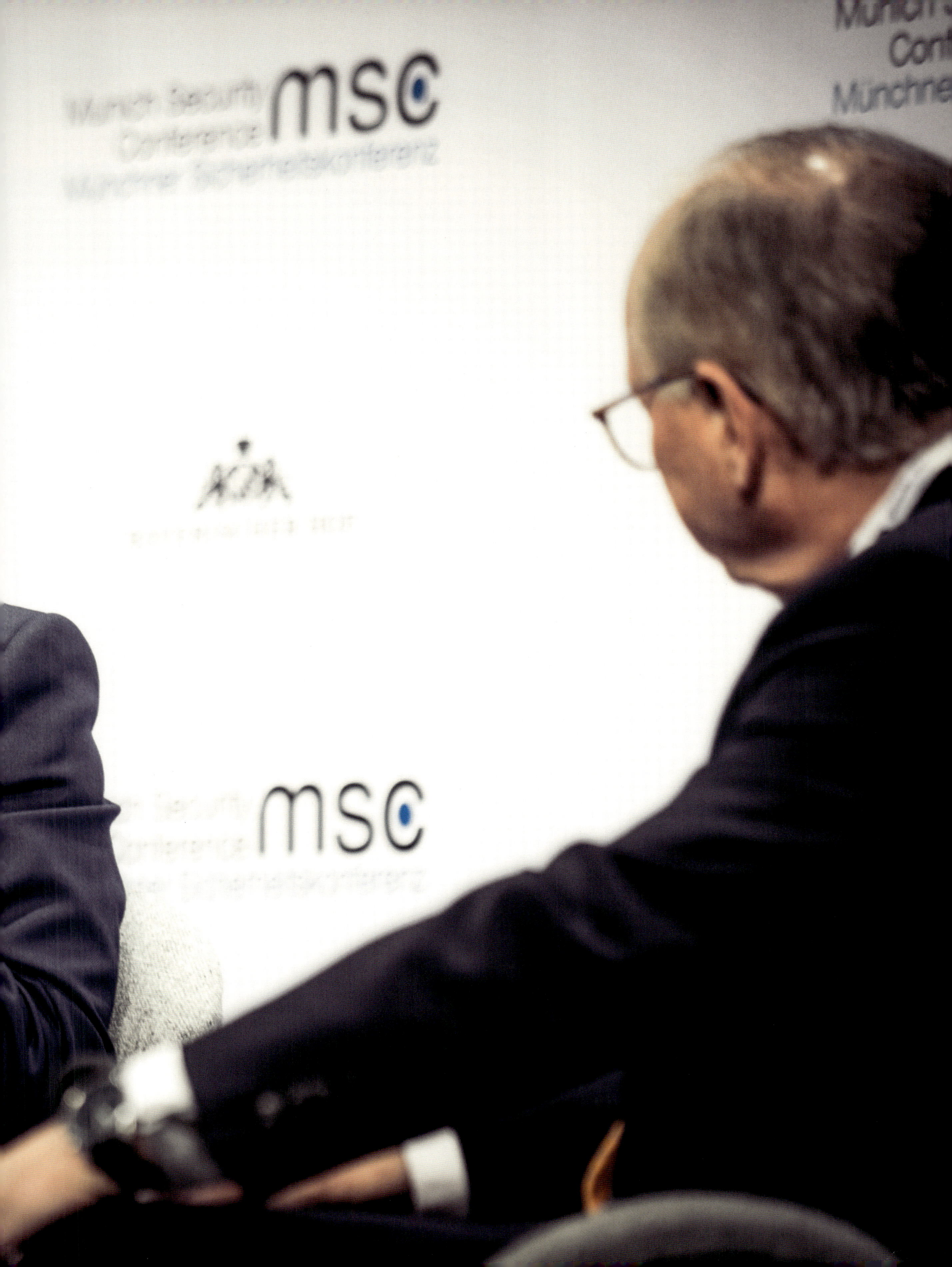
Munich Security
Conference
msc
msc

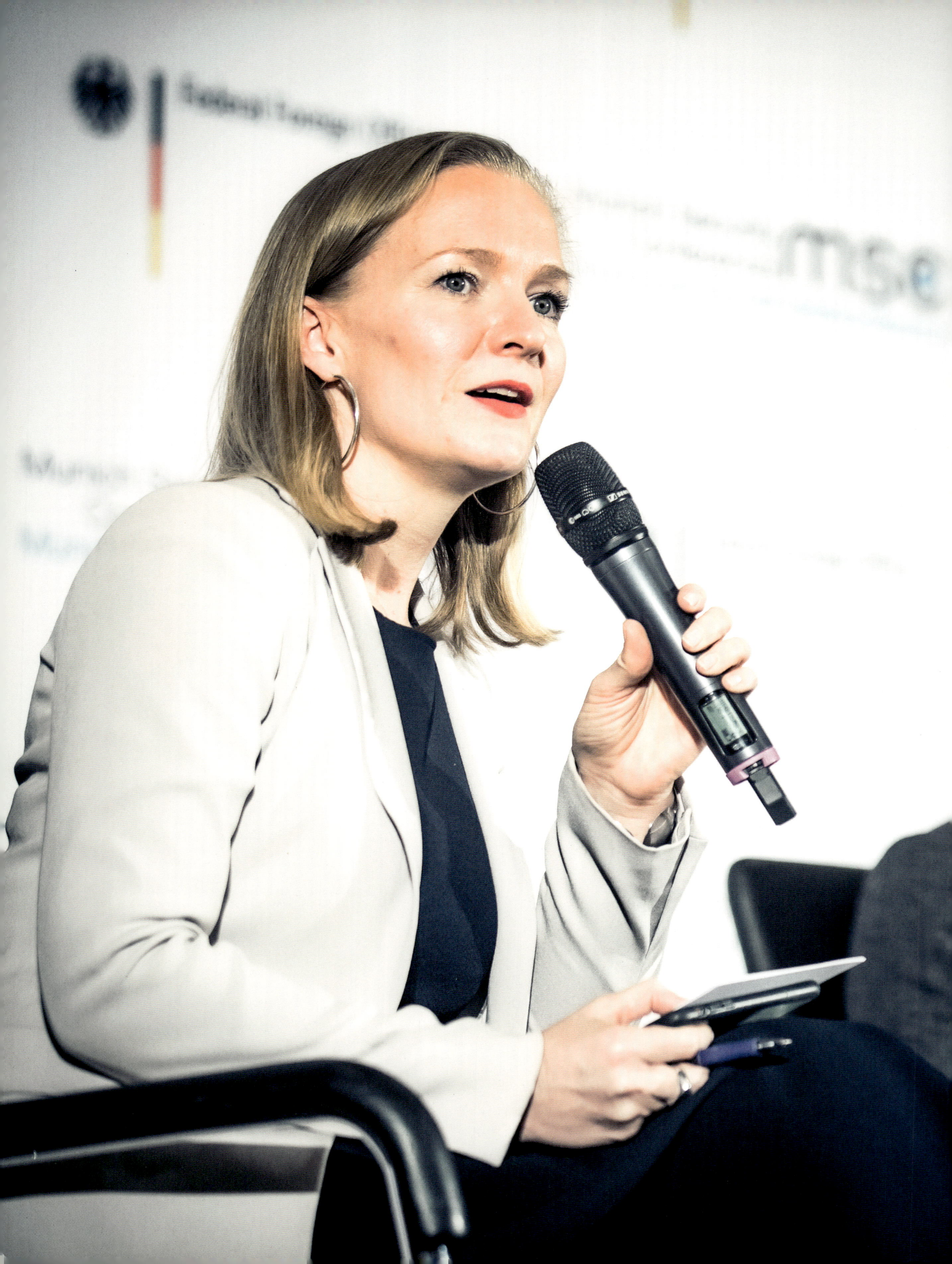

# Die geopolitische Macht der Tech-Konzerne ausbalancieren

**Marietje Schaake**

Bis vor Kurzem erschien „Digitaldiplomatie" als die Schnittmenge von Außenpolitik und digitaler Technik. Männer in gebügelten Anzügen, die ihre Tage in Meetings an langen Mahagonitischen mit kleinen Flaggen vor sich verbrachten, mussten lernen, wie Twittern geht, damit sie ihre Regierungen im digitalen Zeitalter repräsentieren konnten. Nach dem berühmt gewordenen Zitat „Senator, wir schalten Anzeigen" in Mark Zuckerbergs Anhörung vor dem US-Kongress und Richard Blumenthals linkisch formulierter Frage nach der Zukunft von Instagram gibt es in Regierungs- und Politikkreisen jedoch noch vieles zu lernen.[1] Noch dazu stellen die Tech-Konzerne heute nicht nur die Diplomatie, sondern die Kernfunktionen des Staates auf die Zerreißprobe. Für die demokratischen Regierungen geht es ums blanke Überleben.

Hersteller von Spionagesoftware erstellen ausgefeilte Hacking-Tools und bieten Software von nachrichtendienstlicher Qualität jedem an, der sie bezahlen kann. Private Softwareunternehmen sind an vorderster Front dabei, wenn es um die Verteidigung des Heimatlandes mittels offensiver und defensiver Cyberoperationen geht. Alle Arten von Schlüsselfunktionen, die früher die exklusive Domäne der Nationalstaaten waren, werden heute von Tech-Konzernen bereitgestellt und betrieben. Wo immer sie Unterseekabel verlegen oder die digitale Infrastruktur für den Betrieb von Energiepipelines bereitstellen, taucht dann regelmäßig die Frage auf, wer diese ausgefeilten Systeme warten kann und soll. Wir sind nur so sicher wie unsere schwächste digitale Abwehr, aber wer trägt die Verantwortung, wenn etwas schiefgeht? Um Henry Kissinger zu paraphrasieren: Wenn Sie mit dem Silicon Valley sprechen müssen, wen rufen Sie dann an?

> **Heute stellen die Tech-Konzerne nicht nur die Diplomatie, sondern die Kernfunktionen des Staates auf die Zerreißprobe.**

Präsident Biden konstatierte gar, dass der überwiegende Teil der kritischen US-Infrastruktur mittlerweile privaten Konzernen gehört und dass der Staat allein nicht in der Lage ist, Cybersicherheit zu gewährleisten. Wenngleich der US-Präsident mit dieser Analyse natürlich recht hat, kann die Lösung nicht in der Beschleunigung und Vertiefung der privaten Kontrolle liegen. Eine vermehrte Auslagerung von Zuständigkeiten führt nicht zu mehr Verantwortlichkeit. Anstatt Geopolitik an Tech-Konzerne auszulagern, müssen Diplomaten und staatliche Behörden demokratischer Länder sich geeignete Fähigkeiten und Wissen zulegen und die nötige Initiative ergreifen, um diese neuen geopolitischen Akteure gebührend in die Pflicht zu nehmen.

Abgesehen von den Risiken einer Auslagerung kritischer Funktionen und mangelnder Verantwortlichkeit fehlt es den Tech-Konzernen auch an einer klaren Ausrichtung an demokratischen Prinzipien, selbst wenn sie in demokratischen Gesellschaften entstanden und groß geworden sind. Während Demokratien nach der Verteidigung der Pressefreiheit rufen, werden Journalisten mithilfe von Spionagesoftware verfolgt. Und während die US und China immer weiter auseinanderdriften, zeigen von Brookings durchgeführte Erhebungen, dass US-CEOs weder an einer alleinigen Ausrichtung an den USA noch an China interessiert zu sein scheinen.[2] Entgegen anderslautenden Beteuerungen sollten wir nicht davon ausgehen, dass die Tech-Konzerne offene und demokratische Prinzipien bevorzugen. Obgleich sie eine zunehmend geopolitische Rolle spielen, sind Markt- und Profitchancen weiterhin ihre stärksten Triebfedern.

Einige Tech-Executives vertreten ihre Konzerne mittlerweile in diplomatischen Kreisen. Microsoft hat eine Vertretung bei den Vereinten Nationen eröffnet. Andere lassen sich nur blicken, wenn der US-Kongress oder das Europäische Parlament sie vorlädt, wobei auch das nicht sicher ist.[3] Die neuen geopolitischen Mächte sind sicherlich keine Diplomaten. Es fehlen systematische Verantwortlichkeitsmechanismen: Tech-Konzerne bewegen sich in ähnlichen Foren wie Politiker und Diplomaten, aber mit sehr viel weniger Beschränkungen. Anders formuliert: Die geopolitische Macht der Tech-Konzerne wird durch keine entsprechenden Gegenkräfte aufgewogen.

**Marietje Schaake ist International Policy Director am Cyber Policy Center und International Policy Fellow am Institute for Human-Centered Artificial Intelligence der Stanford University. Sie wurde zur Präsidentin des Cyber Peace Institute ernannt. Zuvor war Schaake Abgeordnete des Europäischen Parlaments für die Allianz der Liberalen und Demokraten für Europa (ALDE), wo sie sich auf die Handels-, Außen- und Digitalpolitik fokussierte. Sie war Munich Young Leader im Jahr 2013.**

◂ Marietje Schaake beim MSC Cyber Security Summit in Berlin im November 2019.

POLIZEI
BY
1321
msc
msc
msc
msc TOWNHALL
NATO
OTAN
Atlantic Cou

# Den Trend zur Straflosigkeit umkehren

**David Miliband**

Diplomatie ist kein Selbstzweck. Zu ihren wichtigsten Aufgaben gehört es, die Idee einer regelbasierten internationalen Ordnung zu verteidigen und den verantwortlichen Umgang mit Macht zu stärken. Die Diplomaten von morgen müssen den Trend stoppen, der sich heute in Form eines neuen Zeitalters der Straflosigkeit bemerkbar macht.

Für die Kodifizierung einer Reihe von vereinbarten Regeln und Normen im internationalen System – als Schutzschirm gegen den Machtmissbrauch – sprechen nicht nur idealistische, sondern auch pragmatische Argumente. Geschichtlich gesehen waren immer schon die Perioden am destruktivsten, in denen Macht den geringsten Beschränkungen unterworfen war und das Recht des Stärkeren die einzig gültige Regel darstellte. Nirgends ist das wichtiger als dort, wo es um den Schutz der Verwundbarsten geht.

Während des letzten Jahrhunderts wurden der Schutz von Zivilisten und der humanitäre Zugang zu Konfliktzonen kodifiziert. Von den Haager und Genfer Konventionen über die Allgemeine Erklärung der Menschenrechte bis zur Schutzverantwortung gemäß der Charta der Vereinten Nationen stellen die Rechte der Zivilisten den elementarsten Pfeiler unserer regelbasierten Ordnung dar. Sie sind ein entscheidendes Signal, dass Macht mit Verantwortung einhergeht und dass ihr Grenzen gesetzt sind.

Dieses Grundkonzept wird von einem aufkommenden „Zeitalter der Straflosigkeit" bedroht. In aller Welt ist die Straflosigkeit heute auf dem Vormarsch. Ob die von Saudi-Arabien geführte Koalition im Jemen einen Schulbus bombardiert oder Präsident Assad und seine Verbündeten Gesundheitseinrichtungen in Syrien angreifen, Regierungen und Rebellen verletzen zunehmend internationales Recht und internationale Normen, ohne dafür bestraft oder zur Rechenschaft gezogen zu werden.

Nicht nur halten sich die Kriegsparteien nicht an das Kriegsrecht, sondern sie verunglimpfen es immer häufiger als etwas für Schwächlinge. Diese Herabwürdigung ist gefährlich – nicht nur für Zivilisten, sondern für das gesamte internationale Projekt. Die Gesetzesbrecher und Normverletzer, die wir in den Kriegszonen der Welt beobachten, sind lediglich das sichtbarste Zeichen einer Zunahme der Straflosigkeit in Bereichen des öffentlichen und privaten Lebens, in denen Gesetze weniger klar und Rechte weniger gut abgegrenzt sind. Und wenn Rechte nicht verteidigt werden und ihr Missbrauch in Bereichen, in denen sie klar sind, nicht beim Namen genannt wird, lassen sie sich umso schwerer in Bereichen verteidigen, in denen sie nicht so klar sind.

Die Folge dieser Zunahme der Straflosigkeit sind mehr zivile Tote und mehr Vertriebene. Zwischen 2016 und 2020 wurden jedes Jahr im Schnitt 37.000 Zivilisten in Konflikten getötet. Das sind zweieinhalbmal so viele zivile Todesopfer wie im vorausgegangenen Fünfjahreszeitraum und nahezu zehnmal so viele wie im Zeitraum von 2005 bis 2009. Weltweit war eine Rekordzahl von 79,5 Millionen Menschen gezwungen, aus ihrer Heimat zu fliehen. Angriffe auf Gesundheitseinrichtungen haben ebenfalls zugenommen. Seitdem der UN-Sicherheitsrat 2016 eine Resolution verabschiedete, in der er Angriffe auf Krankenhäuser ächtete, gab es weltweit mehr als 2000 Angriffe auf Gesundheitseinrichtungen. Und auch während der COVID-19-Pandemie wurden 2020 mehr Gesundheitskräfte und Patienten getötet als 2019. In der Zwischenzeit nehmen tödliche Angriffe auf humanitäre Helfer ebenfalls zu.

Die Wiedereinsetzung einer regelbasierten Ordnung wird mehr erfordern, als „Männern mit Schwertern Gesetze vorzulesen". Wir alle müssen gemeinsam eine Gegenmacht gegen die Kräfte der Straflosigkeit bilden. Wo die Straflosigkeit von der Geheimhaltung lebt, muss die Gegenmacht Transparenz fordern. Wo die Straflosigkeit sich zu verstecken sucht, muss die Gegenmacht sie ans Licht zerren. Wo die Straflosigkeit alle Aufrufe zur Verantwortungsübernahme als äußere Einmischung abtut, muss die Gegenmacht auf die UN-Charta und die mit ihr verbundenen Gesetze verweisen und ihre Befolgung einfordern.

Konfliktparteien nehmen sich allzu häufig die Freiheit heraus, die Rechte von Zivilisten in Kriegen zu missachten, weil sie kaum politische, wirtschaftliche oder juristische Kosten befürchten müssen. Um ihre Kalkulation und damit ihr Verhalten zu ändern, müssen diese Kosten angehoben werden. Das sollte eine neue Generation von Diplomaten – sowie Politiker, Geschäftsleute und Aktivisten der Zivilgesellschaft – dazu anspornen, eine regelbasierte internationale Ordnung zu errichten und zu verteidigen.

**David Miliband ist Präsident und CEO des International Rescue Committee und ehemaliger Außenminister des Vereinigten Königreichs.**

◀ David Miliband zu Gast bei der Münchner Sicherheitskonferenz, unter anderem 2020.

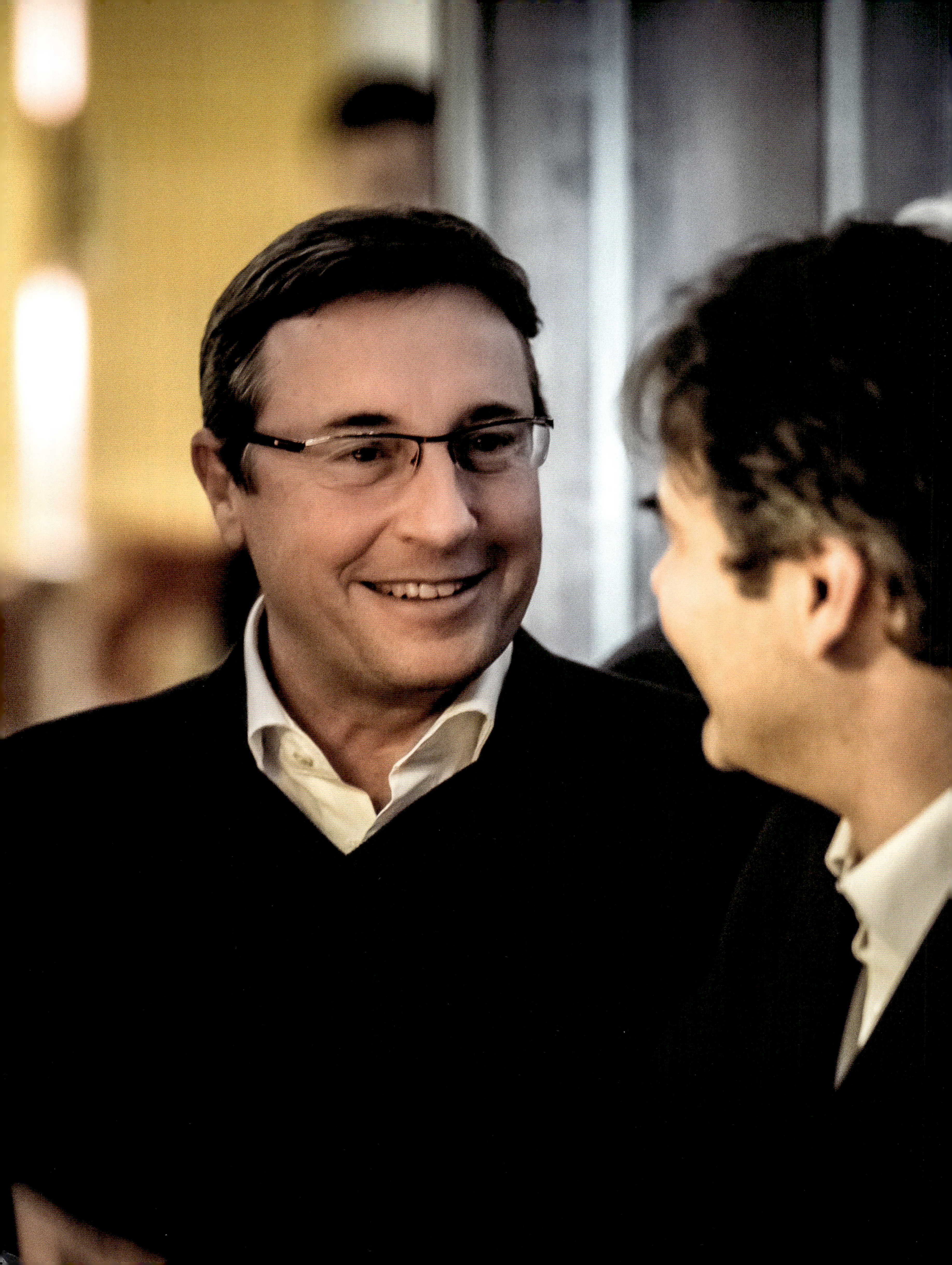

# Ein erweitertes Verständnis von Sicherheit fördern

**Achim Steiner**

Früher hieß sie Wehrkundetagung und war vor allem einem kleinen Zirkel von Generälen und Militärs vorbehalten. Heute ist die Münchner Sicherheitskonferenz ein großes internationales Ereignis, „the place to be" am Anfang eines jeden Kalenderjahres. Und zwar längst nicht nur für Sicherheitspolitiker im engeren Sinne, sondern auch für Vertreter der Vereinten Nationen, Entwicklungsinstitutionen, Umweltgruppen und Nichtregierungsorganisationen, Wissenschaftler, Manager und Medienvertreter. Kurz gesagt für alle, die darum bemüht sind, die Risiken in unserer Welt klein und die Fortschritte groß zu halten.

Wer heute auf Teilnehmerlisten und Redebeiträge der Münchner Sicherheitskonferenz blickt, erkennt darin eine eindeutige Botschaft: Sicherheit ist viel weiter zu fassen als rein militärisch. Sicherheit muss, wenn das Ziel eines menschenwürdigen Lebens für alle keine reine Rhetorik bleiben soll, auch wirtschaftliche, ökologische und soziale Dimensionen mit einbeziehen.

Wie wichtig dieser Paradigmenwechsel ist, sehen wir mittlerweile an selbst für Skeptiker nicht mehr zu negierenden Themen wie Klimawandel, Biodiversitätsverlust, Wassermangel oder Überfischung. Überall stoßen wir als Menschheit an Grenzen und bringen uns dadurch in eine fragile Lage, die mit militärischen Kategorien weder zu fassen noch zu beheben ist. Das Weltwirtschaftsforum listet daher in seinem jährlichen Ranking inzwischen überwiegend nicht militärische Risiken als besonders bedrohlich auf – darunter COVID-19 natürlich, aber auch viele umweltbezogene und cybergetriebene Gefahren.

Allerdings, und hier kommt der Wermutstropfen, ist der umfassende Sicherheitsbegriff inzwischen zwar in aller Munde, aber häufig noch nicht in der Realität angekommen, vor allem wenn es um Krisen und Konflikte im globalen Süden geht. Meiner Erfahrung nach wird Entwicklungszusammenarbeit und damit ein entwicklungspolitisches Verständnis weiterhin häufig als nachgeordnet betrachtet. Als Mittel der Wahl, und manchmal schon fast reflexartig eingesetzt, gelten vielen Verantwortlichen rund um den Globus immer noch militärische Einsätze und, wenn nötig, humanitäre Hilfe zur schnellen Linderung von Not.

Das ist nicht nur ein Fehler, weil am Ende langwierige, aber nachhaltige Entwicklungsprozesse alternativlos sind, sondern weil diese Art Politik auch teuer ist. Im Jahr 2020 lagen die weltweiten Militärausgaben nach Berechnungen des SIPRI-Instituts bei 2 Billionen Dollar. Derweil machten die Mittel für Entwicklungszusammenarbeit im selben Jahr nach OECD-Berechnungen rund 160 Milliarden aus, also weniger als ein Zehntel. Und das war im historischen Vergleich schon eine Rekordsumme.

Dabei sind fast alle Krisen mindestens der vergangenen 30 Jahre, also seit dem Ende des Kalten Kriegs, multidimensional: Sie hatten immer gleich ein Bündel an Ursachen. Und fast alle Krisen der vergangenen Jahrzehnte haben sich mit militärischen Mitteln allein nicht lösen lassen. Die künftigen werden es erst recht nicht, schon weil sich ihre Natur mit zunehmender Umweltproblematik und wachsender sozialer Ungleichheit, wie wir sie derzeit erleben, im Kern noch weiter ändert. Mit den Methoden der reinen Machtpolitik und des ungebremsten Wettbewerbs werden wir die Welt nicht sicherer machen können.

Dies ist keine Reflexion über den grundsätzlichen Nutzen und Einsatz von Armeen. Aber wenn ein umfassender Sicherheitsbegriff wirklich zum Tragen kommen soll, dann müssen wir das „dicke Brett" Entwicklung geduldig weiterbohren und nicht nur als Beiwerk erachten. An dem mühsamen Weg zu besseren Gesundheitssystemen, mehr Bildung, sauberem Strom für alle, funktionierender Staatlichkeit und der Transformation unserer Wirtschaftssysteme in Richtung Nachhaltigkeit, um nur einige zu nennen, kommen wir nicht vorbei.

Das veränderte Sicherheitsverständnis und das Ineinandergreifen verschiedener Instrumente der Außen-, Sicherheits- und Entwicklungspolitik war wohl auch ein Auslöser für Wolfgang Ischingers Ruf nach einem „Drei-Prozent-Kriterium."[1] Der Vorschlag zielte darauf ab, mindestens drei Prozent des Bruttoinlandsprodukts für Krisenprävention, Entwicklungszusammenarbeit, Diplomatie und Verteidigung vorzusehen. Das würde internationale Ausgaben bündeln und damit sichtbar machen: Die Bereiche gehören zusammen gedacht und angewandt. Erst wenn wir das auch in der Praxis leben, kommen wir dem Ziel umfassender Sicherheit näher. Und die brauchen wir dringender denn je.

**Achim Steiner ist seit 2017 Leiter des UN-Entwicklungsprogramms, stellvertretender Generalsekretär und der ranghöchste Deutsche bei den Vereinten Nationen.**

◂ Achim Steiner beim Munich Strategy Forum in Elmau im November 2015.

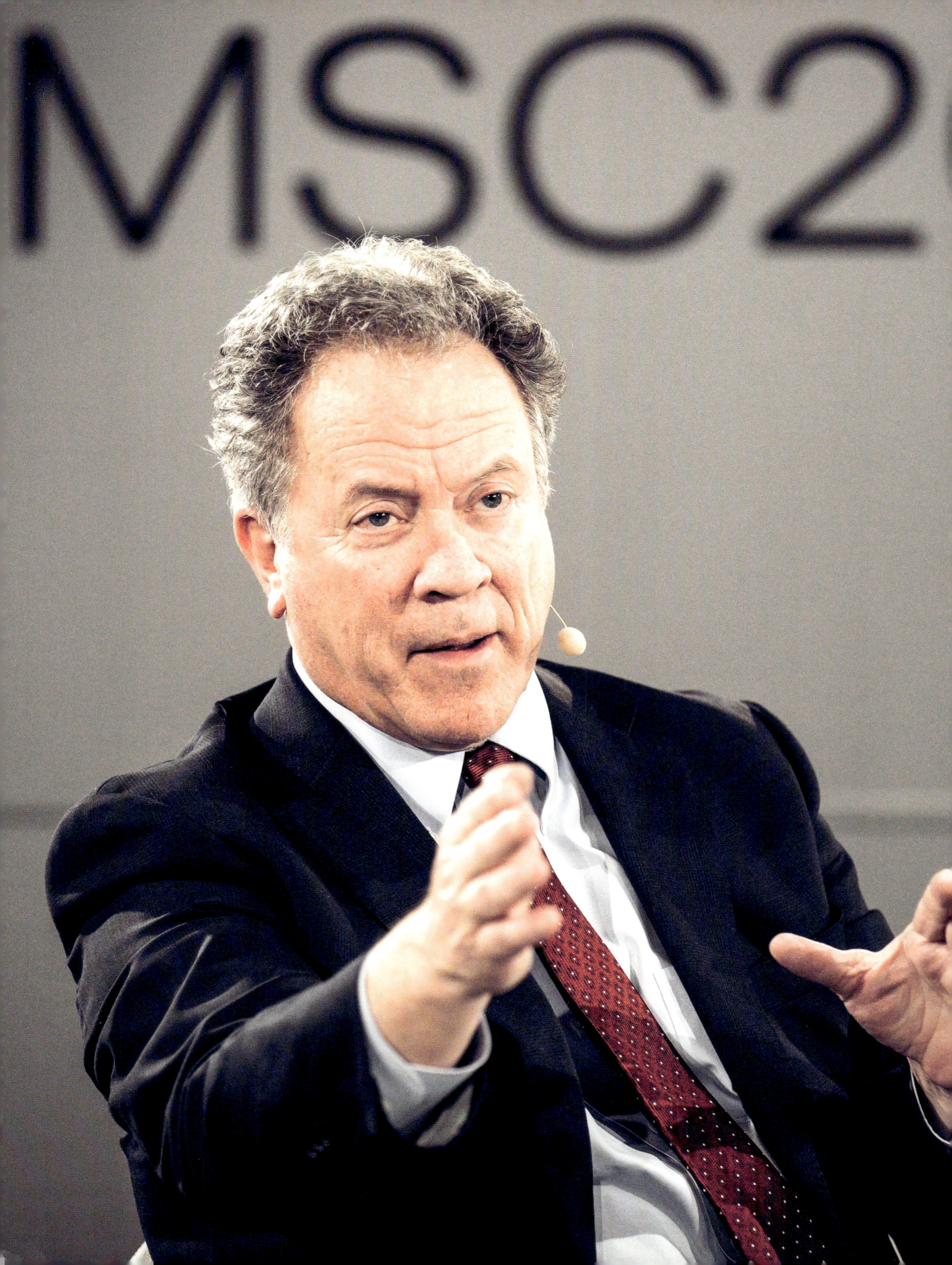
MSC2

# Den Weg zu nachhaltiger Ernährungssicherheit und Frieden ebnen

**David Beasley**

Im Mai 2018 traf der Sicherheitsrat der Vereinten Nationen eine historische Entscheidung mit der Verabschiedung der Resolution 2417, die das Aushungern von Zivilisten als Mittel der Kriegsführung und die gesetzwidrige Verweigerung humanitärer Hilfe für Zivilisten verurteilte. Die einstimmig angenommene Resolution markiert einen Triumph der internationalen Diplomatie.

Erstmals erkannten unsere führenden Politiker den Zusammenhang zwischen bewaffneten Konflikten, Ernährungsunsicherheit und der Bedrohung durch Hunger offiziell an. Die Resolution 2417 ruft alle Parteien bewaffneter Konflikte dazu auf, dem internationalen humanitären Recht nachzukommen, Zivilisten zu schützen und den sicheren und ungehinderten Zugang humanitärer Hilfskräfte zu den Zivilisten in bewaffneten Konflikten zu gewährleisten. Vor allem ebnet sie den Weg zur Verhängung von Sanktionen gegen jene, die die Lieferung oder Verteilung humanitärer Güter wie beispielsweise Nahrung für bedürftige Zivilisten behindern. Für uns alle in der humanitären Gemeinschaft, die wir erlebt haben, welch unermesslichen Preis unschuldige Zivilisten in Konflikten zu zahlen haben, stellte Resolution 2417 einen Wendepunkt dar. Sie erkennt öffentlich an, was wir alle wissen: Konflikte und Instabilität fördern Hunger, und Hunger fördert Konflikte und Instabilität.

Als Exekutivdirektor der weltweit größten Organisation, die sich der Ausrottung des Hungers verschrieben hat, werde ich ein ums andere Mal Zeuge der verheerenden Auswirkungen dieses Teufelskreises. Anlässlich meiner Besuche im Jemen, in der Demokratischen Republik Kongo und im Südsudan beispielsweise bin ich Familien und Kindern begegnet, die buchstäblich am Verhungern waren, weil sie zwischen die Fronten geraten waren. Die Fakten sprechen für sich selbst. Zehn der dreizehn größten Hungerkrisen in der Welt von heute haben ihre Hauptursache in bewaffneter Gewalt. Rund sechs Prozent der 811 Millionen chronisch hungernder Menschen auf dieser Erde leben in Konfliktzonen. Rund 80 Prozent der in den letzten Jahren gesammelten humanitären Spendengelder wurden in Konfliktzonen ausgegeben. Die Verbindung zwischen Hunger und Konflikten steht außer Zweifel – die Frage ist nur: Wie können wir sie mit den Mitteln der Diplomatie ein für alle Mal kappen?

Zuerst müssen wir anerkennen, dass Hunger und Durst keine Naturkatastrophen darstellen, sondern fast ausschließlich menschengemacht sind. Instabilität und Konflikte zerstören in Verbindung mit einer wirtschaftlichen Krise das System, das die Produktion und Verteilung von Lebensmitteln an die Zivilbevölkerung regelt. Die Folgen sind tragisch und vorhersehbar. Um das zu ändern, müssen wir dreigleisig verfahren.

Erstens muss die internationale Gemeinschaft mit allen verfügbaren diplomatischen Mitteln dafür sorgen, dass die Zahl der Konflikte in aller Welt nicht weiter zunimmt. Zweitens müssen wir zur richtigen Zeit die richtigen Investitionen tätigen. Kurzfristig bedeutet das, dafür zu sorgen, dass die toxische Mischung aus Konflikten, Extremwetter und jetzt auch noch der COVID-19-Pandemie den globalen Hunger nicht noch weiter steigert. Dass im 21. Jahrhundert Zigmillionen Menschen kurz vor dem Verhungern sind, ist schlicht nicht hinnehmbar. Die Welt muss handeln, um zu vermeiden, dass diese Hungerkrise jeglicher Kontrolle entgleitet. Längerfristig müssen wir auch in Gesundheit, Bildung und Programme zur Sicherung eines nachhaltigen Lebensunterhalts investieren. Nur so lassen sich die Grundlagen für Frieden und eine nachhaltige wirtschaftliche Entwicklung schaffen. Und drittens müssen wir gemeinsam mit den Regierungen die nationalen Ernährungssysteme und die sozialen Sicherheitsnetze verstärken, um zu gewährleisten, dass alle Gemeinschaften – unabhängig davon, wer sie sind und wo sie leben – den gleichen Zugang zu gesunder Nahrung haben. Das ist wichtig, um gesellschaftliche Spannungen zu reduzieren und langfristige Stabilität zu sichern.

Das ist eine ehrgeizige diplomatische Agenda, aber ich habe weiterhin die Hoffnung, dass wir, solange die internationale Gemeinschaft klug investiert und echte Partnerschaft praktiziert, vulnerablen Gemeinschaften helfen können, einen Weg aus Armut und Hunger hin zu einer friedlicheren und auskömmlicheren Zukunft zu finden. Die Resolution 2417 war der Startpunkt unserer Reise. Jetzt ist es an der Zeit, den von ihr symbolisierten guten Willen und die diplomatische Kooperation zu nutzen, um gemeinsam unser Ziel zu erreichen.

David Beasley ist Exekutivdirektor des Welternährungsprogramms der Vereinten Nationen.

◂ David Beasley auf der Münchner Sicherheitskonferenz im Februar 2020.

00:00:58
Munich Security Conference msc
Munich Security Conference msc

# Einen neuen Vertrag zur Reaktion auf Pandemien abschließen

**Tedros Adhanom Ghebreyesus**

Die Geschichte der COVID-19-Pandemie wird gerade erst geschrieben, aber wir wissen, dass die Pandemie schon jetzt viel vermeidbares Leid und Sterben und große gesellschaftliche, wirtschaftliche und politische Turbulenzen verursacht hat und weiter verursacht. Es ist nicht zu spät, den Kurs zu korrigieren. Eine Reihe von Lehren bezüglich Führung und Diplomatie können wir schon jetzt ziehen.

Bedrohungen, die alle gleichermaßen betreffen, erfordern auch eine gemeinsame Antwort. Keine Organisation und keine Nation kann sich auf Pandemien und andere globale Bedrohungen im Alleingang vorbereiten oder darauf reagieren. Leider hat COVID-19 die geopolitischen Gräben vertieft, und fehlgeleiteter Nationalismus und Isolationismus haben das Bewusstsein für das gemeinsame Ziel geschwächt.

Die ungerechte globale Impfstoffverteilung illustriert, wohin solche Trends führen. Zum Zeitpunkt der Abfassung dieses Beitrags waren ein Drittel der Weltbevölkerung, aber nur 5 Prozent der Menschen in Afrika vollständig gegen COVID-19 geimpft. Länder mit den stärksten finanziellen und geopolitischen Muskeln haben die Kontrolle über die globalen Impfstofflieferungen übernommen und praktisch Dutzende von Ländern und Milliarden von Menschen vom globalen Impfstoffmarkt ausgeschlossen.

Die Impfstoffgerechtigkeit ist ein Lackmustest für die Solidarität und die globale Gesundheitsdiplomatie. Zwar liegt es in der Verantwortung jeder Regierung, die eigene Bevölkerung zu schützen, aber der Mangel an globaler Solidarität und die fehlende Bereitschaft, Informationen, biologische Proben, Ressourcen und Instrumente zu teilen, macht es den Regierungen der einkommensschwächeren Länder praktisch unmöglich, dieser Verantwortung gerecht zu werden.

Selbst wenn wir die COVID-19-Pandemie unter Kontrolle bekommen, werden wir es immer noch mit denselben Verwundbarkeiten wie vor ihrem Beginn zu tun haben. Es gibt keinen Impfstoff gegen Armut, Hunger, Rassismus, Gender Bias oder Klimawandel. Die Pandemie legt die Ungerechtigkeiten in unseren Gesellschaften und das mangelnde Vertrauen in die öffentlichen Institutionen offen und profitiert von ihnen. Sie offenbart unsere Fragilität und verdeutlicht die Lücken in unseren nationalen, regionalen und globalen Vorbeugungs- und Reaktionssystemen sowie die Schwächen der internationalen Gesundheitsarchitektur.

Deshalb wächst mittlerweile der globale Konsens bezüglich eines Vertrags über die Bereitschafts- und Reaktionsplanung für Pandemien, um eine stärkere institutionelle Struktur für die globale Gesundheit zu schaffen, indem beispielsweise den Internationalen Gesundheitsvorschriften (IGV) – dem gesetzlichen Regelwerk für die globale Reaktion auf Pandemien und andere Gesundheitsnotfälle – zusätzliche hochrangige politische Unterstützung gewährt wird. Die IGV haben ihren Ursprung in den Internationalen Sanitärkonferenzen in Paris seit 1851. Hier kamen die Länder erstmals zusammen, um über eine Kooperation bei der Bekämpfung gemeinsamer Gesundheitsbedrohungen wie Cholera und Pest zu diskutieren, die nicht nur verheerende Gesundheitsfolgen hatten, sondern auch Handel und Wirtschaft lähmten. Die Länder erkannten, dass eine Zusammenarbeit in ihrem eigenen Interesse war.

Die IGV wurden seither mehrmals überarbeitet – häufig im Anschluss an eine Krise wie zuletzt 2005 nach SARS-CoV-2. Die derzeitige Pandemie zeigt nicht nur, warum die IGV so wichtig sind, sondern auch, worin ihre Unzulänglichkeiten liegen. In ihrer gegenwärtigen Form hängen sie von der Bereitschaft jedes einzelnen Landes ab, ihnen Folge zu leisten, während die Mechanismen zur Stärkung dieser Bereitschaft begrenzt sind. So hat beispielsweise die Weltgesundheitsorganisation keine unmittelbare Handhabe, um die Befolgung der Vorschriften zu erzwingen.

Ein Vertrag über die Bereitschafts- und Reaktionsplanung für Pandemien könnte gemeinsame Prinzipien, Prioritäten und Ziele für eine sichere Welt formulieren. Dazu könnte die Stärkung der Resilienz gegen Pandemien und andere globale Gesundheitsnotfälle durch die Einrichtung von nationalen Systemen der Bereitschafts- und Reaktionsplanung auf der Grundlage starker nationaler öffentlicher Gesundheitssysteme ebenso gehören wie die Sicherstellung einer nachhaltigen Finanzierung, die Stärkung der Kapazitäten für Vorbeugung, Diagnose und Reaktion auf Ausbrüche sowie die Gewährleistung eines gerechten Zugangs zu den jeweils verfügbaren Gegenmaßnahmen.

◂ Tedros Adhanom Ghebreyesus auf der Münchner Sicherheitskonferenz im Februar 2020.

Die Welt kann sich schlicht nicht leisten zu warten, bis die Pandemie vorüber ist, um erst dann zu beginnen, sich auf den nächsten globalen Gesundheitsnotstand vorzubereiten. Wir können nicht so weitermachen wie bisher und erwarten, dass wir andere Ergebnisse erhalten. Es ist an der Zeit, den Kreislauf von Panik und Nachlässigkeit zu durchbrechen. Nur so können wir die Pandemie besiegen und die grundlegenden Ungerechtigkeiten bekämpfen, die ursächlich sind für so viele Probleme in der Welt.

**Tedros Adhanom Ghebreyesus ist Generaldirektor der Weltgesundheitsorganisation. Zuvor war er Gesundheitsminister und Außenminister Äthiopiens.**

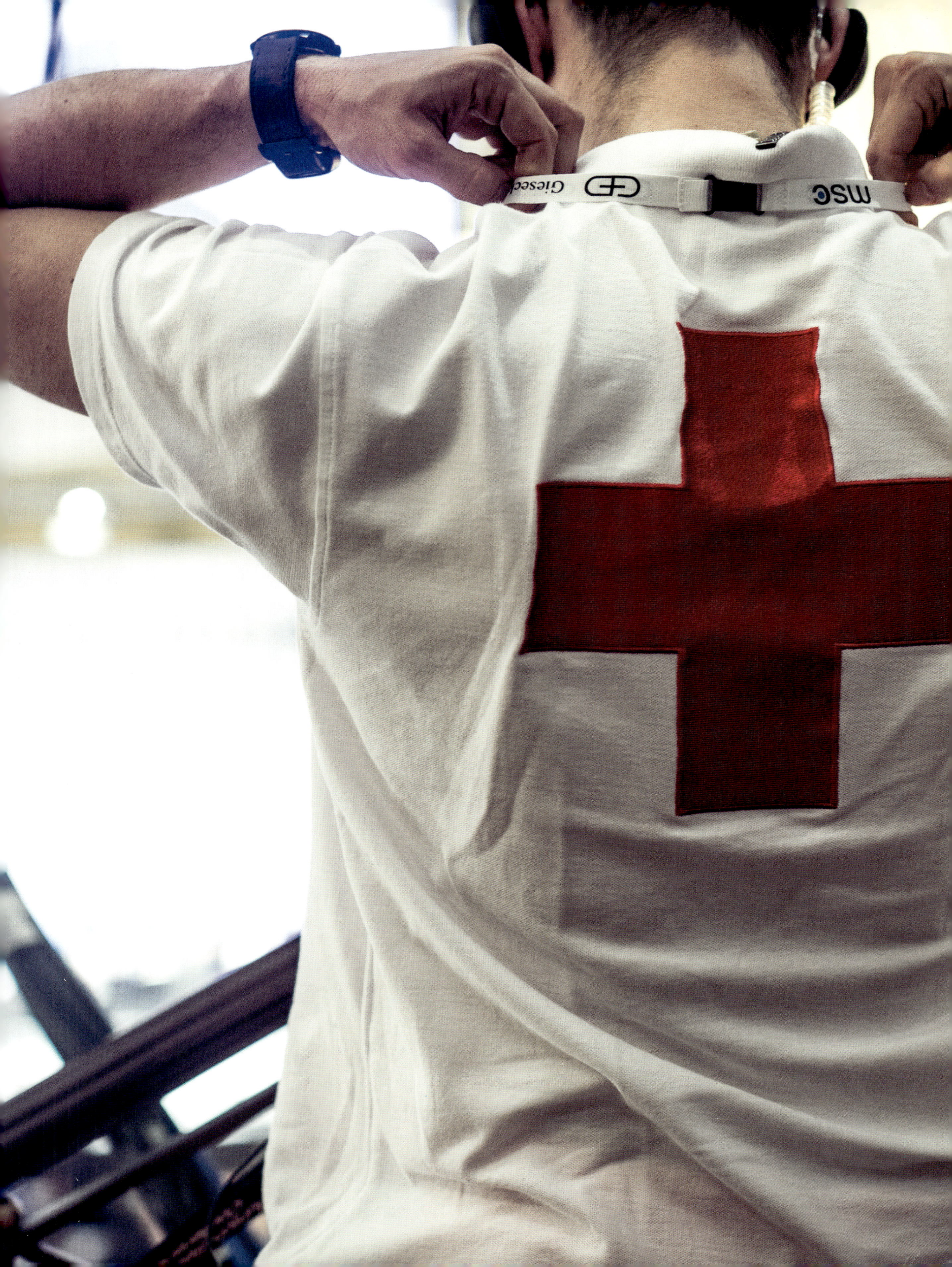

#MSC2020

# Die Quantenwelt verstehen

**Armen Sarkissian**

Eine neue Weltordnung nimmt gerade Form an. Aber nicht so, wie Sie vielleicht denken. Viele geopolitische Ereignisse sorgen gerade dafür, dass sich die Schachfiguren neu positionieren: die strategische Verlagerung des Fokus der USA auf den asiatisch-pazifischen Raum (in Kombination mit dem allmählichen Niedergang ihrer *soft power* seit den Konsequenzen von 9/11); die fortbestehende Unsicherheit und Unentschlossenheit einer EU mit uneinheitlichen Wertevorstellungen zwischen ihren Mitgliedstaaten auf der Suche nach ihrer effizientesten Struktur und geopolitischen Zukunft; Russlands Strategie der Konsolidierung und Wiedererlangung seines historischen globalen Einflusses, der mit dem Zusammenbruch der Sowjetunion verloren ging; Chinas wachsender Einfluss in allen Gegenden und Branchen der Welt. Gleichzeitig verzeichnet das (während der letzten drei Jahrzehnte von der US-Hegemonie beherrschte) internationale System den Aufstieg von „Mittelmächten" wie Indien, der Türkei, dem Iran, Brasilien und anderen. Diese Veränderungen führen zum erneuten Aufflammen zumeist schlummernder regionaler Konflikte, der Entstehung neuer Konfliktherde in Handel, Cyber und Technologie und der Schaffung neuer Instabilität im internationalen regelbasierten System, an das sich die Generationen nach dem Zweiten Weltkrieg gewöhnt hatten.

Gleichzeitig jedoch spielt sich seit Beginn dieses Jahrhunderts eine kleinere, ruhigere, aber weitaus dramatischere Veränderung ab. Die Welt ist zunehmend hypervernetzt durch das Internet und intelligente Geräte; die digitale Technik entwickelt sich in einem Tempo, mit dem keine Regulierung und keine staatliche Aufsicht Schritt halten können; es herrscht ein solcher Überfluss an Informationen, dass Fakt und Fiktion rein subjektiv geworden sind; und die Menschen interagieren mittlerweile miteinander, mit den Institutionen und dem Staat ganz anders als im vorigen Jahrhundert. Was bedeutet das alles?

Eine so rasante Veränderung der politischen und gesellschaftlichen Landschaft haben die Menschen nie zuvor erlebt. Sie ist der Vorbote eines neuen Zeitalters. Des Zeitalters der Quantenpolitik.

Wie lässt sich mit zwei so unterschiedlichen Konzepten wie Politik und Quantentheorie erklären, wohin sich unsere Welt und das internationale System entwickeln werden? In den frühen 2000er-Jahren wurde klar, dass die Welt nicht nur globalisierter und vernetzter, sondern auch sensibler werden würde, wobei kleine, lokale Ereignisse zunehmend asymmetrische Ergebnisse produzierten infolge der veränderten Art und Weise, wie Wirtschaft, Politik und gesellschaftliche Konstrukte miteinander interagierten und in manchen Fällen miteinander und mit anderen Bereichen wie Unterhaltung und Gaming verschmolzen. Das lag daran, dass die Menschen nicht die Macht der Quantenmechanik und die Art und Weise vorhersahen, wie diese die rasche Entwicklung der digitalen Technik prägen und wie solche Techniken nicht nur unser Leben beherrschen, sondern auch unser Verhalten als Individuen und als Gruppen von Individuen prägen würden.

> **Eine neue Weltordnung nimmt gerade Form an.**

Ich sprach über dieses Phänomen erstmals in den frühen 2000er-Jahren auf dem Weltwirtschaftsforum und anderen Plattformen als etwas, dass ich Quantenpolitik taufte, um zu erklären, warum sich Politik und Politiker nicht länger so verhalten werden wie bisher und warum Ähnliches in der Welt der Wirtschaft passieren wird. Zu Beginn jedes Vortrags vergewisserte ich mich, dass dem Publikum bewusst war, dass der Begriff Quantenpolitik (oder Quantenwelt) nicht bedeutet, dass die Regeln der Quantenphysik oder der Quantenmechanik unmittelbar auf die Politik, die Diplomatie, Menschen oder die Gesellschaft anzuwenden seien, sondern dass es sich bei ihm um die relevanteste Metapher handelt, um über diesen neuen Zustand der Politik und der Welt zu sprechen. Er bedeutet nicht, dass ein Politiker dieselben Eigenschaften hat wie ein Elementarteilchen, aber er hilft zu verstehen, warum unsere Konzepte und Beziehungen sich radikal ändern müssen in Anbetracht dessen, wie wir miteinander und mit unseren Institutionen interagieren und kommunizieren. Das Präfix „Quanten" sollte also als Metapher sowie als tatsächliche Veränderung verstanden werden, die sich in unserem Leben ereignet. Die Absicht ist hierbei nicht, die Regeln der Quantenphysik und -mechanik mit der Politik oder anderen Aspekten unseres Lebens zu vergleichen, sie darauf anzuwenden oder ihre Anwendung zu erzwingen, sondern solche Rahmenkonzepte praktisch und metaphorisch zu nutzen, um unsere zunehmend komplexe und unberechenbare Welt etwas besser zu verstehen.

◀ Armen Sarkissian bei der MSC Conversation „Armen Sarkissian: Über Quantenpolitik" im Februar 2020.

Nachdem wir jahrhundertelang nur von der klassischen Mechanik Gebrauch gemacht haben, machen wir – als globale Spezies – zunehmend die Quantenmechanik zur Basis unserer neuen Techniken, Kommunikationssysteme und Interaktionsformen. Aber erst die Covid-19-Pandemie von 2020 zwang uns (ob wir wollten oder nicht), unsere eigenen Rahmenkonzepte zu ändern – wie wir uns verhalten, wie wir leben und wie wir unsere Institutionen gestalten. Krisen sind immer auch Gelegenheiten, die Welt anders zu sehen und große Veränderungen vorzunehmen, die zuvor vielleicht unmöglich gewesen waren.

**Eine so rasante Veränderung der politischen und gesellschaftlichen Landschaft haben die Menschen nie zuvor erlebt. Sie ist der Vorbote eines neuen Zeitalters. Des Zeitalters der Quantenpolitik.**

Um unsere Reise unter Verwendung dieser neuen Konzepte von Quantenpolitik und Quantenwelt zu starten, müssen wir mit einer einfachen Beobachtung beginnen: Die menschliche Spezies entwickelt sich seit jeher in einem unnatürlichen Tempo. Die Techniken, die wir schaffen, sind Teil unserer Evolutionsgeschichte und prägen zunehmend, wer wir sein werden.

Diese einfache Tatsache, die uns als Menschen auszeichnet, ist sowohl Ursache als auch Lösung vieler globaler Probleme, vor denen wir heute stehen, und wird es auch in Zukunft sein. In diesem Zusammenhang stellt sich die Frage: Wer genau sind wir? Wie prägen die Dinge, die wir geschaffen haben, nicht nur unseren Lebensstil, sondern auch unsere wesentlichen Eigenschaften als menschliche Spezies? Diese Eigenschaften sind durch unsere Institutionen und Traditionen über viele Generationen verwurzelt; sie geben uns vor, wie wir lernen, wie wir arbeiten, wie wir regieren und wie wir miteinander auf der persönlichen, der Gruppen- und der nationalen Ebene umgehen. Mit anderen Worten: Sie prägen unsere Erziehung, unsere Wirtschaft, unsere Gesellschaft und unsere Politik.

Das erklärt mehr, als Sie sich zuerst vorstellen können. Es beschreibt, wie wir über die letzten zwei Jahrhunderte so viel Fortschritt erreicht haben, aber auch, warum wir das Gefühl haben, heute vor mehr Problemen als jemals zuvor zu stehen. Es prägt die Art und Weise, wie wir seit Jahrhunderten lernen, wie wir uns von Stämmen zu Nationen und weiter zu Staaten entwickelt haben und wie sich unsere gesellschaftlichen Vorstellungen davon, was annehmbar ist und was nicht, verändert haben.

Es beantwortet auch viele andere Fragen, die wir uns selbst und einander heute stellen: Warum fühlt es sich an, als würden wir dauernd von einer Krise zur nächsten springen? Warum überlappen sich Krisen heute mehr als jemals zuvor? Warum scheint alles immer schneller und überraschender zu geschehen? Warum fällt es so schwer, in der Wirtschaft mehr als ein Jahr vorauszuplanen? Warum sind Politiker so unzuverlässig und werden extremer und populistischer? Und warum sind unsere Gesellschaften heute gespaltener als jemals zuvor, selbst wenn die grundlegenden Bedürfnisse unseres Lebens besser erfüllt werden?

In der Quantenphysik sind die Fragen seit jeher wichtiger als die Antworten, denn jede Antwort ist der Weg zu neuen Fragen. Kann ein besseres Verständnis davon, dass die Welt eine Quantenwelt ist, uns helfen, unser Leben weiter zu verbessern und die komplexen Fragen von heute effektiver zu lösen? Wie können wir uns, unsere Institutionen und unsere Aussichten, die Wurzeln dieser Probleme ein für alle Mal zu verstehen, verbessern? Wie können wir diese rund um uns herum sich abspielenden gewaltigen Quantenphänomene identifizieren und sie auf andere Aspekte unseres Lebens übertragen, um noch mehr davon zu profitieren?

Wir befinden uns an einem Wendepunkt unserer Geschichte, und wenn wir jetzt nicht handeln, wird es möglicherweise zu spät sein, um diese Probleme zu lösen oder den Nutzen, den wir sehen, effizienter zu realisieren. Jedoch hält uns etwas Grundsätzlicheres zurück, das unsere schöne Geschichte vom menschlichen Fortschritt, der sich in den letzten zwei Jahrhunderten und insbesondere in den letzten dreißig Jahren vollzogen hat, aus dem Gleis werfen könnte.

Zweifellos hat diese ominöse Glocke in der Geschichte schon viele Male geläutet, aber nie zuvor war die menschliche Spezies in der Lage, sich so effizient zu vernetzen und Zugang zu einem so großen globalen Schatz an Informationen zu finden. Das macht die heutige Situation so einzigartig in unserer Geschichte – und so kritisch.

Wie bei allen komplizierten Fragen erscheint die Antwort anfangs möglicherweise irritierend, aber wenn wir sie in klare Teile zerlegen, werden Sie merken, dass Sie sie schon immer kannten. Lassen Sie uns also im Geiste wissenschaftlicher Entdeckung bei unserer rätselhaften Hypothese (das heißt unserer Antwort) beginnen und anschließend die Argumente für ihre Gültigkeit liefern.

Unser Fortschritt und unsere zunehmenden Probleme in der gesellschaftlichen, politischen und wirtschaftlichen Sphäre, ob lokal oder global, resultieren aus dem Umstand, dass wir in einer Welt leben, die exponentiell von den Eigenschaften der Quantenmechanik beeinflusst wird, während unsere Perspektiven, Institutionen und Glaubenssysteme immer noch gemäß der klassischen (Newton'schen) Mechanik strukturiert und verwaltet werden.

Diese Aussage mag den Leser anfangs irritieren. Was hat Isaac Newton mit Ungerechtigkeit, Geopolitik und Finanzkrisen im 21. Jahrhundert zu tun? Wie kann die Quantenmechanik erklären, warum wir in den 2020er-Jahren mehr gesellschaftliche Unruhen und wachsenden Populismus feststellen? Vor allem aber: Müssen wir uns wegen dieser Divergenz wirklich Sorgen machen? Die Antwort ist in der Tat einfacher, als es auf den ersten Blick scheint, und erklärt sich aus vier einfachen Beobachtungen.

**Erstens, alle unsere Institutionen und Glaubenssysteme leiten sich aus der menschlichen Interaktion und Tradition ab.**

Unsere gesellschaftlichen, politischen und wirtschaftlichen Umstände sind das Ergebnis unserer Interaktionen als hochgradig soziale Spezies. Diese Interaktionen fanden im Lauf der Zeit ihren Niederschlag in unseren Glaubenssystemen, Institutionen und Netzwerken. Heute bezeichnen wir diese Dinge als Politik, Geld, Religion, Wirtschaft, Geschäft, Bildung – praktisch alle Aspekte unseres Lebens, die eine Form von Gesellschaftsvertrag (oder zumindest Interaktion) erfordern, damit eine Gruppe von Menschen überzeugt ist, dass so etwas existiert. Das ist der Grund, warum wir von Glaubenssystemen sprechen.

Das stärkste und wichtigste Beispiel eines solchen Glaubenssystems ist die Religion, die starke Bindungen zwischen Menschen auf der ganzen Welt schaffen kann, solange sie alle an dieselben Werte glauben. Ein ganz anderes, aber ebenfalls extrem starkes Glaubenssystem ist das Geld, das im Prinzip einfach nur bedrucktes Papier ist. Dazu müssen wir jedoch alle überzeugt sein, dass die von der Zahl auf dem Papier (oder unserem Bildschirm) repräsentierte Währung diesem Stück Papier Wert verleiht, um als gesellschaftliches Tool wirksam zu sein. Auch Gesetze sind Glaubenssysteme, weil eine große Gruppe von Menschen von ihnen abhängt und eine kleinere Gruppe sie durchsetzt, aber in Wirklichkeit stellen sie lediglich Konzepte dar. In ähnlicher Weise ist ein Unternehmen zwar eine juristische Einheit, aber es existiert nicht wirklich, sondern ist nur ein ätherisches Konzept – Eigentümer, Beschäftigte und Kunden müssen daran glauben, dass die juristischen Dokumente, die ein solches Unternehmen begründen, ihm Existenz verleihen. Alle diese Dinge erfordern Gruppen von Menschen, die gemeinsam an eine Einheit glauben, gemeinsame Standards an sie anlegen und ihr durch ihre Interaktionen rund um diese Standards Leben einhauchen. Damit diese Einheit funktioniert und damit wir unsere Beziehungen auf solche Einheiten gründen können, bedarf es zweier einfacher Zutaten – eines gemeinsamen Systems und der Interaktion. Mit der Zeit wurden diese Glaubenssysteme Institutionen oder gesellschaftliche Netzwerke für Interaktionen, die von einer Generation zur nächsten weitergereicht wurden. Wir bezeichnen diesen Generationstransfer von Glaubenssystemen schlicht als Tradition oder Kultur.

**Moderne digitale Technik hat Einfluss darauf, wie wir interagieren, und wirkt sich folglich unmittelbar auf unsere Glaubenssysteme aus.**

Je nachdem, wo und wann jemand geboren wurde, wächst er in einer bestimmten Kultur mit bestimmten Überzeugungen und Traditionen auf. Diese Traditionen werden uns von unseren Eltern übertragen. Im weiteren Verlauf des Lebens folgen wir dann vielleicht – entsprechend den Menschen, denen wir begegnen, und den Erfahrungen, die wir machen – anderen Traditionen. Kurz: Traditionen erlauben es den folgenden Generationen, ihre Glaubenssysteme, historischen Institutionen und kulturellen Werte zu bewahren. Unsere Erziehung, Familienstrukturen und Sprache werden uns auf diese Weise vermittelt. Es ist wichtig, dass wir uns bewusst machen, wie sehr unsere Verhaltensmuster von unserer Geburt an durch Traditionen und Glaubenssysteme geprägt werden und wie wenig sie das Resultat unserer persönlichen Entscheidung sind.

Glaubenssysteme sind weitgehend kontrollierte und zentralisierte Einheiten oder Konzepte, die die stillschweigende oder explizite Zustimmung einer Bevölkerung haben und im Gegenzug größere Netzwerkeffekte erzeugen. Zwecks Schaffung von Ordnung (dem wichtigsten Anliegen eines klassischen Staates, weil ohne Ordnung Chaos herrscht, das keine stabile Regierungsführung zulässt) müssen diese Glaubenssysteme in einer Gottesvorstellung, in Gesetzen und gesellschaftlichen Verhaltensregeln verankert sein – Regeln, die mit ihrer Beständigkeit Stabilität und Trost vermitteln. Gesellschaftsverträge werden um diese Glaubenssysteme herum gebildet, um Vertrauen zwischen den einzelnen Menschen zu schaffen, die sich rund um dieses bestätigte Vertrauen engagieren. Ohne diese Stabilität können die Menschen nicht verdienen, beten, lernen oder friedlich leben.

**Zweitens, moderne digitale Technik hat Einfluss darauf, wie wir interagieren, und wirkt sich folglich unmittelbar auf unsere Glaubenssysteme aus.**

Obwohl diese Glaubenssysteme und Institutionen in Traditionen einbettet sind, entwickeln sie sich rund um die von uns verwendeten Techniken – von der Sprache und dem Feuer, die uns von unseren tierischen Verwandten trennten, bis zu Smartphones und Computern – weiter. Jede Phase der technischen Entwicklung erzeugt in uns eine neue Form der Interaktion. Die Geschichte der Menschheit lässt sich als eine Geschichte rasch zunehmender und sich verbessernder Kommunikation und Interaktion erzählen.

Im Verlauf der Evolution entwickelten die Menschen immer bessere Techniken, bis sie den Punkt erreichten, an dem diese Techniken zu einer zunehmenden Beschleunigung unseres langsamen Evolutionstempos führten. Feuer bedeutete, dass wir gekochte Nahrung zu uns nahmen, zu deren Verdauung wir weniger Kalorien verbrennen mussten. So hatten wir mehr Energie für die Entwicklung unseres Gehirns übrig, was uns in die Lage versetzte, ausgefeilte Sprachen zu entwickeln und mittels verbesserter Kommunikation stärkere Bande zu schmieden. Die Erfindung von Anbautechniken und landwirtschaftlichen Prozessen erlaubte es uns, Gesellschaften und Zivilisationen zu bilden, denn wir mussten nunmehr keine größeren Entfernungen zurücklegen, um zu jagen, sondern konnten uns an einem Ort ansiedeln und Aufgaben mittels Arbeitsteilung optimieren. Die Dampfmaschine löste die industrielle Revolution aus, und anschließende Erfindungen im Transportwesen förderten die Globalisierung. Räder, Brücken, Schiffe und Flugzeuge ermöglichen uns, über Handel, Tourismus und Krieg mit anderen Kulturen physisch zu interagieren. Die Liste setzt sich bis heute fort, wo das Internet und schnelle Verbesserungen in der Rechenleistung der Computer uns jenen individualisierten und sofortigen Informationsaustausch ermöglichen, der uns ins digitale Zeitalter versetzt hat.

Dieser Netzwerkeffekt zwischen Mensch und Technik kann früher oder später sehr wohl zu einer vollständigen Symbiose zwischen beiden führen. Diese Symbiose wird zwangsläufig zur Ungleichheit zwischen denen führen, die sie sich leisten können und sie zur Steigerung ihrer eigenen Evolution nutzen, und denen, die sie sich nicht leisten können und beim langsamen menschlichen Evolutionstempo bleiben. Im Rückblick können wir jedoch sehen, dass jede Phase des technischen Fortschritts festlegte, welche Form der Interaktion zwischen den Menschen jener konkreten Zeit stattfand. Die verfügbare Technik wird also durch das wissenschaftliche Verständnis der jeweiligen Zeit beschränkt und ermöglicht.

Einen Börsenmakler beispielsweise konnte es im 10. Jahrhundert schon deshalb nicht geben, weil es weder die Technik des Aktienhandels noch das Konzept eines Unternehmens als juristischer Einheit gab. Ein König konnte 1830 nicht wissen, dass ein Angriff auf sein Land bevorstand, solange der Feind nicht seine Gefilde erreicht hatte, während heute Satellitenbilder jedem Besitzer eines Smartphones gestatten, sich ein detailliertes Bild von der Lage zu machen. Eine CEO in San Francisco kann 2021 nicht mal eben in ihrem Büro in drei Minuten ein Steak ausdrucken und sich dann holografisch mit ihrem Team in Tokio treffen, um danach ihren Weltraumausflug zusammen mit ihren Kindern für den nächsten Tag zu buchen. Bald wird sie es können. Unsere Technik bestimmt, wie wir leben, wie wir arbeiten und vor allem, wie wir miteinander interagieren.

Sie repräsentiert auch unser Wesen zur jeweiligen Zeit, weil sie eine Erweiterung unserer selbst ist. Als Spezies haben wir von der kontinuierlichen (Neu-)Erfindung und Verbesserung von Werkzeugen profitiert, die uns von einer Evolutionsphase zur nächsten brachten – schneller, als die Natur es vorgesehen hatte. Die Werkzeuge, die die einzelnen Phasen der menschlichen Spezies ermöglichten – von den Waffen über die Landwirtschaft bis zur Dampfmaschine –, waren das, was uns von den Tieren unterschied. Jedes dieser Tools stellte in Wahrheit eine Erweiterung unserer menschlichen Eigenschaften dar. Wir haben jetzt Beine, die große Entfernungen in Stunden statt in Monaten des Wanderns oder Reitens zurücklegen können; wir haben Arme, die Strukturen errichten können, die größer sind als die Pyramiden oder die Amphitheater, für die Tausende Menschen erforderlich waren; wir haben Augen, die durch geheimnisvolle Galaxien schauen und in den unendlichen Spiegelsaal der Substrukturen unseres Seins blicken können.

Weder Meer noch All hindern uns daran, uns zu vernetzen; vielmehr sind sie Medien, die wir mittels Satelliten und Pipelines verbessern können. Zuletzt wurde die Quantentheorie genutzt, um Techniken zu entwickeln, die unser Leben grundlegend verändern. Der Computer in Ihrer Tasche (und die schiere Zahl dieser Geräte relativ zur Gesamtbevölkerung) hat die Individualität gefördert. Individualität mit der Fähigkeit, augenblickliche Informationen aus aller Welt zu empfangen und dorthin zu liefern, ist die Kerneigenschaft der Quantencharakteristika der modernen globalen Gesellschaft.

Aber wozu all dieses Gerede von der Physik, die unseren Alltag beeinflusst? Schließlich ist es schon kompliziert genug zu verstehen, was Quantenmechanik und Quantentheorie tatsächlich bedeuten. Wozu also diese willkürliche Assoziation mit Politik und Wirtschaft?

Aus dem einfachen Grund, dass die mutige Vorstellungskraft gefeierter Wissenschaftler und ihre wissenschaftlichen Durchbrüche quer durch die menschliche Geschichte den technischen Fortschritt überhaupt erst möglich gemacht haben. Und das heute vorherrschende wissenschaftliche Modell ist nun einmal das der Quantentheorie.

**Drittens, die neuen Techniken, die wir entwickeln, basieren zunehmend auf unserem aktuellen wissenschaftlichen Realitätsverständnis – dem der Quantentheorie und Quantenmechanik.**

Ursprünglich wurde die Wissenschaft hinter der Quantenphysik entwickelt, um eine Erklärung für die mikroskopische Welt der Elementarteilchen zu finden. Anschließend dienten die Konzepte und Regeln hinter der Quantentheorie als Grundlage für die chemischen und technischen Errungenschaften des 20. Jahrhunderts. Ohne die Quantentheorie könnten wir uns das Verhalten von Elektronen und anderen Elementarteilchen nicht erklären, und wir wären nicht in der Lage, eine Vielzahl jener chemischen Stoffe herzustellen, die wir heute in nahezu sämtlichen Fertigungsbranchen einsetzen.

Wo also kommt die Quantenmechanik zum Einsatz, und was hat sie uns tatsächlich gebracht? Zuerst einmal wurden die beiden in aller Welt am häufigsten genutzten Instrumente – Computer und Smartphones – mittels Quantenmechanik erschaffen. Diese Instrumente verwenden Halbleiter, die von der Wellenstruktur der Elektronen Gebrauch machen, damit wir die Eigenschaften von Silikon so gestalten können, dass es ein bestimmtes Verhalten vorweist. Mittels Quantenmechanik fügen wir Silikonschichten mit anderen Elementen via Transistoren zusammen, um Prozessorchips herzustellen. Diese wiederum werden heute in fast allem verwendet, was Rechenpower hat – Smartphones, Laptops, Spielzeug, Küchengeräte, Fernseher und sogar Autos.

Andere Techniken, die Quantenmechanik nutzen, basieren auf der Lasertechnik – einem um Photonen oder Lichteinheiten herum strukturierten Quantenphänomen. Laser steht für *light amplification by stimulated emission of radiation* und diese Verstärkung von Licht(photonen) mit unterschiedlichen Wellenlängen kann für so gut wie alles verwendet werden – vom Scannen von Barcodes über Druck, DNA-Sequenzierung, Chirurgie und Kosmetik bis zu zahllosen anderen Verwendungsweisen. Die genauesten Uhren der Welt sind Atomuhren, die mithilfe der Quantentheorie messen, wann Elektronen während des Strahlens „springen". Mit dieser und noch komplizierteren Anwendungen der Quantenmechanik haben wir die Möglichkeiten des Internets, von GPS-Tracking und MRIs geschaffen und stehen nunmehr an der Schwelle zum Quantum Computing – einem Prozessor, der die Gesetze der Quantenmechanik nutzt und einem Computer erlaubt, Informationen in kürzester Zeit zu verarbeiten.

Ob Sie sich dessen bewusst sind oder nicht: Quantenmechanik dominiert Ihr Leben – besonders wenn Sie in einem einkommensstarken Land leben. Die zuvor genannten Techniken basieren alle auf der Rechenpower moderner Computer. Staaten und Unternehmen in aller Welt investieren gegenwärtig Milliarden in die Entwicklung von Quantum Computing, die die heutige Rechenkraft in schier unfassbarem Ausmaß steigern wird – und mit ihr die Techniken, die auf der Quantenmechanik aufbauen.

Aber warum hat Technik einen so großen Einfluss darauf, wer wir sind?

Um diese Frage zu beantworten, müssen wir in die frühen Tage unseres Realitätsverständnisses zurückblicken. Anfangs beschrieben wir die Kräfte der Natur als das Handeln erboster oder erfreuter Götter, bis die alten atomistischen Griechen im 6. Jahrhundert v. Chr. mithilfe der Rationalität den Grundstein für die Philosophie der Wissenschaft legten. Kopernikus veränderte dann unser Denken dahingehend, dass wir möglicherweise nicht der Mittelpunkt des Universums sind, um das sich alles dreht, sondern nur ein kleiner Teil von etwas Größerem, der sich um die Sonne dreht. Später beschrieb dann Newton Bewegung und Kausalität elegant mittels der Theorie der Schwerkraft, und Faraday und Maxwell erklärten, wie alles über elektromagnetische Felder miteinander verbunden ist und kein leerer Raum existiert. Jede dieser Veränderungen im wissenschaftlichen Verständnis unserer Realität hatte tief greifende Auswirkungen darauf, wie wir dachten und dann mithilfe dieser Theorien neue Techniken entwickelten. Zuletzt aber waren es Albert Einstein (der kein Quantenphysiker war, aber den Weg zu einer neuen Sicht auf unsere Realität ebnete) und die Schule der Quantentheoretiker des 20. Jahrhunderts, die das Zeitalter einläuteten, in dem wir heute leben und in dem wir (meist) nicht mehr annehmen, dass ein Sturm die Strafe für die Missetaten der Dorfbewohner ist.

**Viertens, in unserem gesellschaftlichen, politischen, Ausbildungs- und Berufsleben verwenden wir zunehmend moderne Technik, die auf Quantenmechanik basiert – unseren Interaktionen verstärkt eine Quantennatur verleiht –, während unsere Traditionen und unser Glaubenssystem immer noch auf der klassischen Mechanik beruhen.**

Wenn Ihnen all dies immer noch etwas philosophisch vorkommt, so lassen Sie uns definieren, was Wissenschaft in Wirklichkeit ist. Wissenschaftliche Entwicklungen beginnen als Philosophien, weil der Initialfunke zu wissenschaftlichem Fortschritt von einem inspirierten Gedanken dazu entzündet wird, wie und warum die Dinge so sind, wie sie sind. Es beginnt mit einer Hypothese oder einer Theorie, wie die Dinge anders oder besser sein könnten. Diese Theorie wird dann im akademischen Umfeld diskutiert und getestet, bis sie bewiesen oder widerlegt ist. Manche Theorien rechtfertigen einen Forschungsaufwand von Milliarden US-Dollar wie beispielsweise am CERN in Genf; andere erfordern lediglich einen Augenblick der Klarheit wie der berühmte Apfel, der jemandem auf den Kopf fällt. Wenn die Theorie bewiesen ist, wird daraus unser Realitätsverständnis. In unserer Realität sollte jedoch keine Theorie als ewig gültig angenommen werden, streben wir doch ständig danach, mehr zu lernen und offen zu bleiben für Veränderungen an unseren früheren Anschauungen. Das ist der wahre Geist der Wissenschaft.

Sonst ersticken wir unsere größte Gabe – unsere Vorstellungskraft. Diese nämlich hat es uns ermöglicht, von der Vorstellung der flachen Erde und den Sonnengöttern zu Flachbildschirmen und Solarpanelen zu gelangen. Alle wissenschaftlichen Prozesse – von Thales im 6. Jahrhundert v. Chr., dem die Entzündung des wissenschaftlichen Prozesses selbst zugeschrieben wird, bis zu den großen Physikern des 20. Jahrhunderts wie Max Planck, Niels Bohr, Paul Dirac, Albert Einstein und Werner Heisenberg – begannen mit der Vorstellung von einer anderen Welt. Nur ein guter Philosoph kann auch ein guter theoretischer Wissenschaftler sein. Das ist der Weg des menschlichen Fortschritts.

Folglich nutzen wir dieses wissenschaftliche Verständnis, um unsere bestehende Technik zu verbessern. Je mehr Menschen in der Welt philosophische Diskussionen führen und gewagte Theorien testen, desto schneller entwickelt sich unsere Technik. Deshalb ist es so wichtig, die menschliche Kapazität für mehr kreative Arbeit und kritisches Denken zu nutzen, wenn wir schneller voranschreiten wollen, statt die Menschen in Allerweltsberufen auszubilden, die früher oder später der Automatisierung zum Opfer fallen werden. Je einfacher solche Menschen offen miteinander in Kontakt kommen und kommunizieren, desto schneller wird Fortschritt erzielt. Das wird exponentiell. Und das ist der Grund, warum wir in den letzten hundert Jahren mehr Techniken entwickelt haben als in den vorangegangenen tausend Jahren, und warum die Welt von 2050 noch einmal ganz anders aussehen wird als die Welt von heute.

Aber diese Kettenreaktion beginnt stets mit einem mutigen Gedanken von jemandem, der anders denken oder handeln will. Ein Wissenschaftler oder Innovator muss auch Philosoph sein, um die richtigen Fragen zu stellen oder unkonventionell zu denken. Am Ende sind Wissenschaft und Philosophie wie Bruder und Schwester. Wer die jüngsten Entwicklungen in der Quantengravitation, String- oder Viele-Welten-Theorie verfolgt hat, wird die Transzendenz hin zu Philosophie und Science-Fiction verstehen – genau das aber ist die Wissenschaft von heute: die Science-Fiction von gestern.

Während wir mittels Innovation rasche Fortschritte in unserer Lebensweise machen, wenden wir dieselbe Philosophie oder dieselben Standards nicht auf unsere Glaubenssysteme an. Die meisten Glaubenssysteme und Institutionen, denen wir anhängen, wurden in einer Zeit entwickelt, als es die Quantentechniken von heute mit ihren Auswirkungen auf unsere Interaktion noch nicht gab. Wenn wir also unsere vier Beobachtungen zu einer einzigen zusammenfassen, gelangen wir zu folgender Schlussfolgerung:

Alle unsere Institutionen und Glaubenssysteme basieren auf menschlichen Interaktionsformen und Traditionen, die mit Techniken entwickelt wurden, die auf klassischen wissenschaftlichen Realitätsverständnissen beruhten. Unsere gegenwärtige Technik basiert jedoch zunehmend auf der Quantenmechanik, was zu einer Diskrepanz zwischen der Art und Weise führt, wie wir tatsächlich interagieren und wie unsere Gesellschaften gestaltet sind, damit wir über unsere Institutionen und Glaubenssysteme interagieren können. Wir müssen deshalb Teile unserer Gesellschaften und Institutionen überdenken und mit Blick auf eine „quantenmäßigere" Welt umgestalten, bevor diese Diskrepanzen zu extrem werden oder wir einzigartige Gelegenheiten für Innovation, Fortschritt und die Lösung langfristiger globaler Probleme ungenutzt verstreichen lassen.

Wir haben einen beispiellosen Moment der Spannung erreicht. Die Wurzeln der Tradition reiben sich an der symbiotischen Evolution von Mensch und Technik. Es besteht eine Diskrepanz zwischen der Geschichte des menschlichen Fortschritts und einer, die tief greifende Auswirkungen haben wird, wenn wir sie außer Acht lassen. Wir müssen dieselben Standards der Wurzeln unserer Innovation auf uns selbst, unsere Institutionen und unsere Glaubenssysteme anwenden, um einen harmonischeren Fortschrittspfad einzuschlagen. Wir müssen viele der Dinge reformieren, die wir in den letzten Generationen als selbstverständlich erachtet haben, und müssen auf eine neue Art von Welt vorbereitet sein – eine, die bereits da ist.

### Aber ... wen interessiert's?

Vielleicht denken Sie an diesem Punkt: Was geht das alles mich an? Was interessieren mich alle diese wissenschaftlichen, politischen und philosophischen Theorien außer als netter Stoff für Tischgespräche? So oder so muss ich zur Schule gehen und anschließend arbeiten, Geld verdienen, für meine Familie sorgen und dazwischen versuchen, Spaß im Leben zu haben.

Um es kurz zu machen: Es ist wichtig, weil Sie in der Quantenwelt ein wichtiges Quantenteilchen sind. Niemals zuvor in der Geschichte des Universums, geschweige denn der menschlichen Spezies, hatten Sie die Chance, dieses Elektron zu sein. Mehr als jemals zuvor bietet sich Ihnen heute die Chance, selbst zu gestalten, wie Arbeit, Geld, Familie, Schule für Sie und zukünftige Generationen aussehen sollen. Die Menschen waren noch nie imstande, so detailliert in ihre Ursprünge und ihre Geschichte zurückzublicken und viele Expertisefelder zu durchforsten, um aus ihnen Muster und Erkenntnisse zu ziehen, wie es andere in der Vergangenheit möglicherweise nicht versucht haben – und sei es, weil biologisch oder kulturell bedingte Vorurteile, mit denen sie aufgewachsen sind, sie daran hinderten. Heute ist die Zeit, um unkonventionell zu denken und zu handeln und lang gehegte Normen zu hinterfragen, die uns infolge der Tradierung von Gewohnheiten und mangelnden Zugangs zu Informationen und Bildung eingeprägt wurden.

Diese Beschränkungen sind über die letzten hundert Jahre zu einem großen Teil und insbesondere seit dem Ende des Zweiten Weltkriegs weggefallen. Die Pandemie von 2020 und ihre Folgen könnten eine Gelegenheit sein, diesen unvermeidlichen Trend eines immer fürsorglicheren Staates endlich zu formalisieren, um die traditionellen Strukturen abzulösen, die nicht länger relevant sind und sich unmittelbar auswirken auf die Kurve der Ungleichheit innerhalb und zwischen den Bevölkerungen. Die Weltkriege und die Große Depression des 20. Jahrhunderts führten zu größerem Egalitarismus, indem sie die globale Stimmung in Richtung Kooperation veränderten. Die Erschöpfung und Spaltung (nach Klasse, Ethnie und sogar Nationalität) von der Finanzkrise 2008 bis zur Pandemie 2020 wird den Weg für eine neue Lebensweise ebnen. Welchen Weg dieser Pfad des menschlichen Fortschritts einschlägt, hängt mehr denn je von Ihnen ab.

Wir befinden uns an einem Scheideweg vielfältiger globaler Ereignisse, die zusammen einen einzigartigen Wendepunkt in unserer Geschichte schaffen. Wir können beeinflussen, wie diese Geschichte aussieht, wenn wir diese Erkenntnisse, Muster und Einsichten nutzen, um realistisch zu bewerten, was unsere Realität ist und wie wir in ihr am besten positive Externalitäten erzeugen.

Sie sind jetzt ein lebendiges und bezauberndes Partikel, das ständig Teil seiner Umgebung ist; aber Sie sind auch ein Quantenpartikel und können nicht nur die unmittelbare Umgebung beeinflussen, sondern auch eine, die sich physisch nicht neben Ihnen befindet.

Wenn Sie stillstehen, wenn Sie aufhören zu lernen und wenn Sie nicht länger interagieren, bleibt nur der Tod. Sie sind durch Ihre Biologie begrenzt, aber Sie leben in einem Umfeld der Veränderung und Vernetzung, durch Ihren irrationalen, kreativen Geist frei gemacht und offen für alle Möglichkeiten in einer hochgradig vernetzten Welt. Durch die Kraft der Einsichten auf dieser Reise und anderer entlang des Wegs erkundeter Erkenntnisse werden Sie hoffentlich die Ketten der Tradition und des Tribalismus abschütteln, um die Quantenwelt als das zu sehen, was sie ist: ein Ort der Unsicherheit, Asymmetrie und Interaktion, jedoch auch der großen Hoffnung und der Möglichkeiten. Aber die Quantenwelt wird auch viele Herausforderungen und globale Risiken bringen, und um diese zu mildern, müssen wir sie in unserem Quantenkonzept verstehen, damit wir effektivere Lösungen entwickeln können, die nicht nur uns, sondern auch zukünftigen Generationen helfen werden.

Können wir heute den Darwin'schen Sprung machen, wie unsere Urahnen es vor Jahrmillionen taten, um unsere Reise in diese Quantenwelt zu beginnen?

**Armen Sarkissian ist der ehemalige Präsident von Armenien. Er ist Physiker und Informatiker und war von 1996 bis 1997 Premierminister Armeniens und von 1998 bis 2018 armenischer Botschafter im Vereinigten Königreich.**

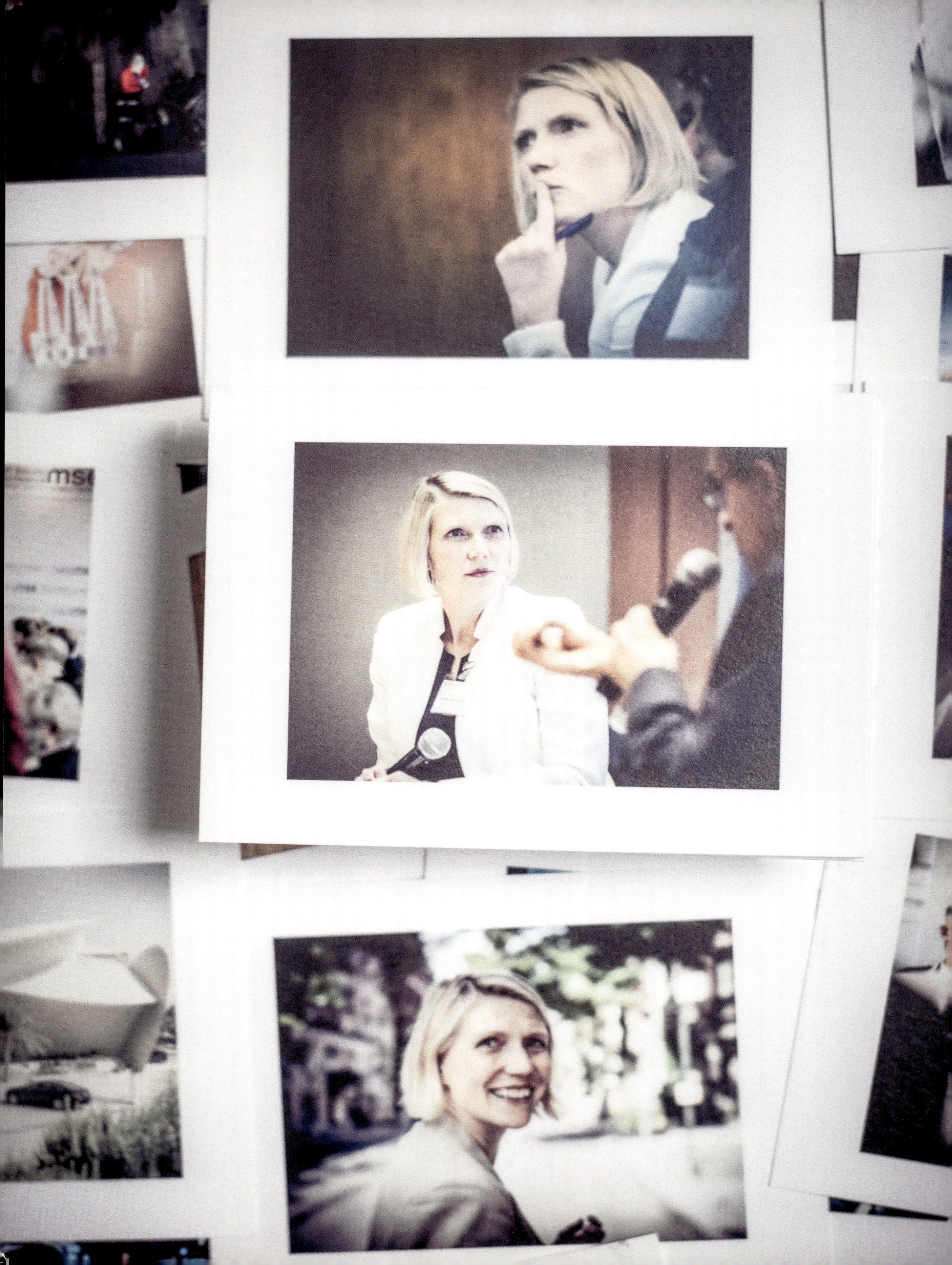
msc

# Diplomatische Werkzeuge und Strukturen anpassen

**Cathryn Clüver Ashbrook**

Der ehemaligen US-Außenministerin Madeleine Albright war es ein besonderer Dorn im Auge: Im digitalen Zeitalter würden die Bürger demokratischer Länder ihre Regierungen mit der Technologie des 21. Jahrhunderts ansprechen, trotzdem nähmen diese Regierungen – besonders ihre Diplomaten – sie mit den Sichtweisen des 20. Jahrhunderts wahr, und antworten dann auf globale Fragen mit den veralteten Mitteln des 19. Jahrhunderts. Kurz: Die Diplomatie geht nicht mit ihrer Zeit.

Dabei muss die strategische Nutzung technologischer Kapazitäten – im dritten Jahrzehnt des 21. Jahrhunderts (endlich) – zum erweiterten Handwerkszeug der Diplomatie gehören. Die Verknüpfung von Wirtschafts- und Industriepolitik, Klima-, Technologie- und Handelspolitik mit klassischer Außen- und Sicherheitspolitik setzt diese Fähigkeiten voraus. Quantitative, datengestützte und evidenzbasierte Analyse sowie die erweiterte Nutzung künstlicher Intelligenz und digitaler Diplomatie sollten zum diplomatischen Instrumentenkasten gehören, um gerade die Auswirkungen transnationaler Herausforderungen zu minimieren. Denn auch wenn das klassische diplomatische Geschäft der Situationsanalyse, Interessenantizipation und Verhandlungstaktik gerade bei der Lösung traditionell kinetisch-militärischer Auseinandersetzungen und im Ausbau von Handelsbeziehungen weiterhin unerlässlich bleibt, hat sich doch der Kontext, in dem sich die „organisierte Beziehungspflege zwischen Staaten"[1] abspielt, radikal verändert.

Wenn sich die Welt neu ordnet, muss es auch die Diplomatie tun. Wenn geopolitische und geoökonomische Konflikte zeitgleich mit den transnationalen Herausforderungen des Klimawandels, der Pandemieverbreitung, wachsender Ressourcenknappheit und globaler Migrationsbewegungen bewältigt werden müssen, braucht es einen ganzheitlichen Ansatz, der über den ursprünglichen Instrumentenkasten der Außen- und Verteidigungspolitik hinausgeht. Wenn der technologische Fortschritt die Entscheidungsfindung radikal beschleunigt, weil der Druck auf Verhandlungen von außen massiv steigt und Information anders verarbeitet werden muss, dann muss sich auch die Art der Akquise und Verarbeitung diplomatischer Information verändern.

Autoritäre Systeme wehren sich gegen den Kontrollverlust, der mit diesen simultanen, tektonischen Herausforderungen einhergeht, indem sie ihre Macht zentralisieren, die Wirtschaft neu-modern verstaatlichen und ihre Bürger durch Propaganda und Überwachungstechnologie an die kurze Leine nehmen. Im Gegenzug müssen sich demokratische Systeme radikal öffnen, Technologie, ressortfremde Expertise und neue außenpolitisch-wirksame Akteure an den (Verhandlungs-)Tisch holen, auch um das Vertrauen ihrer Öffentlichkeit zurückzugewinnen. Denn gerade die technische Entwicklung, die nun gewaltige Datenrevolution, die weit über die digitale Revolution der frühen 2000er hinausgeht, beschleunigt diese Wandlungsprozesse mit atemberaubender Geschwindigkeit. Die bürokratischen Systeme der Demokratie sind aber darauf angelegt, Entscheidungsfindung im Interesse der Pluralität, der Konsensbildung, der Meinungserweiterung und der Zuordnung klarer Zuständigkeiten zu verlangsamen. Wenn eben diese Prozesse von Ereignissen gerade durch die Geschwindigkeit digitaler Information untergraben werden, auch die eigene Öffentlichkeit beinflussbar wird, droht Organversagen.[2] Moderne Diplomatie muss auch diese Möglichkeiten „jenseits des Tisches" mitdenken, koordinieren und steuern können. Das geht nur mit veränderter Methodik.[3]

Die Verhandlungen zum Transatlantischen Freihandelsabkommen (TTIP) sind vielleicht das anschaulichste Beispiel aus der jüngsten Zeit. Als US-Außenminister John Kerry und US-Verteidigungsminister Chuck Hagel auf der Münchner Sicherheitskonferenz 2014 unter dem Applaus Hunderter anwesender Entscheidungsträger für den Pakt warben, konnten sie den Einfluss Tausender digital organisierter und finanzierter Aktivisten nicht einschätzen, die im Nachgang durch gezielte öffentliche Beeinflussung das Verhandlungsumfeld „abseits des Tisches" – gerade auf Europas Straßen – so verändern konnten, dass sich die politischen Optionen dramatisch reduzierten: TTIP war letztlich politisch nicht mehr tragbar. Das sollte den Wirtschaftsdiplomaten der Zukunft nicht noch einmal passieren: Zu hoch sind die Kosten eines Nichtzustandekommens für die beteiligten Länder. Chinas Konkurrenz macht dringlicher, dass die Verhandlungen zum Beispiel innerhalb des EU-US Trade and Tech Councils mit Erfolg gekrönt sein müssen: Aus Fehlern wie TTIP sollte man lernen und hier von vornherein einen effektiven, multi-sektoralen Prozess ansetzen, der sowohl Fachexperten miteinbezieht als auch das digitalisierte Umfeld nicht aus den Augen verliert.

◂ Cathryn Clüver Ashbrook beim Munich Young Leaders Alumni-Treffen in New York City 2019.

Außenministerien sollten vor allem hier eine neue Rolle spielen: Als das zentrale Ministerium, das gerade durch einen vernetzten Ansatz die beste Vorlage für Entscheidungen der Exekutive liefern kann. Kanada und Großbritannien haben bereits darauf hingearbeitet, die Kernkompetenzen von Diplomatie, Entwicklungspolitik und Verteidigungspolitik funktionaler zusammenzuziehen, Ministerien zum Teil radikal zu reformieren und zu digitalisieren.[4] Außenministerien müssen antizipatorisch agieren und sich als Zentralnabe positionieren. Tun sie das nicht, laufen ihnen die traditionell-strategischen Ministerien – gerade Staats- und Regierungschefs und Verteidigungsminister*innen – den politischen Rang und die Entscheidungsgewalt ab.

Die Zukunft der Diplomatie hängt zum Teil davon ab, wie es einer Organisation gelingt, mit einer Situation zurechtzukommen, in der sie keine Informationshoheit (mehr) hat. Außenministerien müssen sich der Herausforderung der komplexen Risikoumgebung nicht nur stellen, sondern diese auch steuern können und lernfähig bleiben. Sie müssen in der Lage sein, datengestützte, evidenzbasierte Entscheidungen zu fällen und außenpolitischen Erfolg auch auf diese Weise messbar zu machen (1); technologischen Wandel effizienter zur Risikoanlayse zu nutzen (2); Fachexpertise flexibel und vorrausschauend zu integrieren (3) und neue Akteure auf der internationalen Bühne ernst zu nehmen (4).

**Evidenzbasierte, datengestützte Entscheidungen fällen:** Gerade die gründliche Aufarbeitung des Afghanistan-Einsatzes könnte hier als Beispiel dienen. Die Öffentlichkeit verlangt klare Antworten darauf, welche Lehren die Politik aus dem langen Einsatz und dem vorschnellen Rückzug internationaler Truppen zieht. Das geht nur mit einer systematischen, wissenschaftlichen Analyse der Faktenlage, einer Auswertung quantitativer und qualitativer Evidenz (zu welchem Zweck wurden welche Gelder wie eingesetzt, und wie kann ‚Erfolg' quantifiziert werden) und dem nötigen politischen Willen, auch Fehler einzugestehen.[5]

**Technologie zur strategischen Vorausschau nutzen:** Auch müssen Ministerien ihre strategische Diagnosefähigkeit erhöhen und auch hier voneinander lernen: Kanada greift schon jetzt in der Analyse von Visumsanträgen und Großdatensätzen für Handelsgespräche auf künstliche Intelligenz zurück. Für die Entwicklung und Datennutzung müssen innerhalb von Ministerien neue Kompetenzen entstehen. Gaming- und VR-Techniken können in der klassischen außenpolitischen Entscheidungsfindung und bei Cybersicherheitszwischenfällen helfen, Szenarien präziser vorherzusagen: Sie sind die moderne Variante der „Red Team/Blue Team"-Übungen, wie sie aus den Planungsprozessen der Verteidigungspolitik kommen.

**Integration von Expertise beschleunigen:** Klimawandel- und Pandemievorbeugung können nur dann gelingen, wenn Forschung, Industrie und Technologie nahtlos und frühzeitig ineinandergreifen. Aber ohne Diplomaten, die Normen und Standards verhandeln, multilaterale Abkommen ab- und Märkte erschließen, werden sich diese transnationalen Probleme kaum lösen lassen. Auch hier gilt es, Expertise zu bündeln: Multi-sektorales Arbeiten setzt voraus, dass neue Arbeitsweisen entwickelt werden müssen, die größere strukturelle Offenheit zulassen. Wo autoritäre Systeme Expertise durch Zwang verpflichten, muss der Kontrapunkt in Demokratien in der radikalen Offenheit für Fachwissen der zukunftsgerechte Anreiz sein.

**„All Diplomacy is Local":** Diplomatie ist die Kunst, dem Gegenüber die eigene Sichtweise als dessen eigene zu verkaufen. Aber was ist, wenn – wie im Fall von TTIP – die eigene Öffentlichkeit die Gegenseite darstellt? Wenn Innen- und Außenpolitik zunehmend verwischen, gilt es, diplomatische Analysefähigkeit auch im Inland einzusetzen, vorzeitig zu wissen, wo die Öffentlichkeit steht. Bürgermeister, NGOs und Aktivisten sind inzwischen international so vernetzt, dass sie am Verhandlungstisch und abseits davon Einfluss auf den Verhandlungsausgang ausüben können. Das inzwischen mächtige Städtenetzwerk C40 verteidigt die Interessen ihrer Mitglieder – manchmal entgegen den Sichtweisen der Nationalstaaten – auf allen UN-Klimakonferenzen seit dem Pariser Klimaabkommen.[6] Außenministerien sollten von den Erkenntnissen profitieren, die diese heimischen Akteure international erwerben, um kohärente, national tragbare Politik zu formulieren.

Indem sie sich neuer Tools bedienen und ihre eigene institutionelle Rolle klug und strategisch neu positionieren und definieren, können Außenministerien zu den Architekten – und nicht den Relikten – der Diplomatie des 21. Jahrhunderts werden und so praktikable, glaubwürdige Lösungen für die drängendsten Probleme unserer Zeit finden.

Cathryn Clüver Ashbrook war bis Februar 2022 Direktorin und CEO der Deutschen Gesellschaft für Auswärtige Politik. Sie war elf Jahre lang Executive Direktorin des Future of Diplomacy Project an der Harvard Kennedy School, und beriet in dieser Zeit Außenministerien in Europa und Nord- und Südamerika zu ihren digitalen Reformvorhaben. Sie war 2014 Munich Young Leader der Münchener Sicherheitskonferenz.

MSC Health Security Roundtable auf der Münchner Sicherheitskonferenz im Februar 2020.

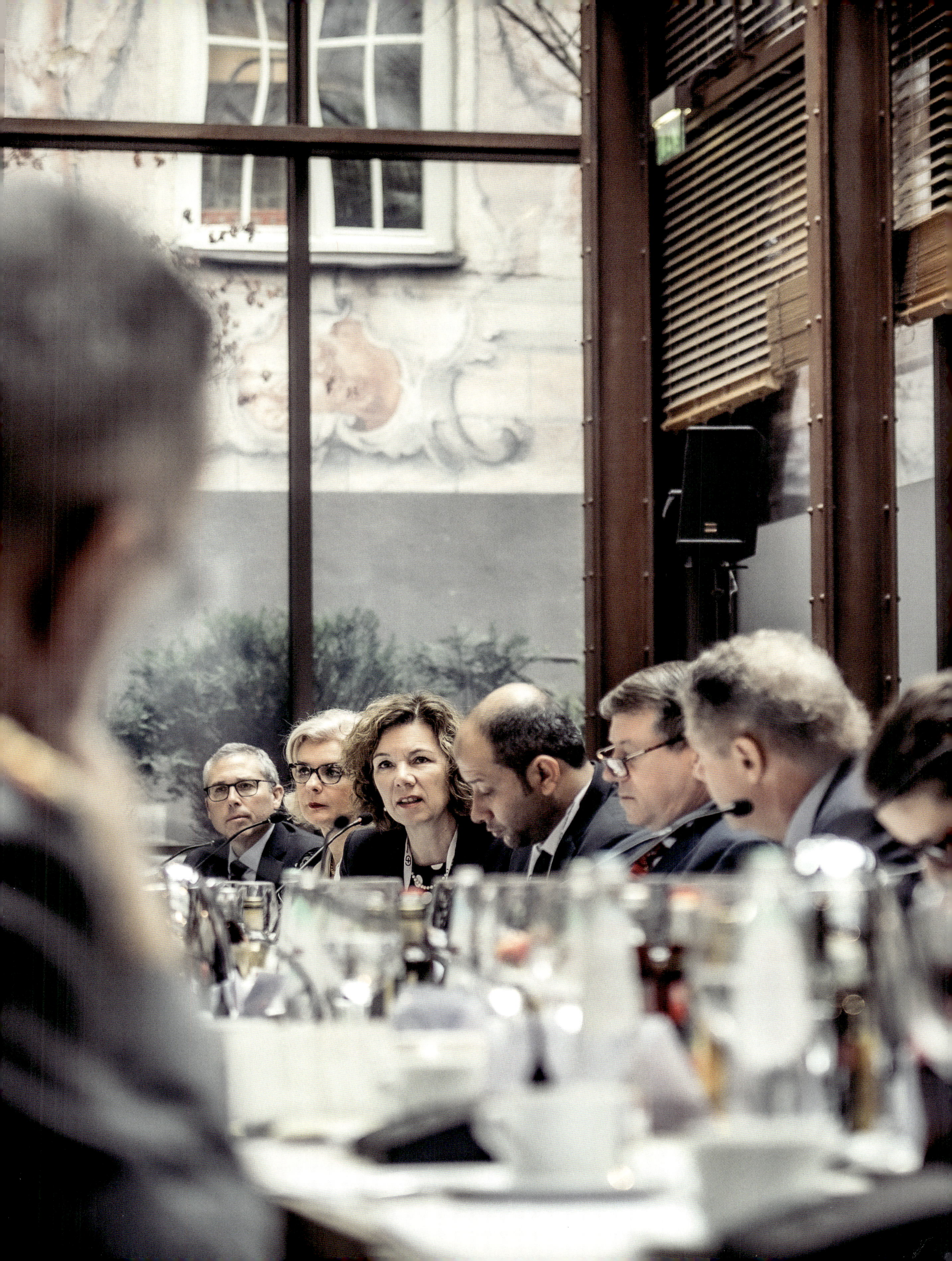

# 3 Episoden

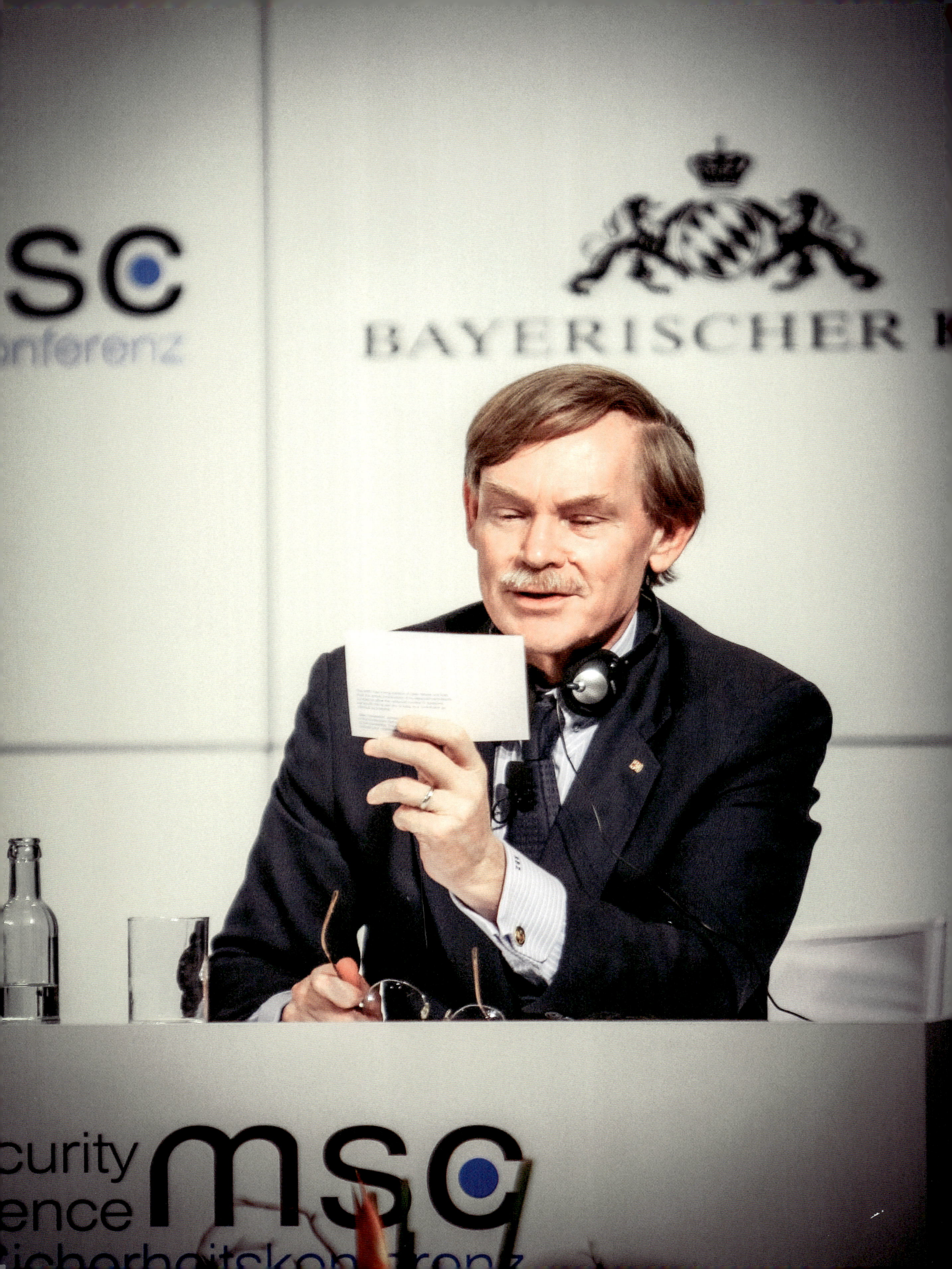
msc
BAYERISCHER
curity
ence
msc

# Die deutsche Einheit aushandeln

**Robert B. Zoellick**

### Theorie und diplomatische Praxis

Professoren unterrichten Außenpolitik in der Regel auf der Basis von Theorien der internationalen Beziehungen. Diese Konzepte zu diskutieren macht Spaß und ist inspirierend. Diplomaten stellen jedoch häufig fest, dass die Doktrinen wenig hilfreich sind, wenn es um praktische Probleme geht. Die US-Außenpolitik ist regelmäßig dann besonders erfolgreich, wenn sie sich in pragmatischer Diplomatie versucht. Vielleicht ist es kein Zufall, dass der Pragmatismus auch den wichtigsten Beitrag des Landes zur Philosophie darstellt.

William James und John Dewey beschrieben Pragmatismus als das Studium der praktischen Konsequenzen, die sich aus der Erfahrung ergeben. Ihr philosophischer Ansatz verwarf Dogmen, künstliche intellektuelle Konventionen und universelle zeitlose Wahrheiten. Die pragmatische Methode setzt bei der Identifizierung des Problems an und sucht dann in der Erfahrung nach Ideen, wie sich die Situation lösen lässt.

Pragmatische Philosophen wissen um die Rolle des Zufalls. Sie preisen den Versuch. Die Methode antizipiert dynamische Situationen und schätzt die pluralistische Suche nach Ideen. Pragmatiker haben keinen Sinn für Abstraktionen; ihnen sind Ergebnisse wichtiger als Theorien.

### Pragmatische Diplomatie

In ähnlicher Weise schaut auch die pragmatische Diplomatie auf das, was funktioniert. Pragmatische Diplomaten achten auf die Realitäten „am Boden": Macht, Wirtschaft, militärische Stärke, Bevölkerung, Technik und Stimmen. Sie studieren Prozesse und Institutionen – und wie sie wirklich funktionieren. Pragmatiker interessieren sich für die Interessen und Positionen anderer; sie wissen um die Bedeutung des richtigen Zeitpunkts.

Pragmatische Politiker sind zwar vielleicht empfänglich für Visionen und genießen den Wettstreit der Ideen, setzen sie dann aber flexibel um. Sie müssen viele Aspekte gegeneinander abwägen. Diese Politiker hegen vielleicht Sympathien für bestimmte Ideologien, fühlen sich jedoch nicht an diese gebunden. Sie sind bestrebt, Ziele zu erreichen, die sie ihren Visionen näherbringen. Insofern wissen Pragmatiker um den Nutzen unvollkommener Ergebnisse in einer alles andere als perfekten Welt. Sie lernen aus der Geschichte, wie sie ihre Sache besser machen können, und akzeptieren keine unverrückbaren Hindernisse.

### Die Pragmatiker von 1989

Die Amerikaner, die als Diplomaten führend an der deutschen Vereinigung mitwirkten, waren Pragmatiker. An ihrem Verhalten 1989–1900 können wir die Kunst der pragmatischen Diplomatie studieren.

Anfang 1989 brach das Eis des Kalten Kriegs zusehends. Präsident Michail Gorbatschow hatte Erwartungen auf große Veränderungen geschaffen, die jedoch auch mit Unsicherheiten verbunden waren. Insbesondere die Deutschen begrüßten die – wenn auch nach wie vor vagen – Aussichten. In Washington waren sich der neue Präsident George H. W. Bush und sein Außenminister James Baker darüber im Klaren, dass die Bundesrepublik Deutschland (BRD) der zentrale europäische Akteur in der Antwort des Westens auf Gorbatschow sein würde. Der ehemalige Außenminister George Shultz und andere Mitglieder der Reagan-Administration waren zu dem Schluss gekommen, dass der Kalte Krieg vorbei sei. Bush und Baker sahen die Situation anders. Der Kalte Krieg hatte sich über der Teilung Berlins, Deutschlands und Europas entzündet; solange die Vereinigten Staaten und ihre Verbündeten nicht „ein ganzes und freies Europa" mitsamt einem demokratischen, in Frieden und Freiheit vereinten Deutschland erreicht hätten, wäre der Kalte Krieg nicht zu Ende.

Dem neuen US-Team war jedoch bewusst, dass man in Bezug auf die BRD vor einem Problem stand. Die amerikanisch-sowjetische Vereinbarung von 1987 über den Abzug der Mittelstreckenraketen ließ in Europa nur noch Kurzstreckenwaffen zu. NATO-Vertreter wollten diese Raketen, die dem sowjetischen Arsenal zahlenmäßig weit unterlegen waren, modernisieren. Aber wie der deutsche Politiker Volker Rühe scherzte: „Je kürzer die Raketen, desto toter die Deutschen." Die meisten Deutschen wollten über eine Reduzierung der Kurzstreckenraketen verhandeln und die Einführung neuer Raketen zurückstellen.

◂ Robert B. Zoellick auf der Münchner Sicherheitskonferenz im Februar 2013.

Im Mai 1989 präsentierte Bush einen gewagten Plan zur drastischen Reduzierung und Angleichung der Truppenstärken der NATO und des Warschauer Pakts. Wenn die Sowjets sich bei den konventionellen Waffen auf eine Parität auf sehr viel niedrigerem Niveau einließen, bestünde weniger Bedarf für eine nukleare Abschreckung und für Kurzstreckenraketen. Ein größerer Abzug von Truppen der Roten Armee aus Mittel- und Osteuropa würde zudem ein unmissverständliches Signal an die auf Demokratisierung und Unabhängigkeit pochenden Reformer senden. Und eine zukünftige sowjetische Staatsführung könnte die Einschnitte und Rückzüge nicht so einfach wieder rückgängig machen. Der Schritt könne Gorbatschow auch helfen, sein erdrückendes Militärbudget zu verkleinern. Bush war sich auch dessen bewusst, dass größere US-Truppen und -Manöver in der Bundesrepublik Spannungen verursachten; ein kleinerer amerikanischer Fußabdruck wäre die politisch nachhaltigere Variante.

Nach einer Debatte auf dem NATO-Gipfel, die sich bis spät in die Nacht des 29./30. Mai hinzog, stimmten die Alliierten Bushs Initiative zu. Premierministerin Margaret Thatcher war besonders skeptisch gewesen. Mit seinem kreativen Vorschlag und Bakers Verhandlungsgeschick gelang es Bush jedoch, die Verbündeten zu überzeugen. Die NATO bot Gorbatschow die Chance auf einen wegweisenden Vertrag zur Reduzierung der konventionellen Bewaffnung – den Vertrag über konventionelle Streitkräfte in Europa (KSE) –, der dann tatsächlich in Rekordzeit bis 1990 ausgearbeitet wurde. Die NATO erklärte sich zudem zu Verhandlungen über die teilweise Reduzierung der Kurzstreckenraketen bereit, schob deren Beginn aber auf, bis beide Seiten mit der Reduzierung ihrer konventionellen Kräfte begonnen hatten.

Nach dem NATO-Gipfel reiste Bush in Kanzler Helmut Kohls Heimat in Rheinland-Pfalz, wo der Präsident eine Ansprache unter der Überschrift „Partners in Leadership" hielt. Kaum fünf Monate im Amt, hatte Bush die Vereinigten Staaten und die BRD in eine enge und vertrauensvolle Partnerschaft geführt, um gemeinsam die bevorstehenden dramatischen Tage zu meistern.

### Erste Schritte in Richtung Vereinigung

Im Sommer und Frühherbst 1989 mündeten die Ereignisse in Mittel- und Osteuropa in eine Flut des Wandels. Die Solidarność-Bewegung in Polen errang einen überwältigenden Wahlsieg und bildete mit großer Umsicht die erste nicht kommunistische Regierung in Osteuropa. Ungarn entfernte von seiner Grenze den Stacheldraht und öffnete ein Ablassventil für Ostdeutsche, die nach Österreich fliehen konnten.

Bush besuchte in jenem Sommer Polen und Ungarn. DDR-Bürger flohen in die Prager Vertretung der BRD, von wo sie nach behutsamen Verhandlungen schließlich in den Westen gelangten. Immer mehr DDR-Bürger gingen auf die Straße. Am 9. November 1989 wurde dann die Berliner Mauer geöffnet. Binnen Wochen überraschte Kanzler Kohl die Welt mit einem Zehnpunkteplan für einen gesamtdeutschen Staat, der die Deutschen faszinierte, aber in Moskau ebenso wie in den Hauptstädten des Westens Befürchtungen auslöste.

Bereits im Mai – noch vor dem NATO-Gipfel – hatte Bush in einem Interview seine Unterstützung für eine Vereinigung der beiden deutschen Staaten signalisiert. Ich selbst hatte Außenminister Baker in einer Kurznotiz vorgeschlagen, dass die Vereinigten Staaten sich das Thema zu eigen machen sollten, um die Ereignisse besser kanalisieren zu können. Nachdem Kohls Plan die politischen Gewässer aufgewühlt hatte, boten die Vereinigten Staaten vier Prinzipien als politische Leitlinien für eine Vereinigung und um die Verbündeten der BRD zu beruhigen. Die Vereinigten Staaten würden eine deutsche Selbstbestimmung unterstützen, ohne auf einem konkreten Ergebnis zu bestehen. Die Vereinigung müsste mit der deutschen Mitgliedschaft in der NATO und in der Europäischen Gemeinschaft (EG) sowie mit der rechtlichen Rolle und den Zuständigkeiten der Alliierten vereinbar sein. Die Vereinigung sollte friedlich und Schritt für Schritt erfolgen. Und alle Grenzfragen müssten die Prinzipien der Unverletzbarkeit der Grenzen aus der Schlussakte von Helsinki respektieren und einen friedlichen Übergang ermöglichen.

Unsere Idee war es, einen „sicheren Hafen" für die BRD mitsamt ihren Verbündeten zu schaffen und zugleich eine Vereinigung innerhalb der strategischen Architektur der NATO und einer immer enger zusammenwachsenden EG zu unterstützen. Bush übersandte die vier Prinzipien auch an Gorbatschow, nachdem beide sich am 2. und 3. Dezember in Malta getroffen hatten. Die Allianz stimmte Bushs Plan am 4. Dezember zu, und wenige Tage später verständigten sich auch die Regierungschefs der EG nach hitziger Debatte auf eine ähnliche Stellungnahme.

Anlässlich eines Berlin-Besuchs am 12. Dezember ging Außenminister Baker einen Schritt weiter: Er bettete die US-Prinzipien für die Vereinigung in eine größere Architektur für ein vereintes und freies Europa ein und schlug konkrete Schritte für die NATO und die europäische Sicherheit vor. Baker befürwortete auch die zentrale Rolle der Europäischen Gemeinschaft (EG) bei der Ausgestaltung eines neuen Europas und schlug engere institutionelle Beziehungen zwischen den USA und einer sich in Richtung einer Union entwickelnden EG vor. Zudem sahen die Vereinigten Staaten erweiterte

Rollen für die Konferenz über Sicherheit und Zusammenarbeit in Europa – den Helsinki-Prozess – bei der Förderung von westöstlicher Kooperation, Sicherheit und freien Wahlen vor.

Noch am selben Tag machte Baker einen Abstecher nach Potsdam, wo er die Führung der DDR ermunterte, freie Wahlen vorzubereiten. Es war der erste Besuch eines US-Außenministers in der DDR. Baker traf auch mutige lutherische Dissidenten bei der Nikolaikirche. Das Gespräch hinterließ einen wichtigen Eindruck: Die Pastoren und ihre nicht kirchlichen Mitstreiter suchten nach einem neuen „dritten Weg" für die DDR, aber als ich fragte, was die Menschen sich wünschten, lachten die Kirchenvertreter und sagten: „Oh, sie wollen das, was das westdeutsche Fernsehen zeigt!" Ich weiß noch, wie ich bei mir dachte: Wenn man die Menschen frei entscheiden ließe, würde aus der deutschen Vereinigung eine Übernahme durch die BRD und keine Fusion von Gleichen.

Was also sind die Ergebnisse und die Herangehensweise von Amerikas pragmatischer Diplomatie Ende 1989? Die Vereinigten Staaten standen verlässlich zu ihrem zentralen Bündnispartner, der BRD. Sie hatten die Initiative ergriffen und der Allianz die Unterstützung mutiger Verhandlungen über konventionelle Streitkräfte in Europa abgerungen. Damit schob die NATO zugleich das strittige Thema der Kurzstreckenraketen in den Hintergrund. Die Vereinigten Staaten hatten eine Reihe politischer Prinzipien formuliert, um für ihre Idee einer deutschen Vereinigung innerhalb der NATO und einer stärker zusammenwachsenden EG zu werben, und es zeichnete sich eine Agenda sowohl für die Beruhigung möglicher Befürchtungen als auch für den Wandel ab. Bush und Baker hatten auch begonnen, eine Vertrauensbeziehung zu Gorbatschow und Außenminister Eduard Schewardnadse aufzubauen. Aber die wichtigste Priorität war für die USA 1989 gewesen, den Zusammenhalt der Allianz zu sichern.

> 1989 befürworteten die Vereinigten Staaten die Strategie eines vereinigten demokratischen Deutschlands innerhalb der NATO und einer Europäischen Union. Wir waren überzeugt, dass ein solches Ergebnis gut für Deutschland, die übrigen Europäer und die Welt wäre und Deutschlands Nachbarn beruhigen müsste.

Die Vereinigten Staaten hatten diese praktischen Schritte mit einem größeren strategischen Plan für den Umgang mit „der deutschen Frage" verbunden. Seit dem 17. Jahrhundert bis 1871 war es bei dieser um die Gängelung deutscher Kleinstaaten durch die benachbarten Großreiche gegangen. Nach 1871 wurde daraus die Frage, wie mit einem mächtigen Staat in der Mitte Europas ohne natürliche Grenzen umzugehen sei. Während des Kalten Kriegs hatte die Lösung in der Existenz zweier deutscher Staaten bestanden, von denen die demokratische BRD in Westeuropa eingebunden und mit Amerika verbündet war. 1989 befürworteten die Vereinigten Staaten die Strategie eines vereinigten demokratischen Deutschlands innerhalb der NATO und einer Europäischen Union. Wir waren überzeugt, dass ein solches Ergebnis gut für Deutschland, die übrigen Europäer und die Welt wäre und Deutschlands Nachbarn beruhigen müsste.

Bush und Baker verbanden diese Strategie mit einer pragmatischen Bestandsaufnahme der aktuellen Situation in Deutschland. Die Deutschen – im Osten wie im Westen – waren selbst eine diplomatische Kraft geworden; bei den Berlinern war das bereits 1949, 1953 und 1961 der Fall gewesen. Im Jahr 1989 hätte ein stockender Prozess eine Krise auslösen können. Frustrierte Deutsche hätten sich womöglich gegen sowjetische Soldaten und andere Ausländer gewandt. Die Stasi und andere hätten womöglich die Gewalt angeheizt, was leicht hätte eskalieren können.

Gleichzeitig war den Vereinigten Staaten bewusst, dass sie den deutschen öffentlichen Druck nutzen konnten, um andere Länder zu Entscheidungen zu bewegen, vor denen sie sich am liebsten gedrückt hätten. Nur gemeinsam mit Kohl und Außenminister Hans-Dietrich Genscher gelang es Bush und Baker 1990, die Sowjets – und mitunter auch die Briten, Franzosen und andere Europäer – zu überzeugen, sich auf die Bedingungen einer Neuordnung für Deutschland und Europa zu verständigen.

### 1990: Deutsche Vereinigung und NATO-Mitgliedschaft

Um die diplomatischen Stränge zusammenzuführen, beschloss Außenminister Baker Anfang 1990, dass wir einen neuen Prozess unter Beteiligung der beiden deutschen Staaten und der vier Siegermächte des Zweiten Weltkriegs – Vereinigte Staaten, Sowjetunion, Großbritannien und Frankreich – bräuchten: die „Zwei-plus-Vier-Gespräche". Einige Vertreter des Nationalen Sicherheitsrats der Vereinigten Staaten waren gegen die Initiative, weil sie befürchteten, sie würden den Sowjets und vielleicht auch anderen damit einen Verzögerungshebel liefern. Dem Außenministerium war jedoch bewusst, dass die Sowjets bereits über einen solchen Hebel verfügten mit ihren 380.000 Soldaten in der DDR und ihren Viermächterechten von 1945 – nicht zuletzt in Berlin. In die Enge getrieben, würden die Sowjets womöglich der einen oder anderen Form einer Vereinigung zustimmen, sich aber bestimmte Rechte weiter vorbehalten. Wir brauchten Konditionen, die garantierten, dass die sowjetischen

Soldaten das Land verließen und die Europäer sich sicher fühlten.

Die Vereinigten Staaten initiierten deshalb den Zwei-plus-Vier-Prozess, um die Strategie mit dem realen Geschehen in Bezug zu setzen. Wir setzten die beiden deutschen Staaten an die erste Stelle, um den Aspekt der Selbstbestimmung zu unterstreichen. Die internen Fragen der Vereinigung sollten sie unter sich aushandeln. Die „vier Mächte" würden sich mit den beiden deutschen Staaten treffen, um die externen Dimensionen der Vereinigung inklusive der abschließenden Regelung der Viermächterechte zu koordinieren.

Uns war darüber hinaus bewusst, dass die DDR-Wahlen im März 1990 die Art und das Tempo der Vereinigung bestimmen würden. Aber nach einem halben Jahrhundert nationalsozialistischer und kommunistischer Herrschaft würde es womöglich schwer werden, die Ostdeutschen von der Freiheit der Wahl zu überzeugen. Manche von uns dachten, dass allein die Ankündigung der Zwei-plus-Vier-Gespräche den Ostdeutschen signalisieren würde, dass die vier Mächte bereit waren, eine Vereinigung zu akzeptieren. Das war praktizierter Pragmatismus: Die Schaffung des Zwei-plus-Vier-Prozesses würde eine politische Dynamik erzeugen, die uns anschließend helfen würde, den neuen diplomatischen Prozess und die Verhandlungen zügig durchzuführen.

Die Vereinigten Staaten und ihre Partner mussten zudem begleitende Schritte in anderen Foren koordinieren und in der richtigen Reihenfolge über die Bühne bringen. Wir mussten die KSE-Verhandlungen abschließen, um die militärische Konfrontation zu beenden. Darin würde die BRD ihre Streitkräfte stärker begrenzen. Die NATO musste ihre Doktrin, ihre Atom- und Truppenstrategie und ihre Beziehungen zu den neuerdings freien Staaten im Osten anpassen. Aus der KSZE wurde die OSZE mit neuem Auftrag und neuen Kapazitäten. Aus den am Zwei-plus-Vier-Prozess Beteiligten wurde eine informelle „Lenkungsgruppe", deren Aufgabe es war, diese Aktivitäten zu koordinieren.

Die größte Herausforderung bestand 1990 darin, Moskau eine deutsche Vereinigung innerhalb der NATO schmackhaft zu machen. Den Sowjets war klar, dass eine Vereinigung unter praktischen Gesichtspunkten unausweichlich war. Nach den Märzwahlen im Osten begannen die zwei deutschen Staaten mit der Aushandlung der juristischen und ökonomischen Konditionen. Wie einige von uns bereits im Dezember 1989 vorhergesagt hatten, erfolgte die Vereinigung juristisch in Form eines „Beitritts" zur Bundesrepublik gemäß Artikel 23 Grundgesetz (wie schon der Beitritt des Saarlands 1957) und nicht gemäß Artikel 146, der die Möglichkeit vorsah, eine neue deutsche Verfassung auszuhandeln.

Baker gab Gorbatschow und Schewardnadse zu bedenken, ob sie ein geeintes Deutschland vorzogen, das als unabhängige Macht Mitteleuropa überschattete, oder ein weiterhin in die NATO eingebundenes und mit den Vereinigten Staaten verbundenes Deutschland. Die NATO wiederum musste sich an eine Welt nach dem Kalten Krieg anpassen, wozu sie auf dem NATO-Gipfel vom 5./6. Juli 1990 die ersten Schritte unternahm.

Mitte Mai mutmaßten wir über die sowjetische Psychologie. Die Ereignisse hatten sich überstürzt; es schien wenig wahrscheinlich, dass die Sowjets, überrumpelt, wie sie zu sein schienen, die diversen Vorschläge der Vereinigten Staaten und der BRD in ihrem ganzen Ausmaß verstanden hatten. Ich packte also die neun Punkte, auf die wir uns bereits verständigt hatten – diverse Rüstungskontrollvereinbarungen, Veränderungen in der NATO, Übergangsregelungen in der ehemaligen DDR, Grenzen, KSZE und Wirtschaftsunterstützung –, in eine Reihe von Folien. In separaten Präsentationen zeigten Außenminister Baker und ich auf der Grundlage dieser neun Punkte, dass wir uns ernsthaft bemühten, auf legitime sowjetische Interessen Rücksicht zu nehmen.

Die Vereinigten Staaten, die BRD und die NATO hielten alle neun gemachten Zusicherungen ein. Als Gorbatschow sich im Juni schließlich mit der Idee eines geeinten Deutschlands einverstanden erklärte, tat er es auf der Grundlage des KSZE-Prinzips, dass Länder frei sein sollten, ihre Bündnisse zu wählen. Der wirtschaftliche Beistand, den die BRD Gorbatschow im Juli zusagte, tat ein Übriges.

Die pragmatische Diplomatie von 1989/90 erfolgte auch eingedenk eines anderen historischen Experiments. Wir wollten das vermeiden, was wir einen „Versailler Sieg" nannten – eine Regelung wie die nach dem Ersten Weltkrieg, die den Samen ihrer eigenen Zerstörung in sich trug. Für Deutschland wollten wir jede Form von Diskriminierung – wir sprachen von „Singularisierung" – vermeiden, die den Deutschen in der Zukunft übel aufstoßen könnte. 1990 erschienen solche Einwände als eher unwahrscheinlich, aber je länger die Zeit fortschreitet, desto mehr rufen Ressentiments und historische Erinnerungen – nicht zuletzt in Mittel- und Osteuropa – Animositäten wach. Was Polen betraf, so handelte Präsident Bush insgeheim mit Premierminister Tadeusz Mazowiecki und Kanzler Kohl Zusicherungen hinsichtlich der bestehenden polnisch-deutschen Grenze aus. Moskau versuchten wir zu beruhigen, ohne den Russen Sonderbefugnisse in den baltischen und anderen osteuropäischen Staaten einzuräumen.

## Vertrauen schaffen

Die deutsche Vereinigung wäre niemals möglich gewesen ohne das Vertrauen, das zwischen den Hauptakteuren bestand: Kohl, Genscher, Gorbatschow, Schewardnadse, Bush und Baker. Diese Männer bemühten sich darum, einander zuzuhören und die gegenseitigen Positionen zu verstehen. Sie standen in regelmäßigem Kontakt, tauschten Ideen aus und versuchten, Probleme zu lösen. Jeder verfolgte nationale bis hin zu persönlichen Interessen, aber gemeinsam hatten sie einen Sinn für das Verbindende.

## Ein gutes Gespür für das Timing

Eine pragmatische Diplomatie meistert die Gebote der Zeit. Zwischen der Öffnung der Berliner Mauer im November 1989 und der Unterzeichnung des Zwei-plus-Vier-Vertrags im September 1990 in Moskau vergingen gerade einmal zehn Monate. Einen Monat später war Deutschland vereinigt.

Wir wussten, dass ein Zwischenfall, ein Staatsstreich oder eine dramatische Wende in der Politik die rasche Entwicklung in Richtung Vereinigung stoppen oder zumindest verlangsamen könnte. Im August 1990 überfiel Saddam Hussein Kuwait und zwang Präsident Bush und Außenminister Baker, sich mit der Mobilisierung einer globalen Koalition und heimischer Unterstützung für eine Erwiderung auf die irakische Aggression zu befassen. Im Dezember 1990 trat ein im eigenen Land heftig kritisierter Schewardnadse zurück. Im August führten Gorbatschows Kontrahenten einen Staatsstreich durch, der allerdings letztlich scheiterte. Dasselbe Schicksal ereilte dann aber Ende des Jahres die UdSSR als Ganzes.

Das Fenster für Verhandlungen zur deutschen Vereinigung stand nur kurze Zeit offen.

## Die pragmatische Diplomatie der deutschen Vereinigung

Die Geschichte der deutschen Vereinigung liefert ein Beispiel für die Kunst der pragmatischen Diplomatie. Amerikaner und Westdeutsche verfolgten mit wachen Augen die überraschenden Veränderungen im realen Leben. Sie waren sich der Interessen – und Ängste – der Beteiligten bewusst und versuchten, das Geschehen anderen verständlich zu machen. Die Vereinigten Staaten schlugen vor, einen neuen diplomatischen Prozess – Zwei-plus-Vier-Gespräche – zu schaffen, um in kritischen Fragen Ergebnisse erzielen zu können. Washington wurde auch in anderen Foren – KSE-Verhandlungen, NATO und KSZE – aktiv, um sämtliche Teile des Puzzles zusammenzufügen. Die BRD kümmerte sich um die entscheidenden wirtschaftlichen Fragen. Anfang 1990 stimmten sich auch die beiden wichtigen Verbündeten Frankreich und England miteinander ab. Die von Präsident Jacques Delors geleitete Europäische Kommission koordinierte die Vereinigung innerhalb eines stärker vereinten Europas.

Die Vereinigten Staaten und die BRD hatten während der gesamten Diplomatie stets das Timing im Blick und nutzten das Tempo des Geschehens, während sie gleichzeitig darauf achteten, dass die Kooperation nicht darunter litt.

Noch eine weitere pragmatische Kalkulation war Teil der US-Strategie von 1989/90. Wir betrachteten unser Tun als die Erfüllung eines vierzigjährigen Versprechens an unsere deutschen Verbündeten. Zugleich erwarteten wir, dass Deutschland aufgrund seiner Größe, Wirtschaftsmacht und Geografie in Europas Zukunft wie schon in Europas Vergangenheit eine entscheidende Rolle spielen würde. Nachdem wir in den Jahrzehnten des Kalten Kriegs zu einem demokratischen Deutschland eine Sonderbeziehung aufgebaut hatten, hofften wir nun, dass unsere enge Kooperation im abschließenden Kapitel das Fundament für eine zukünftige transatlantische Partnerschaft legen würde. Die Münchner Sicherheitskonferenz – und Wolfgang Ischinger persönlich – sind Beispiele für dieses Band.

Deutsche und Amerikaner haben vom gegenseitigen Respekt und von der strategischen Kooperation – kurz: von ihrer Freundschaft – profitiert. Beide Länder wären schlecht beraten, würden sie die Konsequenzen eines Auseinanderdriftens oder, schlimmer noch, eines anhaltenden Bruchs ignorieren. Ich hoffe, dass die Erinnerung an ihre Kooperation in einem wichtigen historischen Augenblick die Politiker heute und in Zukunft an die Mittel und Wege einer gemeinsam praktizierten pragmatischen Diplomatie gemahnen wird.

Robert B. Zoellick war der Verhandlungsführer der USA in den Zwei-plus-Vier-Gesprächen. Von 1989 bis 1992 war er Unterstaatssekretär und stellvertretender Stabschef im Weißen Haus. Später war er Präsident der Weltbank, stellvertretender US-Außenminister und US-Handelsbeauftragter. Sein Buch *America in the World: A History of U.S. Diplomacy and Foreign Policy* erschien 2020.

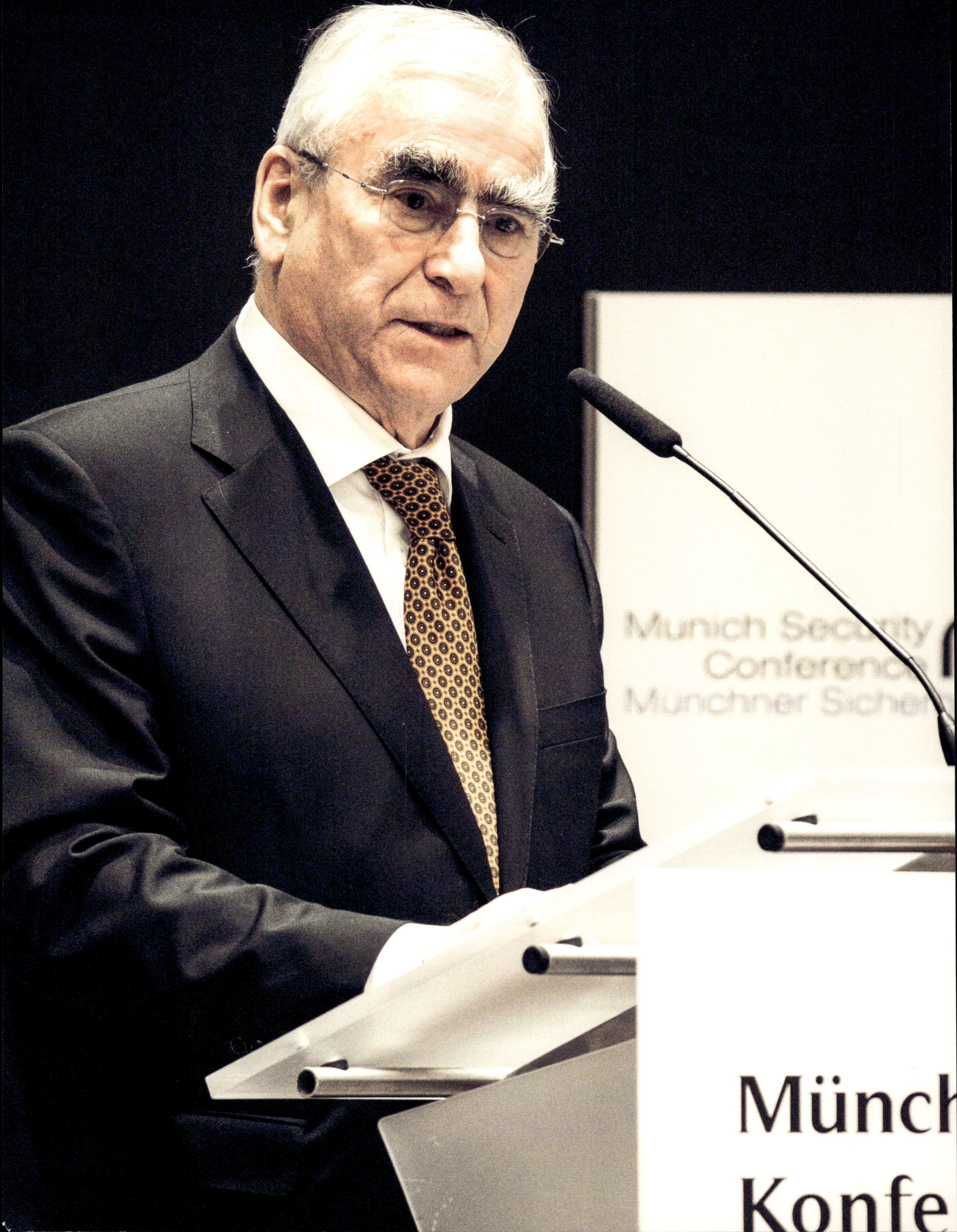
Munich Security
Conference
Münchner Sicher
Münch
Konfe

# Von Teamwork profitieren

**Theo Waigel**

Es gibt Herausforderungen, die kann die Diplomatie allein nicht lösen. Sowohl die Einführung des Euro als auch die deutsche Wiedervereinigung sind Beispiele dafür, dass erst das geübte Zusammenspiel verschiedener Ressorts und der jeweiligen Minister den endgültigen Durchbruch ermöglichte.

Es war Außenminister Hans-Dietrich Genscher, nicht der eigentlich zuständige Finanzminister Gerhard Stoltenberg, der in den Achtzigerjahren eine Denkschrift über eine Währungsunion in Europa vorlegte. Dem Außenminister gelang es, auf dem Europäischen Gipfel in Hannover 1988 die Delors-Kommission zur Erarbeitung eines Konzepts einzusetzen. Der Finanzminister sorgte dann dafür, dass diese Kommission unter dem Vorsitz des Kommissionspräsidenten mit den Notenbankpräsidenten der Mitgliedstaaten besetzt wurde. Bereits im März legte die Kommission ihren Entwurf dem Europäischen Rat vor. Im April diskutierten die Finanzminister und die Außenminister auf verschiedenen Konferenzen über das weitere Verfahren. Als im Dezember 1990 die Regierungskonferenz in Rom zusammentrat, kam es zu einer Aufteilung der Kompetenzen zwischen Außenministerium und Finanzministerium. Dem Außenminister oblag das Konzept der Politischen Union, dem Finanzminister das Konzept für die Wirtschafts- und Währungsunion.

Am 7. Februar 1992 unterzeichneten Hans-Dietrich Genscher und ich in Maastricht den Vertragsentwurf. Wir durften den historischen Füllfederhalter als persönliches Geschenk mit nach Hause nehmen. Der meine befindet sich nunmehr im Haus der Geschichte in Regensburg. Vor etwa zehn Jahren rief mich Genscher an und teilte mir mit, sein Füllfederhalter sei gestohlen worden. Er bat mich, Aufnahmen meines Exemplars zu machen, damit die Kriminalpolizei entsprechende Ermittlungen anstellen könne. Wir beschlossen, den Diebstahl öffentlich zu machen. Einige Wochen später sandten die Diebe den „Maastricht-Füller" wieder zurück – ob aufgrund der historischen Bedeutung oder weil eine Verwertung dieses Kleinods zu gefährlich geworden wäre, wird wohl nie geklärt werden. In jedem Fall war damit auch diese Zusammenarbeit zwischen (ehemaligen) Außen- und Finanzministern von Erfolg gekrönt.

Ein gewichtigeres Beispiel für eine solche Zusammenarbeit ergab sich beim Europäischen Gipfel in Maastricht im Mai 1998. Frankreich widersetzte sich dem Vorschlag, Wim Duisenberg zum ersten Präsidenten der Europäischen Zentralbank (EZB) zu berufen. Es folgten stundenlange Auseinandersetzungen. Als sich ein Kompromiss anbahnte, die achtjährige Amtszeit zwischen Duisenberg und Trichet zu teilen, forderten der damals amtierende Außenminister Klaus Kinkel und ich Bundeskanzler Helmut Kohl auf, die Sitzung zu unterbrechen und mit uns Rücksprache zu halten. Wir versuchten, ihm mit vereinten Kräften klarzumachen, dass eine Teilung der Amtszeit gegen die Verträge verstoße und daher nicht beschlossen werden dürfe. Kohl war zunächst verärgert, akzeptierte aber letztlich die von uns vertretene Rechtsmeinung. Er setzte sich gegen den französischen Präsidenten Chirac durch, und Duisenberg wurde vorbehaltlos ins Amt berufen. Er wiederum erklärte, dass er aufgrund seines Alters nicht die vollen acht Jahre das Amt ausüben wolle und über seinen Abschied frei bestimmen werde. Dieser Kompromiss machte den Weg für die Einführung des Euro endgültig frei.

> Es gibt Herausforderungen, die kann die Diplomatie allein nicht lösen.

Ohne eine produktive und erfolgsorientierte Zusammenarbeit zwischen Bundesfinanzministerium und Auswärtigen Amt wäre diese schicksalhafte Weichenstellung Europas nicht möglich gewesen. Schon 1946 hatte der erste Vorsitzende der CSU, Josef Müller, eine gemeinsame europäische Währung gefordert. Alle Versuche in den Jahrzehnten danach waren nicht von Erfolg gekrönt. Erst das geschickte Zusammenspiel von Diplomatie mit Finanz- und Währungspolitik und das tiefe menschliche Vertrauen der Akteure hat dies im letzten Jahrzehnt eines krisengeschüttelten Jahrhunderts möglich gemacht.

Ein weiteres Beispiel für die Wirkungsmacht konstruktiver Zusammenarbeit zwischen Außen-, Innen- und Finanzpolitik ist die deutsche Wiedervereinigung. Das Finanzministerium konzipierte die Wirtschafts,-Währungs- und Sozialunion. Das Innenministerium bereitete den Einigungsvertrag vor, und das Außenministerium verhandelte den Zwei-plus-Vier-Vertrag. Am Ende zogen alle am selben Strang und hoben eindrücklich hervor, was die Ressorts und deren Leiter im geübten Zusammenspiel erreichen können.

**Theo Waigel war von 1989 bis 1998 Bundesminister der Finanzen und von 1988 bis 1999 CSU-Vorsitzender.**

◄ Theo Waigel auf der Münchner Europakonferenz am Rande der Münchner Sicherheitskonferenz im Februar 2020.

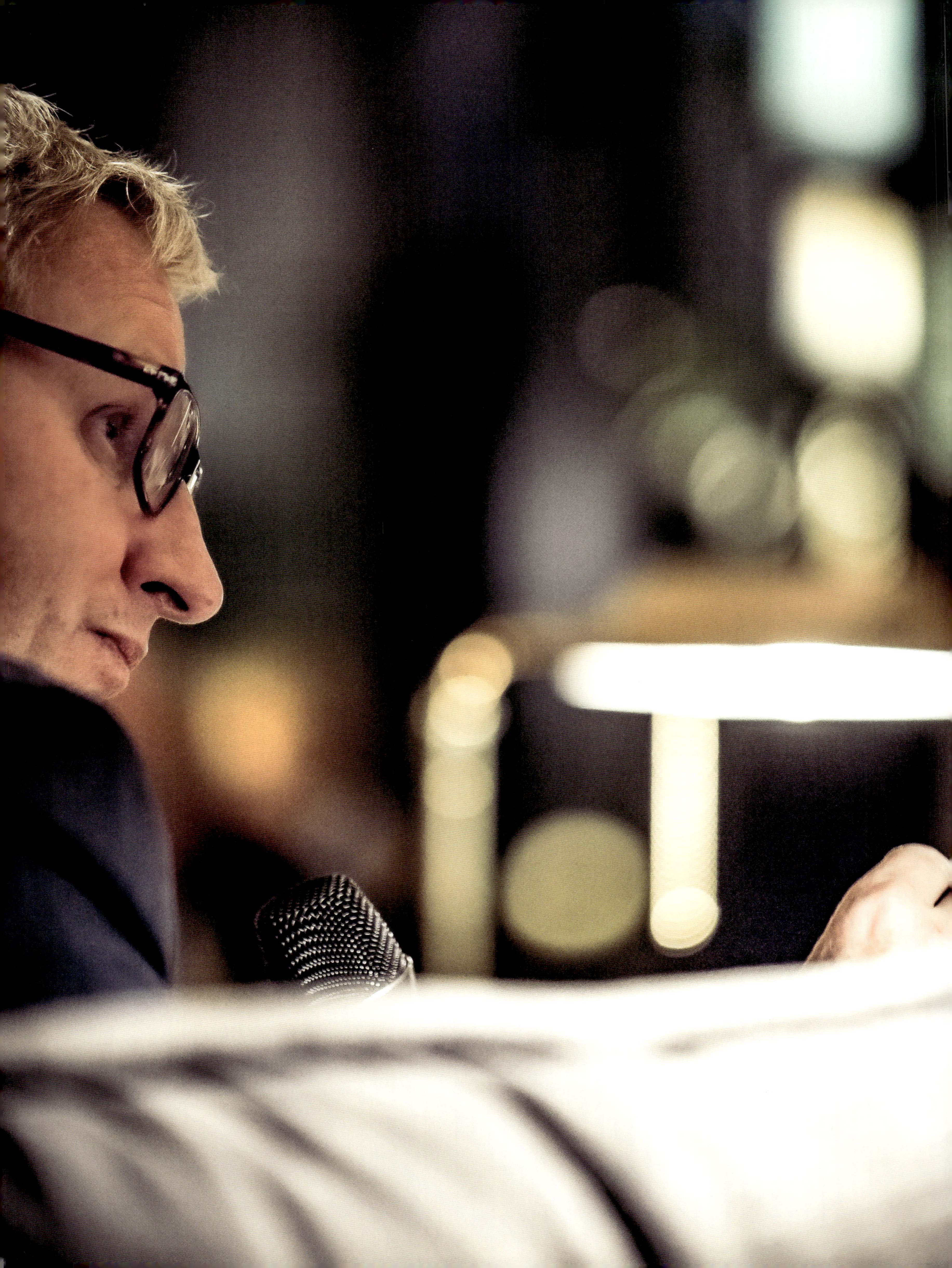

# Als Vermittler Partei ergreifen

Carl Bildt

Es gibt in der Kunst der Diplomatie kein generelles Erfolgsrezept für die Prävention und die Lösung von Konflikten. Jede Situation erfordert ihre eigene Behandlung. Lassen Sie mich nur zwei Fälle schildern, an denen ich beteiligt war.

Beim ersten handelt es sich um den Konflikt, der in Estland im Sommer 1993 beinahe ausgebrochen wäre, kurz nachdem das Land seine Unabhängigkeit errungen hatte. Im schlimmsten Fall hätte das zur Errichtung eines weiteren Transnistriens – eines von Russland unterstützten De-facto-Staates – innerhalb Estlands mit weitreichenden Folgen für die (sicherheits-)politische Situation des gesamten nordisch-baltischen Gebiets geführt.

Unmittelbarer Auslöser der Krise war ein neues estnisches Staatsbürgerrecht, wenngleich die Spannungen zwischen der estnischen Mehrheit und der russischen Minderheit bereits seit 1991 geschwelt hatten, als das Land seine Unabhängigkeit wiedererlangte. Anders als das benachbarte Lettland hatte Estland niemals eine signifikante russische Bevölkerung besessen und rund ein Drittel des russischen Bevölkerungsteils von 1994 war erst während der Sowjetzeit ins Land gekommen.

Viele von ihnen konzentrierten sich auf den Nordosten des Landes mit der Grenzstadt Narva als Zentrum. Vor dem Zweiten Weltkrieg war die Bevölkerung dieses Gebiets fast ausschließlich estnisch gewesen, aber nach den massiven Zerstörungen dieser Jahre hinderten die sowjetischen Behörden die ursprüngliche Bevölkerung an der Rückkehr und siedelten stattdessen eine überwiegend russische neue Bevölkerung an.

Während der Kontroverse von 1993 über die Staatsbürgerschaft und verwandte Gesetze bekundeten die ehemaligen sowjetischen lokalen Behörden in Narva und Umgebung ihre Absicht, ein Referendum über die Einrichtung eines Autonomiegebietes abzuhalten. Wie in ähnlichen Konflikten in anderen Teilen der ehemaligen Sowjetunion wurde dies begleitet von ominösen Äußerungen militaristischer und ultranationalistischer Kreise in Moskau, die versprachen, ihren „bedrohten" russischen Landsleuten zu Hilfe zu eilen. Es gab Anzeichen von Gruppen, die sich zu formieren begannen.

Das führte während des Sommers 1993 zu einer Periode intensiver diplomatischer Aktivität unter Beteiligung meiner Person in meiner Eigenschaft als schwedischer Premierminister, Max von der Stoels in seiner Eigenschaft als Hoher Kommissar für nationale Minderheiten der KSZE, der estnischen Behörden mit Präsident Lennart Meri und Premierminister Mart Laar, der lokalen Führung von Narva und der russischen Behörden mit Präsident Boris Jelzin und Außenminister Andrei Kosyrew.

Anfangs war die Rhetorik des Kremls zum Thema ziemlich militant gewesen. Präsident Jelzin stand unter dem starken Druck nationalistischer Kreise und konnte es sich nicht leisten, sich schwach zu zeigen, wenn es um die Verteidigung der Rechte ethnischer Russen auf dem ehemaligen sowjetischen Territorium ging.

Unbestreitbar bestand die Gefahr, dass die Krise außer Kontrolle geriet – angesichts eines Referendums für eine De-facto-Abspaltung von russischen „Freiwilligen" diverser Provenienz, die das Referendum unterstützten, und nationalistischen estnischen Elementen, die darauf versessen waren, diese – wie sie es sahen – „Rebellion" gegen ihren gerade erst wiederhergestellten Staat zu zerschlagen. Im Rückblick wissen wir heute, dass es signifikante Verbindungen zu eben jenen Kräften gab, die mitgeholfen hatten, den De-facto-Staat Transnistrien innerhalb der Republik Moldau zu etablieren.

Von schwedischer Seite hatten wir sehr enge persönliche und politische Verbindungen zur Führung in Estland und damals auch konstruktive Beziehungen zur russischen Führung. Wir hatten uns intensiv beteiligt an der Suche nach einer friedlichen Lösung des schwierigen Problems des Rückzugs der russischen Soldaten und ihres Materials – davon manches von offensichtlicher strategischer Bedeutung – aus den baltischen Staaten.

In dieser Krise arbeiteten wir nach der Formel, die estnische Führung dazu zu bewegen, einige Änderungen an ihren Gesetzesvorhaben vorzunehmen und diese zu nutzen, um den Kreml zu bringen, seinerseits die nationalistischeren russischen Kräfte in Estland und jenseits der Grenze zu beschwichtigen.

◂ Carl Bildt auf der Münchner Sicherheitskonferenz im Februar 2019.

Es war nicht einfach. Die fraglichen Gesetze waren vom neu gewählten estnischen Parlament beschlossen worden, das bestrebt war, Rechte zu begründen, die ihnen das sowjetische Regime über Generationen verwehrt hatte. Auch ohne diese Krise war die interne Situation des Landes nicht allzu stabil.

Die nun einsetzende Shuttle-Diplomatie hatte einen ihrer Glanzpunkte, als ich nach Tallinn flog und Präsident Meri überreden konnte, das bereits vom Parlament beschlossene Gesetz zur Begutachtung an den Europäischen Rat weiterzuleiten und damit Präsident Jelzin die Zusage zu entlocken, dass dies als ein positiver und konstruktiver Schritt gesehen werden würde. Die abschließende Botschaft des Kremls wurde einem meiner Assistenten telefonisch übermittelt, als wir gerade im Begriff waren, das Büro Präsident Meris zu betreten.

Parallel dazu bemühten wir uns um direkte Gespräche mit der lokalen Führung von Narva, um zu eruieren, ob es andere Möglichkeiten gab, auf die Sorgen und Klagen der Russen dort einzugehen. Sie waren – verständlicherweise – nicht nur wegen ihres Status im neuen estnischen Staat besorgt, sondern mehr noch um ihre Arbeit und ihre wirtschaftliche Zukunft, nachdem sich das gesamte Gebiet der ehemaligen Sowjetunion in einem Zustand des wirtschaftlichen Zusammenbruchs befand. Wir sagten ihnen, dass schwedische Hilfen und Investitionen vorstellbar wären, sofern das Gebiet stabil erschien – ein Versprechen, das wir später auch einlösten.

Das Referendum fand statt und hatte das erwartete Ergebnis, aber die Beteiligung war geringer als erwartet, und bis dahin hatten wir nicht nur die Zusage für einige Änderungen im umstrittenen Gesetz, sondern auch eine spürbare Änderung im Tonfall Moskaus erwirkt. Höchstwahrscheinlich hatten die Botschaften, die wir den Kreml an die lokale russische Führung in Narva zu schicken gebeten hatten, ihre Adressaten erreicht.

So verlief das, was sich zu einer ernsten Krise mit weitreichenden Folgen für die gesamte Region hätte auswachsen können, mehr oder weniger im Sande, und die Mitsommerkrise von 1993, wie sie genannt wird, ist heute so gut wie vergessen. Narva ist immer noch überwiegend von Russen bewohnt, von denen viele die estnische Staatsbürgerschaft beantragt und erhalten haben, und neben allem anderen hat sich erwiesen, dass Stadt und Region sich sehr viel besser behaupten als die Gebiete Russlands unmittelbar jenseits der Narva.

Häufig heißt es, der Schlüssel zur Konfliktlösung läge in der neutralen und abstandsgleichen Position des Vermittlers zwischen beiden Konfliktparteien. Aber die Mitsommerkrise von 1993 zeigt, dass manchmal eher das Gegenteil der Fall ist.

Entscheidend für die Lösung war hier nicht, dass wir als Vermittler neutral waren, sondern dass wir das volle Vertrauen der estnischen Führung genossen und gleichzeitig von offenen Kanälen zur russischen Führung profitierten. Das ermöglichte uns, Einfluss auf die russische Position zu nehmen – vor allem weil uns die engen Beziehungen zwischen Stockholm und Tallinn in den Augen Moskaus zu einem relevanten Akteur machten.

Der andere interessante Fall ist Bosnien, wo drei Jahre Krieg und Diplomatie schließlich im November 1995 in eine Vereinbarung mündeten. Ich diente damals als der Sonderbeauftragte der Europäischen Union und als Co-Vorsitzender der Verhandlungen, die über einen Zeitraum von drei Wochen in Dayton stattfanden. Wolfgang Ischinger vertrat Deutschland; Großbritannien, Frankreich und Russland hatten jeweils hochrangige Vertreter entsandt.

Die lange Geschichte vom anfänglichen Versuch, den Ausbruch eines Krieges in Bosnien zu verhindern, als das gesamte Staatengebilde Jugoslawiens krachend zusammenfiel, und von den anschließenden Bemühungen, den Krieg zu stoppen und eine wie auch immer beschaffene Form von Frieden zu schaffen, ist ebenso eine Geschichte der Konflikte zwischen verschiedenen internationalen Akteuren – und gelegentlich innerhalb derselben –, wie sie eine Geschichte des innerbosnischen Konflikts ist.

In den Anfangsphasen der beginnenden Jugoslawienkrise unternahmen die Europäer die größten politischen Anstrengungen. Die USA fokussierten sich auf die Gefahren, die vom Zusammenbruch der atomar aufgerüsteten Sowjetunion ausgingen, und US-Außenminister James Baker erklärte rundweg, dass „wir keinen Hund in diesen Kampf schicken wollen". Der luxemburgische Außenminister Jacques Poos preschte mit der Bemerkung vor: „Die Stunde Europas ist gekommen."

Das erwies sich jedoch als Irrtum. Es gab tiefe Gräben innerhalb der EU, die gerade erst aus dem Maastricht-Gipfel als übergeordneter Verbund der Europäischen Gemeinschaften hervorgegangen war. Die Deutschen waren für eine zügige Anerkennung der

Unabhängigkeit Sloweniens und Kroatiens, während Großbritannien und Frankreich mit starker Unterstützung der UN zur Vorsicht mahnten und für eine breitere diplomatische Aktion warben.

Die anfänglichen Bemühungen fokussierten sich auf den Konflikt innerhalb Kroatiens zwischen der kroatischen Mehrheit und der serbischen Minderheit, und während es gelang, den Konflikt durch die Entsendung einer UN-Friedenstruppe „einzufrieren", wurde den Spannungen, die sich zur selben Zeit in Bosnien aufbauten, kaum Aufmerksamkeit geschenkt. Mit seinen muslimischen, serbischen und kroatischen Nationalitätengruppen war Bosnien so etwas wie ein Klein-Jugoslawien, dessen Stabilität von der Stabilität des breiteren jugoslawischen Umfelds abhing. Ein später Versuch von Anfang 1992, einen Kompromiss innerhalb Bosniens auszuhandeln, scheiterte, und im Frühjahr brach ein Krieg aus, der von heftigen Kämpfen und großflächigen ethnischen Säuberungen gekennzeichnet war, die überwiegend, aber nicht nur, von der serbischen Seite ausgingen.

Frustriert wegen der gescheiterten Bemühungen, entwickelten EU und UN im Sommer 1992 ein gemeinsames Konzept für die Anstrengungen zur Konfliktlösung in der Region, bei dem die USA weiterhin nur eine passive Unterstützungsrolle einnahmen. Als daraus schließlich Anfang 1993 der auf zehn weitgehend autonomen Provinzen basierende Vance-Owen-Plan hervorging, hatten sich die Washingtoner Machtverhältnisse geändert, und eine neue Administration mit einer anderen Agenda hatte das Ruder übernommen. Die neue Administration beschloss schon bald, den Vance-Owen-Plan nicht weiter zu unterstützen, was dessen Schicksal besiegelte. Es folgte eine längere Zeit der angespannten Diskussion quer über den Atlantik, was wohl zu tun wäre.

Die USA waren entschlossen, keine Bodentruppen nach Bosnien zu schicken. Sie hatten eben erst in Somalia eine Niederlage einstecken müssen und waren nicht scharf auf eine Wiederholung dieser Erfahrung. Sie fokussierten sich stattdessen auf andere militärische Optionen begrenzter Luftschläge in Kombination mit einer Aufhebung oder Umgehung des Waffenembargos für die Region, das die UN im Frühstadium des Konflikts verhängt hatte. Aber mit militärischen Maßnahmen allein ließ sich keine politische Lösung herbeiführen, und die Europäer bestanden darauf, dass nur eine politische Lösung Frieden bringen konnte.

Als nun das gemeinsame EU/UN-Konzept verworfen worden war und die USA und die Europäer sich darüber stritten, was zu tun sei, wurde eine sogenannte Kontaktgruppe geschaffen, die versuchen sollte, innerhalb der internationalen Gemeinschaft einen Frieden zu diesem Thema zu vermitteln. Ihr gehörten die USA, Frankreich, Großbritannien, Deutschland, Russland und seit 1996 auch Italien an.

Mittlerweile erschien es als höchst unwahrscheinlich, dass die Kriegsparteien vor Ort eine Regelung akzeptieren würden, solange sie überzeugt waren, dass da in der Zukunft noch eine für sie günstigere Regelung wartete. Die Bosniaken – als die sich die Muslime zunehmend bezeichnet wissen wollten – hofften weiter auf eine US-Militärintervention, während die Serben starke Unterstützung aus Moskau erhielten. Die Europäer taten sich gelegentlich schwer, ihren eigenen Weg zwischen beidem zu finden.

Ein von der Kontaktgruppe im Sommer 1994 nach langem internem Gerangel vorgestellter sogenannter Friedensplan war alles andere als das. Er bestand aus einer ziemlich komplizierten Karte, die das Land in zwei Gebiete unterteilte, jedoch ohne dezidierten Vorschlag zu den eminent wichtigen politischen Strukturen des Landes. Entsprechend wenig Anklang fand er dann auch.

Als Katalysator für die abschließenden Friedensbemühungen im Spätsommer 1995 diente weniger die Katastrophe von Srebrenica, als vielmehr die Erkenntnis in Washington, dass ein länger andauernder Krieg den Einsatz US-amerikanischer Bodentruppen unausweichlich machen würde – mit unvorhersehbaren Konsequenzen. Auf der politischen Bühne in Washington genoss die bosniakische Position klar den Vorzug.

Der Ratschluss lautete dann, die zentralen Elemente einer Reihe früherer Friedenspläne, deren keiner die allgemeine Unterstützung gefunden hatte, zu einer konsolidierten Anstrengung unter der festen Führung Richard Holbrookes, des Leiters der Abteilung für europäische und eurasische Angelegenheiten im US-Außenministerium, zu verschmelzen. Die 49-51-Plan der Kontaktgruppe für einen „territorialen Kompromiss" zur Aufteilung Bosniens wurde mit früheren europäischen Ideen eines „flachen" gemeinsamen Staates kombiniert, der für alle Konfliktparteien annehmbar sein sollte.

Nachdem nun die internationale Gemeinschaft erstmals, wenn schon nicht mit einer Stimme, so doch zumindest mit einer gemeinsamen Botschaft sprach und auf allen Seiten Kriegsmüdigkeit einsetzte, wurde eine Einigung schließlich möglich, auch wenn es in Dayton noch drei Wochen dauerte, bis alle Details geklärt waren. In diesen Wochen wurde bedauerlicherweise der territorialen Spaltung des Landes und der Frage, wie sich die Kriegsparteien trennen ließen, mehr Beachtung geschenkt als den politischen Strukturen, die das Land zusammenhalten und einen dauerhaften Frieden sichern sollten.

Das Abkommen von Dayton wäre ohne die aktive Beteiligung der Vereinigten Staaten nicht möglich gewesen. Sie waren abwesend gewesen, als die Bemühungen zur Verhinderung eines Krieges scheiterten, hatten dann einen destruktiven Einfluss auf die Bestrebungen zu seiner Beendigung in seinem ersten Jahr gehabt und waren maßgeblich beteiligt, als eine Einigung schließlich erzielt wurde. Nachdem die USA Luftangriffe geflogen hatten, wenn auch mit bescheidenem Erfolg, gelang es ihnen, der bosniakischen Seite das entscheidende Eingeständnis abzuringen, den Namen Republika Srpska für den 49-prozentigen Anteil des Landes zu akzeptieren, der von der serbischen Seite dominiert wurde.

Bis zu einem gewissen Grad gilt dasselbe aber auch für andere internationale Akteure. Die russische Seite unterstützte ausnahmslos die gemeinsamen Maßnahmen und ließ der serbischen Seite keinen Raum, sich ihnen zu entziehen, während die Europäer die US-Verhandlungsführer in den wichtigen verfassungsrechtlichen Fragen berieten.

Auch im Fall des Bosnienkriegs gab es keine neutralen Vermittler. Die verschiedenen internationalen Akteure sympathisierten unterschiedlich stark mit der einen oder anderen Kriegspartei, wobei historische Verbindungen ebenso eine Rolle spielten wie die jeweilige heimische Dynamik.

Solange die Kriegsparteien unterschiedliche Vorstellungen davon hatten, was es für sie am Ende zu gewinnen gab, hatten sie wenig Anreiz, den Konflikt beizulegen. Erst als sich alle internationalen Akteure auf eine gemeinsame Linie verständigten, die das Resultat des bisherigen Konfliktgeschehens in Kombination mit heimischem Druck war, wurde Frieden möglich.

*Carl Bildt ist der Sondergesandte der Weltgesundheitsorganisation für den ACT Accelerator. Zuvor war er Ministerpräsident und Außenminister des Königreichs Schweden. Bildt ist Co-Vorsitzender des European Council on Foreign Relations und Mitglied im Beirat der Münchner Sicherheitskonferenz.*

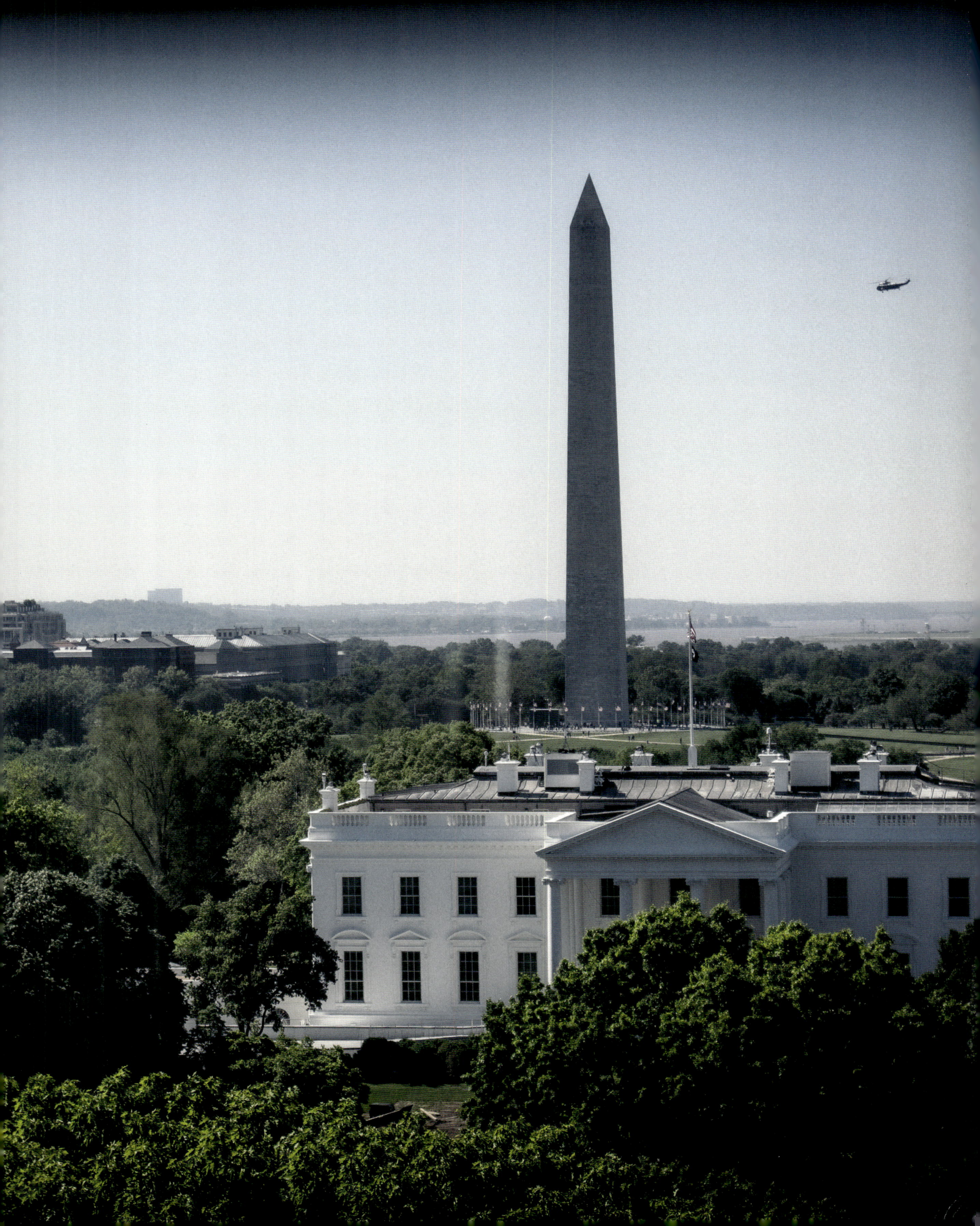

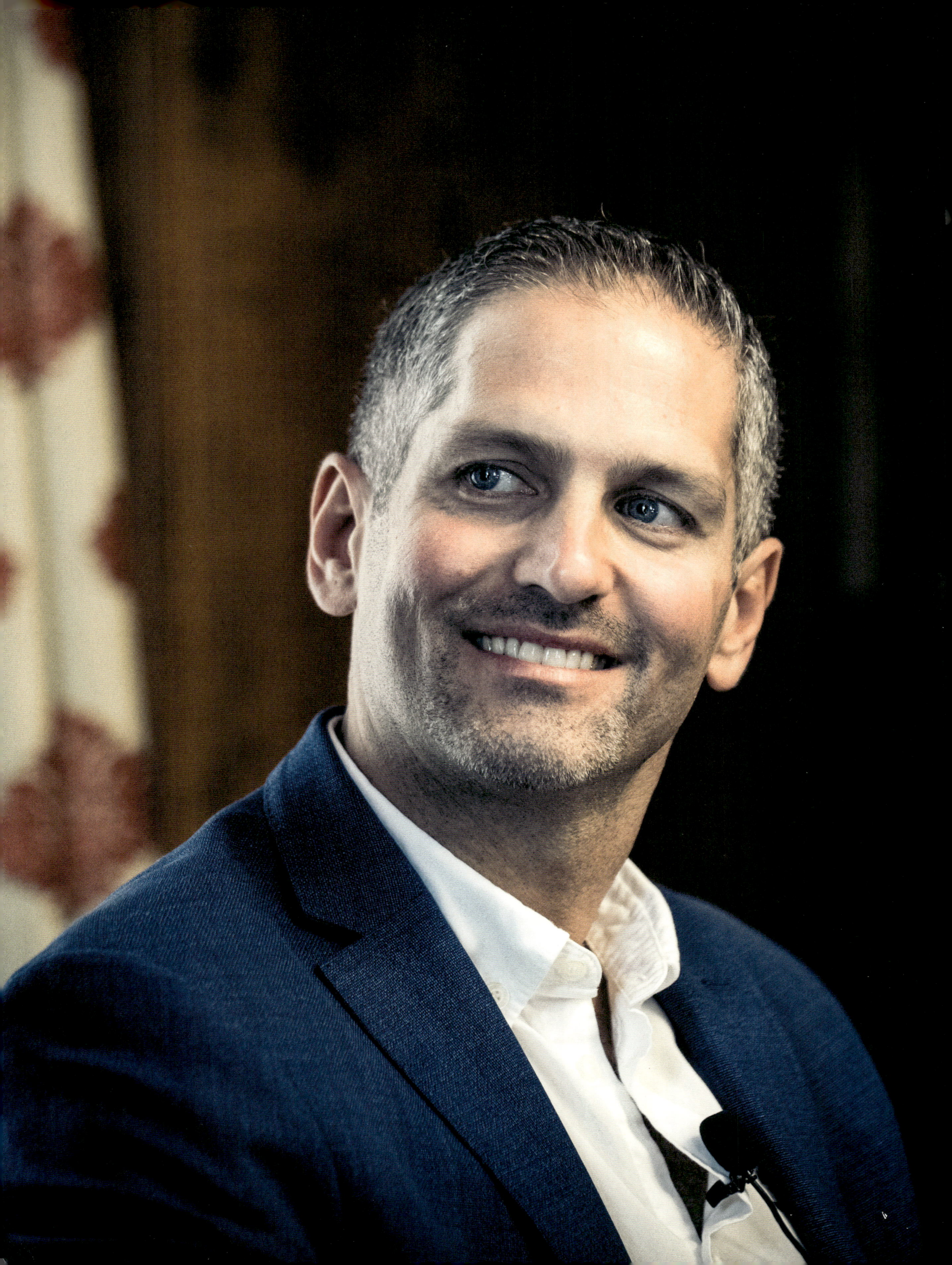

# An den Frieden glauben

**Nasser bin Nasser**

Angesichts des gegenwärtigen Zustands des arabisch-israelischen Konflikts möchte man kaum glauben, dass vor dreißig Jahren eine reale Aussicht auf Frieden bestand – ja, dass entgegen aller Wahrscheinlichkeit ein palästinensisch-israelischer und ein jordanisch-israelischer Friedensvertrag ausgehandelt und unterzeichnet wurden.

An den Verhandlungen Beteiligte erzählten mir, der alles entscheidende Faktor sei Führung gewesen. Was mich besonders beeindruckt, ist der Realismus in Bezug auf Frieden und Sicherheit, den alle Seiten an den Tag legten. Die drei Verhandlungsführer waren nicht die Friedensapostel, als die ihre Kritiker sie charakterisierten. Ganz im Gegenteil, es waren militärische Hardliner, die sich lediglich der Grenzen ihrer militärischen Optionen bewusst waren. Ob die Wirkung der Intifada auf die Israelis, das Ende der materiellen und finanziellen Unterstützung für die bewaffneten palästinensischen Widerstandsbewegungen aus der Zeit des Kalten Kriegs oder das Ende der »strategischen Tiefe« für Jordanien nach der irakischen Niederlage im Golfkrieg – alle drei schienen zu dem Schluss gekommen zu sein, dass der Status quo nicht länger haltbar war. Dass Frieden als politische Lösung Sicherheit bringen kann, ist für Militärs nicht völlig neu. Clausewitz' Kriegstheorie beschreibt den Frieden als Fortsetzung des Kriegs ohne Waffeneinsatz. Wie König Hussein Vertrauten gegenüber zu bemerken pflegte: „Man schließt Frieden nicht mit seinen Freunden, sondern mit seinen Feinden."

Eine weitere Führungsqualität zeigte sich in dem Mut, sich nicht dem Populismus zu beugen, sondern der eigenen Öffentlichkeit den Frieden mit dem Feind zu „verkaufen" und so die öffentliche Meinung zu formen, anstatt sie lediglich zu spiegeln. Alle Seiten bewiesen Pragmatismus und machten notgedrungen schwierige Zugeständnisse. Ein bleibendes Beispiel ist Jordaniens Aufsicht über den Jerusalemer Tempelberg, wie sie im jordanischen Friedensvertrag mit Israel festgelegt ist, was ohne palästinensische und israelische Zustimmung niemals möglich gewesen wäre. Die palästinensische Führung beispielsweise war sich dessen bewusst, dass eine jordanische Verwaltung die heiligen Stätten besser schützen könnte – ungeachtet des Legitimierungseffekts, den dies mit sich bringen würde. Dieses Arrangement bereitete Israels Ministerpräsidenten großen Verdruss, nachdem er angetreten war, den Status von Jerusalem zu ändern. Möglich, dass dieses Arrangement von allen drei Seiten bewusst als Bollwerk gegen populistische Politiker und ihre unberechenbaren einseitigen Schritte konzipiert war.

Zu den damals bewiesenen Führungsqualitäten gehörte auch die Offenheit, Dinge beim Namen zu nennen, anstatt um den heißen Brei herumzureden. Ein jordanischer Beteiligter beschrieb mir, wie sich Premierminister Jitzchak Rabin in einem Meeting mit wenigen Teilnehmern gegen einige vom jordanischen Prinzen Hassan ibn Talal vorgeschlagene Paragrafen mit dem Verweis auf das oft wiederholte Narrativ von einem Israel verwahrte, das von *enemies* umgeben sei, und wie Prinz Hassan darauf erwiderte, Jordanien sei von *frenemies* (Freund/Feinden) umgeben.

> Man schließt Frieden nicht mit seinen Freunden, sondern mit seinen Feinden.

Die vielleicht wichtigste Führungsqualität betraf die bewusste Vermeidung von Nullsummenformulierungen, was die Verhandlungen und die anschließende kurze Phase des Friedens überhaupt erst ermöglichte. Alle Verhandlungsführer achteten darauf, keine Optionen ins Spiel zu bringen, die ihre Gegenspieler schwächen, untergraben oder demütigen könnten. Sie taten das nicht aus Rücksicht oder Mitgefühl, sondern aus der Erkenntnis heraus, dass stabile Beziehungen und effiziente Verträge voraussetzen, dass sich alle Vertragspartner in einer Position der Stärke wiederfinden.

In letzter Zeit hat die Formel, wonach Frieden Sicherheit bringt, eine Umkehrung erfahren. Heute ist man eher geneigt zu sagen, dass Sicherheit Frieden bringt. Das gilt nicht nur für diesen Konflikt, sondern leider für die internationale Diplomatie allgemein. Wie sich populistisches Denken und der Nullsummenansatz auf die Diplomatie auswirkt, zeigt sich beispielhaft in Donald Trumps Buch *The Art of the Deal*, dessen trockenes Geschäftsverständnis von Diplomatie jeder möglichen politischen Verständigung entgegensteht, die sich andernfalls mittels der Kunst der Diplomatie erzielen ließe. Dass den Palästinensern Gerechtigkeit und Würde bis heute vorenthalten werden, überschattet jeden etwaigen Sicherheitsnutzen aus den Friedensverträgen mit Israel.

**Nasser bin Nasser ist Geschäftsführer des Middle East Scientific Institute for Security mit Sitz in Amman, Jordanien. Er war Munich Young Leader im Jahr 2011.**

◂ Nasser bin Nasser beim Munich Young Leaders Alumni-Treffen in New York City im September 2019.

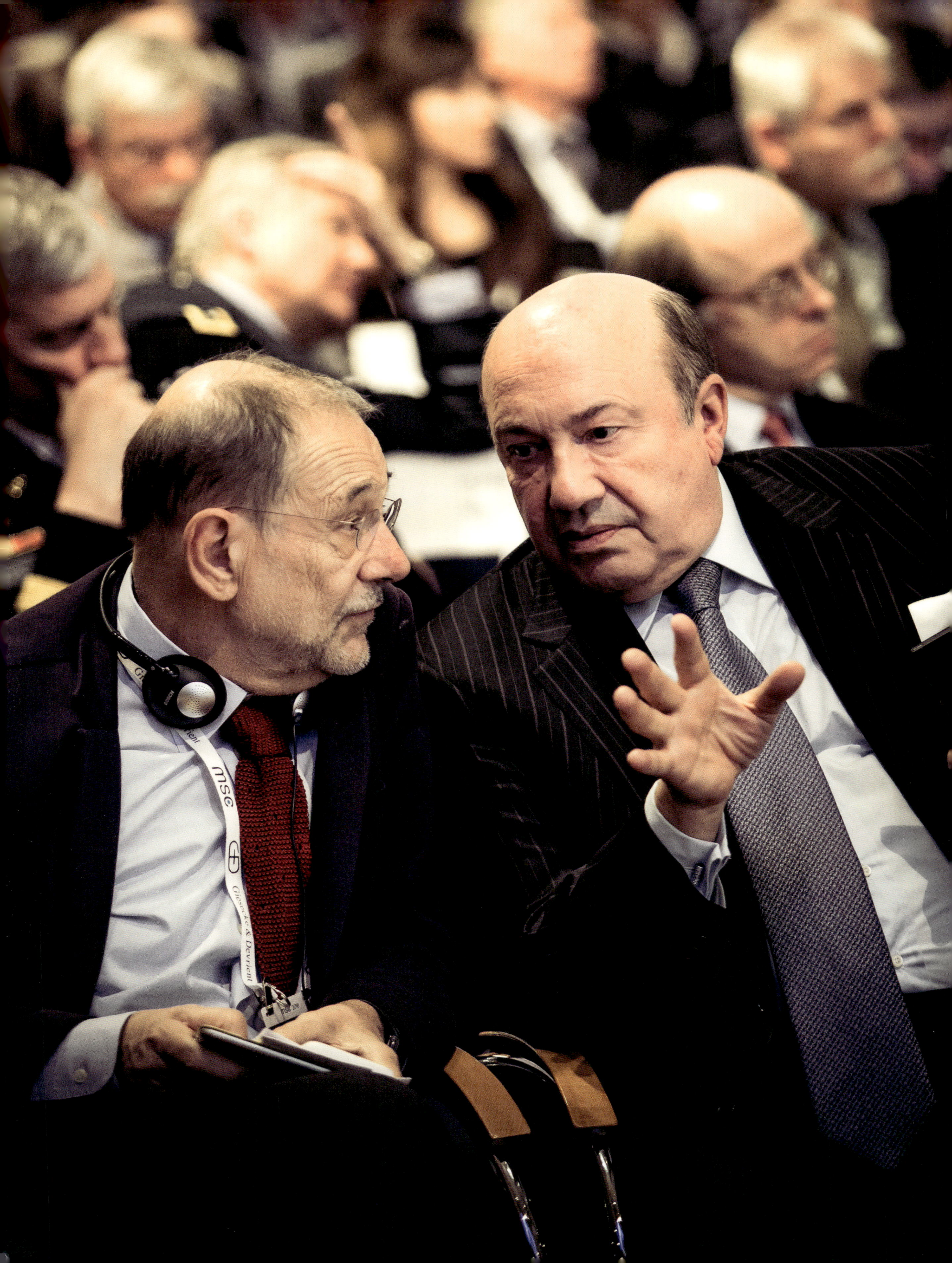
msc
Giesecke & Devrient

# 30 Jahre später von Dayton träumen

**Igor Iwanow**

Dies ist ein kurzer Bericht über einen Traum, den ich hatte und in dem es um die bevorstehende Jährung des Dayton-Abkommens zu Bosnien ging. In diesem Traum war es bereits fast dreißig Jahre nach unseren ziemlich langwierigen und umständlichen Verhandlungen auf der US-Militärbasis in Dayton. Ich erinnere mich noch lebhaft an diese scheinbar endlosen 21 Tage im Jahr 1995, als man uns unsere Handys weggenommen hatte und wir keine Chance hatten, dem Ort zu entfliehen – nicht einmal abends, um das Nachtleben von Dayton zu genießen.

Aber wie sie sagen: „It's great in Dayton!" Von Zeit zu Zeit fällt mir wieder unsere „Liga der außergewöhnlichen Damen und Herren" ein: ein schillernder und unberechenbarer Richard Holbrooke, ein akribischer und beharrlicher Carl Bildt, ein bestimmter und geradliniger Wesley Clark, eine charmante und dabei willensstarke Pauline Neville-Jones und der Rest unserer bunten, aber sehr engagierten Mannschaft. Wir gaben in Dayton unser Bestes, auch wenn unsere Mission gelegentlich aussichtslos und zum Scheitern verurteilt zu sein schien. Aus meiner Sicht ist es wesentlich Warren Christopher zu verdanken, dass die Verhandlungen am Ende nicht scheiterten und eine abschließende Lösung für den Text der Vereinbarung gefunden wurde.

Ich muss sagen, dass ich noch vor fünf Jahren meine Zweifel hatte, ob wir Dayton wirklich als eine bemerkenswerte internationale Errungenschaft feiern sollten. Schließlich hing Bosnien und Herzegowina seit einem Vierteljahrhundert praktisch an einem externen Lebenserhaltungssystem, war noch immer hochgradig fragil und wirkte sogar etwas künstlich. Die Gesamtsituation der Westbalkanländer sah ebenfalls nicht vielversprechend aus – mit zahlreichen lokalen Krisen, Querelen zwischen benachbarten Staaten und einer starken Großmächterivalität in der Region. In den Augen vieler blieb die Region zu Beginn des 21. Jahrhunderts dasselbe gefährliche europäische Pulverfass, das sie vor einem Jahrhundert gewesen war.

In meinem Traum sind diese dunklen Zeiten vorbei. Nicht nur stehen mittlerweile fast alle Balkanländer auf der Liste der EU-Beitrittskandidaten, sondern die Westbalkanländer haben sich zudem als eine der lebendigsten und dynamischsten wirtschaftlichen Entwicklungszonen Europas erwiesen. Vom ewigen Zankapfel und Grund für Spannungen zwischen Moskau und Brüssel haben sie sich zu einer natürlichen wirtschaftlichen und sogar kulturellen Brücke zwischen Russland und dem Westen entwickelt. Sie sind auch zu einem wichtigen internationalen Labor für das Testen moderner Konzepte des Multikulturalismus und des konfessionellen Dialogs geworden.

Auch in unserer rationalen und materialistischen Welt geschehen noch Wunder. Ich behaupte nicht, dass das Wunder auf dem Balkan, das wir heute beobachten können, das unmittelbare Ergebnis des vor 30 Jahren unterzeichneten Dayton-Abkommens ist. Zu den jüngsten Fortschritten in der Region haben viele Faktoren beigetragen, die von der graduellen Verbesserung der geopolitischen Situation in Europa bis zum neuen Globalisierungsschub reichen. Die Nationen der Region zögern nicht, die neuen Chancen zu nutzen, die ihnen die Welt seit Beginn der COVID-19-Pandemie bietet. Ich glaube, dass wir in Dayton unseren bescheidenen Beitrag zu den gegenwärtigen ermutigenden Entwicklungen in der Region geleistet haben. Es hat lange gedauert, bis die von uns ausgebrachte Saat aufgegangen ist, aber wir haben immer daran geglaubt, dass einmal die Zeit der Ernte kommen würde.

Ich hoffe von Herzen, dass wir uns alle am 21. November 2025 auf derselben US-Militärbasis in Dayton wiedersehen können, die uns vor 30 Jahren gastfreundlich beherbergte. Keiner kann für Dayton im November gutes Wetter garantieren, aber ich bin sicher, dass es ein großartiges Treffen jener in unserer Gruppe sein wird, die noch unter uns weilen. Dieses Treffen in Dayton wird eine gute Gelegenheit bieten, über die Errungenschaften der Vergangenheit nachzudenken, aber auch, um sich Gedanken über die Herausforderungen der Zukunft zu machen. Insbesondere hoffe ich, dass wir darüber sprechen können, ob wir das Dayton-Modell auf eine Reihe ungelöster Konflikte in der MENA-Region übertragen könnten und was wir im Sinne der strategischen Rüstungskontrolle in Europa jenseits des amerikanisch-russischen INF-2-Vertrags tun können, der in meinem Traum bereits geschlossen ist. Wir müssen Hand in Hand arbeiten, wenn aus Träumen wie dem meinen zu Bosnien Wirklichkeit werden soll.

**Igor Iwanow ist Präsident des Russian International Affairs Council (RIAC). Zuvor war er von 1993 bis 1998 Erster Stellvertretender Außenminister der Russischen Föderation, von 1998 bis 2004 Außenminister und von 2004 bis 2007 Sekretär des Sicherheitsrates.**

◂ Igor Iwanow (rechts) mit Javier Solana auf der Münchner Sicherheitskonferenz im Februar 2016

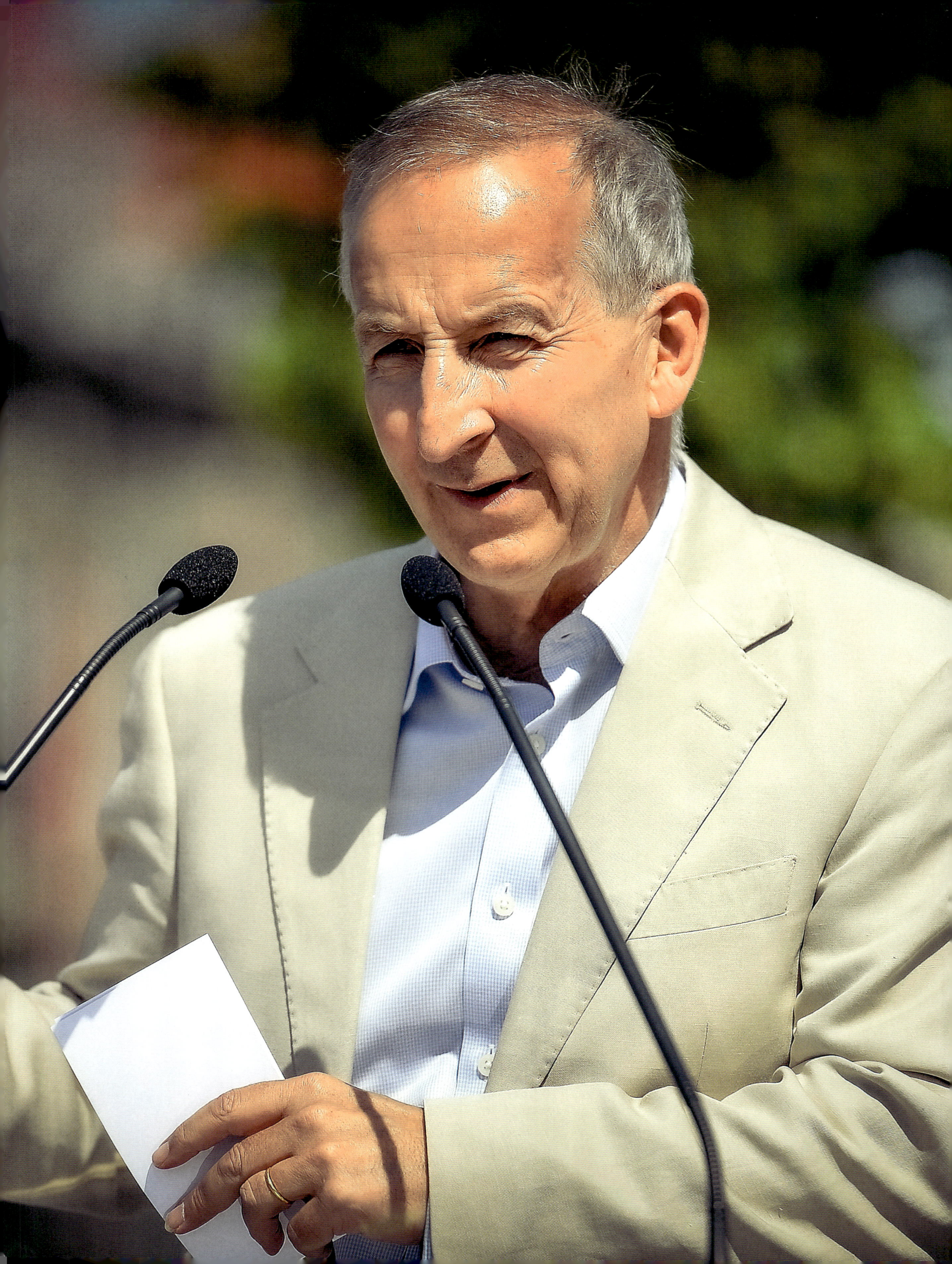

# Das Konzert der Nationen dirigieren

**Peter Ricketts**

In all den Jahren meiner Zusammenarbeit mit Wolfgang Ischinger in der diplomatischen Arena erlebte ich ihn nur ein einziges Mal wirklich ungehalten. Es war im Oktober 1998. Als sich die Krise im Kosovo zuspitzte, versammelten sich Minister der sechs Länder, aus denen die Kontaktgruppe bestand (Großbritannien, Frankreich, Deutschland, Italien, Russland und die Vereinigten Staaten) auf dem Flughafen Heathrow, um sich einen Bericht des US-Gesandten Richard Holbrooke anzuhören, der mit Präsident Milošević über einen Waffenstillstand und den Rückzug der serbischen Sicherheitskräfte aus dem Kosovo verhandelte.

Der Ort passte zu viel beschäftigten Ministern, war aber nicht ideal. Der Meetingraum lag an der wichtigsten Startbahn, weshalb die Diskussion alle zwei Minuten vom ohrenbetäubenden Lärm eines abhebenden Flugzeugs unterbrochen wurde. Er war zudem klein und bot lediglich den Ministern und ihren wichtigsten Beratern, den Politischen Direktoren aus den Außenministerien, Platz. Holbrooke, in seiner gewohnt taktvollen Art, warf einen Blick in die Runde, erklärte, dass zu viele Personen im Raum wären, und forderte, dass nur die Minister anwesend sein sollten. Da niemand widersprach, wurden die Politischen Direktoren des Raumes verwiesen, um die nächsten zwei Stunden kalten Kaffee trinkend auf den harten Korridorsitzen auszuharren.

Wolfgang fand das gar nicht lustig. Das Heathrow-Meeting stand für eine Form der Diplomatie, in der er besonders gut war: zu versuchen, internationale Probleme mittels ruhiger, geduldiger und entschlossener Arbeit im Kreis einer Gruppe ausgewählter Länder zu lösen, die über nützliche Einflusshebel verfügten. Er wusste, dass es die Aufgabe der Politischen Direktoren sein würde, die Entscheidungen ihrer Minister umzusetzen, nachdem diese längst in alle Richtungen davongeflogen wären. Zudem hatte der deutsche Außenminister seit Anfang 1992 im Zentrum der Kosovo-Diplomatie gestanden. Deutschland hatte früher als alle anderen die Gefahr erkannt, dass die sich verschärfende Krise im ehemaligen Jugoslawien sich in die serbische Provinz Kosovo ausbreiten könnte. Um Spannungen zwischen der kosovo-albanischen Mehrheit und der serbischen Minderheit im Kosovo zuvorzukommen, hatten die Deutschen vorgeschlagen, dass die Konferenz für Sicherheit und Zusammenarbeit in Europa (KSZE, die spätere OSZE) Beobachter in die Provinz entsenden sollte. Dieses europaweite kooperative Sicherheitsgremium war erst kürzlich von 34 auf 52 Länder aufgestockt worden, nachdem ehemalige Sowjetstaaten sich in Scharen um die Mitgliedschaft bewarben. Belgrad weigerte sich jedoch, den KSZE-Beobachtern Visa zu erteilen. In einem zweiten Anlauf drängte Deutschland darauf, den Kosovo auf die Tagesordnung der Dayton-Konferenz 1995 zu Bosnien zu setzen, aber Holbrooke befand, dass das die Dinge überfrachten würde.

Die Kontaktgruppe war für die Bosnienkrise eingerichtet worden, aber 1997 überzeugte Deutschland die übrigen Mitglieder, die Agenda um den Kosovo zu erweitern. Das war eine signifikante Botschaft, weil es zeigte, dass Russland nicht länger das serbische Argument akzeptierte, der Kosovo sei ausschließlich eine innere Angelegenheit. Milošević begriff das Signal jedoch nicht und schickte 1998 seine Sicherheitskräfte in den Kosovo, wo sie zu einer weiteren Runde der Gewalt und der ethnischen Säuberungen ansetzten.

Das war der Hintergrund der Holbrooke-Mission und der Diskussion der Kontaktgruppe am Flughafen Heathrow. Die Minister beschlossen an diesem Abend, Holbrooke wieder nach Belgrad zu entsenden. Schließlich gelang es ihm, Milošević zu überreden, die serbischen Kräfte zurückzuziehen und die Stationierung einer unbewaffneten Kosovo-Friedensmission unter OSZE-Regie (ganz ähnlich, wie Deutschland es 1992 vorgeschlagen hatte) zu akzeptieren. Aber die Gewalt ließ nur vorübergehend nach, und im Januar 1999 terrorisierten serbische Milizen erneut die kosovo-albanische Bevölkerung. Die Lage verschlechterte sich unaufhaltsam, bis die NATO im März 1999 ihre Luftschläge gegen die serbischen Kräfte im Kosovo flog.

> In gewisser Weise fühlen sich die Jahre des Krisenmanagements auf dem Balkan mittlerweile wie ferne Vergangenheit an. Meiner Ansicht nach bieten sie jedoch einige Lehren für den geschickten Einsatz diplomatischer Instrumente zur Lösung internationaler Krisen, die auch für die neue Generation von Politikern und Diplomaten relevant sind, die mit einem viel größeren Spektrum an Gefahren und Risiken konfrontiert sind.

◂ Peter Ricketts während einer „Open Book" Pressevorschau in Paris im Juni 2015.

In gewisser Weise fühlen sich die Jahre des Krisenmanagements auf dem Balkan mittlerweile wie ferne Vergangenheit an. Meiner Ansicht nach bieten sie jedoch einige Lehren für den geschickten Einsatz diplomatischer Instrumente zur Lösung internationaler Krisen, die auch für die neue Generation von Politikern und Diplomaten relevant sind, die mit einem viel größeren Spektrum an Gefahren und Risiken konfrontiert sind. So, wie ich die Kosovo-Krise als stellvertretender Politischer Direktor des britischen Außenministeriums erlebte, schien sie mir unter verteidigungspolitischen Gesichtspunkten die Mündigwerdung der Bundesrepublik zu markieren. Mit der NATO-Operation beteiligten sich bekanntlich zum ersten Mal seit dem Zweiten Weltkrieg deutsche Truppen an einem Kampfeinsatz. Dass dies in Zeiten einer rot-grünen Koalition mit Joschka Fischer als Außenminister geschah, machte es in meinen Augen noch bemerkenswerter. Das war nur möglich, weil die deutsche Diplomatie alles nur Erdenkliche versucht hatte, um eine friedliche Lösung der Spannungen zwischen Belgrad und Pristina zu erreichen, bevor sie den militärischen Weg einschlug. Auch markierte der Beginn der NATO-Kampfoperationen keineswegs das Ende der deutschen Bemühungen um eine Lösung der Krise.

Wolfgang Ischinger befand sich als Staatssekretär im Außenministerium der neuen deutschen Regierung einmal mehr im Mittelpunkt des Geschehens. Ihm half dabei der Umstand, dass Deutschland im Jahr 1999 turnusmäßig den Vorsitz der G8 – der Gruppe der acht führenden Industrienationen – innehatte. Diese Gruppierung war 1973 als informelles Forum der sechs wichtigsten Industrieländer (Großbritannien, Frankreich, Deutschland, Italien, Japan und die USA) entstanden und im Jahr darauf um Kanada zur G7 angewachsen. Russland war 1997 zu den Treffen der G7-Außenminister hinzugekommen. Als die NATO im Frühjahr gerade ihre Lufteinsätze flog, entwarfen der deutsche Außenminister Joschka Fischer und seine Mitarbeiter einen Sechs-Stufen-Plan und starteten intensive diplomatische Bemühungen, um ihn anderen Partnern und insbesondere den Russen schmackhaft zu machen. Sie präsentierten ihren Plan auf einem Treffen der G8-Außenminister auf dem Petersberg bei Bonn im Mai 1999. Die zentrale Forderung an Milošević lautete, sämtliche Truppen und Spezialkräfte zurückzuziehen und den kosovo-albanischen Flüchtlingen zu ermöglichen, in ihre Häuser zurückzukehren. Das G8-Treffen erzielte einen entscheidenden Durchbruch, als der russische Außenminister Igor Iwanow die Grundsätze des Friedensplans akzeptierte und sich einverstanden erklärte, dass sich sein Gesandter, der ehemalige russische Premierminister Wiktor Tschernomyrdin, zusammen mit dem finnischen Präsidenten Martti Ahtisaari nach Belgrad begab, um Milošević davon zu überzeugten, dass das Spiel aus war.

Das Timing der G8-Initiative war genau richtig, nachdem die NATO nun schon über einen Monat lang Bombenangriffe flog und die serbischen Kräfte offensichtlich unter großem Druck standen. Die Nachrichtenüberbringer waren gut gewählt: Ein russischer Staatsmann und der Präsident eines neutralen europäischen Landes machten es wahrscheinlicher, dass Milošević sich in das Unvermeidliche fügte, als wenn das Ultimatum von NATO-Mitgliedstaaten überbracht worden wäre. Er tat es, und der deutsche diplomatische Erfolg wurde noch gesteigert, als die Russen einen Monat später auf dem G8-Gipfel in Köln ihre Bereitschaft erklärten, sich an der NATO-geführten Kosovo-Friedenstruppe KFOR zu beteiligen. Gleichzeitig akzeptierten die G8 einen breiteren, von Deutschland entworfenen Stabilitätspakt für Südosteuropa. Was lässt sich aus dieser intensiven Periode des internationalen Krisenmanagements herausdestillieren, das sich in der ganz anderen geopolitischen Situation von heute nutzen ließe? Ich denke hier insbesondere an drei Lehren.

Erstens: Obwohl sich die Instrumente der modernen Diplomatie mit der digitalen Kommunikation und den sozialen Medien verändert haben, ist die Technik des Zuhörens und der Verständigung mit jenen, welche die Dinge ganz anders sehen, so wichtig wie eh und je. Die Kontakte, die die deutschen Diplomaten seit 1992 in Belgrad, Pristina und Moskau gepflegt hatten, machten die Bonner Regierung für alle Seiten zu einem vertrauenswürdigen Gesprächspartner. Das erwies sich als entscheidend, als es darum ging, den durch die Militäraktion erzeugten Druck in eine politische Vereinbarung umzumünzen. Zugleich ließ Deutschland zu keiner Zeit irgendwelche Zweifel an seiner absoluten Solidarität als Mitglied des NATO-Bündnisses aufkommen – selbst als es die Kontakte zur Milošević-Regierung weiterpflegte.

Zweitens: Ob es gelingt, eine Krise in den Griff zu bekommen und eine Lösung zu finden, kann entscheidend davon abhängen, ob die richtigen Länder mit im Boot sind. Während sämtlicher Balkankriege spielte die Kontaktgruppe eine wichtige Rolle für die Aufrechterhaltung der Kommunikationskanäle zwischen Serbien, Kosovo und Russland, auch wenn sie nur zögerlich auf Deutschlands Warnungen reagierte, dass sich im Kosovo ein Sturm zusammenbraute. Als für Milošević die Zeit gekommen war, die Bedingungen zu akzeptieren, verfügten die G8 zum Glück über die richtige Zusammensetzung, um die mächtigsten Industrienationen der Welt für Deutschlands Friedensplan zu gewinnen und Russland ihn Belgrad übermitteln zu lassen.

Drittens: Obwohl die Kontaktgruppe und die G8 maßgeblichen Anteil am internationalen Druck auf Milošević hatten, waren sie für die nachfolgenden Schritte auf die etablierten internationalen Organisationen angewiesen. Nur die OSZE (mit ihrer europaweiten Mitgliedschaft) war legitimiert und in der Lage, kurzfristig eine durchaus riskante Beobachtermission auf die Beine zu stellen, um zu versuchen, die Spannungen mit friedlichen Mitteln zu lösen. Würde das misslingen, wäre einzig die NATO in der Lage, mit Billigung des UN-Sicherheitsrates zunächst eine Luftoperation und anschließend den Stabilisierungseinsatz mit Bodentruppen zu organisieren.

Alle diese Punkte sind nach wie vor relevant in einer Zeit, in der die demokratischen Staaten damit beschäftigt sind, ihre durch die Pandemie und Trumps rüden Umgang mit seinen Bündnispartnern beschädigten Kooperationsstrukturen zu reparieren.

Die erste dieser Lehren, in der es um das Offenhalten der Kommunikationskanäle zwischen sämtlichen Konfliktparteien geht, ist aktueller denn je in einer zutiefst polarisierten Welt, in der China und Russland nicht nur die bestehende regelbasierte Ordnung, sondern die Idee allgemeingültiger Normen und Werte generell infrage stellen. Wie sich der strategische Ausblick seit den 1990er-Jahren verdunkelt hat, lässt sich schon daraus ermessen, dass es heute unvorstellbar ist, dass Russland einen vom Westen entworfenen Friedensplan akzeptieren und sich bereit erklären könnte, ihn der Führung einer slawischen Nation zu unterbreiten, die sich von Russland Unterstützung erhofft. Das Offenhalten der Kommunikationskanäle mit Moskau wird zu einer noch größeren Herausforderung, wenn die russische Führung den Westen mit einem neuen Arsenal atomarer Waffen einzuschüchtern, unsere Länder mit rücksichtslosen Aktionen zu destabilisieren und unsere Gesellschaften mit dem Streuen von Zwist und Spaltung zu unterminieren versucht. Die zunehmenden amerikanisch-chinesischen Spannungen engen den europäischen Spielraum für die Aufrechterhaltung funktionierender Beziehungen zu Peking ein. Aber ein breiter Dialog mit beiden Ländern ist nicht nur unter wirtschaftlichen Gesichtspunkten wichtig, sondern auch, weil wir nur so den nötigen Druck auf diese autoritären Regime ausüben können, damit sie anerkennen, dass auch sie Verantwortung für diesen zerbrechlichen Planeten tragen, wie die COVID-19-Pandemie und die wachsende Klimakrise so anschaulich zeigen.

> Ob es gelingt, eine Krise in den Griff zu bekommen und eine Lösung zu finden, kann entscheidend davon abhängen, ob die richtigen Länder mit im Boot sind.

Die zweite Lehre, in der es darum geht, wie wichtig es ist, die richtigen Länder am Lösungsprozess für ein konkretes Problem zu beteiligen, hat ebenfalls mit Kommunikationskanälen zu tun. Gegenwärtig geht der Trend dahin, dass sich gleichgesinnte Länder zusammentun. Die G8 sind mit dem Ausschluss Russlands nach der Besetzung der Krim 2014 erneut auf sieben Mitglieder geschrumpft. Viel wurde über eine mögliche Aufstockung durch andere demokratische Länder gesprochen – beispielsweise zu einer D10 unter Einbeziehung von Australien, Südkorea und Indien (was auch den gegenwärtigen Fokus auf die indopazifische Region widerspiegeln würde). Großbritannien unternahm als Gastgeber des G7-Treffens vom Sommer 2021 einen Schritt in diese Richtung, als es die drei indopazifischen Nationen sowie Südafrika als Beobachter einlud. Präsident Biden richtete Ende 2021 den ersten von zwei Demokratiegipfeln aus. Gleichzeitig verstärken Australien, Indien, Japan und die USA ihre Konsultationen in asiatischen Sicherheitsfragen im Rahmen ihrer „Quad"-Gespräche. Während die US-Außenpolitik zunehmend damit beschäftigt ist, eine neue Form der „kompetitiven Koexistenz" mit China zu definieren, bleibt die Abstimmung der China-Politik zwischen den demokratischen Staaten ein zentrales Anliegen. Aber die Erfahrungen aus der Balkan-Diplomatie der 1990er-Jahre haben gezeigt, dass es ebenso wichtig ist, internationale Gruppierungen zu haben, die ideologische Gräben überwinden. Nur mit Vertretern der eigenen Seite zu sprechen ist kein Rezept für die Lösung der globalen Probleme von heute. Die Bereitschaft, mit autoritären Regimen zu sprechen, ist Ausdruck von Selbstbewusstsein und nicht von Schwäche.

Die dritte Lehre aus den Balkan-Jahren bezüglich der Bedeutung handlungsfähiger internationaler Institutionen hat nichts von ihrer Gültigkeit verloren. UN und NATO sind die Produkte einer ganz anderen Nachkriegswelt, zeigen aber eine bemerkenswerte Überlebens- und Anpassungsfähigkeit. Beide haben gravierende Schwächen und müssten dringend reformiert und gestärkt werden. Aber sie bieten etwas Einzigartiges und Unersetzliches, dessentwegen es sich lohnt, sie zu erhalten. Die Rolle des UN-Sicherheitsrats als Krisenmanager leidet massiv unter den tiefen Gräben zwischen seinen ständigen Mitgliedern. Aber das UN-System besitzt noch immer die Legitimität seiner globalen Mitgliedschaft – ein kostbares Gut im Netzwerk diverser Sonderorganisationen. Die Weltgesundheitsorganisation beispielsweise wurde für ihren Umgang mit der COVID-19-Pandemie viel kritisiert. Aber es wäre unmöglich, ein anderes globales Gesundheitsgremium zu schaffen, und so müssen wir alles Notwendige tun, um die WHO zu reformieren und ihre Finanzierung zu stabilisieren, damit sie ohne Angst und Gefälligkeit die Welt auf die nächste Pandemie vorbereiten kann. Viele weitere UN-Sonderorganisationen spielen ebenfalls eine wichtige Rolle für die globale Resilienz gegenüber disruptiven Bedrohungen. Die andere große Sicherheitsorganisation der Nachkriegszeit, die NATO, bleibt das einzige Forum, in dem die USA und ihre transatlantischen Verbündeten ihre wichtigsten nationalen Sicherheitsprioritäten verhandeln und eine gemeinsame Verteidigung organisieren können. Als militärisches Bündnis ist sie in gutem Zustand, nachdem aufgrund der von Russland ausgehenden Bedrohungen überall in Europa die Verteidigungsausgaben steigen. Aber das Vertrauen zwischen den Bündnispartnern, auf dem die politische Stärke der NATO beruht, wurde von Trump stark erschüttert und leidet noch immer unter dem Verhalten einiger Verbündeter (insbesondere der Türkei), die zu Hause eine Politik betreiben, die sich nur schwer mit den Gründungsprinzipien des Washingtoner Vertrags vereinbaren lässt. Der neue NATO-Schwerpunkt der Wiederbelebung politischer Konsultationen ist deshalb zu begrüßen. Sowohl die UN als auch die NATO verfügen über die personellen Ressourcen und die Erfahrung, die informellen Staatenzusammenschlüssen wie der G7 fehlen. Beides ist erforderlich, wenn es darum geht, gute Ideen in konkrete Schritte umzusetzen, die das internationale Verhalten ändern.

Selbst die besten Diplomaten sind auf das Geschick eines Orchesterdirigenten angewiesen, der die unterschiedlichen Teile des internationalen Systems zusammenbringt und eine Harmonie erzielt, die kein Instrument allein zustande bringt. Das ist es, was das Heathrow-Meeting leisten wollte – trotz der Kakophonie der startenden Flugzeuge nebenan. Und das ist auch der Grund, warum Maestro Wolfgang Ischinger sich zu Recht darüber echauffierte, dass er vom Konzert ausgeschlossen wurde.

**Peter Ricketts war vierzig Jahre lang britischer Diplomat und Großbritanniens erster National Security Advisor. Er ist heute Mitglied des britischen Oberhauses. Sein Buch** *Hard Choices: What Britain Does Next* **erschien 2021 bei Atlantic Books.**

> **Nur mit Vertretern der eigenen Seite zu sprechen ist kein Rezept für die Lösung der globalen Probleme von heute. Die Bereitschaft, mit autoritären Regimen zu sprechen, ist Ausdruck von Selbstbewusstsein und nicht von Schwäche.**

MSC European Defense Roundtable in London im Dezember 2019.

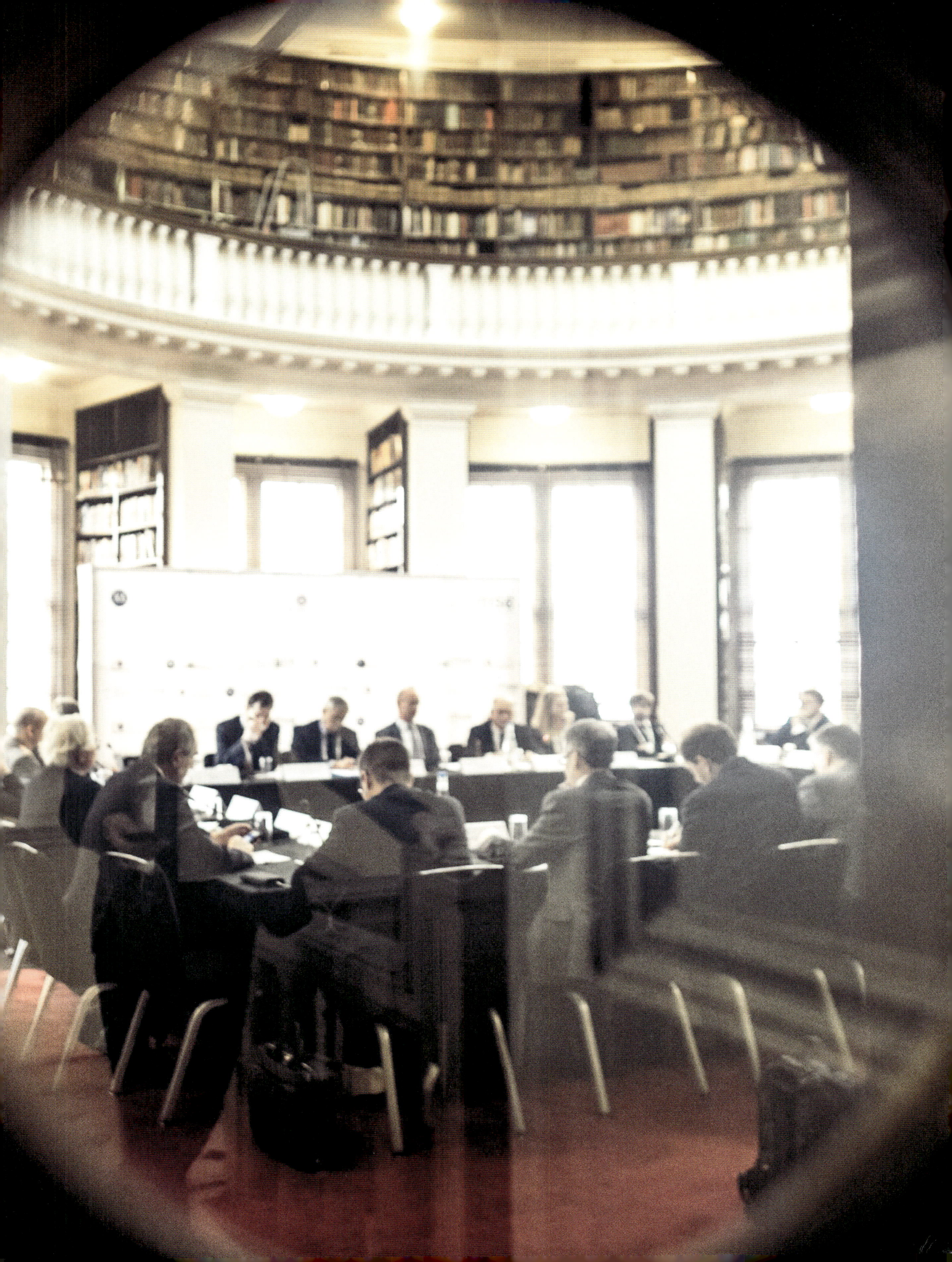

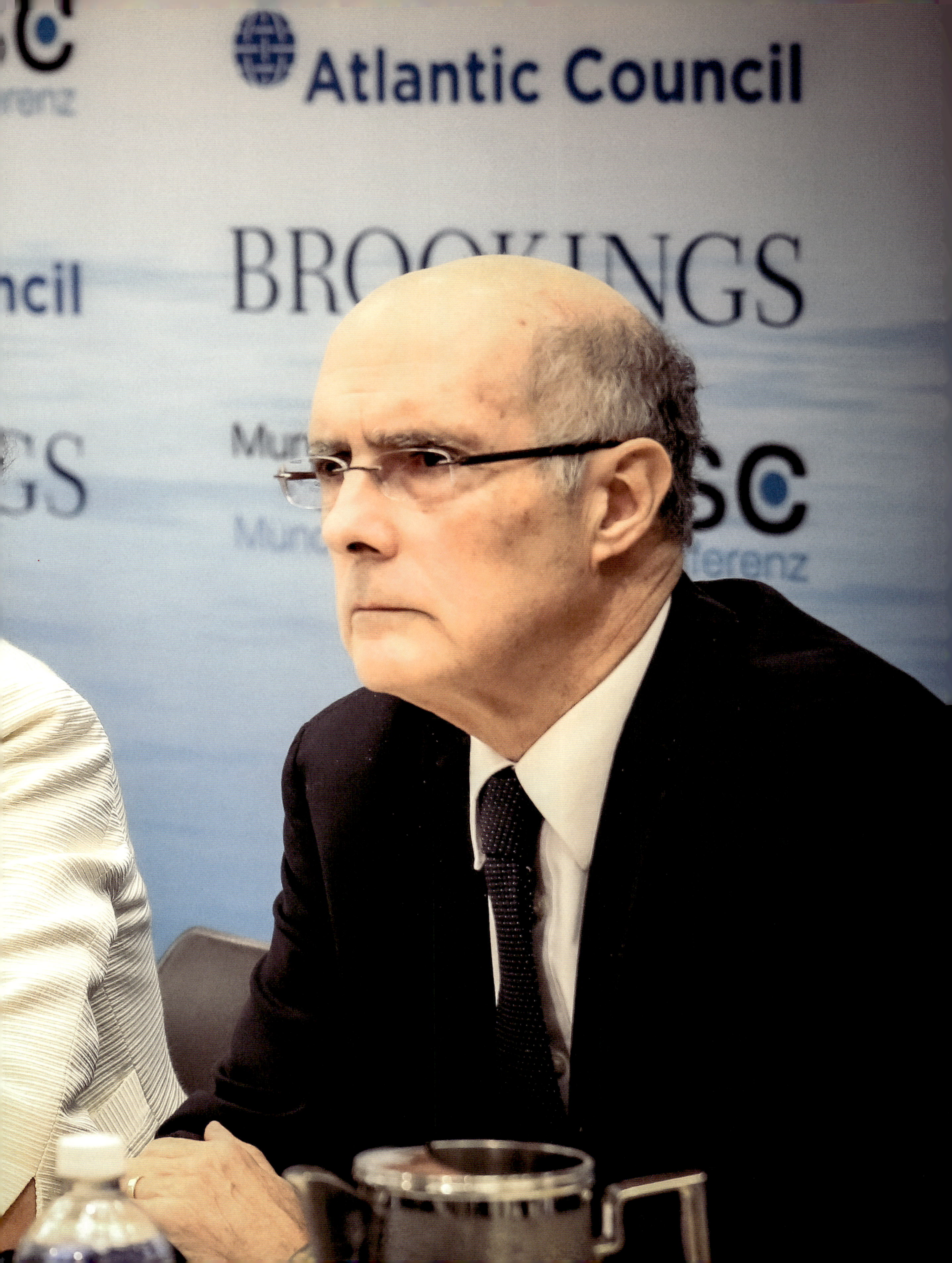
Atlantic Council

# Einen Krieg beenden

**Strobe Talbott**

Im letzten Jahrzehnt des 20. Jahrhunderts radierten sich die Sowjetunion und Jugoslawien von der Weltkarte. Aber die Absichten der Männer an ihrer Spitze unterschieden sich radikal. Boris Jelzin versuchte, Russland und die übrige neue Gemeinschaft Unabhängiger Staaten (GUS) in Richtung westlicher Werte, Staatsführung und Institutionen zu lenken, während Slobodan Milošević ein serbischer Faschist war, der gegen seine ehemaligen Landleute Krieg führte.

Die nordatlantischen Verbündeten, die Europäische Union und die Vereinten Nationen unterstützten Jelzin bei seinen umfassenden Reformen. Diese Unterstützung war spannend und schwierig. Gleichzeitig konnte der Westen nicht die Augen verschließen vor den Gräueltaten, die auf dem Balkan weiter zunahmen. Die internationale Gemeinschaft musste die Serben unter Kontrolle bringen. Diese Aufgabe war deprimierend und gefährlich.

Die Russen waren bereit, sich an Friedenskonferenzen zu beteiligen, aber auch entschlossen, ihre slawischen Brüder und Schwestern vor der NATO und einem regelrechten Krieg zu bewahren. Gegen Ende der 1990er-Jahre verlor Milošević zunehmend Boden an seine Feinde in Kroatien und Bosnien und richtete seinen Zorn daraufhin gegen die Muslime im Kosovo. Im Januar 1999 brachten Zeitungen in aller Welt Fotos vom Massaker von Račak. Mehrere westliche Diplomaten unternahmen einen allerletzten Friedenversuch bei Milošević, der jedoch unnachgiebig blieb.

Im April ernannte Jelzin einen Sonderbeauftragten für den Kosovo-Konflikt. Seine Wahl fiel auf den angesehenen ehemaligen russischen Premierminister Viktor Tschernomyrdin, der uns vorschlug, eine „internationale Persönlichkeit" zu benennen, mit er im Tandem arbeiten könnte – „jemanden, der das Schwert der Kapitulation von Milošević in Empfang nehmen könnte". Er konnte diese Rolle nicht selbst spielen, weil er die politischen Folgen zu Hause niemals hätte überleben können. Er suchte nach einem gestandenen Politiker aus einem Nicht-NATO-Mitgliedstaat, der einverstanden wäre mit den Bedingungen, die Milošević zu akzeptieren hätte, wenn die Bombardierungen aufhören sollten.

Präsident Clinton und Außenministerin Albright waren sich schnell einig, dass der finnische Präsident Martti Ahtisaari die beste Wahl wäre. Er stand an der Spitze eines nicht zur NATO gehörigen Landes, hatte zuvor für die Vereinten Nationen an Brennpunkten in aller Welt verhandelt und sollte im Juli von Kanzler Gerhard Schröder turnusgemäß die Präsidentschaft der Europäischen Union übernehmen.

Tschernomyrdin war sofort einverstanden. Finnland hatte sich, wie er meinte, „stets respektvoll gegenüber Russland verhalten", und Ahtisaari unterhielt ausgezeichnete Beziehungen zu Jelzin. Clintons nationale Sicherheitsberaterin Sandy Berger prägte für das Duo den Spitznamen Hammer und Amboss.

Der Mai verlief hektisch und gefahrvoll. Der Knackpunkt war das russische Verteidigungsministerium. Eine Gruppe von Offizieren bestand darauf, dass ein serbisches Truppenkontingent im Kosovo bleiben könnte, wenn die westlichen Bodentruppen einrückten. Die NATO war in diesem Punkt jedoch unnachgiebig. Milošević' Armee war der Feind, den es zu besiegen und nicht zu einer ohnehin schon gefährlichen Mission einzuladen galt. Das entscheidende Treffen begann am 1. Juni im Gästehaus der deutschen Regierung auf dem Petersberg mit Blick auf den Rhein. Die Einladung kam von Schröder, der mit einem Auftritt im Rahmen des erhofften Durchbruchs rechnete. Aber je länger der Tag wurde, desto mehr zeichnete sich ein Fiasko ab. Die Amerikaner wurden Zeugen eines brutalen Schlagabtauschs zwischen Tschernomyrdin und General Leonid Iwaschow, einem Hardliner ohne Beziehungen zur Jelzin-Regierung oder zu US-amerikanischen Diplomaten oder Militärs.

Nicht nur weigerten sich die Russen, einem vollkommenen Rückzug der serbischen Kräfte zuzustimmen, sondern sie schärften auch ihre Forderung nach einer geografischen Arbeitsteilung und nach einer getrennten Kommandostruktur für eine multinationale Kosovo-Truppe, die für die NATO erst recht nicht akzeptabel war. Die russischen Militärs bestanden darauf, dass die gesamte Operation unter der „politischen" Kontrolle der Vereinten Nationen stand und dass es einen getrennten Sektor für ein russisches Kontingent gab, das nicht der NATO unterstand.

Die Position von USA und NATO war im Prinzip die gleiche wie vier Jahre zuvor, als Bill Perry von den Rus-

◂ Strobe Talbott beim Core Group Meeting in Washington, DC, im November 2013.

sen das Einverständnis für ein bosnisches Friedensabkommen erwirkte, in dem ganz klar von einem einheitlichen NATO-Kommando für die gesamte Operation die Rede war, wobei die russischen Friedenshüter unmittelbar einem amerikanischen Offizier und damit nur indirekt der NATO unterstellt waren. Wir nannten dieses Arrangement das „bosnische Modell".

General Iwaschow, der für die russische Seite zu militärischen Fragen überwiegend das Wort führte, erwiderte säuerlich, dass das Modell seinem Ministerium schon in Bosnien widerstrebt habe und dass es nicht bereit sei, es im Kosovo zu akzeptieren. In diesem Fall, ließen wir Iwaschow wissen, hätte Russland die Option, sich nicht zu beteiligen. So bedauerlich das wäre, es wäre besser als ein getrennter russischer Sektor unter einem getrennten Kommando. Da die Serben zum russischen Sektor hintendieren würden, wäre das ein Rezept für die ethnische Teilung des Kosovo. In diesem Fall, sagte Iwaschow, gäbe es nichts mehr zu bereden, und man könnte genauso gut nach Hause gehen. Tschernomyrdin fuhr ihm dazwischen. Er hatte Anweisung von seinem Präsidenten, eine Lösung zu finden.

Am Abend flog Schröder per Hubschrauber ein, in der Hoffnung, auf unseren Erfolg anstoßen und an der Pressekonferenz teilnehmen zu können. Wir baten ihn höflich, uns allein zu lassen, aber er bestand darauf, uns mit einem prunkvollen Diner zu bewirten. Tschernomyrdin saß es irritiert aus, stocherte hin und wieder an seinem Wildbret herum und murmelte, dass wir Wichtigeres zu tun hätten.

Die Gespräche gingen an der improvisierten Festtafel weiter. Einer von Tschernomyrdins Assistenten stellte einen Laptop auf und begann, einen Entwurf des Dokuments mit den Bedingungen zu formulieren, die Ahtisaari und Tschernomyrdin Milošević anderntags in Belgrad vorlegen würden. Die strittigen Worte standen in Klammern, allen voran das Wort „alle" im Abschnitt über den Rückzug der serbischen Truppen aus dem Kosovo. Um vier Uhr nachts beschlossen wir, eine Pause einzulegen, damit Tschernomyrdin nach Hause telefonieren und wir uns alle ein wenig ausruhen konnten.

Beim Frühstück saßen die Russen abseits, verschlafen und schlecht gelaunt, aber sichtlich mit dem Auftrag, weiter zu verhandeln. Tschernomyrdin erzählte mir, dass er fast ununterbrochen mit Moskau telefoniert hatte und dass die Bedingungen der USA ihm das Leben sehr schwer machten. „Das kann nicht ewig so weitergehen", sagte er. „Wir müssen die verbleibenden Probleme an diesem Vormittag erschlagen!" In der Zwischenzeit hatten die Experten auf drei Seiten wieder damit begonnen, um eine gemeinsame Formulierung zu feilschen. Der mit dem russischen Laptop verbundene Drucker spuckte Entwurf nach Entwurf aus. Plötzlich erschien eine neue Version, in der die Klammern um das Wort „alle" verschwunden waren. Ohne Vorwarnung oder Erklärung hatte Tschernomyrdin den totalen Rückzug akzeptiert.

Je näher wir einem von allen akzeptierten Text kamen, desto aufmüpfiger wurde General Iwaschow, und desto kategorischer wies Tschernomyrdin seine Einwände zurück. Irgendwann drehte sich Tschernomyrdin zu Iwaschow um und sagte: „Wenn Sie mich weiter unterbrechen, können Sie genauso gut nach draußen gehen und eine Zigarette rauchen."

Zuletzt lehnte sich Tschernomyrdin über den Tisch und blickte mich scharf an: „Wenn Milošević diese Bedingungen erfüllt", fragte er, „können Sie mir dann absolut und auf der Stelle garantieren, dass die Bombardierungen aufhören werden?" – „Ja, Viktor Stepanowitsch", erwiderte ich, „sobald wir verifiziert haben, dass er sich tatsächlich daran hält." – „Okay", sagte er, „Sie stehen mir dafür gerade."

Wir wollten uns gerade vom Tisch erheben und rundherum die Hände schütteln, als General Iwaschow sich in einer formellen Erklärung von dem Dokument distanzierte, weil der Verteidigungsminister es nicht abgesegnet hatte. Tschernomyrdin, ein Bär von einem Mann, schürzte angesichts dieser letzten Demonstration von Insubordination die Lippen und lief rot an, sagte aber nichts.

Für uns auf der amerikanischen Seite des Tisches war der Moment ebenso verstörend wie dramatisch: Tschernomyrdin vertrat den Präsidenten Russlands, der zugleich Oberbefehlshaber des russischen Militärs war. Iwaschow beging eine Meuterei.

Als die zwei Delegationen zu ihren Autos eilten, versuchte Jim Swigert, ein Veteran der Balkan-Diplomatie in unserem Team, den abseits stehenden und trübe dreinblickenden Vertreter des russischen Außenministeriums Boris Iwanowsky aufzuheitern. „Ich sage Ihnen genau, was passieren wird, Jim", sagte Iwanowsky. „Milošević wird dieses Dokument akzeptieren und mich wird man feuern. Auf Wiedersehen in Sibirien."

Auf Ahtisaari und Tschernomyrdin wartete am Flughafen Köln-Bonn je ein Flugzeug. Tschernomyrdin war bereits mehrmals nach Belgrad geflogen, um bei Milošević vorzufühlen. Jetzt war die Zeit für Hammer und Amboss gekommen. Ahtisaari hatte einen geruhsameren Flug als sein Partner – zumindest, was das Innenleben in der Kabine betraf. Wie wir später erfuhren, lieferten sich Tschernomyrdin und Iwaschow ein Schreiduell, während sie durch den Korridor flogen, den auch die NATO-Bomber nutzten. Der General zog sich schließlich murmelnd an seinen Platz zurück: „Ich könnte diesen Hurensohn umbringen."

Die Amerikaner mussten nicht lange auf die erste Meldung aus Belgrad warten. Ich speiste gerade mit meinem deutschen Amtskollegen und Freund Wolfgang Ischinger in einem Restaurant nahe dem Petersberg zu Abend, als mich ein Anruf von den Finnen erreichte, die berichteten, die erste Runde mit Milošević sei „verdächtig gut" verlaufen. Danach schien Milošević zum Aufgeben bereit zu sein, auch wenn er mehrmals versucht hatte, „Verbesserungen" im Dokument vorzuschlagen. Ahtisaari hatte ihm bedeutet: „Nicht ein Iota steht zur Debatte." Milošević hatte gesagt, dass er sich erst noch mit seinem Parlament – einem pseudodemokratischen Gremium, das ihm hörig war – beraten müsse.

Am Folgetag, es war Dienstag, der 3. Juni, erhielt ich, gerade als CNN zu berichten begann, dass das Parlament in Belgrad kurz davor war, dem Abkommen zuzustimmen, einen Anruf Tschernomyrdins von einem Handy vor Milošević' Büro aus. Ich konnte im Hintergrund serbische Sprachfetzen vernehmen. Milošević, sagte Tschernomyrdin, „hat die Entscheidung getroffen. Ich habe nur einen Rat an Sie." Ich fürchtete schon, was da kommen würde, aber es erwies sich als eine gute Nachricht: Tschernomyrdin sagte, wir müssten so bald wie möglich ein Treffen zwischen der NATO und dem serbischen Militär organisieren, um eine Waffenruhe zu vereinbaren.

Bei seiner Rückkehr nach Bonn gab mir Ahtisaari seine vollständige Darlegung, damit ich Washington das Neueste berichten konnte. Er erinnerte mich an einen Reporter alter Schule, der kurz vor Redaktionsschluss noch schnell einen Augenzeugenbericht von einem dramatischen Ereignis durchgibt. Er begann mit den Fakten und kam ohne Umschweife zum Punkt: Milošević hatte das Ultimatum der NATO uneingeschränkt akzeptiert.

Am ersten Abend in Belgrad hatte Ahtisaari das gemeinsame Dokument Milošević und einer Runde weiterer serbischer Führer laut vorgelesen. Er hatte vier Punkte ergänzt: Der neben ihm sitzende Tschernomyrdin war mit den Bedingungen einverstanden; die Bedingungen waren nicht verhandelbar; sie waren das Beste, worauf Milošević hoffen konnte; und wenn er ablehnte, würde das nächste Angebot der NATO aus serbischer Sicht schlechter sein. Milošević leistete erstaunlich wenig Widerstand. Ihn schien nur zu interessieren, die Sache so schnell wie möglich hinter sich zu bringen. Aus allem, was er in Belgrad hörte und wahrnahm, gewann Ahtisaari den Eindruck, dass Tschernomyrdins Zustimmung zu den Bedingungen ein entscheidender Faktor für Milošević' Entscheidung war, das Handtuch zu werfen.

„Unser Freund Viktor war absolut großartig", sagte Ahtisaari. „Er tat alles, was er versprochen hatte, ohne zu zögern oder zu klagen. Die Serben rechneten ganz klar damit, dass er ihnen zu Hilfe eilen würde, aber nichts dergleichen."

Ahtisaari wurde mit einer Motorradeskorte zum EU-Treffen gebracht, wo die Delegierten gespannt warteten. Ich selbst eilte über das Vorfeld zur Maschine, die unser Team nach Brüssel bringen sollte. Bevor ich an Bord ging, rief ich das Weiße Haus an und wurde ins Oval Office durchgestellt. Der Präsident fand die Neuigkeiten ermutigend, mahnte aber, wir müssten mit der Möglichkeit rechnen, dass Milošević ein weiteres Mal versuchen würde, uns zum Narren zu halten. Wir müssten darauf achten, dass wir die Serben auf alles festnagelten, was sie zu tun hatten, bevor die Bombardierungen tatsächlich aufhörten.

Als ich im NATO-Hauptquartier ankam, suchte ich als Erstes das Büro von Javier Solana auf. Er reagierte so überschwänglich, wie Ahtisaari zugeknöpft war, und umarmte mich lange und stürmisch. Ich hatte auf einmal Schwierigkeiten, meine eigenen Gefühle in Schach zu halten. Wir sprachen kaum ein Wort, aber jeder wusste, was der andere dachte. Für uns beide war Milošević' Kapitulation mindestens so sehr eine Erleichterung wie ein Sieg. Der Abwurf von Tonnen von Sprengstoff über einen Zeitraum von nahezu zweieinhalb Monaten – mit all den dadurch bewirkten Zerstörungen und Entbehrungen für die Serben und ihre Nachbarn und mit all dem damit verbundenen Stress für die Allianz und die Beziehungen zu Russland – war für uns alle, die wir politische Verantwortung trugen, notwendig, aber nervenaufreibend gewesen.

Javier hätte sicherlich gern auf die Auszeichnung verzichtet, als erster NATO-Generalsekretär die Allianz in einen Krieg geführt zu haben, wie auch ich es vorgezogen hätte, dem Prinzip einer Diplomatie zur Geltung zu verhelfen, die zwar Gewalt androht, diese Androhung aber nicht wahrzumachen braucht. Die siebzig Tage des Bombardierens und Blutvergießens fanden ein Ende.

Javier und ich gingen in den Hauptkonferenzsaal der NATO, wo um einen riesigen ovalen Tisch die neunzehn Vertreter der verbündeten Staaten gespannt warteten. Neben Javiers Stuhl bemerkte ich einen leeren Stuhl. Es war der von General Wes Clark. Er sprach eine Etage höher am Telefon mit seinem serbischen Kollegen über die Grenzgespräche, in denen der Ablauf des serbischen Rückzugs, die Stationierung der internationalen Truppe und die Aussetzung der Bombardierung besprochen werden sollten. Etwa zur Hälfte meines Berichts betrat Wes den Raum. Aller Augen wandten sich ihm zu. Ich unterbrach meinen Bericht, damit er der Gruppe erzählen konnte, wie er dem serbischen General gegenüber betont hatte: „Jede Stunde, in der das Meeting nicht stattfindet, ist eine weitere Stunde, in der ich Ihre Militärmaschinerie zerstören werde."

> „Jede Stunde, in der das Meeting nicht stattfindet, ist eine weitere Stunde, in der ich Ihre Militärmaschinerie zerstören werde."

Nach Mitternacht flog ich von Brüssel nach Helsinki, wo die beiden „Botschafter" verabschiedet werden sollten, aber Tschernomyrdin rief mich sich entschuldigend von Belgrad aus an. Er musste nach Moskau zurückkehren, um, wie er sagte, „bestimmte Dinge dort zu erledigen". Er sagte nicht, dass dort seine Porträts von den Lampenpfosten abgehängt worden waren und Kommunisten und Nationalisten ihn in der Duma des Verrats beschuldigten. Igor Iwanow erzählte Außenministerin Albright, Tschernomyrdin sei „total und absolut erledigt".

Oder auch nicht. Im Jahr 2001 ernannte ihn Wladimir Putin zu Russlands Botschafter in der Ukraine. Tschernomyrdin hätte sehr viel mehr als diesen Posten verdient. Gemeinsam mit Ahtisaari rettete er vielen Serben das Leben, indem er Milošević zwang, einen Krieg, den er über ein Jahrzehnt zuvor begonnen hatte, verloren zu geben. Zudem waren Milošević' Tage nunmehr gezählt. Er büßte sein Präsidentenamt ein und verbrachte den Rest seines Lebens mit seiner eigenen Verteidigung als Kriegsverbrecher. Er starb in einem Gefängnis in Den Haag. Das Land, das er regiert hatte, kam endlich zur Ruhe.

**Strobe Talbott ist Distinguished Fellow im Foreign Policy Program der Brookings Institution. Von 2002 bis 2017 war er Präsident der Brookings Institution und von 1994 bis 2001 Vizeaußenminister der Vereinigten Staaten. Sein neuestes Buch *Our Founders' Warning: The Age of Reason Meets the Age of Trump* erschien im Jahr 2020.**

Ivo Josipović mit Martti Ahtisaari auf der Münchner Sicherheitskonferenz im Februar 2013. ▶

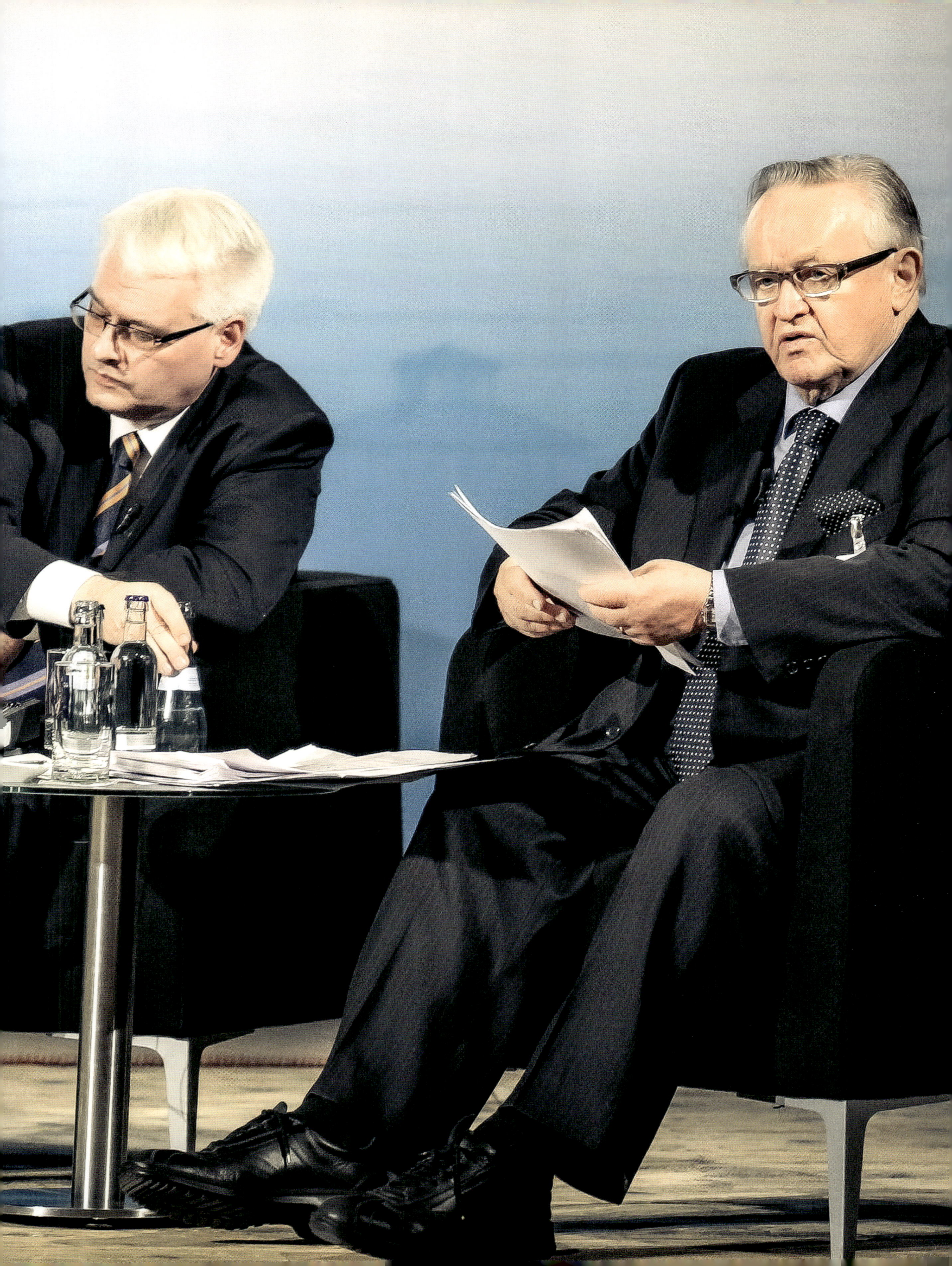

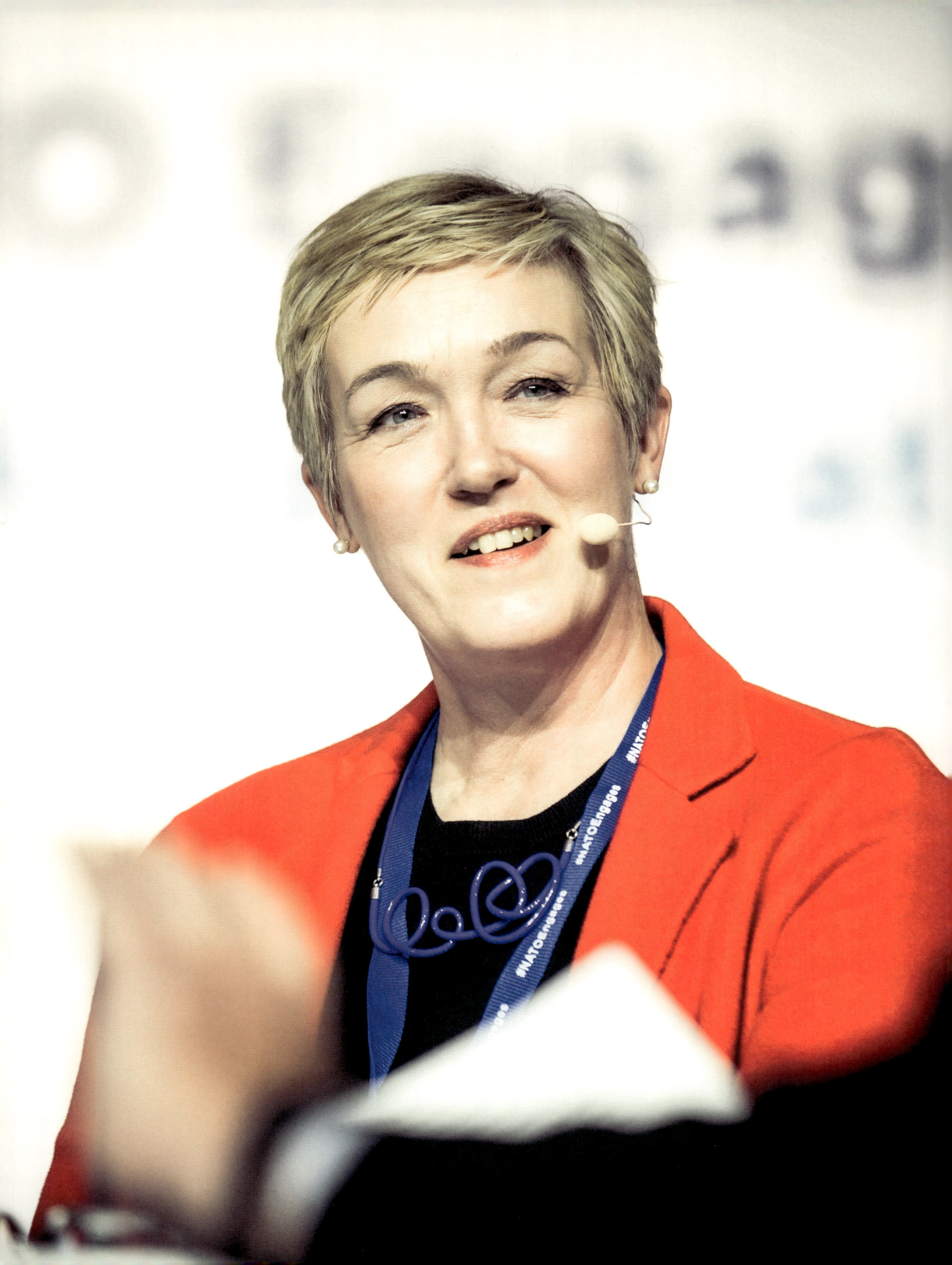
#NATOEngages

# Journalistische Verantwortung übernehmen

**Constanze Stelzenmüller**

Für Journalisten ist die Diplomatie ein Zuschauersport. Es gibt bedeutende Ausnahmen wie den ehemaligen Präsidenten der Brookings Institution Strobe Talbott, der erst Russland-Korrespondent war und später Vizeaußenminister wurde. Aber wir übrigen sind bloß Beobachter; Einmischung ist verboten.

Ich hielt mich als Journalistin strikt an diese Regel. Mir war es entschieden lieber, allein und fern jeder Hauptstadt zu recherchieren, als etwa auf Konferenzen einer erschöpften, gereizten oder überheblichen Person des öffentlichen Interesses im Pulk hinterherzutrotten. Umso entsetzter war ich, als ich im Juli 1998 vor der Möglichkeit stand, im Alleingang ein historisches Projekt multilateraler Diplomatie zu sabotieren.

Die *Zeit* hatte mich nach Rom geschickt, um über die Verhandlungen zur Einrichtung eines Internationalen Strafgerichtshofs (IStGH) zu berichten — erkennbar mit der Überlegung, dass ich, obwohl noch ziemlich unerfahren, Jura studiert hatte und es im Übrigen extrem unwahrscheinlich schien, dass bei diesem Ereignis Berichtenswertes herauskäme. Gegen Ende der Konferenz konnte aber von Langeweile keine Rede mehr sein: Nationale Sicherheitsberater und Verteidigungsminister in aller Welt hatten schlagartig begriffen, dass einige Elemente des dort verhandelten Entwurfs für ein IStGH-Statut unmittelbare Auswirkungen auf ihre Fähigkeit zum Einsatz von Waffengewalt haben könnten.

Am Sonntag vor der Schlusswoche, die mit der Abstimmung über das Statut enden sollte, ging ich in der Stadt spazieren, um meinen Kopf zu lüften. In einem Park stieß ich auf einen jüngeren Vertreter der deutschen Delegation, der extrem aufgewühlt wirkte. Als ich ihn fragte, ob alles in Ordnung sei, zog er wortlos ein Blatt Papier hervor und gab es mir.

Ein Blick genügte, um zu verstehen, dass ich in der Hand hielt, wonach sämtliche Pressevertreter auf der Konferenz gerade fahndeten: den Beleg für das wilde Gerücht, dass die Amerikaner einigen ihrer Verbündeten ein Ultimatum gestellt hatten, gemeinsam mit den USA gegen einen entscheidenden Passus (Anwendbarkeit des Weltrechtsprinzips) im Statut zu stimmen.

Nachdem er gegangen war, saß ich noch lange auf einer Parkbank. „US-Verteidigungsminister William Cohen droht NATO-Mitglied Deutschland mit Truppenabzug": diese Meldung würde die *New York Times* auf der ersten Seite drucken. Mit dieser Sensation würde ich in den Augen meiner Vorgesetzten endlich als echter Kerl gelten.

Aber ich dachte auch an den 78-jährigen Benjamin Ferencz, Holocaust-Überlebender, einer der jüngsten Ankläger beim Nürnberger Kriegsverbrechertribunal 1946 und jetzt Berater der US-Delegation. Er hatte mir erklärt, wie wichtig es sei, endlich ein ständiges Gericht zu haben, das in Fällen von Genozid, Kriegsverbrechen und Verbrechen gegen die Menschlichkeit Recht sprechen konnte (Da ich aus Ruanda und Bosnien berichtet hatte, verstand ich ihn.).

Unter den 160 auf der IStGH-Konferenz vertretenen Ländern waren einige neue Demokratien: Argentinien, Südkorea, Lesotho, Malawi. Ihre idealistischen jungen Delegierten hatten leidenschaftlich argumentiert, dass ihre Länder dringend auf ein Weltstrafgericht als letzte Instanz angewiesen seien. Ich hatte beobachtet, wie der gewitzte Konferenzleiter, der Kanadier Philippe Kirsch, mit Unterstützung der 65 sogenannten Gleichgesinnten Staaten (zu denen auch Deutschland gehörte) die Verhandlungen geschickt auf die Schlussabstimmung zugesteuert hatte. Und ich wusste, dass amerikanische Juristen maßgeblich an den vorbereitenden Arbeiten für den Entwurf des Statuts mitgewirkt hatten.

Zurück im Hotel atmete ich tief durch und rief meinen Chef an. Ich sagte ihm, dass ich den Beleg für das skandalöse Gerücht in Händen hielt, meines Wissens als Einzige. Dass ich dies aber nicht öffentlich zuzugeben, geschweige denn darüber zu schreiben gedächte. Er protestierte scharf und ausführlich; ich hörte ihm zu.

Dann sagte ich: Cohens Drohung ist unerhört. Aber die USA haben nicht ganz unrecht, und ich bin mir sicher, dass sich der Disput über das Weltrechtsprinzip auf dem Verhandlungsweg lösen lässt. Wenn ich die Drohung dagegen veröffentliche, gibt es einen weltweiten Aufschrei; die Konferenz könnte daran scheitern, und es könnte das Ende einer Suche nach internationaler Gerechtigkeit bedeuten, die mit den Nürnberger Prozessen begann. Wollen wir, eine deutsche Wochen-

◂ Constanze Stelzenmüller bei NATO Engages in Washington, DC, im April 2019.

zeitung, das verantworten? Mit einem hysterischen Kiekser in der Stimme fügte ich hinzu, dass ich lieber kündigen würde.

Diese letzte Drohung war albern, weil mir meine Entbehrlichkeit völlig klar war. Aber der Verweis auf die Kriegsverbrechen der Nazis wirkte.

In der abschließenden Verhandlungsrunde gewannen die USA den Kampf um das Weltrechtsprinzip. Der überzogene Druck aus Washington auf den letzten Metern allerdings stärkte vielen zögerlichen Delegationen das Rückgrat. Das IStGH-Statut wurde in den frühen Morgenstunden des 17. Juli 1998 mit 120 zu 7 Stimmen (darunter die USA) und 21 Enthaltungen angenommen. Es trat 2002 in Kraft. Bis heute sind dem Statut 123 Staaten beigetreten. Was mich betrifft: ich bleibe eine überzeugte Zuschauerin der Diplomatie.

**Constanze Stelzenmüller ist Inhaberin des Fritz-Stern-Chair bei der Brookings Institution. Von 1994 bis 2005 war sie Redakteurin bei der deutschen Wochenzeitung** *Die Zeit***, wo sie über Sicherheits- und Verteidigungspolitik, Menschenrechtsfragen und humanitäre Krisen berichtete.**

MSC Townhall auf der Münchner Sicherheitskonferenz ▸
im Februar 2022.

Komödie
ON AIR
00:00:37:17
Live Stream
Video Input
Audio Input
PPT
TASKLEISTE ANZEIGEN
ANZEIGEEINSTELLUNGEN
BILDSCHIRMPRÄSENTATION BEENDEN
0:27:00
11:53 AM
msc

Wilson Center
Munich Security Conference msc
Münchner Sicherheitskonferenz

# Sich um die Einhegung der Exekutive bemühen

**Jane Harman**

Kongressmitglieder dienen in einem anderen Arm der Regierung als das diplomatische Korps. Aber was der Kongress tut, hat unmittelbare Auswirkungen auf die Haltung gegenüber anderen Nationen und stärkt oder schwächt die Arbeit unserer Diplomaten. Gelegentlich kann das, was der Kongress tut, zusätzlichen Verhandlungsdruck erzeugen oder die entscheidende Rückendeckung liefern. Manchmal aber sind sich der Kongress und andere Arme der Regierung nicht einig und reduzieren unsere diplomatische Effektivität. Ein interessantes Beispiel für so einen inneren Widerspruch und die Auswirkungen auf die Diplomatie liefern die Diskussionen rund um das Internierungslager in Guantanamo Bay (GTMO).

Am 7. März 2002 war ich Teil einer Kongressdelegation, die das neue Lager besuchte. Nach der Landung bestiegen wir ein kleines Boot für die Fahrt über die Bucht zum Gefängnis. Ein Dreisternegeneral war unser Guide. Als wir über das tropische Gewässer flitzten, fragte ich ihn: „Wie kommt es, dass das Gefängnis hier errichtet wurde?" Ohne mit der Wimper zu zucken, antwortete er: „Um außer Reichweite des US-Rechts zu sein." Ich war perplex. Im Rückblick ist klar, dass wir nicht verstanden hatten, welche juristischen und politischen Herausforderungen die internationalen Terrorverdächtigen und welchen enormen diplomatischen Fallout Guantanamo mit sich bringen würden.

Direkt nach 9/11 hätte die Bush-Administration mit parteiübergreifender Unterstützung viel Autorität und Flexibilität erhalten können, um ein neues juristisches Konzept für konsequente, aber humane Verhöre, den Schutz geheimer Informationen, verlängerte Haftzeiten und rasche und faire Verfahren aufzusetzen. Ein solches Konzept hätte von Zeit zu Zeit an die legitimen juristischen Herausforderungen oder die veränderte Sicherheitslage angepasst werden müssen. Mit der Beteiligung beider politischer Parteien hätte Amerika eine einheitliche und prinzipiengeleitete Front für Freunde und Feind bieten können und hätte sich nicht zur Zielscheibe von (legitimer) Kritik gemacht.

Die Festnahme Dutzender mutmaßlicher al-Qaida- und Hunderter Taliban-Kämpfer wäre sicherlich für jede Administration zur juristischen Vexierfrage geworden. Diese Häftlinge passten nicht in die traditionellen juristischen Kategorien vom „strafrechtlich Angeklagten" oder „Kriegsgefangenen". Ersterer erhält einen Verteidiger und darf vom Aussageverweigerungsrecht Gebrauch machen; Letzterer steht unter dem Schutz der zu diesem Zweck ratifizierten Genfer Konventionen. Vertreter der Administration würden später argumentieren, dass Kriegsgefangene früherer Kriege – wie die Tausende in Übersee gefangen genommener und für die Dauer des Zweiten Weltkriegs von den USA festgehaltener deutscher Soldaten – nie einen Anwalt zugeteilt bekommen oder Zugang zu den Gerichten erhalten hatten. Aber diese Konflikte waren von begrenzter Dauer, und es bestand kein Zweifel daran, dass es sich bei diesen in Waffen und Uniform aufgegriffenen Soldaten in der Tat um feindliche Kämpfer handelte.

Im Dezember 2001 war ich Hauptinitiatorin einer Gesetzesinitiative, die forderte, dass Militärtribunale Habeas-Corpus-Rechte respektieren und der Aufsicht von Bundesgerichten unterstellt sein müssten. Ich dachte dabei an Verfahren, die entweder auf amerikanischen Militärbasen in Übersee oder auf amerikanischen Flugzeugträgern auf offener See stattfanden. Wir knüpften den Einsatz der Tribunale eng an die Bestimmungen, die der Kongress drei Tage nach den Angriffen von 9/11 erlassen hatte. Das schloss jegliche Gefangene aus, die nicht mit al-Qaida in Verbindung standen, selbst wenn es sich um Terroristen handelte (wie beispielsweise Tamil Tigers in Sri Lanka). Aus unserem Gesetz wurde nichts. Aber es war ein frühzeitiges Signal, dass der Kongress nicht tatenlos zuschauen wird, wenn die Kriegsregeln geändert werden.

Fast zwei Jahrzehnte später schwelt das Problem noch immer. Mittlerweile befinden sich weniger als 40 Gefangene in GTMO, aber das Lager ist noch immer in Betrieb. Leider bleibt GTMO ein Rekrutierungswerkzeug für jene, die den Westen unterminieren wollen, und ein Problem für unsere diplomatischen Anstrengungen und unsere Glaubwürdigkeit in Menschenrechtsfragen überall in der Welt.

*Jane Harman ist Distinguished Fellow und President Emerita des Woodrow Wilson International Center for Scholars. Von 1992 bis 2012 war sie fast ununterbrochen Kongressabgeordnete und war Präsident Carters stellvertretende Kabinettssekretärin und in vielen diplomatischen Missionen im Ausland tätig. Sie ist Mitglied des MSC-Beirats. Ihr Buch* Insanity Defense: Why Our Failure to Confront Hard National Security Problems Makes Us Less Safe *erschien 2021.*

◂ Jane Harman auf der Münchner Sicherheitskonferenz im Februar 2019.

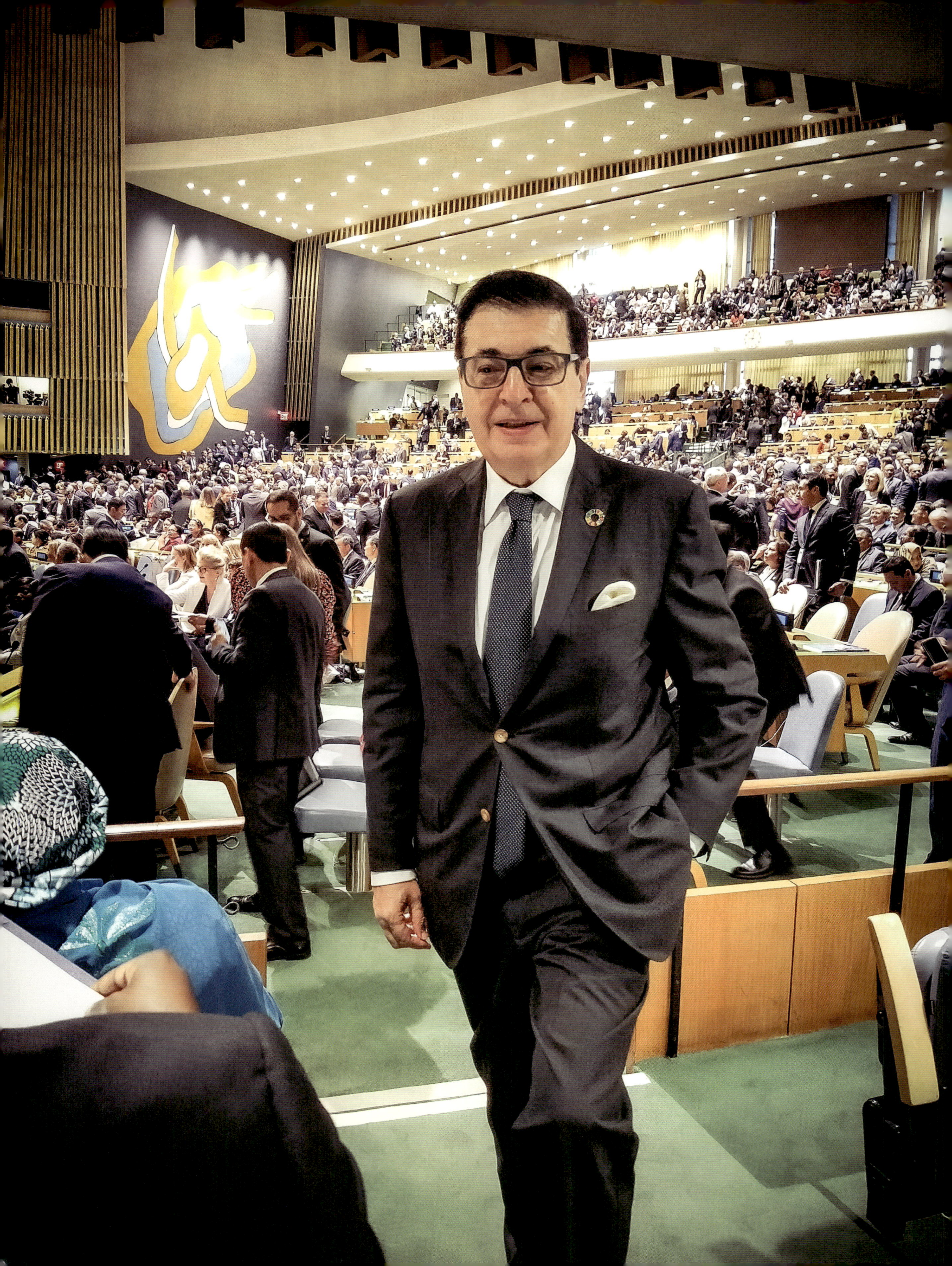

# (Um-)Wege in der Diplomatie gehen

**Srgjan Kerim**

Um ihre Ziele zu erreichen, müssen Diplomaten nicht nur bereit sein, viele Hürden zu nehmen, sondern auch viele unterschiedliche Wege auszuprobieren. Sie müssen durch Fenster steigen, wenn Türen verschlossen sind, und zur Not sogar Schornsteine ausprobieren, wenn sonst kein Weg zum Ziel führt. Nur wer bereit ist, Umweg über Umweg zu nehmen, nur wem kein Weg zu weit oder kompliziert ist, wird ein erfolgreicher Diplomat sein oder werden.

Ich habe über 30 Jahre versucht, die richtigen Umwege zu finden, um meinem Land (bzw. meinen Ländern) und den Vereinten Nationen zu dienen. Zwei dieser Umwege sind mir besonders im Gedächtnis geblieben und passen gut zu diesem Buch. Beide haben in meiner Präsidentschaft der 62. Vollversammlung der Vereinten Nationen 2007-2008 ihren Ausgang genommen.

Die wichtigste Aufgabe des Präsidenten der Vollversammlung ist es, eine Tagesordnung zustande zu bringen, die für alle Mitgliedstaaten akzeptabel ist. Daran muss man vorsichtig und umsichtig basteln und vor allem den Eindruck hinterlassen, dass sie von den Mitgliedstaaten mitgeprägt ist. In der wichtigen Frage des Klimawandels schien das völlig aussichtslos. Die USA, China, Russland, Indien und Brasilien waren strikt gegen eine Nennung des Themas in der Tagesordnung. Drei dieser Länder sind immerhin ständige Mitglieder des Sicherheitsrats, des wohl wichtigsten Gremiums der Vereinten Nationen. Insbesondere US-Präsident Bush hielt nichts von meiner Argumentation, dass die Debatte eines Themas doch nicht notwendigerweise zu irgendwelchen Verpflichtungen führen muss.

Die deutsche G8-Präsidentschaft biss sich an dem gleichen Knochen die Zähne aus. Auch hier wollte man einen halben Satz zum Klimawandel in das Abschlusskommuniqué von Heiligendamm aufnehmen, und auch hier waren die Amerikaner strikt dagegen. Gemeinsam mit Berlin vereinbarte ich, beide Probleme miteinander zu verbinden, und zwar auf eine Art und Weise, die es Washington leichter machen würde, die Aufnahme des Themas auf die Agenda der Vollversammlung zu akzeptieren. Im Gespräch mit Condoleezza Rice, der US-Außenministerin, betonte ich, wie seltsam es doch aussehen würde, wenn die G8 kein Wort zum Klimawandel verlieren, aber kurz danach die Vereinten Nationen das Thema debattieren würden. Da den USA die Führungsrolle der G8 besonders am Herzen liegt, schien es das kleinere Übel zu sein, die G8 das Thema zuerst erwähnen zu lassen und damit den Vereinten Nationen den Weg zur Debatte ebnen, als sich von der Vollversammlung brüskieren zu lassen. Durch diesen kleinen Trick waren die USA an Bord.

Nun ging es darum auch Peking davon zu überzeugen, dass die Zeit für eine Debatte zum Klimawandel reif sei. In meinen Gesprächen mit dem damaligen Ministerpräsidenten Wen Jiabao vertrat dieser hartnäckig den Standpunkt, dass sich China nie auf internationaler Ebene verpflichten könne. Als ich jedoch nachbohrte, ob das auch nationale Verpflichtungen ausschließe, antwortete er entrüstet, dass man selbstverständlich plane, sich selbst ehrgeizige Ziele zu setzen. Als ich ihm darlegte, dass diese Ziele bei einem so großen Land wie China doch auch ohne internationale Selbstverpflichtung weitreichende Folgen für unseren Planeten haben und daher von Interesse für die Vollversammlung sein würden, stimmte er einem entsprechenden Tagesordnungspunkt zu. Schließlich wollte er sich die Gelegenheit nicht nehmen lassen, von seinen großartigen Plänen zu erzählen.

> Um ihre Ziele zu erreichen, müssen Diplomaten nicht nur bereit sein, viele Hürden zu nehmen, sondern auch viele unterschiedliche Wege auszuprobieren.

So haben nach und nach alle Länder aus völlig unterschiedlichen Gründen der Aufnahme des Tagesordnungspunkt Klimawandel zugestimmt. Die Kunst war es, jedes einzelne Land zu überreden, dass es in seinem ureigenen Interesse war, dass das Thema in der Vollversammlung besprochen wird. Was das zeigt, ist klar: Man muss als Diplomat jeden Umweg zu nehmen bereit sein, der sich anbietet, um an das gesetzte Ziel zu kommen. Man muss aber auch Geduld haben und schon mit kleinen Schritten auf dem Weg zum Ziel zufrieden sein. Das zeigt mein zweites Beispiel:

Neben der Aushandlung der Tagesordnung der tatsächlichen Vollversammlung hatte ich mir ein zweites großes Ziel für meine Präsidentschaft gesetzt, nämlich die Reform des Sicherheitsrats nach einem Stillstand von über 20 Jahren wieder zumindest ein kleines Stück voranzutreiben. Es galt dabei zwei Aufgaben zu meistern. Die erste Aufgabe war, in der

◂ Srgjan Kerim auf der UN Generalvollversammlung im September 2019.

sogenannten Open-Ended Working Group (OWG), deren Vorsitz ich als Präsident der Vollversammlung innehatte, eine Zustimmung zur Verwandlung der endlosen Sondierungsgespräche in tatsächliche Verhandlungen über die Erweiterung des Sicherheitsrates zu erreichen. Die zweite Aufgabe war, dann einen Konsens zur Verabschiedung einer entsprechenden Resolution in der Vollversammlung zu erreichen.

Von Anfang an musste ich feststellen, dass es drei Gruppen von Staaten gab, die in der Sache völlig konträrer Auffassung waren: Da waren zuerst einmal die Länder, die sich bei einer Erweiterung des Sicherheitsrats als Anwärter auf eine ständige Mitgliedschaft im Sicherheitsrat sahen. Diese Gruppe nannten wir G-4. Sie umfasste Brasilien, Deutschland, Indien und Japan. Die zweite Gruppe nannten wir G-3. Diese Gruppe bestand aus den USA, Russland und China, die alle ständige Mitglieder des Sicherheitsrats sind und die eine Abstimmung über eine Reform des Sicherheitsrats in der Vollversammlung rundweg ablehnten. Die dritte Gruppe hatte sich die Bezeichnung „United for Consensus" gegeben und setzte sich dafür ein, dass am Ende nicht eine einfache Mehrheit, sondern der Konsens über eine Reform des Sicherheitsrats entscheiden soll.

> Man muss als Diplomat jeden Umweg zu nehmen bereit sein, der sich anbietet, um an das gesetzte Ziel zu kommen.

Es war mir schnell klar, dass sich in dieser Konstellation auf absehbare Zeit nichts am Status quo ändern ließ – außer man war bereit, einen kleinen Umweg zu nehmen. Das war ich, und als Präsident der Vollversammlung UND Vorsitzender der Arbeitsgruppe war ich dazu in der perfekten Position. Zuerst einmal beschloss ich, die Gespräche in der Arbeitsgruppe buchstäblich bis zum letzten Tag meines Mandats hinauszuzögern. Das sorgte für wachsende Unruhe bis hin zu immer lauteren Rufen, die meine Ablösung als Vorsitzender forderten. Insbesondere die G-4 Staaten warfen mir vor, in Wirklichkeit nicht an einer Reform des Sicherheitsrats interessiert zu sein. Ich beschloss, noch etwas weiter zu provozieren, und drohte mit meinem Rücktritt. Die G-4 reagierten sofort und schlugen ihrerseits Südafrika für den Vorsitz vor. Das wiederum führte zu erbittertem Widerstand der „United for Consensus" Gruppe, die androhte, kollektiv die Sitzung zu verlassen. Das Chaos war perfekt, und die Angst vor einem peinlichen Scheitern der Arbeitsgruppe wuchs.

Ich ließ eine kleine Pause einlegen und bat die fünf ständigen Mitglieder des Sicherheitsrats in mein Büro. Dort teilte ich ihnen mit, dass ich die Arbeitsgruppe suspendieren und die Vollversammlung einberufen würde, um über die Umwandlung der Sondierungen in richtige Verhandlungen entscheiden zu lassen, da die Arbeitsgruppe hier ganz offensichtlich kein Ergebnis erzielen würde. Beides war mein gutes Recht, genauso wie selbst eine Resolution zu formulieren und zur Debatte und schlussendlich auch zur Abstimmung zu stellen. Die Resolution 62/557 forderte, die langjährigen, ziemlich fruchtlosen Gespräche ab der 63. Vollversammlung durch direkte Verhandlungen zwischen den Mitgliedstaaten zu ersetzen. Durch die Eskalation und die aufgeheizte Stimmung in der Arbeitsgruppe verunsichert, stimmten die fünf ständigen Mitglieder meinem Vorschlag zu.

Am 15. September 2008 endete meine Präsidentschaft der Vollversammlung mit einer Verabschiedung dieser Resolution durch die Vollversammlung. Indem die Angelegenheit endlich aus den Fängen der Arbeitsgruppe genommen und in die Hände der Mitgliedstaaten gelegt wurde, war der Boden für weitere Schritte vorbereitet. Auch wenn seit der Verabschiedung der Resolution 62/557 vor 13 Jahren nur wenig Fortschritt erreicht wurde, bin ich weiterhin davon überzeugt, dass sie die Krönung meiner diplomatischen Laufbahn war. Erstens war die Angelegenheit nun dort, wo sie meiner Meinung nach hingehörte, und zweitens war die Blockadetaktik der verschiedenen Gruppen nun öffentlich nachvollziehbar und nicht mehr in einer intransparenten Arbeitsgruppe versteckt. Dies, so bin ich auch heute noch überzeugt, wird sich irgendwann einmal in öffentlichen Druck ummünzen lassen. Das mag zwar noch dauern, aber zumindest besteht nun eine realistische Möglichkeit, dass sich die Zusammensetzung des Sicherheitsrats irgendwann einmal vom aktuellen Anachronismus in eine repräsentativere Variante ändern lässt. Allein das war all die Umwege wert.

Beide Beispiele zeigen auf völlig unterschiedliche Weise, wie sich die Kunst der Diplomatie oft in den kleinen Dingen, in den langen Wegen, in den mühsamen Umwegen und nicht in den schnellen Abkürzungen zeigt, und warum ein guter Diplomat vor allem Geduld und Ausdauer braucht. Wer beides hat und sich nicht vom Weg abbringen lässt, ist schon beinahe am Ziel.

Srgjan Kerim war Präsident der 62. Vollversammlung der Vereinten Nationen. Er diente zudem als Außenminister der Republik von Nordmazedonien, als Botschafter Jugoslawiens in Deutschland und als Sonderbeauftragter des UN-Generalsekretärs für den Klimawandel.

Wolfgang Ischinger (von links), Natalie Amiri und António Guterres auf der MSC Special Edition im Februar 2021.

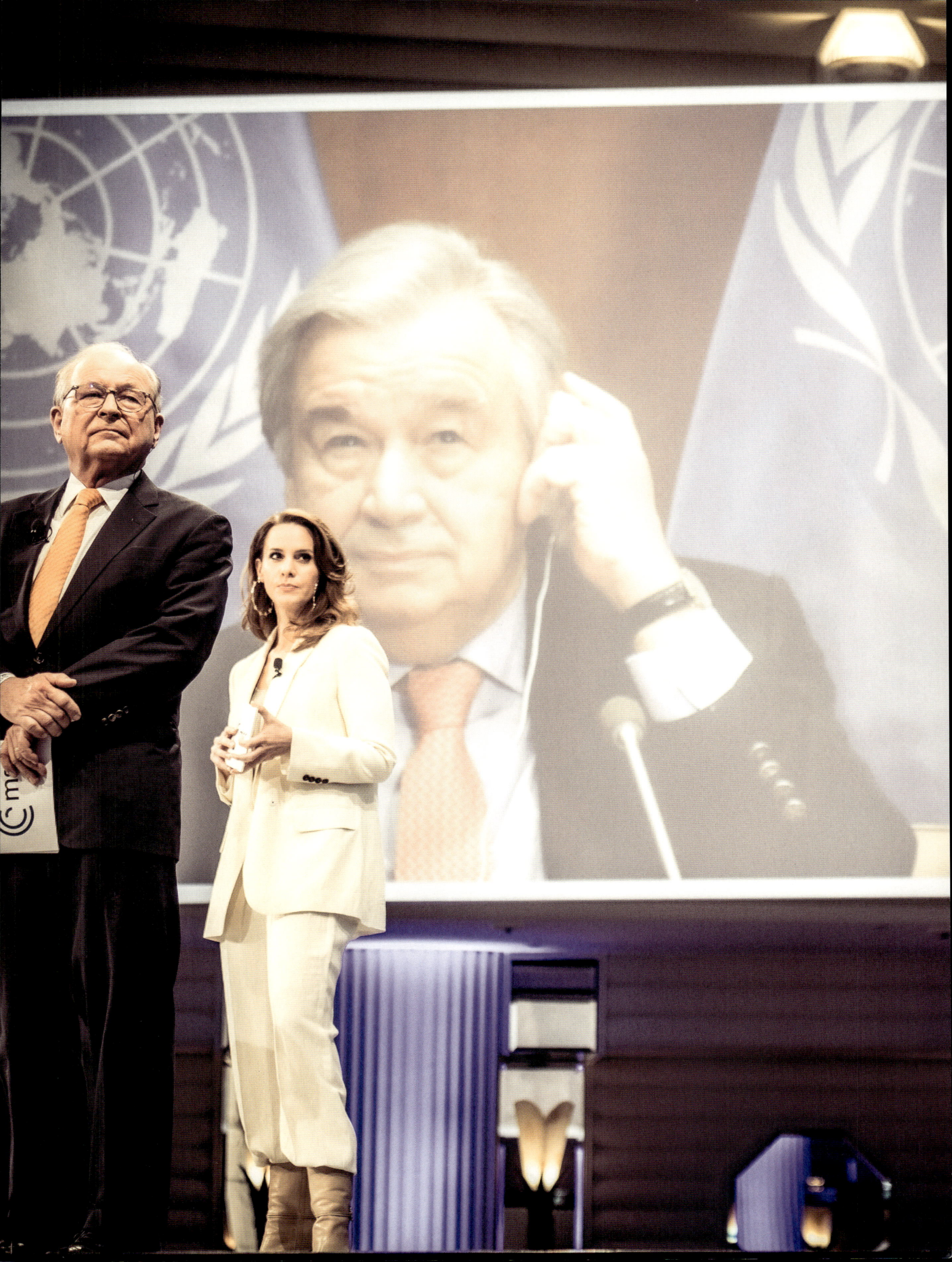

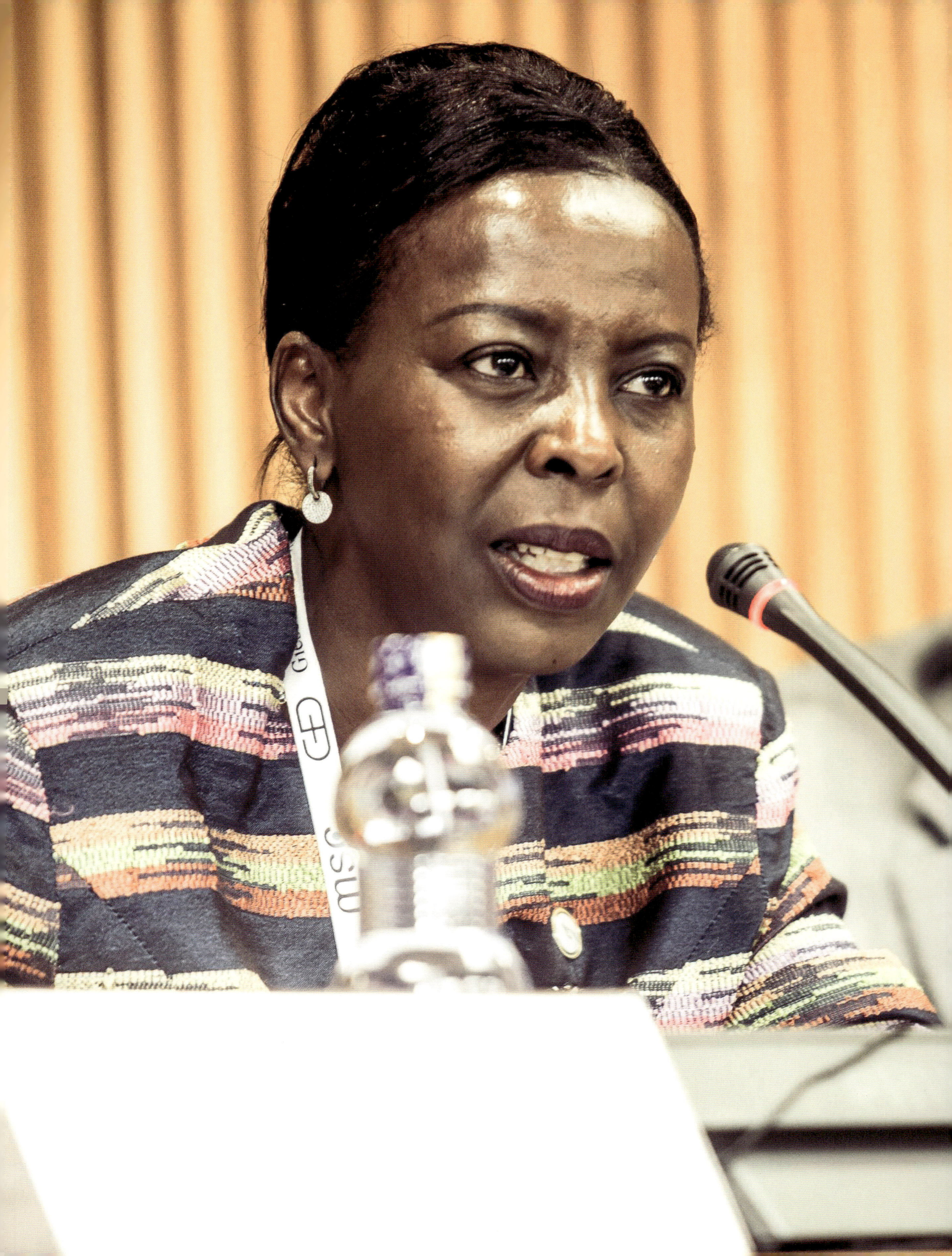

# Schwierige diplomatische Besuche überstehen

**Louise Mushikiwabo**

Ich bin Afrikanerin und Diplomatin, was bedeutet, dass ich professionelle Geschichtenerzählerin bin. Geschichtenerzählen und Verhandeln sind undenkbar ohne gute Sprachkenntnisse. Ein guter Diplomat muss die Fähigkeit besitzen, mit Worten zu jonglieren und bewusst und kontrolliert aufzutreten – die afrikanische Spielart zu dieser Übung lässt sich leichter vorführen als erklären. Dennoch will ich versuchen, einige diplomatische Augenblicke zu schildern, die mir aus meinen mehr als zwei Jahrzehnten in diesem Metier in Erinnerung geblieben sind.

Meine allererste Auslandsmission als Ruandas Außenministerin führte mich in die Demokratische Republik Kongo in einer Zeit großer Spannungen zwischen beiden Ländern. Die Reise war etwas heikel, und ich war nervös. Als mein kongolesischer Kollege und ich den Konferenzraum des Hotels in der Hauptstadt Kinshasa betraten, wurde ich mit feindseligen Blicken und Geflüster empfangen und machte mir augenblicklich klar, dass ich dieser Feindseligkeit etwas entgegensetzen musste, ohne die wichtige Mission zu gefährden. Ich wartete nervös darauf, dass der kongolesische Minister seine kurze Vorstellung meiner Person beendete, um aufs Podium zu steigen und aus dem Stegreif folgende Ansprache zu halten:

> Verehrter Minister, liebe Mitstreiter auf beiden Seiten, meine kongolesischen Brüder, ich überbringe euch die herzlichen Grüße eurer Verwandten in Ruanda und die höfliche Bitte meiner Regierung, dass wir unsere Probleme als Familie so lösen mögen, dass ich mit einem Durchbruch heimkehren kann. Ich las aus euren Gesichtern und vernahm mit den Ohren ein wenig Unzufriedenheit und Misstrauen, als ich diesen Raum betrat, aber ich bin sicher, dass ihr tief im Herzen dennoch froh seid, mich als eure Schwester hier zu haben – besonders, weil Kinshasa meine Jungfernreise in meiner gegenwärtigen Position ist. Ihr könnt mit Sicherheit nicht unglücklich über mich sein, denn wie ihr ebenso wisst wie ich, bringen wir in unserer Kultur die Braut vor dem Tag der Hochzeit mit nostalgischen Liedern und Erinnerungen an unsere Kindheit im Geschwisterkreis nicht deshalb zum Weinen, um ihr wehzutun, sondern weil dort, wo wir herkommen, Familien manchmal bedauern, wenn sie auseinandergerissen werden. Und deshalb weiß ich, dass die bösen Blicke und das Flüstern, als ich den Saal betrat, mich lediglich daran erinnern sollten, dass unsere Länder seit etlichen Jahren getrennt sind, obwohl sie das in Wirklichkeit nicht sein sollten. Ich bin hier, um euch von meiner Seite der Familie aus zu sagen, dass wir gar keine andere Wahl haben, als uns miteinander zu vertragen.

An diesem Punkt setzte im Raum Applaus ein, gefolgt von einem Augenblick verstörender Stille. Ich hatte mich verausgabt und wusste nicht, was ich sonst noch sagen konnte, um die Verhandlungen in Gang zu bringen. Ich wartete also, bis sich der Applaus gelegt hatte, und sagte: „Meine lieben Brüder und Schwestern, lasst mich abschließend meiner Überzeugung Ausdruck verleihen, dass kein Problem zwischen uns so kompliziert sein kann, dass wir gemeinsam keinen Ausweg finden könnten; wir haben keine andere Wahl, als wieder als Familie zusammenzufinden. Natürlich sind wir souveräne Länder mit heiligen Grenzen und unseren je eigenen Regeln, aber am Ende bleiben wir eine Familie!"

> Geschichtenerzählen und Verhandeln sind undenkbar ohne gute Sprachkenntnisse. Ein guter Diplomat muss die Fähigkeit besitzen, mit Worten zu jonglieren und bewusst und kontrolliert aufzutreten.

Afrika ist, wie wir wissen, nicht bloß ein Land, aber es ist nicht ungewöhnlich, dass sprachliche und kulturelle Ähnlichkeiten ein verbittertes bilaterales Treffen in ein schwieriges Familiengespräch verwandeln.

Jahre nach der Familienangelegenheit in Kinshasa wurde ich fern von Afrika mit einer extrem delikaten Situation in einem extrem mächtigen Land mit einem extrem wichtigen Verbündeten dieses Landes konfrontiert. Mein Gesprächspartner erschien zum vereinbarten Treffpunkt mit einem Dutzend hochrangiger Diplomaten und Analysten. Er hatte einen eindrucksvollen Stapel gebundener und mit Logos und Emblemen versehener Dokumente voll bunter Graphen und in erlesener Schrift gesetzten Tabellen dabei.

Da war ich, eine kleine Frau aus Afrika, in den Händen ein Stapel nummerierter Karten mit Gesprächspunkten und hier und da einem unterstrichenen Wort als einziger Waffe für mein Wortgefecht mit einem sehr großgewachsenen kaukasischen Mann mit dem bereits beschriebenen Arsenal. „Verehrte Ministerin", begann er, „ich möchte Ihnen zuerst einmal danken, dass Sie diese Essenseinladung angenommen haben, und ich schlage vor, dass wir angesichts meiner begrenzten Zeit sogleich zur Sache kommen."

Noch bevor ich ein kaum vernehmbares „Danke" äußern konnte, begann mein Gesprächspartner, meinem Land Verstöße, Verbohrtheit, Voreingenommenheit, Uneinsichtigkeit und mangelndes Bewusstsein für die Konsequenzen vorzuwerfen. Nachdem ich lange im Westen studiert und gelebt hatte, war ich weniger eingeschüchtert als vielmehr überrascht von der Leichtigkeit, mit der dieser Mann seine Taktlosigkeiten vortrug. Seine langsame Sprechweise bedeutete mir, dass er dachte, dass ich ihn nur so verstehen könnte, und dass im Übrigen, wenn größere Länder mit kleineren sprechen, Letztere lediglich die Pflicht haben, zuzuhören und zu verstehen (oder auch nicht).

> Afrika ist, wie wir wissen, nicht bloß ein Land, aber es ist nicht ungewöhnlich, dass sprachliche und kulturelle Ähnlichkeiten ein verbittertes bilaterales Treffen in ein schwieriges Familiengespräch verwandeln.

Als mein Gesprächspartner Luft holte, um zum nächsten Angriff anzusetzen, wagte ich, ihm zu erwidern: „Aber Eure Exzellenz und lieber Kollege ...", was ihn stocken und mir einen zerstreuten Blick zuwerfen ließ. Ich war mir nicht sicher, ob diese Sekunde der Aufmerksamkeit der „Exzellenz" oder dem „Kollegen" geschuldet war, aber ich hatte bereits beschlossen, dass ich mir die Worte nicht verkneifen würde – mehr in Bezug auf seine Einstellung als auf meinen Dissens mit ihm.

Ich sagte ihm, dass meine (dreiköpfige) Delegation und ich ihm sehr dankbar seien, dass er es für angebracht erachtete, dieses Treffen abzuhalten, damit wir diesen wichtigen Austausch führen konnten, dass ich aber in Anbetracht seiner knapp bemessenen Zeit nicht geneigt sei, die nicht besonders schmeichelhaften Vorwürfe gegen mein Land einfach so über mich ergehen zu lassen, und dass ich lediglich ein Wort herausgreifen wolle, das meiner Ansicht nach die einzige Basis biete, auf der wir zusammenfinden könnten.

Ich versuchte es so: „Eure Exzellenz, es überrascht mich, dass Sie womöglich annehmen, mein Land besser zu kennen als ich, und ich empfinde es als schlechtes Vorzeichen für unsere Diskussion, wenn Sie ein befreundetes Land mit so aggressiven Attributen belegen. Weil Sie uns aber ‚Partner' nannten, können wir damit beginnen, dass wir einander zuhören, wo unsere speziellen Sorgen und Bedürfnisse liegen. Um dies klarzustellen: Ich schlage vor, dass wir im ersten Schritt einfach nur im Wechsel die Positionen unserer Länder zum Ausdruck bringen und einander wirklich zuhören, denn das ist das Wesen einer Partnerschaft."

Der Mann wandte sich seinem Salat zu und sagte: „Sie haben recht, ich werde eine Art finden klarzustellen, was Sie missverstanden haben, aber in aller Partnerschaft und Freundschaft sollten Sie verstehen, dass ich ein Parlament habe, dem ich Rede und Antwort stehen muss und das sich fragt, was mit Ihrem Land nicht stimmt."

An diesem Punkt wurde mein Fisch kalt, und ich sagte ihm, dass er verstehen müsse, dass auch ich mich vor einem Parlament verantworten müsse und dass das Komitee für Außenbeziehungen mit mir darüber zu sprechen gedenke, warum ich zuließ, dass mein Land von Ländern misshandelt wurde, von denen ich stets als Entwicklungs-„Partner" sprach. Der sonst so reservierte Herr lächelte und sagte: „Lassen Sie uns essen."

**Louise Mushikiwabo ist die Generalsekretärin der Organisation internationale de la Francophonie. Nachdem sie zwanzig Jahre in den Vereinigten Staaten verbracht hatte, zog sie 2006 nach Tunesien, wo sie als Director of Communications für die Afrikanische Entwicklungsbank tätig war. Im März 2008 wurde sie vom Präsidenten der Republik Ruanda gebeten, der Regierung beizutreten, in der sie von 2008 bis 2009 als Informationsministerin und von 2009 bis 2018 als Ministerin für auswärtige Angelegenheiten und internationale Zusammenarbeit tätig war. Sie ist Mitglied des Advisory Council der Münchner Sicherheitskonferenz.**

MSC Core Group Meeting in Addis Abeba im April 2016. ▶

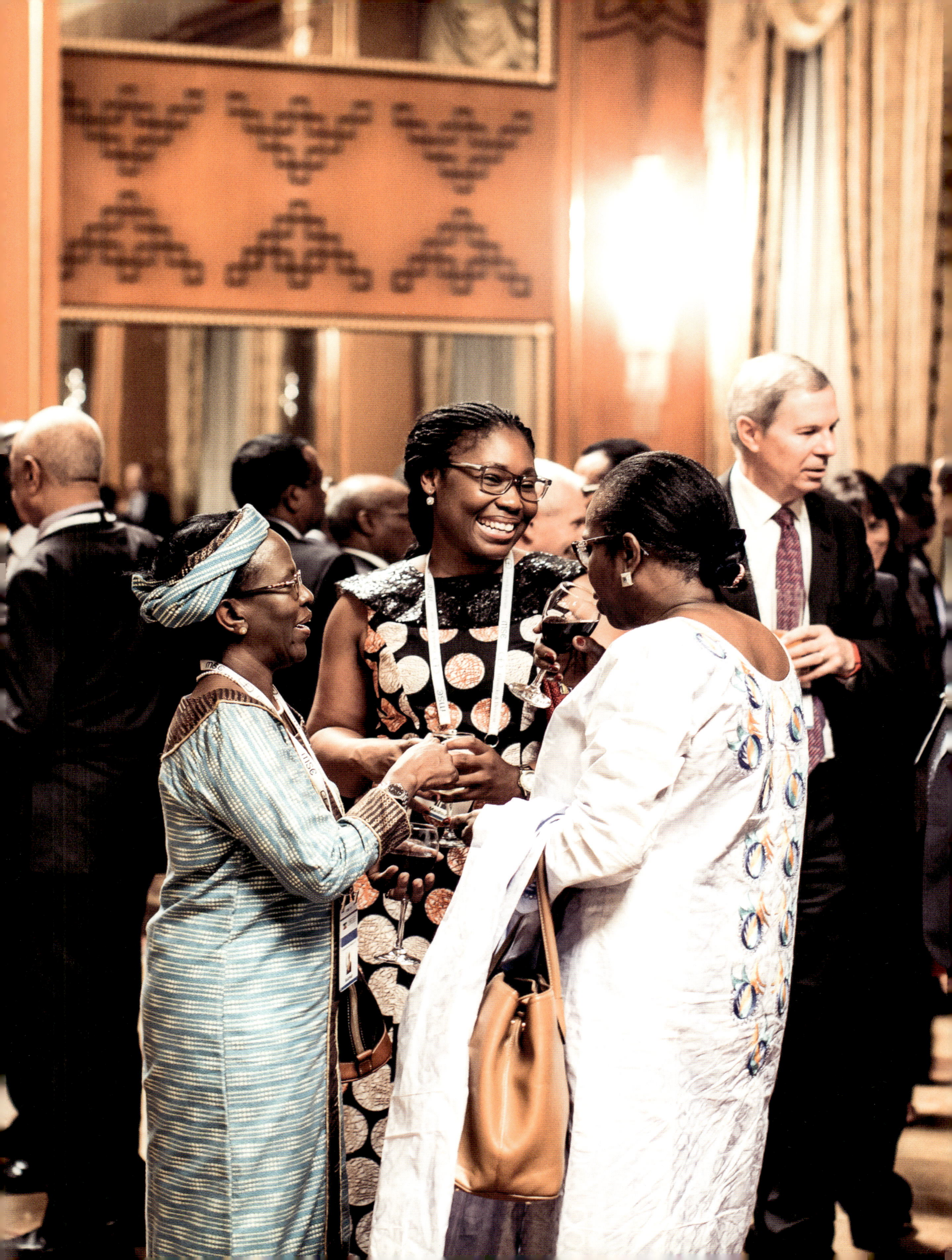

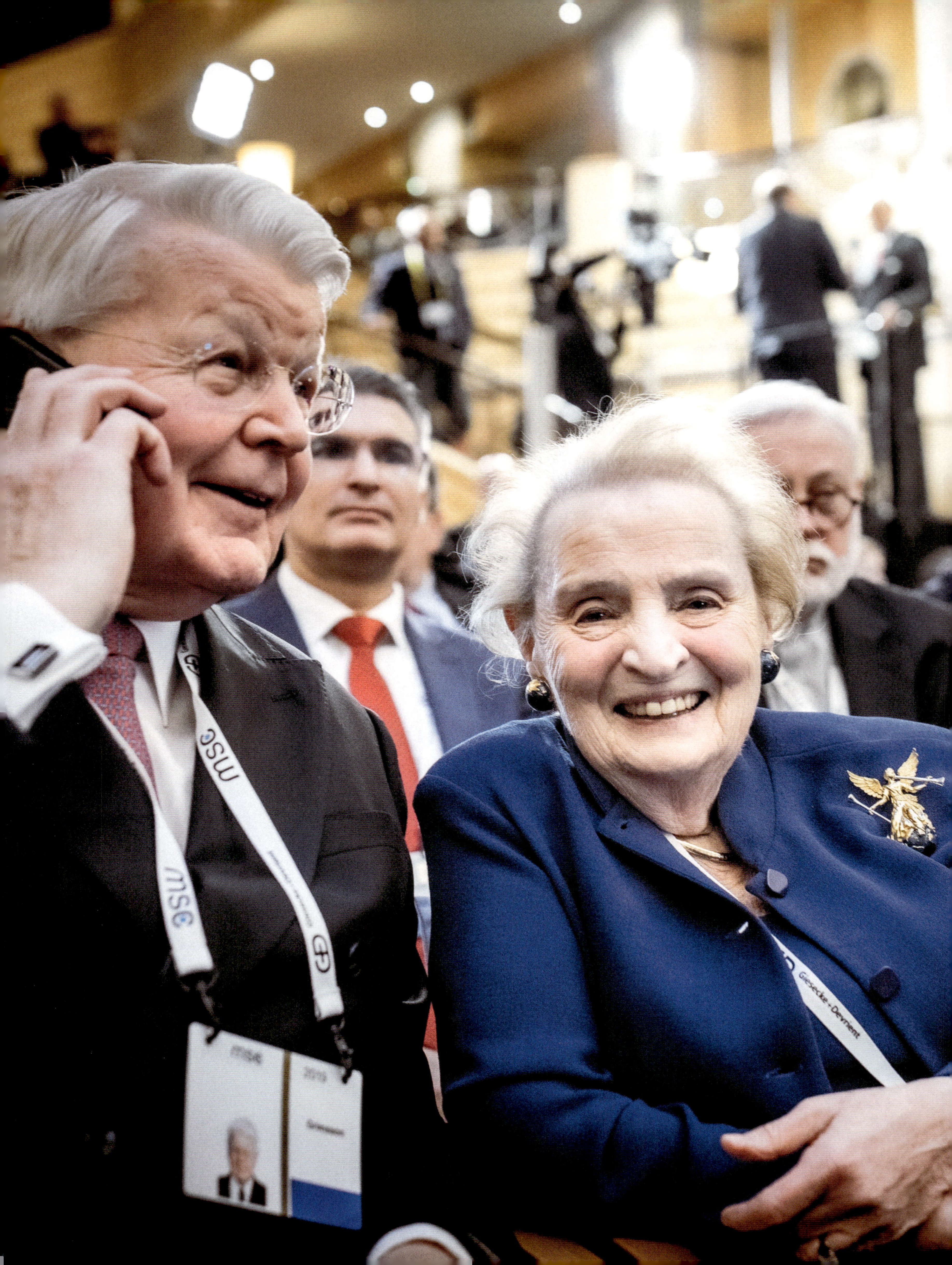
msc
Giesecke+Devrient
2019

# Meinungsänderungen einkalkulieren

Ólafur Ragnar Grímsson

Auf ihrem Gipfeltreffen von 2021 in Genf widmeten die Präsidenten Biden und Putin einen erheblichen Teil ihrer kurzen Begegnung der Signifikanz der Arktis im entstehenden geopolitischen Dreieck von Vereinigten Staaten, Russland und China. In ihren anschließenden Pressekonferenzen unterstrichen beide Politiker die große Aufmerksamkeit, die sie dem hohen Norden zollen.

Viele nahmen an, Putin bringe damit ein schon lange bestehendes Interesse an der Arktis zum Ausdruck, aber zu Beginn seiner Regierung interessierte ihn die Region nicht im Geringsten. Die Entwicklung von Putins Einstellung zur Arktis ist ein faszinierendes Beispiel für die Allgegenwärtigkeit von Veränderungen in den internationalen Beziehungen.

Vor über zwanzig Jahren absolvierte ich – als erster isländischer Präsident – einen Staatsbesuch in Russland. Trotz Kalten Kriegs hatten wir seit Jahrzehnten umfangreiche Handels- und Wirtschaftsbeziehungen gepflegt. Island verkaufte Russland Fisch und erhielt im Gegenzug Holz, Eisen, Autos, Öl und Petroleum. Der fossile Brennstoff aus der Sowjetunion half, Island zu modernisieren. Meine Landsleute hatten auch die Schlitzohrigkeit besessen, einen Teil des sowjetischen Öls der amerikanischen Militärbasis weiterzuverkaufen. Und zwar mit beträchtlichem Gewinn! Jahrzehntelang war so das Pentagon für die atlantische Verteidigung auf sowjetischen Treibstoff angewiesen gewesen – dank des unübertrefflichen Geschäftssinns der Isländer.

Ich erwartete mit Spannung das Treffen mit Putin, aus dem der Westen noch immer schlau zu werden versuchte. Da ich von der wachsenden Bedeutung der Arktis überzeugt war, brachte ich das Thema frühzeitig zur Sprache. Putin winkte ab: „Besprechen Sie das mit den Gouverneuren in den arktischen Regionen Russlands." Ich versuchte es noch einmal, aber Putin wechselte das Thema und begann wieder über Handel, Fisch und Holz zu sprechen.

Unsere nächste Begegnung fand 2010 anlässlich einer vom Polarforscher Artur Tschilingarow unter der Schirmherrschaft der Russischen Geografischen Gesellschaft organisierten Arktis-Konferenz statt. Putin war in der Zwischenzeit Premierminister geworden, fand aber dennoch die Zeit, um vor dieser etwas seltsamen Ansammlung von Arktis-Besessenen zu sprechen. Ich war der einzige anwesende Präsident. Außer Putin und mir ließ sich kein Politiker blicken. Die Medien schenkten der Veranstaltung ebenso wenig Beachtung.

Putins Rede machte deutlich, dass die Arktis mittlerweile seine Aufmerksamkeit geweckt hatte, und auf der folgenden Konferenz lud er Fürst Albert ein, sich zu uns beiden auf die Bühne zu gesellen. Seine Durchlaucht trat in die Fußstapfen seines Großvaters, der bekanntlich die Arktis erkundet hatte. Island und Monaco! Nicht gerade Ausdruck neuer geopolitischer Relevanz. Aber immerhin der zarte Beginn eines diplomatischen Tanzes, der sich in den nachfolgenden Jahren beschleunigte.

Auf der nächsten Konferenz zwei Jahre später nutzte Putin seinen wiedererlangten Präsidentenstatus, um den Präsidenten Finnlands einzuladen. Jetzt waren wir drei Präsidenten – definitiv ein Fortschritt. 2019 trat die Konferenz aus dem Schatten kleiner Hörsäle an abgelegenen Orten in das große internationale Konferenzzentrum in St. Petersburg, der alten Zarenhauptstadt. Die Präsidenten Finnlands und Islands und die Premierminister Norwegens und Schwedens waren Ehrengäste einer von Putin moderierten langen Sitzung auf der großen Bühne des zentralen Saals. Alle wichtigen Minister der russischen Regierung saßen aufmerksam im Publikum und applaudierten, als ihr Präsident vom Podium aus verkündete, dass die Arktis jetzt ihre bürokratische Heimat im neuen Ministerium für die Entwicklung des russischen Fernen Ostens und der Arktis hatte. Putin betonte, was für ein starker Pfeiler die Arktis bereits geworden sei für die entstehende Wirtschaftsachse zwischen Russland und Asien.

Als ehemaliger Präsident unter den inoffiziellen Gästen sitzend, ließ ich Putins arktische Reise von unserer ersten Begegnung, als er der Arktis wenig oder keine Bedeutung beigemessen hatte, bis zu seiner Rede darüber, wie die Zukunft Russlands von der Arktis abhinge, im Geiste Revue passieren.

Warum erzähle ich diese Geschichte? Weil sie zeigt, dass sich die Positionen in der internationalen Politik häufig ändern und die Meinungen einer kontinuierlichen Entwicklung unterworfen sind. Ob in der Arktis oder anderswo – sich dieser Tatsache bewusst zu sein zahlt sich immer aus.

**Ólafur Ragnar Grímsson ist Vorsitzender des 2013 mit diversen arktischen Partnern gegründeten Arctic Circle. Von 1996 bis 2016 war er Präsident von Island.**

◄ Ólafur Ragnar Grímsson mit Madeleine Albright auf der Münchner Sicherheitskonferenz im Februar 2019.

WISNI

# Den Status des Kosovo aushandeln

Frank G. Wisner

Kein Teil Europas beschäftigt die Politik mehr als der Balkan – und das nun schon seit über einem Jahrhundert. Die Überwindung der allfälligen Krisen, der Aufbau der Zusammenarbeit zwischen den Staaten der Region und die Integration des Balkans in die europäischen und nordatlantischen politischen und ökonomischen Strukturen sind und bleiben eine große Herausforderung. Unsere kollektive Unfähigkeit, die Probleme des Balkans zu lösen, bedeutet, dass der Traum von einem ganzheitlichen, freien und sicheren Europa bis auf Weiteres trügerischer Schein bleiben wird.

Das ist die Herausforderung, mit der sich viele europäische und amerikanische Diplomaten seit über einer Generation herumschlagen – unter ihnen auch Wolfgang Ischinger. Als er 2007 gefragt wurde, ob er bereit sei, als EU-Vertreter an den Verhandlungen über den Status des Kosovo teilzunehmen, willigte er ein. Er brachte eine erfolgreiche diplomatische Karriere, ein klares Eintreten für eine kraftvolle europäische Außenpolitik und ein Bewusstsein für die Bedeutung enger transatlantischer Zusammenarbeit mit.

Kein Teil des facettenreichen Balkan-Puzzles hat sich als schwieriger erwiesen als die Kosovo-Frage. Über weite Strecken des vergangenen Jahrhunderts gehörte Kosovo zu Serbien; sein Streben nach Unabhängigkeit begann mit dem Zusammenbruch der jugoslawischen Föderation. Infolge der serbischen Versuche, die Unabhängigkeitsbestrebungen der Kosovo-Albaner zu unterdrücken, intervenierte die NATO 1999 militärisch, stoppte das Blutvergießen, vertrieb Serbien aus dem Kosovo und stellte das Land unter den Schutz der Vereinten Nationen. Aber das Streben des Kosovo nach Unabhängigkeit machte hier nicht halt. Fünf Jahre später brach in der Region neue Gewalt aus, sodass sich die internationale Gemeinschaft gezwungen sah, erneut die Frage nach dem abschließenden Status zu stellen.

Im Jahr 2006 bat mich Condoleezza Rice, die Vereinigten Staaten in den Verhandlungen über den Status des Kosovo zu repräsentieren, die der ehemalige finnische Präsident Martti Ahtisaari moderieren sollte. Ahtisaari legte zwölf Monate später einen Lösungsplan vor.

Auch wenn die Verhandlungen zum abschließenden Status anfangs von der russischen Regierung unterstützt wurden, stellte sich Russland quer, als die Zeit gekommen war, Ahtisaaris Plan gutzuheißen und alles für die Unabhängigkeit des Kosovo vorzubereiten. Russland war nicht bereit, einem Serbien die Unterstützung zu entziehen, das sich vehement gegen die Unabhängigkeit des Kosovo wehrte.

Die Frage nach der Zukunft des Kosovo wurde dann an die USA, Großbritannien, Deutschland, Frankreich und Russland zur Beratung verwiesen, die darüber auf ihrem Gipfel 2007 sprachen. Sie verständigten sich auf eine weitere Verhandlungsrunde in der Hoffnung, einen Konsens zu erzielen. Wolfgang Ischinger wurde zum Vertreter der EU in der Troika bestimmt. Ich vertrat die USA, und Alexander Bozan-Chartschenko nahm als Vertreter Russlands teil.

Ich hatte Botschafter Ischinger während seiner Zeit in Washington kennengelernt. 2007 trafen wir uns erneut in seiner Botschaft in London, um das weitere Vorgehen zu besprechen. Der Botschafter machte deutlich, dass unsere Diplomatie auf drei Prinzipien basieren müsse. Erstens müssten die EU und die USA sich eng miteinander abstimmen. Wir mussten unseren russischen Freunden und der serbischen sowie der kosovarischen Seite mit einer gemeinsamen Position entgegentreten. Das zweite Prinzip war die Bereitschaft, alle Fragen im Zusammenhang mit der Zukunft des Kosovo vollkommen unbefangen anzugehen. Auch wenn wir unseren Überlegungen den Ahtisaari-Plan zugrunde legten, mussten wir den Parteien Gelegenheit geben, ihre Vorstellungen und Argumente vorzutragen.

> Unsere kollektive Unfähigkeit, die Probleme des Balkans zu lösen, bedeutet, dass der Traum von einem ganzheitlichen, freien und sicheren Europa bis auf Weiteres trügerischer Schein bleiben wird.

Das dritte Element unserer abgestimmten Diplomatie war das Timing. Die Suche nach der Lösung, die wir uns vorstellten, sollte unvoreingenommen und umfassend, musste aber zeitlich begrenzt sein. Wir setzten uns Ende 2007 zum Ziel. Würde nicht rechtzeitig eine Lösung gefunden, drohte weitere Gewalt im Kosovo.

Während der folgenden Monate, in denen zahllose Meetings abgehalten und Tausende Kilometer zurückgelegt wurden, hielt sich die Troika streng an diese Prinzipien.

◂ Frank G. Wisner bei den Vereinten Nationen in New York im September 2007.

Verhandlungen, ganz gleich zu welchem Thema, sind immer schwierig. Die Gespräche über den abschließenden Status des Kosovo bildeten da keine Ausnahme. Die Suche nach einem Konsens wurde durch zwei Faktoren erschwert. Der erste war die Unnachgiebigkeit der Parteien. Serben und Kosovaren hatten entgegengesetzte Ansichten, wie eine Einigung aussehen könnte. Die Serben betrachteten den Kosovo als ihren integralen Bestandteil. Die Leugnung serbischer Souveränität über den Kosovo war eine existenzielle Frage und eine politische Unmöglichkeit. Für die Kosovaren hingegen war die Unabhängigkeit eine Frage der Ehre – ja, des ethnischen Überlebens.

Der zweite erschwerende Faktor war die Haltung Moskaus. Die russische Führung beschloss, Serbien beizustehen, komme da, was wolle. So, wie Moskau die Dinge sah, würde ein Bruch mit Belgrad russischen Interessen im Balkan zuwiderlaufen. Zudem könnte die Unabhängigkeit des Kosovo als ein „Sieg" der NATO verstanden werden, was Russland auf keinen Fall dulden durfte.

Die Troika hatte folglich die Aufgabe, einen Mittelweg zwischen zwei Gegensätzen zu finden. Diplomatie ist die Kunst des Möglichen; nachhaltige diplomatische Ergebnisse sind häufig zweitbeste Lösungen. Diplomatie erfordert Kompromissbereitschaft. Die Herausforderung, auf die der Botschafter und ich uns einließen, bestand darin, eine Kompromissposition zu erarbeiten, und hier leistete Wolfgang Ischinger einen beispiellosen Beitrag.

**Diplomatie ist die Kunst des Möglichen; nachhaltige diplomatische Ergebnisse sind häufig zweitbeste Lösungen. Diplomatie erfordert Kompromissbereitschaft.**

Mit seinem bewundernswerten Einfühlungsvermögen, seiner Geduld und Beharrlichkeit betrachtete er die Positionen von Belgrad und Pristina und sah in den deutschen Erfahrungen ein Vorbild für einen möglichen Ausweg. Nach dem Beispiel der Verhandlungen der Bundesrepublik mit der DDR schlug er vor, dass die Parteien die Frage der Souveränität ausklammerten und sich auf Arrangements fokussierten, die es ihnen ermöglichen, in Frieden zu leben, ihr Schicksal zu verbessern und sie einer Mitgliedschaft in der Europäischen Union näher zu bringen. Wolfgang Ischinger hatte dabei Arrangements im Sinn wie den Gewaltverzicht, die Respektierung der bestehenden Grenzen, Regelungen in Bereichen wie Handel, Investitionen, Gesundheitswesen und Strafjustiz sowie Reisefreiheit für die Bürger. Das Ergebnis, das er sich vorstellte, liefe *de facto*, wenn auch nicht *de jure*, auf eine Anerkennung hinaus. Serbien würde sein Gesicht wahren, während der Kosovo in der Sache unabhängig würde. Die Frage der Souveränität verlöre ohnehin ihre Relevanz, sobald beide Länder Teil der Europäischen Union würden.

Mit der Umgehung des sensiblen Themas der Souveränität bot Wolfgang Ischinger einen Ausweg aus der verwickelten Lage. Sein Vorschlag fand die Zustimmung der Kosovaren, und mein Eindruck war, dass Moskau ihn in Erwägung zog. Der serbische Premierminister Koštunica und sein Kollege hingegen lehnten ihn ab, und Moskau schloss sich ihnen an. Ischinger rannte mit seinem Kompromissvorschlag gegen eine Mauer, und der Troika-Prozess kam zum Erliegen. Die Vereinigten Staaten und die Europäer sperrten sich gegen den russischen und serbischen Ruf nach weiteren Verhandlungen. Im Februar 2008 erklärte der Kosovo seine Unabhängigkeit. Die Unbeugsamkeit obsiegte, jedoch zu dem Preis des Verzichts auf die Lösung eines der hartnäckigsten Konflikte auf dem Balkan – eines Konflikts, der sowohl Serbien als auch den Kosovo schwächte und die Aussichten auf eine bessere und wohlhabendere Region unterminierte.

**Das Scheitern von Ahtisaari-Plan und Troika-Initiative zur Lösung des abschließenden Status muss uns als Mahnung dafür dienen, dass es nicht für alle internationalen Konflikte diplomatische Lösungen gibt.**

Serbien hat sich bis heute nicht mit der Unabhängigkeit des Kosovo abgefunden. Demzufolge halten die Spannungen an, und keine der beiden Seiten hat einen Weg zur Mitgliedschaft in der Europäischen Union gefunden. Das Scheitern von Ahtisaari-Plan und Troika-Initiative zur Lösung des abschließenden Status muss uns als Mahnung dafür dienen, dass es nicht für alle internationalen Konflikte diplomatische Lösungen gibt. Wolfgang Ischingers Vorschlag bleibt die beste unter allen vorgetragenen Ideen, wie Serbien und der Kosovo in Frieden und gegenseitigem Respekt leben und ihre europäischen Ambitionen verwirklichen könnten. Er liegt bis heute auf dem Tisch.

**Frank G. Wisner war in seiner vier Jahrzehnte währenden diplomatischen Karriere US-Botschafter in Sambia, Ägypten, den Philippinen und Indien. Er war zudem Undersecretary of Defense for Policy im US-Verteidigungsministerium und Undersecretary of State for International Security Affairs im US-Außenministerium.**

MSC Balkan Security Roundtable auf der Münchner Sicherheitskonferenz im Februar 2020.

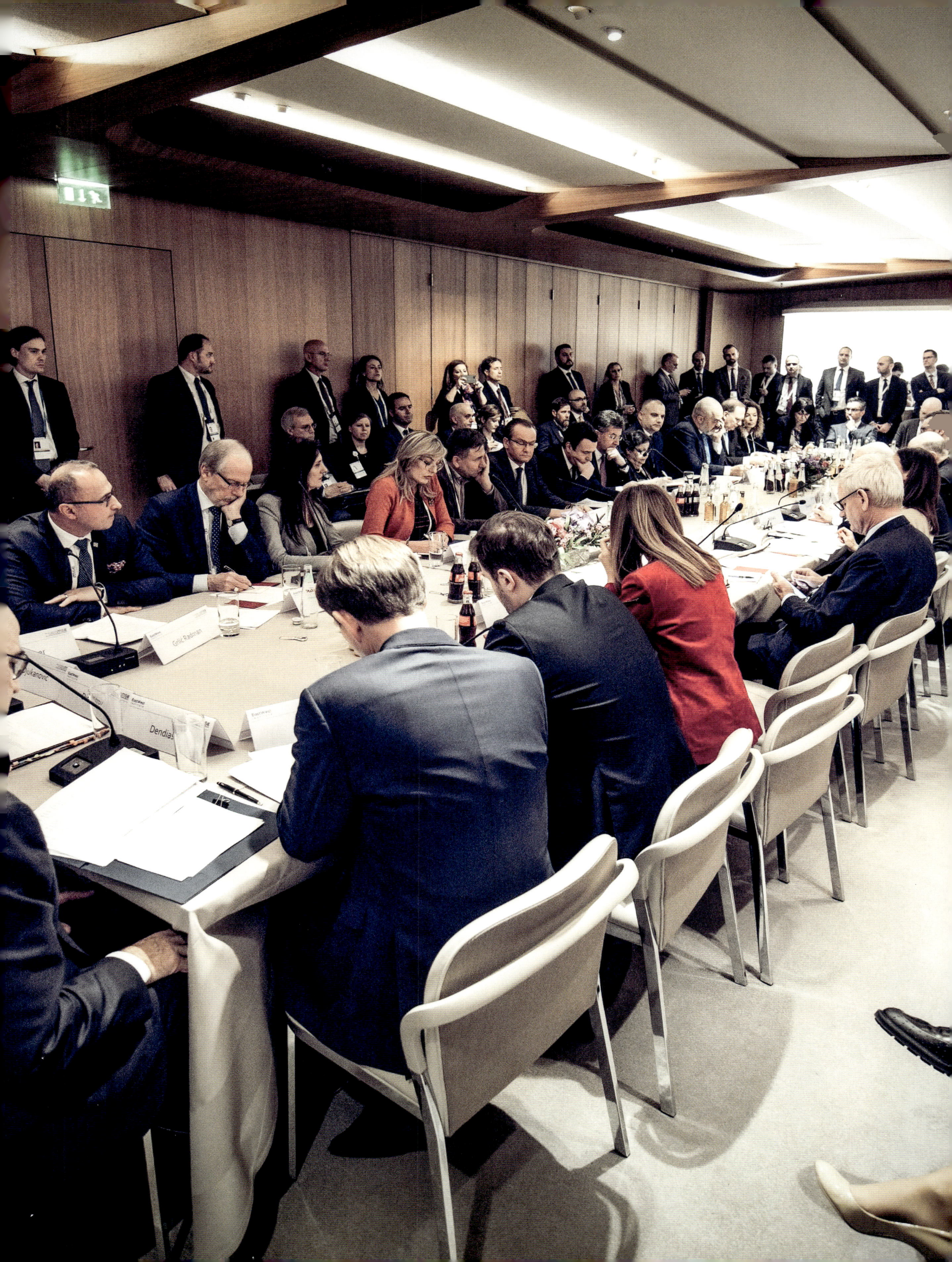
Grlić Radman
Đukanović
Dendias

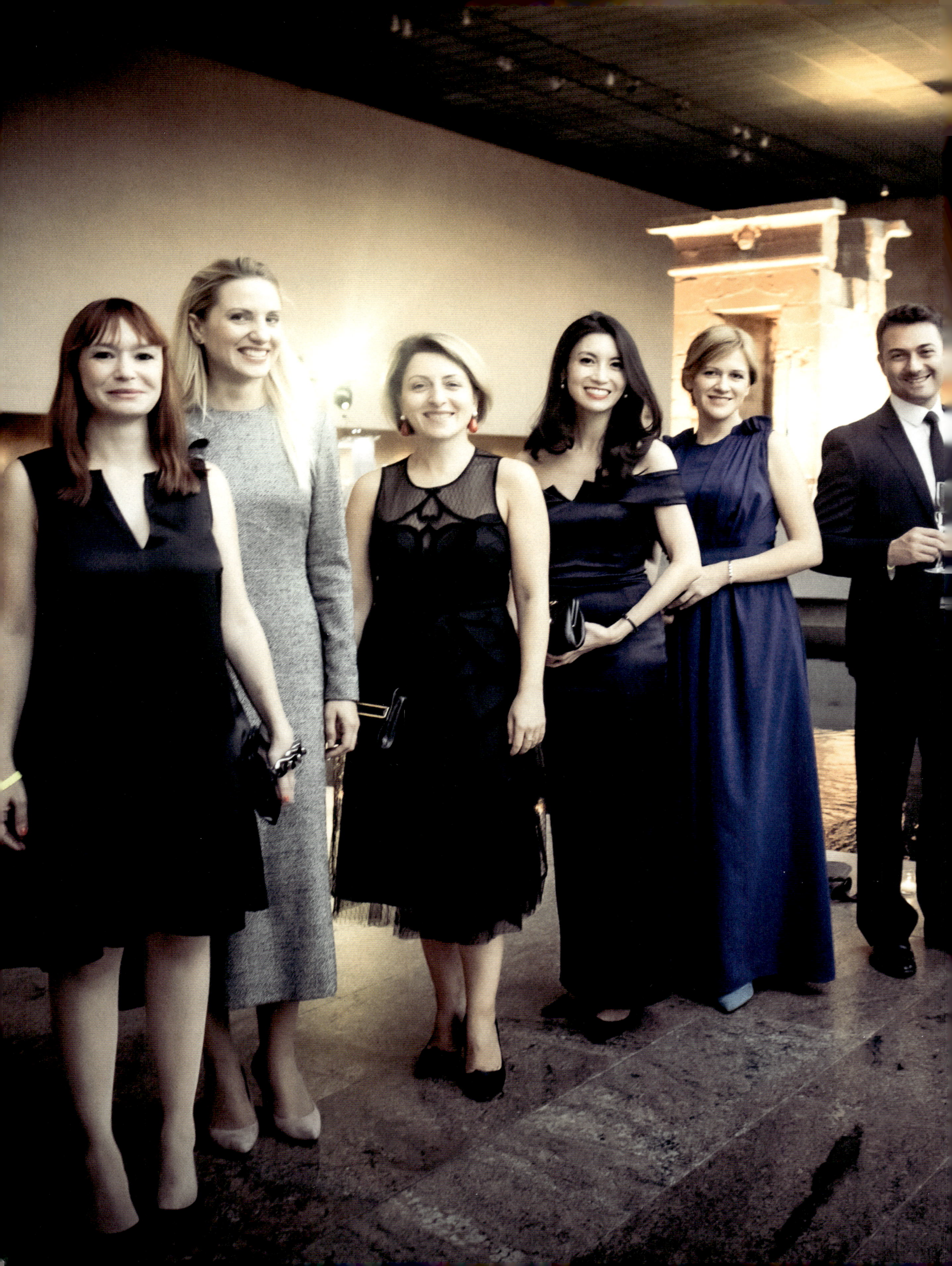

# Diplomatie nach Hause tragen

**Eka Tqeschelaschwili**

Die Anfangsjahre der georgischen Unabhängigkeit liefern ein Beispiel dafür, wie Diplomaten den nationalen Interessen auch zu Hause dienen können und wie Desinformationskampagnen illiberaler Akteure wie Russland es heute umso wichtiger machen, dass sich die öffentliche Diplomatie nicht nur auf fremde Bevölkerungen und Entscheidungsträger fokussiert, sondern auch auf das heimische Publikum.

2021 feierte Georgien 30 Jahre wiedererlangte Unabhängigkeit. Die Entwicklung unserer jungen Republik ist eine bemerkenswerte, turbulente Reise, die geprägt ist von Hoffnung, Stolz, Hingabe und dem Bewusstsein für die Einzigartigkeit dieser historischen Chance. Hier war Diplomatie einmal nicht nur eine wertvolle Ergänzung der nationalen Politik, sondern eine wesentliche Komponente unseres Staatsbildungsprozesses. Bilder von Diplomaten an vorderster Front des politischen Geschehens, damit beschäftigt, Partnerschaften für unsere junge Nation aufzubauen und den zügigen Rückzug der russischen Soldaten zu verhandeln, haben meine Wahrnehmung von Diplomatie geprägt und meine Leidenschaft dafür geweckt.

Man kann gar nicht überschätzen, wie schwierig es war, den Auswärtigen Dienst von Grund auf neu aufzubauen – mit minimalen Ressourcen und begrenzter Erfahrung oder Vorbildung. Aber uns allen war klar, dass außenpolitische Erfolge für den Aufbau und die Sicherung einer europäischen Zukunft für Georgien unerlässlich waren. Für uns gab es keine Trennlinie zwischen innenpolitischen und außenpolitischen strategischen Zielen. Im Unterschied zu den meisten meiner Kollegen aus Europa und den Vereinigten Staaten befanden wir uns in dieser Anfangszeit im Mittelpunkt des heimischen öffentlichen Diskurses. Als Diplomaten waren wir schwer damit beschäftigt, den Glauben der georgischen Öffentlichkeit an die demokratischen Werte zu festigen, Bewusstsein für die außenpolitischen Prioritäten zu schaffen und zu erklären, was von uns im Interesse der Integration in die euroatlantische Gemeinschaft erwartet wurde und warum das wichtig war. Das Schwierigste war, öffentliche Zuversicht zu schaffen, während das Vertrauen in die freiheitliche globale Ordnung ständig von Russland auf die Probe gestellt und untergraben wurde.

Aber nur wenige sahen oder wertschätzten den Beitrag des diplomatischen Korps. Während internationale Partner bei der Entwicklung staatlicher Institutionen in vielen unterschiedlichen Sektoren halfen, um die junge Demokratie Georgiens zu institutionalisieren, fiel unser diplomatischer Dienst aus den meisten technischen Beistandsprogrammen heraus – vermutlich, weil Diplomatie einmal mehr im traditionellen Sinn als außerhalb des Staatsbildungskontextes gesehen wurde. Glücklicherweise erkannten einige wenige Partnerländer die zentrale Bedeutung unseres diplomatischen Dienstes nicht nur für die Definition unserer Außenbeziehungen, sondern auch für den Aufbau eines Staates (und seiner Institutionen), dem unsere Bürger vertrauen und mit dem sie sich identifizieren konnten.

30 Jahre später ist diese nach innen gerichtete Arbeit des georgischen diplomatischen Dienstes wichtiger denn je. Russische Provokationen und Desinformationskampagnen haben nicht aufgehört. Im Gegenteil, sie werden mit jedem Tag ausgefeilter. Ihre Ziele bleiben jedoch dieselben – die Destabilisierung des georgischen Staates, die Fragmentierung seiner Gesellschaft und die Unterminierung seines Fortschritts in Richtung einer euroatlantischen Zukunft. Durch die Infragestellung der Vorteile unserer demokratischen Werte und des Sinns unserer Westorientierung, durch das Wecken von Ängsten in dafür empfänglichen Teilen unserer Bevölkerung und durch das Verbreiten von Gerüchten und Falschnachrichten versucht Russland, das kaputt zu machen, was die Georgier aufgebaut haben. Wieder einmal fällt dem diplomatischen Dienst die wichtige Rolle zu, die Bürger davon zu überzeugen, dass der eingeschlagene Weg der beste ist, dass er die Härten und Mühen wert ist und dass die einfachen Lösungen, wie sie von Russlands Handlangern verbreitet werden, keine Aussicht auf Erfolg bieten. Wir brauchen Diplomaten, die sich in den öffentlichen Diskurs einmischen und für einen Weg in Richtung Freiheit, Demokratie und Wohlstand werben, der über Wahlperioden hinausgeht und den russischen Angriffen standhält.

> Wir brauchen Diplomaten, die sich in den öffentlichen Diskurs einmischen und für einen Weg in Richtung Freiheit, Demokratie und Wohlstand werben.

**Eka Tqeschelaschwili leitet das USAID-finanzierte Antikorruptionsprogramm in der Ukraine. Zuvor war sie Präsidentin des Georgischen Instituts für strategische Studien, Außenministerin, stellvertretende Ministerpräsidentin und Staatsministerin für Reintegration. Davor wiederum war sie für den georgischen Präsidenten als nationale Sicherheitsberaterin tätig und war Sekretärin des Rates für nationale Sicherheit.**

◂ Eka Tqeschelaschwili (Dritte von links) beim Munich Young Leaders Alumni Meeting in New York City im September 2019.

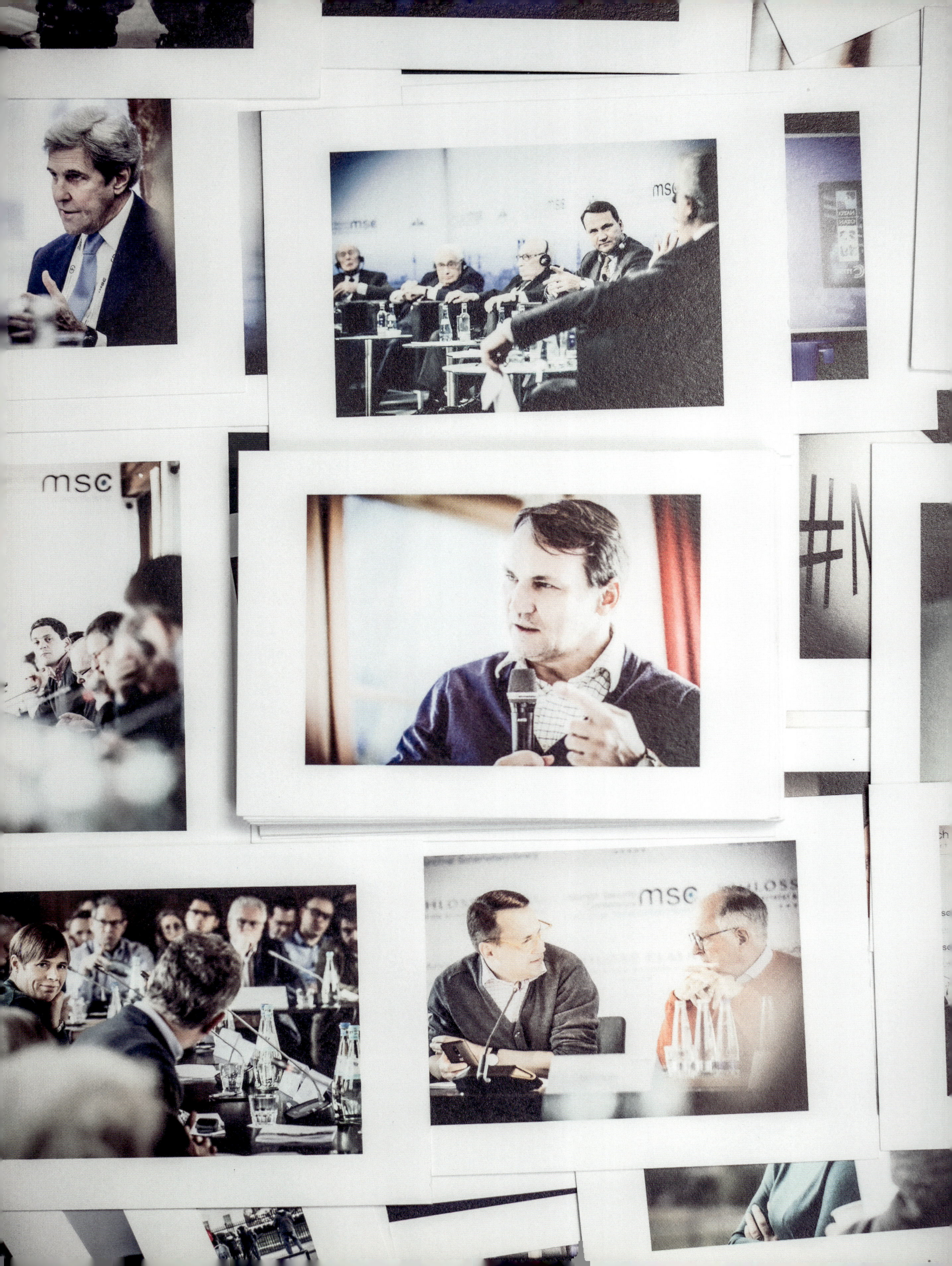
msc

# Mauern niederreißen

**Radosław Sikorski**

1991: das Ende der Geschichte. Oder so schien es. Es war auch das Jahr, in dem Polen das Assoziationsabkommen mit der Europäischen Union unterschrieb. Was ich damals nicht wusste: Es markierte auch den ersten Schritt in Richtung der Östlichen Partnerschaft (ÖP). Mit dem Beitritt der neuen mittel- und osteuropäischen Mitgliedstaaten begann sich der Schwerpunkt der EU ostwärts zu verlagern. Siebzehn Jahre später wurde eine (von mir und meinem schwedischen Außenministerkollegen Carl Bildt konzipierte) polnisch-schwedische Initiative gestartet.

Die Reise in Richtung der Gründung der Östlichen Partnerschaft begann mehr als ein Jahrzehnt, bevor Carl und ich im Mai 2008 den EU-Außenministern den ersten Vorschlag unterbreiteten. Damals hatte die EU zahlreiche Nachbarschaftsstrategien entwickelt. Die bestehenden EU-Strategien hatten jedoch alle ein Manko. Obwohl die Länder der ÖP die unterschiedlichsten sozioökonomischen und kulturellen Hintergründe mitbrachten, wurden sie von ähnlichen Problemen geplagt: Die Herausforderung bestand in der schwierigen Wiedergeburt als postsowjetische Nation mit einer fragilen Regierung, ökonomischer Rückständigkeit, ungelösten Konflikten und mangelnder Erfahrung mit der Demokratie. Zweck der ÖP war, bei diesen Problemen Unterstützung zu leisten. Die Partnerschaft war auch deshalb wichtig, weil die Entwicklungen im Osten der EU für viele Jahre von entscheidender Bedeutung für die EU sein würden. Im Rückblick hätten wir mit unserer Einschätzung richtiger nicht liegen können.

Die Ukraine würde offensichtlich eine wichtige Rolle in der ÖP spielen. Aus polnischer Sicht war klar, dass sie ein Teil jeder Partnerschaft mit unserer postsowjetischen Nachbarschaft sein musste. So blieb die Frage, welche weiteren Länder eine Rolle spielen könnten. Wir begannen in meinem Ministerium, mit Ideen zu spielen, und landeten aufgrund kultureller Gemeinsamkeiten und anderer Kriterien bei folgendem Kreis: Ukraine, Georgien, Moldau, Weißrussland, Armenien und Aserbaidschan. Nachdem wir Zweck und Anwärterkreis der Partnerschaft bestimmt hatten, mussten wir die EU-Mitgliedstaaten von ihrem Wert überzeugen. In meinen Gesprächen mit meinem damaligen Premierminister Donald Tusk wurde deutlich, dass Polen als Mitgliedstaat allein – trotz seiner Größe – nicht das politische Gewicht hatte, diese Idee erfolgreich durchzusetzen. Wir benötigten Verbündete.

Ich beschloss, mich an einen engen politischen Partner und Freund zu wenden: Carl. Ich wusste, dass ich, wenn unser Vorschlag im Rat der EU eine Chance haben sollte, die Unterstützung eines Staates benötigte, der schon seit Längerem EU-Mitglied war. Schweden gehörte zudem als Nettobeitragszahler zum EU-Haushalt zu den wohlhabenderen Mitgliedstaaten. Schweden als Unterstützerstaat würde dem Vorschlag mehr Gewicht verleihen und ihn von dem Stigma befreien, lediglich das Produkt osteuropäischer Fantasien zu sein. Als ich Carl meine Idee vortrug, begriff er sofort den Sinn. Er war dabei.

Es folgten Gespräche mit den damaligen deutschen und französischen Außenministern Frank-Walter Steinmeier und Bernard Kouchner, aber auch mit anderen führenden europäischen Politikern. Ich lud Frank-Walter sogar in mein Haus in Polen ein, um ihn zu überzeugen. Ich möchte zu gern glauben, dass es nicht zuletzt die gute polnische Küche war, die ihn für die Idee einnahm. Im Wesentlichen ging es bei diesen Gesprächen darum, potenzielle Hindernisse für die ÖP in Gestalt einer Ablehnung der Idee seitens Deutschlands und Frankreichs aus dem Weg zu räumen. Anfangs gab es Widerstände von einigen Mitgliedstaaten – nicht nur den bereits genannten – aus diversen Gründen: So würde die Initiative sich beispielsweise mit bestehenden EU-Initiativen überschneiden oder eine Überholspur zur EU-Mitgliedschaft für Länder darstellen, die noch nicht so weit waren. Andere Ereignisse wie etwa der russisch-georgische Krieg im Sommer 2008 spielten uns in die Hände. Am Ende gelang es uns, erfolgreich für unseren Plan zu werben. Damit eine Initiative glückt, müssen viele Sterne richtig stehen.

> Damit eine Initiative glückt, müssen viele Sterne richtig stehen.

So kam schließlich der entscheidende Moment. Die künftigen ÖP-Länder waren an Bord, und die EU-Mitgliedstaaten hießen die Idee gut. Im Mai 2009 startete die Östliche Partnerschaft in Prag unter dem Schirm der Europäischen Nachbarschaftspolitik. Sie zeigt, wie einzelne Mitgliedstaaten mit der richtigen Herangehensweise und den richtigen Ideen die EU-Außenpolitik vorantreiben können.

**Radosław Sikorski ist ehemaliger Außenminister und ehemaliger Verteidigungsminister der Republik Polen. Er ist Mitglied des Europäischen Parlaments.**

◂ Radosław Sikorski zu Gast bei der MSC, unter anderem beim Munich Strategic Forum in Elmau 2016.

NATO Engages
The Alliance at 70
NATO
OTAN
Atlantic Council
msc

# Den New-START-Vertrag verhandeln

**Rose Gottemoeller**

Die Münchner Sicherheitskonferenz bietet bekanntlich ein ideales Umfeld für diplomatisches Speed-Dating. Als hochrangiger Beamter können Sie dort in drei Tagen jeden sehen, den Sie sehen müssen – von Staatschefs über Kabinettsmitglieder bis hin zu einflussreichen Medienvertretern. Nicht zu vergessen die Abgesandten von großen Konzernen und Nichtregierungsorganisationen.

Das Tempo ist hektisch und effizient, das Ergebnis Erschöpfung. Ich erinnere mich noch gut daran, wie ich als Abteilungsleiterin des US-Außenministeriums und später als Stellvertretende NATO-Generalsekretärin an den Meetings meiner Chefs – Außenministerin Clinton, Außenminister Kerry oder NATO-Generalsekretär Stoltenberg – mit ihren Gesprächspartnern teilnahm. Ich lief dann durch die Korridore, meine eigenen Leute im Schlepptau, um zu dem Raum zu gelangen, in dem jemand wartete, um mich in Empfang zu nehmen. Beim Eilschritt durch die engen Räumlichkeiten musste man auf die Sicherheitskräfte achtgeben: Die Ellenbogen waren spitz, falls jemand meinte, man komme den besonders wichtigen Personen zu nahe.

Manchmal aber ist der Bayerische Hof nicht Schauplatz für Neues, sondern für das „Eintüten" von Erreichtem – für den fröhlichen Ausklang gelungener Diplomatie. So war es beispielsweise, als der New-START-Vertrag in Kraft trat.

Der Vertrag war im Dezember 2010 sowohl in Moskau als auch in Washington ratifiziert worden. Das US-amerikanische und das russische Außenministerium hätten trockene diplomatische Noten wechseln können, um den Vertrag in Kraft zu setzen, aber wir wollten es besser machen. Wir wählten die Münchner Sicherheitskonferenz, weil sie früh im Jahr stattfand und wir wussten, dass Außenministerin Hillary Clinton und Außenminister Sergej Lawrow bereits ihre Teilnahme planten. So konnten wir eine kleine Zeremonie in ihre Terminkalender einfügen, um den Erfolg des New-START-Vertrags zu feiern.[1]

Der New-START-Vertrag trat im Rahmen einer Zeremonie auf der Münchner Sicherheitskonferenz am 5. Februar 2011 in Kraft. Außenministerin Clinton und Außenminister Lawrow unterzeichneten die Dokumente, mit denen sie den Vertrag in Kraft setzten, und tauschten sie anschließend unter breitem Lächeln und allgemeinem Applaus aus. Eine vollkommen andere Zeit! Bis zur Annexion der Krim durch Russland sollte es noch drei Jahre dauern, und Reste des „Neustarts" *(reset)* der bilateralen Beziehungen zu Beginn der Obama-Regierung wirkten fort, wenngleich Moskau sich bereits über die Einmischung der USA in Russlands innere Angelegenheit insbesondere in Menschenrechtsfragen beschwert hatte. Und tatsächlich hatte Lawrow eben erst einige mürrische Kommentare zu diesem Thema im Münchner Plenarsaal abgegeben.

Es schien jedoch möglich, etwas vom „Geist von Genf"[2] – den praxis- und problemlösungsorientierten Beziehungen zwischen den beiden Delegationen – zu bewahren und das US-amerikanische und russische Interesse an einer weiteren strategischen Rüstungskontrolle zu fördern. Präsident Obama hatte nach wie vor die Absicht, die Reduzierung der Nukleararsenale mithilfe eines weiteren Vertrags fortzusetzen, und die Russen waren noch immer besorgt über die Entwicklungen im Bereich der US-amerikanischen Raketenabwehr sowohl in Europa als auch in den Vereinigten Staaten selbst. Wie ich bereits in Genf feststellen konnte, hatten sie es mit einem weiteren Vertrag nicht eilig, aber ich dachte, dass es vielleicht möglich wäre, sie zu überzeugen. Viele Trends zeichneten sich ab – insbesondere neue Technologien, die Einfluss auf das nukleare Gleichgewicht haben könnten. Beide Seiten waren daran interessiert, dieses Gleichgewicht und die dadurch geschaffene strategische Stabilität aufrechtzuerhalten.

Nachdem die Zeremonie an jenem Tag also zu Ende war, zogen mein Gegenpart Anatolij Antonow und ich uns in eine Bar im Keller des Bayerischen Hofs zurück, in dem die Münchner Sicherheitskonferenz stattfand. Wir wollten das Inkrafttreten des Vertrags feiern. Vor allem aber wollten wir die nächsten Schritte besprechen. Würden wir einen Weg finden, die guten Arbeitsbeziehungen aufrechtzuerhalten, die die beiden Delegationen auf diversen Ebenen geknüpft hatten – angefangen bei uns beiden über die Chefunterhändler bis hin zu den Militärexperten, die ein tiefes Verständnis für die technischen Details der jeweils anderen Seite entwickelt hatten? Keiner von uns wusste, ob die beiden Hauptstädte den Fortbestand der Beziehungen

◂ Rose Gottemoeller zu Gast bei der MSC, unter anderem bei NATO Engages in Washington, DC, in 2019.

wünschten, aber wir waren uns einig, dass es den Versuch wert war.

Wir sprachen über die Einrichtung eines regelmäßigen – beispielsweise halbjährigen – Rhythmus von Meetings, zu denen sich die beiden Delegationen in Genf einfinden würden, um ein bis zwei Wochen lang miteinander zu sprechen. Diese Meetings könnten, so unser Plan, jeweils im Anschluss an die halbjährlichen Meetings der bilateralen Beratungskommission, des Implementierungsgremiums des New-START-Vertrags, stattfinden, wenn die richtigen Vertreter beider Seiten ohnehin in Genf wären. Die Tagesordnung – bestehend vorrangig aus Themen bezüglich der strategischen Stabilität – würde im Vorhinein abgestimmt werden.

In meiner Vorstellung sollten sich diese Meetings von den Gesprächen unterscheiden, die bereits unter Vorsitz von Unterstaatssekretärin Ellen Tauscher und Vizeaußenminister Sergej Rjabkow stattfanden und in denen es um die Kooperation bei der Raketenabwehr ging. Die Gespräche, die ich im Sinn hatte, sollten ein breiteres Themenfeld abdecken, das von neuen Technologien wie Überschallgleitern bis zu neuen Aufgaben der Rüstungskontrolle wie der Begrenzung der Sprengköpfe reichte. Die Republikaner im US-Senat hatten uns bereits signalisiert, dass wir in der nächsten Gesprächsrunde die russischen Gefechtsköpfe begrenzen müssten. Im Prinzip lautete meine Idee, einen Genfer Prozess zu nutzen, um bei den Russen das Interesse an einer neuen Verhandlungsrunde zur Reduzierung strategischer Waffen zu wecken, bei der es auch um neue Technologien und neue Probleme ginge, die es anzugehen galt – insbesondere Obergrenzen für die Zahl der Gefechtsköpfe.

Während Antonow und ich unser Münchner Bier tranken, setzte sich ein Mann an den Nachbartisch und schlug eine Zeitung auf. Er saß so auffällig nah und schien unserem Gespräch so aufmerksam zu lauschen, dass Antonow mich leise fragte: „Gehört er zu euch?" Und ich erwiderte: „Nein, das glaube ich nicht. Ist er vielleicht einer der euren?" Er zuckte mit der Schulter, und wir setzten unser Gespräch fort – schließlich war nichts Sensibles an dem, worüber wir sprachen, außer dass wir wussten, dass wir in Washington und Moskau etwas Überzeugungsarbeit würden leisten müssen.

Bis heute weiß ich nicht, ob es sich bei dem Mann um einen Geheimdienstmitarbeiter handelte oder ob es einfach nur jemand war, der seine Zeitung las. Was ich jedoch ziemlich schnell herausfand, war, dass Washington kein Interesse an einer Fortsetzung des Genfer Prozesses mit dem Ziel einer weiteren Verhandlungsrunde zur Reduzierung strategischer Waffen hatte. Schon früh weihte ich Ellen Tauscher in die Idee ein, und sie bedeutete mir freundlich, dass es jetzt darum ging, mit den Russen über die Raketenabwehr zu sprechen, um einen gewissen Grad an wechselseitigem Verständnis und Kooperation zu entwickeln. Dieselben Gespräche, sagte sie, könnten auch dazu dienen, über Themen der strategischen Stabilität zu sprechen und den Weg für die nächsten Verhandlungen zu ebnen. „Wir werden die Agenda für die nächste Runde fertigstellen und sie dann an dich weiterleiten", sagte sie.

Was folgte, waren Zeichen des guten Willens seitens der Vereinigten Staaten, über Raketenabwehrsysteme zu sprechen und das wechselseitige Verständnis und die Kooperation mit der Russischen Föderation auszubauen. Tauscher und ihren Leuten wurde auf dem Kapitolshügel regelmäßig vorgeworfen, sie würden versuchen, die US-Raketenabwehr zu begrenzen. In Wahrheit aber galt ihre volle Aufmerksamkeit zwei Zielen: dem wechselseitigen Verständnis und der Kooperation. Sie begannen auch, die Diskussion um neue Technologien und ihre Auswirkungen auf das strategische Gleichgewicht zu erweitern.

Unterdessen bemühte ich mich, unsere NATO-Verbündeten zu überzeugen, dass es an der Zeit wäre, die Zahl der Gefechtsköpfe am Verhandlungstisch zu begrenzen, was bedeutete, dass die NATO-Länder russische Inspektoren zu den Nuklearanlagen der NATO auf ihren Territorien zulassen mussten. Das erwies sich als schwierige und letztlich unüberwindliche Aufgabe, weil die NATO-Länder damals wenig Interesse an einer Beteiligung an einem solchen Projekt zeigten. Für viele von ihnen war es politisch schwierig angesichts der öffentlichen Ablehnung der Nuklearmission der NATO und warf zu viele unbequeme Fragen auf. Aber das ist eine Geschichte für sich.

Im Rückblick denke ich, dass ein Problem, das ich nicht vorhergesehen hatte, darin bestand, dass den Washingtoner Kreisen die Vorstellung von anhaltenden Gesprächen in Genf äußerst fremd geworden war. Während des Kalten Kriegs hatten über Jahre hinweg Delegationen in Stockholm, Wien oder Genf gemeinsam sowohl an einer konventionellen als auch an einer nuklearen Rüstungsbegrenzung gearbeitet. Sie hatten sich auch mit Fragen der Raketenabwehr und der Gestaltung einer europäischen Sicherheitsarchitektur beschäftigt. Die Gespräche zur gegenseitigen und ausgewogenen Reduzierung der Streitkräfte (MBFR) dauerten von 1973 bis 1989 und mündeten schließlich in den Vertrag über Konventionelle Streitkräfte in Europa (KSE).

Im Jahr 2011 waren solche Ideen im Washingtoner Establishment nicht länger gefragt. Vermutlich hatten sogar MBFR und andere sich in die Länge ziehende und zähe Verhandlungen selbst den Brunnen vergiftet. Ich hätte dem hochrangigen Beamten aus dem Weißen Haus mehr Gehör schenken sollen, der mich vor dem Situation Room abfing, um mich zu fragen, ob ich tatsächlich so lange mit so vielen Leuten in Genf sitzen musste. Damals hatte ich mich nur gewundert, warum es in der Obama-Administration nicht mehr Verständnis für die Vorteile einer Expertendelegation mit guten, praxisorientierten Arbeitsbeziehungen zur Delegation der Gegenseite gab. Heute weiß ich, dass ich seine Frage nicht auf die leichte Schulter hätte nehmen dürfen.

An die Stelle der Delegationsarbeit traten mehrmals pro Jahr sporadische Besuche in Moskau und anderen Hauptstädten Europas – häufig Genf – für jeweils wenige Tage. Die Ergebnisse waren nicht besonders eindrucksvoll, was zum Teil daran lag, dass die Russen zunehmend widerborstig wurden, aber auch an der Schwierigkeit, von einem Meeting zum nächsten Fortschritte zu erzielen. Mehrere Tage mit Plenarrunden für den Austausch von Gesprächsthemen und Briefings und dazwischen vielleicht einige kleinere Meetings unter Beteiligung der Delegationsleiter sind zwar wichtig, um Ideen vorzubringen. Mit ihnen lassen sich jedoch keine langfristigen Lösungen für komplexe technische Probleme entwickeln, schon weil es nicht immer gelingt, den Schwung über die Unterbrechungszeiten hinweg aufrechtzuerhalten – besonders wenn schwierige politische Fragen in die Quere kommen.

Diese Erfahrungen aus den Obama-Jahren brachten mich allmählich zu der Überzeugung, dass „Drive-by-Verhandlungen" wenig erfolgversprechend sind. Die Trump-Jahre haben mich nur noch bestärkt in dieser Überzeugung. Im Jahr 2020 interagierten die Präsidenten Putin und Trump auf der höchsten Ebene durch regelmäßige Telefongespräche, um die Eckpunkte einer neuen Vereinbarung inklusive eines Einfrierens der Zahl aller nuklearen Gefechtsköpfe und einer Erweiterung des New-START-Vertrags festzulegen. Ihre beiden Teams interagierten jedoch nicht so substanziell und regelmäßig, wie es notwendig gewesen wäre, um die erforderlichen Implementierungsinstrumente und insbesondere ein Verifizierungsprotokoll zu entwickeln. Stattdessen trafen sie sich jedes Mal für ein oder zwei Tage in Genf oder Wien, tauschten Gesprächsthemen aus, ohne sich jedoch auf die harte Arbeit einzulassen, die allein substanzielle Ergebnisse hervorzubringen vermag. Diese harte Arbeit ist unersetzlich, darum betrübt es mich, dass der „Geist von Genf" lediglich in Form einer bescheidenen Arbeitsbeziehung zwischen den zwei Parteien in den Meetings der bilateralen Beratungskommission überdauert hat. Vielleicht lässt sich dieser Geist in Zukunft zu neuem Leben erwecken.

> Mehrere Tage mit Plenarrunden für den Austausch von Gesprächsthemen und Briefings und dazwischen vielleicht einige kleinere Meetings unter Beteiligung der Delegationsleiter sind zwar wichtig, um Ideen vorzubringen. Mit ihnen lassen sich jedoch keine langfristigen Lösungen für komplexe technische Probleme entwickeln.

Ich bin überzeugt, dass wir eine solche Wiederbelebung brauchen, um die schwierigen Fragen zu beantworten, die von neuen Technologien und der Begrenzung der Gefechtsköpfe aufgeworfen werden. Wir müssen versuchen, Technologien kontrollierbar zu machen, die für die Durchführung von Angriffen nicht auf Hardware wie etwa Raketen angewiesen sind – das beste Beispiel sind Cyberwaffen. Die gemeinsame Entwicklung von Begrenzungskonzepten, Zählmethoden (wo möglich) und Beobachtungsinstrumenten wird nur gelingen, wenn Experten sich damit über einen signifikanten Zeitraum detailliert beschäftigen.

Ich werde deshalb nicht nachlassen, auf die Wiederaufnahme der beständigen Arbeit der Delegationen zu drängen, um die richtigen Ergebnisse für die nationale Sicherheit der Vereinigten Staaten zu erzielen, auch wenn dies Tage, Wochen oder sogar Monate gemeinsamer Arbeit erfordern sollte.

Diese Arbeitsbeziehungen sind nicht gleichzusetzen mit Freundschaften. Wir verhandeln mit Freunden und Verbündeten, aber ebenso häufig auch mit Parteien, deren Überzeugungen und Ziele sich von unseren eigenen – manchmal himmelweit – unterscheiden. Wenn wir aber Probleme ohne Rückgriff auf militärische Gewalt lösen wollen, bleibt uns nur, miteinander zu reden. Das galt für die Sowjets während des Kalten Kriegs, und das gilt genauso für die Russen heute.

Eines Tages werden wir bestimmt mit den Chinesen über Waffen verhandeln, und wir werden mit den Nordkoreanern wie mit den Iranern wieder am Verhandlungstisch sitzen. Womöglich müssen wir irgendwann auch mit einem Terroristen verhandeln, der droht, uns mit Nuklearwaffen anzugreifen. Die einzige Chance, ihn davon abzubringen, wird darin bestehen, ein gewisses Vertrauen und eine Art von Beziehung aufzubauen. Verhandlungsführer bei Geiselnahmen wissen das, aber nukleare Verhandlungsführer waren bislang noch nicht mit diesem Problem konfrontiert.

**Wir verhandeln mit Freunden und Verbündeten, aber ebenso häufig auch mit Parteien, deren Überzeugungen und Ziele sich von unseren eigenen – manchmal himmelweit – unterscheiden. Wenn wir aber Probleme ohne Rückgriff auf militärische Gewalt lösen wollen, bleibt uns nur, miteinander zu reden. Das galt für die Sowjets während des Kalten Kriegs, und das gilt genauso für die Russen heute.**

Ob am großen Tisch der Gespräche zur Reduzierung strategischer Waffen oder an einem kleinen Tisch mit einem zu allem entschlossenen Terroristen – das Prinzip ist jedes Mal dasselbe: Der entscheidende Punkt, an dem alle Seiten zustimmen können, lässt sich nur über die Entwicklung von Beziehungen in einem Verhandlungsgeschehen erreichen.

Am 3. Februar 2021 verständigten sich die Präsidenten Biden und Putin darauf, den New-START-Vertrag zu verlängern. Sie taten das entsprechend den Vorgaben des Vertrags, sodass kein neuerlicher Ratifikationsprozess im US-Senat erforderlich war. Der Vertrag bleibt nun bis zum 4. Februar 2026 in Kraft, was den nächsten Verhandlungen reichlich Zeit lässt, Ergebnisse zu erzielen.

Damit sind die Voraussetzungen gegeben, um uns den durch neue Technologien aufgeworfenen Fragen zu stellen und jene alten Probleme in Angriff zu nehmen, die schon lange auf eine Lösung warten – insbesondere das der Begrenzung der Gefechtsköpfe. Ungeachtet aller Differenzen zwischen Washington und Moskau, was beispielsweise die Menschenrechte oder die staatliche Souveränität der Nachbarn Russlands betrifft, müssen wir weiterhin Fortschritte bei der Kontrolle und Begrenzung der Nuklearwaffen erzielen. Das sind wir der Menschheit schuldig.[3]

In dieser Weise versuchten mein russischer Gegenpart Anatolij Antonow und ich die Münchner Sicherheitskonferenz im Februar 2011 über das Inkrafttreten des New-START-Vertrags hinaus als Gelegenheit zu nutzen, um die Voraussetzungen für die nächste Phase der Gespräche zur strategischen Stabilität zwischen den Vereinigten Staaten und Russland zu schaffen. Unabhängig davon, wie erfolgreich Antonow mit seinen Bemühungen in Moskau war, kann ich nur sagen, dass ich in Washington mit dem Vortragen meiner Ideen kein Glück hatte.

Und doch finden nun zehn Jahre später, im Sommer 2021, die nächsten amerikanisch-russischen Gespräche über strategische Stabilität statt. Möge den zwei Teams Glück beschieden sein bei der Behandlung der Themen sowohl mit den Kollegen zu Hause als auch mit den Gesprächspartnern auf der anderen Seite des Verhandlungstischs. Wer weiß? Vielleicht werden sie den Erfolg ihrer Bemühungen mit der Weltgemeinschaft auf einer künftigen Münchner Sicherheitskonferenz feiern können.

**Rose Gottemoeller war von 2016 bis 2019 Stellvertretende NATO-Generalsekretärin, nachdem sie fast fünf Jahre lang im US-Außenministerium als Under Secretary for Arms Control and International Security Affairs gedient hatte. In den Jahren 2009 und 2010 war sie als Assistant Secretary of State for Arms Control, Verification and Compliance Hauptunterhändlerin der USA bei den Verhandlungen zum New-START-Vertrag mit der Russischen Föderation. Heute ist sie Payne Distinguished Lecturer am Freeman Spogli Institute for International Studies der Stanford University. Im Mai 2021 erschien bei Cambria Press ihr Buch *Negotiating the New START Treaty*, aus dem wir hier mit freundlicher Genehmigung zitiert haben.**

Sergej Lawrow und Hillary Clinton beim Austausch der Ratifikationsurkunden des New-START-Vertrags auf der Münchner Sicherheitskonferenz 2011.

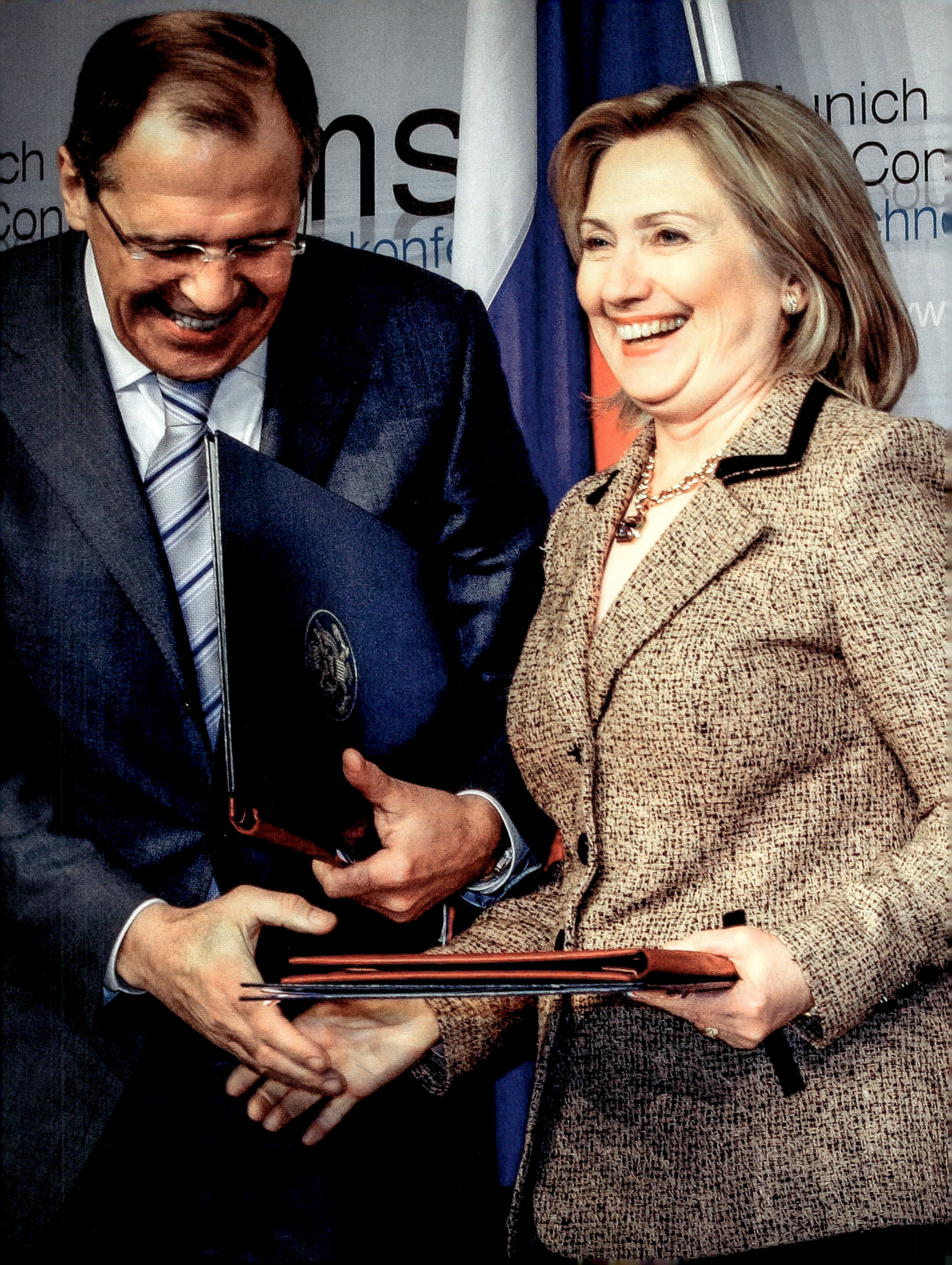

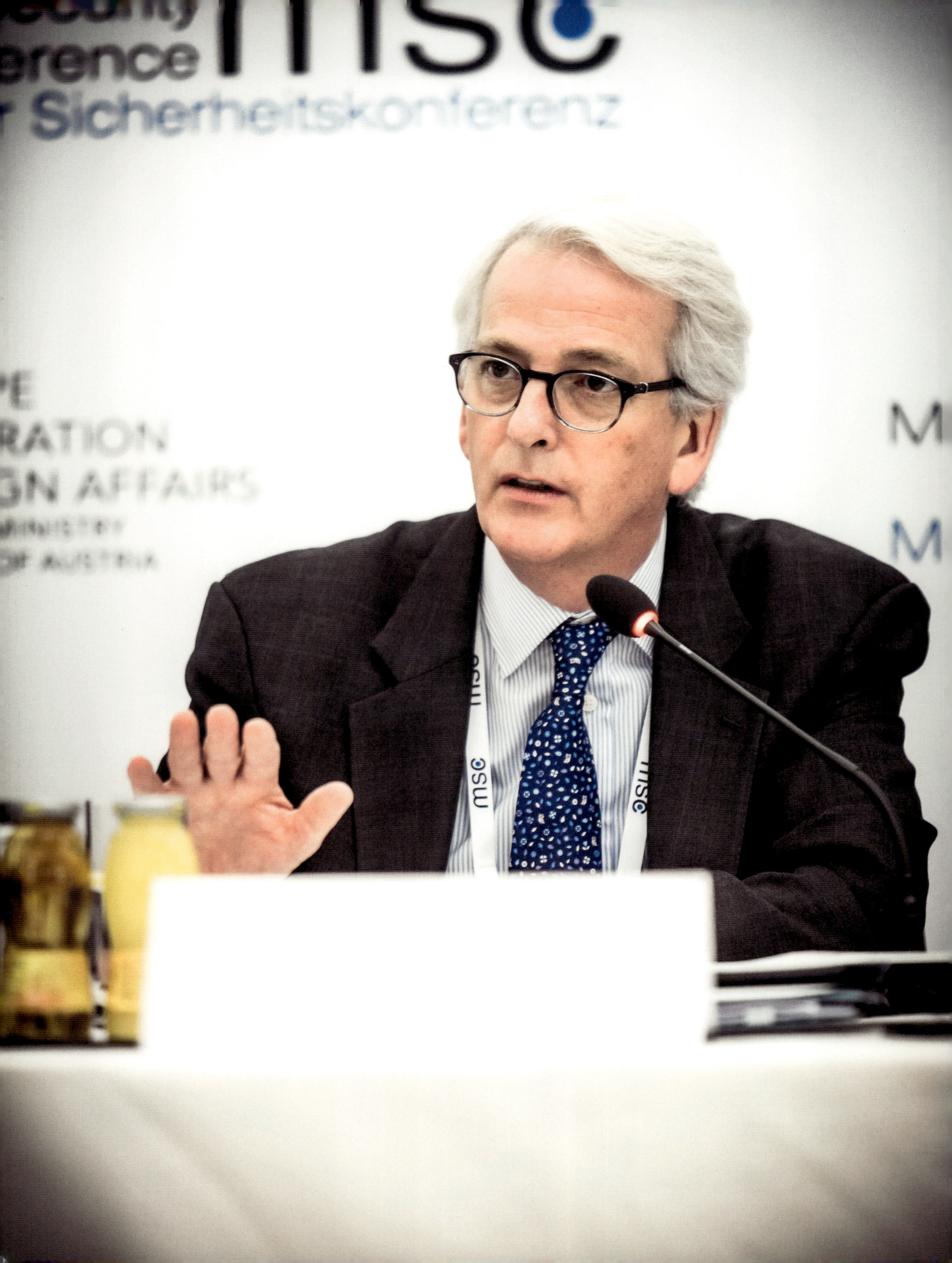
msc
Sicherheitskonferenz

# Einen NATO-Konsens zu Libyen finden

Ivo H. Daalder

Der Ständige Vertreter Frankreichs bei der NATO, Botschafter Philippe Errera, packte seine Sachen zusammen, schob seinen Stuhl zurück und stand auf. Zu seiner Rechten folgte sein deutscher Kollege, Botschafter Martin Erdmann, seinem Beispiel. Anschließend nahmen beide den Weg zur Tür und ließen im Saal ihre sechsundzwanzig Kollegen vom Nordatlantikrat („NATO-Rat") – mich inbegriffen – sowie den NATO-Generalsekretär Anders Fogh Rasmussen zurück, dessen Wutanfall der Grund für diesen Schritt gewesen war.

Ausgelöst hatte diese Unterbrechung des diplomatischen Protokolls das Thema Libyen – genauer gesagt die Frage, ob die NATO eine Rolle in der militärischen Intervention zur Beendigung der bürgerkriegsähnlichen Unruhen im Land spielen sollte. Rasmussen hatte den NATO-Rat für den 21. März 2011 zu einer informellen Sitzung einberufen, um die Angelegenheit zu besprechen. Vier Tage zuvor hatte der UN-Sicherheitsrat mit 10 zu 0 Stimmen bei 5 Enthaltungen den Einsatz „sämtlicher notwendiger Mittel" zum Schutz der libyschen Zivilbevölkerung vor Angriffen des libyschen Militärs gebilligt, woraufhin zwei Tage später Frankreich und dann auch die Vereinigten Staaten und Großbritannien Luftangriffe auf libysche Truppen geflogen hatten, die mit der gewaltsamen Eroberung des Ostteils der Stadt Bengasi drohten, wo ein Großteil der Opposition gegen Muammar al-Gaddafi, den langjährigen Diktator des Landes, Unterschlupf gefunden hatte.

Auf dem informellen Treffen hatte Rasmussen seiner Enttäuschung über Deutschlands Entscheidung Ausdruck verliehen, sich beim UN-Votum zu enthalten und sich damit bei der Abstimmung über eine von seinen Verbündeten Großbritannien, Frankreich und den USA eingebrachte Resolution auf die Seite Russlands und Chinas zu stellen. Und er hatte Frankreich dafür gegeißelt, dass es ein Treffen mehrerer Länder einberufen hatte, die eine Intervention in Libyen befürworteten, dabei aber ganz bewusst einige wichtige NATO-Verbündete und, nicht zufällig, den Generalsekretär selbst übergangen hatte. Rasmussen war dafür bekannt, dass er kein Blatt vor den Mund nahm, und weil seine Entrüstung gute Gründe hatte, wählte er Worte, die die Vertreter stolzer Bündnismitglieder verletzen mussten. Natürlich trug der demonstrative Auszug aus einer informellen Sitzung nicht zu einer Lösung bei, und so saßen die beiden Botschafter nach einer Entschuldigung des Generalsekretärs am nächsten Tag wieder auf ihren Plätzen.

Das Drama betonte den Ernst des Problems, vor dem die NATO-Alliierten und die Allianz selbst standen. Den libyschen Unruhen waren großflächige Demonstrationen in den arabischen Nachbarländern Tunesien und Ägypten vorausgegangen, die bereits zum Sturz der dortigen Diktatoren geführt hatten. In Tripolis ließ Gaddafi sein Militär mit brutaler Gewalt gegen die Demonstranten vorgehen. Frankreich und Großbritannien führten die Riege der Interventionsbefürworter an. Sie riefen zu einem Waffenembargo und zur Einrichtung einer Flugverbotszone auf, um die libysche Luftwaffe daran zu hindern, ihr eigenes Volk zu bombardieren. Andere, darunter die USA und Deutschland, taten sich mit dem Gedanken einer Intervention sehr viel schwerer. Auf dem Treffen der NATO-Verteidigungsminister im selben Monat war die Skepsis gegenüber einem verstärkten Eingreifen der NATO weit verbreitet gewesen. US-Verteidigungsminister Robert Gates äußerte die Sorge, eine Flugverbotszone sei teuer in der Durchsetzung und kaum geeignet, die Probleme auf dem Boden zu lösen. Er warnte den Westen eindringlich davor, ohne starke Unterstützung seitens arabischer Länder einen Krieg gegen ein drittes muslimisches Land zu beginnen.

Washington änderte seine Einschätzung, als auch die Arabische Liga eine Flugverbotszone forderte, und Frankreich und Großbritannien brachten eine Resolution zur Billigung von deren Durchsetzung in den UN-Sicherheitsrat ein. Präsident Obama war sich mit Gates darin einig, dass eine Flugverbotszone Gaddafi kaum daran hindern würde, zivile Bereiche weiter mit Panzern, Artillerie und Bodentruppen anzugreifen. Anstatt jedoch nichts zu tun, schlug Obama vor, die UN könnten den Einsatz militärischer Gewalt zum Schutz der libyschen Zivilbevölkerung billigen. Die Vereinigten Staaten wären bereit, zeitnah die Leitung einer Operation mit dem Ziel der Zerstörung des aus sowjetischer Quelle stammenden libyschen Luftabwehrsystems zu übernehmen und dazu ihre besonderen militärischen Fähigkeiten beizusteuern. Obama bestand jedoch darauf, dass jene die Last der Flüge zu tragen hätten, die besonders lautstark eine Interven-

◂ Ivo H. Daalder beim MSC Core Group Meeting in Wien im Juni 2015.

tion forderten und deren Interessen von den Unruhen in Libyen unmittelbarer berührt wären. Und er stellte klar, dass die Vereinigten Staaten die Leitung der Operation binnen wenigen Tagen an andere abgeben müssten.

Frankreich und Großbritannien waren sehr daran interessiert, die Koordination der Bombenangriffe gegen Gaddafis Stellungen zu übernehmen. Andere NATO-Länder wie Belgien, Kanada, Dänemark und Norwegen erklärten, dass sie bereit seien mitzumachen. Und wichtige arabische Staaten wie Jordanien, Katar und die Vereinigten Arabischen Emirate ließen wissen, dass sie sich an einem Bombenangriff beteiligen könnten. Wieder andere Länder – vorrangig NATO-Verbündete, aber auch Schweden und Marokko – stellten klar, dass sie zur Durchsetzung der verschiedenen UN-Mandate für ein Waffenembargo und eine Flugverbotszone beitragen könnten, dass sie sich aber nicht unmittelbar an Bombenangriffen beteiligen würden.

Die große Frage war jedoch, wer die Leitung dieser Mission übernehmen würde. Washington bestand auf der Notwendigkeit, das Kommando weiterzureichen. Leider hatten die Vereinigten Staaten bei ihrer Entscheidung vergessen zu sagen, wer das sein sollte. Frankreich war interessiert, und Großbritannien wollte eng mit Frankreich verbunden bleiben. Aber weder allein noch zusammen verfügten sie über die Kapazitäten zur Leitung einer derart komplexen multilateralen Militäroperation. Neben den Vereinigten Staaten war dazu nur die NATO in der Lage. Vielen von uns, die wir uns im Brüsseler NATO-Hauptquartier mit dieser Frage beschäftigten, war dies klar, und so begannen wir unmittelbar nach dem UN-Votum zur Billigung einer Militäroperation damit, bei unseren diversen Hauptstädten Überzeugungsarbeit zu leisten: Unter praktischen Gesichtspunkten wäre einzig die NATO imstande, eine Operation dieser Größenordnung und dieses Umfangs durchzuführen.

Erste Diskussionen über die mögliche Rolle der NATO nach dem UN-Votum förderten wichtige Unterschiede in den Positionen der Bündnispartner in Brüssel zutage. Da gab es die von den Vereinigten Staaten angeführte Gruppe von Ländern wie Belgien, Kanada, Dänemark, Luxemburg, Norwegen und einigen anderen, die für die Klarheit und Einfachheit einer Führung durch die NATO warben. Das belgische Parlament hatte am Tag nach der Annahme der UN-Resolution einstimmig dafür gestimmt, sich an der Durchsetzung sämtlicher ihrer Aspekte zu beteiligen. Luxemburg sprach für viele kleinere Bündnispartner, als sein Vertreter sagte, die NATO böte für Länder wie das seine die einzig praktikable Möglichkeit, sich an der Durchsetzung einer vom Sicherheitsrat verabschiedeten Resolution zu beteiligen, da es schlicht nicht dieselben Kapazitäten wie einige andere Länder hatte, auf eigene Faust etwas zu unternehmen. Andere betonten, dass die NATO in Afghanistan und anderswo bewiesen habe, dass es ihr nicht schwerfiel, Nicht-NATO-Mitglieder in ihre Operationen einzubinden, und dass folglich nur sie die Möglichkeit dazu böte, die Koalition der Mitwirkenden zu erweitern und die Legitimität der Operation insgesamt zu steigern. In Washington stieß die Idee, dass die NATO das Kommando von den Vereinigten Staaten übernehmen sollte, auf einigen Widerstand, was mit der Sorge zusammenhing, die US-Dominanz in der Allianz stünde möglicherweise nicht im Einklang mit dem Wunsch des Präsidenten, die Leitung der Operation an andere weiterzureichen. Bald aber verstand man, dass kein anderes Land und keine andere Organisation der Aufgabe gewachsen wären.

Eine zweite Gruppe von Bündnispartnern war skeptischer. Deutschland entschied sich für eine Enthaltung und gegen die Unterstützung seiner langjährigen Verbündeten im Sicherheitsrat. Aber Berlin war mit dieser Skepsis bei Weitem nicht allein. Für viele osteuropäische Verbündete stand die Verwicklung der Allianz in einen Krieg an ihrer Südflanke im Widerspruch dazu, dass die NATO sich verstärkt auf die wachsende Bedrohung im Osten fokussieren sollte. Ohnehin schien die NATO operativ aufgeblasen und abgelenkt durch Aktivitäten wie die Befriedung Afghanistans, den wachsenden Druck, etwas gegen die Piraterie im Golf von Aden zu unternehmen, und andere Operationen, die wenig mit den Hauptbühnen möglicher Konflikte zu tun hatten. Auch die Türkei war skeptisch. Sie hatte große Interessen in Libyen und befürchtete, das aggressive Auftreten mancher Bündnispartner und insbesondere Frankreichs könnte diesen Interessen schaden. Italien und Griechenland hatten ebenfalls erhebliche Zweifel – sie vermuteten einen Zustrom von Flüchtlingen über das Mittelmeer und nahmen an, dass die NATO sich mit dieser Aktion übernehmen könnte.

Die letzte Gruppe war klein, aber gewichtig. Frankreich, das im Alleingang einen Bombenangriff auf libysche Bodentruppen durchgeführt hatte, die auf Bengasi vorrückten, war entschieden gegen eine NATO-Rolle in der Militäroperation. Das erklärte sich teils aus traditionellen gaullistischen Instinkten, sich nicht dem Diktat der NATO zu unterwerfen, auch wenn Paris zwei Jahre zuvor entschieden hatte, in die militärischen Kommandostrukturen zurückzukehren, die es 1966 verlassen hatte. Teils war es schlicht französischer Stolz. Schließlich war die Initiative für eine Militäroperation von Frankreich ausgegangen. Warum also sollte sich Frankreich nun von der NATO das Zepter aus der Hand nehmen lassen? Teils war es die Sorge, Länder mit anderen Interessen in Libyen – wie insbesondere die Türkei, aber auch Italien und Griechenland – könnten ihren Sitz am Verhandlungstisch nutzen, um die Bemühungen um eine gewaltsame Intervention zu untergraben. Und teils war es die Überzeugung, dass die arabischen Länder eine Beteiligung scheuen würden, wenn die Operation von der NATO geleitet würde.

Auch wenn Großbritannien nur wenige dieser Argumente und schon gar nicht Frankreichs traditionelle Skepsis gegenüber der NATO teilte, wollten Premierminister David Cameron und sein Kabinett unter keinen Umständen zulassen, dass sich London und Paris wegen dieser Frage entzweiten. Anstatt klarzustellen, dass sich diese Operation einzig und allein unter NATO-Kommando durchführen ließ, war London bestrebt, Paris bei der Stange zu halten, indem es sich an der Quadratur des Kreises versuchte. Eine dieser Ideen lautete, dass die NATO ihr Kommandosystem an eine Koalition aus Ländern übertragen könnte, die dann die politische Richtung für die Operation vorgäben. Das war natürlich undenkbar. Kein NATO-Mitglied hätte dem Verzicht des Nordatlantikrats auf das Recht zugestimmt, von der Allianz durchgeführte Militäroperationen zu autorisieren und zu überwachen. Das war auch den britischen Beamten bewusst. Der Punkt aber war: Solange sich Frankreich gegen eine Führung durch die NATO sperrte, würde London nicht auf einer solchen bestehen.

Als eine Organisation, die Entscheidungen im Konsens trifft, verfügte die NATO über wenig Manövrierraum mit Blick auf diese unterschiedlichen Positionen unter ihren Mitgliedern. Der Generalsekretär hatte damit, dass er zwei wichtige Bündnispartner vor den Kopf gestoßen hatte, einen Teil seiner Fähigkeit eingebüßt, eine Einigung herbeizuführen. Den Befürwortern einer NATO-Rolle blieb daraufhin nur, selbst zu versuchen, einen Konsens zwischen den Bündnispartnern herzustellen. Dabei half, dass Deutschland klarstellte, es werde sich nicht in die Überlegungen einmischen und am Ende jeden erzielten Kompromiss mittragen. Die osteuropäischen Bündnispartner zeigten zwar wenig Engagement, aber man durfte erwarten, dass sie sich nicht gegen die Vereinigten Staaten stellen würden, sollten diese sich ausdrücklich dafür aussprechen, dass die NATO die Operation leitete. Griechenland und Italien signalisierten ebenfalls, dass es ihnen im Falle einer Militäroperation lieber wäre, sie würde von einer Organisation ausgeführt, in der sie eine Stimme hatten, als dass sie ohne ihre Mitsprache stattfände.

Blieben also die Türkei und insbesondere Frankreich. Während Ankara Paris scharf dafür kritisiert hatte, dass es ohne Wissen oder Zutun seiner Bündnispartner einen Bombenangriff gestartet hatte (und sich über die Pariser Entscheidung ärgerte, die Türkei zum ersten wichtigen politischen Treffen zur Libyen-Frage nicht einzuladen), verstand man dort, dass sie mehr Einfluss auf die Operation nehmen konnten, wenn diese unter NATO-Kommando stattfand, und freundete sich somit mit dem Gedanken einer Führung durch die NATO an. Mit ihren starken Beziehungen zu arabischen Ländern konnte die Türkei zudem sicherstellen, dass die arabischen Teilnehmer einer möglichen Operation ein NATO-Kommando willkommen heißen würden, weil sie infolge der Teilnahme an der Afghanistan-Mission der NATO bereits hinreichend damit vertraut waren.

Also hing alles von Frankreich ab. Gegen die grundsätzliche französische Skepsis gegenüber der NATO konnte kaum jemand etwas ausrichten. Aber einige der übrigen französischen Argumente verloren rasch an Überzeugungskraft. Großbritannien machte klar, dass es keine Alternative zum NATO-Kommandosystem sah. Weder Paris noch London konnten allein oder gemeinsam bewerkstelligen, was die Vereinigten Staaten oder die NATO leisten konnten. Und nachdem Washington seinen Hut aus dem Ring genommen hatte, konnte nur noch die NATO diese Operation leiten. London war bereit zu schauen, ob sich die Rolle des Nordatlantikrats zugunsten einer anderen Koalition reduzieren ließ, was jedoch nichts daran änderte, dass die NATO-Kommandostruktur die Operation leiten musste. Auch die arabischen Länder erklärten, dass sie einen Einsatz innerhalb der NATO einem getrennten Eingreifen vorzogen, was eine weitere französische Kritik an der NATO untergrub. Und die Türkei signalisierte, dass sie weniger gegen eine militärische Intervention als solche war als vielmehr gegen einen Mangel an Koordination, wie nur die NATO sie gewährleisten konnte.

Am Ende bedurfte es einer Intervention Washingtons, um alle ins Boot zu holen. Drei Tage nachdem der französische und der deutsche Botschafter aus dem Sitzungsraum des Nordatlantikrats marschiert waren, berief Verteidigungsministerin Hillary Clinton eine Telefonkonferenz mit ihren britischen, französischen und türkischen Kollegen ein. Darin machte sie deutlich, dass ein „Paket" geschnürt werden müsste und sie sich wünschte, dass sich alle beteiligten. Ein NATO-Kommando wäre für alle militärischen Operationen unverzichtbar (Waffenembargo, Flugverbotszone und Schutz der Zivilbevölkerung) und nur dann realisierbar, wenn die Militärverantwortlichen unter der politischen Aufsicht des Nordatlantikrats stünden. Frankreich müsste in diesem Punkt einlenken. Das Militär benötigte ausreichenden Entscheidungsspielraum für seine Operationen, und der Nordatlantikrat sollte sich deshalb aus der Definition der Einsatzregeln für die beteiligten Militärs heraushalten. In diesem Punkt müsste die Türkei einlenken. Ein breites politisches, alle beteiligten Seiten umfassendes Gremium müsste die politischen Weichen stellen, ohne sich in irgendeiner Weise in die politisch-militärische Maschinerie der NATO einzumischen oder sie zu beaufsichtigen. Alle müssten sich damit einverstanden erklären.

„Hillary, Sie verstehen es, Konsens herzustellen", sagte daraufhin der französische Außenminister Alain Juppé, als er Clintons Vorschlag zustimmte. Sein türkischer Kollege Ahmet Davutoğlu pflichtete ihm ebenso bie wie der britische Außenminister William Hague.

Am Abend des 27. März, einem Sonntag, nur zehn Tage, nachdem der UN-Sicherheitsrat für die Billigung einer Militärintervention in Libyen zum Schutz der Zivilbevölkerung vor den Regierungstruppen gestimmt hatte, und nur wenig mehr als eine Woche, nachdem französische, britische und amerikanische Einheiten militärische Operationen gestartet hatten, votierte der Nordatlantikrat zugunsten der Operation Unified Protector und der Übernahme des Kommandos für sämtliche Militäroperationen in Libyen. Die Operation sollte genau sieben Monate dauern und zum Sturz (und Tod) Gaddafis und der Beendigung seiner brutalen Herrschaft in Libyen führen.

Seit dem Ende der NATO-Operation wird darüber diskutiert, ob die Militärintervention richtig war und welche Verantwortung die Intervenierenden für die chaotischen Zustände tragen, zu denen sie geführt hat. Vieles ist schiefgelaufen, und Präsident Obama sollte später auf die Intervention zurückblicken und sagen, das Versäumnis, Libyen nach Gaddafis Fall zu stabilisieren, sei einer seiner größten außenpolitischen Fehler gewesen. Dennoch lässt sich nicht bestreiten, dass die NATO-Operation sich als effektives Mittel erwiesen hat, eine Zivilbevölkerung zu schützen, die zuvor den mutwilligen Angriffen des libyischen Regimes ausgesetzt war, und dass eine Allianz, die in dieser Frage anfangs tief zerstritten war, in ihrer Reaktion schließlich bis zum Schluss zusammenhielt.

**Ivo H. Daalder ist Präsident des Chicago Council on Global Affairs. Von 2009 bis 2013 war er der US-amerikanische NATO-Botschafter.**

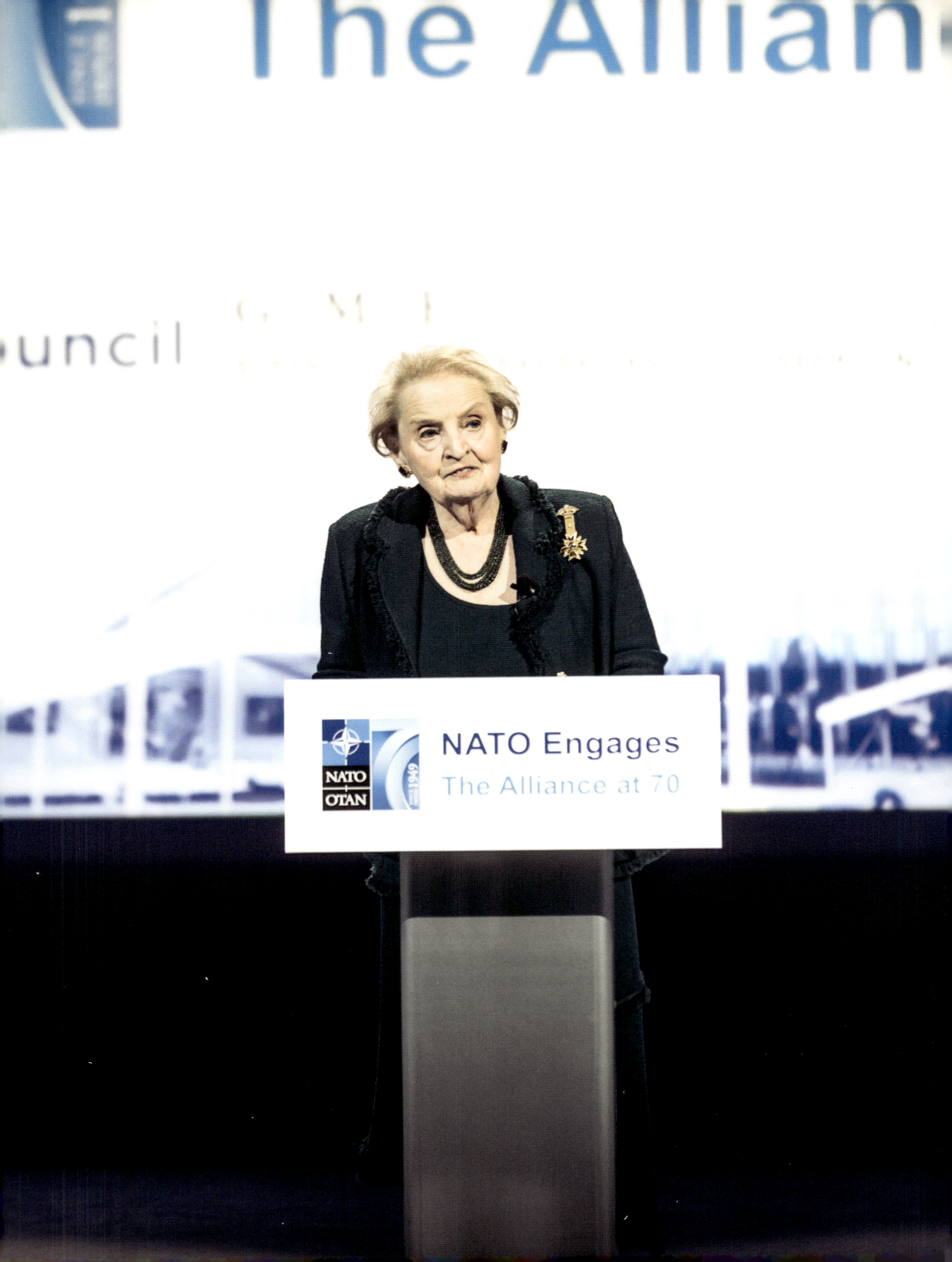
The Allian
ouncil
NATO
OTAN
NATO Engages
The Alliance at 70

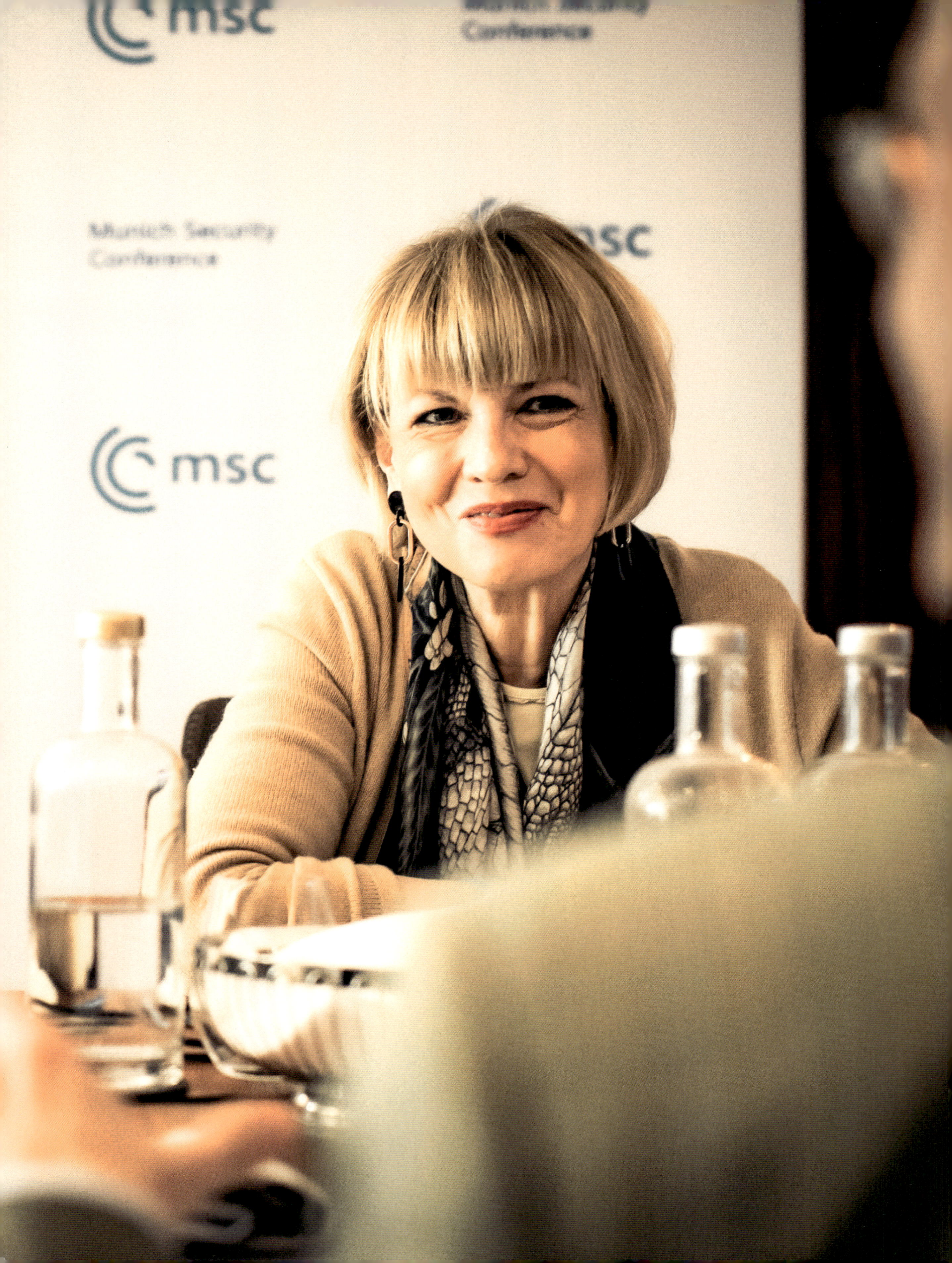
msc
Conference
Munich Security
Conference
msc
msc

# Eine Atomvereinbarung mit dem Iran erzielen

**Helga Maria Schmid**

Die Atomvereinbarung mit dem Iran (JCPOA) gilt als großer Erfolg der US-Diplomatie unter Außenminister John Kerry. Das ist unbestreitbar, aber sie ist in erster Linie ein Erfolg der multilateralen und der europäischen Diplomatie.

Das Abkommen enthält auf 100 Seiten engmaschige Regeln und einen klar definierten Rahmen zur Begrenzung und Kontrolle des iranischen Atomprogramms – mit den weltweit strengsten Verifikationsmöglichkeiten für die Internationale Atomenergiebehörde (IAEO). Als ich im Palais Coburg in Wien am 14. Juli 2015 um 2 Uhr morgens die letzte Klammer mit meinem iranischen Verhandlungspartner, dem stellvertretenden Außenminister Abbas Araghchi, schloss, lag ein zwölf Jahre dauernder mühsamer Verhandlungsmarathon hinter allen Beteiligten. Am Morgen des 14. Juli 2015 nahmen die Minister der Sechsergruppe – Deutschland, Frankreich, Großbritannien sowie China, Russland und die USA (E3+3) unter Vorsitz der Hohen Beauftragten der EU – unseren ausgehandelten Text formal an. Kurz bevor sie gemeinsam vor die Presse traten, sagte John Kerry „We avoided war".

Das Abkommen hat in jedem Fall die Welt sicherer gemacht und eine Gefahrenquelle von unkontrollierbarer atomarer Verbreitung ausgemerzt.

Den Auftakt hatten die Außenminister Deutschlands, Frankreichs und des Vereinigten Königreichs gemacht, im Oktober 2003. Hintergrund waren Berichte über nicht deklarierte nukleare Projekte (Natanz, Arak) und die Befürchtung, dass damit ein verdecktes, nicht ziviles Atomprogramm betrieben werden könnte. Die Initiative zu dieser Reise kam vor allem von Deutschland, ich war damals nicht als Textverhandlerin, aber als Büroleiterin von Joschka Fischer dabei. Als Ergebnis erklärte sich der Chefunterhändler Rouhani bereit, die Anreicherung von Uran und Wiederaufbereitung temporär auszusetzen, wesentlicher Streitpunkt aber blieb unsere Forderung nach einem dauerhaften Anreicherungsstopp. Mit der Wahl Ahmadinedschads zum Präsidenten kam es dann zu einem weiteren Ausbau der nuklearen Kapazitäten und zur Urananreicherung auf 20 Prozent, was einen wesentlichen Schritt auf dem Weg zur Nuklearwaffenkapazität darstellt. Eine Verhandlungslösung zeichnete sich erst 2013 ab, der eigentliche Durchbruch folgte in Lausanne im April 2015, der den Rahmen für das Endabkommen absteckte – was uns dann nach vielen Nachtsitzungen an jenem 14. Juli 2015 im Wiener Palais Coburg gelang.

Der diplomatische Ansatz der Europäer war von Anfang an zweigleisig (dual track) – politische und wirtschaftliche Anreize, aber auch Druckmittel. Es waren die Europäer, die während der Ahmadinedschad Jahre ein komplettes Ölembargo verhängt hatten, um Iran an den Verhandlungstisch zurückzubekommen. Was Sanktionen allein nicht bewirken konnten, erreichte die im Ansatz differenzierte Iranpolitik des US-Präsidenten Obama, der wie die Europäer an einer Lösung durch multilaterale Verhandlungen interessiert war. Dieser Schulterschluss mit den Europäern war der Schlüssel zum Erfolg.

> Das Abkommen hat in jedem Fall die Welt sicherer gemacht und eine Gefahrenquelle von unkontrollierbarer atomarer Verbreitung ausgemerzt.

Es ist oft und zu Recht spekuliert worden, ob nicht doch ein früheres Abschließen der Verhandlungen noch unter dem als Reformer angetretenen Präsidenten Chatami möglich gewesen wäre, als das iranische Nuklearprogramm noch in den Anfängen steckte. Diese Frage ist auch heute schwer zu beantworten.

Für Europa ging es primär darum, Gewissheit über ein iranisches Nuklearprogramm zu rein zivilen Zwecken zu erhalten. Für den Iran standen immer auch sicherheitspolitische Interessen im Vordergrund, und hier richtete sich der Blick vorrangig auf Washington. Daher war der Ausgleich mit Europa auf Dauer nicht ausreichend. Die Erweiterung des Verhandlungskreises um die USA, aber auch Russland und China ab 2006 war daher entscheidend. Und entscheidend war auch das gemeinsame und geschlossene Auftreten der E3 + 3, unter Vorsitz der EU. Die Einbeziehung des Hohen Beauftragten Solana ab 2004 war vor allem von Deutschland angeregt worden. Und seither fiel der EU nicht nur die Rolle des Vorsitzes bei Plenarsitzungen zu, sondern auch die Aufgabe des *facilitator* und der Federführung bei den Textverhandlungen.

Mit der Wahl des früheren Chefunterhändlers und Sicherheitsexperten Rouhani zum Präsidenten kam es 2013 in Iran zu einem außenpolitischen Machtwechsel,

◂ Helga Maria Schmid beim Munich Strategy Retreat in Elmau im Dezember 2021.

der den Weg zu lösungsorientierten Verhandlungen ebnete. In den letzten sehr intensiven Verhandlungsmonaten haben wir oft bis in die frühen Morgenstunden verhandelt, mit einem kleinen Expertenteam auf EU-Seite. Auch die technischen Verhandlungen wurden von einem dieser Experten, dem Nuklearphysiker Stephan Klement, geleitet.

Die Rolle der EU war maßgeblich, da keines der beteiligten Länder als ‚ehrlicher Makler' in den Verhandlungen akzeptiert worden wäre. Das hängt auch mit dem Mangel an Vertrauen zusammen, der zumindest anfangs auf beiden Seiten vorherrschend war.

Die Verhandlungen wurden auf verschiedenen Ebenen geführt, Außenminister, Politische Direktoren und Experten. Den Vertretern der EU fiel auch jeweils die Rolle der internen Abstimmung und Koordinierung zu. Das wurde besonders wichtig, als Präsident Trump am 8. Mai 2018 den Austritt aus dem Abkommen verkündete und im November die Wiedereinsetzung und Verschärfung der Sanktionen erfolgte. Viele Kommentatoren haben dies als rein politisch motivierten Schritt gesehen, zumal die IAEO in Wien in ihren Quartalsberichten wiederholt bestätigt hatte, dass Iran die Bestimmungen des JCPOA umsetzte. Die restlichen am Abkommen beteiligten Länder stellten sich daher klar auf die Seite des JCPOA.

Die damalige Hohe Beauftragte der EU Federica Mogherini erklärte am Tag nach der Ankündigung des US-Rückzugs ihr Bedauern und die fortbestehende Unterstützung der EU für das Abkommen. Während also die USA unter Präsident Trump wieder auf maximalen Druck setzten, hielten die Europäer, aber auch Russland und China weiterhin an der Atomvereinbarung fest.

Als Teil des JCPOA wurde eine Gemeinsame Kommission eingerichtet, ein Gremium zu Fragen der Streitschlichtung und Klärung aktueller Fragen, in dem alle Parteien vertreten sind. Auch hier übernahm die EU die Koordinatorenrolle.

Die Gemeinsame Kommission wurde nach dem Ausstieg der USA besonders wichtig. Alle drei Monate haben sich die Politischen Direktoren unter meinem Vorsitz in Wien getroffen – dann als E3 + 2, ohne die USA, ein bis zwei Mal im Jahr auch auf Ministerebene.

Ein Jahr nach dem Rückzug der USA aus dem JCPOA begann Iran eine Politik der „schrittweisen nuklearen Eskalation" auf die Sanktionen im Bereich der Finanzen und des Ölhandels, der fast völlig zum Erliegen gekommen war, aber auch, um Druck auf die verbliebenen Parteien auszuüben.

Das Abkommen hing am seidenen Faden, aber es bestand fort. Die Wahl von Joe Biden zum US-Präsidenten ging einher mit einer Rückkehr zum Multilateralismus und ermöglichte damit ein erneutes Engagement der USA. Es gab und gibt keine Alternative zur Rückkehr an den Verhandlungstisch, wieder unter europäischer Federführung!

**Helga Maria Schmid ist Generalsekretärin der Organisation für Sicherheit und Zusammenarbeit in Europa (OSZE). Zuvor war Schmid unter anderem Generalsekretärin des Europäischen Auswärtigen Dienstes (EAD) und Textverhandlerin beim JCPOA. Seit 2021 sitzt sie auch als Vizepräsidentin im Stiftungsrat der Münchner Sicherheitskonferenz.**

Norbert Röttgen und Ali Shamkhani beim MSC Core Group Meeting in Teheran im Oktober 2015.

Munich Security Conference msc
Münchner Sicherheitskonferenz
Röttgen
Shamkhani

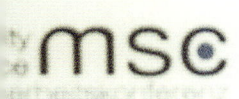

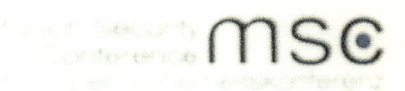

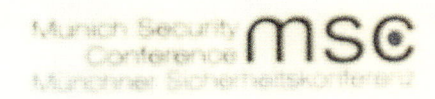

Zerbo

# Einem robusten diplomatischen Prozess den Weg ebnen

**Thomas Greminger**

2014 brach in Europa Krieg aus. Russlands Annexion der Krim, Spannungen in der Ostukraine und der Abschuss der Malaysia-Airlines-Maschine MH17 schufen eine höchst gefährliche Situation. Da war einerseits die Furcht, eine weitere Eskalation könnte zu einem größeren Krieg mit unvorhersehbaren Folgen führen. Andererseits beschlich viele das Gefühl, die Krise in der Ukraine sei Ausdruck eines tieferen Misstrauens zwischen Russland und dem Westen. Sowohl die Ursachen als auch die Symptome bedurften der Behandlung. Es bestand dringender Bedarf an Dialog und Deeskalation.

## Versuche von Dialog und Deeskalation

2014 führte die Schweiz den Vorsitz in der Organisation für Sicherheit und Zusammenarbeit in Europa (OSZE). Mit ihrer breiten Mitgliedschaft – inklusive Russland, den USA, sämtlichen Ländern der Europäischen Union und der Ukraine –, ihren ständigen beratenden Gremien und ihrem breiten Arsenal an Krisenmanagementinstrumenten ist die OSZE gut aufgestellt und gut gerüstet für den Umgang mit Krisen. Als Vorsitzender des Ständigen Rates beispielsweise gelang es mir, eine Konsensentscheidung über die Entsendung einer multinationalen Beobachtermission aus OSZE-Staaten herbeizuführen. Die ersten zivilen Beobachter der Sonderüberwachungsmission (SMM) in der Ukraine wurden binnen Stunden nach der Entscheidung des Ständigen Rates im März 2014 entsandt. Eine weitere konfliktreduzierende Maßnahme war die Ernennung von Botschafter Wolfgang Ischinger zum Vertreter des Amtierenden Vorsitzenden für die „Runden Tische des nationalen Dialogs". Gemeinsam mit den ehemaligen ukrainischen Präsidenten Leonid Krawtschuk und Leonid Kutschma führte er im Mai 2014 eine Reihe von Gesprächen mit lokalen Regierungsvertretern, Kirchenführern, Wirtschaftsführern und Vertretern politischer Parteien und Gewerkschaften, um die Konsensbildung zu erleichtern.

> Ohne Frieden in der Ukraine gab es keinen Frieden in Europa, und ohne die Wiederherstellung kooperativer Sicherheit in Europa konnte es keine dauerhafte Stabilität in der Ukraine geben.

Leider wurde der nationale Dialog nach der Wahl Petro Poroschenkos zum Präsidenten Ende Mai 2014 nicht fortgeführt. Anstelle von Versöhnung eskalierten im Sommer die Gefechte. Somit trat High-Level-Diplomatie zur Stabilisierung der Situation an die Stelle der Versuche, den Dialog innerhalb der Ukraine zu stärken. Am 5. September 2014 fand in der Normandie ein Treffen von Frankreich, Deutschland, der Russischen Föderation und der Ukraine statt, das fortan als „Normandie-Format" bezeichnet wurde und zur Unterzeichnung des Minsker Abkommens I führte.

Während das Minsker Abkommen zu einem vorübergehenden Rückgang der Feindseligkeiten führte und die Hoffnung bestand, dass die SMM – schon bald mit mehr als siebenhundert Beobachtern und unterstützt durch unbemannte Luftfahrzeuge, Kameras und Satellitenbilder – den Konflikt eingrenzen könnte, gab es größere Sicherheitsfragen, die geklärt werden mussten. Wie ließen sich Dialog und Vertrauen zwischen Russland und dem Westen wiederherstellen? Wie konnten die Beziehungen friedlich verlaufen?

Manche Länder hatten den Eindruck, dass es sinnlos war, über die Zukunft der europäischen Sicherheit zu diskutieren und zu analysieren, wie es möglich war, dass die Dinge derart schiefgelaufen waren, während in der Ostukraine die Kämpfe weitergingen und die Krim immer noch besetzt war. Andere aber spürten, dass der Krieg in der Ukraine symptomatisch war für eine breitere Krise der europäischen Sicherheit und die beiden Themen deshalb parallel angegangen werden mussten. Ohne Frieden in der Ukraine gab es keinen Frieden in Europa, und ohne die Wiederherstellung kooperativer Sicherheit in Europa konnte es keine dauerhafte Stabilität in der Ukraine geben.

Nachdem sich der OSZE-Ministerrat bei seinem Treffen in Basel im Dezember 2014 nicht auf die Einrichtung eines Expertenpanels zur Lösung dieser politisch sensiblen Sicherheitskrise verständigen konnte, beschloss die OSZE-Troika (bestehend aus der Schweiz, Serbien und Deutschland) Anfang 2015, ein Expertenpanel zur europäischen Sicherheit als einem gemeinsamen Projekt zu benennen.[1] Die Steuerung eines dermaßen delikaten Prozesses erforderte einen erfahrenen Diplomaten. Wir wandten uns deshalb an Botschafter Ischinger, der sich dankenswerterweise trotz seines eng getakteten Terminkalenders dazu bereit erklärte.

◂ Thomas Greminger beim Core Group Meeting in Minsk im Oktober 2018.

Das Mandat des Panels lautete, „die Basis für einen inklusiven und konstruktiven Sicherheitsdialog quer über die euro-atlantische und eurasische Region vorzubereiten", sich darüber Gedanken zu machen, wie Vertrauen wiederhergestellt werden konnte, um Frieden und Sicherheit in Europa auf der Grundlage der Schlussakte von Helsinki (von 1975) zu steigern, wahrgenommene Bedrohungen im OSZE-Gebiet zu erkunden und gemeinsame Antworten auszuloten sowie „die Möglichkeiten einer Bestätigung, Verfeinerung, Stärkung und Ergänzung von Elementen einer kooperativen Sicherheit zu untersuchen".

### Offene und intensive Diskussionen

In einer Serie von Beratungen zwischen Februar und Oktober 2015 (in München, Wien, Kiew, Genf, Brüssel und Belgrad) sprach das Panel über die Sicherheitssituation in Europa und was dafür zu tun war. Die vertraulichen Diskussionen verliefen häufig hitzig. Die Standpunkte gingen so weit auseinander, dass es nicht einmal gelang, sich auf eine Chronologie der Ereignisse zu einigen, die zur Annexion der Krim und zur militärischen Eskalation in der Ostukraine geführt hatten. Die Wahrnehmungen der breiteren Krise in der europäischen Sicherheit waren so gegensätzlich, dass beschlossen wurde, in den Abschlussbericht Narrative zu den Hauptthemen aus drei Blickwinkeln aufzunehmen: eine westliche Sicht, eine Moskauer Sicht und eine Sicht aus den „Staaten dazwischen". Wie Ischinger im Vorwort zum Abschlussbericht erläutert, ging es weniger um den historischen Wahrheitsgehalt der Narrative als vielmehr darum, „zu illustrieren, wie sehr unsere Sichtweisen von der Vergangenheit voneinander abwichen". Seiner Ansicht nach „sind diese diametral gegensätzlichen Narrative eine Tatsache, mit der wir – vorläufig zumindest – leben müssen".[2]

> **Die vertraulichen Diskussionen verliefen häufig hitzig. Die Standpunkte gingen so weit auseinander, dass es nicht einmal gelang, sich auf eine Chronologie der Ereignisse zu einigen, die zur Annexion der Krim und zur militärischen Eskalation in der Ostukraine geführt hatten.**

Während versucht wurde, den Bericht so abzufassen, dass alle Sichtweisen berücksichtigt wurden, wichen einige der Kommentare seitens der russischen Teilnehmer von denen der übrigen Panelmitglieder so stark ab, dass man sich darauf verständigte, sie als Fußnoten einzufügen. Diese kreative Lösung rettete das Projekt vor dem Kollaps und gibt dem Leser Einblick in einige der Meinungsunterschiede. Daneben muss jedoch betont werden, dass bei allen Unterschieden in der Einschätzung der Vergangenheit Einigkeit im Panel herrschte, dass es sich bei der gegenwärtigen Sicherheitssituation um die seit mehreren Jahrzehnten gefährlichste handelte: „Die Vision eines ‚gemeinsamen europäischen Hauses' ist möglicherweise in weitere Ferne gerückt als noch vor zwei Jahrzehnten, aber wir bewohnen dennoch einen gemeinsamen Raum und müssen Möglichkeiten finden, miteinander auszukommen."[3]

### Zurück zur Diplomatie

Der im November 2015 veröffentlichte Abschlussbericht trägt den Titel „Zurück zur Diplomatie". In seinem Vorwort wirbt Botschafter Ischinger für einen „robusten diplomatischen Prozess mit dem Ziel, gegenseitige Schuldzuweisungen durch Vertrauensbildung zu ersetzen: nicht militärische Aktivität, nicht Propaganda, nicht Rhetorik, sondern ein Prozess, der unsere gemeinsamen Probleme umsichtig, vertrauensvoll und systematisch unter die Lupe nimmt".[4]

Dem Bericht zufolge sollte, nachdem die Minsker Selbstverpflichtungen umgesetzt wären, ein diplomatischer Prozess gestartet werden mit dem Ziel, die Fundamente einer europäischen Sicherheit wiederherzustellen. Das Endziel sollte darin bestehen, Sicherheit auf kooperativer Basis innerhalb des durch die OSZE-Prinzipien vorgegebenen Rahmens zu gewährleisten. Es wurde vorgeschlagen, dass der Prozess angesichts der Tatsache, dass die Fragen, um die es ging, ihrer Natur und Dringlichkeit nach die Beteiligung der Staatsoberhäupter und Regierungen erforderten, in einen Gipfel münden sollte.

Da das Panel von der Troika und nicht per konsensbasierter Entscheidung sämtlicher 57 OSZE-Teilnehmerstaaten eingerichtet wurde, wurden der Abschlussbericht und die Empfehlungen des Panels zur europäischen Sicherheit als gemeinsames Projekt niemals offiziell bestätigt. Aber ihr Vermächtnis lebt fort. So begrüßten die Außenminister in einer Entscheidung anlässlich des Treffens des OSZE-Ministerrats in Hamburg im Dezember 2016 die Aufnahme „eines strukturierten Dialogs zu den gegenwärtigen und zukünftigen Herausforderungen und Risiken für die Sicherheit im OSZE-Gebiet zwecks Förderung eines besseren Verständnisses dieser Fragen, das als gemeinsame solide Basis für einen Weg in die Zukunft dienen könnte". Infolgedessen wurde 2017 ein Prozess des „Strukturierten Dialogs" unter Federführung Österreichs gestartet, der bis heute fortbesteht.[5]

Bislang sind die Ergebnisse des Strukturierten Dialogs bescheiden. Es gab Diskussionen darüber, wie sich das Risiko von Vorfällen und Unfällen verringern lässt, einen wiederholten Meinungsaustausch zu Bedrohungswahrnehmungen und Gespräche über vertrauensbildende Maßnahmen. Aber der Grad des politischen Engagements reichte nicht aus, um signifikante Ergebnisse hervorzubringen. Das Dringlichkeitsbewusstsein ist gering, und die Staaten legen mehr Wert auf die Betonung von Unterschieden, als dass sie nach Gemeinsamkeiten suchen würden. Kurz: Der Strukturierte Dialog erweist sich als fragiler als der robuste diplomatische Prozess, zu dem Botschafter Ischinger und das Panel aufgerufen hatten.

> Bislang sind die Ergebnisse des Strukturierten Dialogs bescheiden. Es gab Diskussionen darüber, wie sich das Risiko von Vorfällen und Unfällen verringern lässt, einen wiederholten Meinungsaustausch zu Bedrohungswahrnehmungen und Gespräche über vertrauensbildende Maßnahmen. Aber der Grad des politischen Engagements reichte nicht aus, um signifikante Ergebnisse hervorzubringen.

### Unterschiede meistern und konvergierende Interessen identifizieren

Ein neuer Ton wurde angeschlagen, als sich US-Außenminister Antony Blinken und der russische Außenminister Sergei Lawrow im Mai 2021 am Rande der Tagung des Arktischen Rates in Reykjavík begegneten. In Anspielung auf das historische Treffen zwischen Reagan und Gorbatschow in der isländischen Hauptstadt 1987 gaben die beiden Politiker zu Protokoll, zwar hätten ihre Länder ernste Differenzen, aber im Interesse des internationalen Friedens und der Sicherheit müssten sie einen Weg des Auskommens miteinander finden. Die Vereinigten Staaten und Russland, so Lawrow, müssten trotz ihrer ernsten Differenzen „in Sphären, wo unsere Interessen zusammenstoßen", kooperieren. Anders ausgedrückt: Sie müssen Wege finden, trotz existierender Divergenzen Zusammenstöße zu vermeiden, während sie naemmch Bereichen suchen, wo ihre Interessen konvergieren. Blinken sagte, Biden wünsche sich „eine berechenbare, stabile Beziehung zu Russland".

Solche Ansichten wurden in der Begegnung der Präsidenten Biden und Putin in Genf im Juni 2021 wiederholt. Wie die beiden Politiker in einer gemeinsamen Erklärung verlauten ließen, haben die USA und Russland in der Vergangenheit gezeigt, dass „sie selbst in Perioden der Spannung in der Lage sind, Fortschritte bezüglich unserer gemeinsamen Ziele der Gewährleistung von Berechenbarkeit in der strategischen Sphäre zu erzielen, um das Risiko bewaffneter Konflikte und die Gefahr eines Atomkriegs zu reduzieren". Sie kündigten deshalb an, dass die beiden Länder gemeinsam einen integrierten bilateralen Dialog zur strategischen Stabilität starten wollten, der „bewusst und robust" sein sollte. Das hat das Potenzial, sich zu dem zu entwickeln, was als eine „gemeinsame einigende Agenda" oder eine Konvergenz der Interessen beschrieben wurde.[6]

Wie könnte das aussehen? Kurzfristig sollten dringende Anstrengungen zur Verständigung auf Modalitäten unternommen werden, wie sich Vorfälle und Unfälle zu Luft und zu Wasser insbesondere im Bereich der Ostsee und des Schwarzen Meeres vermeiden lassen oder wie mit ihnen umzugehen ist. Effektiverer Gebrauch sollte vom Wiener Dokument 2011 über vertrauens- und sicherheitsbildende Maßnahmen gemacht werden. Es sollten verstärkt Kontakte von Militär zu Militär gepflegt und Gespräche geführt werden. Die Vereinigten Staaten und Russland sollten die bestehenden Verhandlungsforen, denen sie beide angehören, gemeinsam nutzen, um Konflikte zu lösen, wenn es beispielsweise um die Krise in Bergkarabach oder die Situation in Moldau oder dem Iran geht.

Mittelfristig sollten die beiden Supermächte versuchen, die Struktur von Verträgen wie dem Vertrag über den Offenen Himmel, dem KSE-Vertrag und dem New-START-Vertrag, die so entscheidend für die Sicherheitsbildung in den 1990er-Jahren waren, nachzubilden. Die Anpassung oder Modernisierung solcher Verträge sowie vertrauens- und sicherheitsbildende Maßnahmen steigern Berechenbarkeit und Vertrauen. Die Seiten sollten auch über Möglichkeiten sprechen, mehr Transparenz und Vertrauen in Cyberfragen und im Bereich von destabilisierenden Waffensystemen und der Verwendung neuer Technologien zu schaffen.

> Wie in den 1980er-Jahren ist eine Verbesserung der Beziehungen zwischen Moskau und Washington notwendig, aber nicht hinreichend für die Verbesserung der Sicherheit in Europa.

Wie in den 1980er-Jahren ist eine Verbesserung der Beziehungen zwischen Moskau und Washington notwendig, aber nicht hinreichend für die Verbesserung der Sicherheit in Europa. Gespräche über Rüstungskontrolle, Konfliktlösungen (insbesondere in der Ukraine) und den Umgang mit transnationalen Bedrohungen und Herausforderungen würden die Einbeziehung eines weit größeren Kreises von Ländern mit Interesse an der europäischen Sicherheit erfordern.

### Eine kooperative Sicherheitsagenda mit geeigneter institutioneller Unterstützung

Entsprechend der Forderung von Botschafter Ischinger und seinem Panel sollte deshalb ein diplomatischer Prozess zur Wiedererrichtung der Fundamente europäischer Sicherheit auf der Basis einer prinzipiengeleiteten Kooperation gestartet werden. Wie die Vorarbeiten zur Schlussakte von Helsinki von 1975 könnte auch dieser Prozess mehrere Jahre in Anspruch nehmen. Aber allein schon der Prozess ist von zentraler Bedeutung für die Vertrauensbildung und die Arbeit in Richtung einer gemeinsamen Sicherheitsagenda. Er böte zudem die Gelegenheit, sich darüber auszutauschen und zu einigen, was diese Prinzipien heute bedeuten. Er könnte ausloten, wie sich bestimmte Prinzipien wie Selbstbestimmung und territoriale Integrität miteinander in Einklang bringen lassen. Und er könnte helfen, das Sicherheitsdilemma zu überwinden und die Quadratur des Kreises zu bewerkstelligen zwischen der Unteilbarkeit von Sicherheit und dem Recht eines jeden Staates, seine Sicherheitsarrangements frei zu wählen. Das wird nicht einfach sein. Aber solche Probleme verschwinden auch nicht einfach dadurch, dass man sie unter den Teppich kehrt.

**Im Erfolgsfall könnten die Bemühungen von einem Gipfel gekrönt werden, vielleicht 2025 – wenn nicht schon vorher – zur Feier des 50. Jahrestags der Schlussakte von Helsinki. Der Gipfel sollte die Bestätigung gemeinsamer Prinzipien und ein neues Grundlagendokument zur europäischen Sicherheit als Ergebnis haben.**

Deshalb müssen wenigstens einige Länder politischen Mut beweisen und zu einer zukunftsweisenden kooperativen Sicherheitsagenda aufrufen. Wie Botschafter Ischinger im „Zurück zur Diplomatie"-Bericht schrieb: „Allem voran gilt es, auf dem politischen Feld Vertrauen wiederherzustellen – wir benötigen also Diplomatie."[7] Im Erfolgsfall könnten die Bemühungen von einem Gipfel gekrönt werden, vielleicht 2025 – wenn nicht schon vorher – zur Feier des 50. Jahrestags der Schlussakte von Helsinki. Der Gipfel sollte die Bestätigung gemeinsamer Prinzipien und ein neues Grundlagendokument zur europäischen Sicherheit als Ergebnis haben.

Im Interesse der Glaubwürdigkeit erfordern ein solcher Prozess und Folgemaßnahmen zu etwaigen Erklärungen und Entscheidungen auf höchster Ebene eine funktionierende institutionelle Basis. Die OSZE muss deshalb entsprechend fit gemacht werden, um sicherzustellen, dass sie über die Instrumente, Strukturen und Abläufe verfügt, um den Staaten zu helfen, ihre politischen Absichtserklärungen in die Tat umzusetzen. Institutionelle Reformen sind keine notwendige Voraussetzung für den Start eines robusten diplomatischen Prozesses, aber das Ergebnis dieses Prozesses wird kaum Chancen haben, umgesetzt zu werden, solange die Verhandlungsgremien blockiert sind und die Exekutivstrukturen nicht liefern können. Deshalb müssen sich die Reform des paneuropäischen Sicherheitssystems und die Reform der OSZE wechselseitig ergänzen.[8]

Wird es dazu kommen? Unter der Leitung Wolfgang Ischingers hat die Münchner Sicherheitskonferenz in der Zeit nach dem Kalten Krieg einige wegweisende Reden erlebt – von Präsident Putins Warnung in Sachen Weltordnung 2007 bis zur „Reset"-Rede des damaligen Vizepräsidenten Biden 2009. Wir wollen hoffen, dass, bevor Wolfgang Ischinger 80 wird, mindestens ein maßgeblicher Politiker der Welt sich auf die Bühne im Hotel Bayerischer Hof in München stellt und den Mut aufbringt, zu einer kooperativen Sicherheitsordnung in Europa auf der Basis jenes von Botschafter Ischinger und seinem Expertenpanel geforderten robusten diplomatischen Prozesses aufzurufen.

**Thomas Greminger ist Direktor des Genfer Zentrums für Sicherheitspolitik und ehemaliger Generalsekretär der Organisation für Sicherheit und Zusammenarbeit in Europa (OSZE).**

Antony Blinken auf der Münchner Sicherheitskonferenz im Februar 2022.

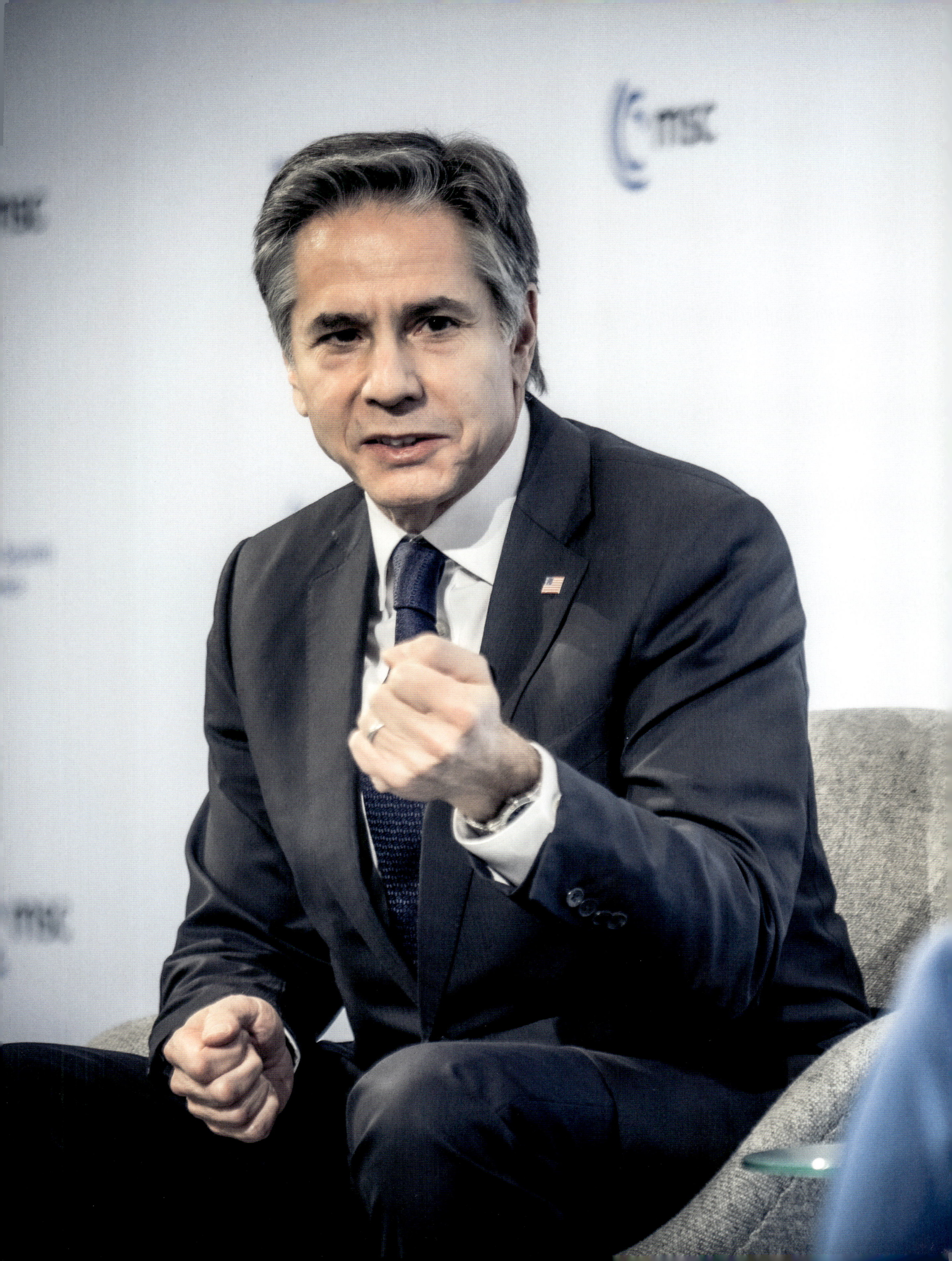
msc

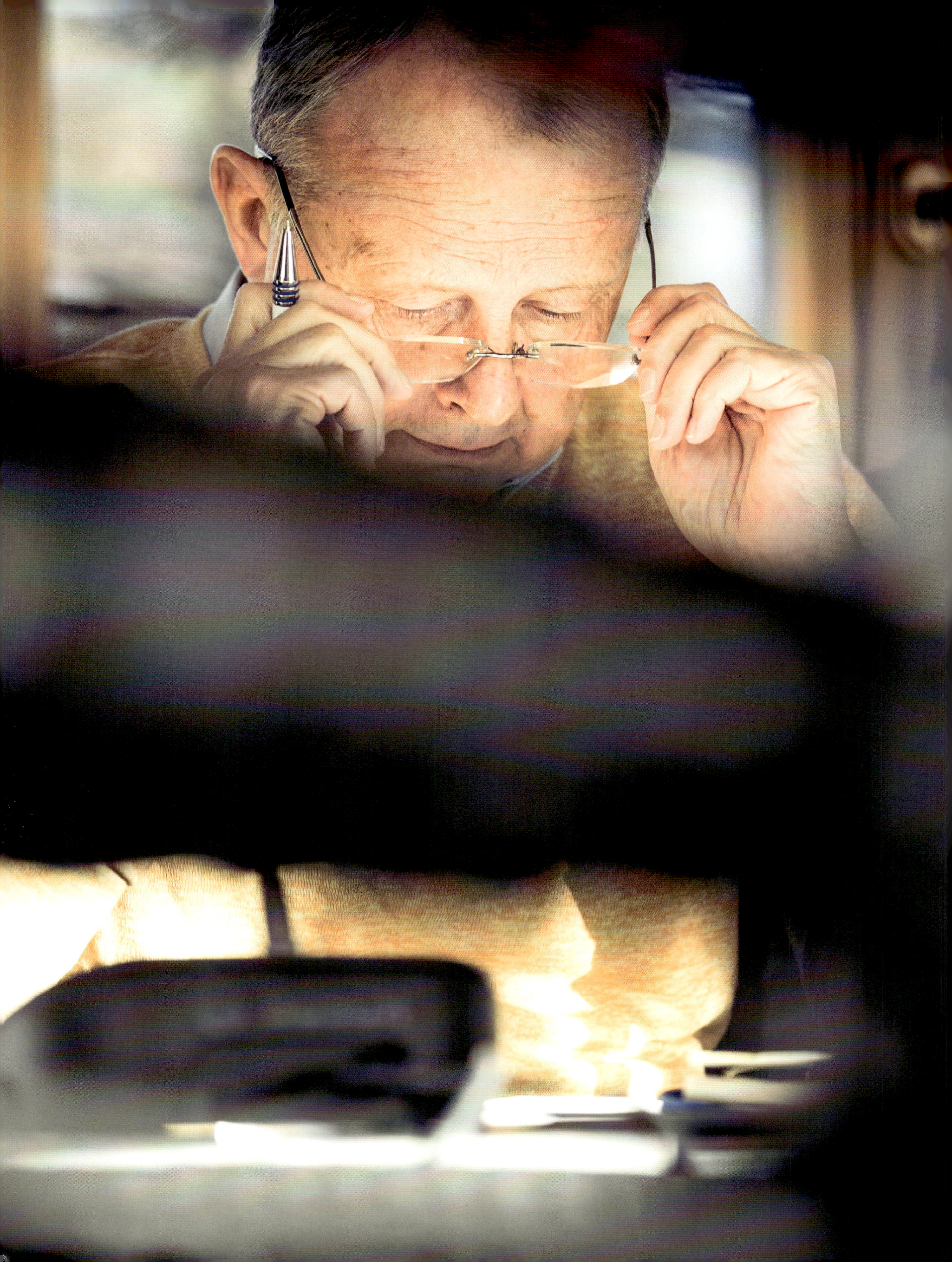

# Track-II-Diplomatie nutzen

**Alexander Dynkin**

Die Vorstellung von Diplomatie – mit ihrer einst hochgestochen elitären Bedeutung – verändert sich in diesen Tagen radikal. Es gibt den Versuch seitens – entschuldigen Sie die Formulierung – leicht abgedrehter, in die eigenen Ideen verliebter Heranwachsender, Diplomatie durch Volkes Druck auf Politiker zu ersetzen. Schauspieler, Sportler und Blogger betreiben aktive Diplomatie. Es gibt auch Megafon-Diplomatie und Twitter-Diplomatie. Menschen aller Art betreiben sie und bedienen sich dabei der exotischsten Instrumente.

Und natürlich erhalten die Politiker Ratschläge aus dem Internet. Vor dem Hintergrund der Pandemie blüht die Infodemie. Das Ausmaß der bewusst falschen oder lediglich der Unwissenheit geschuldeten Informationen ist gewaltig. Das darf man nicht einfach ignorieren. Professionelle Diplomaten dienen ihren Ländern und Regierungen, und diese Regierungen werden von Bürgern gewählt, die diesen Unsinn lesen und häufig auch glauben. Früher war der Diplomat Mitglied einer Kaste; heute ist er gezwungenermaßen öffentliche Figur, die mit den Massenmedien kommuniziert und in den sozialen Medien postet.

Ich bin bestimmt nicht naiv. Und der alte Witz hat seine Gültigkeit behalten: „Ein Diplomat, der Ja sagt, meint vielleicht; ein Diplomat, der vielleicht sagt, meint Nein; und ein Diplomat, der Nein sagt, ist keiner." Dabei war ein hochprofessioneller Diplomat und Außenminister der UdSSR, Andrei A. Gromyko, als „Genosse Njet" bekannt. Dennoch pflegte Gromyko zu sagen: „Besser zehn Jahre Verhandlungen als ein Tag Krieg." Die Kunst des Verhandelns bleibt nun einmal das Herzstück der Kunst der Diplomatie.

Ich bin Akademiker und Experte in Ökonomie und war nie in der Diplomatie tätig. Dennoch empfinde ich eine globale Gepflogenheit, die in Russland und den Vereinigten Staaten existiert und selbst früher in der Sowjetunion existierte, als extrem nutzbringend. Ich meine die Rotation zwischen der Expertenwelt der Akademiker und dem diplomatischen Dienst. Die führenden Denkfabriken der Welt versorgen die diplomatischen Abteilungen ihrer Länder mit Personal. Wenn die Regierungen wechseln, kehren die Leute in ihre Denkfabriken zurück. So machen es meine vertrauten amerikanischen Kollegen wie Tom Graham, Rose Gottemoeller, Richard Burt und viele andere.

Und so machte es auch mein Mentor in der Wissenschaft und im Leben, Jewgeni M. Primakow. Sein Ruf erlitt weder zu Lebzeiten noch nach seinem Tod Schaden, was für einen Politiker seines Ranges einmalig ist – obwohl er stets eine Person des öffentlichen Lebens war. Er war furchtlos und liebte und wertschätzte gute Journalisten. Er log nie, behielt aber natürlich als echter Diplomat viele Dinge für sich. Im Leben und im Beruf ließ er sich von den Prinzipien der Verantwortung und der Verfolgung nationaler Interessen leiten sowie von einer wissenschaftlichen Sichtweise und einem profunden Wissen. Das half ihm bei heiklen Verhandlungen mit Politikern im Nahen Osten und darüber hinaus.

Diplomatie ist die Kunst des Möglichen. Des äußersten Möglichen – innerhalb der Grenzen der Realität. Primakows berühmte „Wende über dem Atlantik"[1] war aus meiner Sicht untypisch für ihn, weil Primakow stets Verhandlungen den Vorzug gab. Aber Washingtons Abbruch bereits begonnener Verhandlungen war ein Akt jenseits der Diplomatie.

Nach seiner Zeit in der Politik, kehrte – ja, stürzte – Primakow bereits im gesetzten Alter in die Wissenschaft zurück: Er gründete und leitete das Zentrum für Lageanalyse, das Teil des Instituts für Weltwirtschaft und internationale Beziehungen (IMEMO) wurde. Es war Primakow, der die Methode der Lageanalyse in die sowjetische und russische Wissenschaft und Politik einführte. Und Berichte über die Ergebnisse der Lageanalysen, häufig kritischen Inhalts und mit relevanten Empfehlungen, landeten auf den Tischen der höchsten Entscheidungsträger.

Aber Primakows überraschendste und wertvollste Eigenschaft war seine Fähigkeit, mit seinen russischen wie amerikanischen Kollegen zu kommunizieren und Freundschaften zu schließen – seine Fähigkeit zuzuhören, Dialoge zu führen und sich auf die Lösung von Problemen zu fokussieren.

Und seine Neigung, Witze zu machen und zu lachen. Primakow erzählte, wie er bei seinem Besuch 1996 in New York Präsident Bill Clinton einen Witz erzählte: „Ein Huhn wird gefragt: ‚Was ist deine größte Errungenschaft?' – ‚Ich habe ein 5 Kilo schweres Ei gelegt.' – ‚Und dein größter Traum?' – ‚Ein 7-Kilo-Ei zu legen.'

◂ Alexander A. Dynkin beim Munich Strategy Forum in Elmau im Dezember 2016.

Anschließend werden dem Hahn dieselben Fragen gestellt. Auf die Frage nach dem größten Traum antwortet er: ‚Dem Straußenvogel eine reinhauen.'" Primakow sagte, Clinton habe viel gelacht und sich dann zu Madeleine Albright gewandt und gefragt: „Er meint doch nicht etwa mich, oder?"

Primakow war Optimist und glaubte daran, dass sich früher oder später Lösungen finden ließen. Ähnlich äußerte sich auch ein anderer Patriarch der Diplomatie und der Politikwissenschaft: Primakows längjähriger Amtskollege Henry Kissinger. 2017, in einer Zeit der deutlichen Verschlechterung in den russisch-amerikanischen Beziehungen, kam Kissinger nach Moskau für die vom IMEMO organisierten Primakow-Lesungen. „Ich habe viele Krisen erlebt, aber anschließend haben sich die Beziehungen immer normalisiert", sagte er. Und er fuhr beinahe mit den Worten des Buches Kohelet fort: „All das hat es schon gegeben. Es wird vorübergehen." „Es gibt zu viele globale Probleme, welche die USA und Russland ohneeinander nicht lösen können. Wir sollten eine gemeinsame Vision haben." Als ich ihn an der Flugzeugtreppe in Domodedovo traf (damals war er bereits 94 Jahre alt) und ihn fragte: „Dr. Kissinger, wer sind Sie heute?", erwiderte er ohne Zögern: „Ich bin ein Ausbilder!" Ich fragte ihn, ob er zu einer Begegnung mit jungen IMEMO-Forschern bereit wäre. Er willigte ein und verbrachte zwei Stunden mit dreißig jungen Menschen, beantwortete geduldig ihre Fragen und signierte Bücher. Diese Begegnung wurde für sie zu einem unvergesslichen Ereignis – nicht nur in beruflicher Hinsicht.

> **Wenn Diplomaten beim Versuch scheitern, einander zu verstehen, sollten zuerst Experten zum Zuge kommen, bevor das Militär gerufen wird.**

Im Juni 2014 halfen mir und meinen IMEMO-Kollegen Traditionen der Primakow-Diplomatie bei den ersten Track-II-Verhandlungen zur Konfliktbewältigung in der Ostukraine. Es scheint mir, dass die Track-II-Diplomatie ihre Nützlichkeit bereits bewiesen hat und ein immer wichtigeres Instrument und eine Hilfe für die Diplomatie werden wird. Sie vereint wissenschaftliche Kenntnisse und große Freiheit, Offenheit und Präzision im Meinungsaustausch mit einer verantwortungsvollen Herangehensweise der Parteien und Vertraulichkeit – was heute extrem wichtig ist. Ich bin überzeugt: Wenn Diplomaten beim Versuch scheitern, einander zu verstehen, sollten zuerst Experten zum Zuge kommen, bevor das Militär gerufen wird. Track II ist nicht für die Öffentlichkeit. Hier geht es darum, sämtliche Optionen auszuloten, „rote Linien" zu identifizieren, aber zugleich den unwahrscheinlichsten Möglichkeiten einer Problemlösung nachzugehen. All dies geschieht in einer informellen Atmosphäre – häufig beim Abendessen. Gromyko ist übrigens auch noch für einen anderen Aphorismus berühmt: „Ein Diplomat gräbt sein eigenes Grab mit einem Löffel, einer Gabel und ganz besonders mit einem Glas." Jeder Beruf hat nun einmal seinen Preis.

Ein Beispiel für Track-II-Diplomatie war das vertrauliche amerikanisch-russische Treffen auf der finnischen Insel Boisto im Sommer 2014 in der heißesten Phase des Kriegs im Donbass. Es fanden die ersten Gespräche über die Ukraine statt, an denen auf amerikanischer Seite unter anderem Tom Graham (ehemaliger Sonderberater des US-Präsidenten und Abteilungsdirektor für Russland im Stab des Nationalen Sicherheitsrats) und Andrew Weiss (Vizepräsident für Studien am Carnegie Endowment; ehemaliger Direktor für russische, ukrainische und eurasische Angelegenheiten im Stab des Nationalen Sicherheitsrats) teilnahmen. Die russische Seite war – neben mir – vom IMEMO-Team vertreten durch Wjatscheslaw Trubnikow (außerordentlicher und bevollmächtigter Botschafter, ehemaliger Leiter des russischen Auslandsgeheimdienstes), den Akademiker Alexei Arbatow (ehemaliger Stellvertretender Vorsitzender des Verteidigungsausschusses der russischen Staatsduma, Mitglied der START-Verhandlungsdelegation) und unseren jungen Kollegen Fjodor Woitolowski (Direktor des IMEMO; korrespondierendes Mitglied der Russischen Akademie der Wissenschaften). Wir entwickelten (ohne Demagogie oder polemische Positionierung) einen Plan zur Beendigung des Krieges und die ersten Schritte für die Wiederherstellung des Friedens. Viele der 24 Schritte des Boisto-Plans erwiesen sich als praktikabel und dienten als Vorlage für die Entwicklung des Minsker Protokolls vom 5. September und das Memorandum vom 19. September 2014.

Die Welt steht vor einer zunehmenden Zahl von Problemen, die professionelle Verhandlungen im Format der Track-II-Diplomatie erfordern. Vereinbarungen über den Start solcher Projekte werden häufig am Rande größerer internationaler Konferenzen wie der Münchner Sicherheitskonferenz oder der Primakow-Lesungen getroffen. Sie bieten eine reale Möglichkeit, Konflikte zu lösen und der Infodemie-Falle zu entkommen.

**Alexander Dynkin ist Präsident des Instituts für Weltwirtschaft und internationale Beziehungen (IMEMO) an der Russischen Akademie der Wissenschaften. Er ist Mitglied des Präsidiums der Russischen Akademie der Wissenschaften, des Wissenschaftsrats des russischen Außenministers und des Beirats des russischen Sicherheitsrats. Von 1998 bis 1999 war er wirtschaftlicher Berater von Ministerpräsident Primakow.**

Dmitry A. Medwedew auf der Münchner Sicherheitskonferenz im Februar 2016

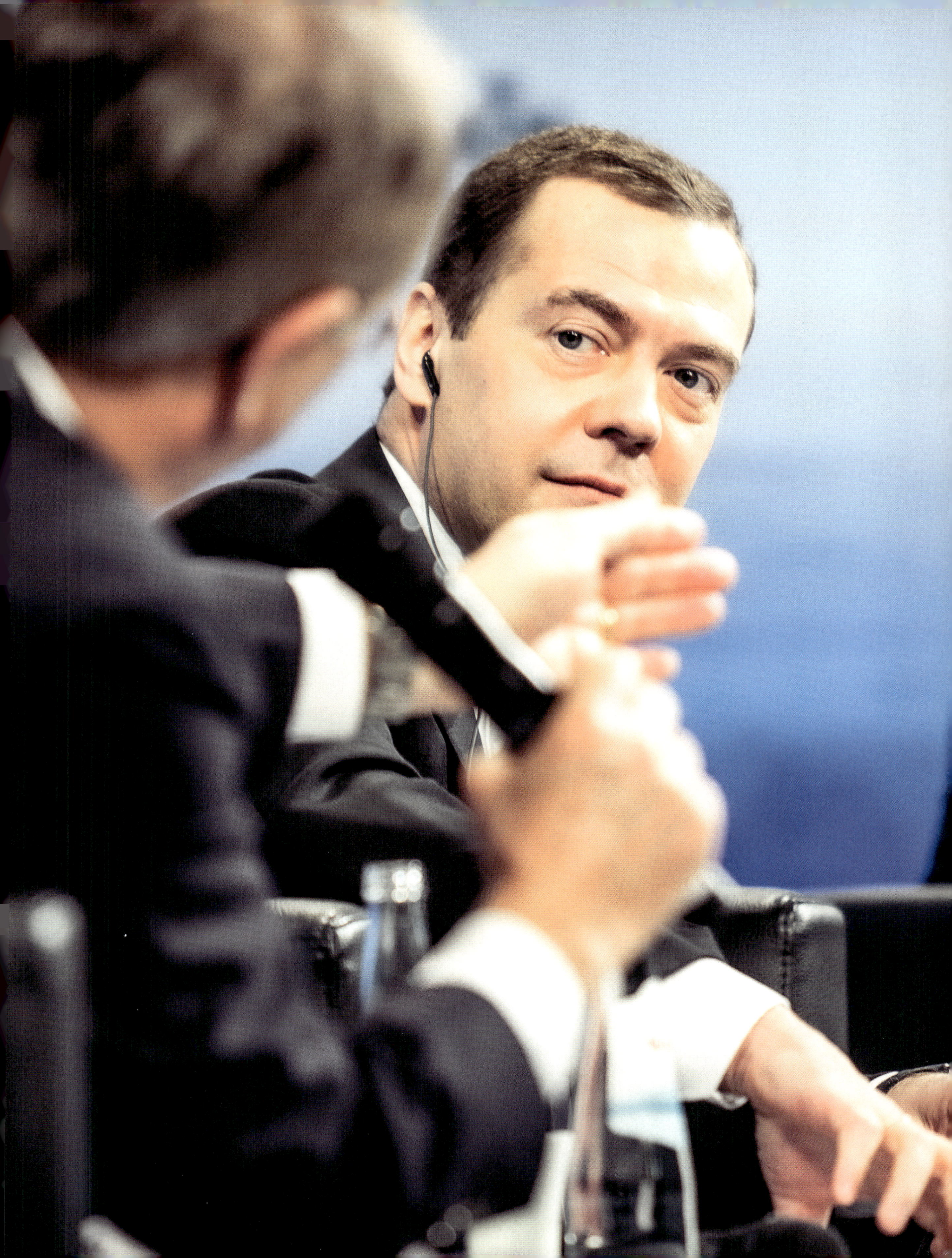

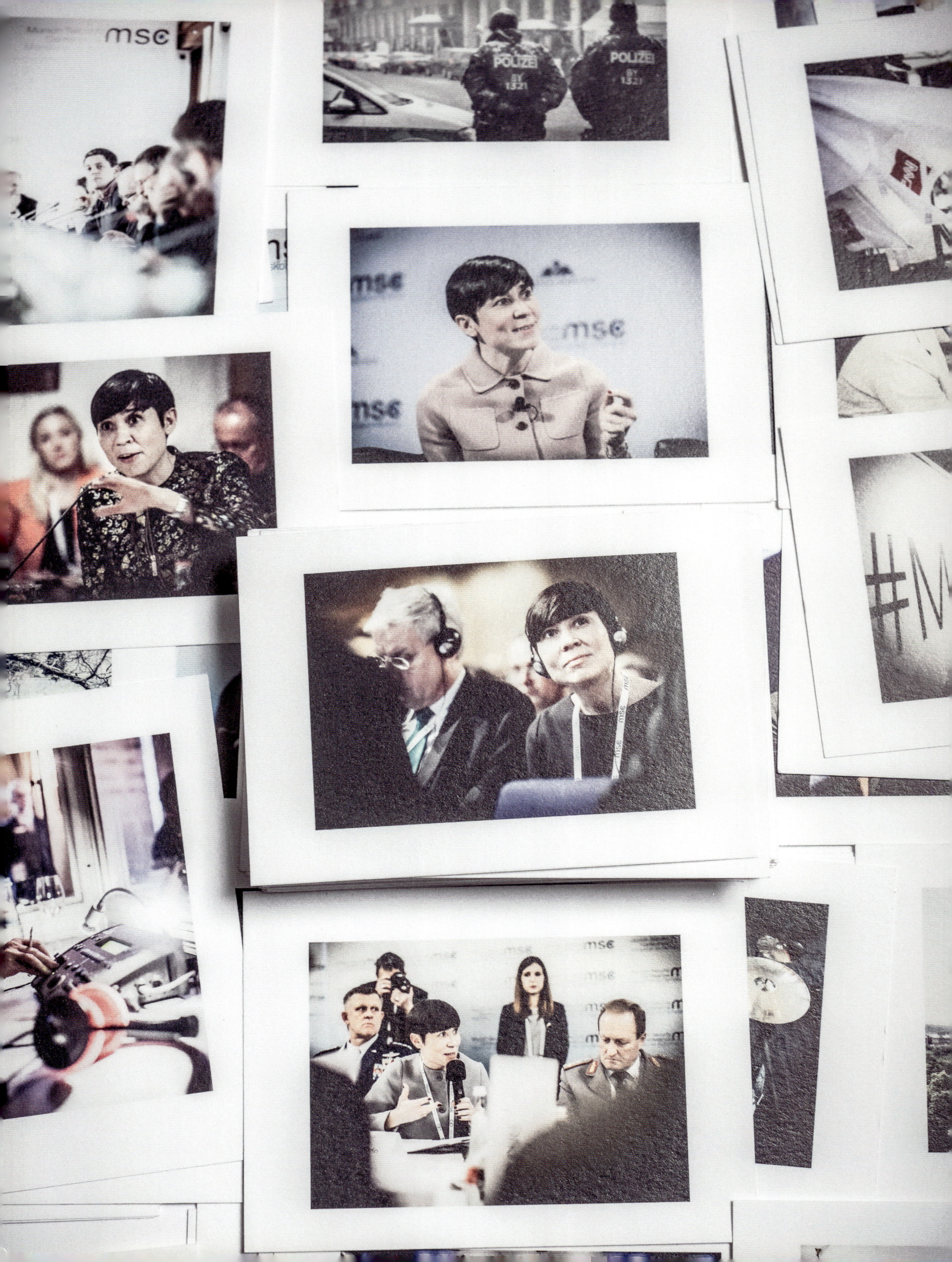
msc
POLIZEI
BY 1321
POLIZEI
BY 1321
msc
msc
msc
#M

# Kleinstaatendiplomatie in einer Zeit der Großmächterivalität betreiben

**Ine Eriksen Søreide**

Seit 2014 hatte ich jedes Jahr das Vergnügen, an der Münchner Sicherheitskonferenz teilzunehmen. Die Konferenz ist ein einzigartiges Forum der offenen Diskussionen und informellen Begegnungen und bietet eine vorzügliche Gelegenheit, sich ein Bild von der sich ständig wandelnden Sicherheitslandschaft zu machen. Einige Veränderungen, die wir in den vergangenen Jahren erlebt haben, sind dramatisch.

Wenige Wochen nach meiner Ernennung zur norwegischen Verteidigungsministerin nahm ich am Treffen des NATO-Russland-Rats 2013 in Brüssel teil. Ministertreffen des NATO-Russland-Rats waren gerade erst nach zweijähriger Pause wiederaufgenommen worden, und die Stimmung war ungewöhnlich gut. Die Einlassungen fokussierten sich auf die künftige Zusammenarbeit, man scherzte fröhlich am Tisch, und der russische Verteidigungsminister Sergei Schoigu würzte seine Ansprache damit, dass er dem Generalsekretär einen mit einer Rose bemalten Soldatenhelm überreichte. Die optimistische Atmosphäre an diesem Oktobertag des Jahres 2013 erwies sich als kurzlebig und machte schon bald einer dramatischen Veränderung Platz. Als wir wenige Monate später beim Treffen der NATO-Verteidigungsminister zusammensaßen, erreichten uns Berichte, dass russische Spezialkräfte die Kontrolle über zentrale Punkte der Krim übernommen hätten.

> Die Wiederkehr der Großmächterivalität ist für kleinere und mittlere Länder nur selten eine gute Nachricht. Für sie sind diese Zeiten mit weniger Freiheit und weniger Einfluss in der Welt verbunden. Dennoch ist es möglich, in einem gespaltenen Umfeld effektiv zu operieren.

Die Annexion der Krim durch Russland – eine ernste Verletzung internationalen Rechts – hat seit 2014 zu signifikanten Veränderungen in Europa geführt. Russland hat seine militärische Modernisierung fortgeführt, während die NATO ihre kollektive Verteidigung reorganisiert und ihre Verteidigungsausgaben aufgestockt hat. Andere Komponenten der europäischen Sicherheitsarchitektur verkommen. Der KSE-Vertrag stand bereits 2014 massiv unter Druck, und Bemühungen, ihm wieder seine ursprüngliche Bedeutung zu verleihen, blieben fruchtlos. 2019 stiegen die USA unter Verweis auf russische Vertragsverletzungen aus dem INF-Vertrag aus und zogen sich anschließend auch aus dem Vertrag über den Offenen Himmel zurück. Russland zog ein Jahr später nach. Vertrauensbildende Maßnahmen finden zwar noch statt, erzielen jedoch keine Ergebnisse, die hinreichend an das radikal veränderte Sicherheitsklima angepasst wären.

Diese Veränderungen in Europa spiegeln Trends wider, die in den nächsten Jahren die Außenpolitik und Diplomatie auf die Probe stellen werden. Die rasante technologische Entwicklung verleiht nicht nur Russland, sondern auch einer wachsenden Anzahl von Gegnern der Macht des Westens neue Fähigkeiten. Die internationalen Beziehungen werden zunehmend von der sich vertiefenden Rivalität zwischen den USA und China geprägt, und die multilaterale Kooperation wird aller Wahrscheinlichkeit nach für längere Zeit unter Druck bleiben.

Die Wiederkehr der Großmächterivalität ist für kleinere und mittlere Länder nur selten eine gute Nachricht. Für sie sind diese Zeiten mit weniger Freiheit und weniger Einfluss in der Welt verbunden. Dennoch ist es möglich, in einem gespaltenen Umfeld effektiv zu operieren. Es erfordert lediglich raffiniertere Antworten. Sie zu finden ist allerdings keine einfache Aufgabe.

Als wir 1905 unsere Unabhängigkeit erlangten, galt Neutralität als der beste Weg. Als junger Staat hatte Norwegen gemischte Erfahrungen mit Bündnissen mit anderen Ländern gemacht und war entschlossen, nie wieder Opfer von Großmachtpolitik zu werden. Damals wurde sogar erwogen, ob Norwegen überhaupt Diplomaten oder eine Außenpolitik bräuchte. Würden für eine kleine und globalisierte Volkswirtschaft nicht der Handel allein und ein einfaches konsularisches Korps genügen?

Der Glaube an die Neutralität wurde noch stärker, nachdem Norwegen sich erfolgreich aus den Feindseligkeiten des Ersten Weltkriegs hatte heraushalten können und sich dem Völkerbund anschloss. Die anfängliche Debatte über den Sinn einer norwegischen Diplomatie verstummte, wurde aber schon bald durch eine ähnliche Debatte über das Militär ersetzt, in deren Folge die Verteidigungsausgaben in den 1920er- und frühen 1930er-Jahren massiv gekürzt wurden.

◂ Ine Eriksen Søreide als Gast auf der Münchner Sicherheitskonferenz, unter anderem im Jahr 2016.

Es brauchte einen weiteren Weltkrieg, um dieser Politik der Neutralität einen tödlichen Schlag zu versetzen, und im Frühjahr 1949 trat Norwegen der NATO als Gründungsmitglied bei – mit den USA als unserem wichtigsten Verbündeten. In der Folge bauten wir robuste Beziehungen zu unseren nordischen Nachbarn auf, entwickelten eine konstruktive und praxisorientierte Kooperation mit Russland und schmiedeten immer engere Beziehungen zu Europa.

Man kann eine Parallele zwischen den frühen Tagen der norwegischen Diplomatie und den heutigen Diskussionen über den Platz kleiner und mittelgroßer Länder in einer Welt der ausgeprägten Großmächterivalität ziehen. Als wir 2019 offiziell Norwegens Bewerbung um einen nichtständigen Sitz im US-Sicherheitsrat bekannt gaben, setzte eine überraschende Debatte ein, die an die frühen Tage unseres Auswärtigen Dienstes erinnerte: Sollte ein kleines Land Anspruch auf einen Sitz im UN-Sicherheitsrat erheben und riskieren, sich damit dem verstärkten Druck anderer auszusetzen?

> Druck von anderen Akteuren war schon immer Teil der internationalen Beziehungen, und die beste Art, damit umzugehen, ist nicht, sich herauszuhalten, sondern sich aktiv in die internationale Gemeinschaft einzubringen.

So berechtigt diese Sorge ist – die Frage übersieht zwei grundlegende Realitäten: Druck von anderen Akteuren war schon immer Teil der internationalen Beziehungen, und die beste Art, damit umzugehen, ist nicht, sich herauszuhalten, sondern sich aktiv in die internationale Gemeinschaft einzubringen.

In Wahrheit hat sich das multilaterale Engagement nicht nachteilig auf Norwegens Spielraum in der Außenpolitik ausgewirkt. Es hat vielmehr Chancen geschaffen. Unser Manövrierraum wird seit jeher von unserer Fähigkeit und Bereitschaft bestimmt, Bündnisse einzugehen. Wir können Druck niemals ganz vermeiden, aber wir können ihn stark reduzieren und ihm leichter widerstehen, solange wir Teil einer größeren Gemeinschaft sind.

Die NATO ist eine solche Gemeinschaft. Sie ist das Fundament unserer Sicherheit, aber sie ist weit mehr als das. Das Bündnis hat immer schon Europas Manövrierraum erweitert – insbesondere nach dem Zweiten Weltkrieg, als es den Weg für den Wiederaufbau und die europäische Integration ebnete.

Für Norwegen spielt die NATO sogar eine noch wichtigere und unmittelbarere Rolle, indem sie hilft, eine sonst asymmetrische Beziehung zu einer Großmacht – unserem Nachbarn Russland – auszubalancieren. Das hat es Norwegen ermöglicht, mit Russland in Bereichen praktisch zusammenarbeiten, in denen unsere beiden Länder gemeinsame Interessen im Norden haben – wie Fischerei, nukleare Sicherheit sowie Such- und Rettungsdienste.

Die durch unsere NATO-Mitgliedschaft geschaffene Sicherheit hat uns auch ermöglicht, vertrauensbildende Maßnahmen gegenüber Russland zu ergreifen, und wir haben uns auf eine Reihe bilateraler Transparenzmaßnahmen verständigt, die zu mehr Stabilität und Berechenbarkeit in unserem Teil der Welt beitragen. Die Arktis als eine Region von großer strategischer Bedeutung ist beileibe kein institutionelles oder juristisches Vakuum. Sie ist eine geregelte, internationalem Recht unterliegende Region mit dem Arktischen Rat als dem entscheidenden internationalen Gremium zur Klärung die Arktis betreffender Fragen.

Heute, da sich ein neues Zeitalter der Großmächterivalität ankündigt, müssen wir uns, was die Außenpolitik und das diplomatische Handwerk betrifft, anpassen, wenn wir uns unseren Handlungsraum erhalten wollen. Als Außenministerin war dies ein wichtiger Teil meiner Tätigkeit.

Internationales Recht und multilaterale Institutionen bleiben eminent wichtig, weil sie faire Beziehungen garantieren und sich die zentralen Herausforderungen unserer Zeit nur mit ihrer Hilfe meistern lassen.

> Wir können Druck niemals ganz vermeiden, aber wir können ihn stark reduzieren und ihm leichter widerstehen, solange wir Teil einer größeren Gemeinschaft sind.

Einige dieser Herausforderungen wie der Klimawandel erfordern die Mitwirkung sämtlicher Großmächte. Wir sollten uns deshalb nicht gegen eine Kooperation mit Ländern wie China sperren in Bereichen, in denen wir gleichermaßen daran interessiert sind, konstruktive Lösungen zu finden. Ich betone hier nicht zum ersten Mal, dass wir pragmatisch sein sollten, wenn es darum geht, aufstrebenden Mächten den Zutritt zu bestehenden multilateralen Institutionen zu gewähren. Die Beteiligung sämtlicher Großmächte an der Lösung internationaler Fragen ist eine Stärke des multilateralen Systems der letzten siebzig Jahre im Vergleich zu den gescheiterten Versuchen der Vergangenheit.

Pragmatismus sollte jedoch nicht mit Neutralität verwechselt werden. Ein neues Zeitalter der Großmächterivalität verlangt auch stärkere transatlantische Bande. Die NATO blickt auf eine lange Erfolgsgeschichte als Bollwerk gegen Druck und Zwang zurück, und wir sollten mit unseren politischen Entscheidungen die Fähigkeit der NATO stärken, solchen Schutz auch in Zukunft zu bieten.

Kollektive Verteidigung und Abschreckung bleiben fundamental für unsere politische Stärke. Viel wurde seit 2014 erreicht, aber angesichts eines wachsenden militärischen Wettlaufs insbesondere im Bereich neuer Technologien können wir uns keinen Rückschritt erlauben. Die Verteidigungsausgaben der Verbündeten müssen für längere Zeit auf dem Niveau von ungefähr 2 Prozent des BIP gehalten werden, und es müssen substanzielle Ressourcen in Forschung und Entwicklung investiert werden. Ein stärkerer Wettbewerb quer durch den euroatlantischen Verteidigungsmarkt könnte den Effekt unserer Verteidigungsausgaben weiter verstärken und die Kosten der neuen Fähigkeiten senken.

> Ein neues Zeitalter der Großmächterivalität verlangt auch stärkere transatlantische Bande. Die NATO blickt auf eine lange Erfolgsgeschichte als Bollwerk gegen Druck und Zwang zurück, und wir sollten mit unseren politischen Entscheidungen die Fähigkeit der NATO stärken, solchen Schutz auch in Zukunft zu bieten.

Darüber hinaus müssen wir die politische Abschreckung der NATO stärken. Das können wir tun, indem wir den politischen Dialog in dem Maße erweitern, wie Sicherheitspolitik in neue Bereiche vordringt. Dialog zu allen Arten von Sicherheitsfragen heißt nach traditionellem Verständnis, den Zusammenhalt innerhalb des Bündnisses zu stärken. Dieser Dialog ist zugleich auch ein effektives Gegenmittel gegen Druck von außen, und wir sollten aus seinem Abschreckungspotenzial das Bestmögliche herausholen. Als ermutigend empfinde ich die zunehmende Koordination unter den Verbündeten, wenn es um die Zuschreibung von Cyberangriffen, die Entlarvung von Desinformation und die Spionageabwehr geht. Das ist eine effektive Möglichkeit, das Risiko äußeren Drucks zu verringern, und wir sollten diesen Weg weiter beschreiten.

Wie wir Meinungsverschiedenheiten innerhalb der Allianz regeln, hat maßgeblichen Einfluss auf unsere politische Abschreckung. Der Erfolg der NATO beruht fast ebenso sehr auf ihrer Tolerierung von Vielfalt wie auf ihrer Einigkeit. Während des Kalten Krieges haben wir signifikante interne Herausforderungen wie die Suez-Krise und politisch unruhige Zeiten in den Mitgliedstaaten überwunden. Das wäre ohne eine Kultur der Geduld und Toleranz innerhalb der Allianz nicht möglich gewesen. Was mir Sorge bereitet, ist, dass wir in den letzten Jahren allzu häufig zugelassen haben, dass bilaterale Fragen, die nichts mit Sicherheit und Verteidigung zu tun haben, in die Arbeit der NATO hineingespielt haben. Die Mitgliedstaaten sollten niemals die alliierte Verteidigungsplanung und die Kooperation mit Partnern zur Geisel innenpolitischer oder bilateraler Probleme machen, weil uns das verwundbar gegenüber äußeren Kräften macht, die nur auf die Gelegenheit warten, Zwietracht zu säen und die alliierte Entscheidungsfindung zu behindern.

> Wie wir Meinungsverschiedenheiten innerhalb der Allianz regeln, hat maßgeblichen Einfluss auf unsere politische Abschreckung. Der Erfolg der NATO beruht fast ebenso sehr auf ihrer Tolerierung von Vielfalt wie auf ihrer Einigkeit.

Die USA sind stets mit gutem Beispiel vorangegangen und sollten dies auch weiterhin tun. Die einzigartigen Führungsqualitäten der USA gehen über die Macht, die Tagesordnung zu bestimmen, und die Fähigkeit, die Verbündeten auf ein gemeinsames Ziel einzuschwören, hinaus. Ihr Einstehen für die Freiheit ihrer Verbündeten und ihre relative Zurückhaltung, was die Ausübung von Druck angeht, unterscheidet sie von den Mächten der Vergangenheit. Für Norwegen bleibt die Toleranz gegenüber Unterschieden zentral für den guten Ruf der NATO in der Bevölkerung und für die Pflege der Beziehungen zu Russland.

Seit Norwegen 1949 die NATO mitgegründet hat, basiert unsere Sicherheitspolitik auf der Notwendigkeit, Russland mit einer geeigneten Mischung aus Abschreckung und Rückversicherung zu begegnen. Angesichts Russlands militärischer Modernisierung und zunehmend resoluter Außenpolitik bleibt die Sicherheitsgarantie der NATO essentiell. Zugleich bietet unsere Mitgliedschaft in der NATO auch Raum für beruhigende Maßnahmen, die wichtig sind, um eine Eskalation in unserer Region zu vermeiden. So erlaubt Norwegen keinen ausländischen Streitkräften, in Friedenzeiten permanente Stützpunkte auf seinem Boden zu errichten. Genauso wenig gestatten wir die Lagerung und Anwendung von Atomwaffen in Friedenszeiten. Wir wahren auch bestimmte Grenzen bei militärischen Aktivitäten.

Kollektive Sicherheit und eine alliierte Kultur der Toleranz und des Verständnisses für Unterschiede haben auch in anderen Teilen unserer Außenpolitik Chancen eröffnet – nicht zuletzt, was den Raum für Friedensdiplomatie und -vermittlung betrifft, die schon seit Jahrzehnten wichtige Elemente der norwegischen Außenpolitik sind.

Während die Vielfalt unserer Erfahrungen als Verbündete eine Stärke der NATO darstellt, besteht zugleich die Notwendigkeit, Differenzen in der Bedrohungswahrnehmung anzusprechen. Das Ausmaß dieser Differenzen wird häufig übertrieben. Meiner Erfahrung nach neigen Bedrohungswahrnehmungen mit der Zeit dazu, zu konvergieren statt zu divergieren. Dennoch bleiben differierende Bedrohungswahrnehmungen ein Risiko in einer vielfältigeren Allianz und einem uneinheitlicheren Sicherheitsumfeld.

**Während wir unsere Außenpolitik und unsere Diplomatie auf ein neues und komplexeres Sicherheitsumfeld zuschneiden, sollten wir auch in den Aufbau eines starken Fundaments im Inland investieren. Die in der Präambel des Nordatlantikvertrags festgehaltenen Prinzipien – unser gemeinsames Bekenntnis zu Demokratie, individuellen Freiheiten und Rechtsstaatlichkeit – sind keine leeren Worte.**

Ein gemeinsames Situationsbewusstsein ist wichtig für die Arbeitsweise der NATO. Der Konsens der Verbündeten wird nicht in erster Linie durch Überredung oder Druck erzeugt, sondern über einen gewissenhaften gemeinsamen Bewusstseinsbildungsprozess. Wir müssen deshalb in Maßnahmen investieren, mit denen sich dies erreichen lässt.

Das ist einer der Gründe, weshalb Norwegen seine Aufklärungskapazitäten verstärkt, für einen besseren Informationsaustausch zwischen den Verbündeten wirbt und sich einen noch engeren Dialog zwischen der NATO und der EU wünscht. Die Beziehungen zwischen der NATO und der EU wurden seit 2014 erheblich intensiviert, aber es bleiben Lücken – besonders bei Fragen aus dem Grenzbereich zwischen Sicherheit, Handel und Technik. Das überrascht ein wenig, handelt es sich dabei doch um hochsensible Themen, bei denen die Verbündeten mitunter zu unterschiedlichen Schlussfolgerungen kommen und wobei Differenzen gegen uns verwendet werden könnten. Meines Erachtens wäre es angebracht zu erwägen, diese Lücke teilweise zu schließen und die kollektive Resilienz zu verbessern, indem man Verbündeten, die nicht auch EU-Mitglieder sind, erlaubt, am Handels- und Technologierat EU-USA teilzunehmen.

Politische Abschreckung ist essentiell, um unsere Allianz auf eine komplexere Zukunft vorzubereiten. Wir sollten jede Anstrengung unternehmen, um Druck zu widerstehen und eine innere Spaltung zu vermeiden. Allerdings werden unsere Bemühungen wenig Wirkung zeigen, solange unsere Feinde ihre Ziele damit erreichen, dass sie mit den Gefühlen der Menschen spielen. In vielen Fällen hat politischer Druck im Innern größere Wirkung als Druck von außen, und er beeinflusst mit größerer Wahrscheinlichkeit grundlegende außenpolitische Entscheidungen.

Seit meiner Zeit als Ministerin erlebe ich in der gesamten westlichen Welt eine beunruhigende Zunahme von Populismus und Isolationismus, eine wachsende Polarisierung und einen Verlust von Vertrauen in öffentliche Autoritäten bis hin zu einer Verkümmerung demokratischer Strukturen in einigen Mitgliedstaaten. All das läuft nicht nur den Idealen der Allianz zuwider, sondern beeinflusst auch unsere Sicherheit. Schlechte Regierungsführung führt zu Verdruss und gesellschaftlicher Spaltung, die Gegner ausnützen können. In einer Zeit, in der überall hybride Gefahren lauern, können wir solche Risiken nicht einfach ignorieren.

Während wir unsere Außenpolitik und unsere Diplomatie auf ein neues und komplexeres Sicherheitsumfeld zuschneiden, sollten wir auch in den Aufbau eines starken Fundaments im Inland investieren. Die in der Präambel des Nordatlantikvertrags festgehaltenen Prinzipien – unser gemeinsames Bekenntnis zu Demokratie, individuellen Freiheiten und Rechtsstaatlichkeit – sind keine leeren Worte. Die Verteidigung dieser Kernwerte ist wesentlich für unsere kollektive Sicherheit und künftige Stabilität.

**Ine Eriksen Søreide ist Vorsitzende des Außen- und Verteidigungsausschusses des norwegischen Parlaments (Storting). Sie war von 2013 bis 2017 Verteidigungsministerin und von 2017 bis 2021 Außenministerin Norwegens.**

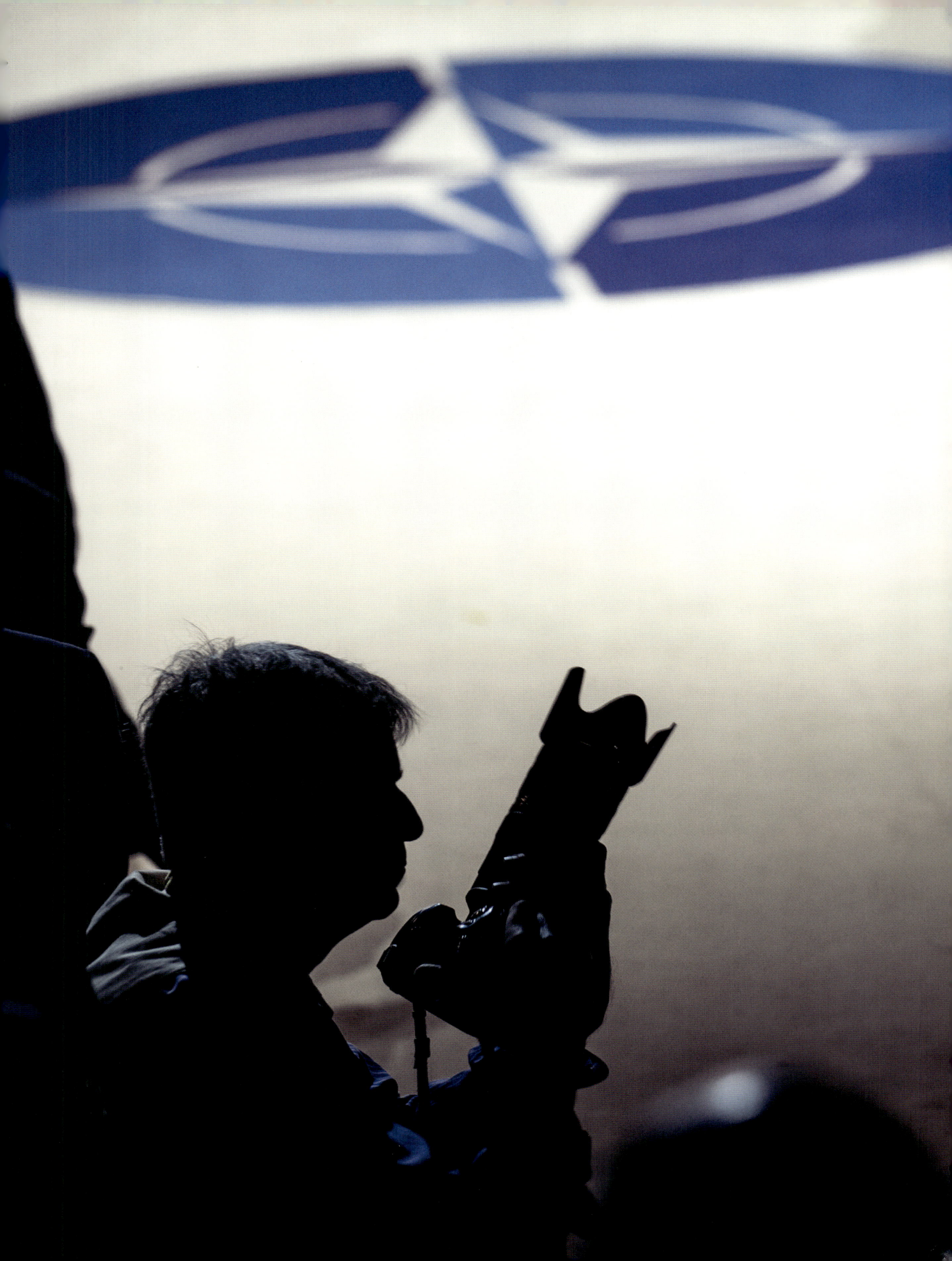

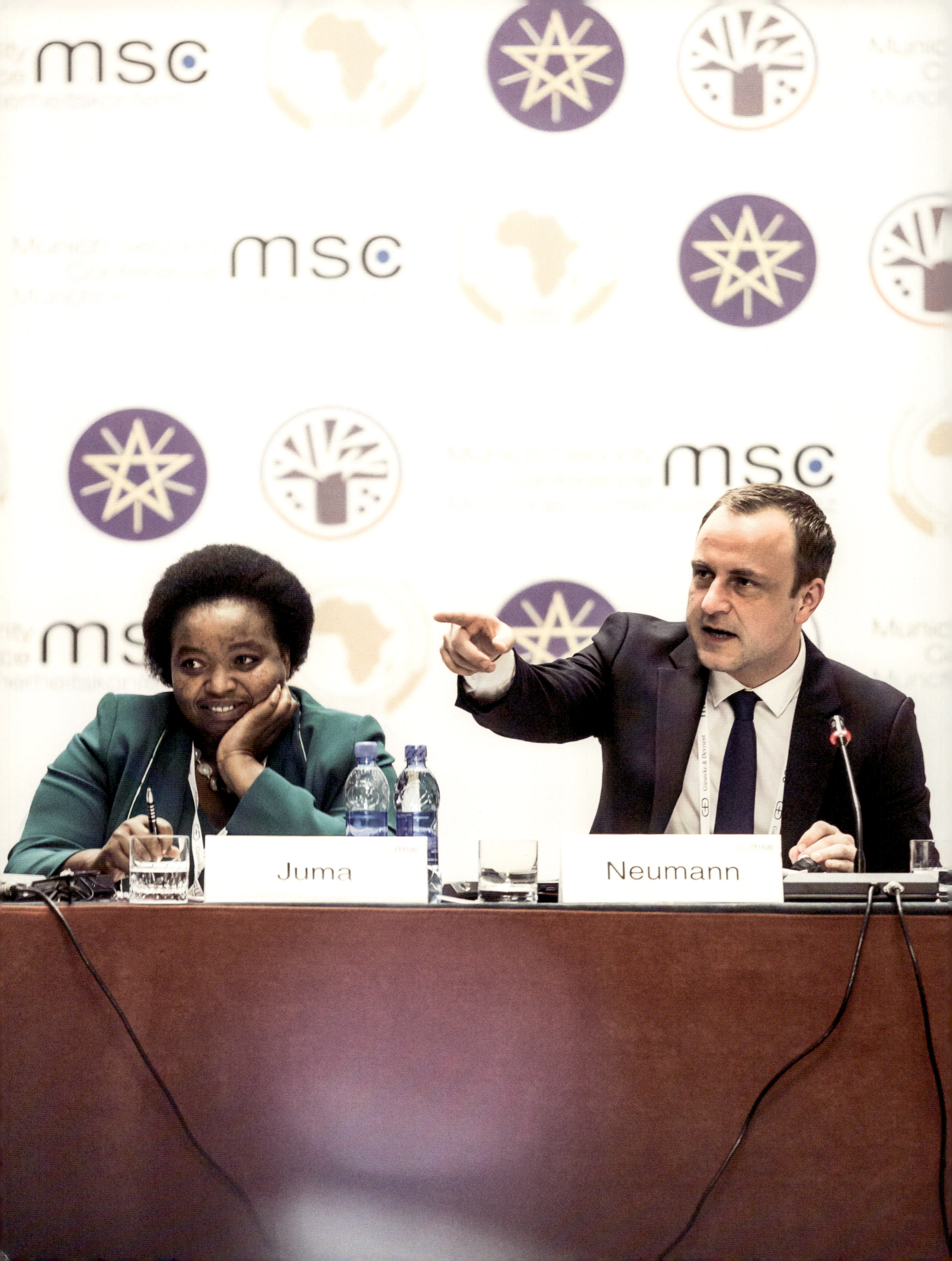
msc
msc
msc
msc
Juma
Neumann

# Den Terrorismus bekämpfen

**Peter Neumann**

Wenn es zwischen Staaten politisch nicht weitergeht, kommt häufig der Vorschlag, man solle doch bei der Bekämpfung des Terrorismus zusammenarbeiten. Kampf gegen Terrorismus gilt als diplomatischer „Easy Win", denn Gruppen wie al-Qaida und der IS sind eine Bedrohung für alle, und gegen bessere Zusammenarbeit bei ihrer Bekämpfung gibt es nirgendwo grundsätzliche Einwände.

Wie schwierig Antiterrorismus-Kooperation jedoch in der Praxis ist, musste ich herausfinden, als mich die österreichische Ratspräsidentschaft der Organisation für Sicherheit und Zusammenarbeit in Europa (OSZE) zum Sonderbeauftragten zur Bekämpfung von Radikalisierung berief. Damals war die Terrorkampagne des IS auf dem Höhepunkt, und es schien, als gäbe es beim Kampf gegen den Terrorismus nicht nur Konsens, sondern auch große Dringlichkeit.

Bei meinen ersten Besuchen in Wien schien sich das zu bestätigen. Alle waren begeistert, und viele erzählten mir, wie ideal die OSZE – als einzige Sicherheitsorganisation, in der Russland und der Westen an einem Tisch sitzen – für dieses Thema geeignet sei.

Doch bald tauchten die ersten Hindernisse auf. Die Vorstellungen darüber, was Terrorismus ist, klafften meilenweit auseinander. Wenn die Aserbaidschaner von Terrorismus sprachen, meinten sie damit Armenien. Den Zentralasiaten ging es um islamistische Oppositionsgruppen. Und für die Türkei standen stets die Gegner von Präsident Erdoğan im Vordergrund. Bei einem Besuch in Ankara musste ich mir eine dreistündige Präsentation anhören, von der sich über die Hälfte um die sogenannte Gülen-Organisation drehte.

Auch beim Thema Terrorismusbekämpfung gab es weniger Konsens als vermutet. Vor meinem Besuch in Russland hatte das österreichische Außenministerium explizit darum gebeten, mich mit der Zivilgesellschaft zusammenzubringen. Aber die einzigen Termine, die die Russen für mich organisierten, waren mit Regierungsvertretern. Die erzählten mir stolz davon, dass Russland sein Terrorismusproblem „gelöst" habe – und zwar „mit Zuckerbrot und Peitsche". Ein General beschwerte sich, dass die Europäer ihre Terrorismusdaten nicht in ein von Russland geschaffenes Computersystem einspeisen würden. Nach dem Besuch konnte ich gut verstehen, warum.

Hinzu kam, dass das Thema ständig von anderen Konflikten und Auseinandersetzungen überlagert wurde. In mehreren Hauptstädten musste ich mich für rechtsextreme Anschläge auf Moscheen entschuldigen. Und in Ankara wurde ich zur Rede gestellt, weil im Europäischen Parlament zwei Jahre zuvor eine Ausstellung über die Unterdrückung der Kurden stattgefunden hatte. Gespräche, die mit Terrorismusbekämpfung begannen, mündeten häufig in Debatten über den Islam, die Rolle Amerikas und die europäische Kolonialgeschichte. Einen „Easy Win" hatte ich mir anders vorgestellt.

Mein Abschlussbericht enthielt deshalb weniger konkrete Ideen und Lösungsvorschläge, als ich am Anfang gehofft hatte. Ich vermied kontroverse Themen und konzentrierte mich stattdessen auf Beispiele, von denen ich hoffte, dass ihre Verbreitung andere Länder zur Nachahmung ermutigen würde. Doch selbst dieser – in meinen Augen – harmlose Ansatz verursachte Streit und führte dazu, dass mehrere Länder meinen Bericht ablehnten.

Trotz dieser Niederlage habe ich viel gelernt. Erstens, dass die Zusammenarbeit bei der Terrorismusbekämpfung nicht die einfachste, sondern eine der schwierigsten diplomatischen Herausforderungen ist, weil sich im Thema Terrorismus alle innen-, außen- und sicherheitspolitischen Konfliktlinien widerspiegeln.

Und zweitens, dass Diplomaten, die in diesem Bereich Fortschritte erzielt haben, größte Anerkennung verdienen. Auf internationaler Ebene gibt es mittlerweile mehr als ein Dutzend Konventionen, die sich mit der Bekämpfung des Terrorismus beschäftigen. Der Präventionsansatz ist international fest verankert. Resolutionen des UN-Sicherheitsrats, zum Beispiel zu terroristischen Auslandskämpfern, haben Dutzende von Ländern dazu veranlasst, entsprechende Gesetze zu erlassen. Und die von den Vereinigten Staaten angeführte Internationale Allianz gegen den Islamischen Staat hat dazu geführt, dass die Gruppe ihr Territorium in Syrien und im Irak verloren hat.

Internationale Terrorismusbekämpfung ist sicher kein „Easy Win", aber die Fortschritte, die sich Diplomaten in den letzten Jahrzehnten hart erkämpft haben, haben uns alle sicherer gemacht.

**Peter Neumann ist Professor für Sicherheitsstudien am Department of War Studies, King's College London, und war von 2008 bis 2018 Gründungsdirektor des International Centre for the Study of Radicalisation (ICSR). Im Jahr 2017 war er Sonderbeauftragter der OSZE für die Bekämpfung von Radikalisierung und gewalttätigem Extremismus.**

◂ Peter Neumann beim MSC Core Group Meeting in Addis Abeba im April 2016.

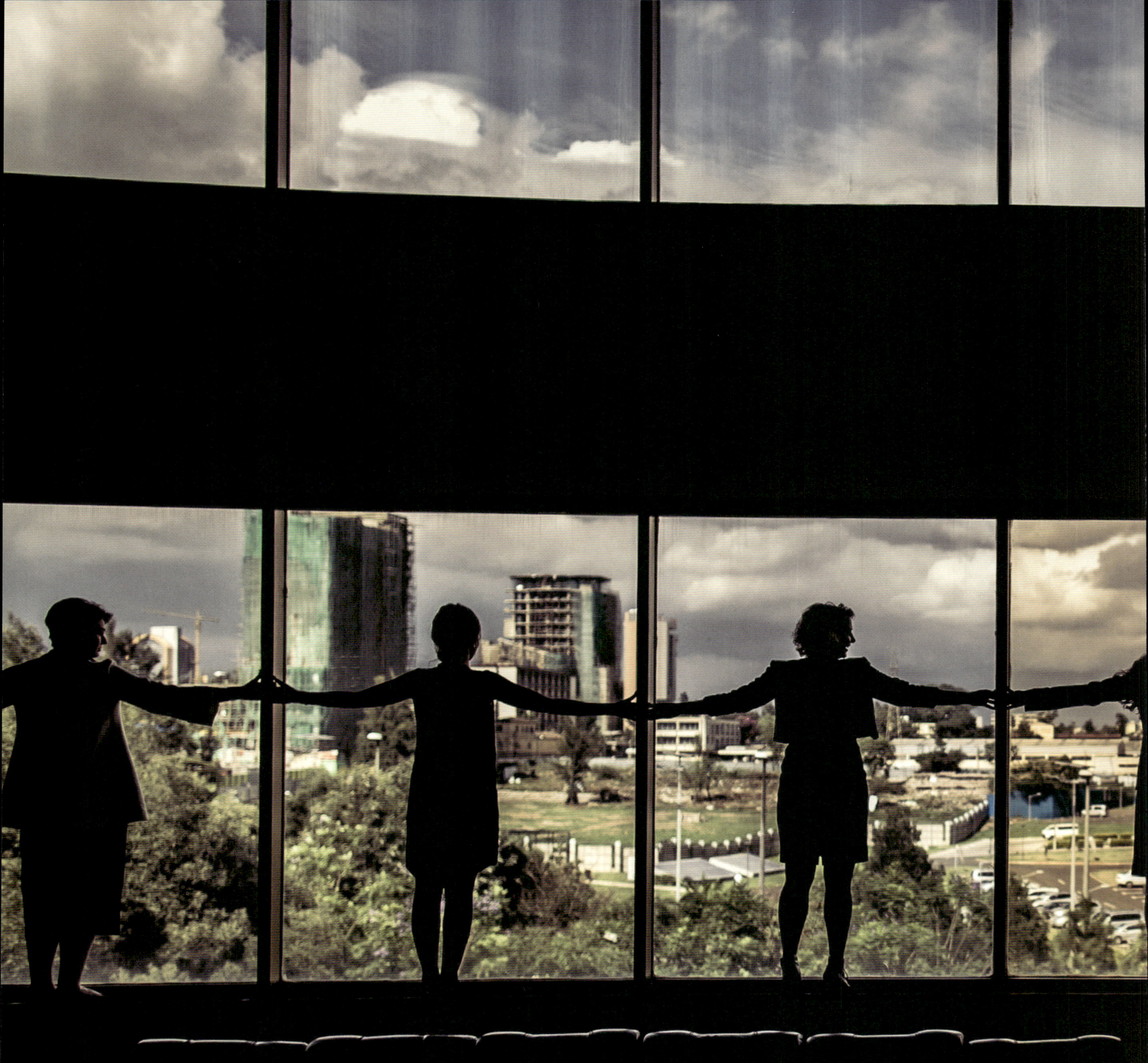

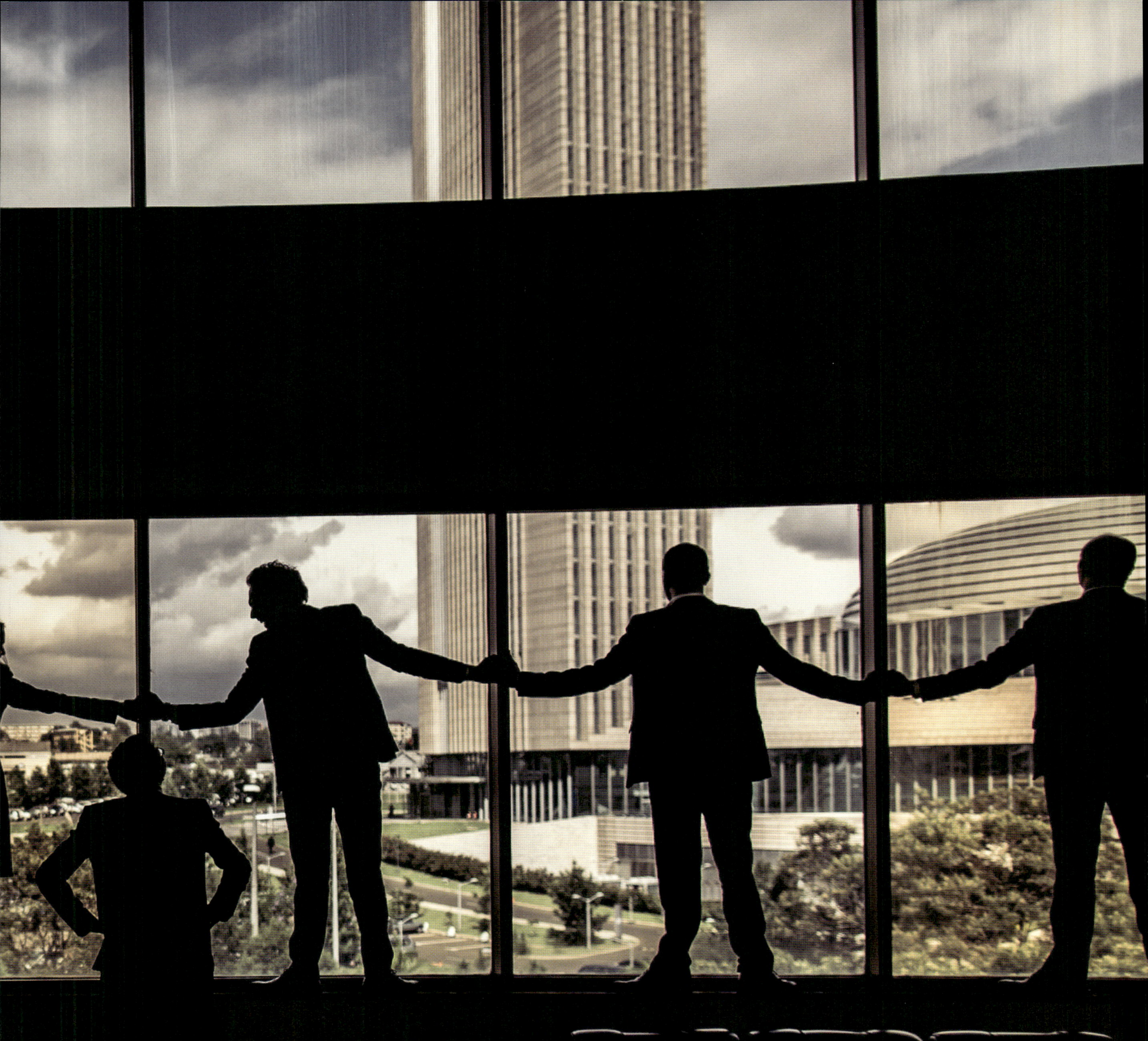

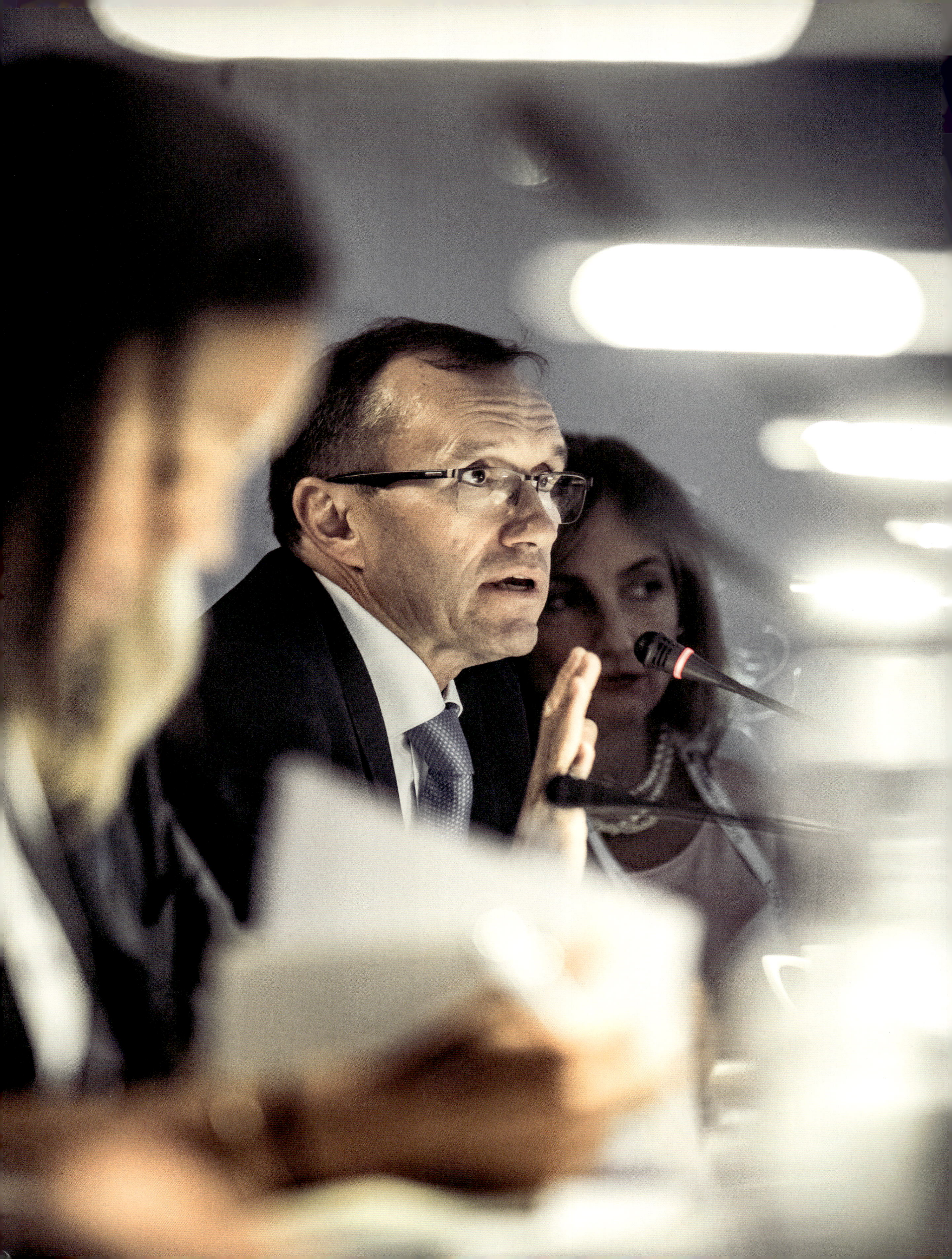

# Das internationale Scheitern an der Lösung des Zypernkonflikts akzeptieren

**Espen Barth Eide**

Es ist der 6. Juli 2017. Strahlend ist die Sonne über dem Schweizer Alpenresort Crans-Montana aufgegangen, wo seit Ende Juni die letzte Phase der Zypernkonferenz stattfindet. UN-Generalsekretär António Guterres kehrt zur Konferenz zurück, um die Parteien zu ermutigen, ein Abkommen zu besiegeln, das die Wiedervereinigung einer seit Langem getrennten Insel im östlichen Mittelmeer sicherstellen würde. Als der Generalsekretär an diesem schönen Morgen in einem Hubschrauber der Schweizer Luftwaffe die letzte Etappe seiner langen Reise von New York über Genf zurücklegt, scheint es, ein vielversprechender Tag zu werden. Die wesentlichen Puzzleteile zur Lösung des Zypernproblems scheinen beisammen zu sein. Wir, die wir mitgeholfen hatten, die Zyperngespräche zustande zu bringen, hatten von Anfang an gewusst, dass einmal der Punkt kommen würde, an dem eine Entscheidung fallen musste. In komplexen, vielschichtigen Verhandlungsprozessen hängen die strittigen Fragen immer alle irgendwie miteinander zusammen. Die Gespräche können zwar schrittweise erfolgen, aber nur bis zu einem gewissen Punkt: Keine Seite kann riskieren, ihre wertvollsten Karten auf den Tisch zu legen, ohne dass es die andere Seite auch tut. Deswegen war uns klar, dass wir auf den Augenblick der Wahrheit vorbereitet sein mussten, an dem alle Spieler gleichzeitig am Tisch saßen.

> **In komplexen, vielschichtigen Verhandlungsprozessen hängen die strittigen Fragen immer alle irgendwie miteinander zusammen.**

Endlich war dieser Tag gekommen! Ein Marathon bilateraler Treffen mit den Spitzen beider zyprischer Gemeinschaften und mit den drei Garantiestaaten Griechenland, Türkei und Großbritannien würde jetzt den Weg für den Abschluss dieses strategischen Deals frei machen.

So dachten wir jedenfalls. Welchen Unterschied ein einziger Tag machen kann! Nach einem dramatischen abschließenden Arbeitssessen kam der Generalsekretär in den frühen Morgenstunden zu dem Schluss, dass die Zypern-Konferenz gescheitert war. Trotz der Lösungen, die sich jetzt für jedes Element des beschlossenen „Guterres-Plans" anzubieten schienen, wollte sich eine strategische Gesamtlösung nicht einstellen. Der Generalsekretär schloss aus seinen Beobachtungen während des Treffens, dass eine erneute Einberufung der Konferenz zu einem späteren Zeitpunkt kein anderes Ergebnis hervorbringen würde. Die Anwesenden pflichteten ihm bei. Wieder war eine Runde von Gesprächen erfolglos geblieben.

Von August 2014 bis August 2017 arbeitete ich als Sonderberater im Zypernkonflikt gemeinsam mit den Generalsekretären Ban Ki-moon und António Guterres an einem der langwierigsten UN-Friedensprozesse aller Zeiten. Im Folgenden lege ich einige persönliche Überlegungen zur Entwicklung dar, die uns bis nach Crans-Montana führte, sowie zu dem, was wir daraus lernen können.

Die Runde von Verhandlungen zwischen 2015 und 2017 ist der bislang letzte Anlauf im langen Ringen um die Wiedervereinigung Zyperns. Ein Jahrzehnt zuvor hatte der „Annan-Plan" versucht, von der Osterweiterung der Europäischen Union des Jahres 2004 zu profitieren und für die Wiedervereinigung und den Beitritt der Insel zur EU zu werben. Gemäß dem Annan-Plan sollten gleichzeitig Referenden abgehalten werden – eines im türkisch kontrollierten türkisch-zyprischen Norden und eines im griechisch-zyprischen Süden. Während das türkisch-zyprische Referendum ein klares Ja zur Vereinigung und zum EU-Beitritt ergab, stimmte die Mehrheit der griechisch-zyprischen Seite gegen eine Vereinigung. Unmittelbar danach – und zur Überraschung mancher – trat nur die griechisch-türkisch-dominierte Republik Zypern der Europäischen Union bei. Die türkisch-zyprische Seite blieb außen vor, trotz ihres klaren Ja im Referendum. Diskussionen darüber, wie diese große Chance verpasst werden konnte, halten sich bis heute. 2008 wurde von den damaligen Spitzen Mehmet Ali Talât und Dimitris Christofias ein neuer Anlauf gestartet. Er führte zwar damals nicht zum Durchbruch, lieferte aber ein gut strukturiertes Rahmenkonzept für künftige Verhandlungen, das wir später für die Strukturierung der Gespräche von 2015 bis 2017 nutzten.

Rund zehn Jahre nach dem Scheitern des Annan-Plans gab es erneut Bewegung. Eine „gemeinsame Erklärung" wurde zwischen Nikos Anastasiades, dem Präsidenten der Republik Zypern und Anführer der griechisch-zyprischen Volksgruppe in dieser Frage, und Derviş Eroğlu, dem damaligen Anführer der türkisch-zyprischen Seite, ausgehandelt. Auf der

◀ Espen Barth Eide beim MSC Energy Summit in Stavanger im August 2018.

Grundlage des Konzepts von 2008 definiert diese Erklärung vom 11. Februar 2014 die entscheidenden Parameter für zukünftige Verhandlungen. Anschließend wurde ich von UN-Generalsekretär Ban Ki-moon gebeten, eine neue Runde von Gesprächen zu moderieren, deren Beginn wir ursprünglich für den Herbst desselben Jahres vorsahen.

Eine Krise über die Kohlenwasserstoffexploration im Winter 2014–2015 führte zur Verschiebung des Verhandlungsbeginns. Die Republik Zypern bestand auf ihrem souveränen Recht, in ihrer Wirtschaftszone nach möglichen Erdölvorkommen zu suchen, während die türkisch-zyprische und türkische Seite der Ansicht war, diese Ressourcen gehörten ganz Zypern und die Suche nach ihnen könne erst beginnen, nachdem eine Einigung erzielt worden sei. Unterstützt von der Türkei begann die türkisch-zyprische Seite daraufhin mit eigenen seismischen Aktivitäten, um ihren Standpunkt zu betonen, was wiederum zu harschen Reaktionen der griechisch-zyprischen Seite führte. Die Kohlenwasserstoffkrise mobilisierte alle Elemente des für das Zypernproblem kennzeichnenden verbissenen Ringens um historische Narrative, Legalität und Legitimität. In der daraus resultierenden Atmosphäre erwies es sich als unmöglich, eine neue Runde von Gesprächen zu starten. Der internationalen Gemeinschaft wurden bei dieser Gelegenheit auch die mit der ungelösten Zypernfrage verbundenen Risiken bewusst.

> **Nach so vielen vergeblichen Versuchen hat das Zypernproblem mittlerweile den Spitznamen „Diplomatengrab" erhalten. Andererseits gibt es in der Welt kaum ein Problem, das so gut „strukturiert" ist wie die Zypernfrage, wie insbesondere der Vergleich mit vielen der heutigen Konflikte zeigt, die wesentlich verworrener sind.**

Im folgenden Winter gelang es, mithilfe einer Reihe diskreter Bemühungen hinter den Kulissen die Krise zu entschärfen und die Erkundungstätigkeiten vorübergehend zu stoppen. Der scharfe Abfall der Mineralölpreise im Winter 2015 tat ein Übriges, Druck aus der Jagd nach den Erdgasreserven zu nehmen. Bis zum April 2015 hatte sich die Stimmung in Zypern verbessert, und beide Seiten erklärten sich zu einer neuen Gesprächsrunde bereit. Bevor diese jedoch beginnen konnte, fanden auf der türkisch-zyprischen Seite Wahlen statt. Möglicherweise trug dieser neu erwachte Optimismus dazu bei, dass der klare Gewinner der Sozialdemokrat und erklärte Befürworter einer Vereinigung Mustafa Akıncı war, der sich die Suche nach einer Lösung auf die Fahnen geschrieben hatte. Vor Jahren war er Bürgermeister von Nord-Nikosia gewesen und hatte diese Plattform genutzt, um die Kooperation quer durch die geteilte Stadt auf eine Art und Weise zu stärken, die ihm im Süden wie im Norden einen guten Ruf eingebracht hatte. Akıncı wurde hier wie dort als echter türkischer Zypriote wahrgenommen und nicht als „Ankara-höriger Türke". Dieser Eindruck fand seine Bestätigung in Akıncıs Bereitschaft, sich im Zweifelsfall auch einmal gegen Ankara und den türkischen Präsidenten Recep Tayyip Erdoğan zu stellen.

Kurz nach Akıncıs Sieg am 11. Mai 2015 organisierte ich ein Abendessen mit den beiden Präsidenten Mustafa Akıncı und Nikos Anastasiades, bei dem sie sich verständigten, sofort mit der Arbeit zu beginnen. Das erste Treffen fand am 15. Mai in der UN-Zentrale in der Pufferzone statt. Es war bekannt, dass Anastasiades, der seit 2013 Präsident der Republik Zypern war, sich bereits 2004 für den Annan-Plan ausgesprochen hatte.

Die Gespräche unter Federführung zweier erklärter Lösungsbefürworter, die bereits zehn Jahre zuvor für den Annan-Plan gestimmt und zu seinen Gunsten argumentiert hatten, entwickelten sich im Sommer und Herbst äußerst vielversprechend. Nach so vielen vergeblichen Versuchen hat das Zypernproblem mittlerweile den Spitznamen „Diplomatengrab" erhalten. Das hat eine gewisse Berechtigung, solange das Problem nicht gelöst ist. Andererseits gibt es in der Welt kaum ein Problem, das so gut „strukturiert" ist wie die Zypernfrage, wie insbesondere der Vergleich mit vielen der heutigen Konflikte zeigt, die wesentlich verworrener sind. In Zypern gibt es lediglich zwei Seiten: die griechisch-zyprische Gemeinschaft im Süden und die türkisch-zyprische im Norden. Trotz personeller und politischer Veränderungen bleiben diese Seiten konstant. Auf beiden Seiten ist klar, wer das Sagen hat. Niemand macht ihnen ihre Rollen streitig. Tiefe Uneinigkeit besteht natürlich bezüglich der Existenz eines „Staates" im Norden. Die „Türkische Republik Nordzypern" ist international nicht anerkannt und in den Augen der griechischen Zyprioten illegal, während umgekehrt die türkischen Zyprioten die Republik Zypern nicht anerkennen. Trotz alledem besteht im Rahmen der UN-geleiteten Gespräche Einigkeit darüber, dass es auf der Insel zwei „Gemeinschaften" gibt, die beide von einer „Führungsfigur" geleitet werden, deren Legitimität wechselseitig anerkannt wird. Beide Präsidenten sowie ihre jeweiligen Verhandlungsführer und Teams sind also am Verhandlungstisch gleichberechtigt. Neben den beiden Parteien gibt es die Garantiestaaten Griechenland, Türkei und Großbritannien wie schon seit der Unabhängigkeit Zyperns 1960. Und weil angenommen wird, dass ein zukünftiges vereintes Zypern volles EU-Mitglied sein wird, ist die Europäische Union ebenfalls zunehmend in den Prozess involviert, was sich aus Sicht der UN als extrem hilfreich darstellt, weil sich viele Fragen, die sich in der Vergangenheit als schwierig erwiesen hatten, nunmehr im Sinne des „gemeinschaftlichen Besitzstands" lösen ließen.

Beide Seiten waren sich sogar darin einig, was sie wollten – nämlich eine Vereinigung in Form einer „aus zwei Gemeinschaften und zwei Zonen bestehenden Föderation mit politischer Gleichberechtigung". Dieses zukünftige vereinte Zypern sollte volles Mitglied der UN und der EU sein und über eine einzige internationale juristische Identität und eine einzige Souveränität verfügen. Selbst über die Struktur der zu diskutierenden Themen bestand Einigkeit: Die Kapitel lauteten Regierungsführung und Machtverteilung, Wirtschaft, EU-Angelegenheiten, Eigentum, Territorium und, als letzter Punkt, Sicherheit und Garantien. Ein so hoher Grad an Einigkeit über die angestrebten Ergebnisse, bevor die Gespräche überhaupt beginnen, ist ebenfalls sehr ungewöhnlich im Vergleich zu anderen zeitgenössischen Konflikten.

Wichtig ist jedoch zu verstehen, dass es immer noch genau das war: ein Konflikt. Es ist ein tiefer, ungelöster Disput, bei dem in der Vergangenheit in signifikantem Umfang Gewalt ausgeübt wurde und zukünftige Gewalt nicht ausgeschlossen werden kann. Obgleich zum Glück seit über zwei Jahrzehnten kein Blut mehr vergossen wurde, mangelt es nicht an historischen Kränkungen. Die Hauptstadt Nikosia und die gesamte Insel sind geteilt wie Berlin während des Kalten Krieges, Soldaten beider Seiten sind in Alarmstellung, und dazwischen steht die UNFICYP, die älteste noch immer bestehende bewaffnete UN-Friedensmission der Welt.

Eine entscheidende Rolle spielt dabei Zyperns Lage im krisengeschüttelten östlichen Mittelmeer mit seiner komplexen Machtdynamik. Die internationale Gemeinschaft hat tatsächlich ein großes Interesse an der Lösung des Problems – über die Bedeutung der Insel als solcher hinaus. Erwähnt seien hier nur die dauernden Probleme in den griechisch-türkischen Beziehungen (und damit auch zwischen EU und NATO), die ihren Ursprung zumindest teilweise in den unterschiedlichen Ansichten zu Zypern haben.

Die Rolle der UN in Zypern trifft auf breite Zustimmung. Als UN-Chefgesandter im Friedensprozess musste ich nicht, wie so häufig in Konfliktsituationen, mit einer Reihe alternativer Prozesse, Moderatoren und Vermittler wetteifern. Der Sicherheitsrat stand geschlossen hinter den Bemühungen – keine Selbstverständlichkeit im heutigen geopolitischen Umfeld. Der Rest der internationalen Gemeinschaft wie beispielsweise die Europäische Union, führende Staaten und die internationalen Finanzinstitutionen spielten alle eine starke und konstruktive Rolle in dem Prozess. Und am Ende des Tages sind sich Zyprioten und internationale Gemeinschaft einig, dass der Prozess von den Spitzen der beteiligten Gruppen geleitet wird und auch weiterhin geleitet werden sollte; die Vereinten Nationen haben lediglich eine unterstützende Rolle im Dienste dieses von den Zyprioten getragenen und von ihren Oberhäuptern geleiteten Prozesses.

Im Sommer 2015 herrschte beste Stimmung. Akıncı und Anastasiades bezeugten beide ihre Bereitschaft, mit den Gesprächen fortzufahren. Als Erstes bestätigten oder aktualisierten sie ihre Konvergenzen aus der Vergangenheit und einigten sich in einigen weniger strittigen Fragen. Sie trafen sich im geselligen Rahmen und besuchten sogar gemeinsam medial beachtete öffentliche Veranstaltungen im jeweils anderen Gebiet, was dazu beitrug, eine Erfolgsatmosphäre zu verbreiten. Die Grenzüberquerung ist für sich genommen bereits eine große Sache für eine zyprische Führungsfigur, selbst wenn die Grenzübergänge bereits seit 2003 offen waren. Die höchst professionellen und erfahrenen Chefunterhändler Andreas Mavroyannis und Özdil Nami und ihre Expertenteams führten die täglichen Verhandlungen und bereiteten die zweiwöchentlichen Begegnungen der Präsidenten vor. Persönliche Beziehungen entwickelten sich zwischen den mich mit ihrem Einsatz und ihrer Professionalität beeindruckenden Verhandlungsteams.

Diese scheinbar idealen Voraussetzungen für erfolgreiche Gespräche dürfen jedoch nicht über das zugrunde liegende Problem hinwegtäuschen: Der Konflikt bedeutet für unterschiedliche Personen unterschiedliche Dinge. Die historischen Narrative und Erinnerungen der beiden Gemeinschaften weichen stark voneinander ab, und damit auch ihre Zukunftsvisionen. Um zu erkennen, worin für beide Seiten das Wesentliche liegt, muss man verstehen, welche Form von Sicherheit sie sich von einer Lösung versprechen.

Viele griechische Zyprioten erinnern sich an die Ära vor der Teilung in Nord und Süd als an eine vergleichsweise glückliche Zeit. Aus ihrer Sicht hat die nach der

Unabhängigkeit vom Vereinigten Königreich 1960 errichtete Republik in ihren ersten Tagen im Großen und Ganzen funktioniert. Griechische und türkische Zyprioten lebten verteilt über die Insel in ihren ererbten Häusern in gemischten Dörfern, und das Leben war gut, bis die türkisch-zyprischen Machthaber 1963 die politischen Institutionen verließen und die Spannungen wuchsen. Nach dieser Sichtweise waren es unglückliche, aber letztlich vorübergehende Scharmützel gewesen, welche die UN 1964 veranlasst hatten, eine Friedenstruppe zu entsenden. Die eigentliche Katastrophe stellten für die griechisch-zyprische Seite folglich die Ereignisse von 1974 dar, als ein gescheiterter, von der griechischen Junta unterstützter Militärcoup die türkische Invasion auslöste, die zur türkischen Besetzung führte. Er provozierte außerdem massive Bevölkerungsbewegungen und Eigentumsverluste.

**Die historischen Narrative und Erinnerungen der beiden Gemeinschaften weichen stark voneinander ab, und damit auch ihre Zukunftsvisionen. Um zu erkennen, worin für beide Seiten das Wesentliche liegt, muss man verstehen, welche Form von Sicherheit sie sich von einer Lösung versprechen.**

Für viele türkische Zyprioten hingegen war es eine Zeit zunehmender Marginalisierung, Unterdrückung und Gewalt – überwiegend seitens der griechisch-zyprischen Mehrheit gegen die türkischen Zyprioten. Ihre Tragödie begann in den 1960er-Jahren, und für sie war das Eintreffen der türkischen Armee nach dem gescheiterten Putsch von 1974 in mancherlei Hinsicht eine Erleichterung; endlich konnten sie in ihrer Gemeinschaft ohne Angst leben. Auf beiden Seiten werden Sie starke Befürworter einer Wiedervereinigung finden, aber Sie werden auch viele finden, die vor langer Zeit beschlossen haben, dass es vermutlich besser ist, die Dinge mehr oder weniger so zu lassen, wie sie sind – man weiß, was man hat, aber nicht, was man bekommen wird.

Um also zu verstehen, was die beiden Seiten wollen, muss man zuerst die anhaltende Relevanz dieser zugrunde liegenden Narrative anerkennen. Für die griechisch-zyprische Seite ist das oberste Ziel ein stabiler, unabhängiger und gut funktionierender Staat ohne jegliche türkische Einmischung, der in dem Sinne demokratisch ist, dass die Mehrheit die Oberhand hat, auch wenn der kleineren türkisch-zyprischen Gemeinschaft gewisse Rechte garantiert werden. Der Vorzug läge in einer Lösung, in der die Rückgabe verlorenen Besitzes Vorrang vor der finanziellen Entschädigung hätte, selbst wenn dieser Besitz in dem Gebiet liegt, das weiterhin unter türkisch-zyprischer Verwaltung bleiben wird. Viele griechisch-zyprische Ziele sind folglich darauf ausgerichtet, eine Wiederholung von 1974 zu verhindern.

Auf der türkisch-zyprischen Seite richten sich die wesentlichen Bemühungen darauf, einen „Schutz der Gemeinschaft" zu gewährleisten; das heißt, den Fortbestand der kulturellen und politischen Identität der türkischen Zyprioten sicherzustellen, die zahlenmäßig die kleinere Gemeinschaft darstellen. Das erfordert verlässliche Vorkehrungen, damit sich 1963 nicht wiederholt. Das System der Regierungsführung und der Machtverteilung muss folglich so gestaltet sein, dass die größere griechisch-zyprische Gemeinschaft die politische Gleichberechtigung der türkischen Zyprioten weder jetzt noch in Zukunft unterminieren kann. Ein demokratischer Staat muss aus türkisch-zyprischer Sicht also föderal gestaltet sein – mit klaren und verfassungsmäßig festgeschriebenen Rechten und Pflichten für beide Gliedstaaten. Der Vorzug läge im Übrigen in einer Lösung, bei der die finanzielle Entschädigung Vorrang vor der Rückgabe von verlorenem Besitz hätte, selbst wenn auch eine Mischform denkbar wäre. Das soll sicherstellen, dass die türkisch-zyprische Gemeinschaft auf ihrer Seite praktisch die größere Gruppe bleibt, selbst wenn freier Personenverkehr über die ganze Insel besteht. In der territorialen Frage sind sich beide Seiten einig, dass die türkisch-zyprische Seite einen Teil ihres Gebietes an den zukünftigen griechisch-zyprischen Gliedstaat abgeben müsste, wenngleich die genaue Grenzlinie noch auszuhandeln wäre.

Während sich die beiden Seiten also über die Umrisse einer möglichen Lösung (zwei Zonen, Föderation aus zwei Gemeinschaften) einig sind, haben sie unterschiedliche Präferenzen. Das muss nicht unbedingt ein Problem sein. In einem gut strukturierten Verhandlungsprozess kann das sogar ein Vorteil sein, wenn beide Seiten die Punkte, die ihnen am wichtigsten sind, dadurch erreichen, dass sie der anderen Seite zugestehen, was dieser wiederum am wichtigsten ist – gerade weil es sich nicht um dieselben Dinge handelt.

Leider konnten die eigentlichen zentralen Sicherheitsfragen erst ganz am Schluss verhandelt werden. Das war insofern Absicht, als diese Fragen mit der zukünftigen Rolle der Garantiestaaten und ausländischer Truppen zusammenhingen. Insbesondere die Türkei gab zu verstehen, dass sie erst dann bereit war, über diese Fragen zu sprechen, wenn sie hinreichend überzeugt war, dass alle wichtigen Binnenfragen gelöst waren. Die einzige Möglichkeit, diese Fragen vorzubereiten, bestand in der Shuttle-Diplomatie mit Einzelgesprächen, ob mit den Inselparteien, Athen, Ankara oder London, während die eigentlichen Gespräche auf die internen Aspekte einer möglichen Lösung beschränkt blieben.

Zügige Fortschritte gab es auch 2015 und Anfang 2016. Im Januar 2016 bekundeten die beiden Präsidenten beim Jahrestreffen des Weltwirtschaftsforums in Davos ihre Entschlossenheit, das Problem zu lösen, und zwar noch im Verlauf desselben Jahres. Beide waren sich einig, dass die günstigen Umstände, die die Wiederaufnahme von Gesprächen erleichtert hatten, nicht ewig anhalten würden. Interne politische Entwicklungen – wie beispielsweise Wahlen – und maßgebliche internationale Faktoren würden sich früher oder später ändern, sodass eine gewisse Eile geboten war.

Trotz dieses öffentlichen Bekenntnisses erkannten wir die Entwicklung eines etwas paradoxen Musters. Während die tatsächlichen Gespräche am Verhandlungstisch Fortschritte machten, verschlechterte sich die Stimmung rund um die Gespräche. Die gemeinsamen Auftritte der Präsidenten wurden seltener, die Medien äußerten sich kritischer, und vergleichsweise kleine Meinungsverschiedenheiten in Alltagsfragen, die wenig mit dem Kern der Verhandlungen zu tun hatten, wurden zunehmend aufgebauscht. Die Beziehungen zwischen den Gemeinschaften wurden wieder schlechter. Der politische Schwung erlahmte. Ende 2016 fanden zwei Verhandlungsrunden auf dem schweizerischen Mont Pèlerin statt. Hier sollte über die hochsensible Frage der territorialen Anpassung gesprochen werden, aber trotz eines größeren Durchbruchs an dieser Front führten die Gespräche nicht zu dem erwarteten Gefühl eines strategischen Fortschritts. Zweifel machten sich bemerkbar, ob die Zeit reichen würde.

Nach einer Reihe UN-geführter Bemühungen zur Rettung des Prozesses waren darum viele Beobachter positiv überrascht, als die beiden Präsidenten am 1. Dezember erklärten, dass sie bei den „innerzyprischen" Fragen mittlerweile so nah am Ziel seien, dass die Zeit reif sei, um die anschließende internationale Zypern-Konferenz unter Anwesenheit der Garantiestaaten im Januar 2017 einzuberufen. Vorher sollten die beiden Seiten Karten mit ihren Vorschlägen für eine territoriale Lösung einreichen, was sie auch taten. Das war ein Schritt, den viele Beobachter für den möglicherweise entscheidenden Moment in der Geschichte der Zyperngespräche hielten. Er ebnete den Weg, um schließlich die drei Garantiestaaten sowie die Europäische Union in der Beobachterrolle in den Prozess einzubinden.

Die Zypernkonferenz startete am 12. Januar 2017 in Genf unter dem Vorsitz des neuen Generalsekretärs António Guterres, der seit gerade einmal einer Woche im Amt war. Die Garantiestaaten waren durch ihre Außenminister und die EU durch den Kommissionspräsidenten und den Hohen Vertreter für die Außen- und Sicherheitspolitik als Beobachter vertreten. Das wesentliche Ergebnis der ersten Konferenzsitzung war die Bestätigung des Prinzips, wonach „die Sicherheit einer Gemeinschaft nicht zulasten der Sicherheit der anderen gehen" sollte. Es wurde außerdem festgestellt, dass die angestrebten Lösungen „auf die traditionellen Sicherheitsängste beider Gemeinschaften Rücksicht nehmen und eine gemeinsame Sicherheitsvision für die Zukunft entwickeln" sollten. Ein sehr produktives Folgetreffen der Stellvertreter befasste sich eingehender mit diesen Fragen, und die Umrisse einer Sicherheitslösung zeichneten sich, wenn auch zögerlich, ab. So wurde beispielsweise klarer, dass das traditionelle System der „Garantien", das den Garantiestaaten de facto das einseitige Recht gibt einzugreifen, wenn die Dinge schieflaufen, nicht mit dem Status der EU-Mitgliedschaft kompatibel sei. Auch wurde deutlich, dass die ausländischen Truppen signifikant reduziert und früher oder später umfunktioniert werden müssten, bis die Zeit gekommen wäre, an dem die Lösung auf eigenen Beinen stünde und die alte Begründung für die Notwendigkeit von „Garantiestaaten" wegfiele. So schwierig sich auch alles gestaltete, hatten wir zuletzt dennoch das Gefühl, dass wir nunmehr zu den wesentlichen Elementen einer zukünftigen Lösung vorgedrungen waren.

Erneut sahen wir jedoch außerhalb der eigentlichen Gespräche das schon bekannte Muster. Der Umstand, dass die meisten landesinternen Fragen so weit gediehen waren, dass bereits Karten im Einklang mit den vereinbarten räumlichen Vorgaben ausgetauscht worden waren und das Sicherheitsthema nunmehr ernsthaft auf dem Tisch lag, hätte jedem, der sich wirklich eine Lösung wünschte, gute Gründe gegeben, optimistisch zu sein. Aber die Stimmung im Umfeld verschlechterte sich weiter. Ein Antrag im griechisch-zyprischen Parlament, den Tag der „Enosis" zu begehen – der alten, von Präsident Anastasiades' eigener Partei unterstützten Vision von der Vereinigung der

Insel mit Griechenland – führte zu einer neuen Krise, die den Prozess beinahe zu Fall brachte. Es wurde immer deutlicher, dass in manchen Kreisen die Sorge wuchs, die Gespräche könnten tatsächlich zu einer Vereinigung führen. Schließlich hatte auch der Fortbestand des Status quo starke Verfechter.

Mittlerweile stand der gesamte Prozess auf der Kippe. Nur dank der direkten Intervention des Generalsekretärs war es möglich, die Seiten zu bewegen, zum letzten und entscheidenden Kapitel der Zypernkonferenz überzugehen – diesmal in Crans-Montana.

Dort begann die Konferenz einige Wochen später vielversprechend. Alle Teilnehmer akzeptierten den „Guterres-Plan", aus dem hervorging, wie die wenigen, aber wichtigen noch ausstehenden Fragen – darunter jene der Sicherheit und der Garantien – behandelt werden sollten. Zwei parallele „Tische" wurden eingerichtet – einer für die Zyprioten und einer, an dem sie auch mit den Garantiestaaten zusammentrafen, sodass Letztere nicht in die landesinternen Angelegenheiten hineingezogen wurden. Die Gespräche verliefen jedoch zäher, als wir gehofft hatten. Selbst in dieser Phase blieben beide Seiten reserviert und erwarteten, dass die jeweils andere den ersten Schritt tat. Echte Bewegung kam erst in der letzten Woche auf. Entscheidende Elemente einer möglichen Lösung zu Sicherheit und Garantien begannen sich abzuzeichnen, sodass die Vereinten Nationen schließlich Grund zu der Annahme hatten, dass die Teilnehmer, wenn sie tatsächlich die Absicht hatten, ein strategisches Abkommen zu schließen, jetzt die Gelegenheit dazu hatten.

> Nach so vielen Versuchen, Rückschlägen und Niederlagen hatten sich die zentralen Akteure mehr und mehr an die Idee gewöhnt, dass das Problem vermutlich unlösbar war und dass es sich zwar lohnte, es zu versuchen, und sei es auch nur, um guten Willen zu zeigen, dass es aber wohl niemals funktionieren würde. Die notwendigen Zugeständnisse der anderen Seite würden sich niemals einstellen, dachten viele.

Aber das Happy End blieb aus. Seit Crans-Montana haben viele versucht, jenen einen Punkt zu identifizieren, jenes fehlende Glied, das den Kollaps erklären könnte. War es Eigentum? Territorium? Sicherheit und Garantien? Aus meiner Sicht war es nichts von alledem.

Vielmehr bin ich überzeugt, dass ein signifikanter Teil der Antwort im fehlenden Willen lag. Nach so vielen Versuchen, Rückschlägen und Niederlagen hatten sich die zentralen Akteure mehr und mehr an die Idee gewöhnt, dass das Problem vermutlich unlösbar war und dass es sich zwar lohnte, es zu versuchen, und sei es auch nur, um guten Willen zu zeigen, dass es aber wohl niemals funktionieren würde. Die notwendigen Zugeständnisse der anderen Seite würden sich niemals einstellen, dachten viele. Diese pessimistische Sicht wurde von großen Teilen der Presse und von wichtigen Politikern in Zypern unterstützt. So gab es bisweilen nicht nur auf der Führungsebene, sondern auch im breiteren Umfeld ein Gefühl, wonach Realismus besser ist als zu viel Optimismus. Das ist natürlich häufig ein gesunder Instinkt. In Zypern wurde dieser „Realismus" jedoch mitunter in einem Ausmaß praktiziert, dass er jeden Hoffnungsschimmer erstickte. Und als dann die Gelegenheit plötzlich da war und auf dem Tisch lag, überstieg das schlicht die Kraft der Gemüter. Unterhalb der Ebene der strategischen Einigung gibt es stets Dinge, die noch geregelt werden müssen. Diese ausstehenden Fragen können entweder in einem gemeinsamen Anlauf gelöst oder aber zu einem größeren Problem aufgebauscht werden. Ihre Bedeutung liegt im Auge des Betrachters. Wenn Sie ein Problem partout nicht lösen möchten, finden Sie immer einen Grund, es nicht zu tun.

> Wenn Sie ein Problem partout nicht lösen möchten, finden Sie immer einen Grund, es nicht zu tun.

Auch wenn ich ehrlich denke, dass es eine vergleichsweise solide Unterstützung für die Vereinigung Zyperns gibt, solange einige wenige unabdingbare Voraussetzungen für beide Seiten erfüllt sind, resultiert daraus keineswegs immer ein Gefühl der strategischen Dringlichkeit. Auf der schönen und meistenteils friedlichen Mittelmeerinsel geht das Leben schließlich auch so weiter. Das verleitet wichtige Akteure möglicherweise zu denken, dass es irgendwann einen günstigeren Zeitpunkt und einen besseren Deal geben könnte, nur um im Nachhinein vielleicht zu merken, dass ein solcher „besserer Augenblick" niemals kommen wird.

Ich habe auch gelernt, Respekt zu haben vor der Größe der Herausforderung, der sich führende Politiker in solchen seltenen, geschichtsentscheidenden Augenblicken gegenübersehen. Von außen betrachtet sind die Politiker, die mit einem Händedruck einen wichtigen Durchbruch besiegeln, typischerweise die Helden des Geschehens, die die Geschichte zum Besseren hin verändern. Im eigenen Land kann genauso gut die gegenteilige Wahrnehmung überwiegen. Indem sie einer praxisgerechten, realistischen Lösung zustimmen, geben sie notgedrungen zumindest einige der zahlreichen „roten Linien" auf, die ihre Vorgänger so oft bekräftigt hatten und die bei Licht besehen nie gleichzeitig hätten eingehalten werden können. Bevor sie einen solchen Schritt machen, überlegen sie sich deshalb dreimal, ob es möglich sein wird, die breitere Öffentlichkeit im eigenen Land von den Vorteilen einer Einigung gegenüber dem Status quo zu überzeugen – nach den Erfahrungen der Vergangenheit. Solche Entscheidungen auf höchster Führungsebene sind stets sehr einsame Entscheidungen.

Ich bin zu dem Schluss gekommen, dass Erfolg nichts ist, was man allein am Verhandlungstisch erzielen kann. Er muss in eine breitere Gesellschaft eingebettet sein, und diese Dimension verlangt sorgfältige Pflege. Und es muss vor Ort geschehen, durch die Zyprioten selbst – auf beiden Seiten. Die internationale Gemeinschaft muss sich davor hüten den Eindruck zu erwecken, sie sei stärker an einer Einigung interessiert als die Betroffenen selbst.

Auch fünf Jahre nach Crans-Montana tritt der Prozess auf der Stelle. Die wenigen Spitzentreffen, die es gab, haben zu keiner neuen Runde echter Gespräche geführt. Die politischen Rahmenbedingungen haben sich verschlechtert. An Mustafa Akıncıs Stelle ist mit Ersin Tatar ein kompromissloser und Ankara-treuer türkischer Zypriote getreten. Er und die Türkei scheinen heute viel weniger bereit zu sein, eine föderale Lösung entsprechend den in der Vergangenheit definierten Parametern zu finden. Stattdessen treten sie für eine einvernehmliche Zweistaatenlösung ein. Und natürlich hat sich auch die geopolitische Landschaft im Umfeld nicht verbessert.

**Von außen betrachtet sind die Politiker, die mit einem Händedruck einen wichtigen Durchbruch besiegeln, typischerweise die Helden des Geschehens, die die Geschichte zum Besseren hin verändern. Im eigenen Land kann genauso gut die gegenteilige Wahrnehmung überwiegen.**

Ich hoffe, dass es eines Tages einen neuen Anlauf geben wird. Viel Arbeit wurde bereits geleistet und kann, sofern nur der Wille da ist, wiederverwendet werden. Das Problem ist mit Sicherheit lösbar. Aber man kann nicht ein ums andere Mal dasselbe tun und erwarten, dass etwas anderes dabei herauskommt. Zwei entschlossene Führungspersönlichkeiten allein reichen nicht aus; sie brauchen auch Unterstützung. Die Gesellschaft muss sehr viel stärker beteiligt sein als beim letzten Mal, damit der Erfolg bei den Menschen verankert werden kann, die letztendlich mit Ja stimmen müssen. Im Übrigen braucht es starke und verlässliche internationale Unterstützung, um nicht nur einen Deal zu erzielen, sondern ihn auch erfolgreich umzusetzen.

Solange diese Faktoren nicht gegeben sind, fürchte ich, dass wir in einer zunehmend permanenten Nichtlösung feststecken, und dass aus dem gegenwärtigen Status quo mit jedem Jahr mehr der neue Normalzustand wird.

*Espen Barth Eide ist norwegischer Klima- und Umweltminister. Von 2011 bis 2012 war er Verteidigungsminister und von 2012 bis 2013 Außenminister in Jens Stoltenbergs Regierung. Seit 2017 sitzt er für die sozialdemokratische Arbeiderpartei im norwegischen Parlament. Von 2014 bis 2017 war er UN-Sonderberater für Zypern.*

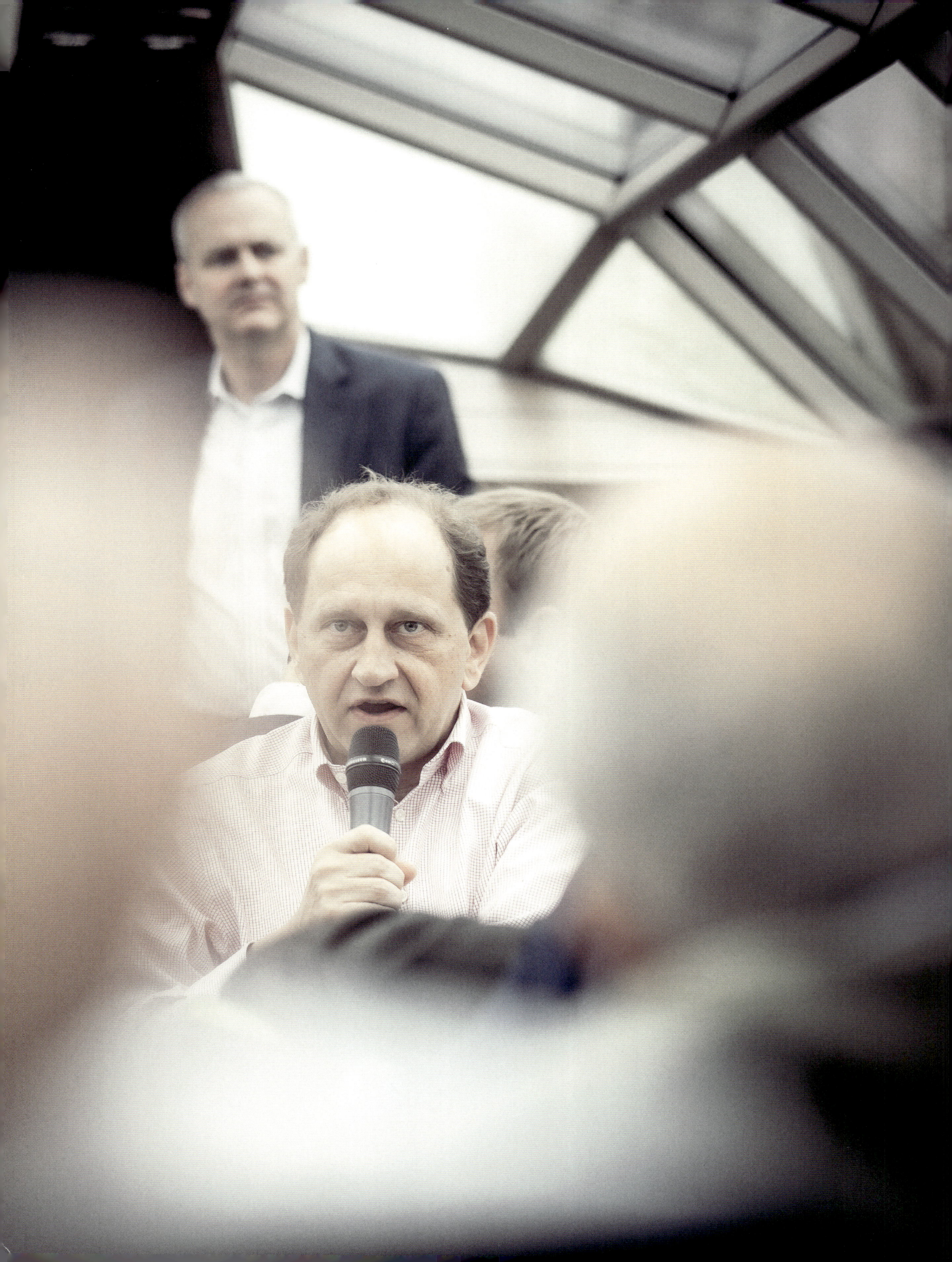

# Nein sagen

**Alexander Graf Lambsdorff**

Politikwissenschaftler beschreiben die Türkei, dieses große Land zwischen Asien und Europa, als Brückenkopf des Westens, als Pufferstaat, Glacis oder mit anderen abstrakten Begriffen. Daran ist nichts falsch, doch im politischen Alltag nimmt man Gesprächspartner in Ankara und Istanbul wahr als Vertreter einer stolzen Nation, deren Geschichte Jahrtausende zurückreicht, der ihre Souveränität enorm wichtig ist und wo Nationalstolz völlig unbeschwert etwas Gutes ist. Welche geopolitische Rolle sie ausfüllen, wissen die hochprofessionellen türkischen Diplomaten natürlich auch, aber sie wollen sich definitiv nicht darauf reduzieren lassen. Und doch hat die Europäische Union genau das getan, als sie, getrieben von den USA und Großbritannien, Beitrittsverhandlungen mit der Türkei aufnahm.

Die Idee eines Türkei-Beitritts ist ausschließlich aus einer geopolitischen Logik erklärlich. Weder aus der Perspektive der türkischen Innenpolitik (auch nicht vor Erdoğan) noch aus der der europäischen Integration ergibt er einen tieferen Sinn. Im Kern gibt es nur die Vorstellung, dass eine enge Anbindung der Türkei die geopolitische Reichweite des Westens erhöhen könnte. Gelegentlich gesellte sich die Hoffnung auf wachsende Liberalität hinzu, die sich parallel zu den Verhandlungen einstellen würde. Nach vielen Jahren fruchtloser Verhandlungen sind die diplomatischen Beziehungen angespannt, die innere Liberalität in der Türkei zerschlagen und das öffentliche Meinungsbild in der EU eindeutig dagegen. Der Beitrittsprozess ist ein Schutthaufen, an dessen Entsorgung sich die Mitgliedstaaten nicht heranwagen. Das Problem: Die Einstellung der Verhandlungen kann im Rat nur einstimmig beschlossen werden. Ein Mitgliedstaat reicht aus, um allen anderen die Fortsetzung eines längst zombiehaft gewordenen Prozesses aufzuzwingen.

Im Europaparlament (EP) liegen die Dinge anders. Zwar kann das EP den Verhandlungsprozess nicht beenden, aber die Aufnahme eines Landes in die EU braucht die Zustimmung der Volksvertretung. Ähnlich wie im Rat wurde die Diskussion auch im EP am kontroversesten zwischen französischen und britischen Abgeordneten ausgetragen, deren Positionen denen ihrer jeweiligen Regierungen ähnelten. Das deutsche Meinungsbild dagegen war so bunt wie die Meinungen in ganz Europa. Folge dieser Konstellation war, dass ich als deutscher Abgeordneter mit allen Seiten reden konnte und so zum Türkei-Berichterstatter der Allianz der Liberalen und Demokraten für Europa wurde. Damit konnte ich Motor einer so komplizierten wie spannenden Kompromissfindung werden.

Persönlich hielt ich das Beitrittsvorhaben für falsch. Hauptargument war und ist, dass der Türkei-Beitritt einerseits zu einer Überdehnung der Union und zu weniger Akzeptanz der EU in der Bevölkerung führen würde, andererseits die Türkei den Beitritt gar nicht braucht, weil ihre zentralen sicherheits- und wirtschaftspolitischen Bedürfnisse durch NATO-Mitgliedschaft und Zollunion bereits erfüllt sind. Als Berichterstatter konnte ich dazu beitragen, diesen Argumenten im EP mit den Jahren mehr Gehör zu verschaffen. Angesichts des dramatischen Abbaus von Freiheitsrechten durch die türkische Regierung wurde Skepsis zudem immer plausibler, auch die „Fortschrittsberichte" der Kommission wurden mehr und mehr zu „Rückschrittsberichten". Kipppunkt der Debatte im EP war der Putsch in der Türkei 2016. Im Parlament führte Erdoğans Ankündigung einer Verfassungsreform, mit der er die Gewaltenteilung faktisch abschaffte, dazu, dass eine Mehrheit Kommission und Rat aufforderte, die Beitrittsverhandlungen unverzüglich auszusetzen, falls das Paket unverändert umgesetzt würde. Es war ein notwendiges Signal, wenn man europäische Werte ernst nimmt. Diese „Wenn, dann"-Abstimmung habe ich in den Verhandlungen über den Bericht noch selbst mit herbeigeführt. Ein Jahr später verließ ich das Parlament in Richtung Bundestag. Umso zufriedener war ich, als Jahre später das „Dann" im Europaparlament ohne mein Zutun zustande kam: Der Türkei-Bericht vom 13. März 2019 verlangte – mit den Stimmen von Liberalen, Sozialdemokraten und Konservativen bei Enthaltung der Grünen – den sofortigen Abbruch der Verhandlungen mit der Türkei. Nicht nur in Paris, auch im Europaparlament heißt es heute: „La Turquie, c'est … non," doch diesem „Non" zur Mitgliedschaft ein „Ja" zu verbesserter Zusammenarbeit mit unserem stolzen Nachbarn gegenüberzustellen wird eine der wichtigsten Aufgaben der nächsten Jahre sein.

**Alexander Graf Lambsdorff ist Mitglied des Deutschen Bundestags und stellvertretender Vorsitzender der Fraktion der Freien Demokraten mit Zuständigkeit für Außen-, Sicherheits-, Europa- und Entwicklungspolitik. Zuvor war er von 2004 bis 2017 Mitglied und seit 2014 Vizepräsident des Europäischen Parlaments.**

◂ Alexander Graf Lambsdorff beim Munich Strategy Retreat in Heiligendamm im Oktober 2021.

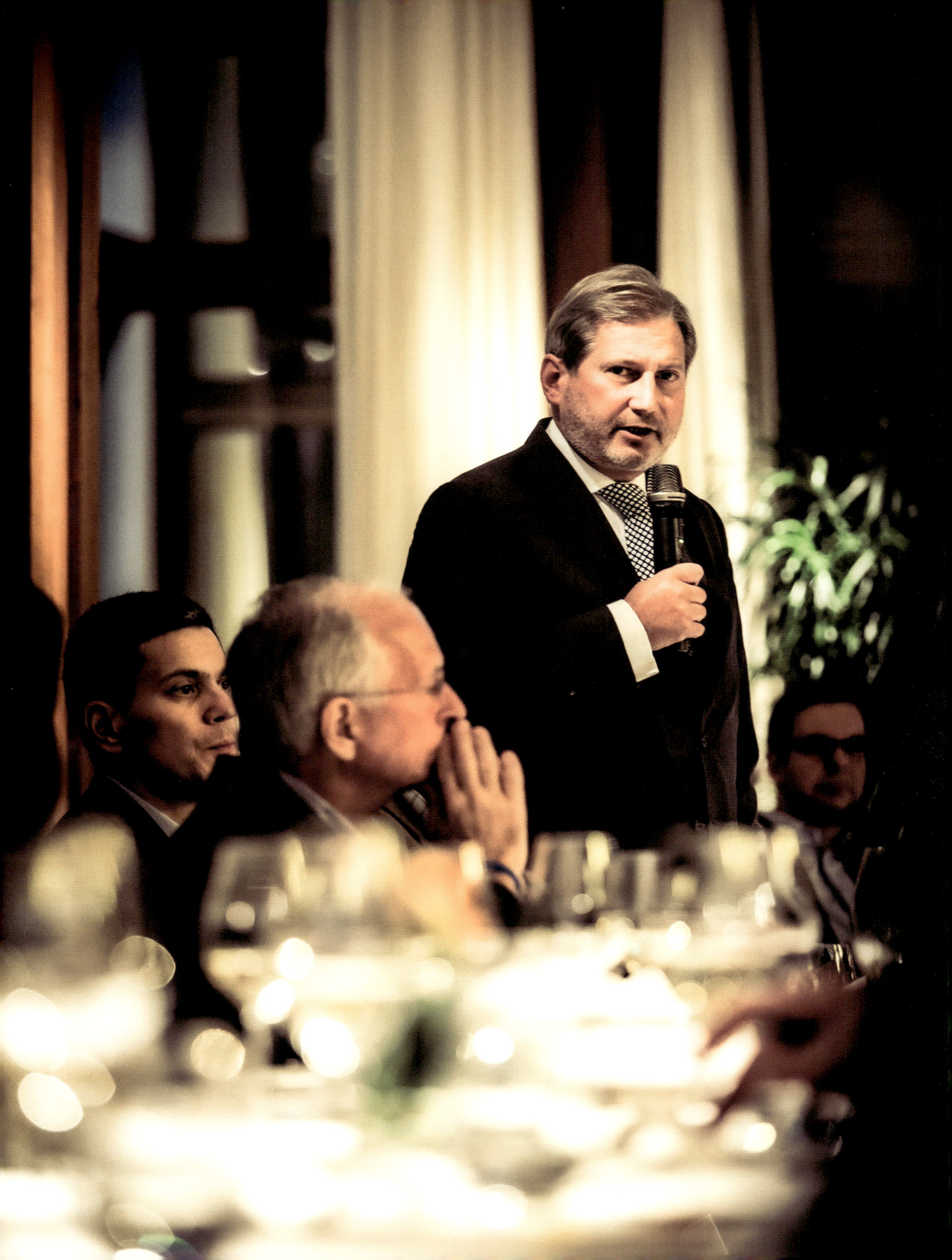

# Mit Pizza Vertrauen bilden

**Johannes Hahn**

Selbst Pizza kann zum Mittel der Diplomatie werden. So wie bei den Verhandlungen für die innermazedonische Pržino-Vereinbarung, die die realpolitische Voraussetzung für das historische Prespa-Abkommen zwischen Griechenland und Nordmazedonien schuf. Während langer Verhandlungsnächte lockerte Pizza die Atmosphäre auf und nährte auf diese Weise Vertrauen – was die Zauberformel erfolgreicher Diplomatie ist.

Wenn es gelingt, die richtige Chemie zwischen den Unterhändlern herzustellen, dann wirkt das wie ein Kompromisskatalysator. Als Kommissar für Erweiterungsverhandlungen war es mir immer ein wichtiges Anliegen, eben jenes Vertrauen zu erzeugen. Aus diesem Grund moderierte ich die internen Verhandlungen in Nordmazedonien, bei denen sich die vier größten Parteien auf das Pržino-Abkommen einigten. Dafür tagten wir in Straßburg, Brüssel und Skopje – und widmeten mitunter sogar Arbeitsräume von Kabinettsmitgliedern um, sodass sich jede Partei in einen Raum zurückziehen konnte. Wenn notwendig, pendelten wir so lange, bis sich alle Seiten weit genug aufeinander zubewegt hatten, um wieder an einem Tisch zu sitzen. So gelang eine Einigung, die den Weg für die Verhandlungen zwischen dem späteren Nordmazedonien und Griechenland ebnete und den Erfolg des Prespa-Abkommens ermöglichte.

So manchen Flug mussten wir verschieben, weil Bewegung in die Verhandlungen gekommen war. Denn Ausdauer sowie Flexibilität sind Kerntugenden der „Shuttle"-Diplomatie. Dieses diplomatische Mittel half auch in unserem Fall auszutarieren, was für die einzelnen Parteien realisierbar war und wo die roten Linien lagen. Schließlich müssen diejenigen, die Verantwortung tragen, anschließend das Rückgrat haben, vor Opposition und Öffentlichkeit für das Vereinbarte einzustehen. Das Prespa-Abkommen war in dieser Hinsicht ein nachhaltiger Erfolg, beide Länder konnten es trotz großer innenpolitischer Hürden umsetzen. Damit gelang die historische und international beachtete Einigung, den jahrzehntelangen Streit um den Ländernamen beizulegen und eine engere Kooperation beider Länder zu vereinbaren. Dieser Erfolg hatte Signalwirkung für die gesamte Region.

Als Europäische Union übernahmen wir bei den Verhandlungen für die Pržino-Vereinbarung die Rolle des „ehrlichen Maklers", diese neutrale Haltung war vor allem wichtig, wenn die Emotionen hochschlugen. Beim UN-geführten Dialog zwischen Griechenland und Nordmazedonien, der zum Prespa-Abkommen führte, agierten wir erfolgreich im Hintergrund.

Wenn die Beteiligten sich in Kategorien wie „Gewinner" oder „Verlierer" verloren – wie es in der regionalen Rhetorik leider manchmal noch üblich ist –, konnten wir den Blick darauf lenken, dass bei guten Verhandlungen beide Seiten gewinnen. Dafür bedurfte es nicht nur eines feinen Gespürs für die Geschichte, sondern vor allem für die Zukunft. Denn die Verantwortung politischer Akteure liegt darin, nicht nur im Gestern und Heute, sondern vor allem mit Blick auf morgen Entscheidungen zu treffen. Im konkreten Beispiel war es die Aussicht auf eine bessere Zukunft als Nachbarn und Partner in der Europäischen Union, die dazu beitrug, die eingeschränkten nationalen Sichtweisen zu überwinden. Nordmazedonien erhielt nicht zuletzt dank des Prespa-Abkommens internationale Anerkennung sowie Aufmerksamkeit für sein Bestreben, der EU beizutreten.

Als Europäische Union haben wir uns vielfach als diplomatischer Mittler bewährt – und das gerade weil wir auf unsere *soft power* setzen statt mit Härte zu drohen. Unsere Union funktioniert im diplomatischen Dauerbetrieb: Denn das Herzstück unserer Union ist der Kompromiss – und ein solcher ist laut Henry Kissinger „nur dann gerecht, brauchbar und dauerhaft, wenn beide Parteien damit gleich unzufrieden sind". Wenn man – nach dieser Definition – die Kritik an den Beschlüssen der EU-Gipfel zum Maßstab erklärt, produzieren wir ausschließlich ausgewogene und sehr langlebige Kompromisse.

Der Erfolg unserer Europäischen Union gibt uns jedenfalls recht. Wir sind nicht nur der größte Binnenmarkt der Welt und ein begehrter Handelspartner, sondern wir sichern auch Frieden und Wohlstand für die EuropäerInnen. Das Fundament dafür ist das Vertrauen, das wir über Jahrzehnte hinweg vertieft haben und das weit über unsere Union hinaus Strahlkraft besitzt. Wenn wir unsere Kompromisskompetenz als außenpolitisches Pfund einsetzen, verleiht uns das ebenfalls auf der Weltbühne zusätzliches Gewicht. In diesem Sinne können und sollten wir Europäer uns ein größeres Selbstbewusstsein als geopolitischer Gestalter leisten.

*Johannes Hahn ist EU-Kommissar für Haushalt und Verwaltung. Er diente zuvor als EU-Kommissar für die Europäische Nachbarschaftspolitik und die Erweiterungspolitik, als EU-Kommissar für Regionalpolitik und als österreichischer Minister für Wissenschaft und Forschung.*

◀ Johannes Hahn beim Munich Strategy Forum in Elmau im November 2015.

Ottilia Maunga

# Den Internationalen Strafgerichtshof stärken

**Ottilia Anna Maunganidze**

Am 3. August votierte das sudanesische Übergangskabinett einstimmig für den Beitritt zum Internationalen Strafgerichtshof (IStGH).[1] Eine Woche später kündigte die sudanesische Außenministerin Mariam al-Sadiq al-Mahdi an, das Land würde dem IStGH sämtliche Personen überstellen, denen dieser Verbrechen in Darfur zur Last legte. Diese Entscheidung wurde von vielen nicht nur im Sudan, sondern in ganz Afrika und weltweit als Schritt in Richtung von mehr Verantwortungsbereitschaft begrüßt. Für Beobachter der internationalen Strafjustiz und Kenner internationaler Beziehungen war das keine gewöhnliche Entscheidung. Bis April 2019 erschien es so gut wie ausgeschlossen, dass der Sudan jemals den IStGH unterstützen, geschweige denn in Erwägung ziehen könnte, ein Vertragsstaat des Römischen Statuts des IStGH zu werden.[2] Sudans ehemaliger Präsident Umar Hasan Ahmad al-Baschir war das erste amtierende Staatsoberhaupt, dem eine Anklage vor dem Gerichtshof drohte.[3] Zwischen 2008, als der damalige IStGH-Ankläger beabsichtigte, Anklage gegen al-Baschir zu erheben, und 2019, als al-Baschir nach Massenprotesten aus dem Amt vertrieben wurde, war die sudanesische Regierung die größte Kritikerin des IStGH. Manche würden sagen: seine größte Nemesis.

Zwei Jahre später, im August 2021, bestätigte die sudanesische Übergangsregierung nicht nur ihre Unterstützung für den IStGH und ihre Bereitschaft zur Kooperation (inklusive der Festnahme und Auslieferung angeklagter Personen an den Gerichtshof), sondern sie unternahm auch erste Schritte in Richtung Mitgliedschaft im IStGH. Abgesehen vom Druck seitens der sudanesischen Zivilbevölkerung, lokaler und internationaler Nichtregierungsorganisationen und internationaler Partner ebnete auch geschickte Diplomatie den Weg zu dieser Kehrtwende.

Die Akteure dieser Diplomatie waren vielfältiger Natur, und manche von ihnen gehörten nicht zu den üblichen Vertretern der internationalen Diplomatie, wie beispielsweise die IStGH-Chefanklägerin Fatou Bensouda (seit 2012) und ihr Nachfolger Karim Ahmad Khan (seit 2021), die 2020 bzw. 2021 in den Sudan reisten, um mit den Behörden vor Ort intensive Gespräche zu führen und sich deren Kooperation im Zusammenhang mit Untersuchungen, Festnahmen und anschließender Strafverfolgung von IStGH-Verdächtigen zu vergewissern.[4] Ferner gehörten Vertreter der sudanesischen Zivilgesellschaft und von Nichtregierungsorganisationen innerhalb und außerhalb des Sudans dazu, die unter al-Baschir keinen unmittelbaren Zugang zur sudanesischen Regierung gehabt hatten, jetzt aber mit deren Vertretern sprechen konnten, zumal jene ihren Aufstieg gerade dem kollektiven Druck dieser Zivilgesellschaft zu verdanken hatten.

Im Februar 2020 (nur einen Monat vor dem weltweiten Shutdown infolge der COVID-19-Pandemie) besuchte die sudanesische Übergangsregierung die 56. Münchner Sicherheitskonferenz (MSC).[5] Das war das erste Mal, dass die sudanesische Regierung an der MSC teilnahm und substanzielle Beiträge zur Diskussion beisteuerte. Die hochkarätige Delegation unter Leitung von Premierminister Abdalla Hamdok (dem ich zuvor bereits anlässlich seiner Tätigkeit für die UN-Wirtschaftskommission für Afrika in Addis Abeba begegnet war) beteiligte sich an Diskussionen zu Themen wie friedlicher Übergang, grenzüberschreitende Sicherheit, nachhaltiger Frieden und Gerechtigkeit am Horn von Afrika, in Nordafrika und weltweit. Darunter war eine von der Deutschen Gesellschaft für Internationale Zusammenarbeit GmbH (GIZ) organisierte, von mir moderierte Diskussionsrunde zum Thema „Peacing It Together: Regional Security in Northeast Africa", in der Vertreter der Afrikanischen Union (AU), des Sudans, Ägyptens, der Weltbank und des European Institute of Peace (EIP) offene Worte fanden. Der damalige sudanesische Außenminister Omer Gamar-Eldin Ismail, der ebenfalls zur diplomatischen Equipe des Sudans auf der MSC gehörte, bestätigte die „Rückkehr" des Sudans und seine Entschlossenheit, für Frieden, Sicherheit und Gerechtigkeit in der Region einzutreten. Die Botschaft der führenden regionalen Politiker, der AU und wichtiger internationaler Partner war klar: Die Sicherung von dauerhaftem Frieden und Sicherheit im nordöstlichern Afrika setzte von nun an die Einbeziehung des Sudan voraus.

Der Sudan, der noch bis vor Kurzem ein Paria-Staat war, unternahm jetzt einen soliden Vorstoß zurück in die Weltpolitik und nahm seinen lange Zeit vakanten Sitz am Verhandlungstisch wieder ein. Die Charme-Offensive zahlte sich unmittelbar aus, als Kanzlerin Angela Merkel die Entschlossenheit Deutschlands verkündete, eine Partnerschaft mit dem Sudan einzugehen. Bereits Ende Februar 2020 folgte der Staatsbesuch von Bundespräsident Frank-Walter Steinmeier im Sudan.[6] Dieser Besuch war der erste seiner Art seit 1985.[7] Im Juni 2020 sagte Deutschland 150 Millionen Euro Hilfsgelder zu, nachdem zuvor schon der Bundestag in einer Resolution den Entwicklungshilfestopp an den Sudan aufgehoben

◂ Ottilia Anna Maunganidze beim Munich Young Leaders Alumni-Treffen in New York City im September 2019.

hatte.[8] Deutschland stand mit dieser Kehrtwende in Politik und Praxis nicht allein da. Während die EU vor 2019 mit der sudanesischen Zivilgesellschaft und Menschenrechtsorganisationen kooperiert und ihnen Unterstützung gewährt und dem Sudan auch in begrenztem Umfang Mittel zur Bewältigung des Klimawandels und für ein Programm zur Ernährungssicherheit zur Verfügung gestellt und einen Treuhandfonds für Frieden, Stabilität und wirtschaftliche Entwicklung finanziert hatte,[9] begannen sich die Beziehungen erst nach dem Regierungswechsel zu entspannen und zu normalisieren. Das geschah in Form verstärkter humanitärer Hilfe und der Entwicklung einer kurzfristigen Strategie für die gegenwärtige Übergangsphase des Landes.[10]

Dass der Sudan von globalen Engagements und internationaler Diplomatie weitgehend ausgeschlossen war und nur sehr bedingt Zugang zu ausländischen Direktinvestitionen und Hilfeleistungen hatte, lag nicht zuletzt daran, dass er seit 1993 auf der US-Liste der den Terrorismus unterstützenden Länder gestanden hatte.[11] Das bedeutete, dass die Möglichkeiten der Zusammenarbeit unter anderem mit den USA, Deutschland und der EU stark eingeschränkt waren. Nach diplomatischen Kontakten mit der Übergangsregierung nahm die US-Regierung den Sudan im Dezember 2020 schließlich von dieser Liste. Mittlerweile planen die USA und der Sudan die vollständige Wiederherstellung ihrer diplomatischen Beziehungen, die Washington mit der Schließung seiner Botschaft in Khartum 1996 aussetzte, bevor es 2002 eine kleinere Vertretung eröffnete.[12]

Diese vertrauensbildenden Gesten bilden den Grundpfeiler der internationalen Diplomatie. Sie erfordern eine angemessene Reaktion seitens der sudanesischen Behörden. Nach mehr als drei Jahrzehnten als Paria der globalen Diplomatie müssen die sudanesischen Autoritäten jetzt mehr tun, um ihre Legitimität in einem veränderten politischen Kontext zu bestätigen und zu festigen. Sie müssen zeigen, dass sie sich im Vergleich mit der Vergangenheit verändert haben. Wie lässt sich das einfacher zeigen als durch die verstärkte Bereitschaft, Verantwortung zu übernehmen und eine andere Taktik gegenüber dem IStGH anzuwenden? Für den Sudan ist dieser Schritt sowohl innen- als auch außenpolitisch zweckmäßig und strategisch klug.[13]

Im Inneren ist die sudanesische Regierung immer noch damit beschäftigt, das Vertrauen der Menschen zu gewinnen, indem sie die Aufgaben abarbeitet, die ihr die Protestierenden von 2018 und 2019 gestellt haben und die in der Verfassung von 2019 festgelegt wurden. Eine davon ist die Herstellung von Gerechtigkeit und die Verfolgung von Verbrechen aus der Vergangenheit. Das betrifft nicht nur die Verbrechen, die der IStGH al-Baschir und anderen zur Last legt, sondern auch solche, die auf den 30. Juni 1989 zurückgehen.[14] Bereits 2019 wurde al-Baschir wegen Korruption zu zwei Jahren Gefängnis verurteilt.[15] Er und sechzehn andere müssen nach wie vor damit rechnen, wegen Verbrechen verfolgt zu werden, die sie im Zusammenhang mit ihrem Putsch von 1989 verübten. In der internationalen Gemeinschaft sind weiterhin Stimmen zu hören, die fordern, dass die in Darfur und der Region Kordofan verübten Verbrechen geahndet werden. Eine davon gehört Volker Perthes, dem Sonderbeauftragten des UN-Generalsekretärs für den Sudan. Eine Auslieferung al-Baschirs an den IStGH würde als ein Schritt in Richtung Sühnung der begangenen Verbrechen verstanden – ein leichter Sieg.

Was lernen wir aus dem Beispiel Sudans? Erstens ist in der internationalen Politik (und im internationalen Recht) nichts in Stein gemeißelt. Zweitens wird eine Sühnung der Verbrechen am besten vom Land des Geschehens angestoßen. Drittens – und das ist vielleicht am wichtigsten für die Diplomatie – gibt es in der internationalen Politik keine ewigen Feinde.

Als der UN-Sicherheitsrat Darfur im März 2005 an den IStGH verwies,[16] hatte er das in der Hoffnung getan, dass daraufhin schnell etwas geschehen würde und die sudanesischen Autoritäten sich fügen würden, obwohl sie darin verwickelt waren. Die seither verstrichenen vierzehn Jahre hatten gezeigt, dass die Realität kaum weiter davon hätte entfernt sein können. Die sudanesischen Autoritäten hatten sich quergestellt und behauptet, der Darfur-Konflikt würde übermäßig aufgeblasen, und überhaupt habe sich die Außenwelt nicht in die „inneren" Angelegenheiten des Sudans einzumischen. Sudans Status als Paria hatte sich weiter verfestigt. Bis 2009 waren dem Land nur noch sehr wenige Freunde in der Welt geblieben. Bis 2019 waren es noch einmal deutlich weniger – wenn überhaupt noch welche übrig waren. Nachdem al-Baschir Dissens und Proteste in der Vergangenheit stets brutal niedergeschlagen hatte, traf der erfolgreiche Sturz al-Baschirs im Gefolge der Proteste von 2018/2019 die meisten Beobachter unvorbereitet. Für jene aber, die hinter den Kulissen unermüdlich auf einen friedlichen (oder zumindest weitestgehend friedlichen) Übergang hingearbeitet hatten, war er das erste Anzeichen dafür, dass sich die Verhältnisse ändern konnten und ändern würden. Es brauchte nur einfach Zeit. Dass die sudanesischen Autoritäten nun eiligst versuchen würden, ihre Legitimität zu untermauern, um die Gunst ehemaliger Feinde zu werben und den Sudan wieder auf Kurs zu bringen, war zu erwarten gewesen. Dasselbe gilt für die Annäherungsversuche der internationalen Gemeinschaft an die neue sudanesische Regierung. Natürlich wird der wahre Test darin bestehen, wie lange diese Veränderungen Bestand haben und welche neuen Beziehungen unter Einschluss des Sudans zustande kommen werden. Sicher ist jedoch, dass der Sudan infolge seiner diplomatischen Bemühungen nun nicht länger als der Sudan al-Baschirs wahrgenommen wird.

Die Entscheidung, IStGH-Verdächtige zu verfolgen oder auszuliefern, entsprang der Notwendigkeit, auf Rufe aus dem eigenen Land nach Sühnung begangener Verbrechen zu reagieren. Während der IStGH seinen Teil zu dem Versuch beigetragen hatte, die Verbrechen in Darfur zu sühnen, waren es praktisch Organisationen vor Ort, die die neue Regierung zu diesem Schritt zwangen. Dabei stellt das in den Statuten des IStGH vorgesehene Komplementaritätsprinzip klar, dass sich der IStGH als „letzte Instanz" versteht, die nur eingreift, wenn ein Land unfähig oder nicht gewillt ist, von sich aus tätig zu werden.[17] Bislang hat die Übergangsregierung im Sudan in Wort und Tat die Bereitschaft bewiesen, frühere Verbrechen zu verfolgen – wie beispielsweise jene, die in der Übergangszeit vor der Übertragung der Macht an die zivilen Behörden begangen wurden, wozu auch das Massaker in Khartum vom 3. Juni 2019 gehört. Für internationale Verbrechen verfügt sie aber vermutlich nicht über die Ressourcen, die Erfahrung und das Wissen, die für ein eigenständiges Vorgehen erforderlich wären. Das hätte gravierende Folgen für den Erfolg dieser Bemühungen. Der IStGH, so ist zu hoffen, hat sich in über einem Jahrzehnt ein ausreichend solides Instrumentarium zulegen können und erscheint somit angesichts der ihm zur Verfügung stehenden Ressourcen unter pragmatischen Gesichtspunkten als der geeignete Kandidat für diese Strafverfolgungen.

In den vielen Jahren, in denen die sudanesische Regierung nicht hinreichend legitimiert schien, die in Darfur verübten Verbrechen zu sühnen (und der Präsident absolute Immunität genoss), war der IStGH quasi eine Art erstinstanzliches Gericht gewesen. Mittlerweile aber ist die Situation eine andere. Die sudanesischen Instanzen haben das volle Recht zu entscheiden, ob sie Verfahren bei sich im Lande durchführen, hybride Prozesse in Gang setzen oder Verdächtige an den besser ausgerüsteten IStGH ausliefern wollen. Das bedeutet, dass sie selbst dann, wenn sie sich für eine Strafverfolgung durch den IStGH entscheiden, das Primat der nationalen Gerichtsbarkeit bestätigen, wie es das Römische Statut vorsieht. Natürlich müssen die sudanesischen Behörden mehr zeigen, als lediglich die Bereitschaft zuzulassen, dass die Verbrechen gesühnt werden. Sie müssen in dieser Sache selbst aktiv werden. Nicht der politische Wille, sondern das Tun bewirkt einen echten Wandel.

Mit dem Regierungswechsel hat der Sudan zugleich einen neuen Kurs eingeschlagen. Länder nah und fern haben daraufhin ihren Umgang mit dem Sudan revidiert, indem sie Sanktionen aufhoben, das Land von der Liste der Länder strichen, die den Terrorismus unterstützen, oder erneut Staatshilfen gewährten. Aus ehemaligen Feinden wurden rasch Freunde. Zugespitzt könnte man sagen: Der Sudan, der unter al-Baschir zu den härtesten Kritikern des IStGH gehörte, jetzt aber unter neuer Führung sein jüngstes Mitglied zu werden verspricht, könnte das Land werden, das dem Gerichtshof, der immer noch um die Bestätigung seiner Legitimität kämpft, neues Leben einhaucht. Das wäre ein echter Gewinn für die Diplomatie.

Meine persönliche Entscheidung, mich beruflich auf die internationale Gerichtsbarkeit zu fokussieren, entsprang maßgeblich meiner Unterstützung von Aufrufen zur Verhaftung al-Baschirs. Während meiner Tätigkeit für eine Nichtregierungsorganisation, die sich der Förderung von Frieden, Sicherheit, Stabilität und Gerechtigkeit in Afrika verschrieben hatte, hatte ich viele Petitionen unterschrieben, die forderten, dass die in Darfur begangenen Verbrechen gesühnt würden. Ich war nie im Sudan gewesen oder al-Baschir begegnet. Über beide hatte ich jedoch geschrieben und Kommentare verfasst.

Im April 2018 fand ich mich im selben Raum mit al-Baschir wieder. Ich besuchte damals das Tana High-Level Forum on Security in Africa (eine von der MSC unterstützte Initiative, an der ich als Head of Special Projects des Institute for Security Studies (ISS) sowie als Ehemalige des „Munich Young Leader"-Programms teilnahm). Zur selben Zeit stand neben vielen anderen Friedens- und Sicherheitsthemen auf dem Kontinent die sich verschärfende Krise am Horn von Afrika auf der Tagesordnung. Bei allen Meinungsverschiedenheiten hielten sich die emotionalen Wogen auf dem Tana Forum in Grenzen. Weder al-Baschir noch ich (noch irgendwer sonst) wussten damals, dass dies sein letztes Tana Forum sein würde. Keiner von uns beiden konnte wissen, dass er fast auf den Tag ein Jahr später aus dem Amt vertrieben würde, um alsbald verhaftet und der Korruption angeklagt zu werden. Ich denke häufig an diesen Tag zurück. So sehr es mich abstieß, mich von Angesicht zu Angesicht einem Menschen gegenüberzusehen, den ich für einen Kriegsverbrecher hielt, so ist dieser Augenblick möglicherweise ein gutes Beispiel dafür, wie Diplomatie häufig von uns verlangt, konstruktive Gespräche mit unseren Feinden zu führen. Damals unternahmen der Sudan, Äthiopien und Ägypten gerade einen letzten Anlauf, sich über die Zukunft des Grand Ethiopian Renaissance Dam (GERD) am Nil zu verständigen. Auch wenn die Verhandlungen scheiterten und Äthiopien ohne Einverständnis des Sudans und Ägyptens mit dem Projekt fortfuhr, war zumindest die Anwesenheit des sudanesischen Präsidenten auf dem Tana Forum am Ufer eines der vom Nil durchflossenen Seen von symbolischer Bedeutung.

Ottilia Anna Maunganidze ist Head of Special Projects am Institute for Security Studies (ISS) in Pretoria, Südafrika. 2017 war sie Munich Young Leader.

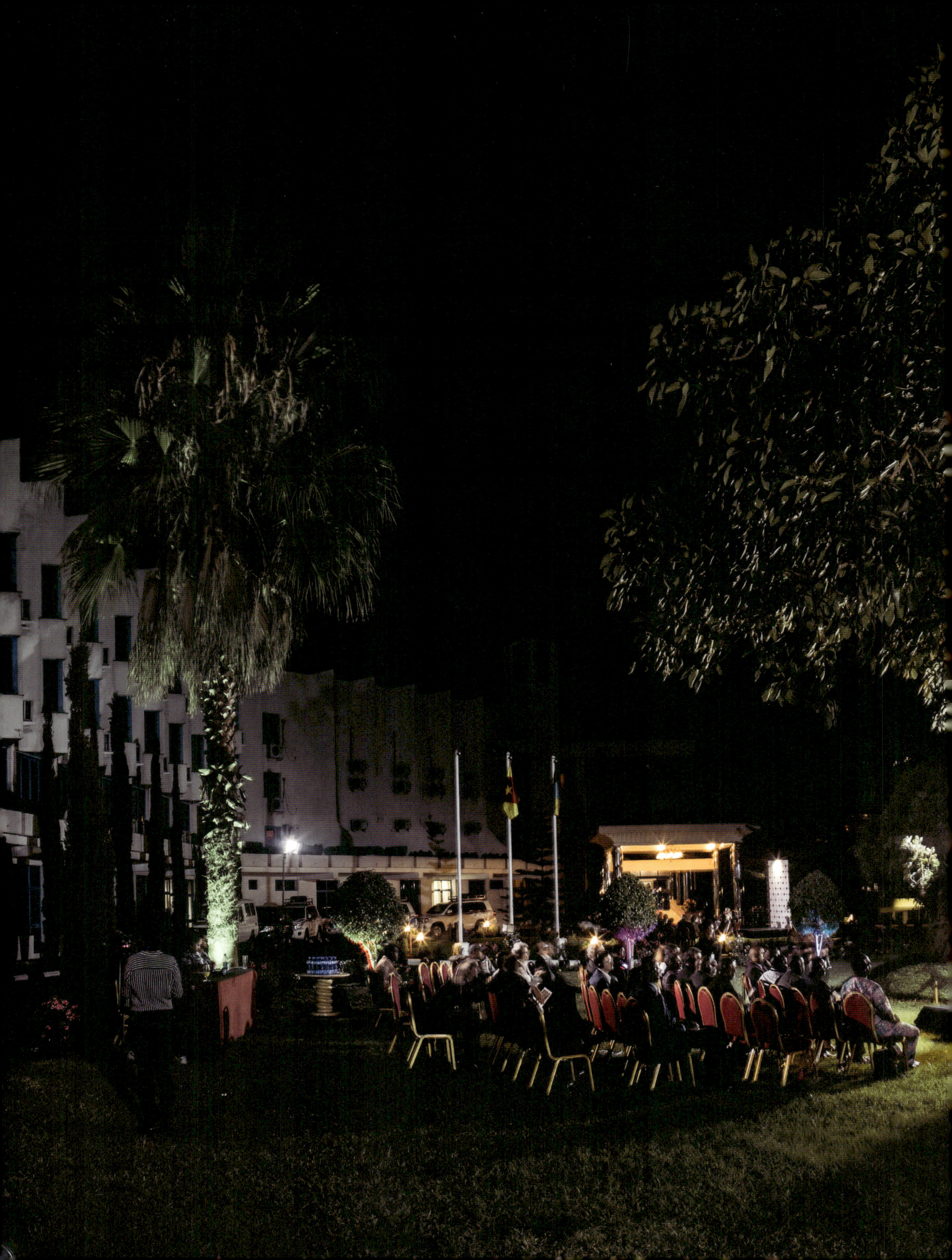

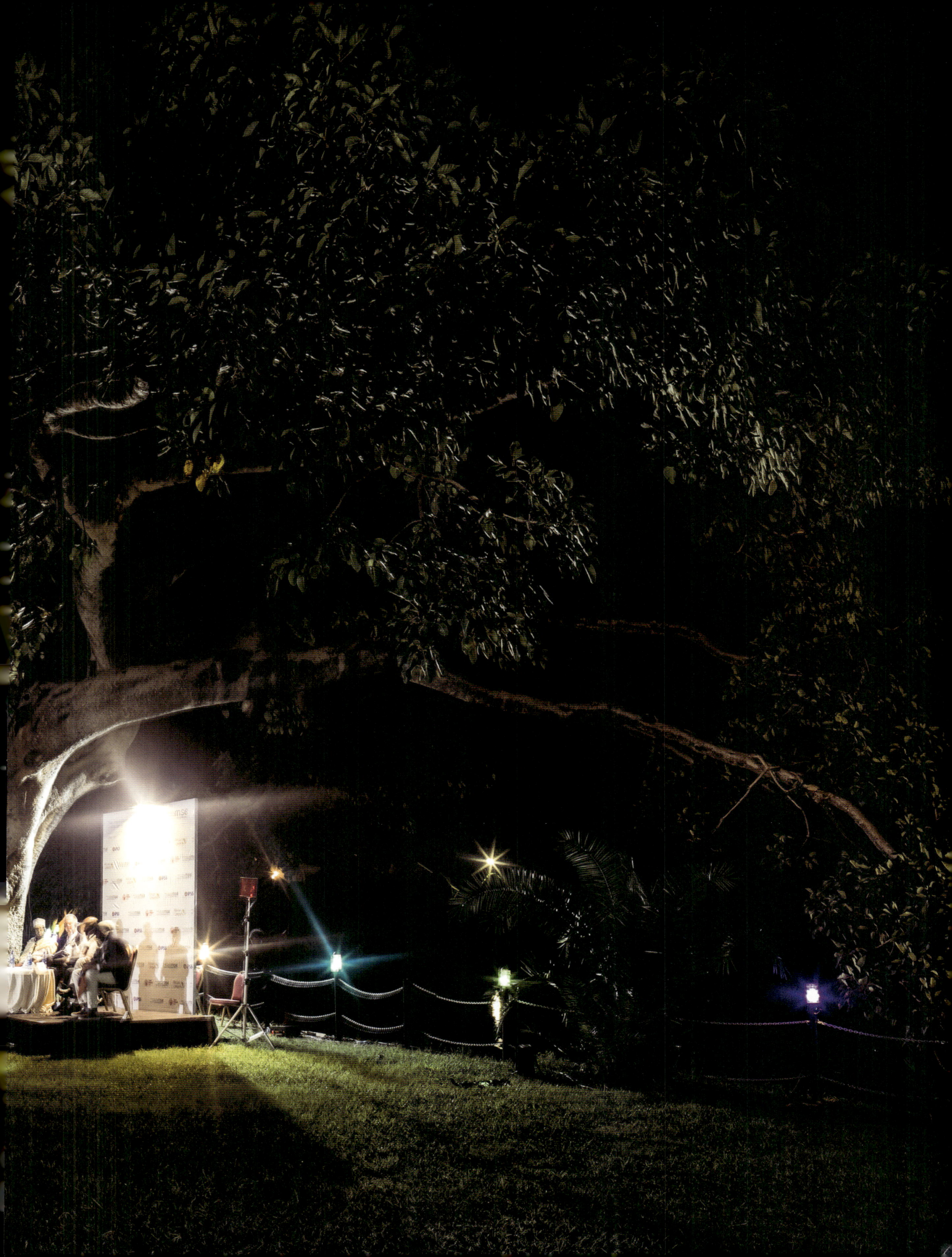

Körber Stiftung
Munich Security Conference msc Münchner Sicherheitskonferenz

# Die NATO zukunftsfest machen

**Benedetta Berti**

Einer der Schlüssel zum Erfolg der NATO ist ihre Fähigkeit, sich kontinuierlich anzupassen, um in einer sich fortlaufend wandelnden strategischen Landschaft die euroatlantische Sicherheit zu gewährleisten. Heute verändert sich die Welt erneut rasant. Es ist deshalb dringend erforderlich, dass sich das Bündnis auch weiterhin anpasst.

Und genau das tut die NATO mit der auf dem Brüsseler Gipfel 2021 verabschiedeten Agenda „NATO 2030". Mit dieser Agenda unternehmen die dreißig NATO-Verbündeten Schritte zur Steigerung, Verbreiterung und Vertiefung der politischen Rolle der NATO als der einzigen transatlantischen Plattform für Beratung, Koordination und gemeinsames Handeln zwischen Nordamerika und Europa in allen Fragen, die mit Verteidigung und Sicherheit zu tun haben. Sie fokussieren sich auf die Beschleunigung der militärischen Anpassungsfähigkeit, auf den Ausbau der Cyber-Verteidigung und die Stärkung der Resilienz. Sie sind sich einig, dass Klimawandel und Sicherheit für die Allianz Priorität haben sollten, und arbeiten an einer Strategie, um die NATO zur führenden internationalen Organisation zu machen, wenn es darum geht, die Auswirkungen des Klimawandels auf die internationale Sicherheit zu verstehen und zu begrenzen. Mit dem zivil-militärischen Defence Innovation Accelerator of the North Atlantic (DIANA) und dem Innovation Fund zur Förderung der transatlantischen Kooperation bei wichtigen Technologien legen sie auch einen starken Fokus auf technologische Entwicklungen. Sie sind sich darin einig, der Bewahrung der regelbasierten internationalen Ordnung größere Bedeutung beizumessen und verstärkt auf gleichgesinnte Partner und internationale Organisationen in aller Welt zuzugehen. Außerdem bitten die Verbündeten Generalsekretär Jens Stoltenberg, eine Aktualisierung des NATO-Strategiekonzepts – den wichtigsten politischen und strategischen Dokuments der NATO – in Gang zu bringen.

Wie aber haben sich die Verbündeten auf diese Prioritäten verständigt, und wie kamen diese Ideen überhaupt zustande? Um ein Bündnis wie die NATO zukunftsfest zu machen, bedarf es eines einzigartigen und mehrstufigen diplomatischen Prozesses unter Beteiligung einer Vielzahl von Stakeholdern von innerhalb und außerhalb der Allianz. Im Fall von „NATO 2030" entwickelte der Generalsekretär eine Reihe von Vorschlägen, die sodann von den Verbündeten verhandelt und beschlossen wurden. Um sicherzustellen, dass diese Vorschläge die richtigen Prioritäten setzten, hielt der Generalsekretär eingehende Rücksprache mit sämtlichen NATO-Verbündeten. Darüber hinaus sammelte er Ideen und Anstöße von Stakeholdern im gesamten euroatlantischen Raum und darüber hinaus. Er sprach mit einer unabhängigen Gruppe erfahrener Experten aus dem öffentlichen und dem privaten Sektor, Akademien und Denkfabriken, richtete eine Gruppe junger Führungskräfte im Alter zwischen 25 und 35 aus den unterschiedlichsten Sektoren ein, organisierte Outreach-Events mit Vertretern der Zivilgesellschaft, dem privaten Sektor, der Jugend und Partnerinstitutionen wie den Vereinten Nationen, der OSZE und der EU und erhielt über die Parlamentarische Versammlung der NATO Empfehlungen von Abgeordneten. Auch nutzte er innovative Tools zur Sammlung von Input, indem er beispielsweise den ersten NATO Policy Hackathon organisierte. Hier durften achtzig Studenten aus zehn Universitäten aus der gesamten Allianz neue Politikideen vorstellen und damit zur Bewusstseinsbildung in der Allianz beitragen.

Dieser offene und inklusive Prozess ermöglichte es uns, neue Ideen zu sammeln und ein besseres Gespür dafür zu entwickeln, was die verschiedenen Stakeholder innerhalb unserer Gesellschaften von der Allianz erwarten. Das führte zu konkreten Ergebnissen wie der Stärkung unserer Ambitionen, wenn es um Themen wie Klimawandel und Sicherheit oder technologische Innovation geht. Es erlaubte uns auch, den Verbündeten eine umfassende Reihe vorwärtsgewandter Ideen zu präsentieren, um sie gemeinsam zu diskutieren, zu verfeinern und zu verhandeln, und führte zu weitgefassten und offenen Beratungen zu den heutigen und zukünftigen Prioritäten der NATO.

Die Agenda „NATO 2030" selbst ist ein Beispiel für erfolgreiche moderne Diplomatie. Sie stellt einen ambitionierten Kompromiss dar, der über einen breiten Beratungsprozess erzielt wurde – mit Input sowohl von traditionellen als auch von weniger traditionellen Akteuren in der diplomatischen Arena. Dieser inklusive Ansatz ist wichtig, um die Allianz auf eine kompetitivere und unberechenbarere Welt vorzubereiten, die von Herausforderungen gekennzeichnet ist, die komplexe Antworten erfordern.

**Benedetta Berti ist Leiterin des Planungsstabs im Büro des NATO-Generalsekretärs. Im Jahr 2013 war sie Munich Young Leader.**

◀ Benedetta Berti (rechts) beim Munich Young Leaders Meeting in New York im September 2019.

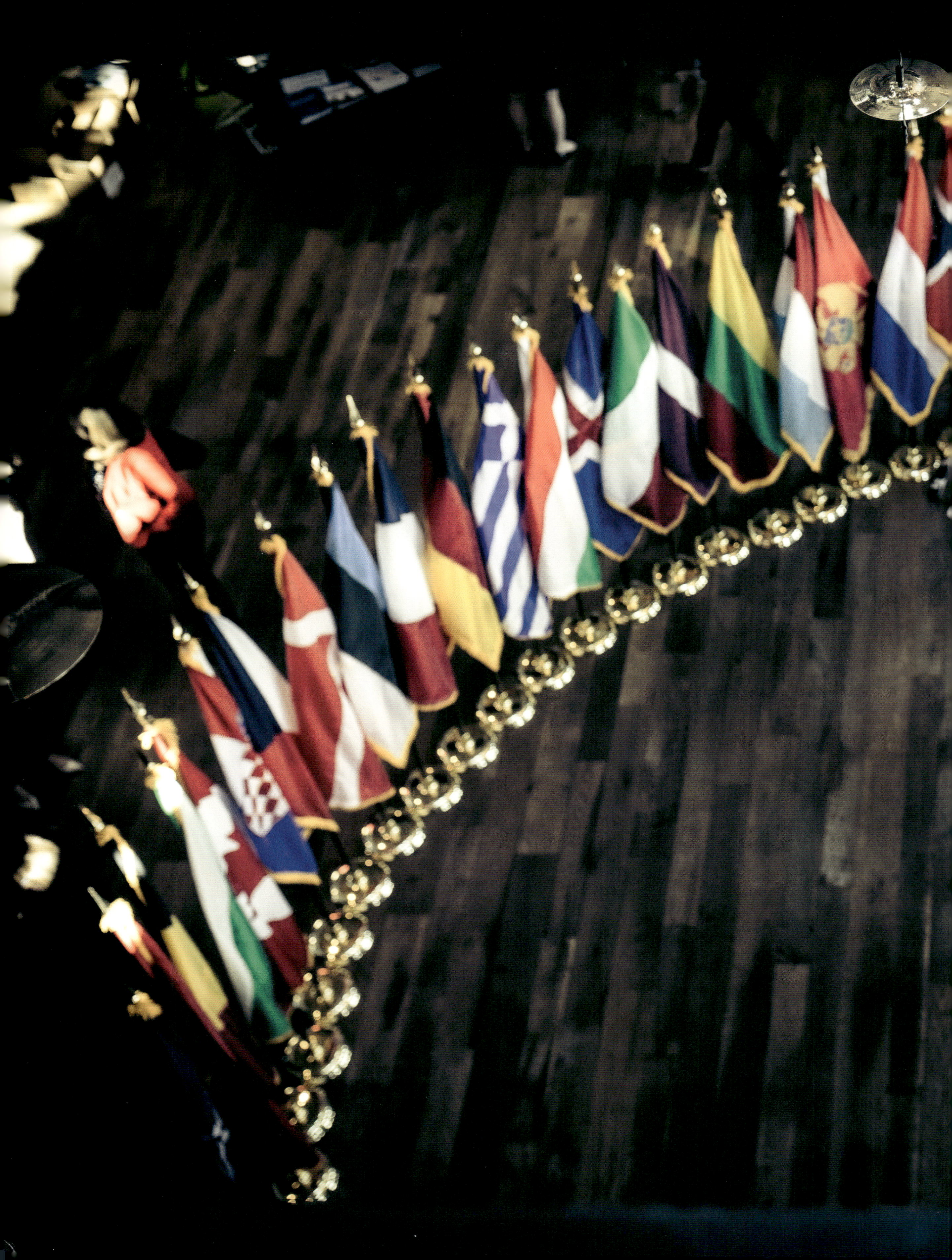

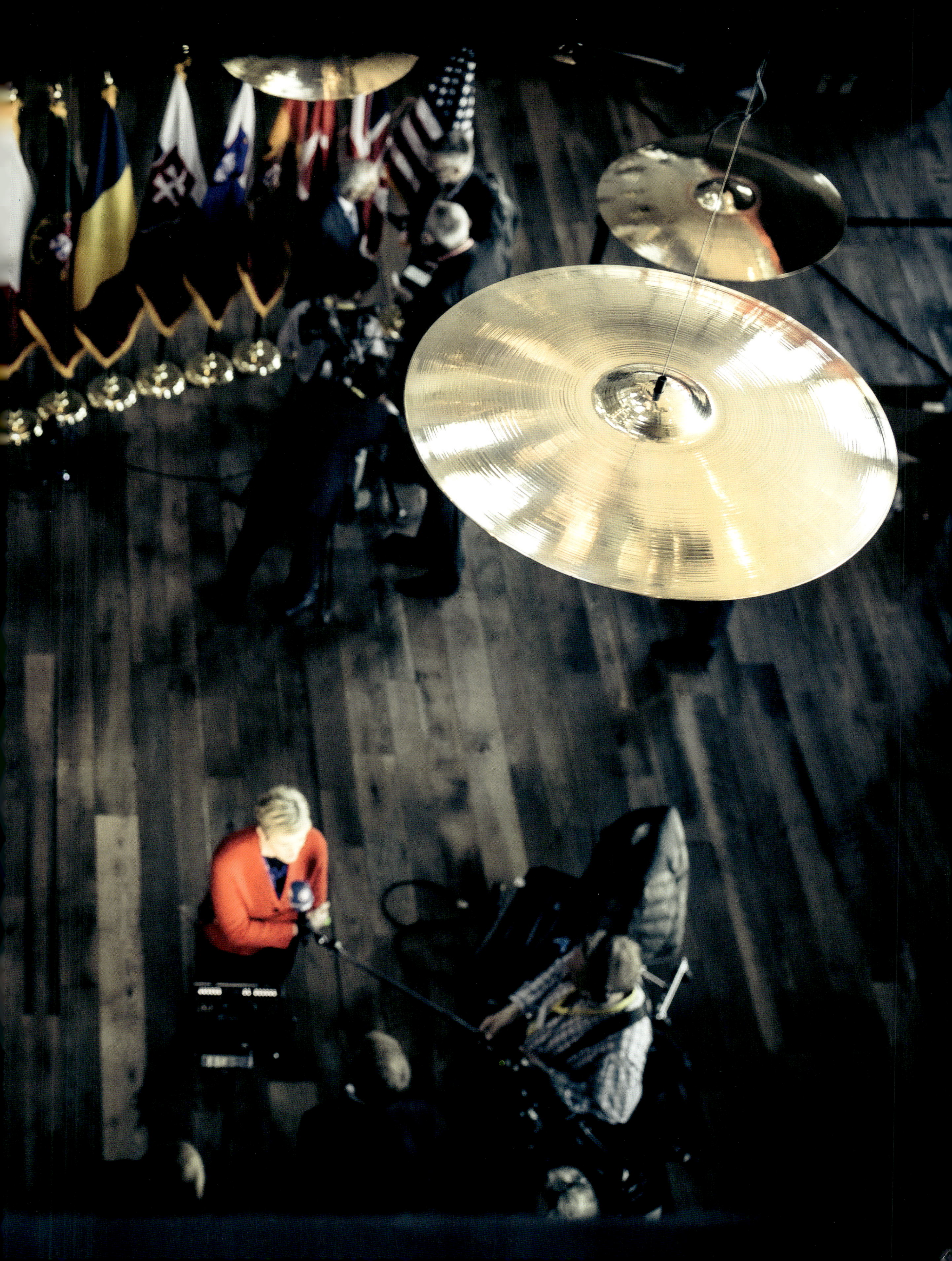

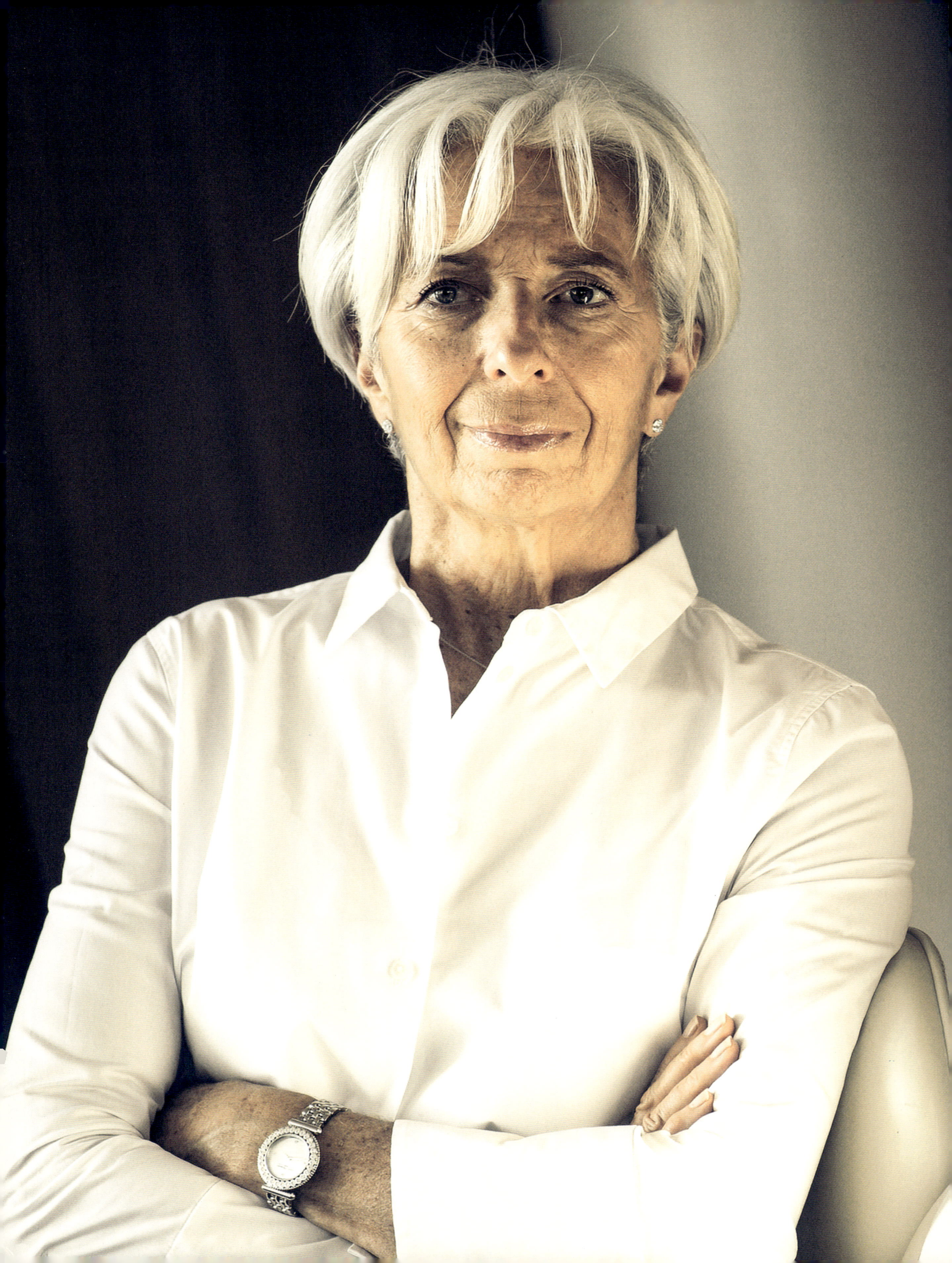

# Aufbau von Institutionen und Diplomatie in der Wirtschafts- und Geldpolitik

**Christine Lagarde**

*„Nichts wird ohne die Menschen geschaffen, aber nichts hat Dauer ohne die Institutionen."*

Jean Monnet[1]

### Einführung

Dieser Essay beleuchtet aus Sicht einer Zentralbankerin und langjährigen wirtschaftspolitischen Entscheidungsträgerin die Frage, wie Diplomatie in den Bereichen Wirtschaftspolitik und Zentralbankwesen in den 75 Lebensjahren Wolfgang Ischingers dazu beigetragen hat, internationale und europäische Institutionen aufzubauen, die die europäische Integration und das internationale Finanzsystem vorangebracht und so für mehr Sicherheit, Stabilität und Wohlstand in Europa und auf der ganzen Welt gesorgt haben.

Ohne Diplomatie in diesen Bereichen – das heißt ohne die unermüdlichen formellen und informellen, regelmäßigen und unregelmäßigen Vorbereitungen, Gespräche und Verhandlungen auf unterer und ganz besonders auf höchster Ebene der politischen Entscheidungsträger – wären weder die globale Finanzpolitik noch die europäische Integration nach dem Zweiten Weltkrieg möglich gewesen. Und wir wären nicht da, wo wir heute sind. Wirtschaftsdiplomatische Erfolge waren entweder das Ergebnis des erfolgreichen Aufbaus von Institutionen, oder sie gingen mit diesem einher, und mit den Institutionen wurde wiederum die Basis für dauerhafte politische Lösungen geschaffen.[2]

Die ersten 25 Jahre des 21. Jahrhunderts sind bald vorüber. In dieser Zeit war die Europäische Union (EU) mit gewaltigen Herausforderungen konfrontiert, und daran wird sich auch in Zukunft nichts ändern: Sie reichen von der digitalen Revolution über den Klimawandel und Migrationswellen bis hin zu gewichtigen neuen Partnern und Wettbewerbern auf globaler Ebene. Die Diplomatie wird in der Wirtschaftspolitik in Zukunft eine nicht weniger wichtige Rolle spielen. Dabei wird sie nicht allein auf kommunikatives Geschick, Teamarbeit und ein profundes Verständnis komplexer Themen bauen dürfen, sie braucht auch solide Institutionen, die die maßgeblichen Debatten und Verhandlungen in einer Weise lenken, dass für alle Interessenträger produktive Ergebnisse erzielt werden.

### Diplomatie und die globale Finanzarchitektur

Die Diplomatie hat wesentlich zum Aufbau der Institutionen der internationalen Währungs- und Finanzordnung nach dem Zweiten Weltkrieg beigetragen. Bereits vor Kriegsende kamen neben führenden Politikern auch wirtschaftspolitische Entscheidungsträger und Zentralbanker in Bretton Woods zusammen. Sie entwickelten wirtschaftliche Lösungen und beschlossen die Schaffung von Institutionen, die bis heute das Fundament der internationalen Zusammenarbeit bilden. Auch wenn einige der Verhandlungspartner ihre Interessen damals nicht durchsetzen konnten, bestand das absolute Novum in jener Phase der internationalen wirtschaftlichen Zusammenarbeit darin, dass gut funktionierende, vertrauenswürdige Institutionen geschaffen wurden. Diese Institutionen wurden mit dem Mandat und den Instrumenten ausgestattet, die erforderlich waren, um in Schwierigkeiten geratene Volkswirtschaften unterstützen und Wirtschaftsreformen umsetzen zu können.[3]

Mit internationalen Partnern Einigkeit darüber zu erzielen, was angesichts widriger Wirtschaftsbedingungen wie z. B. Zahlungsbilanzkrisen oder finanzieller Instabilität auf lokaler, regionaler oder globaler Ebene zu tun ist, war seither ein nicht mehr ganz so mühsamer Prozess, trotz der großen Zahl der beteiligten Parteien und vielfältigen Interessen. Dennoch ist eine Reform der internationalen Finanzarchitektur heute schon allein aufgrund der schieren Anzahl der Beteiligten ungemein komplizierter als noch 1944. Saßen 1944 im Grunde eineinhalb Länder am Verhandlungstisch, ist die Welt heute multipolarer geworden – eine unstrittige Tatsache des modernen politischen Lebens und der Finanzwelt, die den Einigungsprozess weitaus komplexer gestaltet.[4] Sich darauf zu einigen, wie das aktuelle globale Finanzsystem verbessert werden soll, erfordert nicht nur weitsichtige Diplomatie, sondern auch gut etablierte Institutionen, die in der Lage sind, Präferenzen in Einklang zu bringen, Kompromisse zu schließen und mit den sich schnell ändernden finanziellen Rahmenbedingungen Schritt zu halten.

◄ Christine Lagarde auf der Münchner Sicherheitskonferenz im Februar 2019.

### Der IWF, die G 7 und G 20

Bretton Woods war ein Balanceakt: Einerseits musste die Nachkriegswirtschaft wieder in Gang gebracht, andererseits der Einflussbereich der damaligen Großmächte neu austariert werden. Vor allem aber entstanden infolge der Verhandlungen ganz neue Institutionen: der Internationale Währungsfonds (IWF) und die Vorgängerinstitution der späteren Weltbank. Auch wenn seitdem über den IWF und insbesondere dessen Governance und Maßnahmen – mitunter hitzig – debattiert wird, hat er sich mit der Zeit doch als Schlüsselinstitution für Entscheidungen über die globale Finanzarchitektur erwiesen.

Die sogenannten Bretton-Woods-Institutionen gibt es schon länger als die meisten neu geschaffenen Institutionen für internationale Zusammenarbeit. Sie haben im Zeitverlauf allen neuen Herausforderungen und Krisen getrotzt. Erklären lässt sich dies unter anderem damit, dass sie Eigenschaften demonstriert haben, die für den Erfolg internationaler Institutionen unerlässlich sind: eine starke Führung, die Fähigkeit, der Präferenzen ihrer in wirtschaftlicher Hinsicht sehr unterschiedlich starken Mitglieder wie auch Gläubiger und Schuldner in einer Welt konkurrierender Interessen und unterschiedlichster Regionen gerecht zu werden, Anpassungsfähigkeit und Resilienz gegenüber Veränderungen. Die politischen Entscheidungsträger konnten dabei auf einen festen Stamm unabhängiger Mitarbeiterinnen und Mitarbeiter zählen, die innovative politische Analysen erstellten und Empfehlungen abgaben. Geleitet wurden sie von Menschen, die willens waren, Mut und gleichzeitig Demut zu zeigen. Wie wichtig diese Eigenschaften in der Diplomatie sind, zeigt die Entstehung des IWF selbst, die einem Beobachter zufolge das Ergebnis eines absoluten Vertrauensaktes war.[5]

Die Entscheidungsträger haben ihre politischen Rezepte an die Gegebenheiten ihrer Zeit angepasst. Ab und an haben sie diese durch Initiative und Führungsstärke weiterentwickelt, aber auch schwere Krisen waren Anlass dafür. So waren die Ölpreisschocks und die Finanzkrise der 1970er-Jahre nach Bretton Woods ein zweiter Schlüsselmoment, der für die institutionelle Weiterentwicklung ausschlaggebend und die Finanzarchitektur der Nachkriegszeit prägend war. Damals herrschten Stagflation und ein schwieriges geopolitisches Umfeld. Dies bewog den französischen Staatspräsidenten Valéry Giscard d'Estaing und Bundeskanzler Helmut Schmidt, die G 7 ins Leben zu rufen. Mit diesem Schritt ermöglichten sie, inmitten eines globalen asymmetrischen Schocks unterschiedliche Präferenzen miteinander in Einklang zu bringen. Auch die Art und Weise, wie die Debatten geführt wurden und die Institutionen konzipiert waren, musste mit der Zeit weiterentwickelt werden, um den zunehmenden Forderungen nach Legitimation und Rechenschaftspflicht gerecht zu werden. Dies war beispielsweise der Fall, als die G 7 nach der Plaza-Vereinbarung von 1985 begannen, Kommuniqués herauszugeben.

Zu einem dritten Schlüsselmoment für die Weiterentwicklung der internationalen wirtschaftspolitischen Steuerung nach Bretton Woods und den Krisen der 1970er-Jahre[6] kam es, als die Staats- und Regierungschefs die G 20 auf dem Höhepunkt der Finanzkrise (2008-2009) zu einem zentralen Forum für ihre enge Zusammenarbeit machten.[7]

Beim ersten Gipfel der G 20, der auf die Initiative von Präsident Nicolas Sarkozy und US-Präsident George W. Bush zurückging, war ich selbst Augenzeugin, wie durch das Zusammenwirken von Führungswillen und diplomatischen Kanälen ein Prozess vorangetrieben wurde, der dringend notwendig war und beachtliche Fortschritte brachte.[8] Diese Dynamik hielt mehrere Jahre an, wurde dann aber von einer gewissen Reformmüdigkeit abgelöst. Mit der Corona-Pandemie kehrten die Notwendigkeit und der Wunsch zur Zusammenarbeit wieder zurück.

Allerdings ist der Weg der weltweiten institutionellen Zusammenarbeit nicht immer so glatt verlaufen, wie erhofft. So gab es zunächst Rückschläge bei der Akzeptanz und Umsetzung politischer Maßnahmen, etwa als es in den 1990er-Jahren trotz heftigen Gegenwinds zum Konsens von Washington kam und einige grundlegende Prämissen überdacht werden mussten. Ein weiteres Problem war die Inklusivität internationaler Foren. Das Ende des Kalten Kriegs läutete für viele Länder einen Neuanfang ein.[9] Wie das Beispiel der Russischen Föderation und die Gründung der G 8 zeigt, verlief dieser aber nicht immer reibungslos.[10] Das Wiedererstarken globaler Akteure wie China und deren Wiedereintritt in die internationale Gemeinschaft nach sehr langer Abwesenheit hat zu einem neuen globalen Status quo geführt und die in der Zeit nach der industriellen Revolution westlich orientierte Welt dramatisch verändert.

Zweitens zeigte die Entstehung von Foren wie den G 7 und den G 20, dass Geduld gefragt war und informelle Wege beschritten werden mussten, um in kritischen

Phasen zu Kompromissen und Lösungen zu gelangen. Auf diese folgten nicht immer formale institutionelle Änderungen. Beschlüsse blieben weniger verbindlich, und getroffene Entscheidungen wurden nicht konkret umgesetzt.

Drittens haben weniger formelle Kooperationsformen möglicherweise den Nachteil, nicht sichtbar genug zu sein. Die Kommunikation ihrer Erfolge kann sich schwerer gestalten, da sie in der öffentlichen Wahrnehmung kein „eigenes Gesicht" besitzen. Außerdem hat die Rotation des Vorsitzes in diesen Foren zur Folge, dass es der Führung an Kontinuität mangelt und die Zielvorstellungen sich immer wieder ändern. In der Regel fällt es der breiteren Öffentlichkeit leichter, sich mit Exekutivinstitutionen zu identifizieren, die auf Verträgen beruhen. Diese Institutionen genießen in der Regel größere Akzeptanz, vor allem dann, wenn bei ihren Entscheidungen nur noch die Wahl zwischen Skylla und Charybdis bleibt.

Viertens werden internationale Institutionen zumeist eher zwischenstaatlich gesteuert, was bedeutet, dass es wegen des Vetorechts einzelner Mitglieder schwieriger sein kann, eine Einigung zu erzielen. Sie sind unter Umständen auch nur indirekt legitimiert und rechenschaftspflichtig, sodass Führungsstärke und geschickte Diplomatie sowohl im eigenen Land als auch im Ausland gefragt sind.

Internationale Vereinbarungen stoßen bei ihrer Umsetzung auf nationaler Ebene häufig auf Widerstand und werden möglicherweise auch nicht von allen beteiligten Parteien einheitlich umgesetzt. Das kann insbesondere der Fall sein, wenn es in dem betreffenden Land an institutionellen Kapazitäten mangelt und politische sowie wirtschaftliche Debatten unter Umständen missverstanden oder falsch dargestellt werden. Mit anderen Worten: Internationale Vereinbarungen, vor allem solche mit informellerem Charakter, müssen nachprüfbar die Kriterien der demokratischen Legitimation und Rechenschaftspflicht erfüllen. Dass diese auf der internationalen Ebene in der Regel nur indirekt gegeben sind, wird häufig als Mangel wahrgenommen. Ein gerütteltes Maß an diplomatischem Geschick, gut abgestimmte Maßnahmen und geeignete institutionelle Prozesse sind daher notwendig, um das Mandat zu erhalten und internationale Vereinbarungen (z. B. über Handels- und Finanzstandards) abzuschließen, die dieser Überprüfung im Wege der notwendigen demokratischen Prozesse auch auf nationaler Ebene standhalten.

### Die Rolle von Zentralbankern und Zentralbanken

Als wichtige und äußerst technokratische Institutionen mit langer Tradition spielen Zentralbanken bereits seit geraumer Zeit ihre ganz eigene Rolle beim Aufbau des globalen Währungs- und Finanzsystems, ganz gleich, wie unabhängig sie von ihrer Regierung sind. Trotz der Auffassung, dass recht enge Verbindungen zwischen Währung und Politik bestehen[11], treten sie auf der Bühne der großen Tagespolitik kaum in Erscheinung. Im Rahmen ihrer Zuständigkeiten analysieren sie zentrale Themen und geben Empfehlungen ab, etwa bei der Ausarbeitung bilateraler oder multilateraler Währungsregelungen. Dies findet innerhalb von und mittels Institutionen wie dem IWF sowie im Rahmen von Foren wie den Treffen der Finanzminister und Zentralbankpräsidenten der G 20 statt. Neben dem IWF spielt auch die Bank für Internationalen Zahlungsausgleich (BIZ) seit 1930 als Institution eine wichtige Rolle. Sie bringt die Zentralbanken zusammen und unterstützt das reibungslose Funktionieren des globalen Währungs- und Finanzsystems.[12] Ein weiteres bedeutendes Gremium ist der Finanzstabilitätsrat (Financial Stability Board – FSB). In ihm und seinen Unterausschüssen kommen nicht nur Finanzministerinnen und -minister und Zentralbankpräsidentinnen und -präsidenten, sondern auch Finanzaufsichts- und Regulierungsbehörden zusammen. Im FSB sitzen alle wichtigen Akteure an einem Tisch und legen die Finanzstabilitätspolitik in verschiedenen Sektoren des Finanzsystems fest. Insofern ist er prädestiniert dafür, die Staats- und Regierungschefs der G 20 in Bezug auf Fragen der internationalen Finanzstabilität zu informieren und zu beraten.

Ein zentrales Element der Zusammenarbeit im Währungs- und Finanzbereich sind Wechselkursregelungen. Dies gilt insbesondere seit dem Zusammenbruch des Systems der festen Wechselkurse von Bretton Woods. Diese Regelungen setzen voraus, dass unter Ausschluss der Öffentlichkeit und im großen gegenseitigen Vertrauen gesprochen werden kann. Nach einem langwierigen Prozess hin zu Systemen frei schwankender Wechselkurse ist in den letzten Jahren über weite Strecken eine relative Stabilität zu beobachten, zumindest unter den wichtigen Reservewährungen. Zwei Faktoren gilt es hier besonders zu erwähnen: Erstens trug die Einführung des Euro zur Jahrhundertwende wesentlich zum Erreichen dieser Stabilität bei, da es innerhalb Europas schon sehr bald darauf keine Schwankungen der nominalen Wechselkurse mehr gab und dem Euro schnell als zuverlässiger Reservewährung überall in der Welt Vertrauen entgegengebracht wurde.[13] Zweitens hielten Foren wie die G 7 und die G 20, die auch auf Notenbankebene zusammenkommen, die internationale Gemeinschaft in unruhigen Zeiten dadurch auf Kurs, dass ihre Mitglieder die eingegangenen Verpflichtungen zumeist erfüllten.

Auch bei anderen bedeutenden, wenn auch weniger sichtbaren Themen haben die Zentralbanken ihre Zusammenarbeit kontinuierlich fortgesetzt. Angesichts von Krisen haben Zentralbanken auf dem Gebiet der Liquiditätsversorgung intensiv kooperiert und weitreichende Netzwerke von Swap-Vereinbarungen[14] aufgebaut. Gleichzeitig haben sie sich mit zentralen Elementen der Finanzarchitektur wie der Verwaltung von Währungsreserven und Zahlungssystemen befasst. Ziel war dabei stets, die Finanzentwicklung und -stabilität zu fördern.

Der Rolle der BIZ bei der Förderung der Zusammenarbeit würde nur unzureichend Rechnung getragen, würden die sehr schwierigen, umfangreichen und technischen Verhandlungen nicht erwähnt, die in ihren Gremien geführt wurden, um Fortschritte bei den gemeinsamen Finanzstandards zu erzielen. Die Basler Vereinbarungen sollen für weltweit einheitliche und sichere Wettbewerbsbedingungen im Bankensektor sorgen. Bei ihrer Arbeit bewegt sich die BIZ immer am Puls der Zeit. Aktuell befasst sie sich auch mit Themen wie digitales Zentralbankgeld (CBDC), Finanzinnovationen im Allgemeinen sowie Cybersicherheit im Speziellen.

## Vom Handel und der WHO zu den Vereinten Nationen und zum Klimawandel

Seit Bretton Woods hat sich die globale Währungs- und Finanzagenda parallel zu den Verhandlungen über den internationalen Handel entwickelt. Eine handelsfördernde Institution im eigentlichen Sinne entstand zur damaligen Zeit zwar nicht (auch wenn dies im Sinne einiger Befürworter der Gründung einer „Internationalen Handelsorganisation" gewesen wäre), doch das 1947 von 23 Ländern unterzeichnete Allgemeine Zoll- und Handelsabkommen (GATT) erwies sich als gute Ausgangsbasis für die Förderung des internationalen Handels in den folgenden Jahrzehnten.[15] Letztendlich führte es zur Gründung der mittlerweile über 160 Länder umfassenden Welthandelsorganisation (WHO).

Als die starke Wirkung der in den Jahrzehnten nach dem Zweiten Weltkrieg herabgesetzten Zolltarife und das Streben nach Handelsliberalisierung nachließen und dann erneut, als der Kalte Krieg endete und neue Herausforderungen wie z. B. der Schutz geistigen Eigentums auftauchten, ergriffen auch hier Politiker die Gelegenheit, das GATT in eine Institution mit Leitungsorganen und Personal sowie einer Schiedsstelle und Mechanismen zur Streitbeilegung umzuwandeln (allerdings ohne direkte Sanktionierungsbefugnisse).[16]

Aus diesen Erfahrungen lassen sich wertvolle Erkenntnisse im Hinblick auf den Klimawandel gewinnen, das dringlichste langfristige Problem der Entscheidungsträger von heute wie auch der nachfolgenden Generationen. Ein Blick auf die wirtschaftlichen Folgen der Corona-Pandemie dürfte jeden eventuell noch bestehenden Zweifel an der Dimension dieser Herausforderung ausräumen. Ein nur etwa 100 Nanometer großer Organismus[17] aus faktisch einer einzigen Quelle ist dafür verantwortlich, dass die Wirtschaftsleistung 2020 weltweit um 3,1 % zurückgegangen ist, und damit für den stärksten Einbruch innerhalb eines Jahres seit Jahrzehnten. Die Wirtschaftsleistung schrumpfte stärker als zum Beispiel nach der großen Finanzkrise der Jahre 2007-2010.[18] Im Kampf gegen das Virus waren außergewöhnliche Maßnahmen nicht nur seitens der Gesundheitsbehörden, sondern auch seitens der Finanz- und Währungsbehörden gefragt. Diese mussten zunehmend auch auf internationaler Ebene koordiniert werden, wie die Zusammenarbeit zwischen dem IWF und der Weltgesundheitsorganisation (WHO) zeigt.[19] Die Antworten auf der ganzen Welt, etwa auf dem Gebiet der Impfungen, sind aber immer noch uneinheitlich, was den Erfolg der Pandemiebekämpfung gefährdet.[20] Was die Wirtschaft betrifft, so hat der IWF verschiedene Kreditinstrumente eingesetzt bzw. angepasst. Dies gilt insbesondere für Länder, die zu einer adäquaten Reaktion etwa in Form fiskalpolitischer Maßnahmen nicht imstande waren.[21]

Vor diesem Hintergrund sollte darüber nachgedacht werden, wie wir mit der in Sachen Klimaschutz derzeit fragmentierten globalen Führungs- und Verwaltungsstruktur dem herausfordernden Thema Klimawandel begegnen können. Letzterer betrifft ebenso wie die Pandemie die gesamte Weltbevölkerung, aber auch das überaus komplexe und einzigartige Ökosystem der Erde.[22] Wir können es uns nicht leisten, unsere Emissionsreduktionsziele zu verfehlen, denn dies hätte verheerende wirtschaftliche Folgen und würde unermessliches menschliches Leid verursachen. Da wir zurzeit mit keiner größeren negativen Externalität konfrontiert sind, muss sich die Reaktion auf leistungsfähige internationale Institutionen stützen, die negative Externalitäten internalisieren können, um sie Schritt für Schritt zu beseitigen.

### Europäische Integration

Auch der Wiederaufbau Europas nach dem Zweiten Weltkrieg parallel zum Institutionenaufbau auf internationaler Ebene war ein Akt der Diplomatie und Verhandlung sowohl im politischen als auch im wirtschaftlichen Bereich, denn die Nationalstaaten in Europa suchten nach Lösungen für die Frage, wie sie ihre Souveränität zugunsten eines größeren gemeinsamen Ziels, das für alle Seiten von Vorteil ist, teilen können. Die europäische Integration war ein Wirtschaftsprojekt, hatte aber auch die innere und äußere Sicherheit zum Ziel.[23] Erstmals institutionalisiert wurde dieses Projekt durch die Europäische Gemeinschaft für Kohle und Stahl. Indem die Staaten Europas die Souveränität auf diesem Gebiet gemeinsam ausübten, stellten sie sicher, dass Kriege nicht nur undenkbar, sondern materiell unmöglich wurden. Die diesbezügliche Erklärung gab Robert Schuman, damaliger französischer Außenminister und früherer Premierminister, am 9. Mai 1950 gemeinsam mit dem damaligen französischen Wirtschaftsminister Jean Monnet ab. Mit diesem und den nachfolgenden Integrationsschritten, zu denen auch die Einführung des Euro zählt, sollte nicht nur für Wohlstand in Europa und darüber hinaus gesorgt, sondern auch der Weg der Friedenssicherung weiter beschritten werden.

Was diese sehr enge Integration im Europa der Nachkriegszeit von anderen Modellen der länderübergreifenden Zusammenarbeit oder regionalen Integration unterschied, waren die Gründung und der Ausbau stabiler politischer, juristischer und wirtschaftlicher Institutionen. Dies erforderte immer häufiger, Souveränität auf breiter Ebene gemeinsam auszuüben, da die Tragweite und die politische Dimension der zu bewältigenden Fragen zunahmen. So wurden die Grundpfeiler einer institutionalisierten Souveränität errichtet und über die Jahre weiter ausgebaut, um Frieden und Wohlstand auf gerechte Weise zu mehren und damit das sozioökonomische Modell Europas[24] voranzubringen: die Europäische Kommission, das Europäische Parlament, der Rat der Europäischen Union, der Gerichtshof der Europäischen Union, der Europäische Rechnungshof, der Europäische Rat und die Europäische Zentralbank. Trotz all der Grenzen dieses institutionellen Rahmens ist es nicht übertrieben zu behaupten, dass die EU ohne ihn die schlimmsten Krisen nicht überlebt hätte. Ohne diesen Rahmen hätte sie in einem für viele Länder und auf mehreren Ebenen geltenden Steuerungsrahmen die Interessen und Präferenzen nicht angemessen in Einklang bringen und im Angesicht einiger interner und externer Herausforderungen nicht gemeinsam handeln können.

### Maastricht und die Zeit danach

Im Zusammenhang mit dem EU-Vertrag bedurfte es mehrerer Verhandlungsrunden, auch unter Wirtschaftspolitikern und Zentralbankern, um sich auf die Schaffung der Wirtschafts- und Währungsunion (WWU) und die Einführung einer gemeinsamen Währung in Europa zu einigen. Nachdem man es zunächst mit auf festen Wechselkursen basierenden Mechanismen wie der Währungsschlange und dem Europäischen Währungssystem versucht hatte, gelang es schließlich mit dem Vertrag von Maastricht, endlich die Währungsunion zu schaffen und für Stabilität auf Dauer zu sorgen. Erneut waren es nicht lockere Vereinbarungen zur Zusammenarbeit, sondern Führungsstärke auf höchster Ebene und die schrittweise, aber präzise und klar festgelegte Weiterentwicklung hin zu soliden institutionellen Lösungen, durch die die Einführung des Euro als neue und stabile Währung möglich wurde.

Der geldpolitische Rahmen der WWU erwies sich in Krisenzeiten zwar als robust, bei einigen zentralen Aspekten der WWU zeigten sich aber insbesondere im Bereich der Wirtschafts- und Fiskalpolitik und vor allem in Krisenzeiten Unzulänglichkeiten und ein Mangel an Institutionen.[25] Im Bereich der gemeinsamen Fiskal-, Finanz- und Wirtschaftspolitik wurde diese Lücke durch weitere integrationsfördernde Maßnahmen sukzessive verringert. Hierzu trug auch die bestehende institutionelle Struktur bei.[26]

Im Kampf gegen die schwere Finanzkrise der Jahre 2007-2009 und die darauffolgende europäische Schuldenkrise von 2010-2012 kamen Diplomatie und politische Verhandlungen auf höchster Ebene, eingehende technische Diskussionen sowie fortlaufende nächtliche Diplomatie und manchmal auch Pendeldiplomatie zum Einsatz. Beispielhaft sind hier die Notfall-Swaplinien und die koordinierte Bereitstellung von Liquidität durch Zentralbanken zu nennen sowie die Einrichtung der Europäischen Finanzstabilitätsfazilität (EFSF), des Europäischen Finanzstabilisierungsmechanismus (EFSM) und des Europäischen Stabilitätsmechanismus (ESM) sowie die Finanzhilfeprogramme der EU und des IWF. Schließlich wurden auch noch die einheitliche europäische Bankenaufsicht und der einheitliche Abwicklungsmechanismus eingerichtet.

Die kontinuierlichen Anstrengungen haben sich gelohnt. Die Bankenaufsicht im Euroraum ist im Hinblick auf die neuen Herausforderungen des 21. Jahrhunderts spürbar vorangekommen. So wurden Fortschritte beispielsweise beim Kampf gegen Cyberangriffe und auf dem Gebiet der Bankbilanzen erzielt. Diese sind nun weniger anfällig und sollen schrittweise grüner werden. An der Vollendung der Bankenunion und der Kapitalmarktunion wird allerdings noch eine Weile gearbeitet werden müssen. Ich bin regelmäßig in Brüssel zu Gast und bespreche dort, wie neben der Bankenaufsicht und dem Abwicklungsmechanismus der dritte Baustein der Bankenunion umgesetzt werden soll – die europaweite Einlagensicherung. Auch hier müssen belastbare institutionelle Lösungen das Endergebnis der Verhandlungen sein. Denn der Institutionenaufbau auf europäischer und internationaler Ebene hat zu einer wichtigen Erkenntnis geführt: Institutionen aufzubauen ist nur sinnvoll, wenn diese ein klares und fest umrissenes Mandat besitzen und auch über die Instrumente zur Umsetzung dieses Mandats verfügen. Anderenfalls kann sich die Wirkung in das genaue Gegenteil verkehren.

Die weiterführenden Schritte, über die in der Eurogruppe und im ECOFIN-Rat regelmäßig debattiert und verhandelt wird und die mitunter auch auf der Tagesordnung der Staats- und Regierungschefs im Europäischen Rat stehen, sind relativ bescheiden. Jedoch hat die Corona-Pandemie der EZB und den Brüsseler Institutionen unlängst einige schwierige Entscheidungen abverlangt. Aufseiten der EZB habe ich in diesem Zusammenhang deutlich gemacht, dass wir uns uneingeschränkt zum Euro bekennen. Im März 2020 legten wir mit dem Pandemie-Notfallankaufprogramm (PEPP) innerhalb kurzer Zeit eines der schlagkräftigsten geldpolitischen Instrumente auf, passend zu den Umständen. Anders als vor zehn Jahren gelang es den Regierungen in der EU diesmal, angesichts einer weiteren Krise innerhalb recht kurzer Zeit, weitreichende und solide Reaktionsmaßnahmen zunächst auf nationaler und anschließend auf europäischer Ebene auszuarbeiten. Gemeint ist das Paket NextGenerationEU. Damit hat die fiskalische Zusammenarbeit in Europa ein neues Niveau erreicht. Umfangreiche finanzielle Unterstützung wird in Form von Zuschüssen und Krediten bereitgestellt und über durch den EU-Haushalt besicherte Kredite finanziert. Die Kontrolle obliegt den direkt von den EU-Bürgerinnen und -Bürgern gewählten Vertreterinnen und Vertreter im Europäischen Parlament. Vergleicht man also die Reaktionen auf die Krisen der Jahre 2010 und 2020 miteinander, so zeigt sich, was Institutionen darüber hinaus noch zu leisten vermögen: Sie stärken das Erinnerungsvermögen, damit wir keine alten Fehler wiederholen. Um noch einmal Jean Monnet zu bemühen: Solide Institutionen helfen, dass Menschen die Notwendigkeit von Veränderungen nicht erst dann einsehen, wenn die Krise sie bereits erfasst hat.[27]

Eines hat die Reaktion auf die Corona-Pandemie in der EU (wieder einmal) gezeigt: Wo in Europa ein Wille ist, da ist auch ein Weg. Der institutionelle Rahmen ermöglicht wiederum, dass dieser Wille umgesetzt wird. Ganz gleich, ob Verhandlungen langwierig sind oder nicht, ob eher aufbrausende oder gelassene Gemüter am Verhandlungstisch sitzen: Die Prozesse in Brüssel können mühsam sein. Gleichzeitig bedeutet es aber auch, dass letztendlich alle mitgenommen werden können. Diese Einbindung trägt dazu bei, dass Maßnahmen erfolgreicher umgesetzt werden können.

Eines gilt für Sitzungen auf internationaler Ebene und die institutionellen Prozesse in Brüssel gleichermaßen: Sie erfordern kontinuierliche Beobachtung, gute Vorbereitung und effektive Kommunikation. Ferner bedarf es überzeugender wirtschaftlicher Argumente, die der politischen Ökonomie einer Gemeinschaft Rechnung tragen, deren Länder sich in Größe, Struktur und politischer Kultur (sowie geopolitischer Reichweite) unterscheiden und unterschiedliche institutionelle Systeme besitzen. Mindestens ein zentrales Element und eine Erkenntnis sind normalerweise mit dafür ausschlaggebend, dass am Ende ein Ergebnis steht: der auf den Verträgen aufbauende solide institutionelle Rahmen der EU (und der Vorrang des EU-Rechts) sowie die Erkenntnis, dass in der heutigen globalisierten Welt und angesichts der großen globalen Herausforderungen und Unsicherheiten kein Mitgliedstaat groß genug ist, um diese allein zu bewältigen.[28]

Das institutionelle Gefüge in Europa muss ebenso wie jedes andere institutionelle Gefüge Stabilität und gleichzeitig Raum für Veränderungen bieten. Institutionelle Statik und Weiterentwicklung müssen aus diesem Grund schon immer in einem wohl austarierten Gleichgewicht stehen. Gleiches gilt für die allokative und die adaptive Effizienz des institutionellen

Rahmens, der der Allgemeinheit dient. Damit dieses Gleichgewicht funktioniert, war bisher geschickte Diplomatie gefragt, und das wird auch in Zukunft so sein.

### Zukünftige Herausforderungen

Auch in Zukunft wird Diplomatie im Bereich der Wirtschafts- und Währungspolitik eine maßgebliche Rolle im Währungs-, Finanz- und Handelssystem spielen. Neue, starke Akteure werden hinzukommen, und wir werden alle mit neuen Herausforderungen konfrontiert sein: angefangen beim Klimawandel über digitalisierte Finanzsysteme – die auch digitale Währungen beinhalten –, den Schutz geistigen Eigentums bis hin zur Industriepolitik. Wir verfügen bereits über die gut ausgebildete institutionelle Infrastruktur, die wir für die Bewältigung einiger dieser Herausforderungen benötigen. Allerdings muss sie noch die richtige und beständige Balance zwischen Stabilität und Weiterentwicklung finden. Was andere Herausforderungen betrifft, so müssen die führenden Politiker dieser Welt Verhandlungswillen und Kompromissbereitschaft aufbringen, damit mit dem Aufbau von Institutionen begonnen werden kann.

Im Bereich des Klimawandels zum Beispiel könnte man über internationale Abkommen hinausgehen und eine Institution etwa unter der Ägide der Vereinten Nationen und nach dem Vorbild der WHO errichten. Diese Institution könnte Schutz gegen (politische) Rückschläge bieten, die zurzeit – hoffentlich nur vorübergehend – in einzelnen Ländern zu verzeichnen sind. Außerdem könnte sie Fortschritte besser überwachen, die Einhaltung und Umsetzung von Bestimmungen sicherstellen und die Agenda konsequenter vorantreiben. Um noch effektiver zu sein, könnte eine solche Institution auch die Befugnis zur Durchsetzung von Vereinbarungen haben.

In Europa wird Diplomatie im weiteren Sinn künftig auch noch eine Rolle spielen, wenn es um die Bündelung von Souveränität geht, damit die WWU vollendet werden kann, sowohl in bestimmten politischen Bereichen (wie z. B. bei der Banken-, Kapitalmarkt- und Fiskalunion) als auch was neue Mitglieder betrifft. Auch wenn nicht unmittelbar auf höchster politischer Ebene angesiedelt, werden Verhandlungen sowie gute politische Lösungen und deren Umsetzung auf wirtschaftlichem Gebiet weiterhin einen wesentlichen Bestandteil bilden, selbst wenn sie sich im Hintergrund abspielen.

Insbesondere wird zur notwendigen Vertiefung der WWU irgendwann eine angemessene Fiskalkapazität geschaffen werden müssen. Insofern wäre eine der Bedingungen erfüllt, die auch für das Ziel der strategischen Autonomie Europas gelten dürften.[29] Zwischen der WWU und der strategischen Autonomie der EU mag auf den ersten Blick kein Zusammenhang bestehen, tatsächlich aber können sie sich unter Umständen gegenseitig verstärken.[30] So zeigt die Coronakrise, dass politische Gegenmaßnahmen auf internationaler wie auf europäischer Ebene die größte Wirkung entfalten, wenn Institutionen gut funktionieren und wenn sie, falls sie nicht zusammenarbeiten, doch zumindest am gleichen Strang ziehen. Und das ist nur möglich, wenn es Frauen und Männer gibt, die sich an die diplomatische Front wagen und bereit sind, diese Institutionen zu führen.[31]

**Christine Lagarde ist Präsidentin der Europäischen Zentralbank (EZB). Von 2007 bis 2011 war sie Finanzministerin der Republik Frankreich und von 2011 bis 2019 Generaldirektorin des Internationalen Währungsfonds.**

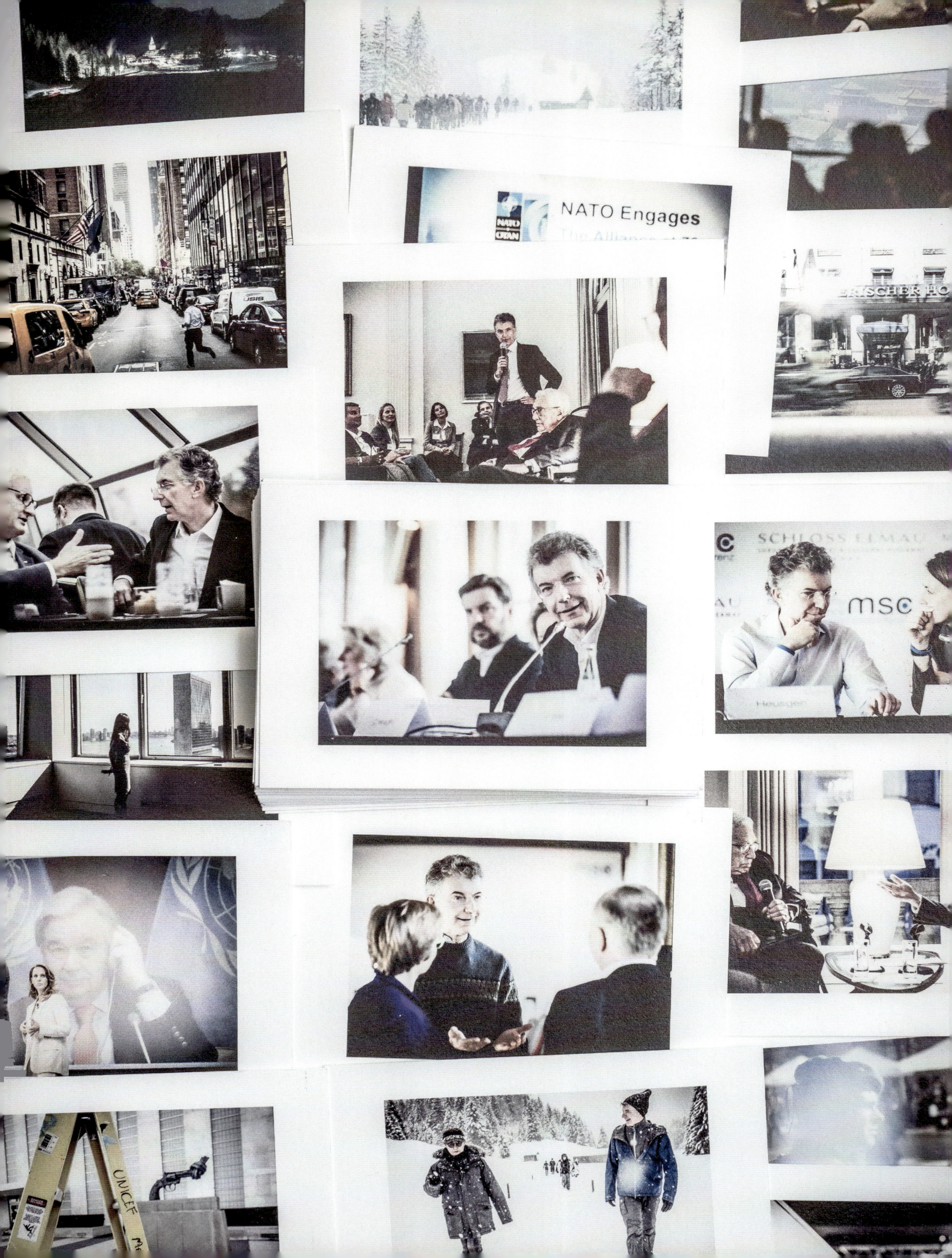
NATO Engages
SCHLOSS ELMAU
msc
Heusgen
UNICEF

# Frischen Wind in den Sicherheitsrat der Vereinten Nationen bringen

**Christoph Heusgen**

Im April 2019 übernahm Deutschland für einen Monat den Vorsitz im UN-Sicherheitsrat. Der Vorsitz rotiert im Monatsrhythmus. In der Regel hat ein nichtständiges Mitglied während seiner zweijährigen Zugehörigkeit zu diesem wohl wichtigsten Gremium der Vereinten Nationen zweimal die Gelegenheit, über seinen Monatsvorsitz die Tagesordnung festzulegen und Akzente zu setzen. In erster Linie gilt das natürlich für die Substanz, die besprochenen Themen. Wir hatten für unsere erste Präsidentschaft als Schwerpunktthema neben der Beschäftigung mit den aktuellen Krisen den Kampf gegen sexuelle Gewalt in Konflikten ausgewählt.

Wir wollten zudem noch einen eher symbolischen Akzent setzen, nämlich die Sitzungen des Sicherheitsrats transparenter und lebhafter gestalten. Zu diesem Zweck setzten wir gegen Widerstand des immer die Tradition wahrenden UN-Sekretariats sowie einiger ständiger Mitglieder des Sicherheitsrats durch, dass die schweren Vorhänge des altehrwürdigen Saals geöffnet wurden. Licht durchflutete auf einmal die „Kammer", es herrschte eine ganz andere Atmosphäre. Und um Dynamik in die Debatten zu bringen, setzten wir eine von einem kleinen Thüringer Unternehmer hergestellte überdimensionierte Sanduhr ein, deren fünfminütige Durchlaufzeit die jeweilige Rednerin oder den Redner dazu anhalten sollte, sich kurz zu fassen. Zudem forderte ich als Vorsitzender des Sicherheitsrats die Kolleginnen und Kollegen auf, ihre Redemanuskripte beiseitezulegen und frei zu sprechen, auf die Argumente der Vorredner einzugehen und es zu einer echten Diskussion kommen zu lassen.

Der Erfolg dieser Maßnahmen war zugegebenermaßen nicht sehr nachhaltig. Gegen alte Gewohnheiten anzugehen fällt nirgendwo leicht. Die Pandemie, aufgrund derer die Sitzungen nur virtuell stattfinden konnten, machte die Debatten teilweise noch öder und entfernte uns noch mehr von einem wirklichen Austausch. Aber uns war es gelungen, auch mediale Aufmerksamkeit zu gewinnen und eine Diskussion über die Arbeitsweise des Sicherheitsrats in Gang zu setzen. Da die genannten Aspekte regelmäßig kritisiert werden, bin ich zuversichtlich, dass auch andere Präsidentschaften das Thema in Zukunft wieder aufgreifen werden und es so vielleicht mit der Zeit zu einer Änderung kommt.

Geöffnete Vorhänge, Sanduhren und lebhaftere Diskussionen allein können natürlich tiefer sitzende, grundsätzliche Probleme, mit denen sich der Sicherheitsrat konfrontiert sieht, nicht lösen. Und es steht außer Frage, dass der Sicherheitsrat in einer Schwächephase steckt. Wir erinnern uns: Der UN-Sicherheitsrat ist in der Folge des verheerenden Zweiten Weltkriegs mit dem Ziel ins Leben gerufen worden, Konflikte in Zukunft nicht auf dem Schlachtfeld auszutragen, sondern am Verhandlungstisch. Er sollte rechtlich verbindliche Resolutionen verabschieden, die die Grundlage für die Beilegung von Streitigkeiten bilden und an die sich die Staatengemeinschaft halten sollte. Was in Europa durch die Gründung der Europäischen Union auf spektakuläre Weise gelang, nämlich Differenzen nicht mehr durch Gewalt, sondern auf politischem Weg durch die Europäische Kommission und die verschiedenen Ratsgremien oder notfalls durch den Europäischen Gerichtshof beizulegen, sollte auch auf globaler Ebene gelingen. Schon während des Kalten Kriegs wurde allerdings klar, dass es bei fehlendem politischem Willen eines oder mehrerer der fünf ständigen Mitglieder, die über ein Vetorecht verfügen, kaum Aussicht auf Lösungen gab. Dennoch war der Sicherheitsrat erfolgreich, vor allem wenn keine unmittelbaren Interessen der fünf permanenten Mitglieder betroffen waren. Und so ist es über die Jahrzehnte hinweg gelungen, auf dem Verhandlungsweg innerhalb und außerhalb des Sicherheitsrats Konfliktregelungen zu finden, Abkommen zu schließen, Vereinbarungen zu treffen – sowohl zu speziellen als auch zu allgemeinen Themen. So entstand eine regelbasierte internationale Ordnung.

Wenn ich feststelle, dass sich der Sicherheitsrat in einer Schwächephase befindet, dann hat das viel damit zu tun, dass in den letzten Jahren ein bedenklicher Trend seitens Russlands, Chinas, aber auch der USA zu beobachten ist, getroffene Vereinbarungen, Abkommen oder Resolutionen des Sicherheitsrats beiseitezuwischen, wenn sie den Regierungen nicht (mehr) genehm sind. Und wenn sich die „Großen" nicht daran

◄ Christoph Heusgen zu Gast auf MSC Events, unter anderem beim Munich Young Leaders Alumni Meeting 2019.

halten, warum sollen es dann die „Kleinen" tun, fragen und sagen sich viele.

Russland hat mit der Invasion und der Besetzung eines Teils der Ukraine und der Annexion der Krim die wohl schwerste Verletzung des Völkerrechts in Europa seit dem Ende des Zweiten Weltkriegs begangen. Die Äußerungen aus Moskau lassen nicht darauf hoffen, dass dieser Konflikt bald beigelegt wird. Die militärische Unterstützung des Assad-Regimes, das schwerste Kriegsverbrechen begangen hat und begeht, und die damit zusammenhängenden russischen Angriffe auf die OVCW (auch) im UN-Sicherheitsrat, die internationale Organisation, die sich um die Beachtung der Chemiewaffenkonvention müht, wirft weitere Fragen hinsichtlich der Haltung Russlands zum Völkerrecht auf. Durch die Entsendung von Söldnern („Wagner-Truppe") nach Libyen verstößt Russland gegen rechtlich verbindliche Sicherheitsratsresolutionen. Höchst bedenklich stimmen auch die russischen Cyberangriffe weltweit, die Morde an Oppositionellen und Geheimdienstüberläufern sowie die Außerkraftsetzung politischer Grundrechte in Russland selbst.

Auch China wendet sich mit zunehmender politischer und wirtschaftlicher Macht und trotz gegenteiliger Beteuerungen vom Völkerrecht ab, so es seine nationalen Interessen stört. Besonders offensichtlich ist dies im Südchinesischen Meer, wo China kontinuierlich versucht, das Recht des Stärkeren gegen das geltende Seerecht durchzusetzen. Auch die Vereinbarung zu Hongkong („ein Land, zwei Systeme") hat China rücksichtslos außer Kraft gesetzt. Mit dem Einsperren Hunderttausender Uiguren in Umerziehungs- und Arbeitslagern begeht China Verbrechen gegen die Menschlichkeit. Es sind auch nicht nur die Uiguren, sondern auch Tibeter, Mongolen und andere Minderheiten, die von Peking unterdrückt werden.

**Angesichts unserer Erfahrungen und unserer Verantwortung aus der deutschen Geschichte dürfen wir den Einsatz für den Multilateralismus, für die regelbasierte internationale Ordnung und für die Vereinten Nationen nicht aufgeben. Die großen Herausforderungen, mit denen sich die Menschheit konfrontiert sieht, wie Klimawandel, Unterentwicklung und Pandemien, können nur gemeinsam mit Aussicht auf Erfolg angegangen werden.**

Unter der Trump-Administration haben auch die USA sich in vielen Bereichen von der multilateralen Zusammenarbeit abgewandt und das Völkerrecht ignoriert: Sie stiegen aus dem Pariser Klimaabkommen, der Weltgesundheitsorganisation und dem Genfer Menschenrechtsrat aus. Das durch eine Sicherheitsratsresolution rechtlich verbindlich gewordene Nuklearabkommen mit dem Iran wurde von der US-Administration einseitig außer Kraft gesetzt. Gegen geltende Sicherheitsratsresolutionen (d.h. von den USA selbst mitgetragene Entscheidungen) wurde die US-Botschaft von Tel Aviv nach Jerusalem verlegt, die territoriale Souveränität Israels über die Golan-Höhen anerkannt. Ähnliches erfolgte bezüglich der Westsahara: Auch hier verstieß die amerikanische Anerkennung der marokkanischen Souveränität über dieses Gebiet gegen eine rechtlich verbindliche Sicherheitsratsresolution. Leider ist diese Liste von Verstößen gegen internationales Recht nicht vollständig. Auf der anderen Seite ist es natürlich zu begrüßen, dass die US-Administration unter Präsident Biden einige der gröbsten Verstöße der Vorgängerregierung rückgängig gemacht hat, leider aber nicht alle. Und angesichts der aufgeheizten und polarisierten politischen Stimmungslage in den USA kann niemand mit Sicherheit sagen, dass die Trump'sche Außenpolitik ein einmaliger Unfall bleiben wird.

Vor dem Hintergrund dieser trostlosen Analyse stellt sich die Frage nach der Reaktion der internationalen Staatengemeinschaft auf die dargestellten Trends. Eine Möglichkeit bestünde darin, das Engagement für eine regelbasierte internationale Ordnung einzustellen, die Vereinten Nationen ihrem Schicksal zu überlassen mit der Aussicht, dass sie so enden wie ihr Vorgänger, der Völkerbund. Wir würden in eine „Ordnung" zurückkehren, in der das Recht des Stärkeren sich durchsetzt. Allein oder mit Gleichgesinnten muss jeder Staat dann versuchen, seine Interessen zu verteidigen, um nicht Opfer derjenigen zu werden, die ihre Anliegen mit allen Mitteln durchzusetzen versuchen. Man will sich eine solche Ordnung nicht erneut vorstellen, geschweige denn entwickeln sehen.

Aus diesem Grund, aber vor allem angesichts unserer Erfahrungen und unserer Verantwortung aus der deutschen Geschichte dürfen wir den Einsatz für den Multilateralismus, für die regelbasierte internationale Ordnung und für die Vereinten Nationen nicht aufgeben. Die großen Herausforderungen, mit denen sich die Menschheit konfrontiert sieht, wie Klimawandel, Unterentwicklung und Pandemien, können nur gemeinsam mit Aussicht auf Erfolg angegangen werden. Mit der Einigung auf langfristige Entwicklungsziele, die sogenannten *Sustainable Development Goals* (SDGs), haben die Vereinten Nationen bereits gemeinsame Ziele gesetzt. Dass diese Einigung überhaupt erfolgt ist, stellt einen herausragenden Erfolg der Staatengemeinschaft dar. Es geht in Zukunft darum, die internationale Gemeinschaft und insbesondere diejenigen Staaten, die glauben, mit Alleingängen oder nur, wenn es ihnen passt, gemeinsam vorzugehen, davon zu überzeugen, dass die Einhaltung des internationalen Regelwerks und die gemeinsame Bewältigung der großen Zukunftsaufgaben der Weltgemeinschaft auch in ihrem Interesse liegt. Mit guten Worten und Appellen allein wird das nicht immer zu erreichen sein, es muss auch politischer Druck ausgeübt werden.

Die Bewahrung von Frieden und Sicherheit gehört zu den wichtigsten Zukunftsaufgaben. Der Sicherheitsrat der Vereinten Nationen wird das durch das Völkerrecht legitimierte Forum für die friedliche Streitbeilegung bleiben. Die geschilderten Defizite dürfen uns nicht davon abhalten, uns immer wieder für die regelbasierte internationale Ordnung einzusetzen, für die Einhaltung von Sicherheitsratsresolutionen, für die Verteidigung der Menschenrechte. Wie wir am Beispiel der US-Regierung gesehen haben, die sich wieder den Vereinten Nationen zugewandt hat, lohnt sich der anhaltende Einsatz. Warum sollten China oder Russland nicht auch zu der Einschätzung kommen, dass die prinzipielle Achtung des Völkerrechts in ihrem Interesse liegt?

Unabhängig von der Einstellung der ständigen Mitglieder des Sicherheitsrats zum Völkerrecht gilt es, den Sicherheitsrat zu reformieren. Er spiegelt in seiner Zusammensetzung nicht mehr die Realitäten der heutigen Welt. Das Gremium wurde zuletzt in den Sechzigerjahren reformiert. Wenn sich die Beharrungskräfte weiter durchsetzen, insbesondere China, das seine privilegierte Stellung in Asien durch eine mögliche ständige Mitgliedschaft Indiens und Japans gefährdet sieht und von Russland unterstützt wird, dann verliert der Sicherheitsrat auf Dauer an Legitimität, dann sehen sich vor allem die Afrikaner nicht angemessen vertreten. Schon jetzt ist festzustellen, dass sich die Afrikaner häufig dagegen wenden, Konflikte auf ihrem Kontinent im Sicherheitsrat auf die Tagesordnung zu setzen. Zuletzt war das bei den in Äthiopien ausgebrochenen Auseinandersetzungen der Fall. Diese Tendenz der Afrikaner, Lösungen für ihre Konflikte in der Afrikanischen Union oder in afrikanischen Regionalorganisationen zu suchen, wird sich verstärken. Deshalb ist es nachvollziehbar, dass bei den afrikanischen Ländern Widerstand gegen Chinas Politik wächst, die Afrikaner mit allen Mitteln von der nachdrücklichen Forderung einer Sicherheitsratsreform in der Generalversammlung abzuhalten. Bedauerlich ist allerdings auch, dass sich Staaten wie Italien, Spanien, Mexiko, Kanada, Argentinien und Südkorea Reformen verweigern. Sie befürchten, bei einer Reform zu kurz zu kommen. Die Staaten, die die internationale regelbasierte Ordnung unterstützen, müssen an ihre Verantwortung gegenüber der Staatengemeinschaft erinnert werden; sie sollten sich endlich zu substanziellen Verhandlungen bereit erklären, statt sich diesen zu verweigern.

Immer wieder wird die Frage eines „europäischen Sitzes" im Sicherheitsrat der Vereinten Nationen diskutiert. Er stünde in der Konsequenz der über die in den letzten Jahre weiterentwickelten gemeinsamen Außen- und Sicherheitspolitik der Europäischen Union. Die Forderung nach einem solchen Sitz verkennt aber eines: Die Charta der Vereinten Nationen sieht nur Mitgliedschaften von Einzelstaaten vor. Eine Änderung der Charta in diesem Punkt zu erreichen ist völlig aussichtslos. China und Russland würden dem nie zustimmen. Auch andere Staaten, die nicht demokratisch regiert werden und die Menschenrechte nicht achten, würden sich nicht für einen europäischen Sitz stark machen. Letztlich hat das ständige Mitglied Frankreich kein Interesse an der Relativierung seiner Stellung. Dennoch besteht Potenzial für eine stärkere europäische Stimme im Sicherheitsrat. Während die drei nichtständigen afrikanischen Mitglieder im Sicherheitsrat regelmäßig mit einer Stimme in Form von gemeinsamen Erklärungen sprechen, schaffen dies die europäischen Mitglieder nicht. Vor allem Frankreich, für das sein ständiger Sitz einen sehr hohen Stellenwert hat, wehrt sich bisher gegen eine stärkere „Europäisierung". Auf den in den letzten Jahren häufiger erfolgten gemeinsamen Presseerklärungen der EU-Mitglieder im UN-Sicherheitsrat lässt sich aber aufbauen. Dass die Vertretung des Europäischen Auswärtigen Dienstes in New York in den letzten Jahren kontinuierlich an Einfluss und Bedeutung gewonnen hat, ist ebenfalls eine positive Entwicklung.

> **Unabhängig von der Einstellung der ständigen Mitglieder des Sicherheitsrats zum Völkerrecht gilt es, den Sicherheitsrat zu reformieren. Er spiegelt in seiner Zusammensetzung nicht mehr die Realitäten der heutigen Welt.**

Deutschland hat im Sicherheitsrat wie beschrieben versucht, die Sitzungen dynamischer und transparenter zu gestalten. Dazu hat auch die Einladung von vor allem Vertreterinnen der Zivilgesellschaft gesorgt, die wir regelmäßig als „Briefer" eingeladen hatten. Wir haben aber auch – und vor allem – durch substanzielle Beiträge geholfen, den Sicherheitsrat und die friedliche Streitbeilegung voranzubringen. Mit unserem politischen Engagement für eine Lösung des Ukrainekonflikts, für Libyen, den Sudan, für Afghanistan, die Entsendung von Bundeswehrsoldaten in UN-Missionen nach Mali und in den Libanon, mit der Entsendung einer Fregatte in das Südchinesische Meer, mit dem Aufsetzen wichtiger Themen auf die Sicherheitsrats-Tagesordnung wie die Anwendung sexueller Gewalt in Konflikten oder des Zusammenhangs zwischen Klima und Sicherheit und mit dem konsequenten Einsatz für Menschenrechte haben wir Verantwortung übernommen und daran mitgewirkt, die internationale regelbasierte Ordnung und den Sicherheitsrat zu stärken.

Deutschlands Beiträge werden anerkannt. Es wird anerkannt, dass wir zweitgrößter Beitragszahler der Vereinten Nationen sind. Wir werden für Konfliktlösungen herangezogen, weil unsere neutrale, dem Völkerrecht verpflichtete Haltung geschätzt wird. Gerade in Zeiten, in denen die ständigen Mitglieder des Sicherheitsrats nicht die regelbasierte Ordnung im Zentrum ihrer Bemühungen halten, muss Deutschland diese Rolle konsequent weiter ausfüllen. Dabei werden wir Ergebnisse nie allein erzielen, sondern nur mit Partnern. Das sind natürlich unsere traditionellen Verbündeten in EU, NATO und G7. Wir sollten aber vermehrt auch auf Partnerschaften jenseits des klassischen „Westens" setzen, das heißt mit Ländern in Afrika, Asien, Australien und Südamerika, die sich guter Regierungsführung und der regelbasierten internationalen Ordnung verschrieben haben. Schließlich formen die Charta der Vereinten Nationen und die Allgemeine Erklärung der Menschenrechte ein universal geltendes Regelwerk, dem sich alle Staaten verpflichtet haben. Es sind keine Regeln „des Westens". Gemeinsam sollte es gelingen, die Relevanz des UN-Sicherheitsrates wieder zu steigern.

**Die Charta der Vereinten Nationen und die Allgemeine Erklärung der Menschenrechte formen ein universal geltendes Regelwerk, dem sich alle Staaten verpflichtet haben. Es sind keine Regeln „des Westens".**

**Christoph Heusgen ist Vorsitzender der Münchner Sicherheitskonferenz. Er war langjähriger außen- und sicherheitspolitischer Berater von Bundeskanzlerin Angela Merkel und zuletzt Ständiger Vertreter der Bundesrepublik Deutschland bei den Vereinten Nationen in New York.**

António Guterres auf der Münchner Sicherheitskonferenz im Februar 2022.

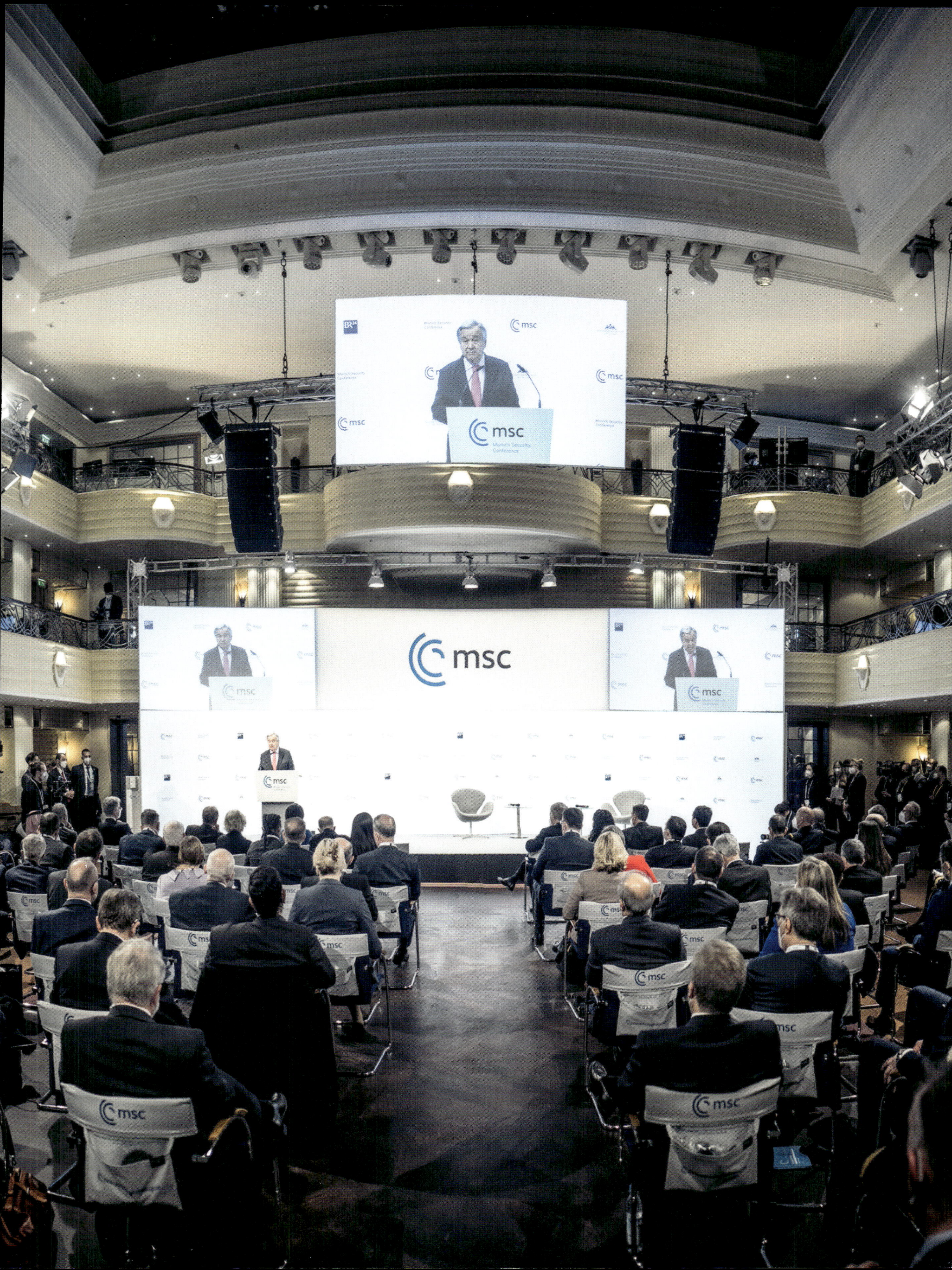
msc

# 4 Lehren

50th Munich Security
Conference
50. Münchner Siche

January 31 –
31. Januar

# Die EU und drei außenpolitische Lehren

**Catherine Ashton**

Die Zukunft Europas hängt nicht nur von der inneren Dynamik zwischen den Nationen, sondern auch von den Beziehungen und Zwängen ab, die an seinen Grenzen nicht haltmachen. Jedes Land hat seine eigene Geschichte, seine Geografie und seine Politik. Ambitionen, Verbindungen und Animositäten sind Faktoren, die bei jeder Analyse, warum Europa seine Entscheidungen so und nicht anders trifft, zu berücksichtigen sind. Deshalb ist es nicht immer einfach, eine einheitliche Position zu prognostizieren, selbst da, wo die Mitglieder der EU klare gemeinsame Interessen haben müssten.

Außerhalb der EU stehen Länder wie Großbritannien, Norwegen und die Schweiz ebenfalls fest zu den Werten und Idealen, die den Prinzipien zugrunde liegen, auf denen die EU gründet. Andere europäische Länder würden am liebsten zur EU gehören oder eng mit ihr verknüpft sein und bemühen sich um starke wirtschaftliche und politische Bande. Manche dieser Ambitionen belasten die Beziehungen innerhalb der EU – entweder wegen einer generellen Erweiterungsmüdigkeit oder aus Sorge, sich neue Probleme einzuhandeln, da die Mitgliedstaaten schon jetzt mit genügend internen Herausforderungen zu kämpfen haben.

Externe Beobachter und interne Kritiker könnten nun argumentieren, dass fraglich ist, ob Europa die Fähigkeit besitzt, eine stärkere Rolle in einer Welt zu spielen, die zunehmend auf der Suche nach neuer Führung ist. Ohne gemeinsame Positionen und klare Ideen ist es schwierig zu entscheiden, ob Europa für eine solche Rolle gerüstet ist. Ob ein Erfolg möglich ist, hängt von Europas Beziehungen zu verschiedenen Nationen und dem Umgang mit allerlei Krisen und Herausforderungen, Themen und Idealen ab.

Drei wichtige Außenbeziehungen werden die Agenda auch weiterhin dominieren: die zu den USA, Russland und China. Alle drei haben auf unterschiedliche Weise das Zeug dazu, der Vorstellung von starken europäischen Ländern, einer starken europäischen Identität und der EU als einem außenpolitischen Akteur zu schaden. Alle drei haben schon versucht, den Zusammenhalt der EU zu schwächen und individuelle Beziehungen zu knüpfen oder alternative Gruppierungen zu bilden. China schuf den China-Mittel-Ost-Europa-Gipfel als eine Möglichkeit, einige europäische Nationen von innerhalb und außerhalb der EU zusammenzubringen, um für die neue Seidenstraße zu werben und die Zusammenarbeit in Bereichen wie beispielsweise der Infrastruktur zu fördern. Viele europäische Länder begrüßen diese Möglichkeit, direkt – statt über den Umweg der EU-Strukturen – den Kontakt zu China zu pflegen. Zugleich tut sich die EU schwer damit, eine langfristige Strategie gegenüber China zu entwickeln, was zum Teil das ungelöste Dilemma widerspiegelt, ob die EU nahe bei den USA segeln oder ihren eigenen Kurs suchen soll in dem, was eine stürmische See zu werden verspricht.

Russland stellt Europa vor die unmittelbarsten und schwierigsten Probleme. Mit seinem Verhalten in der Ukraine, der Vergiftung und Internierung des Oppositionsführers Alexei Nawalny und den Cyberangriffen auf Europa bewirkt es ein substanzielles Umdenken im Bereich der Verteidigungs- und Sicherheitsstrategien. Einzelne europäische Länder unterhalten seit Langem bestehende Verbindungen besonders im Energiebereich, und manche haben in den letzten Jahren signifikante Investitionen gesehen, die sich auf Entscheidungen in der Gegenwart (Sanktionen) und in der Zukunft (Handel und Energie) auswirken. In diesem Kontext eine gemeinsame Position zu finden ist für die EU nicht einfach.

Am dramatischsten hat sich die Beziehung zu den USA entwickelt. Die transatlantische Partnerschaft war eine entscheidende Kraft, die Europa dazu trieb, Probleme gemeinsam zu lösen und ein Partner in der Förderung von Wirtschaftswachstum und Demokratie zu sein. Das Interesse der jeweiligen US-Präsidenten an der Zukunft Europas, verbunden mit der Selbstverständlichkeit, mit der in Europa davon ausgegangen wurde, dass die USA ihre Verbündeten jenseits des Atlantiks stets schützen würden, hat zu einer starken Abhängigkeit von amerikanischer Unterstützung geführt. Nachdem die US-Präsidenten regelmäßig gewarnt haben, Europa müsse einen größeren Teil der Last seiner eigenen Sicherheit selbst tragen, hat dies nun die Trump-Administration in unverblümter Weise klargemacht. Seither ist auf beiden Seiten noch nicht alles wieder so, wie es war. Man wird sehen, ob das eine Gelegenheit für Europa ist – besonders nach den Ereignissen in Afghanistan –, mehr Verantwortung für Bereiche der Außen- und Verteidigungspolitik zu

◀ Catherine Ashton mit Hashim Thaçi auf der Münchner Sicherheitskonferenz im Februar 2014.

übernehmen, die es traditionell der amerikanischen Führung überlassen hat.

Dicht vor der Haustür sind die Herausforderungen, mit denen sich Europa in seiner Nachbarschaft konfrontiert sieht. Von den Kriegen in der Ukraine, Syrien und Libyen bis zu den schwelenden Konflikten in Georgien, Moldawien ist Europa von den Tragödien, die sich in seinem Hinterhof abspielen, unmittelbar betroffen. Die Erinnerungen an den Krieg und die Schrecken des Zusammenbruchs Jugoslawiens sind noch präsent, und das Ziel, alle Nationen des westlichen Balkans ihren Weg in die EU finden zu lassen, ist noch immer ein Wunsch, auch wenn er für einige eher weiter unten auf der Agenda steht.

Diese Probleme spielen in die Innenpolitik der einzelnen Länder hinein. Stets stehen irgendwo nationale oder regionale Präsidentschafts- oder Parlamentswahlen an. Jederzeit kann eine Regierung infolge koalitionspolitischer Veränderungen oder prekärer Mehrheitsverhältnisse stürzen.

Selbst die sicherste von ihnen ist sich der Sorgen ihrer Bevölkerung bewusst, und in allen Ländern ist Migration ein aktuelles und schwieriges Thema. Der Populismus schleicht durch die Länder Europas, erzeugt Wut und Sündenbockmentalität und nutzt das Chaos in der Nachbarschaft, um die Angst zu schüren, große, unkontrollierte Flüchtlingsscharen könnten die Länder in ihrem Wesen verändern. Während die Freizügigkeit für die Jungen und Unternehmungslustigen Gelegenheit schafft, in anderen EU-Ländern zu arbeiten, kommt die Angst davor, wie die Zukunft in den Ländern aussehen könnte, die sie verlassen haben, verstärkt in der Forderung zum Ausdruck, andere sollten mehr Verantwortung übernehmen oder das Problem sollte „andernorts" behandelt werden.

Starke außen- und sicherheitspolitische Antworten auf die Nachbarschaft zu finden ist die sichtbarste Art, wie Europa seine Fähigkeit demonstrieren kann, die Frage zu beantworten, ob es als wichtiger außenpolitischer Akteur ernst genommen werden will. Die Fähigkeit, die Probleme in der Nachbarschaft zu lösen, erforderte schon immer, Kompromisse zwischen Fragestellungen zu finden, die für manche Länder ganz oben auf der Prioritätenliste und für andere eher unten stehen; sie spiegelte stets unterschiedliche Ansichten über die Ursachen eines Problems und darüber, wer am besten in der Lage sei, es zu lösen; sie verlangte auch, Schritte zu unternehmen, die zum Preis einer möglichen Schädigung der Binnenwirtschaft eine kollektive Antwort ermöglichen. Aber die Nachbarschaft bietet Europa die Chance, seine Stärke, seine Werte und seine Entschlossenheit zu demonstrieren und eine starke Kraft für Demokratie und Menschenrechte zu sein. Ich habe viel über die Handlungsfähigkeit der EU gelernt und über ihr Potenzial, mehr zu tun. Von den Küsten eines Landes aus, das nicht mehr Teil der EU ist, warte ich mit Spannung darauf, dass dieses Potenzial realisiert wird. Aus meiner Arbeit mit der EU, wie sie ist, und mit der Möglichkeit dessen, was sie in Zukunft tun könnte, habe ich viel gelernt. Folgende drei Lehren aus der Außenpolitik sind besonders wichtig.

### Ein System der Zusammenarbeit

Es gibt keine ernsten Probleme, die ein einzelnes Land allein lösen könnte. Von den globalen Herausforderungen Klimawandel und COVID-19 über die Gefahren schwerer Verbrechen und terroristischer Akte bis zu den Vorteilen von Partnerschaften in Handel und Wirtschaft können Länder nur gemeinsam ihre Ziele erreichen.

Kooperation war von Anfang an das Herzstück des europäischen Projekts. Je komplexer die Fragen auf der Tagesordnung wurden und je mehr Staaten mit ihren eigenen Prioritäten hinzukamen, desto schwieriger wurde die Zusammenarbeit – und desto notwendiger. Lösungen für das durch Chaos und Krieg, Trockenheit, Flut oder wirtschaftliche Not ausgelöste Flüchtlingsproblem erfordern einen breiten Konsens. Die

> Es gibt keine ernsten Probleme, die ein einzelnes Land allein lösen könnte.

Erarbeitung konkreter Vorschläge zum Umgang mit unserem veränderten Klima und zur Verhinderung eines potenziell katastrophalen weiteren Wandels verlangt nach nachhaltigen Anstrengungen. Nichts von alledem ist einfach. Politiker, die ihre Heimatländer repräsentieren, lassen ihre heimischen Prioritäten und politischen Programme nicht an der Garderobe des Besprechungsraums des Rates in der Rue de la Loi in Brüssel. Vielmehr sind sie sich der Stärken oder Schwächen ihrer Regierung und der Realität in ihrem eigenen Land sehr wohl bewusst. Das soll nicht jene entschuldigen, die der Kooperation keine Bedeutung beimessen für ihren eigenen Erfolg und den der EU, sondern nur ins Bewusstsein rücken, unter welchem Druck ein jeder von ihnen steht. Kooperation verlangt jenen, die um den Tisch sitzen, häufig politischen Mut und Weitsicht ab. Sie setzt auch das Wissen darum voraus, dass eine Konvergenz der Interessen und Werte einen Handlungsrahmen schafft.

Der Green Deal ist ein gutes Beispiel dafür, welche Art von kooperativem, langfristigem und weitgespanntem Denken mit seinen Zielen und Meilensteinen hier gefragt ist. Dieser umfassende Plan, der für sämtliche 27 EU-Mitgliedstaaten ehrgeizige Ziele für den Ausstieg aus den fossilen Brennstoffen, verstärkte Investitionen in saubere Energie und eine klare Rolle für den privaten Sektor vorgibt, ist ein gutes Beispiel für jene Art von nations- und branchenübergreifendem Denken, das überall auf dem Globus benötigt wird. Er wird nicht einfach umzusetzen sein und wird bereits jetzt von einigen Mitgliedstaaten als zu weitgehend kritisiert, während andere im Europäischen Parlament finden, dass er nicht weit genug geht. Aber die Tatsache, dass er existiert und ein wichtiger Teil der Diskussionen Anfang November 2021 auf der UN-Klimakonferenz, auch bekannt unter dem Kürzel COP26, im schottischen Glasgow war, beweist seine Bedeutung. Mit jedem Tag wird die Notwendigkeit, nachhaltige, langfristige und praktikable Lösungen zu finden, dringlicher. Die NASA sagt uns, dass die letzten sieben Jahre allen bisherigen Anstrengungen zum Trotz die wärmsten seit Beginn der Aufzeichnungen waren. Die Forderung, alle verfügbaren Ressourcen in die Bewältigung der Klimakrise zu investieren, ist deshalb unvermeidbar.

Während die einzelnen Nationen gut durchdachte, ehrgeizige Ziele und Selbstverpflichtungen zur Konferenz beisteuern sollten, liegen viele reale Lösungen in Kooperation und Partnerschaft. Die Nutzbarmachung des gemeinsamen Sachverstands quer durch die Branchen, Länder und Regionen muss Schwung gewinnen. Der Green Deal der EU zeigt, wie diese Kooperation funktionieren kann.

Im breiteren internationalen System herrscht seit gut siebzig Jahren ein gewisses Maß an Übereinkunft, dass die mit dem Begriff der westlichen Demokratie assoziierten Werte und Normen das Herzstück dessen bilden, was dieses System zusammenhält. Diese Übereinkunft wird besonders in den letzten Jahren zunehmend infrage gestellt. Der russische Außenminister Sergei Lawrow schrieb vor Kurzem, dass der Westen andere Formen der Staatsführung anerkennen sollte. Er argumentierte, dass unter anderem Russland und China ihre eigenen Werte und Traditionen im Rahmen einer tausendjährigen Geschichte hätten. Jeder Versuch zu entscheiden, wessen Werte die besseren sind, ist in seinen Augen müßig. China hat deutlich gemacht, dass es bei der Festlegung der internationalen Regeln mitspielen möchte. In der europäischen Union stellen Polen und Ungarn die Frage, „welche" europäischen Werte und „wessen" Gesetze gelten sollten. Sie stellen ihre eigenen Sichtweisen über das gemeinsame Interesse, wenn es darum geht, wie die EU in internationalen Angelegenheiten geschlossen auftreten kann. Anhaltende Meinungsunterschiede bezüglich der richterlichen Unabhängigkeit in Polen und der Pressefreiheit in Ungarn haben sich zu grundlegenden Differenzen im Herzen der Union ausgewachsen. Der niederländische Premierminister Mark Rutte erklärte öffentlich, Ungarn habe aufgrund seiner LGTBQ-Rechte beschneidenden Gesetzgebung keinen Platz mehr in der EU. In Wirklichkeit würde der Ausschluss einer Nation aus der EU eine einstimmige Entscheidung nach einem langwierigen Prozess erfordern, wobei alle Beteiligten versuchen würden, ein solches Ergebnis zu vermeiden. Aber der Frust ist mittlerweile groß, und die Chancen, auf externe Herausforderungen mit konzertierten, gemeinsamen Aktionen reagieren zu können, schwinden.

Damit die internationale Gemeinschaft durch die UN und insbesondere den UN-Sicherheitsrat oder durch eine einhellige Position der Europäischen Union handeln kann, muss ein einheitliches Verständnis des Problems und der Lösung gegeben sein. Das scheint zunehmend schwerer erreichbar zu sein. Es war schon immer so, dass ein Regierungswechsel in einem Land Unterschiede in der Innen- und Außenpolitik nach sich ziehen konnte. Im Herzen des Systems lautete die Annahme jedoch, dass die USA und Europa grundsätzlich den Werten und Idealen der jüngsten Vergangenheit verschrieben bleiben.

Die USA können nicht garantieren, dass eine neue Administration in vier Jahren zu ihren Zusagen in Sachen Klima, Außenpolitik oder strategische Bündnisse stehen wird. Das wird in die Entscheidung anderer Länder hineinspielen, inwieweit sie bereit sind, signifikante Schritte zu unternehmen. In dem Maße, wie internationale Organisationen infrage gestellt werden und der Weg über formale internationale Gremien unpassierbar erscheint, wird die Lösung komplexer Probleme von der Zukunft Afghanistans bis zur Beendigung der Konflikte in der Ukraine oder in Syrien zunehmend schwierig.

Dies mag die Zeit sein, um erprobte und bewährte Modelle der Zusammenarbeit neu unter die Lupe zu nehmen, von denen es drei Versionen gibt. Die erste ist die formale Kooperation, wenn Staaten bereit sind, im Rahmen klar festgelegter Regeln zusammenzuarbeiten. Die offensichtlichsten Beispiele sind die UN-Einsätze oder EU-Missionen, bei denen Menschen in Not zivile und militärische Unterstützung erhalten und gemeinsam Sanktionen erlassen oder Hilfsprogramme organisiert werden. Die Zusammenarbeit in der EU in Verteidigungsfragen über die Europäische Verteidigungsagentur ist ein Bereich, in dem sich Größenvorteile und die Möglichkeit, Wissen mit Verbündeten zu teilen, als unschätzbar erweisen. Unter anderem kamen Hubschrauberpilotenausbildung und die Sicherstellung, dass alle Mitgliedstaaten die Fähigkeit zur Luftbetankung besitzen, Missionen der NATO und der EU sowie der Kapazität individueller Nationen zugute.

Die zweite Version ist der informelle Prozess oder die Koalition der Willigen. Diese Gruppierungen decken ebenfalls das Aktivitätsspektrum von militärisch und zivil bis zu humanitärer Hilfe ab. Das jüngste G7-Treffen ist ein Beispiel für eine informelle Gruppierung, deren Mitgliedschaft auf jene begrenzt ist, die bereits dieselben Ideen teilen. Ohne formale Regeln war die G8 in der Lage, Russland durch schlichte Ausladung aus der Runde zu entfernen und wieder zur G7 zu werden. Die Vorteile sind offensichtlich: eine Zusammenarbeit nur in Fragen, über die Einigkeit herrscht, eine Mitgliederzusammensetzung, die den Interessen der Beteiligten entspricht, und eine selektive Themenwahl ohne die Erwartung, sich mit allen beschäftigen zu müssen. Die Nachteile sind ebenso klar. Ohne formale Strukturen verfügen diese Gruppierungen weder über juristische oder moralische Autorität noch zwangsläufig über die Tiefe und Ausdauer, um Jahre hindurch ein Problem konsequent zu verfolgen. Sie sind wie Jachten, die flexibel manövrieren und schnell Unterstützung bieten können im Unterschied zu den formalen Modellen, die eher an Tanker erinnern, die Mühe haben, Schwung aufzunehmen oder den Kurs zu ändern, aber in der Lage sind, lange Zeit auf See zu bleiben. In der EU ist die Europäische Kommission der Tanker, während der Europäische Auswärtige Dienst (EAD) die Qualitäten einer Jacht aufweist und sich schneller bewegen kann. Die beste Antwort liefert jedoch die Kombination von beidem, wenn zum Tempo der ersten Reaktion die langfristige Unterstützung hinzukommt. Jedes Modell hat seine Nachteile. Die Krise in Libyen begann mit einem formalen Prozess des UN-Sicherheitsrats zwecks Schutzes der Menschen in Bengasi vor den Angriffen von Gaddafis Truppen. Daraus wurde die Reaktion einer Koalition der Willigen, die sich von formal zu informell oder vom Tanker zur Jacht entwickelte. Das Problem kam, als auf die anfängliche Begeisterung für eine Militärmission keine langfristige Unterstützung folgte, weil die Koalition wegbrach und vor Ort keine Regierung existierte, die bereit war, internationalen Gremien zu gestatten, praktische Unterstützung zu leisten. Libyen versank im Chaos. Jede konsequente Reaktion setzt die Kenntnis der Stärken und Schwächen beider Modelle und die Bereitschaft voraus, sie gekoppelt für die Lösung ein und desselben Problems zu nutzen.

Es existiert ein drittes Modell, das ein Hybrid beider darstellt und am besten von den Iran-Verhandlungen exemplifiziert wird, die zum Joint Comprehensive Plan of Action (JCPOA) führten. Einer Koalition aus sechs Ländern unter EU-Vorsitz wurde die Befugnis erteilt, ein Abkommen auszuhandeln. Es war kein formales Modell, weil keine ernsthafte Verpflichtung seitens der sechs Länder bestand, sich an das Abkommen zu halten – wie die ausbleibende Reaktion auf den Rückzug der USA beweist. Die Grundlage bildete das informelle Modell einer Koalition, die gewillt war, den Job gemeinsam zu erledigen, und die formale Übereinkunft, dass sie die Autorität besaß, dies im Auftrag der Vereinten Nationen zu tun. Der Vorteil, den das informelle Modell brachte, lag in der Fähigkeit, Probleme aufzugliedern, sodass die Gespräche auch dann weitgehend ungestört weitergingen, nachdem Russland die Krim eingenommen hatte und in Teile der Ostukraine eingedrungen war. Ich flog zwischen Kiew, wo ich das russische Vorgehen verurteilte, und Wien hin und her, wo ich neben Russland am Iran-Deal mitwirkte. Wenn wir die Chance haben wollten, mindestens eine dieser Fragen zu lösen, mussten wir Möglichkeiten finden, sie klar voneinander zu trennen. Ob das auch bei zukünftigen Disputen möglich sein wird, muss sich jedoch erst noch zeigen.

Die Klimakonferenz verwendet ebenfalls dieses Modell in dem Versuch, die Welt zu radikaleren und nachhaltigeren Lösungen zu bewegen. Einerseits sind da die Unterzeichner der Klimarahmenkonvention der Vereinten Nationen – eines Vertrags von 1994 – und die EU als ein wichtiger Teilnehmer mit einem abgestimmten Plan formaler Strukturen. Andererseits handelt es sich um eine Koalition der Willigen, die bereit ist, das Notwendige zu tun, um den Planeten vor der größten Krise zu bewahren, die uns droht. Im Interesse eines positiven Ergebnisses werden die Dispute und Konflikte zwischen den Nationen beiseitegeschoben oder verlagert – zumindest bis eine Einigung erzielt werden wird. Es werden Zusagen gemacht werden, die hoffen lassen, dass die Politiker, die in die Fußstapfen derer treten, die diese Zusagen heute machen, sie einhalten werden. Aber wie immer im Informellen lassen sich Sanktionen gegen jene, die es nicht tun, nur schwer vereinbaren und noch schwerer durchsetzen.

In den kommenden Jahren wird es angesichts einer wachsenden Zahl von Krisen, schwelender Konflikte und Sorgen bereitenden Problemen möglicherweise an der Zeit sein, die Modelle zu überprüfen, zu testen und zu verfeinern. Ohne Kooperation haben wir kaum eine Chance, ernsthafte und nachhaltige Lösungen zu finden. Die richtigen Modelle zur richtigen Zeit könnten helfen. In unserer vernetzten Welt kann keine Nation im Alleingang bestehen.

### Tiefe Demokratie

Auf Kundgebungen und Demonstrationen von Tunesien bis zur Ukraine habe ich „Wahlen und Demokratie" in ein und demselben Satz gehört, als ob das eine automatisch zum anderen führen würde oder als handelte es sich um Ursache und Wirkung. So grundlegend Wahlen zum demokratischen Leben dazugehören, so unzureichend sind sie für sich allein genommen. Das heißt nicht, dass wir Jahrhunderte warten müssen, bis ein Land demokratisch wird, aber es bedeutet, dass wir die Demokratie kontinuierlich pflegen und unterstützen müssen, um sicherzustellen, dass sie tiefe Wurzeln treibt.

Es verwundert nicht, dass die Rufe nach Wahlen laut waren und dass diejenigen, die das Land zu führen beabsichtigten, daran interessiert waren, ihre Legitimität so schnell wie möglich bestätigt zu wissen. Wahlen sind der sichtbarste Ausdruck von dem, was ein Geflecht aus Ideen, Institutionen, Gesetzen und Organisationen sein sollte, die es den Menschen ermöglichen, ihre Stimme mit Zuversicht abzugeben. Es ist ein System, das ich als „tiefe Demokratie" bezeichne. Was das heißt, beschrieb mir ein junger Mann, der erst vor Kurzem eine achtjährige Haftstrafe in Libyen abgesessen hatte. Wir standen in einem Hotel in Bengasi und blickten hinaus auf die von Bomben zerstörten Häuser in einem Land, das im Chaos zu versinken drohte. „Wir wollen, was ihr habt – Demokratie als Bestandteil unseres Alltagslebens."

In seinem perfekten Englisch wies er auf den Punkt hin, der zentral ist für die Debatte über Demokratie – dass sie ein Teil des Alltags ist. Demokratie ist kein Zufall; sie ist tief verwurzelt in unseren Institutionen, Medien, Zivilgesellschaften und politischen Strukturen. Sie erfordert Zeit, Mühe und Wachsamkeit. Sie schafft – selbst in Zeiten großer Herausforderungen – Vertrauen in die Institutionen und in die politischen Rahmenstrukturen der Gesellschaft.

Der Weg dahin kann lang sein. In Großbritannien hat vor mehr als 800 Jahren die Magna Charta die Bedeutung des Rechtsgrundsatzes verkündet, der die den freien Bürgern zustehenden Freiheiten dokumentierte und ihnen Freiheit gegenüber den Entscheidungen der Mächtigen gewährte. Es war ein Schlüsselmoment in der Entwicklung der Demokratie. Aber bis zur Ausbildung der modernen britischen Demokratie brauchte es noch Jahrhunderte: mehr als 400 Jahre, bis das Parlament dem Monarchen Macht abgerungen hatte, fast 500 Jahre bis zur Schaffung einer freien Presse und 713 Jahre, bis Frauen das gleiche Wahlrecht wie Männern zugesichert wurde – nämlich erst 1928. Da überrascht es nicht, wenn Länder ohne demokratische Geschichte Mühe haben, von heute auf morgen ihre Vergangenheit hinter sich zu lassen. Wir können jedoch Rat und Unterstützung geben, indem wir vermitteln, dass der Weg zu einer starken Demokratie Wachsamkeit und Beharrlichkeit erfordert. Und wir müssen herausfinden, was wir als grundlegend erachten, um eine starke Demokratie zu schaffen, die andauern wird.
Das alles braucht ein starkes juristisches Fundament, in dem der Rechtsgrundsatz durch eine unabhängige Gerichtsbarkeit garantiert wird und Wahlen und das Regierungsgeschäft klaren Regeln folgen. Angriffe auf die Rolle der Richter und die Gültigkeit der Gerichte führen diejenigen, die bestrebt sind, die Kontrolle an sich zu reißen. Dasselbe gilt für die Medienfreiheit. Mag es auch noch so schwierig sein für jene, die Autoritätspositionen bekleiden – starke Medien mit den nötigen Ressourcen, um Fehlverhalten aufzudecken, gehören zur Infrastruktur, die eine Demokratie effektiv macht.

Eine geförderte und unterstützte Zivilgesellschaft, die gesellschaftliche Teilgruppen und Themen im Blick hat, sich bei den Autoritäten für die Schwachen einsetzt und auf Probleme aufmerksam macht, ist das Zeugnis einer lebendigen Demokratie. Bürger, Wohlfahrtsverbände und Unternehmen repräsentierende Organisationen betreiben bei den Regierungen Lobbyarbeit für Veränderungen und bringen Ungerechtigkeit und Ungleichheit ans Licht. Welche Bedeutung die Zivilgesellschaft für reife Demokratien spielt, ist offenkundig. Wir verdanken ihr das Frauenwahlrecht, Unterstützung für Behinderte, bessere Wohnverhältnisse, verbesserte Bildung und Rechte für die LGTBQI-Community.

Und natürlich braucht es Regeln für freie und gerechte Wahlen, um Vertrauen in den Prozess zu schaffen und ein Ergebnis zu erzielen, das den Willen der Menschen widerspiegelt. Wahlen müssen den Bürgern die praktische Möglichkeit und nicht nur das theoretische Recht geben, Politiker ihres Postens zu entheben und durch andere zu ersetzen. Ein älterer Politiker in Ägypten sagte mir zu der Zeit, als Präsident Mubarak gestürzt wurde: „Was wir brauchen, ist ein Präsident im Ruhestand – jemand, der freiwillig von seinem Amt zurücktritt, wenn seine Zeit abgelaufen ist. Das hat es bei uns noch nie gegeben."

> Demokratie ist kein Zufall; sie ist tief verwurzelt in unseren Institutionen, Medien, Zivilgesellschaften und politischen Strukturen. Sie erfordert Zeit, Mühe und Wachsamkeit.

Wie Europas eigene Geschichte nur zu deutlich zeigt, ist die Demokratie zerbrechlich. Sie muss durch eine vernetzte Infrastruktur unterstützt werden, die diese – und andere – Elemente umfasst. Diese Elemente müssen von den eigenen Bürgern gutgeheißen werden. Sie können und sollten nicht von außen aufoktroyiert werden. Europa sollte die Rolle eines Leuchtturms haben. Es sollte innerhalb seiner Grenzen mit gutem Beispiel vorangehen und – wie es bei dem jungen Mann in Bengasi der Fall war – die Menschen inspirieren, die auch in ihren Ländern die Demokratie wachsen sehen möchten.

### Ein umfassender Ansatz – Ökonomie trifft Politik

In einer Krise liegt der Fokus auf dem Unmittelbaren. Viele Krisen brechen nach Jahren schwelender Probleme aus, andere sind nicht vorhersehbar, und wieder andere treten zwar überraschend auf, haben aber tiefe Wurzeln, die im Rückblick offen zutage treten. In manchen Situationen ist von Beginn an klar, dass eine Behandlung der unmittelbaren Folgen unverzichtbar ist, aber bei Weitem nicht ausreicht. „Heftpflaster" helfen auf lange Sicht wenig.

Der Lissabon-Vertrag stärkte die Zusammenarbeit zwischen den Mitgliedstaaten und ihren Institutionen, was es den Beamten und Kommissaren erleichterte, Krisenmanagement und eine langfristige Entwicklung zu fördern und Diplomatie gemeinsam zu betreiben. Mit der Zeit wurde es einfacher, Ressourcen zu bündeln, wechselseitige Hilfe in Anspruch zu nehmen und besser zu planen. Das ermöglichte der EU, auf Krisen effektiver zu reagieren.

Ein Beispiel dafür, was eine umfassende Strategie bewirken kann, ist Somalia, wo Piraten vor der Küste das Welternährungsprogramm bedrohten, dessen lebensrettende Lieferungen in Gefahr waren. Schifffahrt und Handel büßten gewaltige Summen ein, als Schiffe gekapert und Mannschaften, Ladung und Schiffe in Geiselhaft genommen wurden. Internationale Anstrengungen wie zum Beispiel die EU-Atalanta-Mission vermochten es die Piraten abzuschrecken und auf See gefangen zu nehmen, sodass sich die Situation mit der Zeit verbesserte. Aber die eigentliche Herausforderung bestand darin, eine junge Regierung in einem Land, das zwanzig Jahre Bürgerkrieg hinter sich hatte und wo wenig funktionierte, zu stabilisieren, weil die Gründe für die Piraterie im Land selbst und nicht auf dem Meer lagen.

Die EU beteiligte sich seit Langem an den UN-Bemühungen, die Terrororganisation al-Shabaab zurückzudrängen, die versuchte, das Land unter ihre Kontrolle zu bringen. Entwicklungsteams unterstützten örtliche Gemeinschaften, darunter junge Männer, die in die Piraterie gelockt wurden mit dem Versprechen von Geld, das an Land zu verdienen für sie keine Hoffnung bestand. Auf See standen Militärmissionen bereit, Piraten abzuschrecken, in ihren Aktionen zu stören und aufzugreifen, wenn sie versuchten, Schiffe zu kapern und samt Crew und Ladung in Geiselhaft zu nehmen, was Handel und Schifffahrt Milliardenverluste brachte.

Mit der Entwicklung eines umfassenden Konzepts gelang es der EU, all diese Bemühungen zu bündeln und zu einer effektiveren Reaktion zu verflechten.

Jungen Männern wurden bessere Chancen angeboten, Schiffe wurden besser geschützt, und die Regierung wurde in der Bereitstellung von Bildung und Arbeitsplätzen unterstützt. Neue, an Kinder gerichtete Kampagnen unter dem Slogan „Gebt eure Waffen ab und geht zur Schule" halfen einer neuen Generation, Alternativen zu der Piraterie oder dem Anschluss an al-Shabaab zu entdecken. Der Bau von Gefängnissen mit Wiedereingliederungs- und Ausbildungsprogrammen für Piraten war integraler Bestandteil des Konzepts. All diese und viele weitere Ideen verbesserten die Chancen eines Volkes, das bis dahin nur Chaos gekannt hatte. Durch die Bündelung von Ideen zu einem geschlossenen Programm strebte man an, eine bessere Antwort zu liefern, um nachhaltigere Ergebnisse zu erzielen.

Die Anfänge des Arabischen Frühlings reichen bis Mitte Dezember 2010 zurück, als in Tunesien ein junger Mann namens Mohamed Bouazizi einmal mehr von der Polizei drangsaliert wurde, die seinen Obst- und Gemüsestand unter dem Vorwand konfiszierte, er benötige dafür eine Genehmigung. Aus dem Frust und der Verzweiflung heraus, wie er seine Familie ernähren sollte, zündete er sich selbst an und erlag einige Wochen später seinen Verletzungen. Sein Schicksal wurde zum Weckruf im ganzen Land, und schon bald protestierten Menschen in der gesamten Region gegen Korruption und Perspektivlosigkeit und forderten Rechte in einer wahrhaft demokratischen Zukunft ein.

Während die politischen Forderungen nach Veränderungen in der Führung des Landes und nach mehr Demokratie lauter wurden, war der Grund, warum Bouazizi zu so drastischen Mitteln gegriffen hatte, seine Unfähigkeit gewesen, für seine Familie sorgen zu können. Es waren wirtschaftliche Probleme, die ihre Ursache in den von den Mächtigen getroffenen politischen Entscheidungen hatten. Wirtschaft und Politik sind zwei Seiten ein und derselben Medaille. Als Antwort auf die Protestwellen und die dramatischen Ereignisse des Arabischen Frühlings fand die EU einen neuen Mechanismus, um auf diese doppelte Herausforderung zu reagieren. Entsprechende Sondereinheiten wurden für Ägypten, Tunesien, Jordanien und später Myanmar eingerichtet.

Die Überlegungen, die dahintersteckten, waren einfach. Europäische Unternehmen waren daran interessiert, in diese Länder zu investieren, würden das aber nur tun, solange ihr Engagement im Schutze der Stabilität und der Rechtsstaatlichkeit stattfand. Die Führungen dieser Länder waren auf Direktinvestitionen angewiesen und begrüßten die Unterstützung von Weltbank, IWF, Europäischer Bank für Wiederaufbau und Entwicklung (EBWE) und anderen Finanzorganen. Sie mussten erkennen lassen, dass sie Pläne für die Wirtschaft hatten und diese Pläne mit Zusagen untermauerten, die Infrastruktur auszubauen und mehr Geschäftschancen zu bieten. Darüber hinaus mussten sie zeigen, dass die Demokratie funktionierte, Rechte respektiert wurden und eine Zivilgesellschaft im Entstehen begriffen war.

Die Sondereinheiten waren eine Kooperation zwischen den Dienststellen der Europäischen Kommission für Industrie, Wirtschaft und Entwicklung und dem Europäischen Auswärtigen Dienst – jeweils unter Beteiligung der Mitgliedstaaten. Wirtschaftsführer aus ganz Europa kamen zu einem formalen Treffen mit Mitgliedern des Europäischen Parlaments, Vertretern der Zivilgesellschaft und Ministern und Botschaftern der Mitgliedstaaten zusammen. Im Verlauf mehrerer Tage wurden Möglichkeiten diskutiert, Vereinbarungen getroffen, Teams gebildet – in Myanmar wurde eine EU/Myanmar-Handelskammer ins Leben gerufen – und Pläne geschmiedet. Die EBWE konnte, nachdem sie einer Erweiterung ihres geografischen Mandats zugestimmt hatte, Möglichkeiten für Infrastruktur- und Energieinvestitionen erkunden. Einige Jahre später wurde Ägypten infolge dieser Vorarbeiten zum Land mit der höchsten Gesamtinvestitionssumme.

Dieser Ansatz enthält eine Reihe von Botschaften. Die erste ist die Erkenntnis, dass in den Hoffnungen und Forderungen der Bevölkerung Wirtschaft und Politik aufeinandertreffen. Die Menschen wünschen sich für sich selbst und ihre Kinder eine Zukunft mit Bildung, Arbeitsplätzen, Sicherheit und Stabilität. Die zweite lautet, dass ein umfassender Ansatz die Gewähr dafür bietet, dass Ressourcen fokussiert eingesetzt werden können, um zugrunde liegende und miteinander zusammenhängende Probleme anzugehen. Die dritte besagt, dass es möglich ist – mittels Unterstützung und indem den in Autoritätspositionen Befindlichen gezeigt wird, was getan werden kann und sollte –, Einfluss auf zukünftige Entscheidungen zu nehmen.

### Auswirkungen

In einer Welt, die den Brexit und Präsident Trump miterlebt hat, sind diese drei Lehren so gültig wie im Jahr 2014, als ich vom Amt der Hohen Vertreterin der Europäischen Union für Außen- und Sicherheitspolitik (oder EU-Außenbeauftragten) zurücktrat. Welchen Kurs das Vereinigte Königreich auch immer nimmt – Kooperation wird für seine Handlungsfähigkeit und sein Gedeihen eine zentrale Rolle spielen. Wirtschaft und Politik bleiben eng miteinander verbunden. Viel ist noch zu tun, um die beste Beziehung mit der EU zu finden, aber es ist möglich, dass die USA, die EU und das Vereinigte Königreich mit der Zeit eine effektive Gruppe für die Förderung von Demokratie, Stabilität und Sicherheit in der Welt bilden werden. Wie die Lektionen in Kooperation mich gelehrt haben, gibt es viele verschiedene Gruppierungen, die ein bestimmtes Ziel verfolgen. Sie müssen nicht inkompatibel sein. Jüngste Entscheidungen Australiens, der USA und Großbritanniens, im Indopazifik zusammenzuarbeiten, sind nicht allzu überraschend, wenn man den Fokus dieser Länder in den letzten Monaten berücksichtigt. Mit den Kooperationsmodellen gelingt es, zwischen einem bestimmten Zweck dienenden informellen Übereinkünften und tieferen Kooperationen zu unterscheiden, die mit hoher Wahrscheinlichkeit länger Bestand haben.

Die Demokratie bleibt unsere beste Methode, den Menschen Macht und zugleich Kontrolle zu geben. Sie sollten niemals ihre Regierung fürchten müssen. Aus eben diesem Grund ist die Demokratie ständig unter Beschuss. Versuche, Richter daran zu hindern, ihr Amt unparteiisch auszuüben, Journalisten zu verbieten, die Wahrheit ans Licht zu bringen, und den Menschen das Mitspracherecht zu verweigern, werden stets zum Repertoire jener gehören, die die Kontrolle für sich allein beanspruchen. Jede Nation ist ein unfertiges Projekt – nirgends mehr als auf ihrer demokratischen Reise.

*Catherine Ashton war von 2009 bis 2014 Hohe Vertreterin der Europäischen Union für Außen- und Sicherheitspolitik. Sie moderierte die P5+1-Gespräche zum iranischen Nuklearprogramm und wirkte am Abkommen zwischen Serbien und dem Kosovo mit. Zuvor war sie die erste Frau in der Position einer EU-Handelskommissarin und erste Vizepräsidentin der Europäischen Kommission.*

Munich Security
Conference
Münchner Sicherheitskonferenz
msc

# Hat Diplomatie ausgedient?

**Jens Stoltenberg**

In diesen Zeiten des wiedererstarkenden Autoritarismus, der Identitätspolitik und der Wolf-Warrior-Taktik ist es zulässig zu denken, das goldene Zeitalter der ruhigen Diplomatie und des überzeugten Multilateralismus sei ein Relikt der Vergangenheit. In der multipolaren Welt von heute jedoch ist die Kooperation mit Verbündeten und Partnern in Verteidigungsfragen wichtiger denn je.

Ich wurde schon im frühen Alter in die Welt der Diplomatie eingeführt. Mein Vater war Diplomat und später norwegischer Verteidigungs- und Außenminister. Er entwickelte seine eigene „Küchentisch-Diplomatie". In meinen Kinder- und Jugendtagen begegnete ich regelmäßig Politikern und Freiheitskämpfern aus der ganzen Welt, die mein Vater zum Frühstück nach Hause brachte. Hier traf ich auch zum ersten Mal auf Nelson Mandela – bei norwegischer Makrele, braunem Käse und Kaffee.

Frühstück klingt vielleicht nicht allzu spektakulär, aber die Erfahrung, dass sich damit, indem man jemanden in sein Haus einlädt und mit ihm gemeinsam das Brot bricht, Barrieren niederreißen und kollektive Herausforderungen lösen lassen, hat sich mir dauerhaft eingeprägt. Damals lernte ich zuzuhören, geduldig zu sein und die Sichtweisen anderer ernst zu nehmen. Vor allem aber lernte ich, wie wichtig es sein kann, Kompromisse einzugehen. Das alles sind wertvolle Lektionen in der Kunst der Diplomatie.

Während meines beruflichen Werdegangs hatte ich das Privileg, mit einigen der besten Diplomaten der Welt zusammenzuarbeiten, und die Diplomatie hatte für alle meine Rollen zentrale Bedeutung. Bevor ich zur NATO kam, war ich UN-Sonderbeauftragter für den Klimawandel. Entschlossene Diplomatie hat Politiker aus aller Welt dazu gebracht, sich auf eine ambitionierte Reduzierung der Treibhausgasemissionen zu verständigen – unsere beste Chance, den Klimawandel zu bekämpfen. Als norwegischer Umweltminister und später als Premierminister gelang es mir, mit Russland Vereinbarungen zu Seerechts-, Fischerei- und Umweltfragen auszuhandeln. Selbst wenn wir uns mit unseren Nachbarn nicht einig sind, ist es wichtig, die gegenseitige Position zu verstehen und nach einem gemeinsamen Nenner zu suchen. Es ist immer gut, miteinander zu sprechen, und ich bin nach wie vor überzeugt, dass Diplomatie und Dialog gerade in schwierigen Zeiten wichtig sind. Wir dürfen den Versuch niemals aufgeben.

Es war kreative und entschlossene Diplomatie, die nach den Schrecken des Zweiten Weltkriegs zur Gründung der NATO führte. Sie machte aus ehemaligen Gegnern Verbündete und brachte sie zusammen, um ihre Differenzen an Tischen statt in Schützengräben auszutragen.

In meiner gegenwärtigen Rolle bei der NATO erlebe ich jeden Tag Diplomatie in Aktion. Vom Spitzentreffen verbündeter Staatschefs bis zum täglichen Austausch zwischen Vertretern der Mitgliedstaaten ist die NATO die einzige Plattform, auf der Nordamerika und Europa täglich zusammenkommen, um sich zu beraten, zu koordinieren und bei Bedarf in Fragen, die ihre Verteidigung und Sicherheit betreffen, aktiv zu werden. Die Konsensbildung unter so vielen verschiedenen Demokratien kann geräuschvoll, schwierig und schleppend sein. Wenn wir jedoch über den Dialog Einigkeit erzielen, ist unsere Stimme dreißig Nationen stark, unsere Entscheidungen sind besser und unser Handeln effektiver.

Es ist die unsichtbare Arbeit der Diplomatie, die Durchbrüche bewirkt und uns den Kriegspfad erspart. Aber mit den Worten Theodore Roosevelts: „Um weit zu kommen, müssen wir sanft sprechen und einen großen Knüppel tragen." Manchmal reicht Diplomatie allein in der Tat nicht aus. Bei der NATO schafft unsere militärische Stärke die Voraussetzungen für unsere diplomatischen Errungenschaften. Russland gegenüber verbinden wir glaubwürdige Abschreckung und Verteidigung mit Dialog. Wir bekämpfen den Terrorismus mit politischen und militärischen Mitteln. Was China betrifft, so versuchen wir, gegenüber Pekings repressiven Maßnahmen und den Versuchen, die regelbasierte Ordnung zu untergraben, standhaft zu bleiben, während wir gleichzeitig jede Gelegenheit zum Dialog über Themen wie Rüstungskontrolle und Klimawandel nutzen. Wir gewährleisten die Sicherheit unserer Nationen mit einer Mischung aus glaubhafter Abschreckung und unermüdlicher Diplomatie.

Wir werden in den nächsten Jahren angesichts einer Welt, die immer unsicherer und kompetitiver wird,

◂ Jens Stoltenberg auf der Münchner Sicherheitskonferenz im Februar 2018.

noch mehr Kreativität, Einigkeit und Entschlossenheit benötigen. Eine noch engere Zusammenarbeit als transatlantische Gemeinschaft und mit gleichgesinnten Partnern in aller Welt ist der beste – wenn nicht der einzige – Weg vorwärts.

Wenn Krieg gleichbedeutend ist mit dem Versagen der Diplomatie, dann steht die Abwesenheit von Krieg für den Erfolg der Diplomatie. Nichts symbolisiert das mehr als die NATO, die seit über siebzig Jahren die Verteidigung und Sicherheit der Allianz garantiert.

**Jens Stoltenberg ist seit 2014 NATO-Generalsekretär. Von 2000 bis 2001 und von 2005 bis 2013 war er Ministerpräsident Norwegens.**

Wolfgang Ischinger, Jens Stoltenberg und Ursula von der Leyen bei der Verleihung des Kleist Awards im Rahmen der Münchner Sicherheitskonferenz im Februar 2022.

msc
msc
Munich Security Conference
Munich Security Conference
msc
Jens Stoltenberg
msc

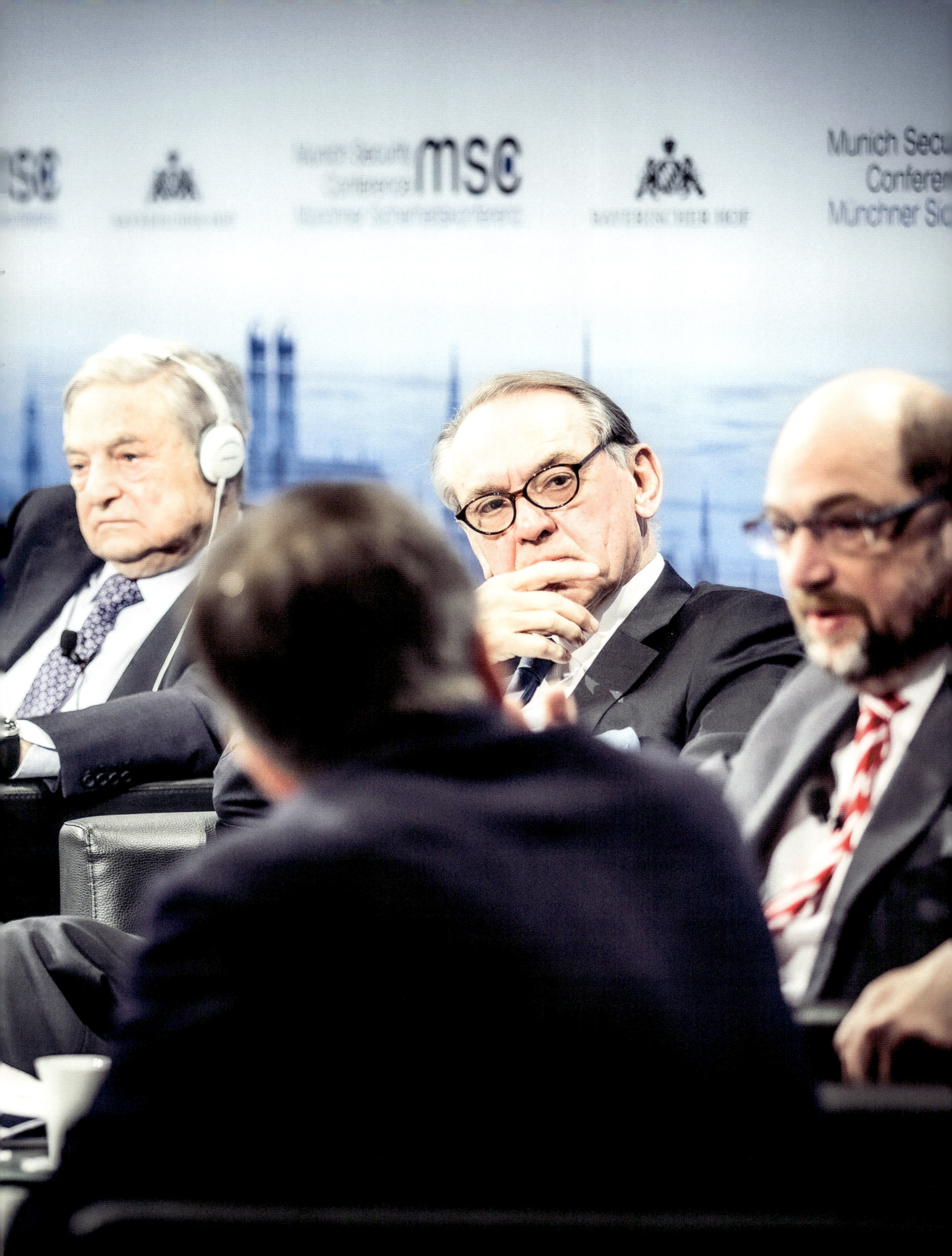
msc

# Was lässt uns in Verhandlungen und als Vermittler erfolgreich sein oder scheitern?

**Jan Eliasson**

Vor etlichen Jahren war ich Gastprofessor am Fachbereich für Friedens- und Konfliktforschung an der Universität von Uppsala in Schweden. Der Fachbereichsleiter Professor Peter Wallensteen fragte mich nach den Gründen, warum ich in verschiedenen Verhandlungs- und Vermittlungsmissionen erfolgreich oder nicht erfolgreich gewesen war. Er wünschte sich von mir einen Vortrag zu diesem Thema. Ich hatte für die Vereinten Nationen in den 1980er-Jahren im Iran-Irak-Krieg und 2007/2008 im Darfur-Konflikt vermittelt. In den 1990ern hatte ich zudem für die Vereinten Nationen humanitäre Diplomatie in Somalia, im Sudan und in Myanmar betrieben. Ich ging eine Woche lang meine Notizen und Erinnerungen zu diesen Missionen durch. Ich verfasste einen Vortragsentwurf und war mit meinen Schlussfolgerungen leidlich zufrieden. Meine Erfahrungen in multilateraler Diplomatie als Präsident der UN-Generalversammlung (2005–2006) und als stellvertretender Generalsekretär (2012–2016) bestätigten später meine Ergebnisse von Uppsala.

Mein Ausgangspunkt für ein erfolgreiches Verhandlungsgeschehen ist, dass die Konfliktparteien über ausreichend politischen Willen verfügen und substanziell daran interessiert sein müssen, zu einer Verhandlungslösung zu gelangen. „Man kann ein Pferd zum Wasser führen, aber man kann es nicht zwingen, davon zu trinken", lautet ein altes Sprichwort. Ein weiterer entscheidender Erfolgsfaktor ist, dass der Vermittler die Probleme und Themen, um die es bei dem Konflikt geht, bestens kennt und versteht. Ein dritter wichtiger Faktor ist, dass dritte Parteien oder Staaten die Vermittlungsbemühungen nicht hintertreiben oder sabotieren. Das Phänomen von „Stellvertreterkriegen" ist gelegentlich ein ernstes Vermittlungshindernis – nicht zuletzt im Nahen Osten. Regionale Spannungen zwischen Saudi-Arabien und dem Iran sowie die Rivalität zwischen den USA und der Russischen Föderation im UN-Sicherheitsrat machen es nahezu unmöglich, eine Lösung für den Syrienkrieg auszuhandeln.

Unter diesen drei Vorbehalten wage ich, vier Hauptgründe für den Erfolg oder Misserfolg von Vermittlungs- und Verhandlungsmissionen zu formulieren: die Worte, die wir verwenden, der Zeitpunkt, den wir wählen, das kulturelle Feingefühl, das wir zeigen, und die persönlichen Beziehungen, die wir entwickeln.

◀ Jan Eliasson auf der Münchner Sicherheitskonferenz im Februar 2015.

## Die Macht des Wortes

Das gesprochene und geschriebene Wort ist in der Diplomatie ganz offensichtlich das wichtigste Instrument. Als Kind begann ich, eine „Sammlung" von Wörtern anzulegen, von denen ich später merkte, dass sie mir gute Dienste beim Verhandeln und Vermitteln leisteten. Das ist natürlich wichtig für unsere jeweilige Muttersprache, hilft aber auch bei wichtigen internationalen Sprachen. Bei den Vereinten Nationen ist flüssiges Englisch unentbehrlich. Französisch ist bei den Vereinten Nationen – und insbesondere in Genf – ebenfalls eine wichtige Arbeitssprache und in Brüssel bei der EU unverzichtbar.

Die Wahl des richtigen Wortes kann in Verhandlungen Türen ebenso öffnen, wie das falsche Wort sie verschließen kann. Die Fähigkeit, schnell Synonyme oder alternative Formulierungen aus dem Hut zu zaubern, kann helfen, Verhandlungsabbrüche und lange Verzögerungen zu vermeiden. Ein feines Ohr für sprachliche Nuancen in den Verlautbarungen der Konfliktparteien kann die Basis für neue, Erfolg versprechende Vorstöße bieten.

Ich möchte sogar behaupten, dass Worte Leben retten können. 1993 reiste ich als UN-Generalsekretär für humanitäre Angelegenheiten mit einem Team nach Khartum und Juba im Sudan zwecks Linderung einer durch den brutalen Bürgerkrieg verursachten schweren Hungerkrise im Süden. Ein bestimmtes Gebiet mit rund 75.000 Menschen war besonders gefährdet. Es war Schauplatz besonders heftiger Kämpfe und durch unzählige Landminen von der Umwelt abgeschnitten. Wir wollten eine lokale Waffenruhe erreichen, um die betroffene Bevölkerung vom benachbarten Kenia aus über den Luftweg mit Nahrung, Wasser und Medizin zu versorgen.

Sehr bald wurde jedoch klar, dass die Führung in Khartum keinen lokal begrenzten Waffenstillstand akzeptieren würde. Durch eine solche Vereinbarung, sagten sie, würde „den Terroristen" eine inakzeptable Legitimität verliehen. Wie sollte eine Waffenruhe im Übrigen kontrolliert werden? Konnten die Vereinten Nationen binnen weniger Wochen Beobachter organisieren? Mir wurde klar, dass wir den Fokus der Gespräche verändern mussten. Nach langen Gesprächen mit der UN-Delegation verständigten wir uns auf einen anderen Ansatz, ein anderes Konzept. Wir schlugen einen humanitären Korridor vor, in welchem sämtliche Dörfer, ob von der Regierung oder den Rebellen kontrolliert, Unterstützung erhalten sollten. Ein Abkommen zwischen den Parteien wäre nicht erforderlich; eine Zusage gegenüber den Vereinten Nationen würde genügen. Dieser Vorschlag wurde angenommen – zuerst von der Regierung, dann von der SPLA, der Befreiungsbewegung im Süden. Eine Woche später flogen Flugzeuge und Hubschrauber mit der so dringend benötigten humanitären Unterstützung von Kenia aus in das betroffene Gebiet im Sudan. Was am Ende Leben rettete, war in Wahrheit die Formulierung „humanitärer Korridor". Diese beiden Wörter waren der Schüssel zur Lösung der Krise vor Ort.

### Zeitpunkt

Der Zeitpunkt, wann ein Vorschlag gemacht wird, kann in Verhandlungen entscheidend sein. Fehler werden gemacht, indem man zu lange wartet und nicht präventiv oder rechtzeitig handelt. Ebenso häufig werden jedoch Vorschläge zu früh vorgebracht, wenn die Situation noch nicht reif dafür ist. Ich erinnere mich noch, wie Kofi Annan – der erste UN-Beauftragte für Syrien und ehemalige UN-Generalsekretär – im Frühjahr 2012 mit den Parteien hart an einer Formel für einen politischen Fortschritt arbeitete. Ende Juni erhielt er in Genf Unterstützung für einen Text, der in der besten aller Welten vom UN-Sicherheitsrat verabschiedet worden wäre und zu einer bindenden Ratsresolution geführt hätte. Dass dies nicht geschah, lag im Wesentlichen an der Überzeugung sowohl der Regierung als auch der Opposition – und ihrer Unterstützer –, dass der Krieg militärisch entschieden würde. In diesem frühen Stadium gab es keinerlei Raum für Kompromisse zur Beendigung des Syrienkonflikts.

### Kulturelles Gespür

Vertrauensbildung ist wichtig, um auf dem Verhandlungs- und Vermittlungsweg zu Lösungen zu kommen. Eine kluge und wirksame Methode, Vertrauen aufzubauen, ist, ein Gespür für Geschichte, Kultur und Traditionen der Parteien auf der anderen Seite des Tisches zu zeigen. Kulturelles Gespür bereichert die Gespräche um ein Element des tieferen Sinns und um ein menschliches Element des Stolzes, der Herkunft, der Bräuche und der Geschichte. Ich erinnere mich an Verhandlungen im Rahmen der Iran/Irak-Vermittlungsmission, wo ein Museumsbesuch oder ein Koranzitat Fortschritte bei den Gesprächen ermöglichte. Im Iran bat ich einmal um eine Pause in den Gesprächen, um das berühmte Teppichmuseum in Teheran besuchen zu können. Am Ende hatte ich drei Museumsführer aus der iranischen Delegation, die mich ins Museum begleiteten. Nach diesem Museumsbesuch änderte sich die Atmosphäre schlagartig. Die Gespräche verliefen außergewöhnlich glatt nach dieser Demonstration kultureller Sensibilität in den Augen der Iraner. Zur Frage des Rückzugs auf die internationalen Grenzen zitierte unsere von Premierminister Olof Palme geführte Delegation eine Sure aus dem Koran. Darin heißt es, dass du keinen Feind angreifen sollst, der dir den Rücken zuwendet und nach Hause zurückkehrt. Dieses Zitat hatte einen viel größeren Effekt als jeder Verweis auf internationales Recht.

### Persönliche Beziehungen

Am Ende entscheiden häufig persönliche Beziehungen darüber, ob eine Übereinkunft erzielt wird. Zugeständnisse zu machen oder Kompromisse einzugehen kann für die Parteien schmerzvoll, schwierig und bisweilen gefährlich sein. Sie müssen volles Vertrauen in den Vermittler oder Hauptverhandlungsführer, seine Urteilsfähigkeit und seine Bemühungen um eine gerechte Lösung haben. Ehrlichkeit und Diskretion sind ebenso unverzichtbar wie unerschütterliche Wahrheitstreue. Es ist manchmal schwierig, Sympathie für Politiker aufzubringen, die für Gräueltaten an ihrer eigenen Bevölkerung bekannt sind. Saddam Hussein aus dem Irak ist so ein Fall. Auch wenn von Sympathie hier keine Rede sein konnte, bin ich mir ziemlich sicher, dass er die Unparteilichkeit und Fairness des UN-Vermittlers verdiente.

Ein menschlicher Zug kann bisweilen die Atmosphäre zum Positiven wenden. Der schwedische Autor Eyvind Johnson, der in seiner „Krilon"-Trilogie eine erfolgreiche Persönlichkeit beschreibt, sagte, dass „er die Welt erst in dem Augenblick zu erobern begann, als er sich traute, sich menschlich zu zeigen". Damit meine ich nicht heitere Geselligkeit oder Scherze, die häufig missverstanden werden können – was kulturelle Unterschiede beim Humor betrifft, rate ich zur Vorsicht. Aber Bekundungen des Interesses oder der Fürsorge, wenn Verhandlungspartner erkranken oder einen Angehörigen verlieren, können mit großer Wertschätzung rechnen. Einmal wurde ich von einem algerischen Kollegen – sechs Jahre nachdem wir bei den Vereinten Nationen in New York zusammengearbeitet hatten – vom Flughafen abgeholt. Im Auto zu meinem Hotel vertraute er mir an, dass er nie den Brief vergessen habe, den ich ihm geschrieben hatte, nachdem seine Frau bei einem Autounfall außerhalb New Yorks fast ums Leben gekommen war. Das – und nicht die Tatsache, dass wir eine Reihe von Resolutionen durch die UN-Generalversammlung gebracht hatten – war der Grund dafür, dass er mich persönlich vom Flughafen abholte.

**Jan Eliasson war von 2012 bis 2016 Stellvertretender Generalsekretär der Vereinten Nationen. Er fungierte zudem als Vermittler in mehreren internationalen Konflikten, darunter als UN-Sonderbeauftragter für Darfur. Er ist heute Vorsitzender des Verwaltungsrats des Stockholm International Peace Research Institute (SIPRI).**

Ban Ki-moon und Frank Walter-Steinmeier auf der Münchner Sicherheitskonferenz im Februar 2020.

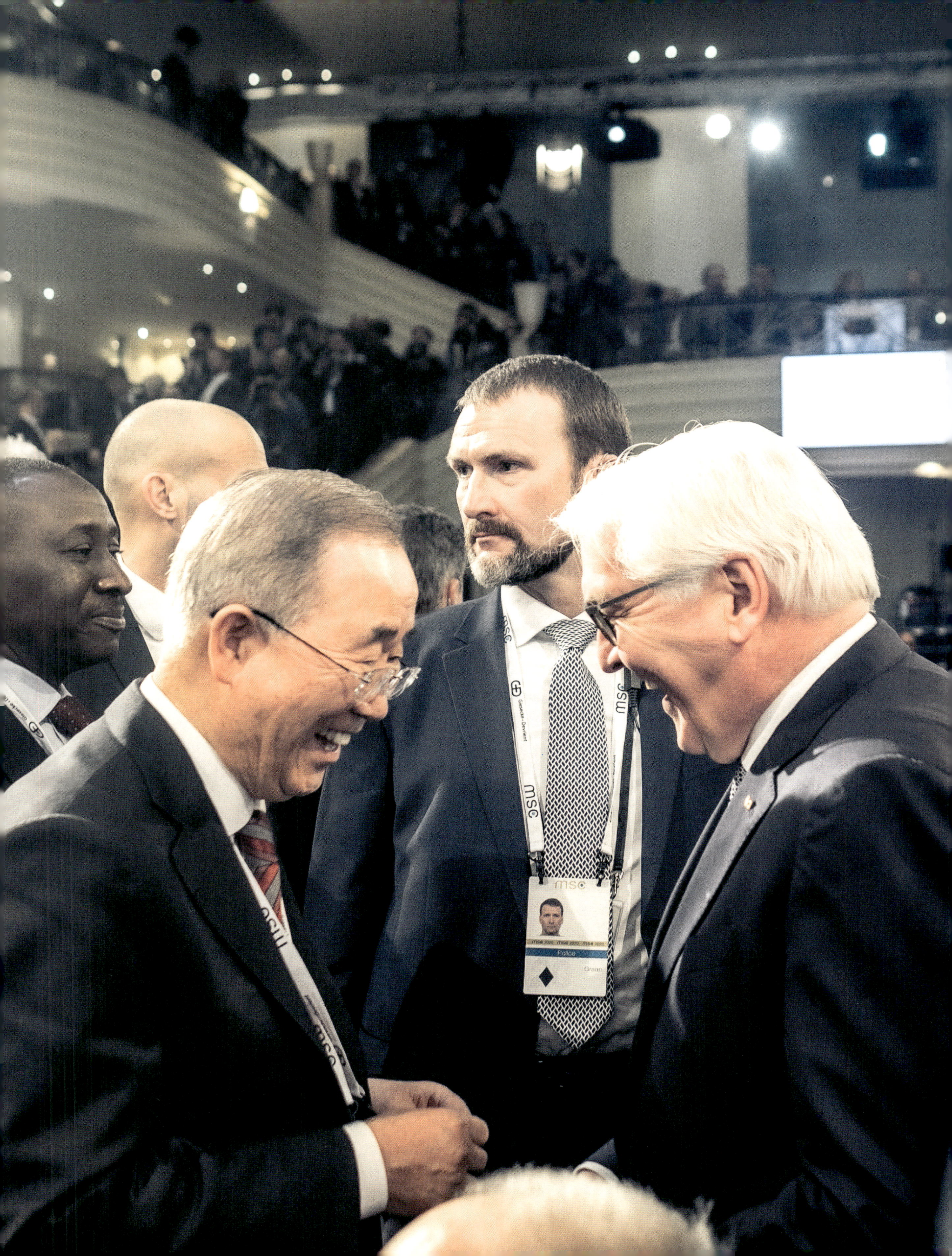
msc
Police
Graap

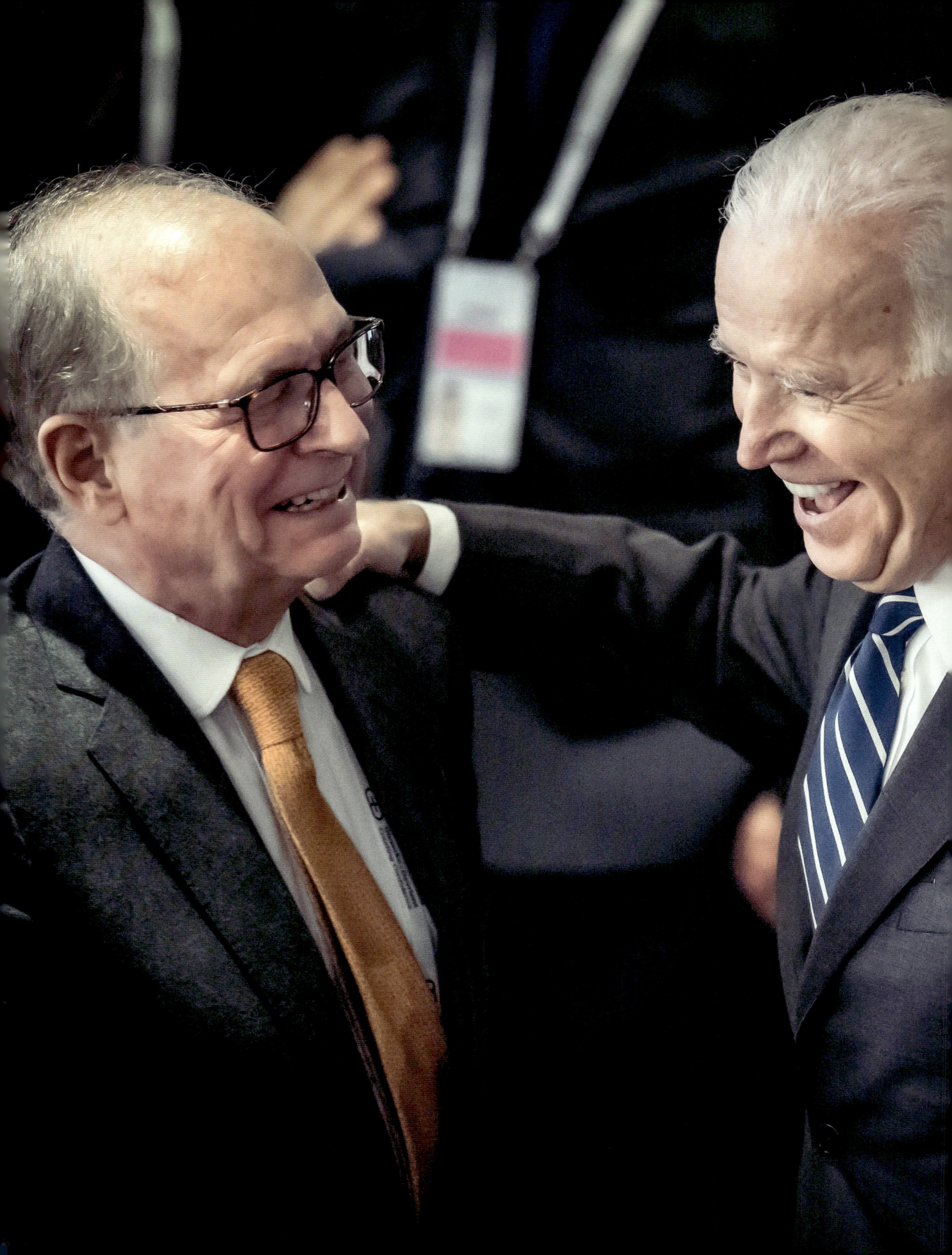

# Der diplomatische Werkzeugkasten

**Wolfgang Ischinger**

Diplomatie als Kunst lässt sich nicht so leicht wissenschaftlich begreifen. Wie Schauspieler auf der Bühne müssen Diplomaten in der Lage sein, mit dem gesamten Spektrum menschlicher Emotionen zu spielen. Im Unterschied zum Schauspieler aber setzt der Diplomat Emotionen nicht zum Zweck der Unterhaltung ein, sondern als Werkzeug im Dienst von Entscheidungen, in denen es um Frieden oder Krieg, Leben oder Tod geht. In diesem Sinne ist Diplomatie wohl die tödlichste aller Spielarten der Kunst. Niemand hat dies besser umschrieben als W.A. Auden in seinen „Sonnets from China" (Sonett XV): „And on the issue of their charm depended / A land laid waste with all its young men slain / Its women weeping and its towns in terror."

Es wird oft dafür geworben, der Diplomatie den Vorzug vor dem Einsatz militärischer Gewalt zu geben. Die Regierungen, die sich am lautesten in diesem Sinne äußern, sind häufig militärisch schwach und womöglich kaum in der Lage, ihr eigenes Territorium zu verteidigen. Das andere Extrem lässt sich bei Ländern mit gewaltigen militärischen Fähigkeiten beobachten. Wenn Sie einen Stift in der Hand halten, werden Sie sich nach einem beschreibaren Stück Papier umschauen. Aber wenn Sie einen Hammer halten, werden Sie intuitiv nach Nägeln suchen, um sie ins nächste Brett zu schlagen.

Und während wir eifrig überlegen, wie wir der Welt beibringen können, zum Stift statt zum Hammer zu greifen, scheint die Welt um uns herum mit jedem Tag rauer zu werden. Wir sehen uns mit einem internationalen System ohne eine unbestrittene und verantwortungsbewusste globale Führungsmacht konfrontiert – einer Welt ohne regelbasierte internationale Ordnung und mit der wachsenden Gefahr von Großmachts- und anderen Konflikten. Es herrscht Krieg mitten in Europa! Vor diesem Hintergrund gewinnt die Frage nach dem optimalen Einsatz der verfügbaren Instrumente der Staatsführung noch mehr an Bedeutung als ohnehin schon.

> **Wie Schauspieler auf der Bühne müssen Diplomaten in der Lage sein, mit dem gesamten Spektrum menschlicher Emotionen zu spielen.**

Es folgen einige Vorschläge zur Verwendung der diplomatischen Werkzeugkiste in der Praxis. Wo immer uns das Instrument der Diplomatie zur Verfügung steht, sollten wir es nutzen! Seit etlichen Jahren pflegen deutsche Kanzler und Kanzlerinnen zunehmend ihre eigenen Botschafter nicht einzubeziehen, wenn sie andere Länder besuchen. Kanzlerin Merkel beispielsweise nahm auf Auslandsreisen häufig nur ihren eigenen kleinen Beraterstab mit. Dem eigenen Botschafter zu verwehren, seinen Rat beizusteuern und an den Begegnungen teilzunehmen, ist keine gute Idee. Der Botschafter ist nämlich in den meisten Fällen besser als der angereiste Stab imstande, zwischen den Zeilen des Gesagten oder Geschriebenen zu lesen; vor allem aber läuft sein Ausschluss von den Begegnungen Gefahr, seine professionelle Effektivität und seine Chancen, sich den Respekt der Führung vor Ort zu erwerben, zu untergraben.

Wenn wir die Europäische Union und ihre Glaubwürdigkeit als außenpolitischer Akteur stärken wollen, sollte es eine Selbstverständlichkeit sein, dass die EU-Regierungschefs und Außenminister zu ihren Besuchen und Treffen die jeweiligen EU-Botschafter vor Ort hinzubitten und auf diese Weise ihre Entschlossenheit hervorheben, nicht nationale, sondern EU-Außenpolitik zu betreiben. Ein kluger Einsatz des diplomatischen Werkzeugkastens würde also implizieren, sich nicht nur vom eigenen Botschafter, sondern auch vom höchstrangigen EU-Vertreter begleiten zu lassen.

Eine weitere Option aus den diplomatischen Werkzeugkasten bietet der Einsatz eines erfahrenen Sonderbeauftragten. Die Europäische Union mit ihren gegenwärtig 27 Mitgliedern genießt den Luxus, auf eine Vielzahl von ehemaligen Präsidenten, Premierministern, Kanzlern, Außenministern und altgedienten Diplomaten zurückgreifen zu können. Aber kommt dieses eindrucksvolle Reservoire an erfahrenen Staatsmännern und -frauen gebührend zum Einsatz? In den zehn Jahren der syrischen Tragödie sah sich die Europäische Union bislang nicht in der Lage, eine hochrangige Person zu benennen, um die EU in Diskussionen und Verhandlungen zu vertreten und den Hohen Vertreter der EU zu unterstützen. Ein systematischer Einsatz erfahrener Beauftragter könnte dazu beitragen, dass die EU seltener am Spielfeldrand steht und häufiger Einfluss auf die Verhandlungsergebnisse nehmen kann.

Ein weiteres Beispiel für den intelligenten Einsatz des diplomatischen Werkzeugkastens betrifft die Führung

◀ Wolfgang Ischinger mit Joseph R. Biden Jr. auf der Münchner Sicherheitskonferenz im Februar 2018.

Munich Security Conference msc
Münchner Sicherheitskonferenz
BAYERISCHER HOF

diplomatischer Verhandlungen. Staats- und Regierungschefs und ihre Minister sollten stets der Versuchung widerstehen, selbst Verhandlungen zu führen oder Dokumente zu verfassen, selbst wenn sie sich für klüger und erfahrener als ihren diplomatischen Stab halten. Zwei Beispiele aus den beiden letzten Jahrzehnten können diesen Punkt vielleicht veranschaulichen.

Anfang 2008 gelang es den NATO-Botschaftern nicht, sich in Brüssel auf den Entwurf eines Kommuniqués für den NATO-Gipfel im April 2008 in Bukarest zu einigen. Letztlich machten sich die Staats- und Regierungschefs auf dem Bukarester Gipfel selbst daran, unter enormem Zeitdruck einen Kompromiss auszuhandeln. Leider ließ der fragliche Absatz – über eine mögliche zukünftige NATO-Mitgliedschaft der Ukraine und Georgiens – am Ende allzu viele Fragen offen. Die Staats- und Regierungschefs dachten, ihre Formulierung würde für Russland leichter zu akzeptieren sein, weil sie kein Datum für eine zukünftige Mitgliedschaft nannte. Aus russischer Sicht verhielt es sich genau umgekehrt. Das Kommuniqué hielt fest, dass die Ukraine und Georgien früher oder später NATO-Mitglieder sein würden – was in dieser Form für Moskau völlig inakzeptabel war. Manche vermuten, dass dieser Mangel an Klarheit im NATO-Kommuniqué zur militärischen Konfrontation zwischen Russland und Georgien im August 2008 beigetragen hat.

Ein Beispiel aus der jüngeren Zeit ist das von den Führungsspitzen Frankreichs, Deutschlands, Russlands und der Ukraine ausgehandelte sogenannte Minsker Abkommen von 2014/2015. Es erwies sich als nicht umsetzbar. Das Problem ist hier Folgendes: Wenn ein auf der Botschafterebene ausgehandelter Text sich als nicht zufriedenstellend erweist, besteht immer noch die Möglichkeit, die Frage an die Außenminister oder gar die Staats- und Regierungschefs zu verweisen. Aber wenn ein Text von den Staats- und Regierungschefs persönlich verfasst wurde, ist die Option der Eskalation oder Revision nicht mehr gegeben.

Die wichtigste Voraussetzung für den erfolgreichen Einsatz des diplomatischen Werkzeugkastens ist Vertrauen. Mit Vertrauen ist vieles möglich. Nehmen Sie beispielsweise die friedliche Vereinigung der zwei deutschen Staaten, die ohne das der Bundesrepublik und ihrer Regierung von international führenden Politikern entgegengebrachte Vertrauen niemals möglich gewesen wäre. Ohne Vertrauen aber geht in internationalen Krisenverhandlungen gar nichts. Selbst den erfahrensten Politikern gelingt es nicht, nachhaltige Übereinkommen zu erzielen oder erfolgreiche Friedenslösungen auszuhandeln, solange sie sich nicht gegenseitig vertrauen. Mit anderen Worten: Vertrauen ist die Währung der Diplomatie und damit das wichtigste Instrument überhaupt in der diplomatischen Werkzeugkiste.

Anders als die kriegerische Auseinandersetzung braucht kluge Diplomatie niemals als ein Nullsummenspiel definiert zu werden, bei dem der eigene Sieg mit der Niederlage der Gegenseite gleichbedeutend ist. In der Diplomatie geht es vielmehr darum, einen nachhaltigen Nutzen zu erzielen, ohne dass sich der Gegner über den Tisch gezogen fühlt: eine klassische Definition von „Win-win". Jungen Diplomaten wird häufig erzählt, dass man sich im Laufe einer diplomatischen Karriere immer zweimal begegnet und man tunlichst alles dafür tut, dass niemand Rachegelüste hegt, wenn man sich erneut über den Weg läuft.

Solcher Rat mag banal klingen. In einer Welt der unmittelbaren Kommunikation und der Desinformation über die sozialen Medien erweist sich kluge Diplomatie jedoch als ein schwieriges Geschäft. Denn dazu gehört in erster Linie die häufig unterschätzte Fähigkeit des Zuhörens und des Verstehens nicht nur dessen, was explizit gesagt oder geschrieben wird, sondern auch des nicht oder nur zwischen den Zeilen Gesagten. Interkulturelle Kompetenz und Auffassungsgabe einschließlich guter Sprachkenntnisse sind eine wichtige Voraussetzung für die erfolgreiche Ausübung des diplomatischen Berufs.

Und dann zählt natürlich die persönliche Ausstrahlung. Diplomatischer Erfolg ist häufig das Ergebnis nicht nur guter Planung und Vorbereitung, sondern auch der Fähigkeit, das Gesprächsgegenüber in den eigenen Bannkreis zu ziehen und es ihm zu ermöglichen, Zutrauen zu fassen. Im militärischen Sinne ist Diplomatie die Kunst zu gewinnen, ohne Verluste zu verursachen. Im 21. Jahrhundert, in welchem es der internationalen Gemeinschaft nur mit Müh und Not gelingt, Krieg zu vermeiden und eine globale Friedensordnung aufrechtzuerhalten, verdient Diplomatie deshalb einen Platz auf dem Fahrersitz.

**Wolfgang Ischinger ist Präsident des Stiftungsrats der Münchner Sicherheitskonferenz. Von 2008 bis 2022 war er Vorsitzender der MSC. Als deutscher Diplomat war er u.a. Staatssekretär von 1998 bis 2001 sowie deutscher Botschafter von 2001 bis 2006 in den Vereinigten Staaten und von 2006 bis 2008 im Vereinigten Königreich. Sein jüngstes Buch *Welt in Gefahr – Deutschland und Europa in unsicheren Zeiten* erschien 2018.**

◂ Angela Merkel und Wolfgang Ischinger auf der Münchner Sicherheitskonferenz im Februar 2019.

# 5 Anhang

# Danksagung

Es wird oft gesagt, dass es ein ganzes Dorf braucht, um ein Kind zu erziehen. Um dieses Buch herauszugeben, brauchte es fast eine Stadt. Wir sind allen Bürgerinnen und Bürgern dieser Stadt zu großem Dank verpflichtet. Einige von ihnen, die in den letzten Monaten besonders hilfreich waren, möchten wir gern besonders herausgreifen.

Unser größter Dank gilt natürlich allen Autorinnen und Autoren (und ihren Mitarbeiterinnen und Mitarbeitern), die sich trotz ihrer vollen Terminkalender die Zeit genommen haben, über die Kunst der Diplomatie nachzudenken und so viele aufschlussreiche Anekdoten mit uns zu teilen. Einige von ihnen haben unsere detaillierten Anweisungen bis zur Perfektion befolgt, andere bewiesen ihre Kreativität, indem sie sie völlig ignorierten. Wir freuen uns über das Ergebnis – wie hoffentlich alle Beteiligten.

Unser Dank gilt zudem unseren Partnern vom Econ Verlag und Bonnier Media. Jürgen Diessl hat die Idee von Anfang an enthusiastisch unterstützt, Marco Krönfeld hat sie gemeinsam mit uns in die Tat umgesetzt. Ganz besonders herzlich möchten wir uns bei Nikolas Bertheau bedanken, der uns bereits bei der englischen Originalfassung unterstützt hatte und nun die Übersetzungen für die deutsche Ausgabe angefertigt hat. Außerdem danken wir Dr. Annalisa Viviani und besonders Wolfgang Gartmann für das aufmerksame Lektorat.

Diplomatie ist eine Kunst – genau wie die Fotografie. Wir freuen uns sehr, dass dieses Buch durch die vielen Fotografien des MSC-„Hoffotografen" Michael Kuhlmann selbst zu einem Kunstwerk geworden ist. Seine Fotos haben die öffentliche Wahrnehmung des MSC im letzten Jahrzehnt geprägt, und wir hoffen sehr, dass sie dies noch viele Jahrzehnte lang tun werden.

Wir bedanken uns bei der Stiftung Münchner Sicherheitskonferenz für die Unterstützung dieses Projekts. Wie immer sind wir dem gesamten Team der Münchner Sicherheitskonferenz zu großem Dank verpflichtet. Unsere Kolleginnen und Kollegen machen immer wieder das Unmögliche möglich. Ganz besonders gilt dies für unser „Special Projects"-Team: Ulrike Strauss und Nardine Luca. Uli und Nardine haben dieses Projekt auf Kurs gehalten, unzählige freundliche Mahnungen an unsere Autorinnen und Autoren (und noch mehr an uns) geschickt und dafür gesorgt, dass dieses Buch (fast) pünktlich erschienen ist. Wie sie bei all dem einen kühlen Kopf bewahrt haben, ist uns ein Rätsel.

Und schließlich danken wir Wolfgang Ischinger für die Inspiration – für vieles, was wir tun, und für dieses Buch im Besonderen. Es ist – ganz offensichtlich – ihm und der Art von Diplomatie gewidmet, für die er steht.

Die Beiträge für das Buch, das kurz vor der Münchner Sicherheitskonferenz 2022 zunächst auf Englisch erschien, sind in der zweiten Hälfte des Jahres 2021 entstanden, also bevor die russische Regierung mit ihrem Angriffskrieg gegen die Ukraine begann und die Diplomatie zur Seite geschoben wurde. Da fast alle Beiträge in diesem Band über den Tag hinausweisen, haben wir darauf verzichtet, die Autorinnen und Autoren um umfassende Aktualisierungen zu bitten. Die vorliegende deutsche Ausgabe entspricht daher bis auf kleinere Anpassungen und Aktualisierungen der Kurzbiografien dem Stand der englischen Ausgabe.

Berlin und München, April 2022
T. B. und B. F.

# Bildnachweis

| | | | |
|---|---|---|---|
| 8/9 | MSC/Michael Kuhlmann | 142 | Henny Ray Abrams/Getty Images |
| 10 | MSC/Michael Kuhlmann | 144 | MSC/Michael Kuhlmann |
| 16 | MSC/Michael Kuhlmann | 148/149 | MSC/Michael Kuhlmann |
| 18/19 | MSC/Michael Kuhlmann | 150 | MSC/Michael Kuhlmann |
| 20 | MSC/Michael Kuhlmann | 153 | MSC/Michael Kuhlmann |
| 23 | MSC/Michael Kuhlmann | 154 | MSC/Michael Kuhlmann |
| 24 | MSC/Michael Kuhlmann | 156 | MSC/Daniel Karmann |
| 26 | MSC/Michael Kuhlmann | 158 | MSC/Michael Kuhlmann |
| 28 | MSC/Michael Kuhlmann | 166/167 | MSC/Michael Kuhlmann |
| 35 | MSC/Michael Kuhlmann | 168 | MSC/Michael Kuhlmann |
| 36 | MSC/Michael Kuhlmann | 170 | Bayerische Staatskanzlei |
| 39 | MSC/Michael Kuhlmann | 172 | MSC/Michael Kuhlmann |
| 40 | MSC/Michael Kuhlmann, Henning Schacht | 174 | MSC/Michael Kuhlmann |
| 42 | MSC/Michael Kuhlmann | 176 | MSC/Michael Kuhlmann |
| 46/47 | MSC/Michael Kuhlmann | 178 | MSC/Michael Kuhlmann |
| 48 | MSC/Michael Kuhlmann | 180 | MSC/Matthias Balk |
| 50 | MSC/Michael Kuhlmann | 182 | MSC/Michael Kuhlmann |
| 52 | MSC/Michael Kuhlmann | 188 | MSC/Michael Kuhlmann |
| 54/55 | MSC/Michael Kuhlmann | 197 | MSC/Michael Kuhlmann |
| 56 | MSC/Michael Kuhlmann | 198 | MSC/Michael Kuhlmann |
| 59 | MSC/Michael Kuhlmann | 205 | MSC/Michael Kuhlmann |
| 60/61 | MSC/Michael Kuhlmann | 206 | MSC/Michael Kuhlmann |
| 62 | MSC/Michael Kuhlmann | 209 | MSC/Michael Kuhlmann |
| 66 | MSC/Michael Kuhlmann | 210 | MSC/Michael Kuhlmann |
| 69 | MSC/Michael Kuhlmann | 216 | MSC/Michael Kuhlmann |
| 70 | MSC/Michael Kuhlmann | 222 | MSC/Michael Kuhlmann |
| 72 | MSC/Michael Kuhlmann | 225 | MSC/Michael Kuhlmann |
| 75 | MSC/Michael Kuhlmann | 226/227 | MSC/Michael Kuhlmann |
| 76/77 | MSC/Michael Kuhlmann | 228 | MSC/Michael Kuhlmann |
| 78 | MSC/Michael Kuhlmann | 230 | MSC/Michael Kuhlmann |
| 80 | MSC/Michael Kuhlmann | 232 | MSC/Michael Kuhlmann |
| 82 | MSC/Michael Kuhlmann | 234 | MSC/Daniel Karmann |
| 86 | MSC/Michael Kuhlmann | 236 | MSC/Michael Kuhlmann |
| 88 | MSC/Michael Kuhlmann | 239 | MSC/Michael Kuhlmann |
| 90 | MSC/Marc Müller | 240 | MSC/Alexander Körner |
| 93 | MSC/Michael Kuhlmann | 248 | MSC/Michael Kuhlmann |
| 94 | MSC/Michael Kuhlmann | 251 | MSC/Michael Kuhlmann |
| 98 | MSC/Michael Kuhlmann | 254 | MSC/Harald Dettendorn |
| 102 | MSC/Michael Kuhlmann | 260 | MSC/Thomas Niedermüller |
| 108 | MSC/Michael Kuhlmann | 262 | MSC/Michael Kuhlmann |
| 110/111 | MSC/Michael Kuhlmann | 267 | MSC/Michael Kuhlmann |
| 112 | MSC/Michael Kuhlmann | 268 | MSC/Michael Kuhlmann |
| 117 | MSC/Joerg Koch | 270 | MSC/Michael Kuhlmann |
| 118 | MSC/Michael Kuhlmann | 272 | Aurelien Meunier/Getty Images |
| 121 | MSC/Michael Kuhlmann | 277 | MSC/Michael Kuhlmann |
| 122 | MSC/Michael Kuhlmann | 278 | MSC/Michael Kuhlmann |
| 129 | MSC/Michael Kuhlmann | 283 | MSC/Wuest |
| 130 | MSC/Michael Kuhlmann | 284 | MSC/Michael Kuhlmann |
| 132/133 | MSC/Michael Kuhlmann | 287 | MSC/Michael Kuhlmann |
| 134 | MSC/Karl-Josef Hildenbrand | 287 | MSC/Michael Kuhlmann |
| 138 | MSC/Michael Kuhlmann | 288 | MSC/Lennard Preiss |
| 141 | MSC/Michael Kuhlmann | 290 | Srgjan Kerim/privat |

# Bildlegenden

| | |
|---|---|
| 293 | MSC/Michael Kuhlmann |
| 294 | MSC/Michael Kuhlmann |
| 297 | MSC/Michael Kuhlmann |
| 298 | MSC/Michael Kuhlmann |
| 300 | Stan Honda/Getty Images |
| 303 | MSC/Michael Kuhlmann |
| 304 | MSC/Michael Kuhlmann |
| 306 | MSC/Michael Kuhlmann |
| 308 | MSC/Michael Kuhlmann |
| 313 | MSC/Sebastian Zwez |
| 314 | MSC/Michael Kuhlmann |
| 319 | MSC/Michael Kuhlmann |
| 320 | MSC/Michael Kuhlmann |
| 323 | MSC/Tobias Kleinschmidt |
| 324 | MSC/Michael Kuhlmann |
| 329 | MSC/Michael Kuhlmann |
| 330 | MSC/Michael Kuhlmann |
| 333 | MSC/Michael Kuhlmann |
| 334 | MSC/Michael Kuhlmann |
| 339 | MSC/Michael Kuhlmann |
| 340 | MSC/Michael Kuhlmann |
| 342/343 | MSC/Michael Kuhlmann |
| 344 | MSC/Michael Kuhlmann |
| 352 | MSC/Michael Kuhlmann |
| 354 | MSC/Michael Kuhlmann |
| 356 | MSC/Michael Kuhlmann |
| 360/361 | MSC/Michael Kuhlmann |
| 362 | MSC/Michael Kuhlmann |
| 364/365 | MSC/Michael Kuhlmann |
| 366 | MSC/Lukas Barth |
| 374 | MSC/Michael Kuhlmann |
| 382 | MSC/Marc Müller |
| 390 | MSC/Michael Kuhlmann |
| 393 | MSC/Michael Kuhlmann |
| 394 | MSC/Michael Kuhlmann |
| 397 | MSC/Michael Kuhlmann |
| 398 | MSC/Lennard Preiss |
| 400 | MSC/Michael Kuhlmann |
| 408/409 | MSC/Lucas Schulz |
| 422/423 | MSC/Michael Kuhlmann |

| | |
|---|---|
| 8/9 | Angela Merkel auf der Münchner Sicherheitskonferenz im Februar 2019. |
| 18/19 | Munich Strategy Retreat in Heiligendamm im Oktober 2021. |
| 46/47 | Wolfgang Ischinger auf der Münchner Sicherheitskonferenz im Februar 2019. |
| 54/55 | MSC Konzert und Paneldiskussion im Rahmen der Münchner Sicherheitskonferenz im Februar 2020. |
| 60/61 | MSC Core Group Meeting in Kairo im Oktober 2019. |
| 76/77 | MSC Core Group Meeting in Washington, DC, im Mai 2017. |
| 110/111 | MSC Core Group Meeting in Wien im Juni 2015. |
| 132/133 | MSC Core Group Meeting in Peking im November 2016. |
| 148/149 | John McCain beim Core Group Meeting in Washington, DC, im Mai 2017. |
| 166/167 | Joseph R. Biden Jr., Angela Merkel, und Emmanuel Macron mit Wolfgang Ischinger auf der MSC Special Edition im Februar 2021. |
| 226/227 | Emmanuel Macron und Wolfgang Ischinger auf der Münchner Sicherheitskonferenz im Februar 2020. |
| 342/343 | MSC Core Group Meeting in Addis Abeba im April 2016. |
| 360/361 | MSC beim Tana Forum in Bahir Dar im Mai 2019. |
| 364/365 | MSC bei NATO Engages: The Alliance at 70 in Washington, DC, im April 2019. |
| 408/409 | Wang Yi und Wolfgang Ischinger auf der Münchner Sicherheitskonferenz im Februar 2020. |
| 422/423 | MSC-Triell zur Zukunft der deutschen Außen- und Sicherheitspolitik in Berlin im Juni 2021. |

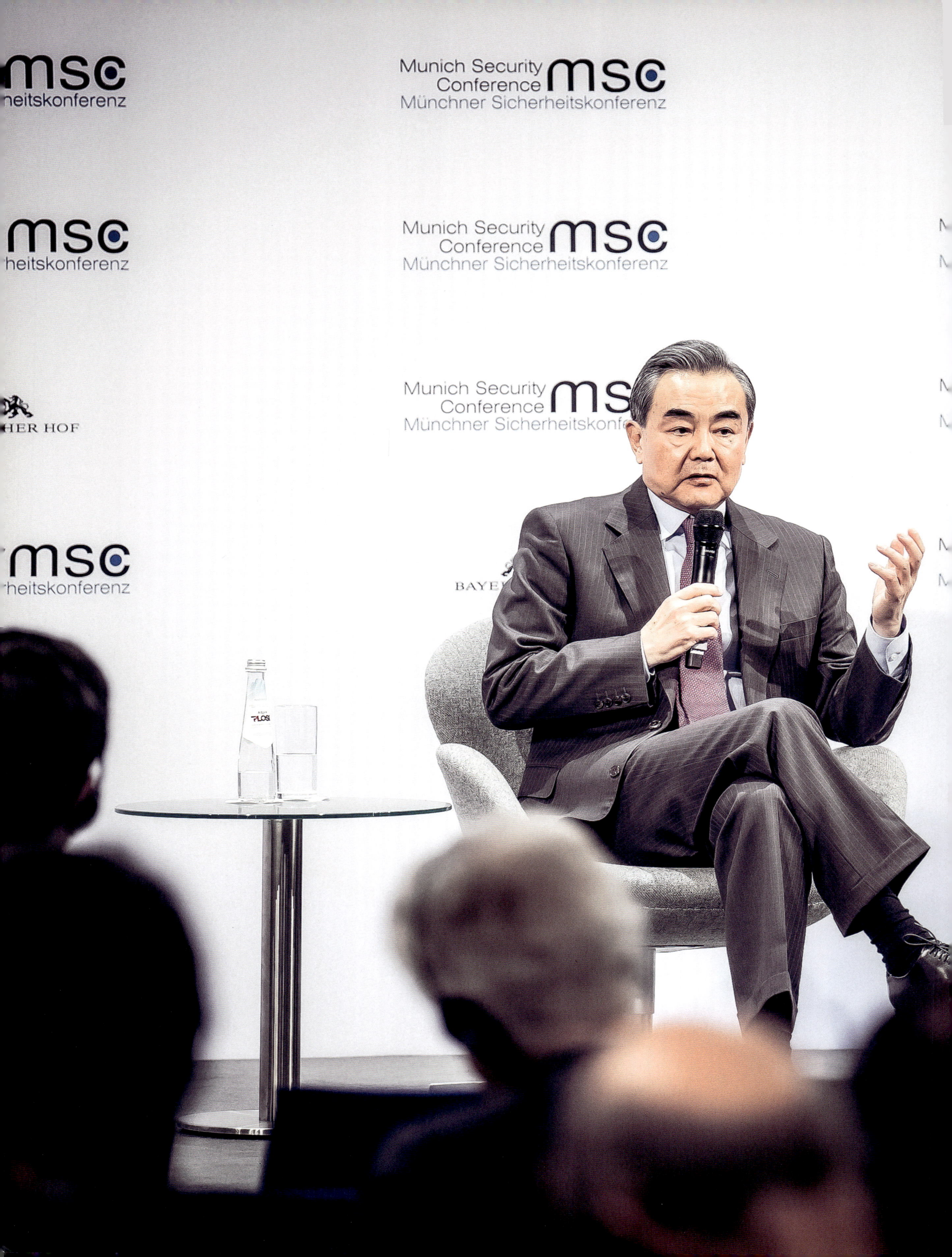
msc
heitskonferenz
Munich Security Conference msc
Münchner Sicherheitskonferenz
msc
heitskonferenz
Munich Security Conference msc
Münchner Sicherheitskonferenz
HER HOF
Munich Security Conference
Münchner Sicherheitskonfe
msc
heitskonferenz

Munich Security Conference msc
Münchner Sicherheitskonferenz
BAYERISCHER HOF

# Endnoten

### Seite 11
### „Speak softly and carry a big book"
### Tobias Bunde und Benedikt Franke

1  Roosevelt, damals William McKinleys Vizepräsident, benutzte dieses Sprichwort zum ersten Mal 1901, in einer Rede vor einem Publikum auf der Minnesota State Fair. Als Präsident hat er den Spruch wiederholt wieder aufgegriffen. Siehe Eliot A. Cohen, *The Big Stick. The Limits of Soft Power & the Necessity of Military Force*, New York: Basic Books, 2016, ix.

### Seite 29
### Wozu Botschafter gut sind
### Robert Cooper

1  Der interessierte Leser sollte nach „You meaner beauties of the night" googeln.
2  Die fünf ständigen Mitglieder des UN-Sicherheitsrats und Deutschland.
3  Joint Comprehensive Programme of Action.
4  Ich bitte um Nachsicht, dass hier keine Frauen vorkommen! Es geht um Ereignisse von vor zehn bzw. fünfzehn Jahren; heute wird Großbritannien in Washington, New York, Peking und Moskau von Botschafterinnen vertreten.
5  Später wurde Peter Sørensen „respektabel", mit EU-Botschafterposten in Skopje, Sarajewo und Genf.

### Seite 43
### Die Sprache der Macht
### Josep Borrell

1  Siehe Robert Kagan, *The Jungle Grows Back: America and Our Imperiled World*, New York: Knopf, 2018.
2  Siehe Anu Bradford, *The Brussels Effect. How the European Union Rules the World*, Oxford: Oxford University Press, 2020.

### Seite 49
### Die Macht der Sprache
### Jasmine El-Gamal

1  Barack Obama, „Remarks by the President to the White House Press Corps," August 20, 2012, https:// obamawhitehouse.archives.gov/the-press-office/ 2012/08/20/remarks-president-white-housepress- corps.
2  Patrick Wintour, „John Kerry Gives Syria Week to Hand Over Chemical Weapons or Face Attack", *The Guardian*, 9. September 2013, https://www.theguardian.com/world/2013/sep/09/us-syria-chemical-weapons-attack-john-kerry.

### Seite 71
### Backchannel-Diplomatie
### Karl Kaiser

1  Zitiert nach Hans Monath, „Zankapfel Kissinger. Der Ex-Außenminister der USA wird Namenspatron an der Universität Bonn. Daran scheiden sich die Geister", *Der Tagesspiegel*, 2. Juni 2014.
2  Siehe Henry A. Kissinger, „Memorial Remarks for Egon Bahr", 17. September 2015, https://www.henryakissinger.com/remembrances/memorial-remarks-for-egon-bahr/.

### Seite 79
### Track-II-Diplomatie
### Sam Nunn

1  Sieh Des Browne, Igor Ivanov, Wolfgang Ischinger, und Sam Nunn, „Building Mutual Security in the Euro-Atlantic Region: Report Prepared for Presidents, Prime Ministers, Parliamentarians, and Publics," Washington, DC: Nuclear Threat Initiative, April 3, 2013, https://www.nti.org/analysis/articles/building-mutual-security-euro-atlantic-region-report-prepared-presidents-prime-ministers-parliamentarians-and-publics/.
2  Mehr Informationen über die EASLG sind zu finden unter http://www.nti.org/EASLG.

### Seite 83
### Auf (gewöhnliche) Menschen setzen
### Izumi Nakamitsu

1  Dag Hammarskjöld, „At UN Correspondents Association Luncheon in His Honor at the Beginning of His Second Term, New York, April 9, 1958," in Public Papers of the Secretaries General of the United Nations. Vol. 4: 1958-1960, Dag Hammarskjöld, ed. Andrew Cordier and Wilder Foote (New York: Columbia University Press, 2010), 63–64.

### Seite 87
### Die richtigen historischen Analogien wählen
### Ivan Krastev

1  Man kann sich leicht vorstellen, wie wir, wären im Jahr 2017 (in dem sich die bolschewistische Revolution zum hundertsten Mal jährte) in Moskau politische Massenproteste ausgebrochen, versucht gewesen wären zu glauben, die Geschichte würde ein weiteres Mal ihren Lauf ändern, und wie unsere Sicht vom Geschehen auf den Straßen von den Büchern über Lenin, Stalin und Trotzki auf den Bestsellerlisten geprägt worden wäre.
2  Richard E. Neustadt und Ernest R. May, *Thinking in Time: The Uses of History for Decision-Makers*, New

York: The Free Press, 1986.
3. Siehe Barbara Tuchman, *The Guns of August*, New York: Macmillan, 1962 (dt.: *August 1914*, Frankfurt M.: Fischer Taschenbuch, 2013).
4. Robert F. Kennedy, *Thirteen Days: A Memoir of the Cuban Missile Crisis*, New York: W. W. Norton, 1969 (dt.: *Dreizehn Tage: Wie die Welt beinahe unterging*, Darmstadt: Verlag Darmstädter Blätter, 5. Aufl. 1987).

### Seite 91
### Den Geist von Helsinki neu beleben
### Sauli Niinistö

1. Fiona Hill liefert hierzu einige interessante Einsichten in ihrem jüngsten Buch. Fiona Hill, *There Is Nothing for You Here: Finding Opportunity in the Twenty-First Century* (Boston/New York: Mariner Books, 2021).

### Seite 95
### Den fragilen Frieden sichern
### Charles A. Kupchan

1. Dieser Vorschlag eines Konzerts der Großmächte findet sich in: Richard N. Haass und Charles A. Kupchan, „The New Concert of Powers. How to Prevent Catastrophe and Promote Stability in a Multipolar World", *Foreign Affairs,* 23. März 2021; und Richard N. Haass und Charles A. Kupchan, „A Concert of Powers for a Global Era", *Project Syndicate,* 25. März 2021.

### Seite 99
### Diplomatie in einer Welt ohne Führung betreiben
### Ian Bremmer

1. Charles P. Kindleberger, *Die Weltwirtschaftskrise 1929-1939*, München: dtv Verlagsgesellschaft, 2019.
2. Ian Bremmer und David Gordon, „G-Zero", *Foreign Policy*, 7. January 2011.
3. Jackie Calmes und Steven Lee Myers, „Divisions Aside, U.S. and China Moving Closer; Agreement Is Elusive on Cyberspying", *The New York Times*, 9. June 2013.
4. „Coronavirus (COVID-19) Vaccinations," *Our World in Data*, https://ourworldindata.org/covid-vaccinations, Stand vom 22. November 2021.
5. „Text of Havel's Speech to Congress", *The Washington Post*, 22. Februar 1990.
6. „Where Is the G7 Headed?", Council on Foreign Relations, 14. Juni 2021, https://www.cfr.org/backgrounder/where-g7-headed.
7. George H. W. Bush, „Address Before a Joint Session of the Congress on the Persian Gulf Crisis and the Federal Budget Deficit", Washington, D.C., 11. September 1990, https://bush41library.tamu.edu/archives/public-papers/2217; Wolfgang Ischinger, „Foreword", in: Tobias Bunde et al., „Munich Security Conference Report 2020: Westlessness", Münchner Sicherheitskonferenz 2020, https://doi.org/10.47342/IAQX5691, 5.
8. Wolfgang Ischinger, *Welt in Gefahr – Deutschland und Europa in unsicheren Zeiten,* Berlin: Econ, 2018, 280.

### Seite 119
### Gesprächskanäle offenhalten
### Nora Müller

1. W. H. Lawrence, „Churchill Urges Patience in Coping with Red Dangers", *The New York Times*, 27. Juni 1954.
2. „USA/China: Ein harter und direkter Schlagabtausch", *Deutsche Welle*, 20. März 2021, https://www.dw.com/de/usa-china-harter-schlagabtausch-alaska/a-56935964.
3. Sauli Niinistö, „It's Time to Revive the Helsinki Spirit", *Foreign Policy*, 8. Juli 2021, https://foreignpolicy.com/2021/07/08/its-time-to-revive-the-helsinki-spirit/.
4. Michael Thumann, „Wie eine neue Ostpolitik aussehen könnte", *Zeit Online*, 2. Juli 2021, https://www.zeit.de/politik/2021-07/ostpolitik-eu-russland-deutschland-wladimir-putin-nato-cyberwar.
5. Joseph R. Biden, „Remarks by President Biden in Press Conference", The White House Briefing Room, 16. Juni 2021, https://www.whitehouse.gov/briefing-room/speeches-remarks/2021/06/16/remarks-by-president-biden-in-press-conference-4/.
6. Thomas Wright, „Order from Chaos: The US and China finally get real with each other", 22. März 2021, https://www.brookings.edu/blog/order-from-chaos/2021/03/22/the-us-and-china-finally-get-real-with-each-other/.
7. Andrew H. Kydd, „Trust and Mistrust in International Relations", https://press.princeton.edu/books/paperback/9780691133881/trust-and-mistrust-in-international-relations.
8. Samm Sacks und Anne-Marie Slaughter, *Channel News Asia*, 6. April 2021, „The broader dialogue the US-China relationship needs", https://www.channelnewsasia.com/commentary/us-china-relationship-cooperation-conflict-alaska-anchorage-196436.
9. Sylvia Conradt, „Das Wunder vom Kaukasus", *Deutschlandfunk*, 16. Juli 2010, https://www.deutschlandfunk.de/das-wunder-vom-kaukasus.871.de.html?dram:article_id=127031.
10. Jacqueline Boysen, „Kohl und Gorbatschow: Strickjackendiplomatie in turbulenter Zeit", *Deutschlandfunk*, 10. Februar 2015, https://www.deutschlandfunk.de/kohl-und-gorbatschow-strickjackendiplomatie-in-turbulenter.724.

de.html?dram:article_id=311291.
11 Matthias Gebauer und Christoph Schult, „Konflikte in Zeiten von Corona: Kontaktlose Diplomatie", *Der Spiegel*, 23. Mai 2020, https://www.spiegel.de/politik/deutschland/konflikte-in-zeiten-von-corona-kontaktlose-diplomatie-a-b7c65940-a540-49db-a38e-0ba4f477b7cc.
12 Sacks und Slaughter, „The broader dialogue the US-China relationship needs."

## Seite 123
### Gegenseitiges Verständnis zwischen China und dem Westen fördern
### Fu Ying

1 Siehe „Panel Discussion: ‚America, Europe, and Asia'", 1. Februar 2014, https://securityconference.org/en/medialibrary/asset/panel-discussion-america-europe-and-asia-1215-01-02-2014/.
2 Siehe „Statement and Discussion with Wang Yi", 15. Februar 2020, https://securityconference.org/en/medialibrary/asset/statement-and-discussion-20200215-1245/.
3 Siehe „Speaker Pelosi Remarks at Munich Security Conference," February 14, 2020, https://www.speaker.gov/newsroom/21420-1.
4 Ebenda.
5 Ebenda.
6 Ebenda.
7 Ebenda.
8 Ebenda.
9 Ebenda.
10 Ebenda.
11 Siehe Tobias Bunde u. a., „Munich Security Report 2020: Westlessness", München: Münchner Sicherheitskonferenz, Februar 2020, https://doi.org/10.47342/IAQX5691.

## Seite 145
### Demokratie und Gleichberechtigung im Nahen Osten stärken
### Tawakkol Karman

1 Condoleezza Rice, „Remarks at the American University in Cairo," June 20, 2005, https://2001-2009.state.gov/secretary/rm/2005/48328.htm.

## Seite 151
### Eine globale Allianz der Demokratien begründen
### Anders Fogh Rasmussen

1 Siehe https://www.allianceofdemocracies.org/initiatives/the-copenhagen-democracy-summit/copenhagen-charter/.

## Seite 155
### Transatlantisch neu denken
### Anne-Marie Slaughter

1 Siehe „History of the Munich Security Conference," https://securityconference.org/en/about-us/history/.
2 Ebenda.
3 Siehe Jean-Dominique Morency, Éric Caron Malenfant und Samuel MacIsaac, „Immigration and Diversity: Population Projections for Canada and its Regions, 2011 to 2036", *Statistics Canada*, January 25, 2017, https://www150.statcan.gc.ca/n1/pub/91-551-x/91-551-x2017001-eng.htm.
4 Siehe Gianmarco Ottaviano, „How Does Immigration Affect Trade in Services?," World Economic Forum, June 18, 2015, https://www.weforum.org/agenda/2015/06/how-does-immigration-affect-trade-in-services/.

## Seite 157
### Den Kurs des Westens neu kalibrieren
### Thomas Kleine-Brockhoff

1 Fritz Stern, *Kulturpessimismus als politische Waffe*, Bern/Stuttgart: Scherz, 1963, 1–15.

## Seite 159
### „Westlessness" überwinden
### Tobias Bunde

1 Dieser Beitrag basiert auf meinen einleitenden Essays zu den Münchner Sicherheitsberichten der Jahre 2019, 2020 und 2021 sowie der Nachlese der MSC Special Edition 2021. Siehe Tobias Bunde u. a., „Munich Security Report 2019: The Great Puzzle – Who Will Pick Up the Pieces?", München: Münchner Sicherheitskonferenz, Februar 2019, https://doi.org/10.47342/RYTY8045; Tobias Bunde u. a., „Munich Security Report 2020: Westlessness", München: Münchner Sicherheitskonferenz, Februar 2020, https://doi.org/10.47342/IAQX5691; Tobias Bunde u. a., „Munich Security Report 2021: Between States of Matter – Competition and Cooperation", München: Münchner Sicherheitskonferenz (MSC), Juni 2021, https://doi.org/10.47342/CYPE1056; Tobias Bunde, „Beyond Westlessness: A Readout From the MSC Special Edition 2021", München: Münchner Sicherheitskonferenz, Februar 2021, https://doi.org/10.47342/NLUJ4791.
2 Roger Cohen, „Munich or a Requiem for the West", *The New York Times*, 15. Februar 2019, https://perma.cc/KW8L-QPNA.
3 Siehe Toluse Olorunnipa u. a., „G-7 Summit Ends with Little Consensus amid Trump's Mixed Messaging on the Trade War", *The Washington Post*, 26. August 2019,

https://perma.cc/9K75-LBFG.
4  „Emmanuel Macron in His Own Words (English)", *The Economist*, 7. November 2019, https://perma.cc/9PXT-BQTA.
5  Bunde u. a., „Munich Security Report 2020: Westlessness", 6.
6  Frank-Walter Steinmeier, „Eröffnung der Münchner Sicherheitskonferenz", München, 14. Februar 2020, https://perma.cc/FNJ4-33GN.
7  David E. Sanger und Steven Erlanger, „,The West Is Winning', Pompeo Said. The West Wasn't Buying It", *The New York Times*, 15. Februar 2020, https://perma.cc/D2MG-98SR.
8  Kang Kyung-wha, „Panel Discussion ,Westlessness in the World: Multilateralism in a Changing International Order'", München: Münchner Sicherheitskonferenz, 14. Februar 2020, https://perma.cc/C5YB-43E8.
9  Siehe die Kommentare des indischen Außenministers Subrahmanyam Jaishankar in derselben Podiumsdiskussion. Eine Abschrift findet sich auf der Website des indischen Außenministeriums: https://mea.gov.in/Speeches-Statements.htm?dtl/32483. Jaishankar definierte „Westfulness" als eine Ära, in der „der Westen so sicher war, dass er ewig Bestand haben würde, dass er sich nicht um breitere Unterstützung in der übrigen Welt bemühte". Seiner Ansicht nach wäre der Westen gut beraten, wenn er „über bestehende Bündnisse hinausblicken und mit Partnern auch jenseits dieses Bündnisses – aus anderen Weltgegenden und mit einer anderen Geschichte – zusammenarbeiten" würde.
10 Die Kooperation zwischen den liberalen Demokratien im Angesicht autoritärer Bedrohungen ist das Kernthema der Münchner Sicherheitskonferenz seit ihren Anfängen als „Wehrkundetagung" zu Beginn der 1960er-Jahre. Siehe die Beiträge in: Wolfgang Ischinger, mit Tobias Bunde, Antje Lein-Struck und Adrian Oroz (Hg.), *Toward Mutual Security: Fifty Years of Munich Security Conference*, Göttingen: Vandenhoeck & Ruprecht, 2014.
11 Jeremy Cliffe, „The Return of the West: Can the G7 Nations Rebuild a Global Alliance?", *The New Statesman*, 2. Juni 2021, https://perma.cc/NZ55-E2DE.
12 Andreas Kluth, „If Aukus, China and Russia Don't Take Europe Seriously, Guess Who's to Blame", *Bloomberg Opinion*, 21. September 2021, https://perma.cc/9WM8-3C5S. Siehe auch Jeremy Cliffe, „The Return of the West": „Die anschließenden 12 Monate, die in der Erstürmung des Capitols in Washington, D.C. im Januar 2021 – einer Art grotesker Parodie auf die freiheitlich-liberalen Revolutionen von 1989 – kulminierten, beseitigten sämtliche verbliebenen Zweifel an der Realität der Westlessness."
13 Siehe etwa Benjamin Herborth und Gunther Hellmann, „Introduction: Uses of the West," in: Gunther Hellmann und Benjamin Herborth (Hg.), *Uses of the West: Security and the Politics of Order*, Cambridge: Cambridge University Press, 2017, 1–9, 1: „In der politischen Alltagssprache wird ,der Westen' für gewöhnlich verstanden als eine Gruppe von Staaten und Gesellschaften in Europa und Nordamerika, die einige Eigenschaften gemeinsam haben, enge Beziehungen zueinander unterhalten und den überwältigenden Großteil an militärischen Fähigkeiten, wirtschaftlicher Macht und kultureller Attraktion auf sich vereinen. Entgegen geografischer Logik werden jedoch Australien, Neuseeland und womöglich sogar Japan als pazifische Außenposten zum ,Westen' hinzugerechnet. Während die Idee des ,Westens' und der mit ihm assoziierten Bilder, Praktiken und Institutionen tatsächlich ihren Ursprung in Westeuropa hat, führt die imaginäre Dimension des ,Westens' mittlerweile ein Eigenleben."
14 Für die Details siehe Bunde u. a., „Munich Security Report 2020: Westlessness", 6-10.
15 Robert Kagan, „Our Constitutional Crisis Is Already Here", *The Washington Post*, 23. September 2021, https://perma.cc/52CX-4ECB. Siehe auch Steven Levitsky und Daniel Ziblatt, „The Biggest Threat to Democracy Is the GOP Stealing the Next Election", *The Atlantic*, 9. Juli 2021, https://perma.cc/U8S4-7AKC.
16 Bunde u. a., „Munich Security Report 2021: Between States of Matter – Competition and Cooperation", 17.
17 Joseph R. Biden, „Remarks by President Biden at the 2021 Virtual Munich Security Conference", Washington, DC, 19. Februar 2021, https://perma.cc/WRV5-9ZEM.
18 Siehe https://freedomhouse.org/country/hungary/freedom-world/2020.
19 Siehe etwa Kishore Mahbubani, „The West's Incompetent Response to the Pandemic Will Hasten the Power-Shift to the East", *The Economist*, 20. April 2020, https://perma.cc/WD6W-X2YV.
20 Anne Applebaum, „The West Has Lost Confidence in Its Values. Syria Is Paying the Price", *The Washington Post*, 6. September 2019.
21 Siehe Evan Hill und Christiaan Triebert, „12 Hours. 4 Syrian Hospitals Bombed. One Culprit: Russia", *The New York Times*, 13. Oktober 2019, https://nyti.ms/2IM8M21. Ende vorigen Jahres veröffentlichten die NYT-Journalisten weitere Beweise, siehe Malachy Browne u. a., „Hospitals and Schools Are Being Bombed in Syria. A U.N. Inquiry Is Limited. We Took a Deeper Look", *The New York Times*, 31. Dezember 2019, https://perma.cc/JK4R-VF8E. Für weitere Beispiele

siehe Bunde u. a., „Munich Security Report 2020: Westlessness", 12-17.

22 David Miliband, „The New Arrogance of Power: Global Politics in the Age of Impunity", International Rescue Committee, 19.-21. Juni 2019, https://perma.cc/J4CM-FN3V.

23 Siehe Wolfgang Ischingers Anmerkungen bei den Aurora Dialogues in Berlin. Global Perspectives Initiative, „Aurora Dialogues Berlin 2018. Humanity in a Fragile World. Partnering for Change. A Summary of the Results", Februar 2019, https://bit.ly/GPI-FollowUP, 11; Tom Ginsburg, „Authoritarian International Law?", *American Journal of International Law* 114, Nr. 2 (April 2020), 221-260.

24 Zitiert in „A Transatlantic Conversation on the Geopolitical and Business Effects of COVID-19", Münchner Sicherheitskonferenz, 28. April 2020, https://perma.cc/RD59-5Z8D.

25 Claus Kleber, „ZDF heute journal", ZDF, 19. Februar 2021, https://perma.cc/7F7A-96RQ.

26 Ein detaillierteres Readout aus der MSC Special Edition bietet Bunde, „Beyond Westlessness".

27 Siehe Andrew Small, „Europe's China Deal: How Not to Work with the Biden Administration", ECFR Commentary, 21. Januar 2021, https://perma.cc/G7DZ-QRCR; Nicholas Vinocur, „Why Europe's China Deal Will Poison Transatlantic Relations", *Politico*, 14. Januar 2021, https://perma.cc/K4W4-4XXE. Einige Vorschläge für die Entwicklung einer gemeinsamen transatlantischen China-Strategie finden sich in: Wolfgang Ischinger und Joseph S. Nye, Jr. (Hg.), „Mind the Gap: Priorities for Transatlantic China Policy – Report of the Distinguished Reflection Group on Transatlantic China Policy", München, Berlin und Washington, DC: Münchner Sicherheitskonferenz, Mercator Institute for China Studies und Aspen Strategy Group, Juli 2021, https://doi.org/10.47342/GXWK1490.

28 Matthew Karnitschnig, „Disbelief and Betrayal: Europe Reacts to Biden's Afghanistan ‚Miscalculation'", *Politico*, 17. August 2021, https://perma.cc/L5VV-397R.

29 Charles Michel, „The Chaotic Withdrawal in Afghanistan Forces Us to Accelerate Honest Thinking about European Defence", 2. September 2021, https://perma.cc/3FPL-8HFB.

30 Siehe etwa „China Is Betting that the West Is in Irreversible Decline", *The Economist*, 31. März 2021; Sabine Fischer und Angela Stanzel, „Afghanistan: The West Fails – a Win for China and Russia?", SWP Comment 2021/C50, 22. September 2021, doi:10.18449/2021C50.

31 National Intelligence Council, „Global Trends 2040: A More Contested World", Washington, DC: Office of the Director of National Intelligence, März 2021, https://www.dni.gov/files/images/globalTrends/GT2040/GlobalTrends_2040_for_web1.pdf, 110-111.

32 Joseph R. Biden, „Why America Must Lead Again: Rescuing U.S. Foreign Policy After Trump", *Foreign Affairs* 99, Nr. 2 (März/April 2020), 64–76, https://perma.cc/D9MX-NMPT.

33 Biden, „Remarks by President Biden at the 2021 Virtual Munich Security Conference"; Boris Johnson, „Prime Minister's Speech at the Munich Security Conference: 19 February 2021", https://www.gov.uk/government/speeches/prime-ministers-speech-at-the-munich-security-conference-19-february-2021; Jens Stoltenberg, „NATO 2030: Future-Proofing the Alliance: Remarks by NATO Secretary General Jens Stoltenberg at the Munich Security Conference 2021 (Online Event)", 19. Februar 2021, https://perma.cc/SHY9-QL5L.

34 Carl Bildt, „China Is a Rising Digital Superpower. Europe and the U.S. Must Catch Up – Together", *The Washington Post*, 1. Februar 2021, https://perma.cc/BJG5JQTJ; Anders Fogh Rasmussen, „Building a Democratic High-Tech Alliance", *Project Syndicate*, 29. März 2021, https://perma.cc/R7QR-VEKE; Toomas H. Ilves, „Opinion: We Need a Global League to Protect against Cyberthreats to Democracy", *The Washington Post*, 5. Oktober 2017, https://perma.cc/FKG6-82LU.

35 Patrick Wintour, „Boris Johnson to Visit India in January in Bid to Transform G7", *The Guardian*, 15. Dezember 2020, https://perma.cc/Q96A-ZG93. Zur Entstehung der D10 siehe Ash Jain, „Like-Minded and Capable Democracies. A New Framework for Advancing a Liberal World Order", New York: Council on Foreign Relations, Januar 2013, https://perma.cc/F4A3-42LG.

36 „Ergebnis der Sondierungen zwischen SPD, Bündnis 90/Die Grünen und FDP", Berlin, 15. Oktober 2021, https://www.tagesschau.de/sondierungen-153.pdf, 12.

37 Edward Fishman und Siddharth Mohandas, „A Council of Democracies Can Save Multilateralism: Boris Johnson's ‚D-10' Is the Club the World Desperately Needs", *Foreign Affairs*, 3. August 2020, https://perma.cc/S3LV-XDB4.

38 Nahal Toosi, „Are You on the List? Biden's Democracy Summit Spurs Anxieties – and Skepticism", *Politico*, 28. November 2020, https://perma.cc/LYT3-F7ML.

39 James Goldgeier und Bruce W. Jentleson, „A Democracy Summit Is Not What the Doctor Ordered: America, Heal Thyself", *Foreign Affairs*, 14. Dezember 2020, https://perma.cc/UN6Y-WWAE. Siehe jedoch

Frances Z. Brown, Thomas Carothers und Alex Pascal, „America Needs a Democracy Summit More Than Ever", *Foreign Affairs*, 15. January 2021, https://perma.cc/APU9-ACR6.

40 G. John Ikenberry, *A World Safe for Democracy: Liberal Internationalism and the Crises of Global Order,* New Haven: Yale University Press, 2020, xi.

41 Hal Brands und Charles Edel, „A Grand Strategy of Democratic Solidarity", *The Washington Quarterly* 44, Nr. 1 (Frühjahr 2021), 29-47, 34.

42 Emmanuel Macron, „President Sets Out French Foreign Policy Goals", Paris: Ambassadors' Conference, 27. August 2019, https://perma.cc/XUS3-GKDK.

43 Rym Momtaz, „Macron: EU Shouldn't Gang Up on China With US", *Politico*, 4. Februar 2021, https://perma.cc/TJ3Z-UDLV.

44 Stuart Lau und Laurenz Gehrke, „Merkel Sides with Xi on Avoiding Cold War Blocs", *Politico*, 26. Januar 2021, https://perma.cc/5K4U-2QHK.

45 Goldgeier und Jentleson, „A Democracy Summit Is Not What the Doctor Ordered"; siehe auch Richard Haass und Charles Kupchan, „The New Concert of Powers. How to Prevent Catastrophe and Promote Stability in a Multipolar World", *Foreign Affairs*, 23. März 2021, https://perma.cc/3CBY-26VV; sowie Charles Kupchans Beitrag zu diesem Band.

46 Jeff Colgan und Robert Keohane, „The Liberal Order Is Rigged: Fix It Now or Watch It Wither", *Foreign Affairs* 96, Nr. 3 (Mai/Juni 2017), 36-44.

47 Siehe auch Hal Brands und Charles Edel, „A Grand Strategy of Democratic Solidarity", 40.

### Seite 169
### Eine Weltpolitikfähigkeitsverlustvermeidungsstrategie entwickeln
### Timothy Garton Ash

1 Ein Mitschnitt der Veranstaltung findet sich auf der MSC-Website: https://securityconference.org/en/medialibrary/asset/msc-kick-off-2019-in-berlin-1130-11-02-2019.

2 Siehe Tobias Bunde u. a., „Munich Security Report 2020: Westlessness", München: Münchner Sicherheitskonferenz, Februar 2020, https://doi.org/10.47342/IAQX5691.

### Seite 173
### Eine gemeinsame strategische Kultur schaffen
### Franziska Brantner

1 Tobias Bunde et al., „Munich Security Report 2020: Westlessness," Munich: Munich Security Conference, 2020, https://doi.org/10.47342/IAQX5691, 6.

2 „Angela Merkel: ‚Wir Europäer müssen unser Schicksal in unsere eigene Hand nehmen'", *Handelsblatt*, 28. Mai 2017, https://www.handelsblatt.com/politik/deutschland/angela-merkel-wir-europaeer-muessen-unser-schicksal-in-unsere-eigene-hand-nehmen/19861340.html?ticket=ST-495496-dSMAc-9Q6EryCiiKGRdRr-ap6.

3 Emmanuel Macron, „Speech on New Initiative for Europe," 26. September 2017, https://www.elysee.fr/en/emmanuel-macron/2017/09/26/president-macron-gives-speech-on-new-initiative-for-europe.

4 Deutsch-französische Parlamentarische Versammlung, „Beschluss vom 22. September 2020 zur Einsetzung einer Arbeitsgruppe ‚Außen- und Verteidigungspolitik'", Dokument Nr. 2020/12, https://www.bundestag.de/resource/blob/794758/f61889f82dd97a8d9b6bdb2afee82407/nr_2020_12-data.pdf.

5 Ursula von der Leyen, „Rede der Bundesministerin der Verteidigung Dr. Ursula von der Leyen auf der 54. Münchner Sicherheitskonferenz am 16. Februar 2018", https://www.bmvg.de/resource/blob/22178/909a56e9af7501819eba0563f9724109/20180216-download-eroeffnungsrede-deutsch-data.pdf.

### Seite 177
### Gesellschaftlichen Rückhalt schaffen
### Norbert Röttgen

1 Anthony Gonzalez und Norbert Röttgen, „Die G7 müssen gemeinsam gegen China vorgehen", *Die Welt*, 25. Januar 2021, https://www.welt.de/debatte/kommentare/article224967275/Offener-Brief-von-Abgeordneten-G7-muessen-gemeinsam-gegen-China-vorgehen.html.

### Seite 179
### Deutschlands nationale Sicherheitsarchitektur reformieren
### Boris Ruge

1 Der rot-grüne Koalitionsvertrag vom Oktober 1998 enthielt die Aussage, die neue Bundesregierung werde „dem Bundessicherheitsrat seine ursprünglich vorgesehene Rolle als Organ der Koordinierung der deutschen Sicherheitspolitik zurückgeben und hierfür die notwendigen Voraussetzungen schaffen". SPD und Bündnis 90/Die Grünen, „Aufbruch und Erneuerung – Deutschlands Weg ins 21. Jahrhundert: Koalitionsvereinbarung zwischen der Sozialdemokratischen Partei Deutschlands und Bündnis90/Die Grünen", http://library.fes.de/pdf-files/bibliothek/downl/koalitionsvertrag1998.pdf, 46.

2 Bundesregierung, „Weißbuch 2016 zur Sicherheitspolitik und zur Zukunft der Bundeswehr", Berlin: Bundesministerium der Verteidigung, 2016, https:// perma.

cc/82Z7-8437, 57.
3 Julianne C. Smith, „German Foreign Policy is Stuck in Neutral", War on the Rocks, 18. Februar 2019, https://warontherocks.com/2019/02/german-foreign-policy-is-stuck-in-neutral/
4 Tobias Bunde u.a., „Zeitenwende | Wendezeiten: Sonderausgabe des Munich Security Report", München: Munich Security Conference, 2020, https://doi.org/10.47342/SBID8214, 160.

### Seite 181
### Propaganda und sozialen Medien verstehen
### Steven Erlanger

1 Steven Erlanger, „German Leader's Warning: War Plan Is a Huge Mistake", *The New York Times*, September 2, 2002, https://www.nytimes.com/2002/09/05/international/europe/german-leaders-warning-war-plan-is-a-huge-mistake.html.

### Seite 183
### Hybride Gefahren entschärfen
### Teija Tiilikainen

1 G. John Ikenberry, „The End of the Liberal World Order", *International Affairs* 94, Nr. 1 (2018): 7–23, 10; Katja Creutz u. a., „The Changing Global Order and Its Implications for the EU", *FIIA Report* 59, Helsinki: Finnish Institute for International Affairs, März 2019, 29; Joseph R. Nye, *The Future of Power,* New York: Public Affairs, 2011, 114.
2 Zum Beispiel Mark Galeotti, *Russian Political War. Moving Beyond the Hybrid*, London: Routledge, 2019. Die Ursprünge des Konzepts liegen in der „hybriden Kriegsführung", die Frank Hoffman als „eine Reihe unterschiedlicher Methoden der Kriegsführung" beschreibt, zu denen „konventionelle Fähigkeiten, irreguläre Taktiken und Formationen, terroristische Akte inklusive willkürlicher Gewalt und Zwang sowie kriminelles Chaos" gehören. Frank Hoffman, *Conflict in the 21st Century: The Rise of Hybrid Wars*, Arlington, VA: Potomac Institute for Policy Studies, 2007, 14.
3 Hanna Smith, „In the Era of Hybrid Threats: Power of the Powerful or Power of the ‚Weak'?", *Hybrid CoE Strategic Analysis* 1, Helsinki: The European Centre of Excellence for Countering Hybrid Threats, Oktober 2017, 5.
4 Brian Barry diskutiert das Konzept des Staates in der politischen Philosophie. Siehe Brian Barry und Marcel Wissenburg, „The Concept of the State in Political Philosophy", *European Political Science* 10 (2011), 92–102.
5 Mark Galeotti, „Controlling Chaos: How Russia Manages Its Political War in Europe?", *Policy Brief*, London: European Council on Foreign Relations, 2017; Dmitri Trenin, „Russia's National Security Strategy: A Manifesto for a New Era", Moscow: Carnegie Moscow Center, 2021, 1; Niklas Nilsson u. a., „Security Challenges in the Grey Zone: Hybrid Threats and Hybrid Warfare", in Mikael Weissmann u. a. (Hrsg.), *Hybrid Warfare: Security and Asymmetric Conflict in International Relations,* London: I. B. Tauris, 2021, 1–18, 4.
6 Jukka Aukia, „China as a Hybrid Influencer: Non-state Actors as State Proxies", *Hybrid CoE Research Report 1*, Helsinki: The European Centre of Excellence for Countering Hybrid Threats, 2021, 14.
7 Aukia, „China as a Hybrid Influencer", 12; Anthony H. Cordesman mit Grace Hwang, „Chronology of Possible Chinese Gray Area and Hybrid Warfare Operations", Arbeitsentwurf, Washington, D.C: Center for Strategic International Studies, 28. September 2020, 5.
8 Rouzbeh Parsi und John Rydqvist, „Introduction: The Converging and Diverging Interests of Iran and the West", in Rouzbeh Parsi und John Rydqvist (Hrsg.), *Iran and the West. Regional Interests and Global Controversies*, Stockholm: FOI, 2011, 12–14.
9 „Mueller Report 2019" (Sonderberater Robert S. Mueller, III, „Report on the Investigation into Russian Interference in the 2016 Presidential Election", Washington, D.C., 2019); „Covert Foreign Money: Financial Loopholes Exploited by Authoritarians to Fund Political Interference in Democracies", Washington, D.C.: German Marshall Fund, Alliance for Security Democracy, 2020, 6.
10 Kim Wijnja, „Countering Hybrid Threats: Does Strategic Culture Matter?", *Defence Studies*, online first, 2021, https://doi.org/10.1080/14702436.2021.1945452.
11 Aurel Sari, „Legal Resilience in an Era of Grey Zone Conflicts and Hybrid Threats", *Cambridge Review of International Affairs* 33, Nr. 6 (2020), 846-867; Aurel Sari, „Hybrid Threats and the Law: Building Legal Resilience", *Hybrid CoE Research Report* 3, Helsinki: The European Centre of Excellence for Countering Hybrid Threats, 2021.
12 Paul Stronsky und Richard Sokolsky, *Multipolarity in Practice: Understanding Russia's Engagement With Regional Institutions,* Washington, D.C.: Carnegie Endowment for International Peace, 2020.
13 Philip Remler, „Russia at the United Nations: Law, Sovereignty, and Legitimacy", Washington, D.C.: Carnegie Endowment for International Peace, 2020.
14 Gary D. Brown, „International Law and Cyber Conflict", in Eneken Tikk und Mika Kerttunen (Hrsg.), *Routledge Handbook of Cyber Security*, London: Routledge, 2020, 171.
15 John Raine, „War or Peace? Understanding the Grey Zone", International Institute for Strategic Studies, 3. April 2019; Mikael Weissman, „Hybrid Warfare and

Hybrid Threats Today and Tomorrow: Towards an Analytical Framework", *Journal on Baltic Security* 5 (2019), Nr. 1, 17–26.
16 „Joint Declaration by the President of the European Council, the President of the European Commission, and the Secretary General of the North Atlantic Treaty Organization", Warschau, 8. Juli 2016.

### Seite 189
### Die Digitalisierung des Kriegs verstehen
### Toomas Hendrik Ilves

1 Richard Dawkins, *The Selfish Gene*: 40th Anniversary Edition, Oxford: Oxford University Press, 2016.
2 https://www.the verge.com/2016/9/26/13068578/transcript-here-are-words-Trump-just-used-to-talk-about-the cyber.
3 Wolfgang Ischinger, „It's Time to Security Proof the EU's Future", *Politico*, 26. Oktober 2021, https://www.politico.eu/article/security-proof-eu-future/.
4 Ulrike Franke und José Ignacio Torreblanca, „Geo-Tech Politics: Why Technology Shapes European Power", ECFR Policy Brief, 15. Juli 2021, https://ecfr.eu/publication/geo-tech-politics-why-technology-shapes-european-power/.

### Seite 199
### Die Kunst der Abstreitbarkeit beherrschen
### Thomas Rid

1 Dieser Beitrag ist ein gekürzter Auszug aus einem stringenter argumentierenden Kapitel, das in Hal Brands (Hrsg.), *Makers of Modern Strategy*, 3. Aufl., Princeton: Princeton University Press, 2023, erscheinen wird.
2 Richard Helms, „Communist Forgeries", Committee on the Judiciary, U.S. Senate, Washington, D.C.: Government Printing Office, 2. Juni 1961.
3 https://web.archive.org/web/20150712001908/http://www.wikisaleaks.com/.
4 Ein ausführlicher Bericht findet sich in Thomas Rid, *Active Measures*, New York: FSG, 2020, Kap. 13.
5 „Facebook takedowns reveal sophistication of Russian trolls", *AP*, 12. März 2020.
6 Siehe zum Beispiel mehrere Präsentationen auf der CyberwarCon-Konferenz in Arlington, Virginia, vom 16. November 2021, https://www.cyberwarcon.com/2021-agenda.

### Seite 207
### Cyberprobleme als geopolitische Probleme behandeln
### Dmitri Alperovitch

1 „Remarks by President Obama and President Xi of the People's Republic of China in Joint Press Conference", 25. September 2015, https://obamawhitehouse.archives.gov/the-press-office/2015/09/25/remarks-president-obama-and-president-xi-peoples-republic-china-joint.

### Seite 211
### Die Verhandlungshoheit im Zeitalter der digitalen Geopolitik bewahren
### Sorin Ducaru

1 Harold Nicolson, *Diplomacy*, Oxford: Oxford University Press, 1939.
2 Siehe „Rudolf Kjellén and the Origin of Geopolitics", Center for Research on Geopolitics, 21. April 2015, https://geopoliticsresearch.wordpress.com/2015/04/21/rudolf-kjellen-and-the-origin-of-geopolitics/.
3 „Paris Call for Trust and Security in Cyberspace", https://pariscall.international/en/.

### Seite 223
### Einer freien und demokratischen digitalen Zukunft den Weg bereiten
### Kersti Kaljulaid

1 Siehe „The Tallinn Consensus on Trusted Connectivity", 7. September 2021, https://www.digitalsummit.ee/the-tallinn-consensus-on-trusted-connectivity/.
2 Editorial Board, „Opinion: Russia's Massive Hack Demands a Reckoning for U.S. Cyber Defenses", *The Washington Post*, 16. Dezember 2020, https://www.washingtonpost.com/opinions/russia-solar-winds-hack-us-cyber-defenses/2020/12/16/e3bfabe8-3fd2-11eb-8bc0-ae155bee4aff_story.html.
3 David E. Sanger und Nicole Perlroth, „Pipeline Attack Yields Urgent Lessons About U.S. Cybersecurity", *The New York Times*, 14. Mai 2021, https://www.nytimes.com/2021/05/14/us/politics/pipeline-hack.html.
4 Gallup, „Congress and the Public", https://news.gallup.com/poll/1600/congress-public.aspx; Rick Edmonds, „US Ranks Last among 46 Countries in Trust in Media, Reuters Institute Report Finds", *Poynter*, 24. Juni 2021, https://www.poynter.org/ethics-trust/2021/us-ranks-last-among-46-countries-in-trust-in-media-reuters-institute-report-finds/.
5 „Carbis Bay G7 Summit Communiqué", 13. Juni 2021, https://www.whitehouse.gov/briefing-room/statements-releases/2021/06/13/carbis-bay-g7-summit-communique/.
6 „Fact Sheet: President Biden and G7 Leaders Launch Build Back Better World (B3W) Partnership", 12. Juni 2021; und die Website der Australian Infrastructure Financing Facility for the Pacific, https://www.aiffp.gov.au/.
7 „OECD and the Blue Dot Network", https://www.oecd.org/corporate/oecd-and-the-blue-dot-network.htm.
8 „G20 Principles for Quality Infrastructure Investments",

https://www.mof.go.jp/english/international_policy/convention/g20/annex6_1.pdf; „The Policy Framework for Investment (PFI)", https://www.oecd.org/investment/pfi.htm; „The Equator Principles", Juli 2020, https://equator-principles.com/wp-content/uploads/2021/02/The-Equator-Principles-July-2020.pdf.

9   „Smart Connectivity", https://3seas.eu/about/smart-connectivity.

10  „Priority Projects", https://3seas.eu/about/progressreport.

### Seite 229
### Die geopolitische Macht der Tech-Konzerne ausbalancieren
### Marietje Schaake

1   „Senator Asks How Facebook Remains Free, Mark Zuckerberg Smirks: ›We Run Ads‹", NBC News, 10. April 2018, https://youtu.be/n2H8wx1aBiQ; Andrew Griffin, „›Will You Commit to Ending Finsta‹ : US Senator Sparks Panic and Confusion With Strange Question to Facebook Executive", *The Independent*, 1. Oktober 2021, https://www.independent.co.uk/life-style/gadgets-and-tech/finsta-meaning-instagram-richard-blu-menthal-b1930619.html.

2   Christopher A. Thomas und Xander Wu, „How Global Tech Executives View U.S.-China Tech Competition", *Tech Stream*, 25. Februar 2021, https://www.brookings.edu/techstream/how-global-tech-executives-view-u-s-china-tech-competition/.

3   Alex Hern und Dan Sabbagh, „Zuckerberg's Refusal to Testify Before UK MPs ›absolutely astonishing‹", *The Guardian*, 27. März 2018, https://www.theguardian.com/technology/2018/mar/27/facebook-mark-zuckerberg-declines-to-appear-before-uk-fake-news-inquiry-mps.

### Seite 233
### Ein erweitertes Verständnis von Sicherheit fördern
### Achim Steiner

1   Siehe Wolfgang Ischinger, „Mehr Eigenverantwortung für und in Europa," in Wolfgang Ischinger und Dirk Messner, eds., *Deutschlands neue Verantwortung: Die Zukunft der deutschen und europäischen Außen-, Entwicklungs- und Sicherheitspolitik*, Berlin: Econ, 2017. Für mehr Informationen siehe Tobias Bunde et al., „Zeitenwende | Wendezeiten: Special Edition of the Munich Security Report," Munich: Munich Security Conference, 2020, https://doi.org/10.47342/SBID8214, chapter 4.

### Seite 249
### Diplomatische Werkzeuge und Strukturen anpassen
### Cathryn Clüver Ashbrook

1   Siehe Harold Nicolson, *Diplomacy*, Oxford: Oxford University Press, 1939.

2   Robert D. Putnam, „Diplomacy and Domestic Politics: The Logic of Two-Level Games", *International Organization* 42, 3 (Sommer 1988), 427–460.

3   David A. Lax und James K. Sebenius, *3-D Negotiation: Powerful Tools to Change the Game in Your Most Important Deals*, Cambridge, MA: Harvard Business Press, 2006.

4   Nicholas Burns, Marc Grossman, and Marcie Ries, „A U.S. Diplomatic Service for the 21st Century", Report, Cambridge, MA: Belfer Center for Science und International Affairs, November 2020, https://www.belfercenter.org/publication/us-diplomatic-service-21st-century.

5   „Memorandum on Restoring Trust in Government Through Scientific Integrity and Evidence-Based Policymaking", Washington, DC: The White House, 27. Januar 2021, https://www.whitehouse.gov/briefing-room/presidential-actions/2021/01/27/memorandum-on-restoring-trust-in-government-through-scientific-integrity-and-evidence-based-policymaking/.

6   Siehe auch Ering, Georg „Klimaschutzkampagne America's Pledge: Wir sind nach wie vor dabei", Deutschlandfunk, 11.11.2017.

### Seite 309
### Den New-START-Vertrag verhandeln
### Rose Gottemoeller

1   Das englische Original der anschließenden Passagen ist mit freundlicher Genehmigung dem folgenden Buch entnommen: Rose Gottemoeller, Negotiating the New START Treaty, Amherst, NY: Cambria Press, 2021, 189–194.

2   Für eine ausführliche Beschreibung der Verhandlungen, inklusive der Sitzungen in Genf, die zum New-Start-Vertrag führten, siehe Gottemoeller, *Negotiating the New START Treaty*.

3   Hier endet der Auszug aus *Negotiating the New START Treaty*.

### Seite 325
### Einem robusten diplomatischen Prozess den Weg ebnen
### Thomas Greminger

1   Nähere Informationen zum „Panel of Eminent Persons" finden Sie auf https://www.osce.org/networks/pep.

2   Wolfgang Ischinger, „Foreword", in Panel of Eminent Persons, „Back to Diplomacy. Final Report and

Recommendations of the Panel of Eminent Persons on European Security as a Common Project", OSZE: Wien, 2015, https://www.osce.org/networks/205846, 2.
3   Panel of Eminent Persons, „Back to Diplomacy", 12.
4   Ischinger, „Foreword", 3.
5   Nähere Informationen zum Strukturierten Dialog finden Sie unter https://www.osce.org/structured-dialogue.
6   „U.S.-Russia Presidential Joint Statement on Strategic Stability", 16. Juni 2021, https://www.whitehouse.gov/briefing-room/ statements-releases/2021/06/16/u-s-russia-presidential-joint-statement-on-strategic-stability/.
7   Ischinger, „Foreword," 3.
8   Siehe Thomas Greminger, „Strengthening Cooperative Security in Difficult Times: Three Years as Secretary General of the OSCE (2017-2020) a Critical Appraisal", in *Multilateralism in Transition: Challenges and Opportunities for the OSCE*, ed. Simon J. A. Mason and Lisa Watanabe, Zürich: Forschungsstelle für Sicherheitspolitik, ETH Zürich, 2021, https://doi.org/10.3929/ethz-b-000489477, 22-84.

## Seite 331
### Track-II-Diplomatie nutzen
### Alexander Dynkin

1   Als Primakow 1999 auf dem Weg zu Gesprächen in Washington erfuhr, dass die NATO im Begriff war, Serbien zu bombardieren, befahl er den Piloten, über dem Atlantik umzukehren und nach Moskau zurückzufliegen. In der russischen Populärkultur ist dieser Vorfall als „Primakows Kehrtwende" bekannt.

## Seite 357
### Den Internationalen Strafgerichtshof stärken
### Ottilia Anna Maunganidze

1   „Sudan Cabinet Unanimous on Bill to Join Rome Statute of ICC", *Dabanga*, 3. August 2021, https://www.dabangasudan.org/en/all-news/article/sudan-cabinet-unanimous-on-bill-to-join-rome-statute-of-icc.
2   Siehe Ottilia Anna Maunganidze, „Will Justice Rise With Al-Bashir's Fall?", *ISS Today*, 16. April 2019, https://issafrica.org/iss-today/will-justice-rise-with-al-bashirs-fall.
3   Ottilia Anna Maunganidze und Max du Plessis, „Independent Judges at the ICC Confirm that Al-Bashir Should be Arrested for Genocide", *ISS Today*, 15. Juli 2010, https://issafrica.org/iss-today/independent-judges-at-the-icc-confirm-that-al-bashir-should-be-arrested-for-genocide.
4   Theresa Squatrito, „Judicial Diplomacy: International Courts and Legitimation", *Review of International Studies* 47, Nr. 1 (2021): 64–84.
5   Sudan Council of Ministers, „Merkel: Germany Will Be a Partner With Sudan", Februar 2020, http://www.sudan.gov.sd/index.php/en/home/news_details/1933.
6   Mohammed Amin, „Germany President in Sudan After 30 Years: German Leader Urges International Community to Help Sudan", *Anadolu Agency*, 29. Februar 2020, https://www.aa.com.tr/en/africa/germany-president-in-sudan-after-30-years-/1749319.
7   „Visit to the Republic of the Sudan", February 27, 2020, https://www.bundespraesident.de/SharedDocs/Berichte/EN/Frank-Walter-Steinmeier/2020/200226-28-Visit-Sudan.html.
8   „Germany Pledges €150 Million in Aid for Sudan", *Deutsche Welle*, 25. Juni 2020, https://www.dw.com/en/germany-pledges-150-million-in-aid-for-sudan/a-53940760.
9   Siehe z.B.: „Action Fiche for the Implementation of the Horn of Africa Window EUTF05 – HoA – SD –38", https://ec.europa.eu/international-partnerships/system/files/eutf-hoa-sd-38-sudan-tcf_en.pdf.
10  European Commission, „Sudan", https://ec.europa.eu/international-partnerships/where-we-work/sudan_en.
11  „Diplomacy Could Unlock Aid for Sudan", *Borgen Magazine*, 23. November 2020, https://www.borgenmagazine.com/aid-for-sudan/.
12  Robbie Gramer, „Top Counterterrorism Envoy Could Be First U.S. Ambassador to Sudan in Decades", *Foreign Policy*, 30. Juli 2021, https://foreignpolicy.com/2021/07/30/biden-sudan-ambassador-east-africa-diplomacy/.
13  Maram Mahdi und Ottilia Anna Maunganidze, „Why Has Sudan Decided to Hand Over Al-Bashir to the ICC?", Institute for Security Studies, https://issafrica.org/iss-today/why-has-sudan-decided-to-hand-over-al-bashir-to-the-icc, *ISS Today*, 21. September 2021; siehe auch: *Deutsche Welle*, Interview mit dem sudanesischen Premierminister Abdalla Hamdok, https://www.youtube.com/watch?v=vG09mloNdAk, February 2020.
14  „Sudan's Bashir Faces Death Sentence Over His 1989 Coup", *Africanews*, 21. Juli 2020, https://www.africanews.com/2020/07/21/sudan-s-bashir-faces-death-sentence-over-his-1989-coup/.
15  Siehe Khalid Abdelaziz, „Former Sudan President Bashir Sentenced to Two Years in Detention for Corruption", *Reuters*, 14. Dezember 2019, https://www.reuters.com/article/us-sudan-politics-bashir-idUSKBN1YI087.
16  UN-Sicherheitsrat, Resolution 1593 (2005), 31. März 2005, https://www.icc-cpi.int/nr/rdonlyres/85febd1a-29f8-4ec4-9566-48edf55cc587/283244/n0529273.pdf.
17  Siehe Dire Tladi, „Complementarity and Cooperation

in International Criminal Justice. Assessing Initiatives to Fill the Impunity Gap", *ISS Paper* 277, November 2014, https://issafrica.org/research/papers/complementarity-and-cooperation-in-international-criminal-justice.

### Seite 367
### Aufbau von Institutionen und Diplomatie in der Wirtschafts- und Geldpolitik
### Christine Lagarde

1. J. Monnet, *Memoirs*, Doubleday, 1978.
2. „Wirtschaftsdiplomatie" wird ganz unterschiedlich definiert (siehe beispielsweise hier oder hier). Für diesen Beitrag verstehe ich darunter die Interaktion zwischen wirtschaftspolitischen Entscheidungsträgern seit dem Zweiten Weltkrieg, die das Ziel hatte, Vereinbarungen zu treffen sowie internationale und europäische Institutionen aufzubauen, die Währungs- und Finanzangelegenheiten sowie allgemeinere Wirtschafts- und Handelsbelange regeln.
3. Eine anschauliche (und manch einer würde sagen kontroverse) Schilderung der Verhandlungen in Bretton Woods enthält das Werk von B. Steil, *The Battle of Bretton Woods: John Maynard Keynes, Harry Dexter White and the Making of a New World Order*, Princeton, NJ: Princeton University Press, 2013. Steil zufolge war Keynes damals eine bekannte Persönlichkeit und bestens mit der Wirtschaftslage im Vereinigten Königreich vertraut, gleichzeitig aber wohl auch der Welt schlechtester Diplomat. Letzten Endes zog der Ökonom Keynes, ehemaliger Direktor der Bank of England und Befürworter eines internationalen Mechanismus zum Ausgleich von Überschüssen, den Kürzeren gegenüber seinem US-amerikanischen Verhandlungspartner Harry Dexter White. Als Ergebnis wurde der IWF als einflussreiche Institution (und die Internationale Bank für Wiederaufbau und Entwicklung als der Kreditgeber der Weltbank) ins Leben gerufen. Siehe auch J. K. Horsefield, *The International Monetary Fund [1945-1965]: Chronicle*, Internationaler Währungsfonds, Washington, D.C., Band I, 1969. Die Perspektive Frankreichs bei den Verhandlungen schildern M. D. Bordo et al., *France and the Breakdown of the Bretton Woods International Monetary System*, 1994.
4. B. Eichengreen, „Strengthening the International Financial Architecture: Where Do We Stand?", *ASEAN Economic Bulletin*, Band 17, Nr. 2, 2000, 175-192.
5. Horsefield (ebenda) beschreibt es wie folgt: Die Errichtung des IWF war die Folge eines absoluten Vertrauensaktes – des Beschlusses nämlich, einem vollkommen neuen und noch nicht in allen Einzelheiten auskonzipierten internationalen Organ die Zuständigkeit für eines der höchsten Attribute nationaler Souveränität anzuvertrauen: das Recht, den Wechselkurs zu ändern. Dass diese Übertragung durch Sicherheitsvorkehrungen flankiert wurde, überrascht nicht. Dass es überhaupt dazu kam und seine Mitglieder dem IWF einen nicht unbedeutenden Anteil ihrer internationalen Reserven übertrugen, lässt sich nur so erklären, dass damals die richtigen Menschen zum richtigen Zeitpunkt zusammenkamen.
6. H. James, „Bretton Woods to Brexit", *IMF Finance and Development*, Band 54, Nr. 3, Internationaler Währungsfonds, 2017.
7. Vgl. Artikel in der *Financial Times* vom 5. Februar 2010 mit der Aussage Jean-Claude Trichets, wonach die G 20 das wichtigste Forum für internationale Zusammenarbeit seien. Sie hätten die G 7 abgelöst, zumindest in diesem Format, in dem Minister sowie Staats- und Regierungschefs aufeinandertreffen.
8. Kommuniqué des G-20-Gipfels in London, 2. April 2009.
9. J. M. Boughton, *Tearing Down Walls: The International Monetary Fund 1990-1999*, Internationaler Währungsfonds, 2012.
10. Die Russische Föderation trat den G 7 1998 bei und verließ die Gemeinschaft 2014 wieder.
11. Die Verknüpfungen zwischen Währung und Politik betrachtet z. B. B. Cohen, *Currency Power: understanding monetary rivalry*, 2015.
12. Die BIZ spielte auch bei den Vorbereitungen zum Euro eine Rolle, denn sie ermöglichte in den 1980er-Jahren die Treffen des Ausschusses der Zentralbankpräsidenten der EU in Basel. Der Ausschuss sollte in Stufe II der WWU das Europäische Währungsinstitut (EWI) errichten, Vorgänger der EZB/des Eurosystems (Stufe III).
13. Vgl. EZB, „The international role of the euro", Juni 2021. Weitreichende Ideen, wie die Volatilität der nominalen Wechselkurse auf internationaler Ebne beseitigt werden kann, finden sich in R. Mundell, „The case for a world currency", *Journal of Policy Modeling*, Band 34, Nr. 4, 2012, 568-578.
14. Weitere Informationen zum Netzwerk für Swap-Vereinbarungen und Rückkaufsvereinbarungen im Euroraum finden sich auf der Website der EZB.
15. R. O. Keohane, *After Hegemony: Cooperation and Discord in the World Political Economy*, Princeton University Press, 1984, und J. L. Goldstein, D. Rivers und M. Tomz, *Institutions in International Relations: Understanding the Effects of the GATT and the WTO on World Trade*, Cambridge University Press, 2007.
16. Siehe D. E. Siegel, „Legal Aspects of the IMF/WTO Relationship: The Fund's Articles of Agreement and the

WTO Agreements", *American Journal of International Law*, Band 96, Nr. 3, 2002, 561-599.

17 https://www.ncbi.nlm.nih.gov/pmc/articles/PMC7224694/.

18 Auf dem Höhepunkt der weltweiten Finanzkrise im Jahr 2009 ging das globale BIP um 0,1 % zurück (siehe IMF World Economic Outlook vom Oktober 2021).

19 Zu ihrer Kooperation auf dem Gebiet der Impfungen siehe z. B.: https://www.imf.org/en/Topics/imf-and-covid19.

20 https://www.imf.org/en/Topics/imf-and-covid19/IMF-WHO-COVID-19-Vaccine-Supply-Tracker.

21 https://www.imf.org/en/Topics/imf-and-covid19/COVID-Lending-Tracker.

22 Aktuelle Bewertung der als „Weltklimarat" bekannten Zwischenstaatlichen Sachverständigengruppe der Vereinten Nationen über Klimaänderungen (IPCC), die für die Bewertung der Forschung zum Thema Klimawandel zuständig ist: https://www.ipcc.ch/report/ar6/wg1/#SPM.

23 Siehe Monnet, 1978, Swann, 1992, Dinan, 1999; sowie Schiff und Winters, *Regional integration as Diplomacy*, 1998.

24 7 % der Weltbevölkerung leben in der EU, auf sie entfallen 30 % der Weltwirtschaft und etwa 50 % der weltweiten Sozialausgaben (laut einer Aussage Angela Merkels Anfang der 2010er-Jahre). Über die genaue Höhe der Sozialausgaben wird seitdem viel diskutiert. Siehe z. B. Bericht der Weltbank aus dem Jahr 2012: „Golden Growth: Restoring the Lustre of the European Economic Model".

25 Ein transatlantischer Blick auf die Verhandlungen während der Krise findet sich in R. Henning, *Tangled governance*, Oxford University Press, 2017.

26 Hier ist darauf hinzuweisen, dass durch die Errichtung starker Institutionen diese oftmals selbst zum Integrationstreiber werden. Zur Rolle der Institutionen bei der Förderung der globalen und europäischen Integration siehe E. B. Haas, *The Uniting of Europe*, University of Notre Dame Press, Indiana, 1958, und *International Integration: The European and the Universal Process*, International Organization, Band 15, Ausgabe 3, Sommer 1961; und in jüngerer Zeit z. B. A. Niemann und D. Ioannou, „European economic integration in times of crisis: a case of neofunctionalism?", Journal of European Public Policy, Band 22, Ausgabe 2, 2015.

27 Jean Monnet sagte einst, dass die Menschen Veränderungen nur dann annehmen, wenn die Notwendigkeit sie dazu zwingt, und sie die Notwendigkeit erst einsehen, wenn die Krise sie bereits erfasst hat. Zudem war er der Meinung, dass ohne die Menschen nichts geschaffen werden und ohne die Institutionen nichts von Dauer sein kann (*Memoirs*, 1978).

28 Dies hat dazu geführt, dass sich immer mehr Menschen als Europäerinnen und Europäer fühlen und auch ihr Handeln zunehmend vom Gefühl der gemeinsamen Identität und Zugehörigkeit geleitet wird. Zur Wirkung externer Faktoren, die die europäische Integration vorantreiben, siehe auch C. R. Henning, „US policy in the euro crisis and the institutional deepening of the monetary union", *Journal of Economic Policy Reform*, Band 23, Nr. 3, 2020, 325-341.

29 Eine solche Autonomie würde weitreichende Verfassungsänderungen sowohl auf europäischer als auch nationaler Ebene erfordern, da der EU die ausschließliche Zuständigkeit für die Außen- und Sicherheitspolitik übertragen werden müsste. Sie würde außerdem eine Fiskalkapazität mit nicht unerheblicher Schlagkraft erfordern. Es hat sich gezeigt, dass eine solche tief gehende Zusammenarbeit und Integration in Europa, die auch noch anderen Zwecken dienen könnte, funktioniert und Synergien wie auch wirtschaftliche Vorteile mit sich bringt. Sie würde helfen, die Grundpfeiler der WWU zu stärken und vermutlich auch verhindern, dass die Reaktionen von EU-Mitgliedstaaten gegenüber externen Partnern uneinheitlich ausfallen.

30 Ein Überblick der Europäischen Kommission zum Thema „Stärkung der offenen strategischen Autonomie der EU" findet sich hier: https://ec.europa.eu/info/strategy/priorities-2019-2024/europe-fit-digital-age/european-industrial-strategy_en#strengthening-eus-open-strategic-autonomy.

31 Als Beispiel für Berührungspunkte zwischen strategischer Autonomie und Wirtschaftspolitik kann die extraterritoriale Reichweite gesetzlicher Bestimmungen dienen (z. B. US-amerikanisches Gesetz und der Iran, siehe S. Lohmann, „Extraterritorial US Sanctions", *SWP Comment*, Nr. 5, Februar 2019).

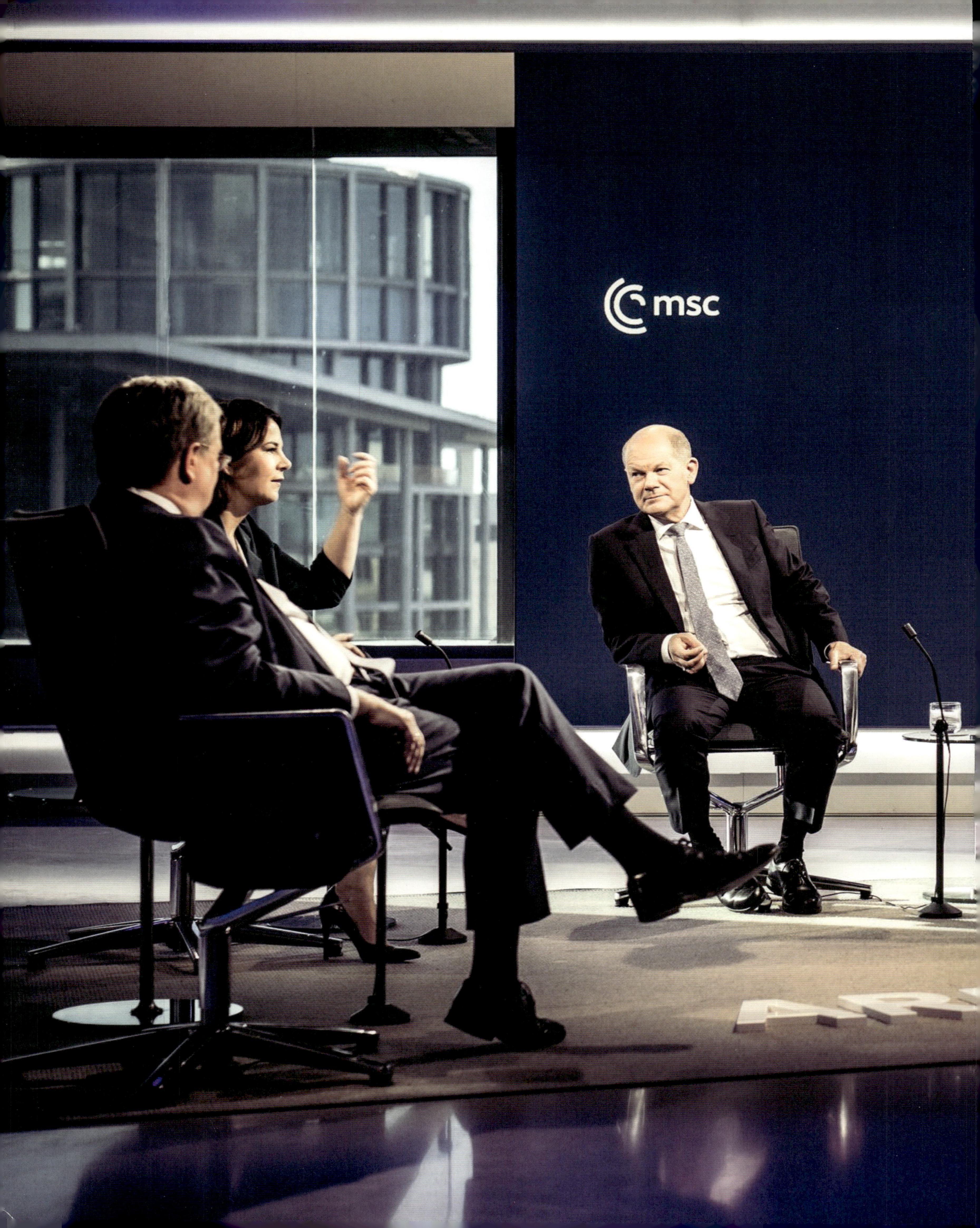
msc

# Impressum

© Ullstein Buchverlage GmbH,
Berlin 2022
Alle Rechte vorbehalten.
Econ gehört zur Verlagsgruppe Ullstein GmbH.
ISBN 978-3-430-21071-3

### Herausgeber
Tobias Bunde & Benedikt Franke
Stiftung Münchner Sicherheitskonferenz gGmbH

### Redaktionsteam
Ulrike Strauss & Nardine Luca
Stiftung Münchner Sicherheitskonferenz gGmbH

### Lektorat
Annalisa Viviani
Wolfgang Gartmann

### Übersetzung
Nikolas Bertheau

### Fotograf und künstlerischer Berater
Michael Kuhlmann

### Gestaltung
Morian & Bayer-Eynck, Coesfeld

### Satz und Layout
Morian & Bayer-Eynck, Coesfeld
Im Satz wurden die Schriften msc realist und Tiempos Text verwendet.

### Druck und Verarbeitung
Mohn Media Mohndruck GmbH, Gütersloh
Printed in Germany

Die Originalausgabe erschien im Februar 2022 unter dem Titel *The Art of Diplomacy. 75+ Views Behind the Scences of World Politics*
Redaktionsschluss der englischen Ausgabe war der 15. Dezember 2021. Die Beiträge der Autoren stellen deren persönliche Ansichten dar.

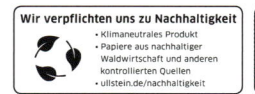